ro
ro
ro

rororo

Vladimir Nabokov ist einer der wichtigsten Schriftsteller des 20. Jahrhunderts.

Er entstammte einer großbürgerlichen russischen Familie, die nach der Oktoberrevolution von 1917 emigrierte. Nach Jahren in Cambridge, Berlin und Paris verließ Nabokov 1940 Europa und siedelte in die USA über, wo er an verschiedenen Universitäten arbeitete.

In den USA begann er, seine Romane auf Englisch zu verfassen, «Lolita» war Nabokovs Liebeserklärung an die englische Sprache, wie er im Nachwort selber schrieb. Nach einer anfänglich schwierigen Publikationsgeschichte wurde «Lolita» zum Welterfolg, der es Nabokov ermöglichte, sich nur noch dem Schreiben zu widmen.

Nabokov zog in die Schweiz, wo er schrieb, Schmetterlinge fing und seine russischen Romane ins Englische übersetzte.

Er lebte in einem Hotel in Montreux, wo er am 2. Juli 1977 starb.

Der Herausgeber Dieter E. Zimmer, geboren 1934 in Berlin, war 1959 bis 1999 Redakteur der Wochenzeitung «Die Zeit», seit 2000 freier Autor. Zahlreiche Veröffentlichungen über Themen der Psychologie, Biologie und Anthropologie, literarische Übersetzungen (u. a. Nabokov, Joyce, Borges). Dieter E. Zimmer starb im Juni 2020.

Das Gesamtwerk von Vladimir Nabokov erscheint im Rowohlt Verlag.

Vladimir Nabokov

Wolke, Burg, See

Sämtliche Erzählungen
1933 bis 1951

Aus dem Englischen
von Renate Gerhardt, Jochen Neuberger,
und Dieter E. Zimmer

Herausgegeben
von Dieter E. Zimmer

Rowohlt Taschenbuch Verlag

Die Erzählungen erschienen 1989 in Vladimir Nabokov, Gesammelte Werke, Erzählungen 1935–1951, Band 14, herausgegeben von Dieter E. Zimmer.

Überarbeitete Neuausgabe
Veröffentlicht im Rowohlt Taschenbuch Verlag, Hamburg, März 2021

Covergestaltung any.way, Barbara Hanke / Cordula Schmidt
Coverabbildung ullstein bild – Fondation Horst Tappe
Satz aus der Janson
Gesamtherstellung CPI books GmbH, Leck, Germany
ISBN 978-3-499-00382-0

Inhalt

Anhang

Die Admiralitätsnadel

Sie werden verzeihen, Gnädigste, aber ich bin ein ungehobelter Mensch und geradheraus und sage Ihnen daher ohne jede Umschweife: Geben Sie sich keinen falschen Hoffnungen hin, dies ist alles andere als ein Verehrerbrief. Es ist ganz im Gegenteil, wie Sie gleich feststellen werden, ein recht seltsames Epistelchen, das, wer weiß, nicht nur Ihnen, sondern auch anderen hemmungslos schriftstellernden Damen ein Denkzettel sein könnte. Zunächst jedoch eile ich, mich vorzustellen, damit meine äußere Erscheinung durchschimmere wie ein Wasserzeichen; das ist weit ehrlicher, als durch Schweigen jenen falschen Schlüssen Vorschub zu leisten, die das Auge unwillkürlich aus der Kalligraphie handgeschriebener Zeilen zieht. Nein, trotz meiner schlanken Schrift, trotz des jugendlichen Elans meiner Kommata bin ich dick und fortgeschrittenen Alters; allerdings ist diese Korpulenz nicht schlaff, sondern kernig, knackig, straff. Sie hat, Gnädigste, nicht das Geringste gemein mit den Umlegekragen des Poeten Apuchtin[1], dieses feisten Lieblings aller Damen. Doch genug davon. Diese wenigen Andeutungen werden Ihnen als Schriftstellerin genügen, um sich ein Bild von mir zu machen. *Bonjour, Madame*. Und nun zur Sache.

Vor kurzem nahm ich in einer russischen Leihbibliothek, die das analphabetische Schicksal in eine trübe

Berliner Seitenstraße verbannt hat, drei oder vier Neuerwerbungen zur Hand, darunter auch Ihren Roman *Die Admiralitätsnadel*. Ein gefälliger Titel, und sei's auch nur aus dem einzigen Grund, dass er, nicht wahr, im Russischen einen jambischen Tetrameter bildet – *admiraltéjskaja iglá* – und obendrein ein berühmter Vers Puschkins ist.[2] Aber es war ebenjene Gefälligkeit des Titels, die nichts Gutes verhieß. Dazu bin ich gewöhnlich sehr auf der Hut vor Büchern, die in den Hinterwäldern unseres Exils, in Riga oder Reval, erscheinen. Gleichwohl nahm ich, wie ich schon sagte, Ihren Roman mit.

Ach, meine teure Dame, ach, «Herr» Serge Solnzew, wie leicht errät man doch, dass der Autorenname ein Pseudonym, dass der Autor kein Mann ist! Jeder Ihrer Sätze wird links geknöpft. Ihre Vorliebe für Ausdrücke wie «die Zeit verging» oder «*frileusement* in Mutters Schal gekuschelt», das unvermeidliche Auftreten eines episodischen Fähnrichs (geradewegs aus den Imitationen von *Krieg und Frieden*), der das R wie ein G ausspricht, und schließlich Fußnoten mit der Übersetzung französischer Sprachklischees bieten ausreichende Hinweise auf Ihr literarisches Talent. Dies ist aber erst das halbe Ärgernis.

Stellen Sie sich Folgendes vor: Nehmen wir an, ich sei einmal durch eine wunderbare Landschaft gewandert, wo Wasserfälle tosten und Winden die Säulen einsamer Ruinen überwucherten, und es fiele mir nach Jahren im Hause eines Fremden eine Photographie in die Hände, auf der ich geckenhaft vor etwas posiere, das unverkennbar eine Pappmachéstele ist; im Hintergrund ist der weiße Schmierfleck eines hineingepfuschten Wasserfalls, und irgendjemand hat mir mit Tusche einen Schnurrbart verpasst. Wo stammt das Ding her? Aus meinen Augen mit dieser Scheußlichkeit! Die brausenden Wasser, an die ich mich erinnere, waren echt, und, was noch dazukommt, es hat mich dort niemand photographiert.

Muss ich Ihnen das Gleichnis auslegen? Muss ich Ihnen sagen, dass mich das gleiche Gefühl, widerlicher nur und abgeschmackter, beim Lesen Ihrer hingeschluderten Handarbeit, Ihrer fürchterlichen *Nadel* überkam? Mein Zeigefinger riss die ungeschnittenen Seiten auf, meine Augen hasteten die Zeilen entlang, und ich wusste nicht, ob ich ihnen trauen sollte, so verblüfft war ich.

Möchten Sie gern wissen, was los war? Zu Diensten. Als Sie schwergewichtig in Ihrer Hängematte lagen und unbekümmert mit ansahen, dass Ihre Feder die Tinte nicht halten konnte (fast ein Wortspiel), schrieben Sie, Gnädigste, die Geschichte meiner ersten Liebe. Ich sprach von Verblüffung, und da ich ebenfalls schwer von Gewicht bin, kommt zur Verblüffung die Atemnot. Jetzt ringen also Sie und ich nach Luft, denn ohne jeden Zweifel sind Sie nun auch wie vom Donner gerührt durch das Erscheinen des Helden, den Sie erfanden. Nein, Letzteres nehme ich zurück! Die Beilagen sind zugegebenermaßen Ihre, auch die Füllung und die Sauce, aber der Braten (den ich, um noch ein Wortspielchen zu wagen, gleich gerochen habe), der Braten, meine Teure, ist nicht Ihrer, sondern meiner und hat meine Schrotladung im Flügel. Ich staune: Wie und wo hätte eine mir unbekannte Dame mir meine Vergangenheit stehlen sollen? Ist es möglich, dass Sie Katja kennen – gar befreundet sind mit ihr, und dass sie Ihnen, der unersättlichen Schriftstellerin, in den Dämmerstunden unter baltischen Kiefern alles ausplauderte? Aber wie konnten Sie es wagen, woher nahmen Sie die Chuzpe, nicht nur Katjas Erzählung zu verwenden, sondern sie obendrein auch noch so hoffnungslos zu verschandeln?

Seit dem Tag, an dem wir uns das letzte Mal sahen, sind sechzehn Jahre vergangen – das Alter einer Braut, eines alten Hundes oder der Sowjetunion. Da wir von der Zeit sprechen, lassen Sie mich auf die erste, keineswegs aber schlimmste Ihrer zahllosen Schlampereien aufmerksam machen: Katja und ich waren nicht gleichaltrig. Ich war fast achtzehn, sie fast zwanzig. In altbewährter Manier lassen Sie die Heldin sich vor einem mannshohen Spiegel entkleiden, woraufhin Sie dann ihr aufgelöstes Haar, das natürlich aschblond ist, und ihre jungen Formen beschreiben. Ihnen zufolge wurden ihre kornblumenblauen Augen in Momenten der Nachdenklichkeit violett – ein botanisches Wunder! Sie ließen den Schatten schwarzer Wimpern auf sie fallen, die, wenn Sie mir einen eigenen Beitrag gestatten, gegen die äußeren Augenwinkel hin länger zu sein schienen, was ihren Augen eine ganz besondere, jedoch rein imaginäre Schräge verlieh. Katjas Figur war anmutig, sie hielt sich aber nicht gerade und zog jedes Mal, wenn sie ein Zimmer betrat, die Schultern hoch. Sie machen eine stramme Maid mit Alttönen in der Stimme aus ihr.

Es ist die schiere Folter. Ich hatte eigentlich vor, Ihre Bilder zu sammeln, die allesamt einen falschen Ton haben, und Ihnen vernichtend meine unfehlbaren Beobachtungen gegenüberzustellen, aber das Ergebnis wäre nur «albtraumartiger Unsinn» gewesen, wie die richtige Katja gesagt hätte, denn der Logos, der mir verliehen wurde, verfügt nicht über genug Kraft und Schärfe, um mich aus Ihren Verstrickungen zu lösen. Im Gegenteil, ich selber kann mich von den Leimruten Ihrer konventionellen Schilderungen einfach nicht befreien und finde auch die Stärke nicht mehr, Katja vor Ihrer Feder zu retten. Gleichwohl möchte ich, wie Hamlet, meine Argumente vorbringen und werde Sie letztlich in Grund und Boden argumentieren.

Das Thema Ihres Machwerks ist die Liebe, eine leicht dekadente Liebe vor dem Hintergrund der Februarrevolution, jedenfalls aber Liebe. Katja wurde in Olga umbenannt, und aus mir wurde Leonid. So weit, so gut! Unsere erste Begegnung am Weihnachtsabend im Haus von Freunden; unsere Rendezvous bei der Jusupow-Schlittschuhbahn; ihr Zimmer mit seiner indigoblauen Tapete, seinen Mahagonimöbeln und, als einzigem Schmuckstück, einer Porzellanballerina mit gehobenem Bein – das ist alles richtig, das alles stimmt. Nur dass Sie es geschafft haben, allem den Anstrich prätentiöser Erfindung zu geben. Wenn Leonid, Schüler am Kaiserlichen Gymnasium, sich im Parisiana, einem Kino auf dem Newskij-Prospekt, auf seinem Sitz niederlässt, verstaut er seine Handschuhe in seinem Dreispitz, während er ein paar Seiten später schon in Zivilkleidung steckt: Er nimmt seinen Bowler ab, und dem Leser steht ein eleganter junger Mann gegenüber, dessen Haar *à l'anglaise* genau in der Mitte seines schmalen, gelackt aussehenden Kopfes gescheitelt ist und dem ein purpurnes Tuch aus der Brusttasche hängt. Und in der Tat entsinne ich mich, dass ich mich wie der Filmschauspieler Max Linder kleidete und wie die recht großzügig aufgetragene *Weshetal*-Lotion mir den Skalp kühlte und wie Monsieur Pierre mit seinem Kamm maßnahm und meine Haare mit dem Schwung einer Linotype hin- und herüberschnellen ließ und wie er, wenn er mit einem Ruck den Umhang entfernt hatte, einem ältlichen Mann mit Schnurrbart zurief: «Junge! Bürste den 'errn ab!» Heute reagiert meine Erinnerung mit Ironie auf das Brusttüchlein und die weißen Gamaschen von damals, kann aber andererseits in keiner Weise jene unvergesslichen Qualen adoleszenter Rasur mit der «glatten und durchsichtigen Blässe» Ihres Leonid in Einklang bringen. Und wie Ihr Gewissen mit dessen Lermontow'schen glanzlosen Augen und aristokratischem Profil fertig wird, überlasse ich Ihnen, da davon heute wegen der nicht vorauszusehenden Verfettung ohnehin nicht mehr viel zu erkennen ist.

Großer Gott, lass mich nicht im Schlamm der Prosa dieser schriftstellernden Dame versinken, die ich nicht kenne und die ich nicht kennen will, die sich aber mit erstaunlicher Unverfrorenheit der Vergangenheit einer anderen Person bemächtigt hat! Wie können Sie es wagen zu schreiben: «Der hübsche Christbaum mit seinen *chatoyant* Lichtern schien Ihnen Freude, helle, jubelnde, zu verheißen»? Sie haben mit Ihrem Atem den ganzen Baum auf einmal ausgelöscht, denn ein um des innigen Tons willen nachgestelltes Adjektiv genügt, um auch der schönsten Erinnerung den Garaus zu machen. Bis zur Katastrophe, das heißt bis zum Erscheinen Ihres Buchs, war es für mich eine solche Erinnerung, wie das Licht sich in Katjas Augen kräuselte und brach und wie ein kirschroter Widerschein von dem glänzenden Puppenhäuschen aus plasmatischem Papier, das an einem Zweig hing, auf ihrer Wange erschien, als sie sich, das

Nadelwerk beiseiteschiebend, aufreckte, um eine verrückt spielende Kerzenflamme auszudrücken. Was ist mir von alldem geblieben? Nichts – außer dem eklen Geruch eines literarischen Autodafés.

Ihre Version lässt den Eindruck entstehen, dass Katja und ich eine überaus kultivierte *beau-monde* bewohnten. Irgendetwas stimmt nicht mit Ihrer Parallaxe, Verehrteste. Jenes Oberklassenmilieu, dem Katja angehörte, die Kreise, die, wenn Sie so wollen, den Ton angaben, hatten, um es milde auszudrücken, einen vorgestrigen Geschmack. Tschechow galt als «Impressionist», der Reimeschmied der vornehmen Gesellschaft, Großfürst Konstantin[3], als bedeutender Dichter, und der Erz-Christ Alexander Blok als böser Jude, der futuristische Sonette über sterbende Schwäne und lila Liköre schrieb. Handgeschriebene Kopien von Versen aus Poesiealben in Französisch und Englisch machten die Runde, wurden nicht ohne Entstellungen kopiert, während der Name des Autors unversehens dahinschwand, sodass diese Herzensergießungen wie zufällig den Glamour der Anonymität annahmen; und es ist überhaupt recht amüsant, die mäandernden Wege dieser Kopien den heimlichen Abschriften aufrührerischer Reime gegenüberzustellen, wie sie in der Unterschicht gang und gäbe waren. Wie unverdient diese männlichen und weiblichen Monologe über die Liebe als jüngste Muster ausländischer Lyrik galten, ist daraus zu ersehen, dass das beliebteste Opus von Louis Bouilhet stammte, der in der Mitte des letzten Jahrhunderts schrieb. Schwelgend in wogenden Kadenzen trug Katja seine Alexandriner vor und schmollte mit mir, dass ich an einer höchst klangvollen Strophe Anstoß nahm, in welcher der Verfasser, nachdem er seine Leidenschaft als einen Geigenbogen bezeichnet hatte, seine Geliebte mit einer Gitarre vergleicht.

Apropos Gitarren, Verehrte, Sie schreiben, dass «am Abend die jungen Leute zusammenkamen und Olga an einem Tisch saß und in einem vollen Alt sang». Nun wohl – noch ein Tod, noch ein Opfer Ihrer überladenen Prosa. Doch wie teuer waren mir die Echos jener modischen *zyganschtschina*, die Olga zum Singen, mich zum Dichten verführten! Ich weiß sehr wohl, dass es sich nicht länger um echte Zigeunerkunst handelte wie die, die Puschkin und später Apollon Grigorjew bezaubert hatte, sondern eine kurzatmige, ausgelaugte und zum Tode verurteilte Muse; alles trug zu ihrem Untergang bei: das Grammophon, der Krieg und zahlreiche sogenannte *tzigane*-Lieder. Nicht umsonst hatte Blok in einer der ihm eigenen ahnungsvollen Phasen niedergeschrieben, was ihm an Zigeunerliedtexten in Erinnerung geblieben war, als wollte er rasch wenigstens dies noch retten, bevor es zu spät war.

Soll ich Ihnen sagen, was uns jenes kehlige Gurren und Klagen bedeutete? Soll ich Ihnen das Bild einer fernen, seltsamen Welt enthüllen, wo

Die schlummernden Zweige der Weide
Hinsinken auf das Wasser des Teichs
Wo tief in den Fliederbüschen
Die Nachtigall verschluchzt ihr Leid

und wo alle Sinne unter der Macht der Erinnerung an Liebesweh und -leid stehen, jener bösen Herrscherin falscher Zigeunerromantik? Auch Katja und ich hätten uns gerne erinnert; da wir jedoch nichts hatten, woran wir uns hätten erinnern können, schufen wir uns eine weit zurückliegende Zeit, in die wir unser gegenwärtiges Glück zurückverlegten. Alles, was wir sahen, wandelten wir um in Denkmäler unserer noch nicht bestehenden Vergangenheit, indem wir versuchten, einen Gartenweg, den Mond, die Trauerweiden mit den gleichen Augen zu sehen, mit denen wir jetzt – im Bewusstsein der Unersetzbarkeit der Verluste – das alte mit Wasser vollgesogene Floß, den Mond über dem schwarzen Kuhstall gesehen hätten. Ich meine sogar, dass wir uns dank einer undeutlichen Ahnung im voraus auf gewisse Dinge einstellten, indem wir uns im Erinnern übten, indem wir uns eine ferne Vergangenheit vorstellten und mit dem Sehnsuchtsschmerz umgehen lernten, sodass wir später, als es diese Vergangenheit für uns tatsächlich gab, wussten, wie wir mit ihr fertig werden konnten, ohne unter ihrer Last erdrückt zu werden.

Doch was kümmert Sie das alles? Wenn Sie meinen Sommeraufenthalt auf dem Familiengut beschreiben, das Sie «Glinskoje» taufen, jagen Sie mich in den Wald und zwingen mich dort, Verse zu schreiben, die «Jugend und Lebensfreude atmen». Aber das stimmt eben nicht. Während die anderen Tennis spielten (mit einem einzigen roten Ball und ein paar Doherty-Schlägern, schwer und lasch bespannt, die man im Speicher gefunden hatte) oder Krocket auf einem lächerlich verunkrauteten Rasen mit einem Löwenzahn vor jedem Tor, verdrückten wir, Katja und ich, uns in den Küchengarten, um uns dort, zwischen die Beete gekauert, an zwei Sorten von Erdbeeren gütlich zu tun – an der karmesinroten «Victoria» *(sadowaja semljanika)* und der russischen *Fragaria moschata (klubnika)*, rotvioletten Früchten, die oft von Froschschleim überzogen waren; und dort gab es auch unsere Lieblingsart, «Ananas», die unreif aussah, jedoch von wunderbarer Süße war. Ohne uns aufzurichten, bewegten wir uns ächzend die Beete entlang, und die Sehnen in unseren Kniekehlen schmerzten, und unser Inneres füllte sich mit rubinfarbener Schwere. Die heiße Sonne lastete schwer, und diese Sonne, und die Erdbeeren, und Katjas Kleid aus Tussahseide mit dunkler werdenden Flecken unter den Armen und die Bräune in ihrem Nacken – all dies verschmolz zu einem überwältigenden Glücksgefühl; und welche Seligkeit bedeutete es, ohne sich zu erheben, immer noch Beeren pflückend, Katjas warme Schulter zu packen und ihr sanftes Lachen, die kleinen gierigen Grunzgeräusche, das Knacken ihrer Gelenke zu hören, wie sie unter den Blättern herumstöberte. Verzeihen Sie, wenn ich direkt von diesem Garten, der mit dem blendenden Glanz seiner Gewächshäuser und dem Wogen haariger Mohnblumen an seinen Wegrändern an mir vorbeizieht, zum Wasserklosett überwechsle, wo ich – in der Haltung von Rodins *Denker* – sitze und, den Kopf noch heiß von der Sonne, Gedichte schreibe; in ihnen waren die Triller der Nachtigallen aus den *tzigane*-Liedern, Brocken aus Blok und hilflose Nachklänge aus Verlaine: *Souvenir, souvenir, que me veux-tu? L'automne* … – obwohl doch der Herbst noch fern war und mein Glück mit seiner wunderbaren Stimme ganz nahe rief, wahrscheinlich dort drüben bei der Kegelbahn, hinter den alten Fliederbüschen, unter denen Haufen von Küchenabfällen lagen und Hühner herumspazierten. An den Abenden auf der Veranda verströmte der weit offene Mund des Grammophons, der so rot war wie das Futter im Mantel eines russischen Generals, unbezwingbare Zigeunerleidenschaft; oder eine bedrohliche Stimme äffte zur Melodie von *Hinter der Wolke versteckt sich der Mond* den Kaiser nach: «Her denn mit Feder und Halter, jetzt wird 's Ultimatum gestellt.» Und auf der Gartenterrasse wurde eine Partie *Gorodki* (Städtchen) gespielt: Katjas Vater, dessen Hemdkragen geöffnet war und der einen Fuß in seinem weichen Hausstiefel vorgestellt hatte, visierte mit einem Stock, als ob er ein Gewehr abfeure, und schleuderte ihn dann mit voller Kraft (aber weit daneben) nach dem «Städtchen» aus Kegeln, während die sinkende Sonne mit der Spitze ihres letzten Strahls über die Palisade der Kiefernstämme hinstrich und auf jedem ein feuriges Band hinterließ. Und wenn die Nacht schließlich herabsank und das Haus schlief, sahen Katja und ich vom Park aus, wo wir uns auf einer harten, kalten, unsichtbaren Bank aneinanderkauerten, bis unsere Knochen schmerzten, auf das dunkle Haus, und es schien uns alles wie etwas längst Vergangenes: die Umrisse des Hauses gegen den fahlgrünen Himmel, die verschlafenen Bewegungen des Laubs, unsere langen, blinden Küsse.

In Ihrer eleganten, mit Pünktchen reichlich versehenen Beschreibung jenes Sommers vergessen Sie natürlich nicht eine Minute lang – was wir ständig vergaßen –, dass seit Februar jenes Jahres das Land «unter der Herrschaft einer Provisorischen Regierung stand», und Sie nötigen Katja und mich, den revolutionären Vorgängen mit gespannter Aufmerksamkeit zu folgen, das heißt (über Dutzende von Seiten) politische und mystische Gespräche zu führen, die, ich versichere Sie, uns nie in den Sinn gekommen wären. Zunächst einmal wäre es mir peinlich vorgekommen, mit diesem Pathos der Rechtschaffenheit, das Sie mir verleihen, über Russlands Geschick zu sprechen, zum Zweiten waren Katja und ich viel zu sehr voneinander in Anspruch genommen, um der Revolution viel Aufmerksamkeit zu widmen. Es mag genügen, wenn ich sage, dass mein lebhaftester Eindruck in dieser Beziehung in einer winzigen Nebensächlichkeit bestand: Eines Tages machte auf der Million-Straße in St. Petersburg ein mit fidelen Revoluzzern vollgepackter Lastwagen einen schwerfälligen, aber zielgenauen Schlenker, um mit voller Absicht eine vorbeistreunende Katze zu überfahren, die dort als völlig faltenloser, säuberlich geplätteter schwarzer Lappen liegen blieb (nur der Schwanz gehörte immer noch zu einer Katze – er stand aufrecht, und seine Spitze, glaube ich, bewegte sich noch). Zur damaligen Zeit sah ich in dem Vorfall eine tiefe, verborgene Bedeutung, hatte aber seither Gelegenheit zuzusehen, wie ein Bus in einem bukolischen spanischen Dorf auf genau gleiche Weise eine genau gleiche Katze plattwalzte, sodass ich auf geheime Bedeutungen nichts mehr gebe. Sie andererseits haben nicht nur meine dichterischen Talente bis zur Unkenntlichkeit übertrieben, sondern zusätzlich einen Propheten aus mir gemacht, denn nur ein Prophet hätte im Herbst 1917 über den grünen Hirnbrei des dahingegangenen Lenin oder die «innere» Emigration von Intellektuellen in Russland sprechen können.

Nein, während jenes Herbstes und Winters sprachen wir über andere Dinge. Ich litt. Die fürchterlichsten Dinge passierten mit unserer Liebe. Sie haben eine einfache Erklärung parat: «Olga begriff langsam, dass sie eher sinnlich als leidenschaftlich war, während bei Leonid das Gegenteil der Fall war. Ihre gewagten Liebkosungen versetzten sie verständlicherweise in einen Rausch, aber tief in ihrem Innern war stets noch ein Stück, das nicht dahinschmolz» – und so weiter und so fort, in stets demselben vulgären, prätentiösen Ton. Was verstehen Sie von unserer Liebe? Bislang habe ich es bewusst vermieden, direkt von ihr zu sprechen. Wenn ich keine Angst hätte, von Ihrem Stil angesteckt zu werden, würde ich jetzt gerne ihr Feuer und ihre unterschwellige Melancholie in größerem Detail beschreiben. Ja, da waren der Sommer und das allgegenwärtige Rauschen des Laubs und wilde Fahrradjagden über die verschlungenen Pfade im alten Park, wenn jeder von uns, aus verschiedenen Richtungen kommend, schneller am Rondell sein wollte, wo der rote Sand von den verschlungenen Schlangenlinien unserer steinharten Reifen bedeckt war und jedes Stückchen Leben, jede Kleinigkeit jenes letzten russischen Sommers uns voller Verzweiflung zuschrie: «Ich bin wirklich! Ich bin jetzt!» Solange sich all diese sonnige Glückseligkeit noch an der Oberfläche hielt, ging die Traurigkeit, mit der unsere Liebe schon zur Welt gekommen war, nicht über die Hingabe an eine nicht vorhandene Vergangenheit hinaus. Als aber Katja und ich wieder in Petersburg waren, es schon mehr als einmal geschneit hatte und das Holzpflaster bereits unter jener gelblichen Schicht lag, einer Mischung aus Schnee und Pferdedung, ohne die ich mir eine russische Stadt nicht vorstellen kann, da trat der Geburtsfehler zutage, und alles, was uns blieb, war Qual.

Ich sehe sie jetzt in ihrem schwarzen Sealskinmantel

mit einem großen, flachen Muff und in grauen, pelzbesetzten Stiefeln auf schlanken Beinen wie auf Stelzen einen rutschigen Bürgersteig entlanggehen; oder in einem dunklen, sehr hochgeschlossenen Kleid auf einem blauen Diwan sitzen, mit einem nach den vielen Tränen stark gepuderten Gesicht. Wenn ich am Abend zu ihr ging und nach Mitternacht zurückkehrte, erkannte ich jedes Mal in der granitenen Nacht, unter einem frostigen, vom Sternenlicht taubengrauen Himmel, die unerschütterlichen und unwandelbaren Orientierungspunkte meines Weges – immer die gleichen Petersburger Objekte, einsame Gebäude aus legendären Zeiten, die die nächtliche Öde verschönen und sich halb vom Wanderer abwenden, wie es die Schönheit immer zu tun pflegt: Sie sieht einen nicht, sie ist gedankenversunken und teilnahmslos, ihr Geist ist irgendwo anders. Ich sprach dann mit mir selber, redete auf das Schicksal ein, auf Katja, die Sterne, die Säulen einer riesigen, stummen, geistesabwesenden Kathedrale; und wenn es ganz ohne Zusammenhang in den dunklen Straßen zu einem Schusswechsel kam, dann fiel mir beiläufig und nicht ohne ein Gefühl von Freude ein, dass mich eine verirrte Kugel treffen und ich gerade an dieser Stelle sterben könnte, auf dem Rücken im dunklen Schnee liegend, in meinem eleganten Pelzmantel, den Bowler schräg auf dem Kopf, mitten unter den verstreuten weißen Taschenbüchern mit Gumiljows oder Mandelstams eben erschienenen gesammelten Gedichten, die ich hatte fallen lassen und die sich kaum vom Schnee abhoben. Oder wenn ich schluchzend und stöhnend vor mich hin ging, versuchte ich mich davon zu überzeugen, dass ich Katja nicht länger liebe, und sammelte eilig alles, was ich mir von ihrer Unaufrichtigkeit, ihrer Dünkelhaftigkeit, ihrer Hohlheit ins Gedächtnis zurückrufen konnte, das Schönheitspflaster, das einen Pickel verbarg, das künstliche *grasseyement*[4], das in ihrer Sprache auftauchte, wenn sie ohne Not ins Französische überwechselte, ihre unerschütterliche Schwäche für adlige Poetaster und der übellaunige, teilnahmslose Ausdruck ihrer Augen, wenn ich zum hundertsten Mal aus ihr herauszuholen versuchte, mit wem sie den vergangenen Abend verbracht habe. Und wenn ich alles gesammelt und gewogen hatte, nahm ich unter Schmerzen wahr, dass meine Liebe, auf die all dieser Schund geladen worden war, nur noch tiefer eingesunken war und festsaß und dass auch Zugpferde mit eisernen Muskeln sie nicht aus dem Schlamm herausbekämen. Und am folgenden Abend bahnte ich mir wieder meinen Weg durch all die matrosenbemannten Personenkontrollen an den Straßenecken (man verlangte Papiere, die Zugang gewährten bis zur Schwelle von Katjas Seele und darüber hinaus wertlos waren); wieder also war ich unterwegs, um Katja anzustarren, die auf mein erstes erbärmliches Wort hin zu einer großen, steifen Puppe wurde, die ihre konvexen Augenlider niederschlug und in der Sprache von Porzellanfigürchen antwortete. Als ich eines unvergesslichen Abends bat, sie möge mir eine abschließende, allerwahrhaftigste Antwort geben, sagte Katja ganz einfach gar nichts und blieb stattdessen regungslos auf der Couch liegen, während in ihren spiegelgleichen Augen die Kerzenflamme aufleuchtete, die in jener Nacht historischen Aufruhrs das elektrische Licht ersetzte, und nachdem ich mir ihr Schweigen bis zum Ende angehört hatte, stand ich auf und ging. Drei Tage später ließ ich ihr durch meinen Burschen die Nachricht überbringen, dass ich Selbstmord beginge, wenn ich sie nicht noch ein einziges Mal wiedersehen könne. So trafen wir uns denn an einem herrlichen Morgen mit rosiger runder Sonne und knirschendem Schnee auf der Poststraße; ich küsste schweigend ihre Hand, und wir schritten eine Viertelstunde lang, ohne dass auch nur ein einziges Wort unser Schweigen unterbrochen hätte, auf und ab, während in der Nähe, an der Ecke des Gardekavallerie-Boulevards, mit gespielter Gleichgültigkeit ein ganz und gar respektabel aussehender Mann mit einer Astrachan-Mütze stand und rauchte. Als wir schweigend auf und ab gingen, kam ein kleiner Junge vorbei, der einen mit Boi bespannten Schlitten mit zerfranstem Saum an einer Schnur zog, und eine Traufe gab plötzlich ein Gerassel von sich und spie einen Eisklotz aus, während der Mann an der Ecke weiterrauchte; dann küsste ich ihr an der gleichen Stelle, wo wir uns getroffen hatten, ebenso schweigend die Hand, die auf immer zurück in ihren Muff schlüpfte.

Adieu, mein Bangen und mein Verlangen,
Adieu, mein Traum, adieu, meine Qual,
Die verschlungenen Pfade im alten Park,
Wir gehen sie nun zum letzten Mal.

Ja, ja: Adieu, wie es in dem *tzigane*-Lied heißt. Trotz allem warst Du schön, undurchdringlich schön, und so allerliebst, dass ich weinen könnte, trotz Deiner myopischen Seele, der Trivialität Deiner Ansichten und der tausend kleinen Unehrlichkeiten; ich aber mit meinen überanstrengten Gedichten, mit dem schweren und wirren Aufgebot meiner Gefühle und mit meinem atemlosen, stotternden Gerede, ich muss trotz all meiner Liebe verächtlich und abstoßend gewesen sein. Es ist überflüssig, Dir zu erzählen, welche Qualen ich danach durchmachte, wie ich mir immer und immer wieder das Photo anschaute, auf dem Du mit einem Schimmer auf der Lippe und einem Glanz im Haar an mir vorbeisiehst. Katja, warum hast Du aus alldem einen solchen Kitsch gemacht.

Komm, lass uns in aller Ruhe und Offenheit über die Sache sprechen. Mit klagendem Zischen ist jetzt die Luft aus dem arroganten Gummifettsack heraus, der, stramm aufgeblasen, am Beginn dieses Briefes herumalberte; und Du, meine Liebe, bist in Wirklichkeit gar keine korpulente Romanschriftstellerin in ihrer Romanhängematte, sondern die gleiche, alte Katja, mit Katjas kalkulierter Forschheit des Auftretens, Katja mit den schmalen Schultern, eine anmutige, dezent geschminkte Dame, die aus alberner Koketterie ein wertloses Buch zusammengeschrieben hat. Man denke, dass Du noch nicht einmal unsere Trennung ausgespart hast! Leonids Brief, in dem er droht, Olga zu erschießen, und den sie mit ihrem zukünftigen Ehemann durchspricht; der zukünftige Ehemann in der Rolle des Agenten, der an der Straßenecke steht und sich bereithält, zu Hilfe zu eilen, sollte Leonid den Revolver ziehen, den er in seiner Manteltasche umklammert, während er leidenschaftlich auf Olga einredet, nicht zu gehen, und ihre nüchternen Worte mit seinem Schluchzen unterbricht: was für eine widerwärtige, sinnlose Erdichtung! Und am Ende des Buches muss ich nach Deinem Willen zur Weißen Armee gehen, von den Roten während eines

Spähtruppunternehmens gefangen werden und mit den Namen zweier Verräterinnen – Mutter Russland, Olga – auf den Lippen tapfer sterben, gefällt von der Kugel eines «hebräisch-dunklen» Kommissars. Wie sehr muss ich Dich geliebt haben, wenn ich Dich noch immer so sehe, wie Du vor sechzehn Jahren warst, wenn ich qualvolle Anstrengungen unternehme, unsere Vergangenheit aus ihrer erniedrigenden Gefangenschaft zu befreien und Dein Bild schütze vor der Misshandlung und Schändung durch Deine eigene Feder! Ich weiß allerdings nicht, ob es mir gelingen wird. Mein Brief klingt seltsam nach jenen Versepisteln, die Du auswendig herunterrasseln konntest, erinnerst Du Dich?

Sie werden sicher mit Erstaunen
Den Brief von meiner Hand erblicken

– aber ich möchte nicht wie Apuchtin mit einer Einladung enden:

Das Meer erwartet dich, weit wie die Liebe,
Und Liebe so weit wie das Meer!

– ich möchte es nicht, weil es erstens hier kein Meer gibt und ich zweitens nicht die geringste Lust habe, Dich zu sehen. Denn nach diesem Buch, Katja, fürchte ich mich vor Dir. Es war doch, seien wir ehrlich, sinnlos, sich zu freuen und zu leiden, wie wir uns gefreut und gelitten haben, nur um seine Vergangenheit dann besudelt in einem Frauenroman wiederzufinden. Hör auf mich – lass das Schreiben! Lass Dir wenigstens dieses Fiasko zur Lehre dienen. «Wenigstens», denn ich habe das Recht zu wünschen, dass Du von Entsetzen gepackt wirst, wenn Dir klar wird, was Du angerichtet hast. Und weißt Du, wonach ich mich noch sehne? Vielleicht, vielleicht (das ist ein ganz kleines und kränkliches «Vielleicht», aber ich halte mich an ihm fest und unterschreibe daher meinen Brief auch nicht) – vielleicht, Katja, handelt es sich trotz allem um einen raren Zufall, und es bist gar nicht Du, die diesen Schund geschrieben hat, und Dein zweideutiges, aber bezauberndes Bild ist unversehrt geblieben. In diesem Falle verzeihen Sie mir bitte, Kollege Solnzew.

Der neue Nachbar

Von verschiedenen Orten herbeizitiert, kommen die Dinge, sich hier zu versammeln; dabei haben einige nicht nur die räumliche, sondern auch die zeitliche Entfernung zu überwinden: Mit welchem Nomaden, so fragt es sich, hat man die größere Mühe, diesem oder jenem, etwa der jungen Pappel, die einmal hier in der Nähe stand, aber vor langem gefällt wurde, oder mit dem herausgegriffenen Hinterhof, der noch heute existiert, aber weit weg von hier? Bitte Beeilung.

Da kommt sie ja, die ovale kleine Pappel, über und über mit Aprillaub betupft, und nimmt Aufstellung, wo es ihr geheißen wird, nämlich an der hohen Ziegelmauer, die aus einer anderen Stadt herbeigeschafft wurde. Ihr gegenüber wächst ein tristes und schmutziges Mietshaus mit gemeinen kleinen Balkons empor, die einer wie der andere wie Schubfächer herausgezogen sind. Andere Requisiten werden über den Hof verteilt: eine Tonne, noch eine Tonne, ein zarter Laubschatten, eine Art Urne sowie ein Steinkreuz, das am Fuß der Mauer lehnt. Alles dies ist nur eine Skizze, und vieles bliebe zu ergänzen und fertigzustellen, und dennoch treten schon zwei lebendige Menschen auf ihren winzigen Balkon hinaus – Gustav und sein Bruder Anton –, und auch ein neuer Untermieter betritt bereits den Hof, Romantowski, einen Schubkarren mit einem Koffer und einem Stapel Bücher vor sich her rollend.

Vom Hof aus gesehen und ganz besonders an einem hellen Tag scheinen die Zimmer des Hauses mit dichtem Schwarz gefüllt (die Nacht ist hier oder dort immer bei uns, drinnen während des einen Teils der vierundzwanzig Stunden, draußen während des anderen). Romantowski blickte zu den schwarzen Fensteröffnungen hinauf, zu den beiden froschgesichtigen Männern, die ihn von ihrem Balkon aus beobachteten, schulterte seinen Koffer – wobei er nach vorne taumelte, als hätte ihm jemand einen Schlag auf den Kopf versetzt – und verschwand im Hausflur. Zurück blieben im Sonnenschein: der Schiebkarren mit den Büchern, eine Tonne, die andere Tonne, die blinzelnde junge Pappel sowie eine Teerinschrift auf der Ziegelmauer: *Wählt Liste* (unleserlich). Vermutlich hatten vor den Wahlen die Brüder das hingepinselt.

Folgendermaßen also wollen wir die Welt einrichten: Jeder soll schuften, jeder soll was zu essen haben. Es gibt Arbeit und was in den Bauch und wird eine richtig saubere, warme, sonnige …

(Romantowski zog nebenan ein. Das war noch schäbiger als ihres. Doch unterm Bett entdeckte er eine kleine Gummipuppe. Er schloss daraus, dass sein Vorgänger Familie gehabt haben musste.)

Obwohl die Welt immer noch nicht endgültig und vollständig zu fester Materie geworden war und verschiedene Gegenden ungreifbarer und geweihter Art enthielt, fühlten sich die Brüder behaglich und zuversichtlich. Der ältere, Gustav, arbeitete als Möbelpacker; der jüngere war im Moment arbeitslos, aber unverzagt.

Gustav hatte eine gleichmäßig gerötete Haut, borstige, blonde Augenbrauen und einen mächtigen, schrankartigen Brustkorb, der immer in einem groben, grauen Wollpullover steckte. Er trug Gummibänder, die seine Hemdsärmel an den Gelenken seiner fetten Arme hochhielten, um die Hände frei zu behalten und weil Ordnung sein muss. Antons Gesicht war voller Pockennarben, seinen Schnurrbart stutzte er in Form eines dunklen Trapezoids, und über seinem hageren, drahtigen Skelett trug er einen dunkelroten Pullover. Doch wenn sie beide ihre Ellenbogen auf die Balkonbrüstung stemmten, dann waren ihre Hinterteile völlig gleich, groß und triumphierend, und der nämliche karierte Stoff umspannte eng ihre vorragenden Gesäße.

Noch mal: Die Welt soll schwitzen und satt werden. Nichtstuer, Parasiten und Musikanten haben keinen Zutritt. Solange das Herz Blut pumpt, muss man *leben*, verdammt noch mal! Zwei Jahre lang hatte Gustav jetzt gespart, um Anna zu ehelichen, ein Büfett zu kaufen, einen Teppich.

Sie kam jeden zweiten Abend, diese dralle Person mit den fetten Armen, mit Sommersprossen auf dem breiten Nasenrücken, einem bleiernen Schatten unter den Augen und auseinanderstehenden Zähnen, von denen außerdem noch einer ausgeschlagen war. Die Brüder und sie kippten Bier in sich hinein. Sie hatte die Angewohnheit, die nackten Arme im Nacken zu verschränken und so die nass glänzenden roten Haarbüschel in den Achselhöhlen zur Besichtigung darzubieten. Den Kopf zurückgeworfen, riss sie den Mund so weit auf, dass man ihren ganzen Gaumen und das Rachenzäpfchen in Augenschein nehmen konnte, das dem Sterz eines Brathuhns ähnelte. Die Anatomie ihres Frohsinns sagte den Brüdern sehr zu. Sie kitzelten sie mit Eifer.

Tagsüber, wenn sein Bruder arbeitete, saß Anton in einer gemütlichen Kneipe oder rekelte sich inmitten der Pusteblumen auf dem kühlen, noch lebhaft grünen Gras am Kanalufer und sah voller Neid den übermütigen Rabauken zu, die einen Kahn mit Kohle beluden, oder er starrte stumpfsinnig in das leere Blau des schläfrig machenden Himmels. Doch jetzt gab es ein Hindernis in dem gut geölten Leben der Brüder.

Von dem Augenblick an, da Romantowski mit seiner Schubkarre im Hof erschienen war, hatte er bei den beiden Brüdern eine Mischung von Gereiztheit und Neugier hervorgerufen. Ihr unfehlbares Flair ließ sie spüren, dass da jemand war, der anders war als die Leute sonst. Bei einem flüchtigen Blick hätte man normalerweise nichts Besonderes an ihm bemerken können, aber die Brüder sahen es. Zum Beispiel ging er anders: Bei jedem Schritt erhob er sich auf eigentümliche Art schwungvoll auf einen Zeh und federte in die Höhe, als gewähre ihm der bloße Akt des Gehens die Gelegenheit, über den gewöhnlichen Köpfen etwas Ungewöhnliches wahrzunehmen. Er war, was man schlank nennt, sehr mager, hatte ein bleiches Gesicht mit spitzer Nase und erschreckend ruhelosen Augen. Aus den viel zu kurzen Ärmeln seiner zweireihigen Jacke staken seine langen Hände mit einer Art ärgerlicher und unsinniger Offensichtlichkeit hervor («Da wären wir: Was sollen wir anfangen?»). Er ging und kam zu unvorhersehbaren Zeiten. An einem der ersten Vormittage sichtete Anton ihn an einem Bücherstand: Er erkundigte sich nach dem Preis oder hatte tatsächlich etwas gekauft, denn der Verkäufer schlug behände zwei staubige Bände aneinander und nahm sie mit in seine Nische hinter dem Stand. Weitere Exzentrizitäten wurden bemerkt: Sein Licht brannte praktisch bis zum Morgengrauen; er war seltsam ungesellig.

Wir vernehmen Antons Stimme:

«Dieser feine Pinkel ist ein Angeber. Den sollten wir uns mal näher besehen.»

«Ich verkauf ihm die Pfeife», sagte Gustav.

Die nebelhaften Ursprünge der Pfeife. Anna hatte sie eines Tages mitgebracht, doch die Brüder akzeptierten nur Zigarillos. Eine teure Pfeife, noch gar nicht geschwärzt. In ihren Holm war ein kleines Stahlrohr eingelassen. Ein Wildlederbeutel gehörte auch dazu.

«Wer ist da? Was wollen Sie?», fragte Romantowski durch die Tür.

«Nachbarn, Nachbarn», antwortete Gustav mit tiefer Stimme

Und die Nachbarn traten ein und sahen sich gierig um. Ein Ende Wurst lag auf dem Tisch neben einem schiefen Bücherstapel; ein Buch war bei einem Schiff mit zahlreichen Segeln und einem oben in einer Ecke einherfliegenden Säugling mit aufgeblasenen Backen aufgeschlagen.

«Wir wollten uns mal bekannt machen», grummelten die Brüder. «Da wohnt man sozusagen Seite an Seite, aber irgendwie lernt man sich nie kennen.»

Die Deckplatte der Kommode teilten sich ein Spirituskocher und eine Apfelsine.

«Sehr erfreut», sagte Romantowski leise. Er setzte sich auf die Bettkante und begann, die Stirn mit entzündeter V-Ader gebeugt, die Schuhe zuzuschnüren.

«Sie haben geruht», sagte Gustav mit unheildrohender Höflichkeit. «Da kommen wir wohl ungelegen?»

Kein Wort, kein einziges Wort entgegnete der Untermieter darauf; stattdessen richtete er sich plötzlich auf, wandte sich zum Fenster, hob den Finger und erstarrte.

Die Brüder sahen hin, bemerkten am Fenster aber nichts Ungewöhnliches; es rahmte eine Wolke, den Wipfel einer Pappel und einen Teil der Ziegelmauer.

«Wieso, sehen Sie es denn nicht?», fragte Romantowski.

Der rote Pullover und der graue begaben sich zum Fenster und lehnten sich tatsächlich hinaus, nunmehr eineiige Zwillinge. Nichts. Und beide hatten plötzlich das Gefühl, dass etwas nicht stimmte, ganz und gar nicht stimmte! Sie drehten sich um. Er stand in eigenartiger Haltung neben der Kommode.

«Da muss ich mich geirrt haben», sagte Romantowski und sah sie nicht an. «Mir war, als ob was vorbeigeflogen wäre. Einmal habe ich einen Flugzeugabsturz mit angesehen.»

«So was kommt vor», pflichtete Gustav ihm bei. «Hören Sie, wir schauen nicht umsonst bei Ihnen vorbei. Möchten Sie die kaufen? Nagelneu. Ein hübsches Futteral gehört auch dazu.»

«Futteral? Ach so? Nur ich rauche kaum, müssen Sie wissen.»

«Na, dann rauchen Sie von jetzt an öfter. Wir verkaufen sie billig. Drei fünfzig.»

«Drei fünfzig. Aha.»

Er nahm die Pfeife in die Hand, biss sich auf die Unterlippe und dachte über etwas nach. Seine Augen sahen die Pfeife nicht wirklich an, sondern wanderten hin und her.

Unterdessen begannen die Brüder anzuschwellen, anzuwachsen, füllten schon das ganze Zimmer, das ganze Haus und wuchsen dann darüber hinaus. Verglichen mit ihnen war die junge Pappel inzwischen nicht größer als eines dieser Spielzeugbäumchen aus gefärbter Watte, die so wacklig auf ihren runden, grünen Füßen stehen. Das Puppenhaus, eine Angelegenheit aus staubiger Pappe mit Fensterscheiben aus Mica, reichte den Brüdern kaum an die Knie. Riesenhaft, gebieterisch nach Schweiß und Bier stinkend, mit bulliger Stimme und sinnlosem Gerede und Fäkalmasse anstelle eines menschlichen Gehirns, flößen sie einen Schauder schändlicher Furcht ein. Ich weiß nicht, warum sie mich bedrängen; ich flehe Sie an, lassen Sie mich in Ruhe. Ich fasse Sie nicht an, also fassen auch Sie mich nicht an; ich gebe ja nach, nur lassen Sie mich in Ruhe.

«Na schön, aber ich habe nicht genug Kleingeld», sagte Romantowski leise. «Wenn Sie mir also sechs fünfzig …»

Sie konnten herausgeben und gingen grinsend von dannen. Gustav hielt den Zehnmarkschein prüfend gegen das Licht und schloss ihn dann in eine eiserne Sparbüchse ein.

Trotzdem ließen sie ihren Zimmernachbarn nicht in Frieden. Es machte sie geradezu verrückt, dass jemand so unzugänglich blieb wie zuvor, obwohl sie doch jetzt mit ihm bekannt waren. Er vermied es, ihnen zu begegnen: Man musste ihm auflauern und ihm eine Falle stellen, um ihm flüchtig in die ausweichenden Augen zu sehen. Als er das nächtliche Leben von Romantowskis Lampe entdeckt hatte, hielt Anton es nicht länger aus. Er schlich barfuß an die Tür (unter der ein straffer Faden goldenen Lichts hervorsah) und klopfte.

Romantowski antwortete nicht.

«Schlafen, schlafen», sagte Anton und schlug mit der flachen Hand an die Tür.

Still drang das Licht aus der Ritze. Anton rüttelte an der Klinke. Der goldene Faden riss.

Daraufhin organisierten beide Brüder (aber vor allem Anton, der ja keine Arbeit hatte) die Bewachung der Schlaflosigkeit ihres Nachbarn. Der Feind jedoch war schlau und mit einem feinen Gehör ausgestattet. Egal, wie leise man sich der Tür auch näherte, sein Licht erlosch auf der Stelle, als wäre es nie da gewesen; und nur wenn man eine ganze Weile im kalten Korridor stehen blieb und den Atem anhielt, konnte man hoffen, die Rückkehr des hellhörigen Strahls zu erleben. So fallen Käfer in Ohnmacht und kommen wieder zu sich.

Die Aufgabe der Überwachung erwies sich als überaus anstrengend. Endlich gelang es den Brüdern, ihn auf der Treppe zu erwischen und zu stellen.

«Angenommen, ich habe die Angewohnheit, nachts zu lesen. Was geht Sie das an? Lassen Sie mich bitte vorbei.»

Als er sich wegwandte, schlug ihm Gustav aus Spaß den Hut vom Kopf. Romantowski hob ihn wortlos wieder auf.

Ein paar Tage später bei Nachtanbruch – er kam gerade vom Klosett und schaffte es nicht, schnell genug in sein Zimmer zurückzuhuschen – rotteten sich die Brüder um ihn zusammen. Obwohl nur zu zweit, brachten sie es dennoch zuwege, eine Rotte zu bilden. Sie luden ihn in ihr Zimmer ein.

«Es gibt auch Bier», sagte Gustav augenzwinkernd.

Er versuchte abzulehnen.

«Na, kommen Sie schon!», riefen die Brüder; sie fassten ihn unter den Armen und schleppten ihn fort (dabei fühlten sie, wie dünn er war – diese Schwäche, diese Magerkeit unter den Achseln war eine unwiderstehliche Versuchung ... ja, ordentlich zudrücken, dass es knirscht, ja, schwer sich zu beherrschen, da wollen wir wenigstens im Gehen mal zulangen, nur einmal, ein bisschen ...).

«Sie tun mir weh», sagte Romantowski. «Lassen Sie mich in Ruhe, ich kann allein gehen.»

Das verheißene Bier, der große Mund von Gustavs Braut, ein schwerer Geruch im Zimmer. Sie suchten ihn betrunken zu machen. Ohne Kragen, mit einem kupfernen Kragenknopf unter dem auffälligen und schutzlosen Adamsapfel, das Gesicht lang und bleich, die Wimpern zuckend – so saß er in verwinkelter Haltung da, teils zusammengefaltet, teils auseinandergebogen, und als er sich vom Stuhl erhob, schien er sich wie eine Spirale abzuwickeln. Sie zwangen ihn jedoch, sich wieder zusammenzurollen, und auf ihr Geheiß setzte sich Anna auf seinen Schoß. Immer wieder schielte er auf ihren geschwollenen Spann im Harnisch eines engen Schuhs, bezwang seine dumpfe Qual jedoch, so gut er konnte, da er nicht wagte, das träge rothaarige Weibsstück abzuschütteln.

Es kam ein Moment, als es ihnen so schien, als sei er gebrochen, als sei er einer der Ihren geworden. Tatsächlich sagte Gustav: «Siehst du, es war albern von dir, auf uns herabzusehen. Wir finden es kränkend, dass du alles für dich behältst. Was liest du denn so die ganze Nacht?»

«Alte, alte Geschichten», erwiderte Romantowski in einem Ton, dass die Brüder plötzlich große Langeweile überkam. Es war eine erstickende und gehässige Langeweile, aber das Bier verhinderte, dass das Gewitter sich entlud, und machte im Gegenteil die Augenlider schwer. Anna glitt von Romantowskis Knie und stieß mit einer beschwipsten Hüfte gegen den Tisch; leere Flaschen schwankten wie Kegel, eine fiel um. Die Brüder bückten sich, torkelten, gähnten und sahen mit schläfrigen Augen immer noch zu ihrem Gast hin. Vibrierend und Strahlen aussendend, dehnte er sich, wurde immer dünner und verschwand allmählich.

So geht das nicht weiter. Er vergällt anständigen Leuten das Leben. Schließlich kommt es noch so weit, dass er Ende des Monats auszieht – intakt, heil, niemals auseinandergenommen, eingebildet umherstolzierend. Nicht genug, dass er sich anders als andere Leute bewegt und atmet; das Vertrackte ist, dass wir den Unterschied einfach nicht zu fassen bekommen, dass wir die Ohrenspitze nicht packen können, an der man das Kaninchen hervorziehen kann. Ein Gräuel ist alles, was sich nicht berühren, messen, zählen lässt.

Eine Reihe trivialer Foltern begann. Am Montag gelang es ihnen, sein Bettlaken mit Kartoffelmehl zu bestreuen, das angeblich wahnsinnig juckt. Am Dienstag lauerten sie ihm an der Ecke ihrer Straße auf (er hatte Bücher bei sich, die er an die Brust gepresst hielt) und rempelten ihn so gekonnt an, dass seine Last in der von ihnen ausgesuchten Pfütze landete. Am Mittwoch bestrichen sie den Klosettsitz mit Tischlerleim. Am Donnerstag war ihre Phantasie versiegt.

Er sagte nichts, gar nichts. Am Freitag holte er mit seinem fliegenden Gang Anton am Hoftor ein und bot ihm eine Illustrierte an – wollen Sie sich die vielleicht mal anschauen? Diese unerwartete Höflichkeit verwirrte die Brüder und trieb sie nur noch mehr zur Weißglut.

Gustav trug seiner Braut auf, Romantowski anzumachen, was einem Gelegenheit gäbe, einen Streit mit ihm vom Zaun zu brechen. Unwillkürlich bringt man einen Fußball ins Rollen, ehe man zutritt. Übermütigen Tieren ist etwas Bewegliches auch lieber. Und obwohl Anna mit ihren käferbraunen Sommersprossen auf der milchweißen Haut, dem leeren Blick ihrer hellen Augen und den kleinen, nassen Fleischvorgebirgen zwischen den Zähnen Romantowski zweifellos höchst zuwider war, hielt er es für angezeigt, seinen Widerwillen zu verbergen, denn er befürchtete, Annas Liebhaber zu kränken, wenn er sie verschmähte.

Da er trotz allem einmal in der Woche ins Kino ging, nahm er sie am Sonnabend mit, in der Hoffnung, diese Aufmerksamkeit werde reichen. Unbemerkt schlichen die Brüder in diskretem Abstand hinter dem Paar her, beide mit neuen Mützen und orangeroten Schuhen angetan, und in dieser staubigen Dämmerung gab es Hunderte ihresgleichen, aber nur einen Romantowski.

Im kleinen, länglichen Kino hatte das Geflimmer der Nacht begonnen, einer selbstgemachten Mondnacht, als die Brüder verstohlen geduckt in der letzten Reihe Platz nahmen. Irgendwo vor sich spürten sie die dunkel köstliche Anwesenheit Romantowskis. Auf dem Weg zum Kino war es Anna nicht gelungen, ihrem unangenehmen Begleiter irgendetwas zu entlocken, und es war ihr auch nicht ganz klar, was Gustav eigentlich von ihm wollte. Unterwegs hätte sie beim bloßen Anblick seiner mageren Figur und seines melancholischen Profils am liebsten gegähnt. Doch als dann der Film begann, vergaß sie ihn völlig und drückte eine empfindungslose Schulter an ihn. Auf der neumodischen Tonleinwand konversierten Gespenster in Trompetentönen. Der Baron kostete seinen Wein und setzte vorsichtig das Glas ab – mit dem Geräusch einer zu Boden fallenden Kanonenkugel.

Und nach einer Weile verfolgten die Detektive den Baron. Wer hätte in ihm den Meisterschurken erkannt? Er wurde leidenschaftlich, hektisch gejagt. Automobile sausten mit Donnergetöse. In einem Nachtclub schlugen sie sich mit Flaschen, Stühlen, Tischen. Eine Mutter brachte ein süßes Kind zu Bett.

Als alles zu Ende war und Romantowski ihr leicht stolpernd in die kühle Dunkelheit hinaus folgte, rief Anna: «Ach, war das wunderbar!»

Er räusperte sich und sagte nach einer Pause: «Wir wollen nicht übertreiben. Im wirklichen Leben ist alles viel langweiliger.»

«Sie sind selber langweilig», gab sie verärgert zurück, lachte aber gleich darauf leise in sich hinein, da sie an das hübsche Kind denken musste.

Die Brüder gingen im gleichen Abstand wie zuvor hinter ihnen her. Beide waren finster. Beide pumpten sich mit finsterer Gewalt auf. Finster sagte Anton: «So was gehört sich schließlich nicht – mit der Verlobten von jemand anders auszugehen.»

«Und dann auch noch am Sonnabendabend», sagte Gustav.

Ein Fußgänger, der an ihnen vorüberkam, sah ihnen zufällig ins Gesicht – und ging unwillkürlich schneller.

Der Nachtwind trieb raschelnden Müll an den Zäunen entlang. Es war eine dunkle und öde Gegend Berlins. Zur Linken blinzelten weit von der Straße verstreute Lichter über dem Kanal. Zur Rechten befand sich ein unbebautes Gelände, dem ein paar hastig silhouettierte Häuser den schwarzen Rücken zuwandten. Nach einer Weile beschleunigten die Brüder den Schritt.

«Meine Mutter und Schwester wohnen auf dem Land», erzählte ihm Anna mit recht gemütlichem Unterton inmitten der samtenen Nacht. «Wenn ich verheiratet bin, dann fahre ich mit ihm hoffentlich zu ihnen auf Besuch. Vorigen Sommer hat meine Schwester …» Romantowski blickte sich plötzlich um.

«… in der Lotterie gewonnen», fuhr Anna fort und sah sich mechanisch ebenfalls um.

Gustav stieß einen klangvollen Pfiff aus.

«Ach so, die sind das!», rief Anna und brach in freudiges Lachen aus. «Das sind vielleicht Schlingel.»

«'n Abend, 'n Abend», sagte Gustav hastig und außer Atem. «Was tust du hier mit meiner Braut, du Esel?»

«Ich tue gar nichts. Wir waren gerade …»

«Soso», sagte Anton, holte mit dem Ellbogen aus und schlug Romantowski forsch in die Rippen.

«Bitte, nicht die Fäuste. Sie wissen ganz genau …»

«Lasst ihn in Ruhe, Jungs», sagte Anna mit leisem Kichern.

«Der muss eine Lektion kriegen», sagte Gustav, der warm wurde und mit glühender Vorfreude schon jetzt fühlte, wie er dem Beispiel seines Bruders folgen und diese Knorpel, dieses zerbrechliche Rückgrat zwischen den Fingern spüren würde.

«Übrigens ist mir neulich was Komisches passiert», hob Romantowski rasch an, doch da begann Gustav die gewaltigen Klumpen seiner Pranken in die Flanken seines Opfers zu rammen und zu bohren und ihm ganz unbeschreibliche Schmerzen zuzufügen. Beim Zurücktorkeln rutschte Romantowski aus und wäre beinahe hingefallen: Ein Sturz hätte den augenblicklichen Tod bedeutet.

«Lasst ihn doch», sagte Anna.

Er machte kehrt und ging, den Arm in die Seite gepresst, an den dunklen raschelnden Zäunen entlang. Die Brüder folgten ihm dicht auf den Fersen. In Gustav grollte die Qual des Blutdurstes, und jeden Moment konnte aus diesem Grollen ein Schlag werden.

In der Ferne vor ihm versprach ein helles Flimmern Sicherheit; es bedeutete eine erleuchtete Straße, und obwohl wahrscheinlich nur eine einzige, einsame Laterne dort brannte, schien dieser Schlitz in der Schwärze eine wunderbare, festliche Lichterpracht, eine strahlende Gegend der Seligkeit voller geretteter Menschen. Er wusste, wenn er losliefe, wäre das das Ende, denn er konnte nicht schnell genug dorthin gelangen; er musste ruhig und gleichmäßig gehen, den Mund halten und die Hand nicht gegen die brennenden Rippen zu pressen versuchen, dann konnte er es vielleicht schaffen. So ging er mit seinem gewöhnlichen federnden Schritt und erweckte den Eindruck, er tue es absichtlich, um sich über Nichtflieger lustig zu machen, und würde im nächsten Augenblick abheben.

Annas Stimme: «Gustav, lass die Finger von ihm. Du weißt genau, du kannst dann nicht wieder aufhören. Denk dran, was du damals mit diesem Maurer gemacht hast.»

«Halt die Schnauze, Alte, schreib ihm nicht vor, was er zu tun hat.» (Das ist Antons Stimme.) Endlich, jetzt war die Gegend des Lichts – wo schon das Laub einer Kastanie auszumachen war und etwas, das wie eine Litfaßsäule aussah, und links ein Stück weiter weg eine Brücke –, dieses atemlos wartenden, flehenden Lichts endlich, endlich nicht mehr gar so fern … Und trotzdem durfte man nicht rennen. Und obwohl ihm bewusst war, dass er einen verhängnisvollen Fehler beging, flog er plötzlich unwillkürlich auf und schoss aufstöhnend davon.

Er rannte und schien beim Rennen triumphierend zu lachen. Gustav holte ihn mit ein paar Sätzen ein. Beide stürzten, und in das wütende Ratschen und Knirschen mischte sich ein besonderer Laut – glatt und feucht, einmal, ein zweites Mal, bis ans Heft –, und dann floh Anna schleunigst ins Dunkel, den Hut in der Hand.

Gustav stand auf. Romantowski lag auf dem Boden und sprach Polnisch. Plötzlich brach seine Stimme ab.

«Und jetzt nichts wie weg», sagte Gustav. «Ich hab ihn fertiggemacht.»

«Zieh es raus», sagte Anton, «zieh es aus ihm raus.»

«Hab ich schon», sagte Gustav. «Mann, hab ich den fertiggemacht.»

Sie eilten davon, aber nicht auf das Licht zu, sondern über das dunkle Ödgelände. Als sie am Friedhof vorbei waren, kamen sie zu einem Gehweg, sahen sich an und verlangsamten den Schritt zu einer normalen Gangart.

Als sie nach Hause kamen, schliefen sie sofort ein. Anton träumte, er säße im Gras und sähe einen Kahn vorüberziehen. Gustav träumte nichts.

Früh am nächsten Morgen erschienen Polizisten; sie durchsuchten das Zimmer des Ermordeten und stellten Anton, der in den Flur herausgekommen war, kurz ein paar Fragen. Gustav blieb satt und schläfrig im Bett, sein Gesicht die Farbe westfälischen Schinkens, im Gegensatz zu den weißlichen Büscheln seiner Augenbrauen.

Bald ging die Polizei, und Anton kam wieder herein. Er war ungewohnt aufgekratzt, prustete vor Lachen, ging immer wieder in die Knie und schlug geräuschlos eine Faust in den Handteller.

«Ein Witz!», sagte er. «Weißt du, was der Kerl war? Ein Blütenmacher!»

Und Anton erzählte, was er in Erfahrung gebracht hatte: Der Kerl gehörte zu einer Bande und war gerade aus dem Gefängnis entlassen worden. Davor hatte er Banknoten gefälscht; zweifellos hatte ihn ein Komplize erstochen.

Auch Gustav schüttelte sich vor Heiterkeit, doch dann änderte sich plötzlich sein Gesichtsausdruck.

«Er hat uns seine Blüte angedreht, der Gauner!», rief Gustav und lief nackt zum Schrank, wo er seine Sparbüchse verwahrte.

«Macht nichts, wir werden sie schon los», sagte sein Bruder. «Wer nichts davon versteht, merkt es nicht.»

«Ja, aber was für ein Gauner!», sagte Gustav immer wieder.

Mein armer Romantowski! Und da habe ich wie sie gemeint, du wärest wirklich etwas Besonderes. Ich gestehe es, ich habe gemeint, du wärest ein bemerkenswerter Dichter, den die Armut genötigt hatte, in diesem finsteren Viertel zu wohnen. Ich habe kraft gewisser Anzeichen gemeint, dass du Nacht für Nacht einen unanfechtbaren Sieg über die Brüder feiertest, indem du an einer Verszeile arbeitetest oder einer anwachsenden Idee nachsannst. Mein armer Romantowski! Jetzt ist alles aus. Die Dinge, die ich versammelt hatte, machen sich leider wieder davon. Die junge Pappel verschwimmt und hebt ab – um dorthin zurückzukehren, wo sie hergeholt worden war. Die Ziegelmauer löst sich auf. Das Haus zieht seine kleinen Balkons einen um den anderen ein, macht kehrt und schwebt von dannen. Alles schwebt von dannen. Harmonie und Bedeutung zerrinnen. Wieder verdrießt mich die Welt mit ihrer bunten Leere.

Der Kreis

ZWEITENS, weil ihn jäh ein wahnsinniges Verlangen nach Russland gepackt hatte. Drittens schließlich, weil er jenen Jugendjahren nachtrauerte und allem, was mit ihnen zusammenhing – dem wilden Groll, der Ungeschlachtheit, der Inbrunst und den blendend grünen Morgenfrühen, wenn einem das Unterholz mit seinen Goldamseln betäubend in den Ohren lag. Während er so in dem Café saß und die blasser werdende Süße seines Cassis mit Sodawasser aus dem Siphon immer weiter verdünnte, erinnerte er sich der Vergangenheit mit Herzbeklemmen, mit Wehmut – welcher Art Wehmut? Nun, einer bisher nicht ausreichend erforschten Wehmut. Von einem Seufzer emporgebracht, hob sich diese ferne Vergangenheit mit seiner Brust, und langsam stand sein Vater aus dem Grabe auf und straffte die Schultern: Ilja Iljitsch Bytschkow, *le maître d'école chez nous au village*[5], mit vorgeplusterter schwarzer Krawatte, die zu einem pittoresken Knoten gebunden war, und einer Pongéjacke, deren Knöpfe nach alter Art hoch oben am Brustbein begannen, aber auch weit oben endeten, sodass die auseinanderweichenden Jackenschöße die Uhrkette über der Weste frei ließen; seine Gesichtsfarbe war rötlich, sein Kopf kahl, aber mit einem zarten Flaum bedeckt, der an das samtige Frühlingsgeweih eines Hirschs erinnerte; auf seinen Wangen waren eine

Menge Fältchen und neben der Nase eine fleischige Warze, die wirkte, als beschreibe der Nasenflügel eine weitere Volute. In seiner Gymnasial- und Universitätszeit fuhr Innokentij an Feiertagen zu seinem Vater nach Leschino hinaus. Wenn er noch tiefer tauchte, konnte er sich an den Abriss der alten Schule am Ende des Dorfs erinnern, die Bereitung des Bodens für ihre Nachfolgerin, die Grundsteinlegung, den Gottesdienst im Wind, daran, wie Graf Konstantin Godunow-Tscherdynzew die traditionelle Goldmünze geworfen hatte und diese hochkant im Lehm stecken geblieben war. Das neue Gebäude war außen von einem körnigen, granitenen Grau; drinnen roch es für mehrere Jahre und dann über eine weitere lange Zeit hin (als es nämlich in die Belegschaft der Erinnerung eintrat) sonnig nach Kleister; die Klassen zierten glänzende pädagogische Hilfsmittel wie die vergrößerten Porträts von Insekten, die in Flur und Wald Schaden anrichteten; doch Innokentij fand die ausgestopften Vögel, die Godunow-Tscherdynzew zur Verfügung gestellt hatte, noch irritierender. Mit dem gemeinen Volk anzubändeln! Doch, er sah sich selber als gestrengen Plebejer: Hass (so schien es zumindest) würgte ihn, wenn er über den Fluss hinweg in den großen, herrschaftlichen Park spähte, der schwer war von uralten Privilegien und kaiserlichen Vergünstigungen und das Spiegelbild seiner schwarzen Massen (mit dem Sahnefleck eines Traubengewächses, das hier und da zwischen den Tannen blühte) auf das grüne Wasser warf.

Die neue Schule wurde an der Schwelle dieses Jahrhunderts gebaut, zu einer Zeit, als Godunow-Tscherdynzew von seiner fünften Expedition nach Mittelasien zurückgekehrt war und mit seiner jungen Frau (mit vierzig war er doppelt so alt wie sie) den Sommer in Leschino verbrachte, seinem Landsitz im Gouvernement St. Petersburg. In welche Tiefen war man geraten, gütiger Himmel! In einem schmelzenden kristallklaren Dunst, so, als begebe sich alles unter Wasser, sah sich Innokentij als Junge von drei oder vier Jahren das Herrenhaus betreten und durch prachtvolle Räume schweben, während sein Vater auf Zehenspitzen ging, einen feuchten Maiglöckchenstrauß so fest in der Hand, dass der quietschte – und auch um sie her schien alles feucht, ein leuchtender, quietschender, zittriger Dunst, der alles war, was sich ausmachen ließ –, doch in späteren Jahren verwandelte es sich in eine beschämende Erinnerung, die Blumen seines Vaters, die Zehenspitzenschritte und die schwitzenden Schläfen wurden dunkel zu einem Symbol dankbarer Knechtschaft, besonders nachdem Innokentij von einem alten Bauern erfahren hatte, dass Ilja Iljitsch von «unserm guten Herrn» aus einer trivialen, aber klebrigen politischen Affäre herausgelöst worden war, für die er ohne die Intervention des Grafen in die entlegenste Provinz des Reiches verbannt worden wäre.

Tanja sagte immer, sie hätten nicht nur im Tierreich, sondern auch unter den Pflanzen und Mineralien Verwandte. Und tatsächlich hatten russische und ausländische Naturforscher unter dem Artnamen *«godunovi»* einen neuen Fasan, eine neue Antilope, einen neuen Rhododendron beschrieben, und es gab sogar ein ganzes Godunow-Gebirge (er selber beschrieb nur Insekten). Diese seine Entdeckungen, seine herausragenden Beiträge zur Zoologie und die tausend Gefahren, für deren Nichtachtung er berühmt war, bewogen die Leute indessen nicht dazu, nachsichtig über seine hohe Abkunft und seinen großen Reichtum hinwegzusehen. Außerdem wollen wir nicht vergessen, dass gewisse Teile unserer Intelligenzija immer verachtungsvoll auf alle nichtangewandte wissenschaftliche Forschung herabgesehen hatten, und darum wurde Godunow getadelt, dass er sich mehr für «Sinkiang-Käfer» als für die Not der russischen Bauern interessiere. Bereitwillig schenkte der junge Innokentij den (in Wahrheit idiotischen) Geschichten über die Reisekonkubinen des Grafen Glauben, seine chinesisch anmutende Unmenschlichkeit und die Geheimaufträge, die er angeblich für den Zaren erledigte – um den Engländern eins auszuwischen. Die Wirklichkeit seines Bildes blieb undeutlich: eine nackte Hand, die ein Goldstück warf (und in der noch früheren Erinnerung jener Besuch im Herrenhaus, dessen Herrn das Kind mit einem himmelblau gekleideten Kalmücken verwechselte, dem man auf dem Weg durch einen Empfangssaal begegnet war). Dann brach Godunow aufs neue auf, nach Samarkand oder Wernyj[6] (Städte, in denen seine märchenhaften Wanderungen üblicherweise ihren Ausgang nahmen), und blieb lange fort. Inzwischen verbrachte seine Familie, die den Landsitz auf der Krim offenbar dem petropolitanischen vorzog, den Sommer im Süden. Die Winter über hielten sie sich in der Hauptstadt auf. Dort auf dem Kai stand ihr Haus, eine zweistöckige, oliv gestrichene Privatresidenz. Manchmal kam Innokentij zufällig vorbei; sein Gedächtnis behielt die femininen Formen einer Statue, deren gedelltes, zuckerweißes Gesäß durch die gemusterte Gaze hinter einer großen Glasfensterscheibe zu sehen war. Olivbraune Atlanten mit stark gewölbten Rippen trugen einen Balkon: Die Anspannung ihrer steinernen Muskeln und ihre qualvoll verdrehten Münder kamen unserem stürmischen Oberklässler wie eine Allegorie des versklavten Proletariats vor. Ein paarmal erhaschte er auf jenem Kai im böigen Newa-Frühling einen Blick auf das kleine Godunow-Mädchen mit seinem Foxterrier und seiner Gouvernante; sie wirbelten geradezu vorüber und waren doch so lebhaft umrissen: Tanja trug bis zum Knie geschnürte Stiefel und einen kurzen, marineblauen Mantel mit knaufartigen Messingknöpfen, und als sie rasch vorbeimarschierte, schlug sie auf die Falten ihres kurzen, marineblauen Rocks ein – womit? ich glaube, mit der Hundeleine, die sie bei sich trug –, und der Ladoga-Wind zauste an den Bändern ihrer Matrosenmütze, und ein Stück hinter ihr drein kam ihre Gouvernante geeilt, mit einer Persianerjacke angetan, in der Taille geknickt, einen Arm vorgestreckt, die Hand in einem Muff aus dichtgelocktem schwarzem Fell.

Er wohnte bei seiner Tante, einer Näherin, in einer Wohnung in Ochta. Er war mürrisch, ungesellig, verwendete gewichtige, stöhnende Mühe auf seine Schularbeiten, während er seinen Ehrgeiz auf ein gerade noch ausreichendes Zeugnis beschränkte, machte aber zu jedermanns Erstaunen einen brillanten Schulabschluss und begann mit achtzehn an der Petersburger Universität Medizin zu studieren – ein Punkt, an dem seines Vaters Verehrung für Godunow-Tscherdynzew geheimnisvoll zunahm. Einen Sommer verbrachte er als Privatlehrer bei einer Familie in Twer. Im Mai des folgenden Jahres, 1914, war er im Dorf Leschino zurück – und entdeckte nicht ohne Bestürzung, dass das Herrenhaus jenseits des Flusses zum Leben erwacht war.

Mehr über jenen Fluss, über sein steiles Ufer, über sein altes Badehaus. Es war dies ein Holzbau, der auf Pfählen stand; ein gestufter Pfad mit einer Kröte auf jeder zweiten Stufe führte zu ihm hinunter, und nicht jeder hätte den Anfang jenes lehmigen Abstiegs im Erlendickicht hinter der Kirche finden können. Sein ständiger Gefährte beim Zeitvertreib unten am Ufer war Wassilij, der Sohn des Schmieds, ein Bursche von unbestimmbarem Alter (er konnte selber nicht sagen, ob er fünfzehn war oder gut zwanzig), kräftiger Statur, linkisch, in knappen, geflickten Hosen, mit riesigen bloßen Füßen von der Farbe schmutziger Mohrrüben und einer Gemütsverfassung, die genauso finster war wie in jener Zeit die von Innokentij. Die Kiefernholzstapel warfen ziehharmonikaförmige Spiegelbilder, die sich auf dem Wasser hin und her krümmten. Gurgelnde und schmatzende Geräusche kamen unter den fauligen Brettern des Badehauses hervor. In einer runden, mit Erde verschmierten Blechbüchse in der Gestalt eines Füllhorns – sie hatte einst billige Fruchtdrops enthalten – ringelten sich matte Würmer. Wassilij streifte ein dickes Wurmsegment über den Haken, achtete darauf, dass dessen Spitze nicht herausragte, und ließ den Rest überhängen; dann würzte er den Unglückswurm mit glückbringender Spucke und ließ die bleibeschwerte Schnur über das äußere Geländer des Badehauses herab. Der Abend war angebrochen. Etwas, das einem breiten Fächer aus violetten und rosafarbenen Federn oder einem ätherischen Gebirgszug mit seitlichen Dornen ähnlich sah, zog sich quer über den Himmel, und schon schossen mit der übertriebenen Lautlosigkeit und der unheilvollen Schnelligkeit membranversehener Wesen Fledermäuse durch die Luft. Die Fische hatten anzubeißen begonnen, und Wassilij, der den Gebrauch einer Rute verschmähte und einfach die sich spannende und ruckende Schnur zwischen Daumen und Zeigefinger hielt, zog leicht, ganz leicht an ihr, um die Festigkeit der Unterwasserspasmen zu testen – und zog plötzlich eine Plötze oder einen Gründling an Land. Lässig, ja mit einer Art rücksichtslosem Knistern und Knacken drehte er den Haken aus dem zahnlosen, runden kleinen Mund und tat das rasende Wesen (dem rosiges Blut aus einer zerrissenen Kieme sickerte) in ein Glasgefäß, in dem mit vorgeschobener Unterlippe schon ein Döbel schwamm. Das Angeln ging bei warmem, bedecktem Wetter besonders gut, wenn der Regen, in der Luft unsichtbar, das Wasser mit einander überschneidenden, sich weitenden Kreisen überzog, zwischen denen hier und da ein Kreis anderen Ursprungs mit einer plötzlichen Mitte erschien: der Sprung eines Fisches, der sofort wieder verschwunden war, oder der Fall eines Blattes, das mit der Strömung davonsegelte. Und wie köstlich es war, in jenem lauwarmen Nieselregen schwimmen zu gehen, dort, wo sich zwei homogene, aber verschieden geformte Elemente trafen und vermengten – das breite Flusswasser und das schmale, himmlische! Innokentij nahm sein Bad mit Verstand und rubbelte sich hinterher lange mit einem Handtuch ab. Die Bauernjungen dagegen tummelten sich bis zur völligen Erschöpfung im Wasser; zitternd vor Kälte, mit klappernden Zähnen und einer schleimigen Rotzfahne von der Nase zur Lippe hüpften sie schließlich auf einem Fuß, um ihre Hosen über die nassen Oberschenkel zu ziehen.

Jenen Sommer war Innokentij finsterer denn je und sprach kaum mit seinem Vater, sondern beschränkte sich auf Gemurmel und «Hms». Ilja Iljitsch seinerseits wurde in Gegenwart seines Sohnes sonderbar verlegen – hauptsächlich, weil er mit Schrecken und Zärtlichkeit annahm, Innokentij lebe wie er selber in seinem Alter mit ganzem Herzen in der reinen Welt des Untergrunds. Das Zimmer von Schulmeister Bytschkow: Staubkörnchen in einem schrägen Sonnenstrahl; von jenem Strahl beleuchtet, ein kleiner Tisch, den er mit eigenen Händen gebaut hatte, dessen Platte er lackiert und mit einer pyrographischen Zeichnung verziert hatte; auf dem Tisch ein Photo seiner Frau in einem Samtrahmen – so jung, in einem so hübschen Kleid, mit einer kleinen Pelerine und einem Korsettgürtel, mit einem bezaubernd ovalen Gesicht (diese Ovalität entsprach in den neunziger Jahren des vorigen Jahrhunderts dem weiblichen Schönheitsideal); neben dem Photo ein gläserner Papierbeschwerer mit einer Ansicht der Krim aus Perlmutt im Innern und ein Stoffhahn zum Abwischen der Schreibfedern; und an der Wand darüber zwischen zwei Flügelfenstern ein Porträt von Lew Tolstoj, ganz aus dem in mikroskopischer Schrift gedruckten Text einer seiner Geschichten zusammengesetzt. Innokentij schlief auf einer Ledercouch in einer kleineren Kammer nebenan. Nach einem langen Tag an der frischen Luft hatte er einen gesunden Schlaf; manchmal jedoch nahm ein Traumbild eine erotische Wende, die Macht seiner Erregung trug ihn aus dem Kreis des Schlafes hinaus, und für eine kurze Weile blieb er in der gleichen Haltung liegen, dermaßen geniert, dass er sich nicht rühren mochte.

Morgens ging er in den Wald, ein medizinisches Handbuch unterm Arm und beide Hände unter die quastengeschmückte Kordel geschoben, die seine weiße Russenbluse zusammenraffte. Seine Studentenmütze, gemäß linkem Brauch schräg getragen, ließ Locken braunen Haars in seine unebene Stirn fallen. Seine Brauen waren ständig gerunzelt. Er hätte recht gut ausgesehen, wären seine Lippen weniger aufgeworfen gewesen. Im Wald setzte er sich auf den dicken Stamm einer Birke, die unlängst von einem Gewitter gefällt worden war (und die von dem Schreck noch an allen ihren Blättern zitterte), und rauchte und hielt mit seinem Buch das Rinnsal eilender Ameisen auf und versank in dunkles Sinnen. Ein einsamer, beeindruckbarer und leicht gekränkter junger Mann, empfand er den sozialen Aspekt der Dinge mit ungewöhnlicher Schärfe. Alles, was mit dem Godunow'schen Landleben zu tun hatte, war ihm ein Gräuel, etwa ihr Gesinde – «Gesinde», wiederholte er und rümpfte mit wollüstigem Ekel die Nase. Zu diesem zählte er den dicklichen Chauffeur mit seinen Sommersprossen, seiner Cordlivree, seinen orangebraunen, hohen Gamaschen und seinem steifen Kragen, der eine Falte des rostbraunen Nackens hochstemmte, welcher purpurn anlief, wenn er im Wagenschuppen das nicht weniger empörende Cabriolet mit seinen glänzend roten Ledersitzen ankurbelte; und den senilen Lakaien mit grauen Koteletten, dazu angestellt, neugeborenen Foxterriern den Schwanz abzubeißen; und den englischen Hauslehrer, den man ohne Hut, mit einem Regenmantel und weißen Hosen durch das Dorf gehen sah – was die witzelnden Dorfjungen an Unterhosen und barhäuptige religiöse Prozessionen erinnerte; und die Bauernmädchen, die angeheuert worden waren, Morgen für Morgen die Parkalleen zu jäten, unter der Aufsicht eines der Gärtner, eines tauben kleinen Buckligen mit einem rosa Hemd, der zum Abschluss den Sand neben der Veranda mit besonderem Eifer und uralter Ergebenheit fegte. Das Buch noch immer unterm Arm – welches ihn daran hinderte, die Arme übereinanderzuschlagen, was er gern getan hätte –, lehnte Innokentij an einem Baum im Park und nahm mürrisch das eine oder andere in Augenschein, etwa das glänzende Dach des weißen Herrenhauses, das noch nicht wach war.

Das erste Mal in jenem Sommer sah er sie spät im Mai (alter Stil[7]) von der Kuppe eines Hügels aus. Ein Reiterzug erschien auf der Straße, die sich um seinen Fuß wand: Tanja im Herrensitz vorweg auf einem hellen Braunen; als Nächster Graf Godunow-Tscherdynzew selber, ein unbedeutend aussehender Mensch auf einem seltsam kleinen Passgänger; nach ihnen der Engländer in Breeches; dann irgendein Cousin; und als Letzter Tanjas Bruder, ein etwa dreizehnjähriger Junge, der seinem Reitpferd plötzlich die Sporen gab, alle überholte und das steile Stück zum Dorf hinauf galoppierte, die Ellbogen nach Jockey-Art abgespreizt.

Danach kamen noch einige zufällige Begegnungen und schließlich … Na schön, dann wollen wir mal. Fertig? An einem heißen Tag Mitte Juni …

An einem heißen Tag Mitte Juni gingen Mäher sensenschwingend zu beiden Seiten des Pfades, der zum

Herrenhaus führte, und das Hemd eines jeden blieb abwechselnd bald am rechten, bald am linken Schulterblatt kleben. «Gott helfe euch!», sagte Ilja Iljitsch – der traditionelle Gruß, den ein Vorübergehender arbeitenden Männern entbietet. Er hatte seinen besten Hut auf, einen Panama, und trug einen Strauß malvenfarbener Sumpforchideen. Innokentij ging schweigend neben ihm her und bewegte kreisförmig den Mund (er knackte Sonnenblumensamen zwischen den Zähnen und kaute gleichzeitig die Kerne). Sie näherten sich dem Park um das Herrenhaus. An einem Ende des Tennisplatzes tunkte der taube rosafarbene zwergenhafte Gärtner, der sich jetzt eine Arbeiterschürze umgebunden hatte, einen Pinsel in einen Eimer und zog dann, tief gebückt rückwärtsgehend, einen dicken sahnigen Strich auf den Boden. «Gott helfe dir!», sagte Ilja Iljitsch im Vorübergehen.

Der Tisch war in der Hauptallee gedeckt; der tüpflige russische Sonnenschein spielte auf dem Tischtuch. Mit einem Brusttuch angetan, das stahlfarbene Haar glatt zurückgekämmt, schöpfte die Haushälterin schon Schokolade in dunkelblaue Tassen, die die Diener kredenzten. Aus der Nähe sah man dem Grafen sein Alter an: Sein gelblicher Bart hatte aschige Strähnen, und von den Augen zu den Schläfen hin fächerten Falten aus; er stellte einen Fuß auf den Rand einer Gartenbank und ließ einen Foxterrier springen: Der Hund sprang nicht nur sehr hoch, um den bereits nassen Ball zu schnappen, den der Graf hielt, sondern brachte es tatsächlich fertig, sich mitten in der Luft durch einen zusätzlichen Ruck seines ganzen Körpers noch höher zu wuchten. Gräfin Elisaweta Godunow, eine große, rosige Frau mit wabbligem Hut, kam mit einer anderen Dame, auf die sie lebhaft einredete, aus dem Garten herauf und machte die wegwerfende beidhändige russische Gebärde ungewissen Entsetzens. Ilja Iljitsch stand mit seinem Blumenstrauß da und verneigte sich. Im bunten Dunst (wie Innokentij es sah, der von höchster Verlegenheit befallen war, obwohl er am Vorabend kurz eine Attitüde demokratischer Verachtung geprobt hatte) flimmerten junge Leute, rennende Kinder, jemandes schwarzer, mit grellen Mohnblumen bestickter Schal, ein weiterer Foxterrier und vor allem, vor allem jene Augen, die da durch Licht und Schatten glitten, jene Züge, die, obwohl noch unbestimmt, ihn bereits mit verhängnisvoller Faszination bedrohten, das Gesicht von Tanja, deren Geburtstag gefeiert wurde.

Alle saßen jetzt. Er fand sich am Schattenende des langen Tischs, wo die Gäste sich weniger miteinander unterhielten als vielmehr, alle Köpfe in dieselbe Richtung gedreht, zum helleren Ende hinsahen, wo laut gesprochen und gelacht wurde, wo ein prächtiger rosa Kuchen mit seidiger Glasur und sechzehn Kerzen stand, wo Kinder durcheinanderriefen und beide Hunde bellten, die am liebsten auf den Tisch gesprungen wären – indes hier an diesem Ende die Girlanden des Lindenschattens Leute untersten Rangs miteinander verbanden: Ilja Iljitsch, der benommen vor sich hin lächelte; ein ätherisches, aber hässliches Fräulein, dessen Schüchternheit sich durch Zwiebelschweiß ausdrückte; eine altersschwache französische Gouvernante mit unangenehmen Augen, die unterm Tisch ein winziges unsichtbares Geschöpf auf dem Schoß hielt, welches ab und an ein feines Klingeln von sich gab; und so fort.

Innokentijs unmittelbarer Nachbar war zufällig der Bruder des Gutsverwalters, ein Schwachkopf, Langweiler und Stotterer; Innokentij redete mit ihm nur, weil Schweigen schlimmer gewesen wäre, sodass er verzweifelt versuchte, das Gespräch trotz seines lähmenden Charakters in Gang zu halten; wenn Innokentij später jedoch, als er ein häufiger Besucher wurde, dem armen Kerl zufällig über den Weg lief, sprach er nie mehr mit ihm und mied ihn wie eine Art Fußangel oder eine peinliche Erinnerung.

Im langsamen Fall rotierend, ließ sich die geflügelte Frucht einer Linde auf das Tischtuch hinab.

Am adligen Ende sprach Godunow-Tscherdynzew mit erhobener Stimme auf eine sehr alte Dame in spitzenbesetztem Gewand ein, und beim Sprechen umfasste er mit einem Arm die anmutige Taille seiner Tochter, die neben ihm stand und auf einer Handfläche einen Gummiball auf und ab hüpfen ließ. Eine ganze Weile schlug sich Innokentij mit einem leckeren Kuchenstückchen herum, das jenseits seines Tellerrands gelandet war. Nach einem ungeschickten Vorstoß kam das verdammte Himbeerzeug ins Rollen und fiel unter den Tisch (wo wir es lassen wollen). Sein Vater lächelte entweder geistesabwesend oder leckte an seinem Schnurrbart. Jemand bat ihn, die Biskuits weiterzureichen; er brach in glückliches Gelächter aus und reichte sie weiter. Mit einem Mal erklang direkt über Innokentijs Ohr eine schnelle, atemlose Stimme: Ohne ein Lächeln und immer noch jenen Ball in der Hand forderte Tanja ihn auf, zu ihr und ihren Cousins zu kommen; erhitzt und verunsichert bemühte er sich vom Tisch aufzustehen, und als er das rechte Bein unter der gemeinsamen Gartenbank hervorzuziehen suchte, stieß er seinen Nachbarn an.

Wenn die Leute von ihr sprachen, riefen sie: «Was für ein hübsches Mädchen!» Sie hatte hellgraue Augen, samtschwarze Augenbrauen, einen recht großen, blassen, zarten Mund, scharfe Vorderzähne, und wenn sie sich nicht wohl fühlte oder schlechte Laune hatte, konnte man über ihrer Oberlippe dunkle kleine Haare erkennen. Allen Sommerspielen war sie ungewöhnlich zugetan, Tennis, Badminton, Krocket, und bei allen legte sie Gewandtheit an den Tag, eine Art bezaubernder Konzentration – und das natürlich war das Ende der unbedarften Angelnachmittage mit Wassilij, den die Veränderung sehr bestürzte und der gegen Abend in der Nähe der Schule auftauchte, Innokentij mit zögerndem Grinsen heranwinkte und eine Büchse Würmer in Gesichtshöhe hielt. In solchen Augenblicken schauderte es Innokentij im Innern, da er spürte, dass er der Sache des Volkes untreu wurde. Unterdes bezog er nicht viel Freude aus der Gesellschaft seiner neuen Freunde. Es ergab sich so, dass er zum Zentrum ihres Lebens nicht wirklich zugelassen wurde, dass er an dessen grüner Peripherie verharren musste, dass er an den Vergnügungen im Freien teilnehmen durfte, niemals jedoch ins Haus gebeten wurde. Es machte ihn zornig; er sehnte sich danach, zum Mittag- oder Abendessen eingeladen zu werden, nur um die Genugtuung zu haben, hochmütig abzulehnen; und allgemein blieb er ständig auf der Hut, mürrisch, sonnengebräunt und ungepflegt, und die Muskeln seiner zusammengepressten Kiefer zuckten – und dauernd hatte er das Gefühl, dass jedes Wort, das Tanja zu ihren Spielgefährten und Gefährtinnen sagte, einen kränkenden kleinen Schatten in seine Richtung warf, und meine Güte, wie er sie alle hasste, ihre Cousins, ihre Freundinnen, die übermütigen Hunde. Plötzlich verlor sich alles in lautloser Unordnung, und da saß er in der tiefen Schwärze einer Augustnacht ganz hinten im Park und wartete, und es juckte ihn auf der Brust, da er zwischen Hemd und Haut den Brief gestopft hatte, der ihm wie in einem alten Roman von einem barfüßigen kleinen Mädchen aus dem Herrenhaus überbracht worden war. Der lakonische Stil, in dem er zum Stelldichein zitiert wurde, ließ ihn einen demütigenden Streich argwöhnen, und dennoch war er der Aufforderung nachgekommen – und hatte recht daran getan: Von dem gleichmäßigen Rascheln der Nacht löste sich das leichte Knirschen von Schritten. Ihr Kommen, ihre unzusammenhängende Rede, ihre Nähe kamen ihm wie ein Wunder vor; die plötzliche vertraute Berührung ihrer kalten behänden Finger setzte seine Keuschheit in Erstaunen. Ein riesiger, schnell steigender Mond brannte durch die Bäume. Tanja schleckte ihn blindlings mit salzig schmeckenden Lippen ab und erzählte ihm unter Bächen von Tränen, dass ihre Mutter sie morgen auf die Krim bringe, dass alles aus sei, und … ach, wie habe er nur so begriffsstutzig sein können! «Geh nirgendwohin, Tanja!», flehte er, doch ein Windstoß ertränkte seine Worte, und sie weinte nur noch heftiger. Als sie fortgehuscht war, blieb er reglos auf der Bank sitzen, lauschte dem Summen in den Ohren, und wenig später ging er zurück Richtung Brücke, die Landstraße entlang, die sich in der Dunkelheit zu bewegen schien, und dann kamen die Kriegsjahre – Ambulanzarbeit, der Tod seines Vaters –, und danach fiel alles auseinander, doch allmählich rappelte sich das Leben wieder auf, und 1920 war er bereits Assistent von Professor Behr in einem böhmischen Kurort, und drei oder vier Jahre später arbeitete er unter dem gleichen Lungenspezialisten in Savoyen, wo Innokentij in der Nähe von Chamonix eines Tages einen jungen sowjetischen Geologen kennen lernte; sie kamen ins Gespräch, und Letzterer erwähnte, dass Fedtschenko, der große Erforscher von Fergana, genau hier vor einem halben Jahrhundert den Tod eines gewöhnlichen Touristen gestorben sei; wie sonderbar (fügte der Geologe hinzu), dass es immer so komme: Der Tod gewöhne sich dermaßen daran, furchtlose Männer in wilden Gebirgen und Wüsten zu verfolgen, dass er sich ihnen auch unter allen möglichen anderen Umständen nähere, zum Spaß und ohne ihnen besonderen Schaden zufügen zu wollen, und da treffe er sie denn zur eigenen Überraschung schlafend an. So seien Fedtschenko und Sewerzow und Godunow-Tscherdynzew ums Leben gekommen und viele zeitlos berühmte Ausländer – Speke, Dumont d'Urville.[8] Und nach einigen weiteren Jahren in der medizinischen Forschung, fern von den Sorgen und Nöten des politischen Exils, hielt sich Innokentij wegen eines dienstlichen Gesprächs mit einem Kollegen zufällig für einige Stunden in Paris auf, und er lief schon die Treppe hinunter und streifte sich einen Handschuh über, als auf einem der Treppenabsätze eine hochgewachsene Dame mit hängenden Schultern aus dem Fahrstuhl trat – und er in ihr sogleich Gräfin Godunow-Tscherdynzew erkannte. «Natürlich erinnere ich mich an Sie, wie sollte ich nicht?», sagte sie und sah ihm dabei nicht ins Gesicht, sondern über seine Schulter hinweg, als stünde jemand hinter ihm (sie schielte leicht). «Nun denn, kommen Sie herein, mein Lieber», fuhr sie fort, aus einer vorübergehenden Trance erwachend, und klappte mit einer Schuhspitze die Ecke einer dicken Fußmatte voller Staub zurück, um den Schlüssel aufzuheben. Innokentij trat nach ihr ein, gequält von dem Umstand, dass er sich nicht daran erinnern konnte, was genau ihm über das Wie und das Wann des Todes ihres Mannes berichtet worden war.

Und kurz darauf kam Tanja nach Hause; alle ihre Züge waren von der Radiernadel der Jahre klarer fixiert worden, sie hatte ein kleineres Gesicht und gütigere Augen; auf der Stelle zündete sie sich lachend eine Zigarette an und erinnerte sich ohne die mindeste Verlegenheit an jenen fernen Sommer, während er sich die ganze Zeit darüber wunderte, dass weder Tanja noch ihre Mutter den toten Forschungsreisenden erwähnten und unverstellt einfach über die Vergangenheit sprachen, statt in das schreckliche Weinen auszubrechen, gegen das er selber doch ankämpfte, ein Fremder – oder führten ihm die beiden vielleicht die ihrer Klasse eigene Selbstbeherrschung vor? Bald kam ein etwa zehnjähriges bleiches Mädchen mit dunklem Haar dazu: «Das ist meine Tochter, komm her, Schatz», sagte Tanja und tat ihre nunmehr vom Lippenstift fleckige Zigarettenkippe in eine Muschel, die als Aschenbecher diente. Dann kam ihr Mann nach Hause, Iwan Iwanowitsch Kutajsow, und man hörte, wie die Gräfin, die ihm ins Nebenzimmer entgegengegangen war, den Gast in ihrem aus Russland mitgebrachten häuslichen Französisch als *«le fils du maître d'école chez nous au village»* identifizierte, was Innokentij daran erinnerte, wie Tanja einmal in seiner Gegenwart zu einer Freundin, die sie auf seine sehr wohlgestalten Hände aufmerksam machen wollte, *«Regarde ses mains»*[9] gesagt hatte; und als er jetzt das melodiöse, wunderschön idiomatische Russisch hörte, in dem das Kind Tanjas Fragen beantwortete, ertappte er sich bei dem gehässigen und einigermaßen unsinnigen Gedanken: «Aha, jetzt ist kein Geld mehr da, um den Kindern Fremdsprachen beizubringen!» – denn in diesem Augenblick machte er sich nicht klar, dass dieses Russisch im Falle eines in Paris geborenen, eine französische Schule besuchenden Kindes in jener Zeit des Exils den müßigsten und größten Luxus darstellte.

Das Thema Leschino zerbröselte; Tanja brachte alles durcheinander und blieb dabei, er habe ihr die vorrevolutionären Lieder radikaler Studenten beigebracht, etwa jenes über «den Despoten, der in seinem reichen Schlosssaal feiert, während die Hand des Schicksals schon begonnen hat, die schrecklichen Worte an die Wand zu schreiben». «Mit anderen Worten, unsere erste *stengaseta* (sowjetische Wandzeitung)», bemerkte Kutajsow, ein Mann von Witz. Tanjas Bruder wurde erwähnt: Er wohnte in Berlin, und die Gräfin begann von ihm zu sprechen. Plötzlich wurde Innokentij eine wundervolle Tatsache bewusst: Nichts geht verloren, nicht das Mindeste; das Gedächtnis sammelt Schätze, in Dunkel und Staub wachsen gehortete Geheimnisse, und eines Tages wünscht in einer Leihbücherei ein zufällig vorbeikommender Besucher ein Buch, das in zweiundzwanzig Jahren noch niemand verlangt hat. Er erhob sich von seinem Sitz, verabschiedete sich, wurde nicht allzu eifrig am Gehen gehindert. Wie sonderbar, dass seine Knie zitterten. Es war ein wirklich erschütterndes

Erlebnis. Er ging über den Platz, betrat ein Café, bestellte etwas zu trinken, stand kurz auf, um seinen zusammengequetschten Hut unter sich hervorzuziehen. Was für ein schreckliches Gefühl des Unbehagens. Es hatte ihn aus mehreren Gründen überkommen. Erstens, weil Tanja ebenso bezaubernd und unverwundbar geblieben war wie in der Vergangenheit.

Die Benachrichtigung

Jewgenia Isakowna Minz war eine ältere Emigrantenwitwe, die immer Schwarz trug. Ihr einziger Sohn war vor einem Tag ums Leben gekommen. Sie wusste es noch nicht.

Es war ein Märztag im Jahre 1935, und nach einem regnerischen Morgengrauen spiegelte sich der eine waagerechte Teil Berlins in dem anderen – buntfleckige Zickzackmuster, gemischt mit flacheren Texturen, und so fort. Die Tschernobylskijs, alte Bekannte von Jewgenia Isakowna, hatten das Telegramm aus Paris um sieben Uhr früh erhalten, und ein paar Stunden später war ein Luftpostbrief eingetroffen. Der Leiter des Fabrikbüros, wo Mischa gearbeitet hatte, teilte mit, dass der arme junge Mann aus der obersten Etage in einen Fahrstuhlschacht gestürzt und vierzig Minuten lang in Agonie liegen geblieben sei: Obschon bewusstlos, habe er schrecklich und ohne Unterlass bis zum Ende gestöhnt.

Inzwischen stand Jewgenia Isakowna auf, zog sich an, warf sich mit kreuzweisem Schwung einen schwarzen Wollschal über ihre spitzen, dünnen Schultern und machte sich in der Küche Kaffee. Der volle, echte Duft ihres Kaffees war etwas, auf das sie sich im Verhältnis zu Frau Dr. Schwarz, ihrer Wirtin, «einem geizigen ungebildeten Scheusal», einiges zugutehielt: Es war jetzt eine Woche, dass Jewgenia Isakowna nicht mehr mit ihr sprach – und das war wahrhaftig nicht ihr erster Streit –, doch wie sie ihrer Bekannten darlegte, wollte sie nicht umziehen, und zwar aus einer ganzen Reihe von Gründen, die oft aufgezählt wurden, ohne jemals langweilig zu werden. Ein offensichtlicher Vorteil, den sie gegenüber diesem oder jenem besaß, mit dem sie die Beziehungen abzubrechen beschließen mochte, bestand darin, dass sie einfach ihr Hörgerät abstellen konnte, einen tragbaren Apparat, der einer kleinen schwarzen Handtasche ähnlich sah.

Als sie die Kaffeekanne durch den Flur zurück in ihr Zimmer trug, bemerkte sie das Geflatter einer Postkarte, die der Postbote durch den Briefschlitz gesteckt hatte und die sich jetzt auf dem Boden niederließ. Sie war von ihrem Sohn, von dessen Tod die Tschernobylskijs soeben durch fortgeschrittenere postalische Mittel erfahren hatten, wodurch die (eigentlich nichtexistenten) Zeilen, die sie jetzt las, mit der Kaffeekanne in der Hand auf der Schwelle zu ihrem geräumigen, aber wahllos eingerichteten Zimmer, von einem objektiven Beobachter mit dem noch sichtbaren Licht eines bereits erloschenen Sterns hätten verglichen werden können. «Meine allerliebste Mulik [der Kosename, den ihr Sohn ihr seit seiner Kindheit gegeben hatte], ich habe mich bis an den Hals in die Arbeit gestürzt, und am Abend falle ich buchstäblich um vor Müdigkeit, und ausgehen tue ich nie …»

In einer ähnlich grotesken Wohnung, vollgestopft mit fremdem Krimskrams, ging zwei Straßen weiter Tschernobylskij, der heute nicht in die Stadt gefahren war, von einem Zimmer ins andere, ein großer, dicker, kahler Mann mit gewaltigen geschwungenen Augenbrauen und einem winzigen Mund. Er trug einen dunklen Anzug, war aber noch ohne Kragen (der steife Kragen mit der eingeschobenen Krawatte hing wie ein Joch über einer Stuhllehne im Speisezimmer), und er gestikulierte hilflos, während er auf und ab ging und redete:

«Wie soll ich ihr das beibringen? Wie soll man sie schonend darauf vorbereiten, wenn man brüllen muss? Großer Gott, was für ein Unglück ist das. Ihr Herz wird das nicht aushalten, es wird ihr brechen, ihr armes Herz!»

Seine Frau weinte, rauchte, kratzte sich durch ihr spärliches graues Haar hindurch den Kopf, telephonierte mit den Lipsteins, mit Lenotschka, mit Dr. Orschanskij – und konnte sich nicht überwinden, als Erste zu Jewgenia Isakowna zu gehen. Ihre Untermieterin, eine Pianistin mit einem Pincenez, vollbusig, sehr mitfühlend und erfahren, riet den Tschernobylskijs, sich nicht allzu sehr zu beeilen mit der Mitteilung – «ein Schlag ist das auf jeden Fall, also kommt er besser später».

«Auf der anderen Seite kann man das doch auch nicht aufschieben!», rief Tschernobylskij hysterisch. «Das kann man doch einfach nicht! Sie ist die Mutter, vielleicht will sie nach Paris fahren – wer weiß? ich nicht – oder vielleicht will sie, dass er hierher übergeführt wird. Der arme, arme Mischuk, der arme Junge, noch keine dreißig, das ganze Leben noch vor sich! Und ich habe ihm noch geholfen, ich habe die Stelle für ihn gefunden, und wenn dieses idiotische Paris nicht gewesen wäre …»

«Aber, aber, Boris Lwowitsch», entgegnete die Untermieterin nüchtern, «wer konnte das denn vorhersehen? Was haben Sie damit zu schaffen? Es ist komisch … So ganz allgemein gesehen, muss ich schon sagen, ist mir übrigens nicht klar, wie er da hinunterstürzen konnte. Ist es Ihnen klar?»

Nachdem sie ihren Kaffee getrunken und ihre Tasse in der Küche ausgespült hatte (ohne Frau Schwarz auch nur die allergeringste Beachtung zu schenken), ging Jewgenia Isakowna mit schwarzem Einkaufsnetz, Handtasche und Regenschirm weg. Der Regen hatte nach einigem Zögern aufgehört. Sie klappte den Schirm zu und ging den glänzenden Gehsteig entlang, immer noch sehr aufrecht, auf sehr dünnen Beinen in schwarzen Strümpfen, von denen der linke leicht rutschte. Man konnte auch konstatieren, dass ihre Füße verhältnismäßig groß wirkten und dass sie sie mit auswärts gedrehten Zehen ein wenig schleppend setzte. Wenn sie nicht an ihr Hörgerät angeschlossen war, war sie vollkommen taub, und immer noch sehr schwerhörig, wenn sie angeschlossen war. Was sie für das Gesumm der Stadt hielt, war das Summen ihres Blutes, und vor diesem gewohnten Hintergrund bewegte sich die Welt um sie her, ohne ihn zu stören – Gummifußgänger, Wattehunde, stumme Straßenbahnen, und droben krochen ganz leise raschelnde Wolken, hier und da von etwas schwatzhaftem Blau unterbrochen. In dieser allgemeinen Stille ging sie dahin, unangefochten, im Ganzen recht zufrieden, mit einem schwarzen Mantel, von ihrer Taubheit verzaubert und bewahrt, und beobachtete alles und dachte an manches. Sie dachte daran, dass morgen Feiertag war und Soundso vorbeischauen würde, dass sie wie das letzte Mal ein paar kleine rosa Waffeln besorgen sollte, und etwas *marmelad* (Fruchtgeleebonbons) im russischen Laden, und vielleicht auch ein Dutzend kleine Kuchenstücke in der kleinen Konditorei, wo alles mit Sicherheit immer frisch war. Ein großer Mann mit Melone, der ihr entgegenkam, sah ihr aus der Ferne (ziemlich weit weg in Wahrheit) erschreckend aus wie Wladimir Markowitsch Wilner, Idas erster Mann, der allein in einem Schlafwagen an Herzversagen gestorben war, wie traurig, und als sie beim Uhrmacher vorbeikam, fiel ihr ein, dass es Zeit war, Mischas Armbanduhr abzuholen, die ihm in Paris kaputtgegangen war und die er ihr per *okasija* geschickt hatte (das heißt «die Gelegenheit nutzend, dass jemand sowieso dorthin fuhr»). Sie trat ein. Geräuschlos, reibungslos, nie irgendwo anstoßend, schwangen Pendel hin und her, alle verschieden, alle in anderem Takt. Sie nahm den handtaschenähnlichen Apparat aus ihrer größeren, gewöhnlichen Handtasche, steckte sich mit einer raschen Bewegung, die einmal scheu gewesen war, den Einsatz ins Ohr, und die vertraute, weit entfernte Stimme des Uhrmachers antwortete – begann zu zittern – verlosch, stürzte krachend auf sie ein: «Freitag … Freitag …»

«Gut, ich höre, nächsten Freitag.»

Als sie den Laden verließ, schnitt sie sich wieder ab von der Welt. Ihre ausgeblichenen Augen mit den gelblichen Flecken um die Iris (als wäre ihre Farbe ausgelaufen) nahmen von neuem einen gefassten, sogar frohen Ausdruck an. Sie ging Straßen entlang, die sie in dem halben Dutzend von Jahren seit ihrer Flucht aus Russland nicht nur gründlich kennen gelernt hatte, sondern die jetzt so angefüllt waren mit ihr liebgewordener Unterhaltung wie jene von Moskau oder Charkow. Immer wieder bedachte sie Kinder und kleine Hunde mit beiläufigen billigenden Blicken, und jetzt gähnte sie im Gehen, so setzte ihr die spannungsgeladene Luft des Vorfrühlings zu. Ein schrecklich unglücklicher Mann mit einer unglücklichen Nase und einem schrecklichen alten Filzhut ging vorüber: ein Bekannter irgendwelcher ihrer Bekannten, die immer wieder von ihm sprachen, und jetzt wusste sie alles über ihn – dass er eine geisteskranke Tochter hatte und einen verächtlichen Schwiegersohn und Diabetes. Als sie einen bestimmten Obststand erreichte (sie hatte ihn im letzten Frühjahr entdeckt), kaufte sie ein Cluster wunderschöner Bananen; dann wartete sie in einem Lebensmittelladen ziemlich lange, bis sie an die Reihe kam, während sie unverwandt das Profil einer dreisten Frau im Auge behielt, die später gekommen war als sie, sich aber trotzdem näher an den Ladentisch gedrängelt hatte: Es kam ein Moment, da das Profil sich wie ein Nussknacker öffnete – aber an dieser Stelle unternahm Jewgenia Isakowna die nötigen Schritte. In der Konditorei suchte sie sich sorgfältig ihre Kuchenstücke aus, nach vorn gelehnt, auf Zehenspitzen wie ein kleines Mädchen und einen zögernden Zeigefinger hin und her bewegend – mit einem Loch in der schwarzen Wolle des Handschuhs. Sie war kaum wieder draußen und hatte sich nebenan in eine Auslage von Herrenhemden vertieft, als ihr Ellbogen von Madame Schuf gepackt wurde, einer lebhaften Dame mit einem etwas übertriebenen Make-up; woraufhin Jewgenia Isakowna, den Blick ins Leere gerichtet, behände ihr kompliziertes Gerät anschloss und erst dann, als die Welt wieder hörbar war, ihre Bekannte mit einem erkennenden Lächeln begrüßte. Es war laut und windig, Madame Schuf beugte sich vor und bemühte sich mit völlig schiefem rotem Mund, mit der Spitze ihrer Stimme genau in das schwarze Hörgerät zu zielen:

«Haben Sie – eine Nachricht – aus Paris?»

«Aber ja doch, sogar ganz regelmäßig», erwiderte Jewgenia Isakowna sacht und fügte hinzu: «Warum kommen Sie mich nicht besuchen, warum rufen Sie nie an?» – und ein Schmerzstoß kräuselte ihren Blick, da die wohlmeinende Madame Schuf zu schrill zurückschrie.

Sie verabschiedeten sich. Madame Schuf, die noch nicht Bescheid wusste, ging nach Hause, während ihr Mann in seinem Büro immer wieder «ach» und «ts» machte und den Kopf schüttelte, an den er den Hörer drückte, während er sich anhörte, was ihm Tschernobylskij am Telephon sagte.

«Meine Frau ist schon zu ihr gegangen», sagte Tschernobylskij, «und gleich gehe ich selber hin, obwohl ich nicht ums Verrecken weiß, wie ich anfangen soll, aber meine Frau ist schließlich eine Frau, vielleicht schafft sie es irgendwie, sie darauf vorzubereiten.»

Schuf schlug vor, sie sollten allmählich sich steigernde Mitteilungen auf Zettel schreiben und ihr zu lesen geben: «Krank» – «Sehr krank» – «Sehr, sehr krank».

«Ach, daran habe ich auch gedacht, aber das macht es nicht einfacher. Was für ein Unglück, nicht? Jung, gesund, besonders begabt. Und ich selber war es, der ihm diese Stelle beschafft hat, ich habe ihn finanziell unterstützt! Was? Na ja, das ist mir schon klar, trotzdem machen mich diese Gedanken noch wahnsinnig. Also gut, wir sehen uns sicherlich dort.»

Grimmig und gequält bleckte er die Zähne und warf das fette Gesicht zurück, bis er schließlich den Kragen befestigt hatte. Er seufzte, als er sich auf den Weg machte. Er war schon in ihre Straße eingebogen, als er sie von hinten erblickte, während sie mit gefülltem Einkaufsnetz ruhig und vertrauensvoll vor ihm herging. Da er nicht wagte, sie zu überholen, verlangsamte er den Schritt. Gebe Gott, dass sie sich nicht umsieht! Diese pflichtschuldigst gesetzten Füße, dieser schmale Rücken, der immer noch ahnungslos ist. Ach, er wird sich beugen.

Sie bemerkte ihn erst auf der Treppe. Tschernobylskij sagte nichts, da er sah, dass ihr Ohr immer noch bloß war.

«Wie nett von Ihnen, einmal vorbeizuschauen, Boris Lwowitsch. Nein, nicht nötig – ich habe meine Last lange genug getragen, um sie nun auch noch nach oben zu schaffen; aber bitte, halten Sie doch den Schirm, dann schließe ich die Tür auf.»

Sie traten ein. Madame Tschernobylskij und die warmherzige Pianistin hatten bereits ziemlich lange gewartet. Jetzt würde die Hinrichtung beginnen.

Jewgenia Isakowna hatte Besuch gern, und ihre Bekannten kamen oft, sodass sie jetzt keinen Grund zur Verwunderung hatte; sie war nur erfreut und begann sogleich, sich gastgeberisch zu betätigen. Es wurde ihnen schwer, ihre Aufmerksamkeit auf sich zu lenken, während sie hierhin und dorthin eilte und ihren Weg in abruptem Winkel änderte (der Plan, der seinen Glanz in ihr ausbreitete, war der, ein richtiges Essen zu bereiten). Schließlich fing die Musikerin sie im Korridor am Ende ihres Schals, und die anderen hörten, wie die Frau ihr zuschrie, dass niemand, niemand zum Essen bleiben würde. Also holte Jewgenia Isakowna die Obstmesser hervor, platzierte die Waffeln in einer kleinen Glasschale und die Bonbons in einer zweiten … Praktisch nur mit Gewalt wurde sie dazu gebracht, sich zu setzen. Die Tschernobylskijs, ihr Untermieter und ein Fräulein Osipow, das inzwischen irgendwie aufgetaucht war – eine winzige Person, fast eine Liliputanerin –, nahmen alle ebenfalls an dem ovalen Tisch Platz. So war wenigstens eine gewisse Gruppierung, eine gewisse Ordnung hergestellt.

«Um Gotteswillen, fang an, Boris», bat seine Frau und vermied den Blick Jewgenia Isakownas, die begonnen hatte, die Gesichter um sie her sorgfältiger zu mustern, ohne indessen den glatten Fluss der freundlichen, rührenden, völlig wehrlosen Worte zu unterbrechen.

«Nu, schto ja mogu! (Wie mache ich es nur!)», rief Tschernobylskij, stand krampfhaft auf und begann, im Zimmer auf und ab zu gehen.

Die Türklingel läutete, und die ernste Wirtin ließ in ihrem besten Kleid Ida und Idas Schwester ein: Ihre schrecklichen weißen Gesichter drückten eine Art konzentrierter Gier aus.

«Sie weiß es noch nicht», sagte ihnen Tschernobylskij; er öffnete alle drei Knöpfe seines Jacketts und knöpfte es sofort wieder zu.

Mit bebenden Augenbrauen, aber immer noch einem Lächeln auf den Lippen streichelte Jewgenia Isakowna die Hände ihrer neuen Gäste, setzte sich wieder und wendete ihren kleinen Apparat, der vor ihr auf der

Tischdecke stand, einladend bald diesem, bald jenem Besucher zu, doch die Laute kippten, die Laute stürzten zusammen. Plötzlich kamen auch noch die Schufs herein, dann der lahme Lipstein mit seiner Mutter, dann die Orschanskijs und Lenotschka und (rein zufällig) die alte Madame Tomkin – und sie alle redeten miteinander, darauf bedacht, ihre Stimme nicht an sie zu richten, obwohl sie sich tatsächlich in finsteren, bedrohlichen Gruppen um sie sammelten, und einer war bereits zum Fenster gegangen und kämpfte dort mit den Tränen, und Dr. Orschanskij, der neben ihr am Tisch saß, betrachtete aufmerksam eine Waffel und passte sie wie einen Dominostein an eine andere an, und Jewgenia Isakowna, jetzt ohne ihr Lächeln und stattdessen mit einer Art Groll, schob ihr Hörgerät immer wieder zu ihren Gästen hin – und der schluchzende Tschernobylskij brüllte aus einer fernen Ecke: «Was gibt es da zu erklären – tot, tot, tot!», doch sie fürchtete bereits, in seine Richtung zu blicken.

Eine russische Schönheit

Olga, von der wir jetzt sprechen wollen, wurde im Jahr 1900 geboren, in einer reichen, sorgenfreien adligen Familie. Sie war ein bleiches kleines Mädchen in einem weißen Matrosenanzug, trug ihr kastanienbraunes Haar mit einem Seitenscheitel, hatte so fröhliche Augen, dass jeder sie darauf küsste, und von Kind auf galt sie als Schönheit. Die Reinheit ihres Profils, der Ausdruck ihrer geschlossenen Lippen, die Seidigkeit ihrer Zöpfe, die ihr bis ins Kreuz hinabhingen – alles dies war in der Tat zauberhaft.

Ihre Kindheit verging so festlich, geborgen und froh, wie das in unserem Land von alters her üblich war. Ein Sonnenstrahl, der auf dem Familiengut den Umschlag eines *Bibliothèque Rose*-Bandes traf, der klassische Raureif in den städtischen Parks von St. Petersburg … ein Vorrat solcher Erinnerungen bildete ihre einzige Mitgift, als sie Russland im Frühjahr 1919 verließ. Alles geschah in voller Übereinstimmung mit dem Stil der Epoche. Ihre Mutter starb an Typhus, ihr Bruder vor einem Erschießungskommando. Alles das sind natürlich Standardformeln, der gewöhnliche triste Klatsch, aber genauso trug sich alles zu, es lässt sich nicht anders sagen, und es hat gar keinen Zweck, dass Sie die Nase rümpfen.

Nun gut denn, 1919 sind wir eine erwachsene junge Dame mit einem breiten, bleichen Gesicht, dessen Züge ihre Ebenmäßigkeit geradezu übertreiben, aber jedenfalls sehr ansehnlich. Großgewachsen und mit einem sanften Busen, trägt sie immer einen schwarzen Jumper und einen Schal um den weißen Hals und hält eine englische Zigarette in ihrer schmalfingrigen Hand mit dem hervorstehenden Knöchelchen über dem Gelenk.

Dennoch hatte es, so gegen Ende 1916, eine Zeit in ihrem Leben gegeben, als so ziemlich jeder Schuljunge in einem Ferienort nahe dem Familiengut sich um ihretwillen zu erschießen erwog, als jeder Student … Mit einem Wort, es war ihr ein ganz besonderer Zauber eigen, der, wäre er denn von Dauer gewesen, bewirkt hätte, dass … ruiniert hätte, was … Doch irgendwie führte er zu nichts. Die Dinge gediehen nicht oder blieben doch ohne Folgen. Es trafen Blumen ein, die in eine Vase zu stellen sie zu faul war, es kam zu Spaziergängen mit dem oder jenem im Abenddämmerlicht, und sie endeten in der Sackgasse eines Kusses.

Französisch sprach sie fließend; ihr *les gens* (die Diener) klang, als reimte es sich auf *agence*, und *août* (August) zerlegte sie in zwei Silben (a-u). Das russische *grabeshi* (Raubüberfälle) übersetzte sie naiv mit *les grabuges* (Streitereien), auch benutzte sie einige archaische französische Wendungen, die in alten russischen Familien irgendwie die Zeitläufe überlebt hatten, doch die r's rollte sie wirklich überzeugend, obwohl sie nie in Frankreich gewesen war. Über ihrem Toilettentisch in Berlin steckte eine Postkarte mit Serows Porträt des Zaren[10], gehalten von einer Nadel mit einem falschen Türkis als Kopf. Sie war gläubig, doch in der Kirche überkam sie bisweilen ein Kicheranfall. Mit der erschreckenden Leichtigkeit, die für junge russische Mädchen ihrer Generation typisch war, schrieb sie Gedichte: patriotische, komische, überhaupt jedwede Art.

Etwa sechs Jahre hindurch, das heißt bis 1926, wohnte sie in einer Pension in der Augsburger Straße (nicht weit von der Uhr), zusammen mit ihrem Vater, einem breitschultrigen Mann mit finsteren, buschigen Augenbrauen, einem gelblichen Schnurrbart und engen Hosen über den dürren Beinen. Er arbeitete bei irgendeiner optimistischen Firma, war geachtet für seine Anständigkeit und Güte und lehnte einen Schnaps nie ab.

In Berlin erwarb sich Olga mit der Zeit einen großen Freundeskreis, alles junge Russen. Ein gewisser flapsiger Ton machte sich breit. «Auf denn in den Kintopp», «da haben wir eine kesse Sohle aufs Parkett gelegt». Alle möglichen volkstümlichen Redensarten, Jargonsprüche, Nachahmungen von Nachahmungen waren sehr gefragt. «Diese Koteletts sind verheerend.» – «Wer sie wohl neuerdings küsst?» Oder mit heiserer, erstickender Stimme: *«Messieurs les officiers …»*

In den überheizten Zimmern der Sotows tanzte sie zum Klang des Grammophons hingebungsvoll Foxtrott, wobei sie die lange Wade nicht ohne Anmut versetzte und die soeben zu Ende gerauchte Zigarette von sich weghielt, und wenn ihre Augen dann den mit der Musik rotierenden Aschenbecher ausfindig gemacht hatten, drückte sie die Kippe hinein, ohne einen Schritt auszulassen. Wie berückend, wie vielsagend sie das Glas Wein an die Lippen zu führen wusste, wenn sie insgeheim auf die Gesundheit eines Dritten trank, indes sie durch die Wimpern hindurch zu jener hinübersah, von der sie ins Vertrauen gezogen worden war. Wie gern saß sie in der Sofaecke und unterhielt sich mit dieser oder jener über jemandes Liebesaffären, das Auf und Ab der Chancen, die Wahrscheinlichkeit einer Erklärung – alles dies indirekt und nur in Andeutungen –, und wie verständnisvoll lächelten dabei ihre Augen, reine, weit geöffnete Augen mit fast unsichtbaren Sommersprossen auf der dünnen, schwach bläulichen Haut darunter und daneben. Doch was sie selber anging, so verliebte sich niemand in sie, und darum musste sie noch lange an den Lümmel denken, der auf einem Wohltätigkeitsball an ihr herumgefummelt und sich nachher an ihrer nackten Schulter ausgeweint hatte. Der kleine Baron R. hatte ihn zum Duell herausgefordert, aber er hatte sich geweigert. Das Wort «Lümmel» benutzte sie übrigens bei jeder Gelegenheit. «So ein Lümmel», sang sie im Brustton, hingegeben und liebevoll. «Was für ein Lümmel …» – «Sind das nicht Lümmel?»

Bald indessen verdunkelte sich ihr Leben. Etwas war zu Ende, die Leute standen schon auf, um zu gehen. Wie schnell das alles kam! Ihr Vater starb, sie zog um in eine andere Straße. Ihre Freundinnen sah sie nicht mehr, strickte die kleinen Mützen, die gerade in Mode waren, und gab in irgendeinem Damenverein billige Französischstunden. So schleppte sich ihr Leben dahin, bis sie dreißig war.

Noch immer war sie die gleiche Schönheit mit jener berückenden Schräge ihrer weit auseinanderliegenden Augen und jenem überaus seltenen Strich der Lippen, in den die Geometrie des Lächelns von vornherein eingetragen scheint. Doch verlor ihr Haar seinen Glanz und war unvorteilhaft geschnitten. Ihr schwarzes Kostüm war schon über drei Jahre alt. Ihre Hände mit den glänzenden, aber ungepflegten Fingernägeln waren von Adersträngen durchzogen und zitterten aus Nervosität und von ihrem unglückseligen dauernden Rauchen. Ganz zu schweigen vom Zustand ihrer Strümpfe …

Jetzt, da das seidene Innere ihrer Handtasche in Fetzen war (wenigstens konnte man immer hoffen, darin noch ein verirrtes Geldstück zu finden); jetzt, da sie so müde war; jetzt, da sie sich zwingen musste, nicht an die Sohlen zu denken, wenn sie ihr einziges Paar Schuhe anzog, genau wie sie sich verbat, daran zu denken, wie viel sie im Tabakladen schuldete, wenn sie ihren Stolz hinunterschluckte und dort eintrat; jetzt, da nicht mehr die geringste Hoffnung einer Heimkehr nach Russland bestand und der Hass etwas so Gewöhnliches geworden war, dass er schon fast keine Sünde mehr darstellte; jetzt, da die Sonne hinter dem Schornstein verschwand, wurde Olga gelegentlich von dem Luxus bestimmter Reklamen gequält, die mit dem Speichel des Tantalus geschrieben waren, und stellte sich vor, sie wäre reich und trüge eben jenes mit drei oder vier frechen Strichen angedeutete Kleid, auf ebenjenem Schiffsdeck, unter ebenjener Palme, an der Balustrade ebenjener weißen Terrasse. Und auch sonst fehlte ihr das eine oder andere.

Eines Tages kam ihre einstige Freundin Vera ihr aus einer Telephonzelle wie ein Wirbelwind entgegengestürzt und rannte sie beinahe um, eilig wie immer, beladen mit Paketen und mit einem zotteläugigen Terrier, dessen Leine sich sogleich zweimal um ihren Rock wickelte. Sie fiel über Olga her, redete ihr flehentlich zu, sie solle sie doch in ihrem Sommerhaus besuchen kommen, sagte, das sei das Schicksal selbst, und wie ist es dir denn ergangen, und gibt es denn viele Bewerber? «Nein, meine Liebe, aus dem Alter bin ich heraus», antwortete Olga, «und außerdem …» Sie fügte ein kleines Detail hinzu, und Vera musste laut lachen und ließ ihre Pakete fast zu Boden sinken. «Nein, ernsthaft», sagte Olga lächelnd. Vera redete weiter auf sie ein, zog an dem Terrier, drehte sich bald hierhin, bald dorthin. Plötzlich durch die Nase sprechend, lieh sich Olga etwas Geld von ihr.

Vera nahm gern die Dinge in die Hand, sei es eine Party mit Punsch, ein Visum oder eine Hochzeit. Jetzt war sie begierig, Olgas Schicksal in die Hand zu nehmen. «Die Heiratsvermittlerin in dir ist erwacht», witzelte ihr Mann, ein ältlicher Balte (Glatze, Monokel). Olga traf an einem Augusttag ein. Auf der Stelle wurde sie in eins von Veras Kleidern gesteckt, auch mussten sich ihre Frisur und ihr Make-up Änderungen gefallen lassen. Sie fluchte hingebungsvoll, gab jedoch nach, und wie festlich knarrten die Bodenbretter der kleinen Villa! Wie blitzten und funkelten die kleinen Spiegel, die im grünen Obstgarten hingen, die Vögel zu verscheuchen!

Ein Deutschrusse namens Forstmann, ein begüterter, sportlicher Witwer, Autor von Büchern über die Jagd, kam, um eine Woche bei ihnen zu verbringen. Lange schon hatte er Vera gebeten, eine Braut für ihn zu finden, «eine richtige russische Schönheit». Er hatte eine massive, kräftige Nase mit einer dünnen rosa Ader auf dem Rücken. Höflich, schweigsam und zuzeiten fast mürrisch, verstand er es dennoch, auf der Stelle und ohne dass irgendjemand es merkte, mit einem Hund oder einem Kind ewige Freundschaft zu schließen. Nach seiner Ankunft wurde Olga schwierig. Lustlos und reizbar machte sie alles falsch und wusste, dass es falsch war. Wenn das Gespräch auf das alte Russland kam (Vera versuchte sie dazu zu bringen, mit ihrer Vergangenheit zu prahlen), kam es ihr vor, als sei alles, was sie sagte, eine Lüge und als wisse jeder, dass es eine Lüge sei, und so weigerte sie sich hartnäckig, die Sachen zu sagen, die Vera ihr zu entlocken suchte, und war überhaupt nicht im mindesten kooperativ.

Auf der Veranda knallten sie die Spielkarten auf den Tisch. Zusammen brachen sie zu einem Waldspaziergang auf, doch Forstmann unterhielt sich vorwiegend mit Veras Mann, und wenn die beiden sich an irgendwelche Jungenstreiche erinnerten, röteten sich ihre Gesichter vor Lachen, und sie blieben zurück und warfen sich ins Moos. Am Abend vor Forstmanns Abreise spielten sie wie an den übrigen Abenden auf der Veranda Karten. Plötzlich spürte Olga, wie sich ihre Kehle zusammenkrampfte. Trotzdem brachte sie es fertig, zu lächeln und ohne ungehörige Eile auf ihr Zimmer zu gehen. Vera klopfte an ihre Tür, doch sie öffnete nicht. Nachdem sie eine Menge schläfriger Fliegen totgeschlagen und ununterbrochen geraucht hatte, bis sie nicht mehr atmen konnte, ging sie gereizt, deprimiert und voller Hass auf sich selber und die anderen in den Garten. Dort zirpten die Grillen, die Zweige regten sich, gelegentlich fiel mit dumpfem Laut ein Apfel zu Boden, und auf der weiß getünchten Mauer des Hühnerstalls machte der Mond Freiübungen.

Früh am Morgen kam sie wieder heraus und setzte

sich auf die bereits erhitzte Stufe der Veranda. Forstmann setzte sich in dunkelblauem Morgenmantel neben sie, räusperte sich und fragte, ob sie seine Gemahlin werden wolle – das war das Wort, welches er benutzte, «Gemahlin». Als sie zum Frühstück erschienen, vollführten Vera, ihr Mann und seine unverheiratete Cousine in tiefstem Schweigen und jeder in einer anderen Ecke einen imaginären Freudentanz, und Olga sagte gedehnt und liebevoll «Was für ein Lümmel!», und im Sommer darauf starb sie im Wochenbett.

Das ist alles. Natürlich könnte es irgendeine Fortsetzung geben, aber mir ist sie nicht bekannt. Statt mich in Rätselraten zu ergehen, wiederhole ich in solchen Fällen lieber die Worte des fröhlichen Königs in meinem Lieblingsmärchen: Welcher Pfeil fliegt für alle Zeit? Der, der sein Ziel getroffen hat.

L. I. Schigajew zum Gedenken

Leonid Iwanowitsch Schigajew ist tot … Die Auslassungspunkte, üblich in russischen Nachrufen, stehen für die Fußspuren von Worten, die sich auf Zehenspitzen in ehrfurchtsvollem Defilee unter Hinterlassung ihrer Abdrücke auf dem Marmor zurückgezogen haben … Ich würde diese Begräbnisstille gleichwohl gerne stören. Bitte, erlauben Sie mir … Lediglich einige wenige, bruchstückhafte, ungeordnete, im Grunde unerbetene … Aber sei's drum. Wir lernten uns vor ungefähr elf Jahren in einem für mich katastrophalen Jahr kennen. Ich stand praktisch vor dem Ende. Stellen Sie sich einen jungen, noch sehr jungen, hilflosen und einsamen Menschen mit einer permanent entzündeten Seele vor (sie scheute die geringste Berührung, sie war wie rohes Fleisch), der außerstande war, die Qualen einer unglücklichen Liebe zu bewältigen … Ich werde mir die Freiheit nehmen, einen Augenblick bei diesem Punkte zu verweilen.

Es war nichts Außergewöhnliches an diesem schmalen deutschen Mädchen mit ihrem Bubikopf, aber immer, wenn ich sie ansah, wenn ich ihre sonnengebräunte Wange, ihr üppiges blondes Haar sah, das ihr im Profil in leuchtenden, goldgelben und olivgoldenen Strähnen und feiner Rundung vom Scheitel in den Nacken fiel, war mir, als müsste ich heulen vor Zärtlichkeit, einer

Zärtlichkeit, die nicht einfach und bequem Platz in mir fand, sondern sich in der Tür verkeilt hatte und sich nicht vor- noch zurückrücken ließ – sperrig und zerbrechlich wie sie war an den Kanten und ohne Nutzen für irgendwen, zuallerletzt für die Maid selber. Um's kurz zu machen: Ich fand heraus, dass sie mich einmal pro Woche bei sich zuhause mit einem ehrbaren Paterfamilias betrog, der nebenbei so höllisch ordnungsliebend war, dass er seine eigenen Schuhspanner mitbrachte. Das alles endete mit dem zirkusreifen Knall einer saftigen Ohrfeige, mit der ich die Betrügerin zu Boden streckte, die sich auf der Stelle, wo sie gestürzt war, zu einem Ball zusammenrollte, wobei ihre Augen mich durch ihre gespreizten Finger anfunkelten – alles in allem recht geschmeichelt, glaube ich. Mechanisch suchte ich nach etwas, um es nach ihr zu werfen, sah die Porzellanzuckerdose, die ich ihr zu Ostern geschenkt hatte, nahm das Ding unter den Arm und machte mich, die Tür hinter mir zuwerfend, davon.

Eine Fußnote: Dies ist lediglich eine der denkbaren Versionen unserer Trennung; ich hatte viele dieser unmöglichen Möglichkeiten erwogen, als ich mich noch in der ersten Glut meiner Raserei befand, stellte mir bald die grobe Genugtuung einer Tracht Prügel, dann den Schuss aus einer alten Parabellum vor, auf sie und auf mich, auf sie und auf den Paterfamilias, nur auf sie, nur auf mich; dann zu guter Letzt eine eisige Ironie, edle Trauer, Schweigen – oh, die Dinge nehmen ihren Lauf auf so vielerlei Art, und ich habe seither längst vergessen, wie sie wirklich verliefen.

Mein Hauswirt zur damaligen Zeit, ein sportlicher Berliner, litt ständig an Furunkulose: An seinem Nacken war ein ekelig rosarotes Heftpflaster mit drei sauberen Löchern zu sehen – für die Luftzufuhr vielleicht oder für den Abfluss des Eiters. Ich arbeitete in einem Emigrantenverlag bei zwei Individuen, die aussahen, als könnten sie kein Wässerchen trüben, die aber in Wirklichkeit derart durchtriebene Halunken waren, dass ordentliche Leute bei ihrem Anblick solche Atemnot bekamen, als bestiegen sie einen Gipfel über den Wolken. Als ich dann öfter zu spät kam («systematisch zu spät», wie sie es nannten) und der Arbeit fernblieb, oder in einem derartigen Zustand ankam, dass man mich nach Hause schicken musste, wurde unsere Beziehung unerträglich, und schließlich wurde ich mit vereinten Kräften und unter begeisterter Beihilfe des Buchhalters und eines Unbekannten, der mit einem Manuskript vorbeigekommen war, hinausgeworfen.

Meine armselige, meine erbärmliche Jugend! Ich stelle mir lebhaft die grausige Kammer vor, die ich für fünfundzwanzig Mark im Monat gemietet hatte, die grausigen Blümchen auf der Tapete, die grausige Lampe mit nackter Birne an ihrer Strippe, deren manisches Licht manchmal bis in den Morgen hinein glühte. Es ging mir dort so elend, so unanständig, ausschweifend elend, dass die Wände bis auf diesen Tag durchtränkt sein müssen mit Unglück und Fieber, und es ist unvorstellbar, dass ein glücklicher, pfeifender, summender Mensch nach mir dort gewohnt haben könnte. Zehn Jahre sind verstrichen, und selbst jetzt habe ich noch eine Vorstellung davon, wie ich damals war, ein bleicher Jüngling, der mit aschgrauer Stirn, schwarzem Bart, zerrissenem Hemd vor dem schimmernden Spiegel saß, Fusel soff und mit seinem Spiegelbild anstieß. Waren das Zeiten! Nicht nur, dass niemand auf der Welt mich brauchte, ich konnte mir auch keinerlei Umstände vorstellen, unter denen irgendwer auch nur ein bisschen Anteil an mir nähme.

Die anhaltende, beharrliche, einsame Trinkerei trieb mich in die vulgärste aller Visionen, die russischste aller Halluzinationen: Ich begann Teufel zu sehen. Ich sah sie jeden Abend, sobald ich aus meinen Tagträumen auftauchte, um mit meiner schäbigen Lampe das Zwielicht zu verjagen, das uns schon umgab. Ja, deutlicher als ich jetzt das unablässige Zittern meiner Hand sehe, sah ich diese köstlichen Eindringlinge und gewöhnte mich mit der Zeit sogar an ihre Anwesenheit, da sie größtenteils unter sich blieben. Sie waren von kleinem Wuchs, aber ziemlich füllig, von der Größe einer übergewichtigen Kröte – friedfertige, schlaffe, schwarzhäutige, mehr oder weniger warzige Monsterchen. Sie bewegten sich eher kriechend als gehend fort, aber trotz ihrer vorgeblichen Unbeholfenheit entgingen sie allen Fangversuchen. Ich erinnere mich, dass ich mir eine Hundepeitsche zulegte, und sobald sich eine ausreichende Zahl von ihnen auf meinem Schreibtisch versammelt hatte, versuchte ich, ihnen eins überzuziehen, aber wunderbarerweise entgingen sie dem Hieb; ich schlug wieder zu, und einer von ihnen, der mir am nächsten hockte, blinzelte und verzog die Augen zu einem schrägen Schlitz wie ein geduckter Hund, den man von einem verlockenden Haufen Unrat wegzuscheuchen versucht. Die anderen trollten sich mit nachgezogenen Hinterbeinen davon. Heimlich rotteten sie sich aber wieder zusammen, während ich die auf dem Tisch verschüttete Tinte aufwischte und ein auf den Boden gefallenes Porträtphoto aufhob. Im allgemeinen war ihr am dichtesten bevölkertes Habitat die unmittelbare Umgebung meines Schreibtischs; dort unten irgendwo nahmen sie Gestalt an und kamen in aller Gelassenheit und mit Bäuchen, die gegen das Holz schlappten und schwappten, die Schreibtischbeine hoch – wie in einer Parodie kletternder Matrosen. Ich versuchte es mit Vaseline, die ich auf ihre Wege schmierte, aber das brachte nichts, und nur wenn es mir zufällig gelang, dies oder jenes besonders aparte Miststück, das sturheil nach oben kraxelte, auszusondern und ihm mit Peitsche oder Schuh eins überzuziehen, plumpste es wie eine fette Kröte zu Boden; aber schon eine Minute später war es wieder da und machte sich von einer anderen Ecke aus auf seinen Weg nach oben, und seine violette Zunge hing ihm vor Anstrengung heraus, und war es dann über die Tischkante weg, gesellte es sich zu den anderen. Sie waren zahlreich, und zunächst schienen sie mir alle gleich auszusehen: dunkle, kleine Wesen mit gedunsenen, im Grunde gutmütigen Gesichtern; sie saßen in Gruppen von fünf oder sechs auf dem Schreibtisch, auf diversen Papieren, auf einem Band Puschkin und sahen mich gleichgültig an. Eins von ihnen kratzte sich vielleicht mit dem Fuß hinterm Ohr, machte ein grobes Scharrgeräusch mit der langen Klaue und erstarrte dann, das gehobene Bein noch in der Luft, zur Bewegungslosigkeit. Ein anderes döste vor sich hin und machte sich dabei so breit, dass es seinem Nebenmann auf die Pelle rückte, der allerdings in dieser Beziehung nichts schuldig blieb: die gegenseitige Rücksichtslosigkeit von Amphibien, die in den kompliziertesten Körperhaltungen in einen Torpor versinken können. Nach und nach unterschied ich sie jedoch, und ich glaube, ich habe ihnen je nach ihrer Ähnlichkeit mit Verwandten von mir oder mit verschiedenen Tieren sogar Namen gegeben. Es ließen sich größere und kleinere Exemplare erkennen (keins war allerdings mehr als eine Handvoll), einige waren widerlicher, andere angenehmer anzusehen, einige hatten Beulen und Tumore, andere waren ganz glatt. Ein paar hatten die Angewohnheit, sich gegenseitig zu bespucken. Einmal brachten sie ein neues, junges Männchen mit, einen Albino von aschiger Farbe, der Augen hatte wie Körner roten Kaviars; er war sehr schläfrig und verdrießlich und kroch schließlich davon. Mit einiger Willensanstrengung gelang es mir, den Bann einen Augenblick lang zu brechen. Es war eine qualvolle Anstrengung, musste ich doch ein schreckliches Eisengewicht von mir stoßen und fernhalten, dem mein ganzes Sein als Magnet diente: Ich brauchte nur meinen Griff zu lockern, nur im Geringsten nachzulassen, schon stellte sich dies Trugbild wieder ein, wurde klar, wurde stereoskopisch, und ich empfand ein verführerisches Gefühl der Erleichterung – leider nur die Erleichterung der Verzweiflung –, wenn ich mich wieder der Halluzination überantwortete und wenn wieder einmal die schleimige Masse dickhäutiger Gnome vor mir auf dem Schreibtisch saß und mich schläfrig, aber auch irgendwie erwartungsvoll ansah. Ich versuchte es nicht nur mit der Peitsche, sondern mit einer wohlbekannten, altehrwürdigen Methode, über die mich auszulassen mich einige Überwindung kostet, besonders da ich sie falsch, ganz und gar falsch angewandt haben muss. Das erste Mal jedoch wirkte sie: Mit gebündelten Fingern und angemessener Langsamkeit führte ich ein hochheiliges Zeichen, das einem besonderen religiösen Kult zugehörte, wenige Zoll über der geschlossenen Gruppe von Teufeln aus und berührte sie damit wie mit einem rotglühenden Eisen, sodass es auf eine zugleich angenehme und widerwärtige Weise saftig zischte; worauf meine Rackerchen, die sich wegen ihrer Verbrennungen vor Qualen wanden, auseinanderliefen und geräuschvoll zu Boden plumpsten. Als ich aber das Verfahren bei einem neugebildeten Haufen wiederholte, war die Wirkung geringer, und später reagierten sie dann gar nicht mehr, das heißt, sie müssen sehr schnell eine gewisse Immunität erworben haben … Aber genug davon. Mit einem Lachen – was blieb mir denn sonst noch? – stieß ich ein *«tjfu!»* aus (das einzige Expletiv übrigens, das die russische Sprache dem Wörterbuch des Teufels entnommen hat; vergleiche dazu auch das deutsche «pfui Teufel») und legte mich angezogen zu Bett (das heißt, ich legte mich natürlich auf die Decken, da ich befürchtete, auf unwillkommene Bettgenossen zu stoßen). So gingen die Tage dahin, wenn man das überhaupt Tage nennen kann – es handelte sich nicht um Tage, sondern eher um einen zeitlosen Nebel –, und als ich wieder zu mir kam, rollte ich in fester Umklammerung mit meinem strammen Zimmervermieter in einem Durcheinander von Möbeln auf dem Boden herum. Mit einem verzweifelten Ruck kam ich frei und floh aus dem Zimmer und von dort auf die Treppe, und dann weiß ich nur noch, dass ich die Straße entlangging, zitternd und übel zugerichtet, und an meinen Fingern klebte ein widerliches fremdes Stück Pflaster, mein Körper schmerzte, mein Kopf dröhnte, aber ich war fast völlig nüchtern.

Und da nahm mich L. I. unter seine Fittiche. «Was ist denn los, mein Alter?» (Wir kannten uns schon oberflächlich; er hatte ein russisch-deutsches technisches Taschenwörterbuch kompiliert und kam regelmäßig in das Büro, wo ich arbeitete.) «Nun warten Sie doch mal, Alterchen, wie sehen denn Sie aus?» An jener Straßenecke (er kam gerade aus einem Feinkostladen mit seinem Abendbrot in der Aktentasche) brach ich in Tränen aus, und ohne ein Wort zu verlieren, nahm L. I. mich mit zu sich, bettete mich auf das Sofa, fütterte mich mit Leberwurst und Kraftbrühe und breitete einen gesteppten Mantel mit abgetragenem Astrachan-Kragen über mich. Ich schlotterte und schluchzte und schlief bald ein.

Um's kurz zu machen: Ich blieb in seiner kleinen Wohnung und lebte da ein paar Wochen, dann nahm ich mir nebenan ein Zimmer, und wir sahen uns weiter Tag für Tag. Und gleichwohl, wer hätte wohl gedacht, dass es etwas Gemeinsames zwischen uns gab? Wir waren in jeder Beziehung verschieden. Er war beinahe doppelt so alt wie ich, verlässlich, umgänglich, stattlich, trug in der Regel einen Cutaway, war reinlich und sparsam wie eben die Mehrzahl unserer ordentlichen älteren Junggesellen im Exil: Es war schon ein Ereignis, zuzusehen und insbesondere zuzuhören, wie systematisch er morgens seine Hosen ausbürstete: Das Geräusch dieses Bürstens ist jetzt eng mit ihm verbunden, spielt in meiner Erinnerung an ihn eine hervorragende Rolle – besonders der Rhythmus der Prozedur, die Pausen zwischen zwei Phasen des Rubbelns, wenn er innehielt, um eine verdächtige Stelle unter die Lupe zu nehmen, mit dem Fingernagel an ihr herumkratzte oder sie gegen das Licht hielt. Oh, diese «Unaussprechlichen» (wie er sie nannte), die an den Knien des Himmels Azur durchscheinen ließen, seine Unaussprechlichen, die durch die Erhebung in unaussprechlicher Weise an Spiritualität gewannen!

Sein Zimmer zeichnete sich durch die naive Sauberkeit der Armut aus. Er pflegte Adresse und Telephonnummer mit Hilfe eines Gummistempels (eines Gummistempels!) auf seine Briefe zu drucken. Er konnte eine *botwinja*, eine kalte Suppe aus Roten Beeten, kochen. Er war imstande, einem stundenlang irgendwelchen Plunder vorzuführen, den er für einen Geniestreich hielt, einen kuriosen Manschettenknopf oder ein Feuerzeug, das ihm ein beredter Trödler verkauft hatte (L.I. war wohlgemerkt Nichtraucher), oder seine Haustierchen, drei winzige Schildkröten mit hässlichen Altweiberhälsen; eine von ihnen ging in meiner Anwesenheit ein, als sie von einem runden Tisch stürzte, an dessen Kante sie sich unaufhörlich wie ein eiliger Krüppel entlangbewegt hatte, als befände sie sich auf einem geraden Wege, der sie weit, weit wegführe. Noch etwas fällt mir gerade mit ähnlicher Klarheit ein: An der Wand über seinem Bett, das so glatt war wie die Pritsche eines Sträflings, hingen zwei Lithographien: eine Ansicht der Newa von den Rostralsäulen aus und ein Porträt Alexanders I. In einem Augenblick der Trauer um das Zarenreich hatte er sie sich zugelegt, eines nostalgischen Gefühls, das er vom Heimweh nach dem Land seiner Geburt unterschieden wissen wollte.

L.I. hatte überhaupt keinen Humor und stand den Künsten, der Literatur und dem, was man Natur zu nennen pflegt, gleichgültig gegenüber. Wenn das Gespräch sich beispielsweise der Dichtkunst zuwandte, beschränkten sich seine Beiträge auf Feststellungen wie: «Du kannst sagen, was du willst, aber Lermontow steht uns irgendwie näher als Puschkin.» Und wenn ich ihn drängte, eine, nur eine Zeile von Lermontow zu zitieren, zerbrach er sich sichtlich den Kopf, um sich irgendetwas aus Rubinsteins Oper *Der Dämon* einfallen zu lassen, oder antwortete wohl auch: «Hab ihn lange nicht mehr gelesen, ‹all dies sind Taten längst vergangener Tage›, und du solltest mich jedenfalls, lieber Victor, in Ruhe lassen.» Es war ihm übrigens nicht bewusst, dass er aus Puschkins *Ruslan und Ljudmila* zitierte.

Im Sommer fuhr er Sonntag für Sonntag ins Grüne. Er kannte die Umgebung von Berlin erstaunlich genau und bildete sich etwas darauf ein, viele «wunderbare Stellen» zu kennen, die anderen verborgen geblieben waren. Dies war eine reine, selbstgenügsame Freude, verwandt vielleicht der Freude von Sammlern, den Orgien, in die sich die Liebhaber alter Kataloge stürzen; andernfalls wäre nicht zu erklären gewesen, warum er sich auf all das einließ: sorgsam die Route festzulegen, mit verschiedenen Transportmöglichkeiten zu jonglieren (hin mit dem Zug, dann hierher zurück mit dem Dampfer, von da mit dem Bus, und soundso viel kostet's, und keiner weiß, noch nicht einmal die Deutschen, dass es so billig ist). Wenn er und ich aber dann im Wald waren, stellte sich heraus, dass er eine Biene nicht von einer Hummel, Erlen nicht von Haselnusssträuchern zu unterscheiden wusste und seine Umgebung ganz konventionell und kollektiv wahrnahm: Grünzeug, schönes Wetter, Federvieh, Krabbeltiere. Er war sogar gekränkt, wenn ich, der ich auf dem Lande aufgewachsen war, aus schierem Spaß auf die Unterschiede zwischen der Flora um uns herum und einem Wald in Mittelrussland hinwies: Ihm zufolge gab es da keinen besonderen Unterschied, und was zählte, waren nur die gefühlsmäßigen Assoziationen.

Er liebte es, sich an einem schattigen Fleck im Gras auszustrecken, sich auf seinen rechten Ellenbogen zu stützen und sich des Längeren über die internationale Lage zu verbreiten oder Geschichten über seinen Bruder Peter zu erzählen, der anscheinend ein schmissiger Geselle war – Weiberheld, Musikant, Raufbold – und in prähistorischen Zeiten eines Sommerabends im Dnjepr ertrank – ein höchst glanzvolles Ende. In der Wiedergabe durch den guten alten L. I. jedoch kam das alles so fade heraus, so umständlich, so platt, dass ich, wenn er etwa bei einer Rast im Wald mit freundlichem Lächeln plötzlich fragte: «Hab ich dir eigentlich schon erzählt, wie Peter auf der Ziege des Dorfpopen ritt?», am liebsten geschrien hätte: «Ja doch, hast du, verschone mich bloß!»

Was gäbe ich nicht darum, könnte ich ihn sein langweiliges Garn spinnen hören, könnte ich seine zerstreuten, lieben Augen sehen, seine von der Hitze rosa überlaufene Glatze, seine grau werdenden Schläfen. Was nur war das Geheimnis seines Charmes, wenn alles an ihm so abgedroschen war? Warum mochte ihn alle Welt, warum hängten sich alle so an ihn? Wie nur stellte er es an, dass alle ihn mochten? Ich weiß es nicht. Ich weiß mir keine Antwort darauf. Ich weiß nur, dass ich mich unwohl fühlte während seiner morgendlichen Abwesenheiten, wenn er zu seinem Institut für Sozialwissenschaften gegangen war (wo er die Zeit damit verbrachte, über gebundenen Jahrgängen der *Ökonomischen Welt* zu hocken, aus denen er in sauberer, winziger Schrift Stellen exzerpierte, die in seiner Sicht überaus bedeutungsvoll und beachtenswert waren) oder zu einem älteren Ehepaar und dessen Schwiegersohn, denen er seit undenklichen Zeiten Russischstunden gab; seine Bekanntschaft mit diesen Leuten verführte ihn dazu, viele falsche Schlüsse über deutsche Lebensart zu ziehen – auf diesem Gebiet halten sich die Angehörigen unserer Intelligenz (das Völkchen, das sich auf der Welt am wenigsten aufs Beobachten versteht) für Autoritäten. Ja, ich fühlte mich unwohl, als hätte ich eine Vorahnung von dem gehabt, was ihm dann in Prag zustieß: Herzversagen mitten auf der Straße. Wie glücklich war er doch gewesen, als ihm diese Stelle in Prag angetragen wurde, wie hatte er gestrahlt. Ich habe eine ganz ungewöhnlich klare Erinnerung an den Tag, an dem wir Abschied von ihm nahmen. Man denke doch: Ein Mann bekommt die Gelegenheit, Vorlesungen über sein Lieblingsgebiet zu halten! Er hinterließ mir einen Stapel alter Zeitschriften (nichts veraltet so schnell, wird so schnell staubig wie eine Sowjetzeitschrift), seine Schuhspanner (das Schicksal verfolgt mich mit Schuhspannern) und einen brandneuen Füllfederhalter (als Andenken). Er war in großer Sorge um mich, als er abreiste, und ich weiß, dass er auch späterhin, als unser Briefwechsel irgendwie dahinwelkte und schließlich einschlief und das Leben wieder in tiefes Dunkel stürzte – ein Dunkel, in dem Tausende von Stimmen heulen und dem ich kaum je werde entkommen können –, weiter an mich dachte, Leute nach mir ausfragte und indirekt zu helfen versuchte. An einem wundervollen Sommertag fuhr er ab;

einigen, die gekommen waren, um sich von ihm zu verabschieden, stiegen ständig die Tränen in die Augen; eine kurzsichtige junge Jüdin mit weißen Handschuhen und Lorgnette brachte einen ganzen Strauß von Mohn- und Kornblumen; L. I. roch laienhaft daran und lächelte. Kam mir der Gedanke, dass ich ihn zum letzten Mal sah?

Natürlich kam er mir. Das ist es ja, was ich dachte: Ich sehe dich zum letzten Mal; das ist es, genau besehen, was ich immer denke, bei allem, bei jedem. Mein Leben ist ein ständiger Abschied von Dingen und Menschen, die nur zu oft meinem bitteren, kurzen, irrsinnigen Gruß nicht die geringste Aufmerksamkeit schenken.

Träger Rauch

Als die im Dämmer hängenden Straßenlaternen praktisch auf einen Schlag bis hin zum Bayerischen Platz angingen, verschob sich in dem unbeleuchteten Zimmer jeder Gegenstand ein wenig unter dem Einfluss der Strahlen von außen, die zunächst einmal eine Aufnahme vom Muster der Spitzenvorhänge machten. Etwa drei Stunden hatte er (ein langgliedriger, flachbrüstiger junger Mann mit einem Kneifer, der im Halbdunkel funkelte) auf dem Rücken gelegen, eine kurze Unterbrechung für das Abendessen ausgenommen, das in gnädigem Schweigen verlaufen war: Sein Vater und seine Schwester hatten nach neuerlichem Streit bei Tisch gelesen. Betäubt von dem bedrückenden, sich dehnenden Gefühl, das ihm so gut vertraut war, lag er da und sah durch seine Wimpern, und jede Linie, jeder Sims, jeder Schatten eines Simses wurde zu einem Meereshorizont oder einem Streifen fernen Landes. Sobald sich seine Augen an den Mechanismus der Verwandlungen gewöhnt hatten, begannen diese sich von selbst zu vollziehen (so erwachen Steine hinter dem Rücken des Magiers nutzlos zum Leben), und jetzt formte sich hier und dort im Kosmos des Zimmers eine Scheinperspektive, eine ferne Fata Morgana, die durch die Transparenz ihrer Zeichnung und ihre Einsamkeit bezauberte: eine Wasserfläche etwa um ein schwarzes Vorgebirge mit der winzigen Silhouette einer Araukarie.

Bisweilen kamen Fetzen unverständlichen, einsilbigen Gesprächs vom benachbarten Wohnzimmer (dem höhlenartigen Mittelstück jener Bürgerwohnungen, die russische Emigranten damals in Berlin zu mieten pflegten), das von seinem Zimmer durch Schiebetüren getrennt war, durch deren geriffelte Milchglasscheiben die hohe Lampe von drüben gelb durchschien, während etwas weiter unten wie in tiefem Wasser der verschwommene dunkle Rücken eines Stuhles sich abzeichnete, der dorthin gerückt worden war, um dem Hang der Türflügel Einhalt zu gebieten, in einer Serie ruckartiger Bewegungen auseinanderzukriechen. In diesem Wohnzimmer (wahrscheinlich auf dem Sofa im entferntesten Winkel) saß seine Schwester mit ihrem Freund, und nach den geheimnisvollen Pausen zu schließen, die in einem leisen Hüsteln oder einem zärtlichen, fragenden Lachen aufgingen, küssten sich die beiden. Andere Geräusche waren von der Straße zu hören: Der Lärm eines Wagens schraubte sich hoch wie eine dünne Säule, auf die sich als Kapitell ein Hupen an der Kreuzung legte; oder es kam umgekehrt das Hupen zuerst, dem ein näher kommendes Knattern folgte, an dem das Schaudern der Türflügel nach besten Kräften teilnahm.

Und wie das Licht des Wassers und sein Pulsen durch eine Meduse hindurchgehen, so durchdrang alles sein Innerstes, und dieses Gefühl des Durchflutetseins verwandelte sich in etwas wie Hellsichtigkeit. Flach auf seiner Couch liegend fühlte er sich von der Flut der Schatten seitwärts davongetragen, und gleichzeitig ging er neben fernen Fußgängern her und sah jetzt die Oberfläche eines Gehsteigs unmittelbar unter seinen Augen (mit der erschöpfenden Sehschärfe eines Hundes), jetzt das Muster kahler Zweige vor einem Himmel, der noch einen Hauch von Farbe bewahrt hatte, oder auch die bunte Folge der Auslagen: die Schaufensterpuppe eines Friseurs, die anatomisch kaum besser entwickelt war als die Herzdame; ein Bilderrahmengeschäft mit purpurnen Heidelandschaften und der unvermeidlichen *Inconnue de la Seine*, die im deutschen Reich so populär war, inmitten zahlreicher Porträts des Präsidenten Hindenburg; und dann ein Lampenladen, in dem alle Glühbirnen strahlten, sodass man sich fragen musste, welche denn nun die Arbeitsleuchte war, die zum Laden selbst gehörte.

Als er da mumiengleich im Dunkeln lag, wurde ihm auf einmal bewusst, dass das alles ziemlich peinlich war – seine Schwester mochte ja denken, er sei nicht zu Hause oder belausche sie. Sich zu bewegen war jedoch unglaublich schwer; schwer, weil die eigentliche Form seines Seins jetzt alle spezifischen Merkmale, alle festen Konturen verloren hatte. So konnte, zum Beispiel, die Gasse auf der anderen Seite des Hauses sein eigener Arm sein, während die lange, skelettartige, sich über den ganzen Himmel mit seiner Sternenkälte im Osten erstreckende Wolke seine Wirbelsäule war. Weder die gestreifte Dunkelheit seines Zimmers noch das Glas der Wohnzimmertür, das sich in eine nächtliche See verwandelt hatte, die in goldener Wellenbewegung aufschien, boten ihm eine zuverlässige Methode, sich abzumessen und abzugrenzen; diese Methode fand er erst, als die tastende Spitze seiner Zunge in einem Ausbruch von Bewegungslust eine plötzliche Drehung in seinem Mund vollführte (als ob sie, noch ganz schlaftrunken, nachschauen wollte, ob alles in Ordnung sei), nachzufühlen und einem weichen Fremdkörper zuzusetzen begann, einer Faser gekochten Rindfleischs, die sich zwischen seinen Zähnen verfangen hatte; worauf er sich überlegte, wie oft sie sich in neunzehn Jahren verändert hatte, diese unsichtbare, aber tastbare Hauswirtschaft seiner Zähne, an die sich die Zunge gewöhnt hatte, bis eine Füllung herausfiel und ein großes Loch hinterließ, das bald wieder hergerichtet wurde.

Was ihn nun dazu brachte, sich zu bewegen, war weniger die schamlos offene Stille hinter der Tür als vielmehr der Drang, sich ein sauberes, spitzes, kleines Instrument zu beschaffen, um dem einsamen blinden Schwerarbeiter zu helfen. Er streckte sich, hob den Kopf und knipste das Licht in der Nähe seiner Couch an, womit er seinen körperlichen Zustand voll und ganz wiederherstellte. Er nahm sich selber (den Kneifer, den dünnen, dunklen Schnurrbart, die unreine Haut auf seiner Stirn) mit jenem äußersten Widerwillen wahr, den er immer empfand, wenn er aus jenem verzehrenden Dunst, der ein Versprechen barg – doch welches? –, in seinen Körper zurückkehrte. Welche Form würde die Kraft, die ihm zusetzte und die mit ihm ihr Spiel trieb, schließlich annehmen? Woher stammt das nur, was in mir wächst? Ein Großteil des Tages war so verlaufen wie üblich – Universität, Bibliothek –, später aber, als ich im Auftrag des Vaters zu den Ossipows musste, war da das nasse Dach einer Kneipe neben einem leeren Grundstück, und der Kaminrauch klammerte sich an das Dach, kroch tief hinunter, schwer vor Feuchtigkeit, durchtränkt von ihr, schläfrig, weigerte sich emporzusteigen, weigerte sich, sich von liebgewordener Fäulnis zu trennen, und da, ebenda kam die Erregung über ihn.

Unter der Tischlampe glänzte ein in Wachstuch gebundenes Heft, und daneben auf dem tintenbekleckssten Löschblatt lag eine Rasierklinge mit vom Rost gesäumten Löchern. Das Licht fiel auch auf eine Sicherheitsnadel. Er bog sie auf, folgte den recht fahrigen Richtungsangaben der Zunge und entfernte die Fleischfaser, um sie gleich hinunterzuschlucken – ein Leckerbissen, besser als alle anderen; worauf das befriedigte Muskelorgan wieder zur Ruhe kam.

Plötzlich legte sich von außen die Hand einer Seejungfrau auf das geriffelte Glas der Tür; stoßweise teilten sich die Flügel, und seine Schwester streckte ihren zerzausten Kopf herein.

«Grischa, mein Lieber», sagte sie, «sei so nett und besorge ein paar Zigaretten von Vater.»

Er antwortete nicht, und die hellen Schlitze ihrer pelzigen Augen verengten sich (sie sah sehr schlecht ohne ihre Hornbrille), als sie herauszufinden versuchte, ob er auf seiner Couch schliefe.

«Besorg sie mir, Grischenka», wiederholte sie noch flehentlicher. «Bitte! Ich will nicht zu ihm gehen, nach allem, was gestern vorgefallen ist.»

«Vielleicht will ich auch nicht», sagte er.

«Mach schon, mach schon», sagte seine Schwester zärtlich, «los, Grischa, Lieber!»

«Schon gut, lass mich zufrieden», sagte er schließlich, und sie vereinte behutsam die beiden Türhälften und verschwamm im Glas.

Er betrachtete erneut seine lampenbeschienene Insel, und voller Hoffnung fiel ihm ein, dass er irgendwo ein Päckchen Zigaretten hingetan haben musste, welches ein Freund eines Abends zufällig liegen gelassen hatte. Die glänzende Sicherheitsnadel war verschwunden, während das Heft nur anders dalag und halb offen war (wie ein Mensch, der im Schlaf seine Lage ändert). Vielleicht zwischen meinen Büchern. Das Licht erreichte eben noch ihre Rücken auf den Regalen über dem Schreibtisch. Hier stand (überwiegend) Ramsch, der sich zufällig angesammelt hatte; hier standen aber auch Lehrwerke der Volkswirtschaft (ich hatte etwas ganz anderes gewollt, Vater aber hatte seinen Willen durchgesetzt) und einige Lieblingsbücher, die bisweilen sein Herz erquickt hatten: Gumiljows gesammelte Gedichte unter dem Titel *Schatjor* («Zelt»); Pasternaks *Sestra moja shisn* («Meine Schwester – das Leben»), Gasdanows *Wetscher u Kler* («Abend bei Claire»), Radiguets *Le Bal du Comte d'Orgel*, Sirins *Saschtschita Lushina* («Lushins Verteidigung»)[11], Ilf und Petrows *Dwenadzat stuljew* («Zwölf Stühle»), Hoffmann, Hölderlin, Baratynskij und ein alter Russlandführer. Wieder diese sanfte, geheimnisvolle Erschütterung. Er lauschte. Würde sich die Erregung wiederholen? Sein Geist war im Zustand höchster Anspannung, logisches Denken war ausgeschlossen, und als er aus seiner Trance herauskam, brauchte er einige Zeit, bis er sich erinnerte, warum er vor den Regalen stand und Bücher befingerte. Das blauweiße Päckchen, das zwischen Professor Sombart und Dostojewskij gesteckt hatte, erwies sich als leer. Schön, was sein musste, musste wohl sein, er kam nicht darum herum. Es gab allerdings noch eine andere Möglichkeit.

In ausgelatschten Hausschuhen und herunterhängenden Hosen schlurfte er lustlos und beinahe geräuschlos aus seinem Zimmer auf den Gang hinaus und tastete nach dem Lichtschalter. Auf der Konsole unter dem Spiegel lag neben der beigen, kessen Mütze des Gastes ein Knäuel Papier: die Hülle befreiter Rosen. Er stöberte im Mantel seines Vaters herum und drang mit zimperlichen Fingern in die empfindungslose Welt einer fremden Tasche ein, fand aber das Reservepäckchen nicht, das er dort erhofft hatte, so wie er die schwerfällige Vorsorge seines Vaters kannte. Nichts zu machen, ich muss zu ihm.

Hier, das heißt an einem nicht zu bestimmenden Punkt seiner Schlafwandelei, betrat er wieder einen Dunstkreis, und dieses Mal verfügte die Erschütterung in seinem Innern über so viel Kraft und war insbesondere so viel lebhafter als alle äußeren Wahrnehmungen, dass er den hängeschultrigen jungen Mann mit der bleichen unrasierten Wange und dem roten Ohr, der geräuschlos im Spiegel vorbeiglitt, nicht sogleich als den Umriss und die Haltung der eigenen Person erkannte. Er holte sich selber ein und betrat das Esszimmer.

An dem Tisch, den das Mädchen noch vor dem Zubettgehen für den Abendtee gedeckt hatte, saß sein Vater: Ein Finger kraulte in seinem schwarzen graumelierten Bart; zwischen Daumen und Finger seiner anderen Hand hielt er ausgestreckt einen Kneifer an der federnden Klemmvorrichtung; er studierte einen großen Stadtplan von Berlin, der an den Falzen völlig abgenützt war. Vor einigen Tagen war im Hause von Bekannten eine leidenschaftliche, echt russische Diskussion darüber ausgebrochen, wie man zu Fuß am besten von einer bestimmten Straße zu einer anderen käme, wobei übrigens weder die eine noch die andere von den Disputanten jemals frequentiert wurde; und deutete man den Ausdruck enttäuschten Erstaunens auf dem geneigten Gesicht seines Vaters mit den beiden rosa Achten auf den Nasenflügeln richtig, so hatte sich herausgestellt, dass der alte Mann Unrecht gehabt hatte.

«Was gibt's?», fragte er und blickte zu seinem Sohn auf (vielleicht in der heimlichen Hoffnung, dass ich mich setze, den Teewärmer abnehme und ihm und mir eine Tasse eingieße). «Zigaretten?», fuhr er in fragendem Ton fort, nachdem er bemerkt hatte, in welche Richtung sein Sohn blickte; der wollte gerade hinter den Rücken seines Vaters treten, um an die Dose heranzukommen, die am anderen Ende des Tisches stand, aber sein Vater reichte sie schon herüber, sodass eine momentane Verwirrung entstand.

«Ist er weg?», kam die dritte Frage.

«Nein», sagte der Sohn und nahm eine seidige Handvoll Zigaretten.

Auf seinem Weg aus dem Esszimmer bemerkte er, wie sein Vater den ganzen Rumpf herumwandte, um die Wanduhr zu Gesicht zu bekommen, als hätte sie etwas gesagt, und wie er sich dann wieder zurückdrehte – aber da schloss sich die Tür, die ich schloss, und ich sah nicht, wie es zu Ende ging. Ich sah nicht, wie es zu Ende ging, ich hatte andere Dinge im Kopf, aber dies eben auch und die fernen Meere von vorhin und das glühende Gesichtchen meiner Schwester und den verschwommenen Lärm auf dem kreisförmigen Rand der durchsichtigen Nacht – alles trug auf die eine oder andere Weise dazu bei, dem Form zu geben, was jetzt endlich Gestalt angenommen hatte. Mit unheimlicher Deutlichkeit, als würde meine Seele von einer lautlosen Explosion erhellt, sah ich eine zukünftige Erinnerung; der Gedanke kam mir, dass ich mich ebenso, wie ich mich an gewisse Bilder aus der Vergangenheit erinnerte, etwa die Art, wie meine verstorbene Mutter ein weinerliches Gesicht machte und die Hände an die Schläfen presste, wenn das Gezank bei Tisch zu laut wurde – dass ich mich mit mitleidloser, nicht wiedergutzumachender Schärfe an den gekränkten Ausdruck der Schultern meines Vaters erinnern würde, als er sich in seiner von Asche und Schuppen bepuderten warmen Hausjacke grämlich über den zerschlissenen Stadtplan beugte, und all das vermischte sich schöpferisch mit dem noch frischen Bild des blauen Rauchs, der an dem toten Laub auf einem nassen Dach haftet.

Durch einen Spalt zwischen den Türflügeln nahmen unsichtbare gierige Finger, was er ihnen hinhielt, und nun lag er wieder auf seiner Couch, aber die frühere Mattigkeit war weg. Riesengroß, lebendig, dehnte sich eine Verszeile und bog in die nächste ein; an der Biegung flammte köstlich und heiß ein Reim auf, der weiterglühte, und es erschien wie ein Schatten an der Wand, wenn man mit einer Kerze die Treppe hinaufsteigt, der bewegliche Umriss eines weiteren Verses.

Berauscht von der italienischen Musik russischer Alliterationen, von der Sehnsucht nach Leben, von der neuen Versuchung veralteter Wörter (ein modernes *bereg* wurde zu *breg*, einem ferneren «Ufer», *holod* wurde *blad*, eine klassischere «Kälte», *weter* wurde *wetr*, ein besserer Boreas), entstanden knabenhafte, vergängliche Gedichte, die mit Sicherheit schon zu der Zeit, da sie in Druck gingen, dahinwelkten, so wie alle vorhergehenden, die er in sein schwarzes Heft geschrieben hatte, eins nach dem anderen dahingewelkt waren, aber gleichviel: In diesem Augenblick glaube ich an die hinreißenden Versprechungen des noch immer atmenden, noch immer kreisenden Verses, mein Gesicht ist tränenüberströmt, mein Herz birst vor Glück, und ich weiß, dass dieses Glück das höchste ist, was es auf Erden gibt.

Musterung

Er war alt, er war krank, und niemand auf der Welt brauchte ihn. In puncto Armut hatte Wassilij Iwanowitsch jenes Stadium erreicht, wo man sich nicht länger fragt, wovon man morgen leben soll, sondern sich nur noch wundert, wie man den vergangenen Tag überlebt hat. Was private Bindungen anging, so bedeutete ihm außer seiner Krankheit wenig auf der Welt etwas. Seine ältere, unverheiratete Schwester, mit der er in den Zwanzigern aus Russland nach Berlin emigriert war, war vor zehn Jahren gestorben. Er vermisste sie nicht mehr und hatte sich an eine Leere gewöhnt, die nach ihrem Bilde geformt war. An diesem Tag jedoch, als er vom russischen Friedhof zurückkehrte, wo er an Professor D.s Begräbnis teilgenommen hatte, grübelte er in der Straßenbahn mit fruchtloser Bestürzung über das Ausmaß der Vernachlässigung, in dem sich ihr Grab befand: Die Farbe des Kreuzes war stellenweise abgeblättert, der Name ließ sich kaum noch unterscheiden vom Schatten der Linde, der darüber hinglitt und ihn löschte. Etwa ein Dutzend in ihr Geschick ergebener alter Emigranten, verbunden durch die Schmach des Todes und seine vulgäre Gleichmacherei, hatten Professor D.s Begräbnis beigewohnt. Sie standen, wie bei solchen Gelegenheiten üblich, einzeln und in Grüppchen in einer Art schmerzgebeugter Erwartung da, während das bescheidene Ritual ablief, interpunktiert durch das diesseitige Rütteln der Äste über ihren Köpfen. Die Hitze war unerträglich, besonders auf nüchternen Magen; doch hatte er um der Schicklichkeit willen einen Mantel getragen, der die schändliche Ärmlichkeit seines Anzugs verbergen sollte. Und obwohl er Professor D. recht gut gekannt hatte und versuchte, das gütige Bild des Verstorbenen glatt und fest vor seinem geistigen Auge zu halten, so entschlüpften ihm doch in diesem warmen, fröhlichen Juliwind, der das Bild bereits wellte und knitterte und ihm aus den Händen riss, die Gedanken in jene Ecke seines Gedächtnisses, wo seine Schwester mit ihren unabänderlichen Gewohnheiten und ihrer Sachlichkeit von den Toten zurückkehrte, schwer und korpulent wie er, mit einer Brille von gleicher Stärke auf ihrer maskulinen, massigen, poliert aussehenden Nase und in einem grauen Jackett, wie es russische Damen mit gesellschaftlichem Engagement bis auf den heutigen Tag tragen: eine großartige, großartige Frau, die auf den ersten Blick ein kluges, umsichtiges und tatkräftiges Leben führte, die aber unerwartet wunderbare Einblicke auf eine Melancholie eröffnete, welche nur er, ihr Bruder, wahrnahm und um deretwegen er sie letztlich so sehr geliebt hatte.

Im anonymen Gedrängel der Berliner Straßenbahn befand sich die ganze Zeit über noch ein alter Flüchtling, ein Rechtsanwalt, der seine Praxis aufgegeben hatte und der auch vom Friedhof zurückkehrte und der auch für niemand von Nutzen war außer für mich. Wassilij Iwanowitsch, der ihn nur oberflächlich kannte, versuchte sich zu entscheiden, ob er ein Gespräch mit ihm beginnen sollte oder nicht, wenn das sich verschiebende Durcheinander der Fahrgäste sie per Zufall zusammenführen sollte; der andere klebte indessen weiter am Fenster, von wo er mit ironischem Ausdruck im übel vernachlässigten Gesicht die Evolution der Straßen beobachtete. Schließlich (und das war genau der Augenblick, den ich erhaschte und der darüber entschied, dass ich den Gemusterten nicht mehr aus den Augen ließ) stieg W. I. aus, und da er schwer und ungelenk war, half ihm der Schaffner, auf die längliche steinerne Insel der Haltestelle hinabzuklettern. Einmal unten angelangt, nahm er von oben mit gemächlicher Dankbarkeit seinen eigenen Arm entgegen, den der Schaffner noch immer am Ärmel hielt. Dann setzte er sich in Bewegung, drehte sich um, sah vorsichtig erst nach rechts, dann nach links und trat in der Absicht, die gefährliche Straße in Richtung auf eine öffentliche Anlage zu überqueren, auf den Asphalt.

Er kam sicher hinüber. Auf dem Friedhof hatte W. I., als der zittrige alte Priester, wie es das Ritual forderte, den Chor ein Lied zum ewigen Gedenken an den Verstorbenen anstimmen ließ, eben noch derart lange gebraucht, um mühselig niederzuknien, dass der Gesang vorbei war, als sein Knie den Boden berührte, und hinterher kam er dann nicht mehr allein auf die Beine; der alte Tichotskij hatte ihm hochgeholfen, wie der Straßenbahnschaffner ihm gerade hinuntergeholfen hatte. Diese Zwillingseindrücke verstärkten ein Gefühl ungewohnter Müdigkeit, das ganz zweifellos einen Beigeschmack von letzter Ruhestätte an sich hatte, jedoch auf seine Art angenehm war; und nachdem er festgestellt hatte, dass es in jedem Falle zu früh war, zur Wohnung der guten, beschränkten Leutchen zu gehen, bei denen er untergekommen war, wies sich W.I. mit seinem Stock selber eine Bank und setzte sich langsam, der Gravitation bis zum letzten Augenblick widerstehend, dann schließlich kapitulierend hin.

Ich wüsste indessen zu gerne, woher dieses Glück, diese Woge von Glück kommt, das die Seele sogleich in etwas Grenzenloses, Durchsichtiges und Kostbares verwandelt. Darf man doch nicht vergessen, dass es hier um einen kranken alten Mann geht, der schon das Zeichen des Todes trägt; er hat alles, was ihm lieb war, verloren: seine Frau, die ihn noch in Russland dem bekannten Reaktionär Dr. Malinowskij zuliebe verlassen hatte; die Zeitung, bei der W.I. gearbeitet hatte; seinen Leser, Freund und Namensvetter Wassilij Iwanowitsch Maler, den die Roten während des Bürgerkriegs zu Tode gefoltert hatten; seinen Bruder, der in Charbin an Krebs gestorben war; und seine Schwester.

Wieder dachte er mit Unbehagen über das verwitterte Kreuz auf ihrem Grab nach, das schon hinüberwechselte ins Lager der Natur; es müssen jetzt sieben Jahre her sein, dass er sich nicht mehr darum gekümmert hatte und es verwildern ließ. Mit verblüffender Klarheit hatte W.I. plötzlich das Bild eines Mannes vor Augen, den seine Schwester einmal geliebt hatte – der einzige, den sie jemals liebte –, ein Garschin-ähnlicher Typ, ein halbverrückter, schwindsüchtiger, faszinierender Mann mit kohlschwarzem Bart und Zigeuneraugen, der sich zur allgemeinen Überraschung wegen einer anderen Frau erschoss: das Blut auf seiner Hemdbrust, die kleinen Füße in den schmucken Schuhen. Dann sah er, ohne dass irgendein Zusammenhang bestanden hätte, seine Schwester als Schulmädchen mit ungewohnter Haartracht; nach einer Typhuserkrankung war sie geschoren worden; sie saßen zusammen auf der Ottomane, und sie erklärte ihm ein komplexes System taktiler Wahrnehmung, das sie entwickelt hatte und das bewirkte, dass ihr Dasein nur noch darin bestand, ein geheimnisvolles Gleichgewicht zwischen den Gegenständen zu wahren: Man berühre im Vorübergehen eine Mauer, lasse die linke, dann die rechte Hand drüber hinstreichen, als tauche man seine Hände in die Sinnlichkeit des Gegenstandes ein, sodass sie rein würden und in Frieden stünden mit der Welt und sich in ihr reflektierten; hiernach interessierte sie sich hauptsächlich für Frauenfragen, richtete irgendwelche Frauenapotheken ein und hatte eine wahnsinnige Angst vor Geistern, weil sie, wie sie sagte, nicht an Gott glaubte.

Er hatte seine Schwester verloren, die er mit besonderer Zärtlichkeit um der Tränen willen liebte, die sie nachts weinte; er war gerade vom Friedhof zurückgekehrt, wo der lächerliche Hokuspokus mit den Schäufelchen voller Erde seine Erinnerungen wiederbelebt hatte; er war derart schwer, schwach und unbeholfen, dass er nicht von seinen Knien hochkam oder von der Plattform der Straßenbahn herabsteigen konnte (der hilfsbereite Schaffner musste sich mit abwärts ausgestreckten Armen bücken – und ein Fahrgast hatte auch noch mitgeholfen, glaube ich); er war müde, einsam, fett und schämte sich in allen Schattierungen altmodischen Anstands seiner geflickten Wäsche, seiner abgetragenen Hosen, seiner ganzen vernachlässigten, ungeliebten, schäbig ausstaffierten Dickleibigkeit; und gleichwohl fühlte er sich erfüllt von einer beinahe unanständigen Freude unbekannter Herkunft, die ihn mehr als einmal im Verlaufe seines langen und ziemlich schwierigen Lebens durch ihren urplötzlichen Ausbruch überrascht hatte. Er saß ganz still, seine Hände ruhten (gelegentlich nur spreizten sich die Finger) auf der Krücke seines Stockes, und seine dicken Schenkel standen offen, sodass die Rundung seines Wanstes, der von der Öffnung seines aufgeknöpften Mantels eingerahmt wurde, auf der Kante der Bank zu ruhen kam. Bienen beschäftigten sich mit den Blüten der Linde über seinem Kopf, von ihrem dichten, festlichen Laub ging ein wolkiger, honigschwerer Duft aus, während darunter, in ihrem Schatten, auf dem Gehsteig, hellgelbe Blütenpartikelchen lagen, die gehäckseltem Pferdemist glichen. Ein nasser roter Schlauch lag quer über dem Rasen in der Mitte des kleinen Parks, und etwas weiter weg schoss ein leuchtender Wasserstrahl aus ihm empor, und in der Aura der Gischt schimmerten geisterhaft die Farben des Regenbogens. Zwischen ein paar Weißdornhecken und einer öffentlichen Bedürfnisanstalt im Chalet-Stil war eine taubengraue Straße zu sehen; dort stand wie ein fetter Hanswurst eine anzeigenbedeckte Litfaßsäule, und eine Straßenbahn nach der anderen fuhr unter Gerassel und Gewimmer vorbei.

Diesen kleinen Stadtgarten, diese Rosen, dieses Grün – er hatte das schon tausendmal gesehen in all seinen unkomplizierten Veränderungen, und doch funkelte das alles durch und durch vor Lebenslust, Frische, Anteilnahme an unserem Geschick, wann immer er und ich solche Anwandlungen von Glück erfuhren. Ein Mann mit der russischen Lokalzeitung setzte sich auf die gleiche dunkelblaue, sonnengewärmte, gastfreundliche, gleichgültige Bank. Es fällt mir schwer, diesen

Mann zu beschreiben; und es lohnte sich auch nicht, da ein Selbstporträt wegen jener Spannung, die sich nicht aus dem Ausdruck der Augen entfernen lässt, selten gelingt: Es ist der hypnotische Bann des unabdingbaren Spiegels. Wie war ich denn nur darauf gekommen, dass der Mann, neben den ich mich gesetzt hatte, Wassilij Iwanowitsch hieß? Nun, deshalb, weil diese Kombination von Ruf- und Vatersname wie ein Sessel ist, und er war dick und weich, hatte ein großes, gemütliches Gesicht und saß, die Hände auf seinem Stock, bequem und bewegungslos da; nur die Pupillen seiner Augen glitten hinter ihren Linsen hierhin und dorthin, von einer Wolke, die in die eine Richtung wanderte, zu einem Lastwagen, der in die andere fuhr; von einem Spatzenweibchen, das auf dem Kies ein Junges fütterte, zu der abgehackten, ruckartigen Bewegung eines kleinen Holzautos, das ein Kind, das es längst vergessen hatte, an einer Schnur hinter sich her zog (da – jetzt war es umgekippt und fuhr trotzdem weiter). Professor D.s Nachruf stand in der Zeitung an prominenter Stelle, und daher hatte ich in meiner Eile, einen Schauplatz für W.I.s Morgen zu finden, der so düster und typisch wie möglich war, diesen Ausflug zur Beerdigung arrangiert, obwohl in der Zeitung stand, der Termin werde später bekannt gegeben; aber, ich wiederhole, ich war in Eile, und ich hätte mir gewünscht, er wäre wirklich auf dem Friedhof gewesen, denn er war genau der Typ, den man bei allerlei russischen Festlichkeiten im Ausland antrifft, der sich zwar gewöhnlich beiseitehält, aber gerade dadurch herausstreicht, dass seine Anwesenheit ein Akt der Gewohnheit ist. Und da etwas in den weichen Zügen seines vollen, glattrasierten Gesichts mich an eine sozialpolitisch engagierte Dame in Moskau namens Anna Axakow erinnerte, die ich seit Kindheitstagen kannte (sie war eine entfernte Verwandte von mir), machte ich sie fast absichtslos, aber mit schon ununterdrückbaren individuellen Zügen zu seiner Schwester, und all das ging mit schwindelerregender Schnelligkeit vor sich, denn ich brauchte um jeden Preis einen Mann wie ihn für eine Episode in einem Roman, mit dem ich mich nun schon mehr als zwei Jahre abplagte. Was kümmerte es mich, dass dieser dicke alte Herr, den ich zuerst sah, als man ihm aus der Straßenbahn heraushalf, und der nun neben mir saß, möglicherweise gar kein Russe war? Ich war so zufrieden mit ihm! Er war so geräumig! Durch eine seltsame Gefühlsverbindung war mir, als ob ich den Unbekannten mit dem lodernden schöpferischen Glücksgefühl anstecke, das einen Schauder über die Haut des Künstlers rieseln lässt. Ich wünschte, dass W.I. trotz seines Alters, seiner Ärmlichkeit, trotz seines Magengeschwürs Anteil nehme an der schrecklichen Macht meines Entzückens und seine Anstößigkeit durch seine Komplizenschaft mildere, sodass es nicht länger die Empfindung eines Einzelnen, eine äußerst rare Spielart des Wahnsinns, ein ungeheuerlicher Regenbogen wäre, der mein Innerstes überspannte, sondern zumindest zwei Menschen angehöre, ihr Gesprächsthema würde und sich dadurch das Recht auf eine Routineexistenz erwürbe, die meinem wilden, reißenden, atemberaubenden Glück ansonsten versagt ist. Wassilij Iwanowitsch (ich wollte von dieser Anrede nicht lassen) nahm seinen schwarzen Filzhut ab, nicht etwa um sein Haupt zu kühlen, sondern in der Absicht, meinen Gedanken seinen Gruß zu entrichten. Er strich sich langsam über seinen Kopf; die Schatten der Lindenblätter gingen über die Adern seiner großen Hand hin und fielen dann wieder auf sein graues Haar. Ebenso langsam wandte er mir seinen Kopf zu, sah auf meine Emigrantenzeitung, auf mein Gesicht, das so zurechtgemacht war, dass es dem eines Lesers gliche, wandte sich majestätisch ab und setzte seinen Hut wieder auf.

Aber er war schon mein. Dann stand er mit einiger Anstrengung auf, streckte sich, wechselte seinen Stock von der einen Hand in die andere, tat einen kurzen, versuchsweisen Schritt und begab sich dann ruhig von dannen, für immer, wenn ich mich nicht täusche. Doch trug er eine – wie die Pest – rare Krankheit mit sich davon, denn er war durch ein Sakrament mit mir verbunden, war dazu bestimmt, einen Augenblick am fernen Ende eines bestimmten Kapitels, an der Krümmung eines bestimmten Satzes aufzutauchen.

Mein Stellvertreter, der Mann mit der russischen Zeitung, war nun alleine auf der Bank, und da er hinübergewechselt war in den Schatten, wo W.I. gesessen hatte, rieselten ihm die gleichen kühlen Lindenmuster, die seinen Vorgänger gesalbt hatten, über die Stirn.

Aus dem vollen Menschenleben

Im Nebenzimmer schüttete sich Pawel Romanowitsch aus vor Lachen, während er erzählte, wie seine Frau ihn verlassen hatte.

Ich hielt es nicht aus, diese schreckliche Heiterkeit mit anzuhören, und ohne auch nur in den Spiegel zu sehen, ging ich so, wie ich war, in dem von einem schlumpigen Mittagsschlaf zerknautschten Kleid und auf der Wange bestimmt noch die Abdrücke des Kissens, in den Nebenraum (das Esszimmer meines Vermieters), wo sich mir folgende Szene darbot: Mein Zimmervermieter, ein Mann namens Plechanow (in keiner Weise verwandt mit dem sozialistischen Philosophen), saß da und hörte mit einem Ausdruck der Aufmunterung zu – die ganze Zeit über füllte er die Röhrchen russischer Zigaretten mit Hilfe eines Stopfapparats –, während Pawel Romanowitsch immer wieder und wieder um den Tisch herumlief, sein Gesicht ein regelrechter Albtraum, dessen Blässe sich über seinen ansonsten gesund aussehenden, kurzgeschnittenen Kopf auszubreiten schien: eine sehr russische Abart von Penibilität, die einen ständig an schmucke Pioniertruppen erinnerte, mich im jetzigen Augenblick jedoch an etwas Schlimmes denken ließ, etwas, das so furchterregend war wie der Schädel eines Verurteilten.

Eigentlich war er gekommen, um meinen Bruder zu

besuchen – der gerade weggegangen war, aber das machte ihm nicht wirklich etwas aus: Sein Kummer musste heraus, und so fand er einen bereitwilligen Zuhörer in diesem nicht gerade einnehmenden Mann, den er kaum kannte. Er lachte, doch seine Augen blieben an seinem Kollern unbeteiligt, als er erzählte, wie seine Frau überall in der Wohnung ihre Habseligkeiten zusammengesucht, wie sie aus Versehen seine Lieblingsbrille mitgenommen, wie ihre ganze Verwandtschaft noch vor ihm Bescheid gewusst habe, wie er sich überhaupt frage …

«Ja, das ist auch so ein Punkt für sich», fuhr er fort und redete jetzt Plechanow direkt an, einen gottesfürchtigen Witwer (denn bisher waren seine Worte mehr oder minder eine Tirade ins Leere gewesen), «ein interessanter Punkt für sich: Wie soll denn das nun im Jenseits werden – kopuliert sie da mit mir oder mit diesem Schwein?»

«Wir gehen mal in mein Zimmer», sagte ich mit meiner kristallklarsten Stimme – und erst jetzt bemerkte er meine Anwesenheit: Ich hatte verloren an der Ecke des dunklen Büfetts gelehnt, mit dem meine zierliche Figur in ihrem schwarzen Kleid zu verschmelzen schien – ja, ich trage Trauer, um alle, um alles, um mich selber, um Russland, um die Feten, die mir aus dem Bauch gekratzt wurden. Er und ich gingen in das kleine Zimmer, in dem ich zur Untermiete wohnte: Es war darin knapp Platz für eine einigermaßen absurd breite, seidenbezogene Couch und daneben einen kleinen, niedrigen Tisch mit einer Lampe, deren Fuß eine wahre Bombe aus dickem, wassergefülltem Glas bildete – und in dieser meiner gemütlichen Privatatmosphäre wurde Pawel Romanowitsch sofort ein anderer.

Er setzte sich schweigend und rieb sich die entzündeten Augen. Ich kauerte mich neben ihn, klopfte die Kissen um uns herum zurecht und verfiel in Nachdenken, gab mich mit aufgestützter Wange frauenhaften Gedanken hin, während ich ihn ansah, seinen Türkiskopf, seine breiten, starken Schultern, zu denen ein Militärrock so viel besser gepasst hätte als dieses zweireihige Jackett. Ich starrte ihn an und fragte mich, wie mich dieser gedrungene Kerl mit seinen nichtssagenden Gesichtszügen (mit Ausnahme der Zähne – meine Güte, was für prächtige Zähne!) hatte hinreißen können; und doch war es kaum zwei Jahre her, dass ich verrückt nach ihm war, am Anfang meines Emigrantenlebens in Berlin, als er gerade erst den Plan fasste, seine Angebetete zu heiraten – und wie vollkommen verrückt war ich gewesen, wie hatte ich seinetwegen geweint, wie hatte mich diese dünne Stahlkette um sein behaartes Handgelenk bis in die Träume verfolgt.

Aus seiner Gesäßtasche angelte er sich sein (wie er es nannte) «Schlachtfeld»-Zigarettenetui. Er nickte mutlos mit dem Kopf und klopfte mit dem hohlen Ende seiner russischen Zigarette mehrfach auf den Deckel, öfter als gewöhnlich.

«Ja, Maria Wassiljewna», stieß er schließlich unter den Zähnen hervor, während er sich die Zigarette anzündete und seine dreieckigen Augenbrauen hochzog. «Ja, kein Mensch hätte so etwas voraussehen können. Ich hatte Vertrauen zu dieser Frau, absolutes Vertrauen.»

Nach seinem Anfall anhaltender Redseligkeit kurz vorher schien jetzt alles unheimlich still. Man hörte den Regen auf das Fensterbrett prasseln, Plechanows

Stopfapparat klappern, einen neurotischen alten Hund winseln, der in dem Zimmer meines Bruders auf der anderen Seite des Korridors eingeschlossen war. Ich weiß nicht, weshalb – weil das Wetter so grau war oder weil ein Unglück wie das, welches Pawel Romanowitsch heimgesucht hatte, irgendeine Reaktion seitens der Umwelt zu verlangen schien (Auflösung, Auslöschung) –, aber ich hatte den Eindruck, es wäre schon spät am Abend, obwohl es in Wirklichkeit erst drei Uhr nachmittags war und ich noch bis ans andere Ende von Berlin fahren musste, um etwas zu erledigen, was mein reizender Bruder gut allein hätte besorgen können.

Wieder redete Pawel Romanowitsch, diesmal zischend: «Dieses verdammte alte Miststück», sagte er, «sie und nur sie hat sie miteinander verkuppelt. Ich habe sie immer für ein Scheusal gehalten, und ich habe vor Lenotschka kein Geheimnis draus gemacht. Solch ein Miststück! Du hast sie mal gesehen, glaub ich – so um die sechzig, üppig rotgrau gefärbte Haare, fett, so fett, dass ihr Rücken rund aussieht. Es ist jammerschade, dass Nikolas nicht da ist. Er soll mich anrufen, wenn er zurückkommt. Wie du weißt, bin ich ein einfacher Mann, der kein Blatt vor den Mund nimmt, und ich habe Lenotschka schon immer gesagt, dass ihre Mutter ein bösartiges Miststück ist. Ich habe mir also Folgendes überlegt: Vielleicht könnte dein Bruder mir helfen, einen Brief an das alte Weibsbild aufzusetzen – eine Art förmliche Erklärung, aus der hervorgeht, dass ich weiß und mir völlig darüber im klaren bin, wer meine Frau aufgehetzt hat, wer sie angestiftet hat – ja, etwas in dieser Richtung, aber natürlich äußerst höflich formuliert.»

Ich sagte nichts. Hier war er, besuchte mich zum ersten Mal (seine Besuche bei Nick zählten nicht), saß zum ersten Mal auf meiner Couch und ließ Zigarettenasche auf meine bunten Kissen fallen; aber was mir früher eine unsagbare Freude bereitet hätte, machte mich jetzt kein bisschen froh. Gute Menschen hatten schon vor langer Zeit berichtet, dass seine Ehe gescheitert war, dass sich seine Frau als eine billige, unberechenbare dumme Kuh erwiesen hatte – und weitsichtige Gerüchte hatten ihr schon längst einen Liebhaber angehängt, und zwar genau die Jammergestalt, die jetzt auf ihre kuhhafte Schönheit hereingefallen war. Die Nachricht, dass diese Ehe kaputt sei, überraschte mich darum nicht; unbestimmt hatte ich vielleicht sogar erwartet, dass eines Tages eine Welle des Unwetters Pawel Romanowitsch zu meinen Füßen absetzen würde. Doch wie tief in mir ich auch wühlte, ich fand keinen einzigen Brocken Freude; im Gegenteil war mir das Herz so schwer, ach, ich kann einfach nicht sagen wie schwer. Durch irgendein heimliches Einverständnis zwischen ihren Helden sind alle meine Liebschaften unweigerlich einem vorbestimmten Muster der Mittelmäßigkeit und Tragödie gefolgt, oder genauer, es war eben ihre Mittelmäßigkeit, die ihnen ihren Hang zur Tragödie aufgedrückt hat. Es beschämt mich, daran zu denken, wie sie angefangen haben, es erschreckt mich die Widerlichkeit ihrer Auflösung, während der Mittelteil, der Teil, der das Wesen und den Kern dieser oder jener Affäre hätte ausmachen sollen, mir als eine Art lustloses Getue im Gedächtnis geblieben ist, gesehen durch schlammiges Wasser oder klebrigen Nebel. Meine Leidenschaft für Pawel Romanowitsch hatte wenigstens den einen erfreulichen

Vorzug gehabt, im Vergleich zu all den übrigen kühl und makellos zu bleiben; doch auch diese Leidenschaft, die so fern war, so tief in der Vergangenheit begraben, entlieh jetzt aus der Gegenwart in umgekehrter Reihenfolge einen Beigeschmack von Unglück, Versagen, sogar platter Demütigung, nur weil ich gezwungen war mir anzuhören, wie sich dieser Mann über seine Frau und seine Schwiegermutter beklagte.

«Ich hoffe», sagte er, «dass Nicki bald zurück ist. Ich habe noch einen anderen Plan in petto, und ich glaube, der ist gar nicht übel. Und in der Zwischenzeit trolle ich mich besser.»

Und immer noch sagte ich nichts, versteckte meine Lippen hinter den Fransen meines schwarzen Schals und sah ihn tieftraurig an. Er blieb einen Augenblick an der Fensterscheibe stehen, an der eine Fliege schlagend und summend nach oben torkelte und sofort wieder abrutschte. Dann strich er mit den Fingern über die Rückgrate der Bücher auf meinem Regal. Wie die meisten, die wenig lesen, hatte er eine heimliche Vorliebe für Wörterbücher, und jetzt zog er einen breithüftigen rosa Band mit der Samenkapsel einer Löwenzahnblume und einem rotgelockten Mädchen auf dem Einband heraus.

«Choroschaja schtuka», sagte er – zwängte das *schtuka* (Ding) zurück und brach plötzlich in Tränen aus. Ich brachte ihn dazu, sich dicht neben mich auf die Couch zu setzen, er schwankte hin und her, sein Schluchzen wurde stärker, und schließlich vergrub er das Gesicht in meinem Schoß. Leise streichelte ich seine schmirgelpapierartige Kopfhaut und seinen rosigen, kräftigen Nacken, den ich an Männern so anziehend finde. Sein Weinkrampf ließ allmählich nach. Er biss mich sanft

durch meinen Rock hindurch und setzte sich wieder auf.

«Weißt du was?», fragte Pawel Romanowitsch und schlug dabei geräuschvoll die konkaven Flächen seiner waagerecht gehaltenen Hände zusammen (ich konnte nicht umhin zu lächeln, da ich an einen Onkel von mir denken musste, einen Landbesitzer im Wolgagebiet, der auf die nämliche Weise das Geräusch einer Prozession würdevoller Kühe nachmachte, die ihre Fladen fallen lassen). «Weißt du was, meine Liebe? Wir wollen in meine Wohnung gehen. Den Gedanken, dort allein zu sein, halte ich nicht aus. Wir essen da etwas zu Abend, führen uns ein paar Schlückchen Wodka zu Gemüt und gehen dann ins Kino – was meinst du dazu?»

Ich konnte sein Angebot nicht ausschlagen, obwohl ich wusste, dass ich es bereuen würde. Während ich bei Nicks früherer Arbeitsstelle anrief, um mein Kommen abzusagen (er brauchte die Gummiüberschuhe, die er dort gelassen hatte), sah ich mich selber im Flurspiegel wie eine verlorene kleine Nonne mit einem strengen, wächsernen Gesicht; doch wenig später nur, als ich mich zurechtmachte und meinen Hut aufsetzte, tauchte ich sozusagen in die Tiefe meiner großen, schwarzen, erfahrenen Augen und entdeckte in ihnen ein Leuchten, das alles andere als nonnenhaft war – selbst durch meinen kurzen Schleier hindurch strahlten sie, mein Gott, und wie sie strahlten!

In der Straßenbahn, auf dem Weg zu seiner Wohnung wurde Pawel Romanowitsch wieder abweisend und düster: Ich erzählte ihm von Nicks neuer Stelle in der kirchlichen Bibliothek, doch sein Blick schweifte umher, offenbar hörte er gar nicht zu. Wir waren da.

Die Unordnung in den drei engen Zimmern, die er zusammen mit seiner Lenotschka bewohnt hatte, war einfach nicht zu fassen – als hätten seine und ihre Sachen sich eine Schlägerei geliefert. Um Pawel Romanowitsch aufzuheitern, begann ich die Soubrette zu spielen, band mir eine winzige Schürze um, die in einer Küchenecke vergessen worden war, brachte Frieden ins Durcheinander der Möbel, deckte aufs ordentlichste den Tisch – sodass Pawel Romanowitsch die Hände aufs neue zusammenschlug und beschloss, etwas Borschtsch zu machen (auf seine Kochkünste hielt er sich einiges zugute).

Nach zwei oder drei Gläsern Wodka kam er in eine übermäßig energische und pseudotüchtige Stimmung, als gäbe es tatsächlich einen bestimmten Plan, den es jetzt auszuführen galt. Ich wüsste nicht zu sagen, ob er sich mit der theatralischen Feierlichkeit, mit der ein handfester Trinkfachmann das Hinunterkippen russischen Schnapses auszuschmücken imstande ist, selber angesteckt hatte, oder ob er wirklich glaubte, dass wir beide noch in meinem Zimmer angefangen hatten, etwas zu planen und zu besprechen – doch jetzt stand er da, saugte seinen Füllfederhalter voll und holte mit einem bedeutungsvollen Gesichtsausdruck hervor, was er die Akte nannte: Briefe von seiner Frau, die er letztes Frühjahr in Bremen erhalten hatte, wo er sich im Auftrag der Emigranten-Versicherungsgesellschaft aufhielt, für die er arbeitete. Aus diesen Briefen begann er Stellen vorzutragen, die bewiesen, dass sie ihn liebte und nicht den anderen Kerl. Zwischendurch wiederholte er Mal um Mal flotte kleine Formeln wie «das hätten wir», «Friede, Freude, Eierkuchen», «jetzt wollen wir mal sehen» – und trank immer weiter. Sein ganzes Raisonnement lief auf die Idee hinaus, dass Lenotschka nicht in einen anderen verliebt sein konnte, wenn sie doch ihm schrieb: «Ich streichle Dich in Gedanken, teurer Pavianowitsch», und wenn sie dennoch meinte, dass sie es wäre, könnte ihr dieser Irrtum mit Geduld auseinandergesetzt werden. Nach ein paar Gläsern mehr änderte sich sein Gebaren, wurde sein Ausdruck finster und grob. Ohne jeden Grund zog er Schuhe und Socken aus, begann zu schluchzen, ging schluchzend von einem Ende seiner Wohnung zum andern, ignorierte meine Gegenwart vollständig und stieß wütend mit einem kräftigen bloßen Fuß den Stuhl aus dem Weg, gegen den er immer wieder getaumelt war. Im Vorübergehen gelang es ihm, die Karaffe zu leeren, und sogleich trat er in eine dritte Phase ein, den Schlussteil jenes Syllogismus der Trunkenheit, der im Einklang mit den strengen Regeln der Dialektik bereits eine anfängliche Darbietung heller Tüchtigkeit und eine Mittelperiode völliger Düsternis vereint hatte. In der gegenwärtigen Phase nahm es sich so aus, als hätten er und ich etwas festgestellt (was genau, blieb einigermaßen unklar), das ihren Liebhaber als den allerniedrigsten Schuft entlarvte, und der Plan bestand darin, dass ich sie sozusagen aus eigenem Antrieb aufsuchen und «warnen» sollte. Es sollte auch so wirken, als wäre Pawel Romanowitsch absolut gegen jede Einmischung oder Nötigung und als trügen seine eigenen Vorschläge das Siegel engelhafter Uninteressiertheit. So fest war ich bereits in das Netz seines dumpfen Gewispers eingewickelt (während er sich hastig die Schuhe anzog), dass ich, ehe ich noch meine fünf Sinne wieder beisammenhatte, mich schon am Telephon befand und seine Frau anrief, und erst als ich ihre hohe, dümmlich volltönende Stimme hörte, wurde mir plötzlich klar, dass ich betrunken war und mich wie eine blöde Gans aufführte. Ich knallte den Hörer hin, doch er begann, meine kalten Hände zu küssen, die ich geballt hielt – und ich rief noch einmal bei ihr an, wurde ohne Begeisterung identifiziert, sagte, ich müsste sie in einer dringenden Angelegenheit sprechen, und nach einem leichten Zögern erlaubte sie mir, sofort bei ihr vorbeizukommen. Inzwischen – das heißt, als er und ich aufbrachen, stellte sich heraus, dass unser Plan bis in die letzte Einzelheit gereift und ganz erstaunlich einfach war. Ich sollte Lenotschka ausrichten, dass Pawel Romanowitsch ihr etwas von allergrößter Wichtigkeit mitzuteilen habe – es stehe in keiner, in absolut keiner Beziehung zu ihrer gescheiterten Ehe (dies betonte er eindringlich mit dem besonderen Gelüst eines Taktikers), und er würde in der Kneipe gegenüber bei ihr in der Straße auf sie warten.

Ich brauchte eine Ewigkeit, eine verschwommene Ewigkeit, die Treppe hochzukommen, und aus irgendeinem Grund quälte mich der Gedanke schrecklich, dass ich bei unserer letzten Begegnung denselben Hut und denselben schwarzen Fuchs getragen hatte. Lenotschka ihrerseits machte mir elegant angezogen auf. Die Locken ihres Haars schienen frisch, aber schlecht gelegt, sie war ganz allgemein weniger aufgetakelt als früher, und um ihren schick geschminkten Mund waren geschwollene kleine Hautsäckchen, dank deren all der Schick ziemlich verloren war.

«Ich glaube keine Sekunde lang», sagte sie und musterte mich neugierig, «dass es dermaßen wichtig ist, aber wenn er meint, dass wir noch nicht fertig sind mit unserem Streit, gut, dann komme ich, aber es soll unter Zeugen stattfinden, ich habe Angst, mit ihm allein zu sein, davon hatte ich genug, danke schön.»

Als wir die Kneipe betraten, saß Pawel Romanowitsch an einem Tisch neben der Theke und stützte sich auf seinen Ellbogen; mit dem kleinen Finger rieb er sich die roten, bloßen Augen, während er einem völligen Fremden, der am selben Tisch saß, einem ungeheuer großen Deutschen mit pomadigem, gescheiteltem Haar, aber schwarzem Flaumhaar im Nacken und stark abgekauten Fingernägeln, des Langen und Breiten mit monotoner Stimme irgendeine Geschichte «mitten aus dem vollen Menschenleben» erzählte, wie er es gerne ausdrückte.

«Trotzdem», sagte Pawel Romanowitsch auf Russisch, «mein Vater wollte keine Scherereien mit den Behörden und beschloss also, einen Zaun drum herum zu ziehen. Also gut, das war erledigt. Unser Haus war von ihrem etwa so weit entfernt wie …» Er sah sich um, nickte seiner Frau geistesabwesend zu und fuhr vollkommen unangespannt fort: «So weit wie von hier bis zur Straßenbahn, sodass sie gar keine Ansprüche erheben konnten. Aber Sie müssen zugeben, den ganzen Herbst in Wilna ohne Strom zu verbringen, ist nicht gerade komisch. Na gut, also äußerst widerstrebend …»

Ich begriff nicht, wovon er eigentlich redete. Der Deutsche hörte mit halboffenem Mund pflichteifrig zu: Seine Russischkenntnisse waren gering, schon der bloße Versuch, den anderen zu verstehen, bereitete ihm Vergnügen. Lenotschka, die so nahe bei mir saß, dass ich unangenehm ihre Wärme spürte, begann in ihrer Handtasche zu kramen.

«Dass mein Vater krank war», fuhr Pawel Romanowitsch fort, «trug zu seinem Entschluss bei. Wenn Sie je dort gewohnt haben, wie Sie sagen, dann erinnern Sie sich natürlich an diese Straße. Nachts ist es dort dunkel, und nicht selten stößt man beim Zeitunglesen …»

«Pawlik», sagte Lenotschka, «hier ist dein Pincenez, ich habe es versehentlich in meine Handtasche gesteckt.»

«Nachts ist es dort dunkel», wiederholte Pawel Romanowitsch und klappte beim Sprechen das Brillenetui auf, das sie ihm über den Tisch zugeworfen hatte. Er setzte die Brille auf, zog einen Revolver und begann auf seine Frau zu schießen.

Laut aufheulend rutschte sie unter den Tisch und zog mich hinter sich her, während der Deutsche über uns stolperte und mit uns zusammen hinfiel, sodass wir drei auf dem Fußboden ziemlich durcheinandergerieten; doch ich hatte Zeit zu bemerken, wie ein Kellner von hinten auf den Angreifer losstürzte und ihm mit ungeheuerlicher Lust und Wucht einen eisernen Aschenbecher auf den Kopf hieb. Wie üblich in solchen Fällen, wurde die zertrümmerte Welt danach unter Mitwirkung von Zuschauern, Polizisten und Sanitätern langsam wieder aufgeräumt. Übertrieben stöhnend wurde Lenotschka (es hatte nur eine Kugel ihre fette, sonnengebräunte Schulter durchschlagen) ins Krankenhaus abtransportiert, doch irgendwie entging mir, wie sie Pawel Romanowitsch abführten.

Als alles vorüber war – das heißt, als alles wieder den ihm zukommenden Platz eingenommen hatte: Straßenlaternen, Häuser, Sterne, fand ich mich in Gesellschaft unseres deutschen Überlebenden auf einem menschenleeren Bürgersteig wieder: Dieser mächtige, gutaussehende Mann ohne Hut und in einem voluminösen Regenmantel schwebte neben mir her, und zunächst dachte ich, er bringe mich nach Hause, doch dann dämmerte mir, dass wir zu seiner Wohnung unterwegs waren. Wir blieben vor seinem Haus stehen, und er erklärte mir – langsam, gewichtig, doch nicht ohne einen gewissen Anflug von Poesie und aus irgendeinem Grund in schlechtem Französisch –, dass er mich nicht auf sein Zimmer mitnehmen könne, da er mit einem Kumpel zusammenlebe, der ihm Vater, Bruder und Frau ersetze. Seine Entschuldigungen fand ich derart beleidigend, dass ich ihn aufforderte, unverzüglich ein Taxi zu rufen und mich nach Hause zu bringen. Er lächelte verängstigt und schlug mir die Tür vor dem Gesicht zu, und da ging ich nun eine Straße entlang, die immer noch nass war, obwohl es schon vor Stunden aufgehört hatte zu regnen, und die den Eindruck tiefer Demütigung vermittelte – ja, da ging ich nun allein, so wie es von allem Anfang an mein Teil gewesen war, und vor den Augen sah ich immer wieder Pawel Romanowitsch, sah ich, wie er sich das Blut und die Asche von seinem armen Kopf wischte.

Mademoiselle O

1

Es ist mir immer wieder aufgefallen, dass jedes Mal, wenn ich die Figuren meiner Romane mit irgendeinem mir teuren Bestandteil meiner Vergangenheit ausgestattet hatte, dieses in der künstlichen Welt verkümmerte, der es sich so unvermittelt ausgesetzt fand. Obwohl es in meinem Geist fortlebte, hatte es seine persönliche Wärme, seinen Charme als Erinnerung eingebüßt, und fortan gehörte es enger zu meinem Roman als zu meinem früheren Selbst, wo es doch einst vor der Zudringlichkeit des Künstlers so sicher schien. In meiner Erinnerung sind Häuser so lautlos wie einstmals in Stummfilmen eingestürzt, und das Porträt meiner alten französischen Gouvernante, die ich einmal an einen Knaben in einem meiner Bücher auslieh,[12] verblasst zusehends, da es nun in die Beschreibung einer Kindheit eingefügt ist, die mit der meinen nicht das Mindeste zu tun hat. Der Mensch in mir empört sich gegen den Romancier, und hier ist mein verzweifelter Versuch, zu retten, was von der armen Mademoiselle zu retten ist.

Eine große, eine sehr stattliche Frau, so schneite Mademoiselle im Jahre 1905 in unser Leben, als ich sechs war und mein Bruder fünf. Da wäre sie denn. Mit aller Deutlichkeit sehe ich ihr volles dunkles Haar, das hoch nach oben gebürstet ist und insgeheim ergraut; die drei Falten auf ihrer strengen Stirn; die stahlblauen

Augen hinter dem schwarzgerandeten Zwicker; den Anflug eines Schnurrbarts; den fleckigen Teint, der in Augenblicken des Zorns in der Gegend der dritten und vollsten Kinnfalte, die sich stattlich über den Rüschenberg ihrer Bluse breitet, ein zusätzliches Erröten zustande bringt. Und nun setzt sie sich, oder vielmehr: Sie macht sich an die Arbeit des Hinsetzens, das Gallert ihrer Wange erbebt, ihr gewaltiges Hinterteil mit den drei Knöpfen an der Seite senkt sich behutsam; dann, in letzter Minute, liefert sie ihre Fülle dem Korbsessel aus, der aus schierer Angst in eine Salve von Knackgeräuschen ausbricht.

Der Winter, in dem sie kam, war der einzige in meiner Kindheit, den ich auf dem Land verbrachte. Es war ein Jahr der Streiks, Unruhen und polizeilich gesteuerten Gemetzel, und vermutlich wollte mein Vater die Familie fern der Stadt auf unserem ruhigen Landsitz in Sicherheit bringen, wo seine Beliebtheit bei den Bauern das Risiko bäuerlicher Unruhen verringern würde, wie er zu Recht annahm. Es war auch ein besonders strenger Winter, der so viel Schnee brachte, wie Mademoiselle im hyperboreischen Dämmer der fernen Muskowei nur erwartet haben kann. Als sie auf dem kleinen Bahnhof ausstieg, von dem aus sie noch ein halbes Dutzend Meilen bis zu unserem Haus per Schlitten zurückzulegen hatte, war ich nicht da, sie zu begrüßen; doch hole ich es jetzt nach, wenn ich mir vorzustellen versuche, was sie während der letzten Etappe ihrer phantastischen und unzeitigen Reise sah und fühlte. Ich weiß, ihr russischer Wortschatz bestand nur aus einem einzigen kurzen Wort, demselben einsamen Wort, das sie Jahre später mit in die Schweiz zurücknahm, wo französische

Eltern ihr einst das Leben geschenkt hatten. Dieses Wort, das in ihrer Aussprache phonetisch als «giddi-eh» wiedergegeben werden könnte (in Wirklichkeit lautete es «gdjä», mit einem offenen ä wie in «Lärm»), bedeutete «wo?». Und das war nicht wenig. Wenn sie es wie den heiseren Schrei eines verirrten Vogels ausstieß, war ihm so viel fragende Gewalt eigen, dass es für alle ihre Bedürfnisse ausreichte. «Giddi-eh? Giddi-eh?», jammerte sie, nicht nur um sich zu orientieren, sondern auch, um einen Abgrund an Elend auszudrücken: die Tatsache, dass sie ein Fremdling war, schiffbrüchig, mittellos, leidend, auf der Suche nach dem gesegneten Land, wo man sie endlich verstünde.

Dank meines Stellvertreters kann ich mir ein Bild davon machen, wie sie in der Mitte des Bahnsteigs steht, wo sie soeben ausgestiegen ist, und vergebens bietet ihr mein geisterhafter Gesandter einen Arm, den sie nicht sehen kann. Die Tür des Warteraums öffnet sich mit einem bebenden Wimmern, wie es Nächten starken Frostes eigentümlich ist; eine Wolke heißer Luft strömt heraus, fast so reichlich wie der Dampf aus dem großen Schornstein der keuchenden Lokomotive; und nun nimmt sich unser Kutscher Sachar ihrer an – ein stämmiger Mann im Schaffellmantel, dessen Leder nach außen gewendet ist; seine riesigen Handschuhe sehen unter der scharlachroten Schärpe hervor, unter die er sie geklemmt hat. Ich höre den Schnee unter seinen Filzstiefeln knirschen, während er sich mit dem Gepäck zu schaffen macht, höre das bimmelnde Pferdegeschirr und dann seine Nase, die er mit einem geschickten Schnippen von Daumen und Zeigefinger erleichtert, während er hinten um den Schlitten stapft.

Langsam, voller schlimmer Befürchtungen, klettert Mademoiselle hinein; in Todesangst, dass der Schlitten sich in Bewegung setzen könnte, ehe ihre gewaltige Gestalt sicher untergebracht ist, klammert sie sich an ihren Helfer. Grunzend lässt sie sich schließlich fallen und schiebt die Fäuste in ihren unzureichenden Plüschmuff. Saftig schnalzt der Kutscher mit den Lippen, und die Pferde spannen die Schenkel, wechseln die Hufe und legen sich von neuem ins Zeug; und dann macht Mademoiselles Torso einen Ruck nach hinten, der schwere Schlitten wird seiner Stahl-, Pelz- und Fleischwelt entrissen und gleitet in ein reibungsloses Medium, in welchem er eine geisterhafte Straße entlangjagt, die er kaum zu berühren scheint.

Dort, wo der Bahnhofsvorplatz zu Ende ist, leuchtet eine einsame Lampe auf und macht, dass einen Augenblick lang ein stark übertriebener Schatten, ebenfalls mit einem Muff in den Händen, neben dem Schlitten einherläuft, einen Schneebuckel erklimmt, verschwunden ist und Mademoiselle zurücklässt, um von einer Landschaft verschlungen zu werden, von der sie später mit Schrecken und innigem Behagen als der «Steppe» sprechen wird. In dem grenzenlosen Dunkel um sie herum hält sie das unstete Gefunkel ferner Dorflichter für die gelben Augen von Wölfen. Sie friert, ist steifgefroren, «bis in die Mitte des Gehirns erstarrt», denn sie schwingt sich gern auf dem wildesten hyperbolischen Ausdruck empor, wenn sie sich nicht an das sicherste alte Sprichwort klammert. Hin und wieder sieht sie sich um, um sich zu vergewissern, dass der zweite Schlitten mit ihrem Koffer und der Hutschachtel auch richtig folgt – immer in demselben Abstand, einem jener geselligen Phantomschiffe in polaren Gewässern gleich, wie sie von Entdeckungsreisenden beschrieben wurden. Den Mond nicht zu vergessen – denn gewiss durfte der Mond nicht fehlen, die volle, unglaublich klare Scheibe, die so gut zum kernigen russischen Frost passt. Da erscheint er denn, sucht sich seinen Weg aus einer Schar kleiner fleckiger Wolken, die er mit einem vagen Anflug irisierender Farben bedeckt; und beim Steigen glasiert er die Kufenspuren, die auf dem Weg zurückbleiben, wo jeder glitzernde Schneeklumpen seinen geschwollenen Schatten hat.

Wunderschön und sehr einsam. Doch was tue ich in jenem stereoskopischen Traumland? Irgendwie sind mir die beiden Schlitten davongeglitten; auf der blauweißen Straße zurückgelassen haben sie meinen imaginären Doppelgänger. Nein, selbst das Klingen in meinen Ohren sind nicht ihre sich entfernenden Glocken, es ist mein eigenes summendes Blut. Alles ist still, gebannt, verzaubert von jenem großen himmlischen O, das über der russischen Wildnis meiner Vergangenheit leuchtet. Der Schnee jedoch ist richtiger Schnee, und wenn ich mich bücke und eine Handvoll zusammenraffe, zerbröckeln fünfundvierzig Jahre zwischen meinen Fingern zu glitzerndem Froststaub.

2

Eine Petroleumlampe sucht sich ihren Weg ins Dämmerlicht; sacht schwebt sie heran und senkt sich; die Hand der Erinnerung, die jetzt in den weißen Baumwollhandschuhen eines Bediensteten steckt, stellt sie in die Mitte eines runden Tischs. Die Flamme wird zur Zufriedenheit eingestellt, und ein rosiger, gefältelter Seidenschirm krönt das Licht. Man erblickt: eine warme, helle Stube in einem verschneiten Haus – bald sollte es *le château* genannt werden –, das mein Urgroßvater erbaut hatte[13]; er hatte Angst vor Bränden gehabt und darum die Treppe aus Eisen machen lassen, sodass schließlich, als das Haus einige Zeit nach der russischen Revolution wirklich bis auf den Grund niedergebrannt wurde, diese verhärmten Stufen stehen blieben – einsam zwar, doch immer noch aufwärtsführend.[14]

Bitte noch etwas über diese Stube. Den ovalen Spiegel. An straffen Schnüren aufgehängt, die reine Stirn geneigt, bemüht er sich, ein abschüssiges Stück hellen Fußbodens und die fallenden Möbel zu halten, die sich alle seiner Umarmung entziehen. Die Glasklunkern des Lüsters. Jedes Mal, wenn sich im Zimmer darüber etwas bewegt, lassen sie ein sanftes Klirren hören. Buntstifte. Das winzige Häuflein smaragdgrünen Staubes auf dem Wachstuch, wo gerade ein Federmesser zu einer seiner häufigen Dienstleistungen herangezogen worden war. Wir sitzen am Tisch, mein Bruder und ich und Miss Robinson, die hin und wieder auf ihre Uhr blickt: Bei diesem Schnee müssen die Wege in furchtbarem Zustand sein; und sowieso erwartet ihre Nachfolgerin, diese vage Französin, manches Ungemach, das der Beruf so mit sich bringt.

Und jetzt Genaueres über die Buntstifte. Den grünen konnte man mit einer bloßen wirbelnden Bewegung des Handgelenks dazu veranlassen, einen aufgeplusterten Baum hervorzubringen oder auch den Rauch über dem Schornstein eines Hauses, in dem Spinat gekocht wird. Der blaue zog einen einfachen Strich quer über das Blatt – und der Horizont aller Meere war da. Der nicht beschreibbare stumpfe war einem immer wieder im Weg. Der braune war ständig abgebrochen und der rote auch, aber manchmal konnte man ihn weiter benutzen, selbst wenn man es schon knacken gehört hatte; man musste ihn nur so halten, dass die lose Spitze recht und schlecht gegen einen vorragenden Splitter gedrückt wurde. Der rotviolette Knirps, einer meiner besonderen Lieblinge, war derart aufgebraucht, dass er sich kaum noch handhaben ließ. Einzig und allein der weiße, der schlanke Albino unter den Stiften, behielt seine ursprüngliche Länge bei, wenigstens bis ich herausfand, dass er alles andere war als ein Betrüger, der keine Spur auf der Seite zurückließ, sondern vielmehr das ideale Werkzeug, um mir beim Kritzeln vorzustellen, was ich wollte.

Ach, auch diese Stifte sind unter die Figuren meiner Bücher verteilt worden, um erfundene Kinder zu beschäftigen; heute gehören sie mir nicht mehr ganz. Irgendwo im Wohnhaus eines Kapitels, in dem gemieteten Zimmer eines Absatzes, habe ich auch jenen geneigten Spiegel, die Lampe und die Glastropfen des Kronleuchters untergebracht. Wenig ist mir verblieben, viel ist vertan. Habe ich auch Box weggegeben (den Sohn und Gatten von Lulu, dem Schoßtier der Haushälterin), jenen alten braunen Dackel, der auf dem Sofa fest schläft? Nein, ich glaube, er gehört mir noch. Seine grauhaarige Schnauze mit der Warze im angezogenen Mundwinkel hat er in die Beugung seiner Flanke gebettet, und von Zeit zu Zeit dehnt ein tiefer

Seufzer seinen Brustkorb. Er ist so alt, und sein Schlaf ist so vollgestopft mit Träumen (von kaubaren Pantoffeln und ein paar letzten Gerüchen), dass er sich nicht rührt, als draußen leises Geläut ertönt. Dann keucht in der Diele eine pneumatische Tür und schlägt zu. Sie ist also doch eingetroffen; ich hatte so gehofft, dass sie nicht käme.

3

Ein anderer Hund, der sanftmütige Stammvater einer wütigen Familie, eine Dänische Dogge, die das Haus nicht betreten durfte, spielte bei einem Abenteuer an einem der nächsten Tage – wenn nicht schon den Tag darauf – eine vergnügliche Rolle. Es ergab sich, dass mein Bruder und ich völlig der Obhut der neuen Gouvernante überlassen wurden. Wie ich es mir heute zusammenreime, war meine Mutter wahrscheinlich für ein paar Stunden nach Petersburg (welches etwa fünfzig Meilen entfernt war) gefahren, wo mein Vater tief in die ernsten politischen Ereignisse jenes Winters verwickelt war. Sie war schwanger und sehr nervös. Anstatt dazubleiben und Mademoiselle einzugewöhnen, war auch Miss Robinson verschwunden – oder vielleicht hatte meine kleine dreijährige Schwester sie geerbt. Um zu zeigen, dass dies keine Art war, uns zu behandeln, fasste ich sofort den Plan, das aufregende Heldenstück vom Vorjahr zu wiederholen, als wir der amen Miss Hunt im heiteren, von Menschen wimmelnden Wiesbaden, einem Paradies von farbenfrohem welkem Laub, entwischt waren. Diesmal war die Landschaft ringsumher eine Schneewildnis, und es ist schwer zu sagen, was eigentlich das Ziel des geplanten Ausflugs gewesen sein könnte. Wir waren gerade von unserem ersten Nachmittagsspaziergang mit Mademoiselle zurückgekommen und bebten vor Enttäuschung und Hass. Mit einer fremden Sprache Schritt zu halten (unsere Französischkenntnisse beschränkten sich auf ein paar Brocken für den Hausgebrauch) und zu allem Überfluss auch noch unsere lieben Angewohnheiten über den Haufen geworfen zu sehen, war mehr, als wir uns gefallen lassen mochten. Aus der *bonne promenade*, die sie uns versprochen hatte, war ein langweiliger Bummel um das Haus geworden, auf Wegen, wo der Schnee geräumt und Sand auf den vereisten Boden gestreut war. Auf Mademoiselles Geheiß hatten wir andere Sachen als sonst anzuziehen, selbst an den kältesten Tagen – schreckliche Gamaschen und Kapuzen, die uns in allen unseren Bewegungen hinderlich waren. Sie hatte uns zurückgehalten, als wir uns versucht fühlten, die sahnigen, glatten Schneehöcker zu erforschen, die im Sommer Blumenbeete gewesen waren. Sie hatte uns nicht erlaubt, unter dem orgelpfeifenartigen System gewaltiger Eiszapfen entlangzugehen, die von den Dachrinnen herunterhingen und in der späten Sonne prachtvoll glitzerten. Sobald wir von diesem Spaziergang zurück waren, ließen wir Mademoiselle keuchend auf den Stufen zum Vestibül stehen und stürmten ins Haus, sodass sie den Eindruck haben musste, wir wollten uns in irgendeinem entlegenen Zimmer verstecken. In Wirklichkeit liefen wir weiter, bis wir die andere Seite des Hauses erreichten und durch eine Veranda wieder in den Garten gelangten. Die oben erwähnte Dänische Dogge war im Begriff, sich umständlich auf eine nahegelegene Schneewehe einzurichten, doch während sie noch überlegte, welches Hinterbein sie heben sollte, bemerkte sie uns und kam sofort in fröhlichem Galopp herbei, um sich uns anzuschließen.

Zu dritt schlugen wir einen einigermaßen einfachen Pfad ein, wateten dann durch tieferen Schnee und erreichten schließlich die Straße, die zum Dorf führte. Inzwischen war die Sonne untergegangen. Die Dämmerung fiel mit unheimlicher Schnelligkeit ein. Mein Bruder erklärte, dass er friere und müde sei, doch ich nötigte ihn weiterzugehen und ließ ihn schließlich auf dem Hund reiten (dem Einzigen in unserer Gesellschaft, dem noch wohl war). Wir waren über zwei Kilometer gelaufen, der Mond schien phantastisch klar, und seit einiger Zeit rutschte mein Bruder ohne einen Laut hin und wieder von seinem Reittier, als uns ein Diener mit einer Laterne einholte und nach Hause brachte. «Giddi-eh, giddi-eh?», schrie Mademoiselle verzweifelt vom Hauseingang aus. Ich eilte ohne ein Wort an ihr vorbei. Mein Bruder brach in Tränen aus und kapitulierte. Die Dänische Dogge, die auf den Namen Turka hörte, kehrte zu ihren unterbrochenen Geschäften in Zusammenhang mit dienlichen und aufschlussreichen Schneewehen um das Haus herum zurück.

4

In der Kindheit verstehen wir viel von Händen, denn sie leben und schweben in unserer Höhe; die von Mademoiselle waren wegen des froschartigen Glanzes auf ihrer straffen, mit braunen Altersflecken gesprenkelten Haut wenig angenehm. Vor ihrer Zeit hatte kein Fremder je mein Gesicht gestreichelt. Mademoiselle dagegen hatte mich völlig überrumpelt, als sie mir zum Zeichen spontaner Zuneigung die Wange tätschelte. Alle ihre schrulligen Angewohnheiten kommen mir wieder in den Sinn, wenn ich an ihre Hände denke. Ihr Trick, den Bleistift eher zu schälen als anzuspitzen, die Spitze auf den gewaltigen, sterilen, in grüne Wolle gehüllten Busen gerichtet. Ihre Art, den kleinen Finger ins Ohr zu stecken und schnell vibrieren zu lassen. Das Ritual, das sie jedes Mal einhielt, wenn sie mir ein neues Schulheft gab. Da sie immer ein wenig außer Atem war, entfuhren ihrem ständig ein wenig geöffneten Mund in rascher Folge eine Reihe asthmatischer Atemstöße, wenn sie das Heft öffnete, um den Rand einzuknicken; das heißt, sie zog mit dem Daumennagel einen scharfen, senkrechten Strich, faltete den Blattrand nach innen, presste ihn nach unten, ließ ihn los, glättete ihn mit dem Daumenballen, worauf das Heft flink umgedreht und gebrauchsfertig vor mich hingelegt wurde. Es folgte eine neue Feder; sie feuchtete die glänzende Stahlspitze zwischen ihren aufgeschürzten Lippen an, bevor sie sie im Tintenfass taufte. Und glücklich über jeden Knick jedes klaren Buchstabens (umso mehr, als das vorangegangene Heft in völliger Schlamperei geendet hatte), schrieb ich mit ungemeiner Sorgfalt das Wort *Dictée* hin, während Mademoiselle auf der Suche nach einer guten, schwierigen Stelle ihre Sammlung von Rechtschreibaufgaben durchstöberte.

5

Währenddessen ist das Bühnenbild gewechselt worden. Ein schweigsamer Requisiteur hat Raureif und Schnee beseitigt. Der Sommernachmittag wimmelt von steilen Wolken, die sich gegen die Bläue stemmen. Ovale Schatten huschen über die Gartenwege. Kurz darauf sind die Schulstunden aus, und Mademoiselle liest uns auf der Veranda etwas vor, wo die Matten und die geflochtenen Korbstühle in der Hitze würzige, biskuitartige Gerüche ausströmen. Auf den weißen Fensterbrettern, den langen, mit ausgeblichenem Kaliko bezogenen Fensterbänken wird das Sonnenlicht, das durch Rhomboide und Quadrate farbigen Glases hereindringt, zu geometrischen Edelsteinen gebrochen. Das ist die Zeit, da Mademoiselle ganz auf der Höhe ist.

Wie viele Bände hat sie uns auf jener Veranda vorgelesen! Ihre feine dünne Stimme eilte weiter und weiter, ohne je schwach zu werden, ohne das geringste Stocken oder Zögern, eine wunderbare Lesemaschine, völlig unabhängig von ihren kranken Bronchien. Es wurde uns alles zuteil: *Les Malheurs de Sophie*, *Le Tour du Monde en Quatre-Vingts Jours*, *Le Petit Chose*, *Les Misérables*, *Le Comte de Monte-Christo* und vieles andere.[15] Da saß sie und ließ dem stillen Gefängnis ihres Körpers die Lesestimme entrinnen. Außer ihren Lippen war eine ihrer Kinnfalten, die kleinste, aber richtige, der einzig bewegliche Teil ihrer buddhagleichen Masse. Das schwarzumrandete Pincenez spiegelte die Ewigkeit. Zuzeiten ließ sich eine Fliege auf ihrer gestrengen Stirn nieder, und sofort sprangen ihre drei Falten in die Höhe wie drei Läufer über drei Hürden. Doch nicht das Geringste änderte sich an dem Ausdruck ihres Gesichts – dieses Gesichts, das ich so oft in meinem Zeichenblock festzuhalten versuchte, denn seine unbewegte und einfache Symmetrie brachte meinen heimlichen Bleistift viel stärker in Versuchung als die Blumenschale oder der Lockvogel vor mir auf dem Tisch, die ich vermeintlich zeichnete.

Bald darauf war ich mit meinen Gedanken noch weiter weg, und dann vielleicht erfüllte die seltene Reinheit ihrer rhythmischen Stimme ihren wahren Zweck. Ich sah zu einer Wolke hin, und noch Jahre später war ich imstande, mir ihre genaue Gestalt vorzustellen. Der Gärtner machte sich zwischen den Päonien zu schaffen. Eine Bachstelze tat ein paar Schritte, blieb stehen, als sei ihr etwas eingefallen – und stelzte ihrem Namen getreu mit wippendem Schwanz weiter. Aus dem Nirgendwo kam ein Kommafalter herbei und ließ sich auf der Schwelle nieder, breitete die eckigen, rötlichgelben Flügel aus, um sie von der Sonne bescheinen zu lassen, schloss sie plötzlich, sodass das winzige Kreideinitial auf ihrer dunklen Unterseite sichtbar wurde, und flog ebenso plötzlich davon. Aber die beständigste Quelle des Entzückens während dieser Lesestunden bildete das Harlekinmuster der bunten Glasscheiben auf beiden Seiten der Veranda, die in ein weißgetünchtes Rahmengestänge eingefasst waren. Wenn man den Garten durch diese Zaubergläser betrachtete, so wirkte er seltsam still und fern. Sah man durch das blaue Glas, dann verwandelte sich der Sand in Asche, während tintige Bäume in einem tropischen Himmel schwammen. Das gelbe schuf eine Ambrawelt, die mit einem extra starken Sonnenscheingebräu durchtränkt war. Das rote ließ die

Blätter der Bäume dunkel wie Rubine auf einen korallenroten Fußweg niederhangen. Das grüne badete das grüne Laub in einem grüneren Grün. Und wenn man sich nach all diesem Reichtum einem kleinen Quadrat gewöhnlichen, faden Glases mit seiner einsamen Mücke oder lahmen, langbeinigen Schnake zuwandte, war es, als nehme man einen Schluck Wasser, ohne durstig zu sein, und unter bekannten Bäumen erblickte man eine nüchterne weiße Bank. Doch von allen Fenstern ist gerade dies die Scheibe, durch die in späteren Jahren dürstende Sehnsucht zu spähen wünschte.

Mademoiselle erfuhr nie, welche Wirkungen der gleichmäßige Strom ihrer Stimme hatte. Die Ansprüche, die sie später geltend machte, waren ganz anderer Art. «Ach», seufzte sie, «*comme on s'aimait* – wie lieb hatten wir uns! Die guten alten Zeiten im *château*! Die tote Wachspuppe, die wir einmal unter der Eiche begruben! [Nein – eine mit Wolle ausgestopfte Negerpuppe.] Und wie ihr beide, du und Sergej, einmal weggerannt seid und mich stolpernd und jammernd mitten im Wald allein gelassen habt! [Übertrieben.] *Ah, la fessée que je vous ai flanquée* – Puh, was habe ich euch für eine Tracht Prügel verabreicht! [Sie hatte wirklich einmal versucht, mich zu ohrfeigen, aber der Versuch war nie wiederholt worden.] *Votre tante, la Princesse*, die du mit deinem Fäustchen geschlagen hast, weil sie frech zu mir gewesen war! [Nicht dass ich wüsste.] Und wie du mir deine kindlichen Kümmernisse ins Ohr geflüstert hast! [Nie.] Und die gemütliche Ecke in meinem Zimmer, in die du dich so gerne gekuschelt hast, weil du dich dort so warm und geborgen fühltest!»

Mademoiselles Zimmer, das auf dem Land wie das

in der Stadt, war mir ein nicht geheurer Ort – eine Art Gewächshaus, das eine dickblättrige Pflanze beherbergte und von einem schweren, seltsam beißenden Geruch erfüllt war. Obwohl es gleich neben dem unseren lag, als wir noch klein waren, schien es doch nicht zu unserem angenehmen, gut gelüfteten Haus zu gehören. In jenem widerwärtigen Nebel, in dem unter anderen Ausdünstungen der braune Geruch oxidierter Apfelschalen hing, brannte die Lampe mit niedriger Flamme, und seltsame Dinge schimmerten auf dem Schreibtisch: eine lackierte Schachtel mit Lakritzestangen, von denen sie mit ihrem Federmesser schwarze Stückchen abhackte und unter der Zunge zergehen ließ; eine Ansichtskarte mit einem See und einem Schloss, dem glitzernde Perlmuttplättchen als Fenster dienten; eine höckrige Kugel aus fest zusammengerolltem Stanniolpapier, das von all der Schokolade stammte, an der sie sich abends gütlich tat; Photographien des verstorbenen Neffen, seiner Mutter, die ihr Porträt *Mater Dolorosa* gezeichnet hatte, und eines gewissen Monsieur de Marante, den seine Familie gezwungen hatte, eine reiche Witwe zu ehelichen.

Ein Bild in einem vornehmen, granatbesetzten Rahmen stach alle anderen aus; es zeigte schräg von vorn ein rankes, brünettes Mädchen mit eng sitzendem Kleid, tapferen Augen und vollem Haar. «Ein Zopf, so dick wie mein Arm, der mir bis an die Fußgelenke reichte!», war Mademoiselles melodramatischer Kommentar. Denn dies war sie gewesen – doch vergebens musterten meine Augen die vertraute Gestalt, um das liebliche Geschöpf, das diese verschlungen hatte, wieder zu extrahieren. Entdeckungen, wie mein entgeisterter Bruder und ich sie machten, erschwerten das Vorhaben nur noch; und die Erwachsenen, die tagsüber eine dichtbekleidete Mademoiselle vor Augen hatten, sahen nie, was wir Kinder sahen, wenn einer von uns schreiend aus einem bösen Traum aufschrak und sie weckte; aufgelöst, eine Kerze in der Hand, einen Schimmer goldener Spitzen auf ihrem blutroten Morgenrock, der ihre quabbelige Masse nicht ganz zu umwickeln vermochte, kam die grässliche Jézabel aus Racines absurdem Stück[16] barfuß in unser Schlafzimmer gestampft.

Im Einschlafen bin ich mein ganzes Leben lang schlecht gewesen. Wie groß meine Müdigkeit auch ist – der Schmerz, mich vom Bewusstsein zu trennen, ist mir unaussprechlich zuwider. Ich verabscheue Somnus, diesen schwarz maskierten Scharfrichter, der mich an den Block fesselt; und wenn ich mich auch im Laufe der Jahre genügend an meine allnächtliche Prüfung gewöhnt habe, um mich fest in die Brust zu werfen, wenn das vertraute Beil aus dem großen, samtgefütterten Kasten genommen wird, hatte ich am Anfang keinen derartigen Trost oder Schutz: Nichts hatte ich – außer einer Tür zu Mademoiselles Zimmer, die einen Spalt weit aufblieb. Ihre Vertikale milden Lichts war etwas, woran ich mich klammern konnte, denn im völligen Dunkel überkam mich Schwindel, sobald sich die Seele in der Schwärze des Schlafes auflöste.

Immer konnte man sich auf die Samstagabende freuen, denn dies war die Zeit, da sich Mademoiselle den Luxus eines wöchentlichen Bades gönnte und so meinem dünnen Lichtstreif eine längere Frist gewährte. Doch dann hob eine ausgesuchtere Folter an. Das Kinderbadezimmer in unserem Petersburger Haus lag am Ende eines Z-förmigen Korridors, etwa zwanzig Herzschläge von meinem Bett entfernt, und während ich einerseits mit Schrecken Mademoiselles Rückkehr in ihr erleuchtetes Zimmer erwartete und andererseits das ungerührte Schnarchen meines Bruders beneidete, gelang es mir niemals, die mir geschenkte Zeit zu nutzen, indem ich geschwind einschlief, solange ein Spalt im Dunkel noch von einem Stückchen meiner selbst im Nichts Zeugnis ablegte. Schließlich näherten sie sich, jene unerbittlichen Schritte, die den Korridor entlangschlurften und irgendeinen kleinen, gläsernen Gegenstand, der im Geheimen meine Wache geteilt hatte, auf seinem Regal vor Furcht erklirren ließen.

Jetzt ist sie wieder in ihrem Zimmer. Eine rasche Änderung der Helligkeit sagt mir, dass die Kerze auf dem Nachttisch die Aufgabe ihrer Tischlampe übernommen hat. Mein Lichtstreifen ist immer noch da, doch er ist alt und schwach geworden und flackert, wenn Mademoiselles Bett bei jeder Bewegung knarrt. Denn immer noch kann ich sie hören. Jetzt ist es ein silbriges Knistern, das «Suchard» bedeutet; jetzt das Ritsch-Ratsch eines Obstmessers, das die Seiten der *Revue des Deux Mondes*[17] aufschneidet. Ich höre sie leise keuchen. Und die ganze Zeit über ist mir sterbenselend zumute, versuche ich verzweifelt, den Schlaf zu überreden, öffne ich alle paar Sekunden die Augen, um mich vom Vorhandensein des dunkler gewordenen Lichtschimmers zu überzeugen, und stelle ich mir das Paradies als einen Ort vor, wo ein schlafloser Nachbar beim Licht einer ewigen Kerze in einem endlosen Buche liest.

Das Unvermeidliche geschieht: Mit einem Schnappen schließt sich das Pincenez-Etui, die Zeitschrift wird raschelnd auf den Marmor des Nachttisches geschoben, und Mademoiselles gespitztem Mund entweicht ein vehementer Luftstoß; der erste Versuch schlägt fehl, eine unsichere Flamme krümmt und duckt sich; dann folgt ein zweiter Angriff, und das Licht bricht zusammen. In der pechschwarzen Nacht verliere ich die Orientierung, mein Bett scheint langsam davonzutreiben, in panischer Angst setze ich mich auf und starre; endlich unterscheiden meine an die Dunkelheit gewöhnten Augen zwischen lauter entoptischen Schwebewesen gewisse kostbarere Flecken, die in zielloser Gedächtnislosigkeit herumwandern, bis sie sich halb erinnern und als die undeutlichen Falten von Fenstervorhängen zur Ruhe kommen, hinter denen ferne Straßenlaternen am Leben sind.

Wie ganz und gar nicht passten die Nöte der Nacht zu den erregenden Petersburger Morgen, wenn der wilde und sanfte, feuchte und blendende arktische Frühling krachende Eisschollen die meerleuchtende Newa hinuntertrieb! Er ließ die Dächer erglänzen, und dem Schneematsch auf den Straßen verlieh er eine satte, violette Färbung, die ich seitdem nirgends mehr gesehen habe. Mademoiselle, der ein Mantel aus Sealskin-Imitat auf dem Busen schwoll, saß hinten im Landauer, mein Bruder neben ihr und ich ihr gegenüber – beiden durch das Tal der Reisedecke verbunden; und wenn ich nach oben blickte, konnte ich sehen, wie sich große, straffe, halbdurchsichtige Fahnen blähten, die hoch über der Straße von Hausfront zu Hausfront ausgespannt waren und deren drei breite Streifen – hellrot, hellblau und einfach hell – durch die Sonne und die ziehenden Wolkenschatten jedes zu direkten Zusammenhangs mit einem Nationalfeiertag beraubt wurden; heute, in der Stadt der Erinnerung, feiern sie jedoch unzweifelhaft das Wesen jenes Frühlingstages, das Platschen des Matsches, den zerzausten exotischen Vogel mit einem blutunterlaufenen Auge auf Mademoiselles Hut.

6

Sieben Jahre wohnte sie bei uns, und die Unterrichtsstunden wurden immer seltener und ihre Launen immer schlechter. Dennoch schien sie im Vergleich zu der Ebbe und Flut englischer Gouvernanten und russischer Hauslehrer wie ein Felsblock von ingrimmiger Beständigkeit. Sie stand mit allen von ihnen auf gespanntem Fuß. Selten fanden sich zu den Mahlzeiten weniger als ein Dutzend Leute ein, und zumal an Geburtstagen, wenn ihre Zahl auf dreißig oder mehr stieg, wurde die Frage der Tischordnung für Mademoiselle zu einem besonders brennenden Problem. Onkel und Tanten und Vettern kamen an solchen Tagen von den Nachbargütern herüber, der Dorfarzt traf in seinem Dogcart ein, und im kühlen Flur hörte man den Dorfschulmeister die Nase schnäuzen, wenn er mit einem grünlichen, feuchten, knarrenden Maiglöckchenstrauß in der Faust oder einem aus himmelblauen Kornblumen von Spiegel zu Spiegel ging.

Wenn Mademoiselle meinte, dass sie zu weit unten am Tisch saß, und besonders wenn sie hinter einer gewissen armen Verwandten rangierte, die fast ebenso beleibt war wie sie (*«Je suis une sylphide à côté d'elle»*[18], pflegte Mademoiselle mit einem verächtlichen Achselzucken zu sagen), verzog ihr das Gefühl, dass ihr ein Schimpf angetan worden sei, die Lippen zu einem zuckenden, vermeintlich ironischen Lächeln – und wenn dann ein naiver Nachbar zurücklächelte, schüttelte sie, als komme sie aus tiefer Kontemplation, schnell den Kopf und bemerkte: *«Excusez-moi, je souriais à mes tristes pensées*[19]*.»*

Und als hätte die Natur ihr nichts ersparen wollen, was einen überempfindlich macht, hörte sie schwer. Bei Tisch bemerkten wir Jungen bisweilen, wie zwei große Tränen Mademoiselles stattliche Wangen herunterkullerten. «Lasst euch nicht stören», sagte sie mit leiser Stimme und aß weiter, bis die nicht fortgewischten Tränen ihr die Sicht raubten; dann schluchzte sie gebrochenen Herzens auf, erhob sich und wankte aus dem Speisezimmer. Nach und nach kam die Wahrheit ans Licht. Das Tischgespräch hatte sich etwa um das Kriegsschiff gedreht, das unter dem Kommando meines Onkels stand[20], und sie hatte darin eine hinterhältige Stichelei gegen ihre Schweiz gesehen, die keine Marine besaß. Oder sie bildete sich ein, dass jedes Mal, wenn Französisch gesprochen wurde, unser abgekartetes Spiel darin bestand, sie mutwillig daran zu hindern, die Konversation zu lenken und mit ihren Kleinodien zu zieren. Die arme Frau war immer in so nervöser Hast, sich verständlicher Tischgespräche zu bemächtigen, bevor sie wieder ins Russische verfielen, dass es kein Wunder war, wenn sie ihr Stichwort verpasste.

«Und Ihr Parlament, mein Herr, was treibt es so?», platzte sie etwa an ihrem Tischende pfiffigerweise heraus, als Herausforderung an meinen Vater, der nach einem aufreibenden Tag wenig Lust verspürte, seine politischen Sorgen mit einem höchst unwirklichen Menschen zu erörtern, dem sie ebenso unbegreiflich wie gleichgültig sein mussten. Glaubte sie, dass von Musik die Rede war, so sprudelte sie: «Aber auch Stille kann schön sein. Wirklich, eines Abends habe ich in einem einsamen Alpental die Stille tatsächlich *gehört.*» Zumal als ihre zunehmende Taubheit sie Fragen beantworten ließ, die niemand gestellt hatte, führten Salven dieser Art zu peinlichem Schweigen, anstatt die Raketen einer angeregten *causerie* abzufeuern.

Und dabei war ihr Französisch so wunderschön! Sollte man an der Seichtheit ihrer Bildung, der Bitternis ihrer Launen, der Banalität ihres Geistes Anstoß nehmen, wenn ihre perlende Sprache rieselte und funkelte, so bar jedes Sinns wie die alliterativen Sünden in Racines frommen Versen? Die Bibliothek meines Vaters und nicht Mademoiselles begrenzter literarischer Schatz lehrte mich wahre Poesie schätzen; dennoch haben Glanz und Transparenz ihrer Sprache höchst erfrischend auf mich gewirkt, wie eins jener Brausesalze, die man einnimmt, um das Blut zu reinigen. Darum auch macht es mich heute so traurig, daran zu denken, welche Seelenqual es Mademoiselle bereitet haben muss, die Nachtigallenstimme, die aus ihrem Elefantenkörper drang, so wenig beachtet und so gering geschätzt zu sehen. Sie wohnte lange, viel zu lange bei uns und hoffte beharrlich auf irgendein Wunder, das sie in eine Art Madame de Rambouillet verwandeln würde, die einen gülden-seidenen Salon von Dichtern, Fürsten und Staatsmännern in ihrem geistvollen Bann hält.

Sie hätte weiter gehofft, wäre nicht Lenskij dazwischengekommen, ein junger russischer Hauslehrer mit milden, kurzsichtigen Augen und entschiedenen politischen Ansichten, der engagiert worden war, um uns in verschiedenen Fächern zu unterrichten und mit uns Sport zu treiben. Er hatte mehrere Vorgänger gehabt, denen allen Mademoiselle nicht gewogen war, doch er, er war *«le comble»*[21], wie sie sich ausdrückte. Während er meinen Vater verehrte, gingen ihm gewisse Aspekte unseres Haushalts ziemlich wider den Strich, Diener und Französisch zum Beispiel, welch Letzteres er für einen aristokratischen Brauch hielt, der im Hause eines Liberalen fehl am Platz war. Auf der anderen Seite kam Mademoiselle zu dem Schluss, dass es nicht an Lenskijs fehlenden Französischkenntnissen lag, wenn er ihre unverblümten Fragen nur mit einem kurzen Grunzen beantwortete (das er in Ermangelung einer besseren Sprache zu germanisieren suchte), sondern dass er sie vor allen Leuten beleidigen wollte.

Ich höre und sehe noch, wie Mademoiselle ihn mit honigsüßer Stimme und einem unheilvollen Beben ihrer Oberlippe ersuchte, ihr das Brot zu reichen; und ebenso sehe und höre ich Lenskij unbeirrt und bar aller Französischkenntnisse seine Suppe weiterlöffeln; schließlich stieß Mademoiselle mit einem schneidenden *«Pardon, Monsieur»* direkt über seinen Teller hinweg auf den Brotkorb nieder, raffte ihn an sich und lehnte sich mit einem *«Merci!»* zurück, in dem so viel Ironie steckte, dass Lenskijs flaumige Ohren geranienrot anliefen. «Der Halunke! Der Lump! Der Nihilist!», schluchzte sie später in ihrem Zimmer – das nicht mehr neben unserem, aber noch immer auf der gleichen Etage lag.

Wenn Lenskij zufällig die Treppe heruntergesprungen kam, während sie sich hinaufschleppte und alle zehn Schritte eine asthmatische Pause einlegen musste (denn der kleine hydraulische Fahrstuhl in unserem Petersburger Haus verweigerte ständig und in ziemlich gemeiner Weise den Dienst), behauptete Mademoiselle, er habe sie boshaft angerempelt, zur Seite gestoßen, niedergeschlagen, und wir sahen schon, wie er ihren hingestreckten Körper mit Füßen trat. Immer häufiger verließ sie die Tafel, und das Dessert, welches ihr entgangen wäre, wurde ihr diplomatisch nachgeschickt. Aus ihrem entlegenen Zimmer schrieb sie einen sechzehnseitigen Brief an meine Mutter, die hinaufeilte und sie dabei antraf, wie sie theatralisch den Koffer packte. Und eines Tages wurde sie nicht am Weiterpacken gehindert.

7

Sie kehrte in die Schweiz zurück. Der Erste Weltkrieg kam, dann die Revolution. In den frühen zwanziger Jahren, lange nachdem unser Briefwechsel versickert war, fügte es eine zufällige Wendung in meinem Emigrantenleben, dass ich mit einem Kommilitonen nach Lausanne kam; ich sagte mir, dass ich ruhig Mademoiselle aufsuchen könne, falls sie noch am Leben wäre.[22]

Sie lebte noch. Fülliger als je, stark ergraut und fast völlig taub, begrüßte sie mich mit einem ungestümen Ausbruch von Herzlichkeit. Die Stelle der Ansichtskarte von Schloss Chillon nahm jetzt ein Prunkstück von Troika ein. Sie fand so warme Worte für ihr Leben in Russland, als handelte es sich um ihre eigene verlorene Heimat. Und wirklich entdeckte ich in der Nachbarschaft eine ganze Kolonie solcher alten Schweizer Gouvernanten. Sie hatten sich zusammengetan, um ihre konkurrierenden Reminiszenzen immer wieder von neuem durchzuhecheln, und bildeten ein kleines Eiland in einer Umwelt, die ihnen fremd geworden war. Mademoiselles Busenfreundin war jetzt die mumiengleiche Mademoiselle Golay, die frühere Gouvernante meiner Mutter, mit fünfundachtzig immer noch gedrechselt und pessimistisch; sie war lange nach der Heirat meiner Mutter in der Familie geblieben und nur ein paar Jahre vor Mademoiselle in die Schweiz zurückgekehrt; als beide noch unter unserem Dach wohnten, hatten sie nicht miteinander geredet. In seiner Vergangenheit ist man immer zu Hause, was zu einem Teil wenigstens die Liebe erklärt, die diese rührenden Damen einem Land entgegenbrachten, das sie niemals wirklich gekannt hatten und in dem keine von ihnen sehr glücklich gewesen war.

Da Mademoiselles Taubheit keine Unterhaltung zuließ, beschlossen mein Freund und ich, ihr am nächsten Tag das Gerät zu bringen, das sie sich anscheinend nicht leisten konnte. Anfangs hielt sie den unhandlichen Gegenstand falsch, aber kaum hatte sie ihn angesetzt, da wandte sie sich mir mit einem betroffenen Ausdruck feuchter Verwunderung und Glückseligkeit in ihren Augen zu. Sie schwor, dass sie jedes Wort, jedes Murmeln von mir hören könne. Sie konnte es nicht, denn da ich meine Zweifel hatte, hatte ich kein Wort gesprochen. Hätte ich es getan, so hätte ich ihr gesagt, dass sie sich bei meinem Freund, der das Instrument bezahlt hatte, bedanken solle. War es die Stille, die sie damals hörte, jene alpine Stille, von der sie einstmals gesprochen hatte? Einst hatte sie sich selber angelogen; jetzt log sie mich an.

Bevor ich nach Basel und Berlin weiterreiste, geschah es, dass ich in der kalten, nebligen Nacht am See entlangging. An einer Stelle verdünnte ein einsames, trübes Licht die Dunkelheit. In seinem Umkreis schien der Nebel in einen sichtbaren Nieselregen verwandelt. *«Il pleut toujours en Suisse*[23]*»* war eine jener beiläufigen Bemerkungen, die Mademoiselle früher zu Tränen gerührt hatten. Unten zog eine weite Welle und etwas undeutlich Weißes meinen Blick auf sich. Als ich mich dem platschenden Wasser näherte, sah ich, was es war – ein alter Schwan, ein großes, schwerfälliges, drontenhaftes Tier, das lächerliche Anstrengungen machte, in ein vertäutes Boot hinaufzuklettern. Er schaffte es nicht. Das schwere, ohnmächtige Flappen seiner Flügel, das schlüpfrige Geräusch, das sie an dem schwankenden und plätschernden Boot machten, der klebrige Glanz der dunklen Wogen, wo der Lichtschein sie traf – all dem schien für einen Augenblick jene seltsame Bedeutung eigen, die in Träumen bisweilen einem Finger zukommt, der an stumme Lippen gedrückt wird und dann auf etwas hinweist – aber der Träumer vermag es nicht mehr zu erkennen, ehe er aus seinem Schlaf hochfährt. Obwohl ich jene düstere Nacht bald vergaß, war es seltsam genug gerade sie, gerade dieses komplexe Bild – Schauder und Schwan und schwellende Woge –, das mir zuerst in den Sinn kam, als ich einige Jahre darauf erfuhr, dass Mademoiselle gestorben war.

Sie hatte ihr ganzes Leben damit zugebracht, sich elend zu fühlen; diese Misere war ihr ureigenes Element; allein ihre Schwankungen, ihre wechselnden Tiefen hatten ihr das Gefühl gegeben, sich zu bewegen und zu leben. Was mich stört, ist, dass die Empfänglichkeit für Elend und nichts außer ihm nicht hinlangt für eine unsterbliche Seele. Meine gewaltige und verdrossene Mademoiselle ist wohl auf Erden, nicht aber in der Ewigkeit möglich. Habe ich sie wirklich aus der Fiktion gerettet? Kurz bevor der Rhythmus, den ich vernehme, stockt und verklingt, ertappe ich mich bei der Frage, ob mir nicht während all der Jahre, da ich sie gekannt hatte, irgendetwas in ihr völlig entgangen war, das viel mehr war als ihre Kinnfalten oder ihre Eigenheiten oder selbst ihr Französisch – irgendetwas, das möglicherweise ihrem letzten Anblick verwandt war, dem sinnreichen Täuschungsmanöver, zu dem sie ihre Zuflucht genommen hatte, damit ich zufrieden über meine eigene Gefälligkeit von ihr gehe, oder jenem Schwan, dessen Qual künstlerischer Wahrheit so viel näher kam als die bleichen Arme einer niedersinkenden Tänzerin; kurz, irgendetwas, das ich erst gewahren konnte, als die Dinge und Wesen, die ich in der Sicherheit meiner Kindheit am meisten geliebt hatte, zu Asche geworden oder mitten ins Herz getroffen waren.

Frühling in Fialta

Der Frühling in Fialta[24] ist wolkig und trüb. Alles ist feucht: die scheckigen Stämme der Platanen, die Wacholdersträucher, die Geländer, der Kies. Weit entfernt erblickt man zwischen den gezackten Kanten bläulich fahler Häuser, die sich wankend von den Knien erheben, um den Hang zu erklimmen (eine Zypresse weist ihnen den Weg), verschwommen den wässerig-verschleierten Mt. Sankt Georg, der seinem Abbild auf jenen Ansichtskarten unähnlicher denn je sieht, die seit etwa 1910 (diese Strohhüte, diese jugendlichen Droschkenkutscher!) den Touristen von ihrem traurigen Ständerkarussell aus umwerben, umgeben von Steinbrocken mit Amethystzähnen und den Konsolenträumen von Seemuscheln. Ein schwacher Geruch nach Verbranntem hängt in der Luft, die windstill ist und warm. Das Meer, dessen Salz von einer Regenlösung überspült wird, ist eher grau als bläulichgrün, und seine Wellen sind zu schwerfällig, um schäumend zu brechen.

An einem solchen Tag in den frühen dreißiger Jahren fand ich mich, alle meine Sinne weit geöffnet, in einer der steilen kleinen Straßen Fialtas und nahm alles gleichzeitig in mich auf – das maritime Rokoko in der Bude, die Korallenkruzifixe in einem Schaufenster, den verzagten Anschlag eines Wanderzirkus (eine Ecke des durchnässten Papiers hatte sich von der Mauer gelöst) und ein gelbes Stück unreifer Apfelsinenschale auf dem alten, schieferblauen Gehsteig, der sich hier und da eine schwindende Erinnerung an ein uraltes Mosaikmuster bewahrt hatte. Ich liebe Fialta; ich liebe es, weil ich in der Höhlung dieser veilchenblauen Silben die süße, dunkle Feuchtigkeit der krumpeligsten aller kleinen Blumen spüre und weil seine Viola den Alt des Namens einer wunderschönen Stadt auf der Krim nachbildet; und auch darum liebe ich es, weil gerade in der Schlaftrunkenheit seiner feuchten Vorosterzeit etwas liegt, das der Seele besonders wohltut. So war ich denn glücklich, wieder dort zu sein, dem kleinen Bach im Rinnstein entgegen bergan zu steigen, ohne Hut, mit nassem Kopf, die Haut schon von Wärme durchtränkt, obwohl ich über dem Hemd nur einen leichten Regenmantel trug.

Ich war mit dem Capparabella-Express gekommen, der mit jenem leichtfertigen Schwung, welcher Eisenbahnzügen in gebirgiger Gegend eigen ist, sich donnernd Mühe gegeben hatte, während der Nacht so viele Tunnel wie möglich zu bewältigen. Einen oder zwei Tage, gerade so lange, wie es mir eine Atempause während einer Geschäftsreise erlaubte – länger gedachte ich nicht zu bleiben. Frau und Kinder hatte ich zu Hause gelassen, und sie bildeten eine Insel des Glücks, die im klaren Norden meines Wesens immerfort gegenwärtig war, die mich ständig begleitete, ja die, möchte ich sagen, durch mich hindurchtrieb, sich aber dennoch meist an der Außenseite meiner selbst hielt.

Ein Kind männlichen Geschlechts, ohne Hosen und mit einem prallen, schlammgrauen kleinen Bauch, trat unsicher von einer Türstufe und tappelte o-beinig davon; es versuchte, drei Apfelsinen auf einmal zu tragen, doch dauernd ließ es die jeweils andere dritte fallen, bis es selber hinfiel, worauf ein etwa zwölfjähriges Mädchen mit einer schweren Perlenkette um den dunklen Hals und einem Rock, der so lang war wie der einer Zigeunerin, prompt alle drei mit ihren geschickteren und zahlreicheren Händen fortnahm. In der Nähe, auf der nassen Terrasse eines Cafés, wischte ein Kellner die Tischplatten ab; ein melancholischer Brigant, der die Bonbonspezialitäten des Ortes feilbot, kunstvoll aussehende Dinger mit mondartigem Glanz, hatte einen hoffnungslos vollen Korb auf die geborstene Balustrade gestellt, über die hinweg sich die beiden unterhielten. Der Nieselregen hatte entweder aufgehört, oder Fialta hatte sich so daran gewöhnt, dass es selber nicht mehr wusste, ob es feuchte Luft oder warmen Regen atmete. Ein Engländer in Knickerbockern, einer von der soliden, exportfähigen Sorte, der sich im Gehen aus einem Gummibeutel mit dem Daumen die Pfeife stopfte, kam unter einem Bogen hervor und betrat eine Apotheke, wo große, bleiche Schwämme in einem blauen Gefäß hinter dem Glas verdursteten. Wie köstlich das Wohlgefühl, das ich durch meine Adern rieseln spürte, wie dankbar antwortete alles in mir auf die Vibrationen und Emanationen dieses grauen Tages, der mit einer Frühlingsessenz gesättigt war, welcher er selber anscheinend nur langsam gewahr wurde! Meine Nerven waren nach einer schlaflosen Nacht ungewöhnlich empfänglich; ich sog alles in mich ein: den Gesang einer Drossel in den Mandelbäumen jenseits der Kapelle, den Frieden der verfallenden Häuser, den Puls der entfernten See, die im Nebel keuchte, all das und dazu das eifersüchtige

Grün des Flaschenglases, welches eine Mauerkrone stachelig bewehrte, und die haltbaren Farben eines Zirkusplakats, auf dem ein federgeschmückter Indianer auf dem Rücken eines aufgebäumten Pferdes zu sehen war, der mit seinem Lasso gerade ein kühnermaßen endemisches Zebra einfing, während einige gründlich genarrte Elefanten brütend auf ihren sternenübersäten Thronen saßen.

Nach kurzer Zeit überholte mich derselbe Engländer. Während ich ihn mit dem Übrigen zusammen in mich aufnahm, bemerkte ich zufällig, wie sich sein großes blaues Auge plötzlich seitwärtsbewegte, den geröteten Lidwinkel zu verziehen suchte und wie er schnell die Lippen befeuchtete – wegen der Trockenheit jener Schwämme, nahm ich an; doch dann folgte ich der Richtung seines Blickes und sah Nina.

Jedes Mal, wenn ich ihr im Laufe der fünfzehn Jahre unserer – nun, das genaue Wort für unsere Art der Beziehung will mir nicht einfallen – begegnet war, hatte sie mich offenbar nicht sogleich erkannt; und auch dieses Mal verharrte sie auf dem Gehsteig gegenüber einen Augenblick lang ganz still, in sympathischer Ungewissheit, in die sich Neugier mischte, halb mir zugewandt, und nur ihr gelber Schal hatte sich schon in Bewegung gesetzt, wie jene Hunde, die einen noch vor ihren Herrchen erkennen – und dann stieß sie einen Schrei aus, ihre Hände flogen hoch, alle ihre zehn Finger vollführten einen Tanz, und mitten auf der Straße küsste sie mich dreimal mit mehr Mund als Gefühl, allein dank der freimütigen Impulsivität alter Freundschaft (genau wie sie jedes Mal, wenn wir uns trennten, schnell ein Kreuz über mir schlug), und dann ging sie neben mir her, hängte sich ein, passte ihren Schritt dem meinen an, von ihrem engen braunen, unten an der Seite sportlich geschlitzten Rock behindert.

«Aber ja, Ferdie ist auch hier», erwiderte sie und erkundigte sich ihrerseits sofort höflich nach Elena.

«Er muss mit Segur irgendwo herumbummeln», fuhr sie fort und meinte wieder ihren Mann. «Und ich muss noch etwas einkaufen; wir fahren nach dem Mittagessen. Warte mal, wo bringst du mich eigentlich hin, Victor, mein Guter?»

Zurück in die Vergangenheit, zurück in die Vergangenheit, wie jedes Mal, wenn ich sie traf und alles wiederholte, was sich an Handlung angesammelt hatte, von den Anfängen an bis zu dem letzten Zuwachs – genau wie in russischen Märchen das bereits Erzählte bei jeder neuen Wendung der Geschichte noch einmal zusammengefasst wird. Dieses Mal hatten wir uns im warmen und nebligen Fialta getroffen, und ich hätte die Gelegenheit nicht mit größerer Kunst feiern, hätte die Liste der früheren Dienste des Schicksals nicht mit leuchtenderen Vignetten ausschmücken können, selbst wenn ich gewusst hätte, dass dies sein letzter Dienst war; doch, der letzte – denn ich kann mir kein himmlisches Vermittlungsbüro vorstellen, das bereit wäre, dafür zu sorgen, dass ich ihr jenseits des Grabes noch einmal begegne.

Meine Eingangsszene mit Nina hatte sich vor ziemlich langer Zeit in Russland abgespielt, um 1917, würde ich sagen, nach gewissem linkem Theatergepolter hinter der Bühne zu urteilen. Es war während einer Geburtstagsfeier auf dem Landsitz meiner Tante bei Luga, in den tiefsten Falten des Winters (wie gut erinnere ich mich an das erste Anzeichen dafür, dass wir uns dem Ort näherten: eine rote Scheune in einer weißen Wildnis). Ich hatte soeben das Abitur am Kaiserlichen Lyzeum gemacht; Nina war bereits verlobt: Obwohl sie genauso alt war wie ich und das Jahrhundert, sah sie mindestens wie zwanzig aus, und das trotz oder gerade wegen ihrer zierlichen, schlanken Figur, während sie dank eben dieser Zierlichkeit mit zweiunddreißig jünger wirkte. Ihr Verlobter war bei der Garde und hatte gerade Fronturlaub – ein gutaussehender, schwerer Mensch, unglaublich wohlerzogen und phlegmatisch, der jedes Wort auf die Waagschale des penibelsten gesunden Menschenverstandes legte und in einem samtenen Bariton sprach, welcher noch weicher wurde, wenn sich seine Worte an sie richteten; seine Anständigkeit und Ergebenheit gingen ihr schließlich wohl auf die Nerven; und heute ist er ein erfolgreicher, wenngleich etwas einsamer Ingenieur in einem weit entlegenen tropischen Land.

Fenster werden hell und strecken ihre leuchtende Länge über den dunklen, buckligen Schnee; zwischen ihnen bleibt Raum für den Widerschein des fächerförmigen Lichtes über der Haustür. Jede der beiden Säulen zur Seite ist mit einem flaumigen Weiß überzogen, was die Linien des Bildes einigermaßen verdirbt, das sonst ein vollkommenes Exlibris für das Buch unserer beiden Lebensläufe abgegeben hätte. Ich kann mich nicht entsinnen, warum wir alle aus dem hallenden Flur in die stille Dunkelheit hinausgetreten waren, die nur von Tannen bevölkert war, welche der Schnee zu ihrer doppelten Größe hatte anwachsen lassen; hatte der Wächter uns nahegelegt, einen düsteren roten Schein am Himmel zu besichtigen, ein schlimmes Vorzeichen kommender Brandstiftungen? Möglich. Waren wir hinausgegangen, um einer Pferdestatue aus Eis Bewunderung zu zollen, die der Schweizer Hauslehrer meiner Cousins in der Nähe des Teiches geschaffen hatte? Auch das ist möglich. Mein Gedächtnis erwacht erst auf dem Rückweg zum symmetrisch erleuchteten Herrenhaus wieder zum Leben: Wir gingen im Gänsemarsch eine enge Furche zwischen Schneewehen entlang, und nur das Knirschen unserer Schritte war zu hören – der einzige Kommentar, den eine schweigsame Winternacht über menschliche Wesen abgibt. Ich war der Letzte; drei knirschende Schritte vor mir eine kleine, gebeugte Gestalt; ernst wiesen die Tannen ihre beladenen Pfoten. Ich rutschte aus und ließ die tote Taschenlampe fallen, die mir jemand aufgezwungen hatte; sie wiederzufinden, erwies sich als verteufelt schwer; und von meinem Geschimpf sogleich angelockt, drehte sich Nina, eines Spaßes gewärtig, mit einem begierigen, tiefen Lachen undeutlich nach mir um. Ich nenne sie Nina, aber noch konnte ich ihren Namen kaum wissen, noch hatten wir beide keine Zeit für irgendwelche Präliminarien gehabt. «Wer ist denn das?», fragte sie interessiert – und schon küsste ich ihren Hals, der glatt war und brennend heiß von dem langen Fuchspelz ihres Mantelkragens, welcher mir in den Weg kam, bis sie mir die Hand auf die Schulter legte und mit der ihr eigenen Freimütigkeit sanft ihre großzügigen, pflichteifrigen Lippen auf die meinen presste.

Doch als plötzlich wie mit einer Heiterkeitsexplosion im Dunkel das Thema «Schneeballschlacht» seinen Anfang nahm, trennten wir uns, und jemand klomm – fliehend, fallend, knirschend, lachend und keuchend –

auf eine Schneewehe, versuchte zu rennen und stöhnte schrecklich auf: Tiefer Schnee hatte die Amputation eines Filzstiefels bewirkt. Und bald darauf trennten wir uns alle, und jeder fuhr nach Hause, ohne dass ich mit Nina gesprochen oder irgendwelche Zukunftspläne gemacht hätte, Pläne für jene fünfzehn Jahre der Wanderschaft, die bereits am trüben Horizont aufgezogen waren, beladen mit den Einzelteilen unserer niemals zusammengefügten Wiedersehen. Während ich sie in dem Durcheinander der Gebärden und der Schatten von Gebärden beobachtete, aus dem der Rest des Abends bestand (wahrscheinlich Gesellschaftsspiele – und Nina beharrlich auf der gegnerischen Seite), staunte ich, wie ich mich entsinne, nicht so sehr darüber, dass sie mir nach jener Wärme im Schnee keinerlei Aufmerksamkeit schenkte, sondern vielmehr über die naive Natürlichkeit dieser Unaufmerksamkeit, denn ich wusste noch nicht, dass es nur eines Wortes von mir bedurft hätte, und schon hätte sich ihre Gleichgültigkeit in eine wundervoll aufleuchtende Freundlichkeit verwandelt, wäre sie munter und anteilnehmend zu jeglicher Mitwirkung aufgelegt gewesen, ganz als wäre die Liebe einer Frau ein Brunnenwasser voller gesunder Salze, von dem sie jedermann auf den leisesten Wink bereitwilligst zu trinken gab.

«Warte, wo haben wir uns zuletzt gesehen?», begann ich (zu Ninas Fialta-Version gewandt), um auf ihr kleines Gesicht mit den vorstehenden Backenknochen und den dunkelroten Lippen einen bestimmten, wohlbekannten Ausdruck zurückkehren zu sehen; und wirklich, wie sie den Kopf schüttelte und die Stirn runzelte, das schien nicht so sehr auf Vergesslichkeit zu deuten, wie die Plattheit eines alten Scherzes zu beklagen; oder um genauer zu sein, so war es, als seien all die Städte, in denen das Schicksal unsere verschiedenen Rendezvous arrangiert hatte, ohne ihnen jemals persönlich beizuwohnen, als seien all die Bahnsteige und Treppen und dreiwändigen Zimmer und dunklen Seitenstraßen banale Szenerien, Überbleibsel irgendwelcher anderer, längst abgeschlossener Lebensläufe, und als hätten sie so wenig mit dem weiteren Ausagieren unseres eigenen, ziellosen Schicksals zu tun, dass es fast schlechter Geschmack war, sie überhaupt zu erwähnen.

Ich begleitete sie in einen Laden unter den Arkaden; dort, im Zwielicht hinter einem Perlenvorhang, betastete sie ein paar Geldbeutel aus rotem Leder, die mit Seidenpapier ausgestopft waren, und spähte auf die Preisschilder, als wolle sie ihre Museumsnamen lernen. Sie wünsche, sagte sie, genau diese Form, aber in Rehbraun, und als der alte Dalmatiner nach zehn Minuten fieberhafter Raschelei durch ein Wunder, das mir immer noch ein Rätsel ist, ebensolch eine Rarität ausfindig gemacht hatte, da besann sich Nina, die schon drauf und dran gewesen war, mir etwas Geld aus der Hand zu nehmen, eines anderen und verließ den Laden durch die wehenden Perlenschnüre, ohne etwas gekauft zu haben.

Draußen war es so milchig trübe wie zuvor; der gleiche Geruch nach Verbranntem, der tatarische Erinnerungen weckte, kam aus den bloßen Fenstern der bleichen Häuser; ein kleiner Mückenschwarm war damit beschäftigt, über einer Mimose, die lustlos blühte und ihre Ärmel bis auf den Boden sinken ließ, die Luft zu stopfen; zwei Arbeiter mit breitkrempigen Hüten aßen

Käse und Knoblauch zu Mittag; ihre Rücken ruhten an einem Zirkusplakat, auf dem ein roter Husar und eine Art orangefarbener Tiger abgebildet waren; komisch – in der Absicht, das Tier so wild wie möglich zu machen, war der Künstler so weit gegangen, dass er schließlich von der anderen Seite zurückkam, denn das Gesicht des Tigers hatte geradezu menschliche Züge.

«*Au fond* wollte ich einen Kamm», sagte Nina in verspäteter Reue.

Wie vertraut waren mir ihr Zögern, ihre Nachgedanken, ihre Nachgedanken zu den Nachgedanken, die die frühesten widerspiegelten, ihre kurzlebigen Kümmernisse zwischen zwei Eisenbahnzügen. Immer war sie gerade eingetroffen oder im Aufbruch, und es fällt mir schwer, daran zu denken, ohne dass mich die Vielzahl komplizierter Reiserouten demütigt, denen man fieberhaft folgt, nur um jene abschließende Verabredung einzuhalten, um deren Unvermeidbarkeit selbst der eingeschworenste Weltenbummler weiß. Wäre ich gezwungen, Richtern unseres irdischen Daseins ein Musterbeispiel ihrer durchschnittlichen Haltung zu unterbreiten, so würde ich sie sich vielleicht auf einen Ladentisch im Reisebüro Cook's lehnen lassen, die linke Wade über dem rechten Schienbein, während der linke Zeh auf den Fußboden trommelt, ihre spitz angewinkelten Ellbogen zusammen mit einer Handtasche, aus der die Geldstücke quellen, auf dem Ladentisch ruhen und die Angestellte, einen Bleistift in der Hand, mit ihr über den Plan eines ewigen Schlafwagens berät.

Nach dem Exodus aus Russland sah ich sie – und das war das zweite Mal – im Haus einiger Bekannter in Berlin. Es war kurz vor meiner Hochzeit; sie hatte sich gerade von ihrem Verlobten getrennt. Als ich das Zimmer betrat, erblickte ich sie sofort, und nach einem Blick auf die anderen Gäste war mir instinktiv klar, welche der anwesenden Männer mehr von ihr wussten als ich. Sie saß in der Ecke einer Couch, die Füße angezogen, den kleinen Körper bequem zu einem Z gefaltet; neben ihren Absätzen stand schräg auf der Couch ein Aschenbecher; sie schielte zu mir herüber, hörte sich meinen Namen an, dann nahm sie ihre langstielige Zigarettenspitze aus dem Mund und sagte langsam und voller Freude: «Also dass ich gerade dich treffe ...» – und sofort wurde es allen klar, bei ihr angefangen, dass wir seit langem innig miteinander befreundet waren: Zweifellos hatte sie den tatsächlichen Kuss völlig vergessen, doch dank jenem trivialen Vorkommnis erinnerte sie sich undeutlich an ein Stück warmer, wohltuender Freundschaft, die es zwischen uns in Wahrheit niemals gegeben hatte. So beruhte die ganze Form unserer Beziehung fälschlich auf einer eingebildeten Freundschaft – die nichts mit ihrem blindlings bewiesenen guten Willen zu tun hatte. Was die Worte anbetraf, die wir einander sagten, so erwies sich unsere Wiederbegegnung als völlig bedeutungslos; aber es gab keine Schranken mehr zwischen uns; und als ich an jenem Abend beim Essen zufällig neben sie zu sitzen kam, erprobte ich schamlos das Ausmaß ihrer geheimen Geduld.

Dann verschwand sie wieder; und als meine Frau und ich ein Jahr darauf meinen Bruder an den Zug nach Posen gebracht hatten und auf der anderen Seite des Bahnsteigs dem Ausgang zustrebten, erblickte ich neben einem Wagen des Expresszugs nach Paris plötzlich Nina, das Gesicht in einen Blumenstrauß gesteckt, den sie in der Hand hielt; im Kreis um sie herum stand eine Gruppe von Menschen, mit denen sie sich ohne mein Wissen angefreundet hatte und die sie anstarrten wie müßige Passanten eine Rauferei auf der Straße, ein Kind, das sich verlaufen hat, oder das Opfer eines Verkehrsunfalls. Strahlend winkte sie mir mit ihren Blumen zu; ich stellte sie Elena vor, und in der belebenden Atmosphäre eines großen Bahnhofs, wo alles bebend am Rand einer Veränderung steht und daher festgehalten und mit Liebe umgeben werden muss, genügten ein paar Worte, um zwei völlig verschiedene Frauen dahin zu bringen, sich bei ihrem nächsten Zusammentreffen bei ihren Kosenamen zu nennen. An jenem Tage wurde im blauen Schatten des Wagens nach Paris Ferdinand zum ersten Mal erwähnt: Es verursachte mir einen lächerlichen Schmerz, zu erfahren, dass sie im Begriff stand, ihn zu heiraten. Schon wurden die Türen zugeschlagen; hastig, aber andächtig küsste sie ihre Freunde, kletterte in den Gang, verschwand; und dann sah ich durch das Glas, wie sie sich in ihrem Abteil einrichtete – wir waren plötzlich vergessen, oder sie war in eine andere Welt eingegangen –, und wir alle, die Hände in den Taschen, schienen ein völlig ahnungsloses Leben zu bespitzeln, das sich dort in jenem Aquariumsdämmer bewegte, bis sie unserer gewahr wurde, erst an die Fensterscheibe trommelte, dann die Augen hob und sich an dem Fensterrahmen zu schaffen machte, als wolle sie ein Bild aufhängen; doch nichts geschah; ein Mitreisender half ihr, und sie lehnte sich heraus, hörbar und wirklich, strahlend vor Freude; neben dem unmerklich anfahrenden Wagen einherlaufend, reichte ihr einer von uns eine Zeitschrift und einen Tauchnitz-Band (sie las nur auf Reisen englische Bücher); alles entglitt mit wunderschöner Leichtigkeit, und ich hielt eine bis zur Unkenntlichkeit zerknüllte Bahnsteigkarte in der Hand, während ein Lied aus dem vergangenen Jahrhundert (wie Gerüchte behaupten, hing es mit irgendeinem Pariser Liebesdrama zusammen) mir unablässig durch den Kopf ging, Gott weiß warum aus der Musikbox des Gedächtnisses aufgetaucht, eine rührselige Romanze, die eine alte, unverheiratete Tante von mir einstmals zu singen pflegte, eine Frau mit einem Gesicht so gelb wie russisches Kirchenwachs, der die Natur indessen eine so mächtige, so hinreißend volle Stimme gegeben hatte, dass sie in der Pracht einer feurigen Wolke aufzugehen schien, sobald sie anhob:

On dit que tu te maries,
tu sais que j'en vais mourir[25]

– und diese Melodie, der Schmerz, das Unrecht, die vom Rhythmus hergestellte Verbindung zwischen Hymen und Tod und die Stimme der toten Sängerin selbst, welche als alleinige Eigentümerin des Liedes die Erinnerung begleitete, ließen mich für einige Stunden nach Ninas Abreise nicht zur Ruhe kommen und stiegen sogar später noch in immer größer werdenden Abständen in mir auf, wie die letzten, niedrigen kleinen Wellen, die ein vorüberfahrendes Schiff an den Strand schickt und deren Anschlag immer seltener und verträumter wird, oder wie die bronzene Agonie eines vibrierenden Glockenstuhls, nachdem sich der Glöckner bereits wieder im frohen Kreis seiner Familie niedergesetzt hat. Und wiederum nach ein oder zwei

Jahren hielt ich mich geschäftlich in Paris auf; und eines Morgens, auf dem Treppenabsatz eines Hotels, in dem ich einen Filmschauspieler aufgesucht hatte, sah ich sie wieder – sie trug ein graues Kostüm, wartete auf den Fahrstuhl, der sie hinunterbringen sollte, ein Schlüssel hing an ihrer Hand. «Ferdinand ist fechten gegangen», sagte sie gesprächsweise; ihr Blick ruhte auf der unteren Hälfte meines Gesichts, als wollte sie mir etwas von den Lippen ablesen, und nach kurzem Nachdenken (ihr erotisches Verständnis hatte nicht seinesgleichen) drehte sie sich um und führte mich wiegenden Ganges auf schmalen Fußgelenken schnell den mit meerblauen Teppichen ausgelegten Flur entlang. Ein Stuhl an der Tür ihres Zimmers trug ein Tablett mit den Überresten des Frühstücks – ein honigbeschmiertes Messer, Krümel auf grauem Porzellan; doch das Zimmer war bereits aufgeräumt, und in dem plötzlichen Luftzug, den wir verursachten, wurde eine Welle mit weißen Dahlien bestickten Musselins flatternd und knatternd zwischen die empfindlichen Hälften eines französischen Fensters gesaugt, und erst als die Tür verriegelt war, ließen sie mit einer Art wollüstigem Seufzer den Vorhang wieder los; eine Weile später trat ich auf den winzigen Gusseisenbalkon jenseits des Vorhangs hinaus und atmete einen aus welkem Ahornlaub und Benzin gemischten Geruch – der Abhub der dunstigen, blauen, morgendlichen Straße; und da ich von der wachsenden krankhaften Rührung, die meine folgenden Begegnungen mit Nina so vergällen sollte, noch nichts spürte, war ich wahrscheinlich ebenso gefasst und unbekümmert wie sie, als ich sie vom Hotel zu irgendeinem Büro begleitete, um einen Koffer, der ihr abhandengekommen war, wiederzufinden, und von dort aus zu dem Café, wo ihr Mann eine Sitzung mit seinem augenblicklichen Hofstaat abhielt.

Ich werde den Namen dieses Mannes, dieses französisch-ungarischen Schriftstellers, nicht nennen (und die Bestandteile, die ich hier dennoch preisgebe, erscheinen in geziemender Verkleidung) … Lieber wäre es mir, mich gar nicht mit ihm zu befassen, aber ich kann nicht anders – mit Gewalt bringt er sich unter meinem Federhalter zur Geltung. Heutzutage macht er nicht mehr viel von sich reden; und das ist gut so, denn es beweist, dass ich recht tat, seinem bösen Zauber zu widerstehen, ein Frösteln mein Rückgrat entlangkriechen zu spüren, wenn dieses oder jenes neue Buch von ihm meine Hand berührte. Der Ruhm von seinesgleichen breitet sich geschwind aus, doch bald wirkt er schwer und abgestanden; und was die Literaturhistorie angeht, so wird dieser Umstand seinen Lebenslauf auf den Bindestrich zwischen zwei Daten beschränken. Hager und arrogant, jederzeit bereit, mit einem giftigen Wortspiel nach einem zu züngeln, und einen seltsam erwartungsvollen Blick in seinen mattbraunen, verschleierten Augen, hatte dieser falsche Witzbold allerdings eine unwiderstehliche Wirkung auf kleine Nagetiere. Da er es in der Kunst verbaler Erfindung zur Meisterschaft gebracht hatte, war es sein besonderer Stolz, ein Wörterdrechsler zu sein, ein Titel, der ihm mehr galt als der eines Schriftstellers; ich für mein Teil konnte niemals einsehen, wozu es gut sein sollte, sich Bücher auszudenken und Dinge niederzuschreiben, die sich nicht in der einen oder anderen Form tatsächlich ereignet haben; und ich entsinne mich, wie ich einmal dem Hohn seines ermutigenden Nickens die Stirn bot und ihm sagte, dass ich, wäre ich ein Schriftsteller, allein meinem Herzen Phantasie zubilligen und mich für alles Übrige auf mein Gedächtnis verlassen würde, diesen langen Sonnenuntergangsschatten der ureigenen Wahrheit.

Ich kannte seine Bücher, bevor ich ihn selbst kennen lernte; ein leichter Ekel trat bereits an die Stelle des ästhetischen Vergnügens, das ich mir noch von seinem ersten Roman bereiten ließ. Zu Beginn seiner Laufbahn war es vielleicht noch möglich gewesen, durch die Glasfenster seiner erstaunlichen Prosa irgendeine menschliche Landschaft, einen alten Garten, eine wie aus einem Traum her vertraute Baumgruppe zu erkennen – doch mit jedem neuen Buch wurden die Farben noch dichter, das Rot und das Rotviolett noch unheildrohender; heute kann man durch dieses heraldisch bemalte, grässlich bunte Glas überhaupt nichts mehr erkennen, und es hat den Anschein, als müsste sich die schaudernde Seele einer völligen schwarzen Leere gegenüberfinden, wenn man es zerschlüge. Indessen, wie gefährlich war er in seinen besten Jahren, was verspritzte er für Gift, was für Peitschenschläge teilte er aus, sobald er provoziert wurde! Der Tornado seines vorüberziehenden Spottes ließ kahle Verwüstung zurück, eine Reihe gefällter Eichen – noch wirbelte der Staub, und der unglückselige Verfasser irgendeiner unfreundlichen Besprechung drehte sich brüllend vor Schmerz wie ein Kreisel im Sand.

Zu der Zeit, als wir uns kennen lernten, erregte sein *Passage à niveau*[26] gerade in Paris Aufsehen; er hatte, wie man so sagt, eine Anhängerschaft, und Nina (deren Anpassungsfähigkeit ein erstaunlicher Ersatz für die Bildung war, die ihr abging) hatte bereits die Rolle wenn nicht einer Muse, so doch wenigstens einer Seelengefährtin und klugen und feinfühligen Ratgeberin übernommen, die Ferdinands schöpferischen Konvolutionen folgte und seinen künstlerischen Geschmack getreulich teilte; denn obwohl es mehr als unwahrscheinlich ist, dass sie sich auch nur durch ein einziges seiner Bücher hindurchgequält hatte, so besaß sie doch ein übernatürliches Geschick dafür, sich die besten Stellen aus der Fachsimpelei seiner literarischen Freunde zusammenzustoppeln.

Eine Damenkapelle spielte, als wir das Café betraten; als Erstes bemerkte ich in einer der Spiegelsäulen die Straußenkeule einer Harfe, dann sah ich den zusammengesetzten Tisch (bestehend aus mehreren kleinen Tischen, die man aneinandergeschoben hatte, um einen langen zu bilden), an dem, den Rücken zur Plüschwand, Ferdinand den Vorsitz führte; und seine ganze Haltung, die Stellung seiner ausgebreiteten Hände, die sämtlich ihm zugewandten Gesichter seiner Tischgenossen erinnerten mich einen Augenblick lang auf groteske, albtraumhafte Art an etwas, das mir nicht sogleich ganz klar wurde, aber als es mir nachträglich einfiel, schien mir der angedeutete Vergleich kaum weniger blasphemisch als das Wesen seiner Kunst.[27] Er trug einen weißen Rollkragenpullover unter einer Tweedjacke; sein glänzendes Haar war von den Schläfen aus zurückgekämmt, und darüber hing Zigarettenrauch wie ein Heiligenschein; sein knochiges, pharaohaftes Gesicht verzog sich nicht: Nur die Augen wanderten bald hier-, bald dorthin, voll von trüber Genugtuung. Die zwei oder drei wahrscheinlichen Lokale, wo naive Liebhaber montparnassischen Lebens ihn anzutreffen erwartet hätten, hatte er aufgegeben und dafür dieses durch und durch bürgerliche Etablissement zu frequentieren begonnen, seinem eigenartigen Sinn für Humor zuliebe, aufgrund dessen er auch der erbärmlichen *spécialité de la maison* ein teuflisches Vergnügen abgewann – dieser Kapelle aus einem halben Dutzend müde wirkender, verlegener Damen, die auf einem überfüllten Podium milde Harmonien ineinander verwoben und (wie er sagte) nicht wussten, wohin mit ihren mütterlichen Busen, welche in der Welt der Musik durchaus überflüssig waren. Nach jeder Nummer schüttelte ihn ein Anfall von epileptischem Applaus, von dem die Damen keine Notiz mehr nahmen und der, glaubte ich, bereits einige Zweifel bei dem Inhaber und den Stammkunden des Cafés wachgerufen hatte, Ferdinands Freunden indessen höchst amüsant vorkam. Unter diesen erinnere ich mich an einen Maler mit einem makellos kahlen, obwohl leicht abgeplatzt aussehenden Schädel, den er unter den verschiedensten Vorwänden immer wieder in seine Augen-und-Gitarre-Bilder hineinmalte; an einen Dichter, dessen besonderer Gag in seiner Fähigkeit bestand, auf Verlangen mit Hilfe von fünf Streichhölzern Adams Sündenfall darzustellen; an einen bescheidenen Geschäftsmann, der surrealistische Veröffentlichungen finanzierte (und die Aperitifs bezahlte), wenn ihm gestattet wurde, in einer Ecke Elogen auf die von ihm ausgehaltene Schauspielerin anzubringen; an einen Pianisten, der, was sein Gesicht anging, ganz präsentabel war, dessen Finger jedoch einen grässlichen Ausdruck hatten; an einen forschen, aber sprachlich impotenten sowjetischen Schriftsteller frisch aus Moskau mit einer alten Pfeife und einer neuen Armbanduhr, der lächerlicherweise nicht die mindeste Ahnung hatte, in was für einer Gesellschaft er sich da befand; es waren noch mehrere andere Herren anwesend, die in meiner Erinnerung durcheinandergeraten sind, und zwei oder drei aus der Schar hatten ohne Zweifel intime Beziehungen zu Nina gehabt. Sie war die einzige Frau am Tisch; gebückt saß sie da, saugte eifrig an einem Strohhalm, der Spiegel ihrer Limonade sank mit einer Art kindlicher Schnelligkeit, und erst, als der letzte Tropfen gurgelnd und glucksend verschwunden war und sie den Halm mit der Zunge fortgeschoben hatte, erst dann fing ich ihren Blick auf, den ich beharrlich gesucht hatte, immer noch dem Umstand nicht ganz gewachsen, dass sie Zeit gehabt hatte, zu vergessen, was am Morgen geschehen war – es so gründlich zu vergessen, dass sie meinen Blick mit einem ausdruckslosen, fragenden Lächeln erwiderte und sich erst nach genauerem Hinsehen plötzlich besann, was für ein Lächeln ich zur Antwort erwartete. Da die Damen ihre Instrumente wie gleichgültige Möbelstücke beiseitegeschoben und das Podium zeitweise verlassen hatten, machte Ferdinand inzwischen seine Kumpane hämisch auf einen ältlichen Esser in einer entfernten Ecke des Lokals aufmerksam, der an seinem Revers wie viele Franzosen aus irgendeinem Grund ein kleines rotes Band oder etwas Ähnliches trug und dessen grauer Vollbart zusammen mit einem schmatzenden Mund ein gemütliches gelbliches Nest bildete. Die Attribute des Alters pflegten Ferdie zu erheitern.

Ich blieb nicht lange in Paris, doch diese eine Woche

reichte, um zwischen ihm und mir jene falsche Vertraulichkeit einreißen zu lassen, die er einem mit so viel Talent aufzudrängen wusste. In der Folge erwies ich mich ihm sogar nützlich: Meine Firma erwarb die Filmrechte an einer seiner verständlicheren Geschichten, und er hatte seinen Spaß daran, mir mit Telegrammen zuzusetzen. Die Jahre vergingen, und hin und wieder ergab es sich, dass wir uns irgendwo anstrahlten, doch ich fühlte mich nie wohl in seiner Gegenwart, und auch an jenem Tag in Fialta empfand ich dasselbe wohlbekannte Missvergnügen, als ich erfuhr, dass er in der Nähe herumstrich; etwas jedoch heiterte mich beträchtlich auf: dass sein neues Stück durchgefallen war.

Und da kam er uns auch schon entgegen, in einem absolut wasserdichten Mantel mit Gürtel und Taschenklappen, einen Photoapparat über der Schulter, doppelte Gummisohlen an seinen Schuhen, und mit einer Unerschütterlichkeit, die komisch wirken sollte, lutschte er an einer langen Stange zuckrigen Mondgesteins, dieser Spezialität von Fialta. Neben ihm ging der schmucke, puppenhafte, rosige Segur, ein Kunstfreund und ein Dummkopf obendrein; ich habe niemals herausbekommen, wozu Ferdinand ihn benötigte; und immer noch höre ich Nina mit einer stöhnenden Zärtlichkeit, die sie auf nichts festlegte, ausrufen: «Ach, Segur, der ist so ein lieber Kerl!» Sie kamen näher, Ferdinand und ich begrüßten uns herzlich, indem wir versuchten, in unser Händeschütteln und Auf-den-Rücken-Klopfen so viel Wärme wie möglich zu legen – aus Erfahrung wussten wir, dass dies auch schon alles war, doch wir taten, als sei es nur der Auftakt; und so war es jedes Mal: Nach jeder Trennung wurden beim Wiedersehen in geschäftiger Herzlichkeit und einem Durcheinander Platz nehmender Gefühle aufgeregt die Saiten gestimmt; doch dann schlossen die Platzanweiser die Türen, und niemand wurde eingelassen.

Segur beklagte sich bei mir über das Wetter, und zuerst verstand ich gar nicht, wovon er eigentlich redete; selbst wenn das feuchte, graue Gewächshausklima Fialtas «Wetter» genannt werden konnte, so lag es allem, was uns als Gesprächsgegenstand dienen konnte, ebenso fern wie etwa Ninas schlanker Ellbogen, den ich zwischen Zeigefinger und Daumen hielt, oder ein Stückchen Stanniolpapier, das jemand fallen gelassen hatte und das in einiger Entfernung in der Mitte der kopfsteingepflasterten Straße glitzerte.

Zu viert gingen wir weiter, vage Einkäufe vor uns. «Meine Güte, was für ein Indianer!», rief Ferdinand plötzlich mit stürmischer Befriedigung, indem er mir einen kräftigen Rippenstoß versetzte und auf ein Plakat deutete. Ein Stück weiter, an einem Brunnen, gab er seine Zuckerstange einem einheimischen Kind, einem dunkelhäutigen Mädchen mit Perlen um den hübschen Hals; wir blieben stehen, um auf ihn zu warten: Er hatte sich hingekauert und redete auf ihre rußschwarzen gesenkten Wimpern hinab, dann holte er uns grinsend ein und machte eine jener Bemerkungen, mit denen er seine Reden zu würzen liebte. Darauf zog ein unglückseliger Gegenstand in einem Andenkenladen seine Aufmerksamkeit auf sich: eine fürchterliche Marmorimitation des Mt. Sankt Georg mit einem schwarzen Tunnel in seinem Fuß, der sich als die Öffnung eines Tintenfasses erwies, und mit einer Rinne für Federhalter, die Geleise vorstellen sollte. Mit offenem Mund, bereit herauszuprusten und ganz aus dem Häuschen vor höhnischem Triumph, wendete er das staubige, hinderliche und völlig schuldlose Ding in den Händen hin und her, bezahlte ohne zu feilschen und kam immer noch offenen Munds mit dem Monstrum in der Hand heraus. Wie ein Herrscher, der sich mit Buckligen und Zwergen umgibt, wandte er seine Zuneigung diesem oder jenem gräulichen Gegenstand zu; seine Huld währte von fünf Minuten bis zu mehreren Tagen, oder sogar noch länger, wenn das Ding zufällig lebendig war.

Nina deutete sehnsüchtig an, dass es Mittagessenszeit sei, und als Ferdinand und Segur in ein Postamt gingen, ergriff ich die Gelegenheit und führte sie eilig hinweg. Immer noch frage ich mich, was sie mir eigentlich bedeutete, diese kleine dunkle Frau mit den schmalen Schultern und den «lyrischen Gliedmaßen» (um den Ausdruck zu gebrauchen, den ein gezierter Emigrantendichter geprägt hatte, einer der wenigen Männer, die ihr platonisch nachgeseufzt hatten), und noch weniger verstehe ich, welchen Zweck das Schicksal damit verfolgte, dass es uns immer wieder zusammenführte. Nach meinem Aufenthalt in Paris hatte ich sie eine ganze Zeit lang nicht gesehen, und als ich eines Tages aus dem Büro nach Hause kam, saß sie da, trank Tee mit meiner Frau und prüfte auf ihrer seidenbespannten Hand – der Ehering glänzte durch die Seide hindurch – das Gewebe irgendwelcher auf der Tauentzienstraße billig erstandenen Strümpfe. Einmal zeigte man mir ihr Bild in einer Modezeitschrift voller Herbstblätter und Handschuhe und windiger Golfplätze. An einem bestimmten Weihnachtsfest schickte sie mir eine Ansichtskarte mit Schnee und Sternen. An einem Rivierastrand entging sie hinter ihrer Sonnenbrille und ihrem Terracotta-Teint beinahe meiner Aufmerksamkeit. Als mich ein andermal eine Besorgung zur Unzeit in das Haus unbekannter Leute führte, wo gerade eine Gesellschaft gegeben wurde, erblickte ich ihren Schal und ihren Pelzmantel unter fremden Vogelscheuchen auf einem Garderobenständer. In einem Buchladen nickte sie mir aus einer Seite in einer der Geschichten ihres Mannes entgegen, aus einer Seite, auf der von einem episodischen Dienstmädchen die Rede ist und Nina gegen den Willen des Verfassers hereingeschmuggelt wird: «Ihr Gesicht», schrieb er, «war eher ein Schnappschuss der Natur als ein genaues Porträt, sodass ..., als er es sich vorzustellen suchte, nur flüchtige Eindrücke zusammenhangloser Gesichtszüge vor Augen hatte: den flaumigen Umriss ihrer *pommettes*[28] in der Sonne, die bernsteinbraune Dunkelheit munterer Augen, ihre Lippen, zu einem freundlichen Lächeln verzogen, das immer bereit war, sich in einen feurigen Kuss zu verwandeln.»

Immer wieder tauchte sie flüchtig am Rand meines Lebens auf, ohne seinen eigentlichen Text auch nur im Mindesten zu beeinflussen. An einem Sommermorgen (einem Freitag – denn die Dienstmädchen klopften im sonnenstaubigen Hof Teppiche), meine Familie war auf dem Land, döste und rauchte ich im Bett, als es wie wild klingelte – und dann stand sie in der Diele, ein unerwarteter Besuch, der (nebenbei) eine Haarnadel und (hauptsächlich) einen großen, mit Hotelschildern illustrierten Reisekoffer zurückließ, den ein netter österreichischer Knabe vierzehn Tage später für sie abholte – nach ungreifbaren, aber sicheren Symptomen zu schließen, gehörte er zu der gleichen, recht kosmopolitischen Genossenschaft wie ich. Gelegentlich fiel mitten in einer Unterhaltung ihr Name, und ohne den Kopf zu wenden, lief sie die Stufen eines zufälligen Satzes hinab. Auf einer Reise in die Pyrenäen verbrachte ich eine Woche in einem Château, das Leuten gehörte, bei denen sie und Ferdinand sich gerade aufhielten, und nie werde ich meine erste Nacht dort vergessen: wie ich wartete, wie ich sicher war, dass sie aus eigenem Antrieb in mein Zimmer schleichen würde, wie sie nicht kam, und den Lärm, den Tausende von Grillen in der delirierenden Tiefe des felsigen, von Mondschein triefenden Gartens vollführten, die tollen murmelnden Bäche und meinen Kampf zwischen wohltuender südlicher Müdigkeit nach einem langen Tag der Jagd auf den Geröllhängen und dem wilden Verlangen nach ihrem heimlichen Kommen, ihrem tiefen Lachen, ihren rosa Fußgelenken über dem Schwanendaunenbesatz hochhackiger Pantoffeln; die Nacht indessen tobte weiter, ohne dass sie kam, und als ich ihr am Tag darauf im Laufe einer gemeinschaftlichen Bergwanderung von meinem Warten erzählte, faltete sie bestürzt die Hände – und taxierte sofort mit schnellem Blick, ob die Rücken Ferdinands (er gestikulierte) und seines Freundes weit genug entfernt waren. Ich erinnere mich, über halb Europa hinweg (in einer geschäftlichen Angelegenheit ihres Mannes) mit ihr telephoniert und ihre eifrige, bellende Stimme anfangs gar nicht erkannt zu haben; und ich erinnere mich, wie ich einmal von ihr träumte: Ich träumte, meine älteste Tochter käme hereingelaufen, um mir zu sagen, dass der Hausmeister in arger Bedrängnis sei – und als ich zu ihm hinunterging, sah ich Nina in tiefem Schlaf auf einem Koffer liegen, eine Rolle grober Leinwand unter dem Kopf, mit bleichen Lippen und in ein wollenes Tuch gehüllt, so wie elende Flüchtlinge auf gottverlassenen Bahnhöfen schlafen. Und was mir oder ihr in der Zwischenzeit auch zustieß, es kam nie zu irgendwelchen Aussprachen zwischen uns, da wir in den Pausen unseres Schicksals niemals aneinander dachten, sodass sich bei jedem Wiedersehen das Tempo des Lebens auf der Stelle änderte, alle seine Atome neu kombiniert wurden und wir in ein anderes, leichteres Zeitmedium gerieten, dessen Maß nicht die langwierigen Trennungen, sondern die wenigen Begegnungen waren, aus denen auf diese Weise künstlich ein kurzes, vermeintlich leichtfertiges Leben entstand. Und mit jeder neuen Begegnung wurde ich besorgter; nein, meine Gefühle wurden nicht aus der Bahn geworfen, nicht geisterte der Schatten der Tragödie durch unsere Freuden, meine Ehe wurde nicht in Mitleidenschaft gezogen, während auf der anderen Seite ihr in erotischer Hinsicht eklektischer Ehegatte ihre beiläufigen Affären übersah, obwohl er aus ihnen einigen Vorteil in Form angenehmer und nützlicher Beziehungen schlug. Ich wurde besorgt, weil etwas Wunderschönes, Zartes und Unwiederholbares vergeudet wurde: etwas, das ich missbrauchte, wenn ich mir in großer Eile armselige helle Stückchen davon abbrach und dabei den bescheidenen, aber wahren Kern verschmähte, den es mir möglicherweise in einem Mitleid heischenden Wispern darbot. Ich war besorgt, weil ich schließlich Ninas Leben irgendwie doch akzeptierte, die Lügen, die Vergeblichkeit, das Kauderwelsch dieses Lebens. Obwohl es keinerlei Gefühlsdissonanz gab, fühlte ich mich verpflichtet, nach einer vernünftigen, wenn auch nicht moralischen Erklärung meines Daseins zu suchen, und das hieß, zwischen der Welt zu wählen, in der ich Modell saß für mein Porträt, mit meiner Frau, meinen kleinen Töchtern, dem Dobermannpinscher (idyllische Girlanden, ein Siegelring, ein dünner Spazierstock), zwischen dieser glücklichen, weisen und guten Welt … und was? Bestand irgendeine praktische Chance, ein Leben gemeinsam mit Nina zu führen? Ich vermochte es mir schwer auch nur vorzustellen, denn ich wusste, es wäre mit einer leidenschaftlichen, unerträglichen Bitterkeit durchtränkt, und jeder seiner Augenblicke wäre sich einer Vergangenheit bewusst, in der es von proteischen Partnern nur so wimmelte. Nein, das Ganze war absurd. Und war sie darüber hinaus nicht durch etwas Stärkeres als Liebe an ihren Gatten gekettet – die unerschütterliche Freundschaft zwischen zwei Strafgefangenen? Absurd! Doch was denn hätte ich mit dir anfangen sollen, Nina, wie hätte ich mich dieser aufgespeicherten Traurigkeit entledigen können, die sich als Ergebnis unserer scheinbar unbekümmerten, in Wahrheit jedoch hoffnungslosen Begegnungen angesammelt hatte?

Fialta besteht aus einer Alt- und einer Neustadt; hier und da sind Vergangenheit und Gegenwart miteinander verflochten und liegen im Kampf, um sich entweder voneinander freizumachen oder gegenseitig vollends auszustoßen; jede hat ihre eigenen Methoden: Die Neue liefert einen ehrlichen Kampf – sie importiert Palmen, richtet schmucke Reisebüros ein und bemalt die rote Fläche der Tennisplätze mit hellgelben Linien; wohingegen die heimtückische Stadt von dazumal hinter einer Ecke in Gestalt einer auf Krücken gehenden Gasse hervorkommt oder in der von Treppenstufen, die nirgendwo hinführen. Auf unserem Weg zum Hotel kamen wir an einer halbfertigen, weißen, innen mit Abfällen übersäten Villa vorbei, an deren einer Wand wieder die gleichen Elefanten auf gewaltigen, buntbemalten Trommeln saßen, ihre ungetümen Babyknie weit gespreizt; eine (bereits mit einem Bleistiftschnurrbart versehene) Kunstreiterin in ätherischem Ballettröckchen ruhte auf der breiten Kruppe eines Pferdes; und ein Clown mit Tomatennase lief über ein Drahtseil, einen Schirm balancierend, der mit jenen immer wiederkehrenden Sternen geschmückt war – eine auf vage Weise sinnbildhafte Erinnerung an die himmlische Heimat der Zirkuskünstler. Hier, in Fialtas Rivierateil, knirschte der nasse Kies luxuriöser, deutlicher war das träge Aufseufzen der See zu vernehmen. Im Hinterhof des Hotels jagte ein mit einem Messer bewaffneter Küchenjunge hinter einem Huhn her, das wild gluckend um sein Leben lief. Ein Schuhputzer bot mir mit zahnlosem Lächeln seinen uralten Thron. Unter den Platanen standen ein Motorrad deutscher Herkunft, eine schlammbespritzte Limousine und ein gelber, langrumpfiger Ikarus, der wie ein gigantischer Skarabäus aussah («Das ist unser – Segurs, meine ich», sagte Nina und fügte hinzu: «Warum kommst du nicht mit, Victor?» – obwohl sie sehr wohl wusste, dass ich nicht mitkommen konnte). In den Lack seiner Flügeldecken war ein Gouachebild mit Himmel und Gezweig versenkt; das Metall eines seiner bombenförmigen Scheinwerfer spiegelte einen Augenblick lang uns selbst, hagere Fußgänger aus dem Lande des Films, die über die konvexe Oberfläche glitten; und dann, nach einigen Schritten, warf ich einen Blick zurück und sah sozusagen beinahe optisch voraus, was in Wirklichkeit erst etwa eine Stunde später geschah: Wie die drei mit Sturzhelmen einstiegen, lächelten und mir zuwinkten, durchsichtig für mich wie Gespenster, durch welche die Farbe der Welt hindurchleuchtet, und sich dann in Bewegung setzten, sich entfernten, kleiner wurden (Ninas letzter zehnfingriger Abschied); in Wirklichkeit jedoch rührte sich das Automobil, glatt und heil wie ein Ei, noch nicht von der Stelle, und Nina schritt unter meinem ausgestreckten Arm durch einen von Lorbeer flankierten Eingang, und als wir uns setzten, konnten wir durch das Fenster Ferdinand und Segur, die einen anderen Weg genommen hatten, langsam näher kommen sehen.

Auf der Veranda, wo wir unsere Mittagsmahlzeit einnahmen, befand sich niemand außer dem Engländer, der mir unlängst aufgefallen war; vor ihm warf ein hohes Glas mit einem knallroten Drink ein ovales Lichtmuster auf das Tischtuch. In seinen Augen nahm ich das gleiche blutunterlaufene Verlangen wahr, aber jetzt stand es mit Nina in keinem Zusammenhang; der gierige Blick galt nicht ihr, er war unverwandt auf die obere rechte Ecke des breiten Fensters gerichtet, neben dem er saß.

Nina hatte die Handschuhe von den kleinen, dünnen Händen gestreift und aß zum letzten Mal in ihrem Leben jene Krustentiere, für die sie eine solche Vorliebe hatte. Auch Ferdinand beschäftigte sich mit dem Essen, und ich nutzte seinen Hunger aus, ein Gespräch anzufangen, das mir einen Anschein von Macht über ihn gab: Genauer gesagt, ich erwähnte den Misserfolg seines neuen Stückes. Nach einer kurzen Periode religiösen Umgangs, wie er gerade in Mode war, in deren Verlauf er der Gnade teilhaftig wurde und mehrere reichlich zweideutige Pilgerfahrten unternahm, die in einem entschieden skandalösen Abenteuer endeten, hatte er seinen matten Blick gen Moskau gewandt, das barbarische Moskau. Nun habe ich mich, offen gesagt, immer über die selbstgefällige Überzeugung geärgert, dass ein kleines Wellchen Bewusstseinsstrom, ein paar gesunde Obszönitäten und eine Prise Kommunismus in irgendeinem alten Spüleimer auf alchimistische Weise und ganz von allein ultramoderne Literatur ergäben; und bis man mich erschießt, werde ich darauf beharren, dass Kunst, sobald sie mit Politik in Berührung gebracht wird, unvermeidlich auf das Niveau beliebigen ideologischen Plunders herabsinkt. In Ferdinands Fall allerdings war all dies unerheblich: Die Muskeln seiner Muse waren außergewöhnlich kräftig, ganz zu schweigen von dem Umstand, dass ihm das Elend der Unterdrückten völlig egal war; doch wegen gewisser, auf dunkle Weise bösartiger Unterströmungen dieser Art war seine Kunst noch widerwärtiger geworden. Bis auf ein paar Snobs hatte kein Mensch das Stück verstanden; selber hatte ich es nicht gesehen, aber jene komplizierte kremleske Nacht, an deren unmöglichen Spiralen entlang er verschiedene Räder zerstückelter Symbole kreisen ließ, konnte ich mir gut vorstellen; und jetzt fragte ich ihn nicht ohne Schadenfreude, ob er kürzlich eine bestimmte kleine Kritik gelesen hätte.

«Kritik!», rief er. «Schöne Kritik! Jeder geleckte Affe hält es für angebracht, mir Lehren zu erteilen. Keine

Ahnung zu haben von meinem Werk, ist ihr Stolz. Meine Bücher werden behutsam angefasst, wie etwas, das in die Luft fliegen könnte. Kritik! Man untersucht sie unter jedem Aspekt, nur unter dem wesentlichen nicht. Es ist, als ob ein Naturforscher, der das *genus equus* beschreiben will, anfinge, über Sättel oder Madame de V. zu quasseln [er nannte eine bekannte literarische Salondame, die in der Tat große Ähnlichkeit mit einem grinsenden Pferd hatte]. Ich möchte auch etwas von diesem Taubenblut», fuhr er im gleichen scharfen Ton fort, jetzt an den Kellner gewandt, der seinen Wunsch erst begriff, als er in die Richtung des Fingers mit dem langen Nagel blickte, der unmanierlich auf das Glas des Engländers deutete. Aus irgendeinem Grund erwähnte Segur Ruby Rose, die Dame, die Blumen auf ihren Busen malte, und die Unterhaltung nahm einen weniger beleidigenden Charakter an. Inzwischen kam der große Engländer plötzlich zu einem Entschluss, stieg auf einen Stuhl, trat von da auf das Fensterbrett und reckte sich, bis er die erstrebte Ecke des Fensterrahmens erreichte, wo ein kompakter, pelziger Nachtfalter saß, den er behände in eine kleine Schachtel steckte.

«… etwa wie Wouwermans[29] Schimmel», sagte Ferdinand in Zusammenhang mit dem, worüber er gerade mit Segur sprach.

«Tu es très hippique ce matin»[30], bemerkte Letzterer.

Bald gingen sie beide telephonieren. Ferdinand hatte eine besondere Vorliebe für Ferngespräche und dazu ein besonderes Geschick, sie – egal, über welche Entfernung hin – mit freundlicher Wärme auszustatten, wenn es galt, wie zum Beispiel jetzt, eine kostenlose Übernachtung zu ergattern.

Von weit her kamen Musikgeräusche – eine Trompete, eine Zither. Nina und ich begaben uns wieder nach draußen und bummelten durch die Straßen. Offenbar hatte der Zirkus auf seinem Weg nach Fialta eine Vorausabteilung vorgeschickt: Eine Reklameprozession zog vorüber. Ihr Anfang allerdings entging uns, da sie bergauf in eine Nebenallee abgebogen war: Die vergoldete Rückwand irgendeines Gefährts entschwand, ein Mann im Burnus führte ein Kamel, vier hintereinandergehende mittelmäßige Indianer trugen an Stangen Plakate, und hinter ihnen saß dank einer Sondererlaubnis der kleine Sohn eines Touristen im Matrosenanzug andächtig auf einem winzigen Pony.

Wir kamen an einem Café vorbei, wo die Tische jetzt fast trocken, aber immer noch leer waren; der Kellner begutachtete einen grässlichen Findling (hoffentlich adoptierte er ihn später), das absurde Tintenfassungeheuer, das Ferdinand im Vorübergehen auf der Balustrade ausgesetzt hatte. An der nächsten Ecke zog uns eine alte steinerne Treppe an, wir stiegen hinauf, und ich blickte unverwandt auf den spitzen Winkel, den Ninas Schritt beim Hinaufsteigen bildete – sie hob ihren Rock, und seine Enge erforderte die gleiche Geste wie früher die Rocklänge; eine mir vertraute Wärme ging von ihr aus, und während ich neben ihr hinaufstieg, kam mir unser letztes Wiedersehen in den Sinn. Es war in einem Haus in Paris gewesen, viele Leute waren anwesend, und mein guter Freund Jules Darboux, im Wunsch, mir einen erlesenen ästhetischen Gefallen zu erweisen, hatte mich am Ärmel berührt und gesagt: «Darf ich dich vorstellen …», und mich dann zu Nina geführt, die in der Ecke einer Couch saß, ihre Gestalt zu einem Z gefaltet, einen Aschenbecher neben dem Schuhabsatz; sie hatte eine lange Türkiszigarettenspitze von den Lippen genommen und freudig und langsam gerufen: «Also dass ich gerade dich treffe ...» – und dann, den ganzen Abend lang, war mir, als wolle mir das Herz zerspringen, während ich mit einem klebrigen Glas in der Faust von Gruppe zu Gruppe ging, hin und wieder aus der Ferne nach ihr Ausschau hielt (ihre Augen suchten mich nicht), einzelne Gesprächsbrocken erhaschte und mithörte, wie ein Mann zu einem anderen sagte: «Komisch, dass sie alle gleich riechen, durch jedes Parfum hindurch nach verbranntem Laub, diese dunkelhaarigen Mädchen mit den scharfen Gelenken», und wie es oft geschieht, klammerte sich eine triviale Bemerkung über irgendeinen unbekannten Gegenstand an die eigene vertraute Erinnerung, hielt sich daran fest und krümmte sich, ein Parasit ihrer Traurigkeit.

Oben auf der Treppe angekommen, fanden wir uns auf einer Art Terrasse. Von hier aus war der zarte Umriss des taubengrauen Mt. Sankt Georg mit einem Haufen knochenweißer Flecken (irgendein kleines Dorf) auf einem seiner Hänge zu sehen; der Rauch eines unsichtbaren Zuges wellte sich um seinen runden Fuß – und verschwand plötzlich; noch weiter unten, über dem Dächergewirr, konnte man eine einsame Zypresse erkennen, die Ähnlichkeit hatte mit der feuchten, gezwirbelten schwarzen Spitze eines Tuschpinsels; zur Rechten sah man einen kleinen Teil des Meeres, das grau war und silbrige Falten warf. Zu unseren Füßen lag ein rostiger alter Schlüssel, und an der Wand des halbverfallenen Hauses neben der Terrasse hingen immer noch irgendwelche Drahtenden ... Es kam mir in den Sinn, dass es hier einst Leben gegeben, eine Familie die Kühle der Abenddämmerung genossen hatte, dass ungeschickte Kinder im Licht einer Lampe mit Malbüchern beschäftigt gewesen waren … Wir verweilten dort oben, als horchten wir auf irgendetwas; Nina, die höher stand als ich, legte mir eine Hand auf die Schulter und lächelte, und mit Sorgfalt, auf dass ihr Lächeln nicht knitterte, küsste sie mich. Mit unerträglicher Heftigkeit erlebte ich noch einmal (so scheint es mir wenigstens) alles, was, angefangen mit einem ähnlichen Kuss, je zwischen uns gewesen war; und ich sagte (anstelle unseres billigen, förmlichen «Du» jenes seltsam volle und bedeutungsschwere «Sie» verwendend, zu dem der Weltumsegler in jeder Hinsicht bereichert zurückkehrt): «Schauen Sie – was wäre, wenn ich Sie liebe?» Nina sah mich kurz an, ich wiederholte die Worte, ich wollte hinzusetzen … aber etwas wie eine Fledermaus strich kurz über ihr Gesicht, ein schneller, sonderbarer, fast hässlicher Ausdruck, und sie, die in völliger Unschuld grobe Worte in den Mund nehmen konnte, wurde verlegen; auch ich war verlegen … «Keine Sorge, ich habe nur Spaß gemacht», sagte ich rasch und legte leicht den Arm um ihre Taille. Von irgendwoher erschien ein fester Strauß kleiner, dunkler, selbstlos duftender Veilchen in ihren Händen, und bevor sie zu ihrem Gatten und Auto zurückkehrte, standen wir noch eine kurze Weile an der Steinbrüstung, und unsere Affäre war hoffnungsloser denn je. Doch der Stein war warm wie Menschenhaut, und plötzlich verstand ich etwas, das ich gesehen hatte, ohne es zu begreifen – warum ein Stückchen Stanniolpapier auf dem Pflaster so geglitzert, warum auf einem Tischtuch der Abglanz eines Glases gezittert hatte, warum die See ein einziger Lichtschimmer war: Irgendwie hatte sich allmählich der weiße Himmel über Fialta unmerklich mit Sonnenschein gesättigt, und nun war er ganz und gar von Sonne durchdrungen, und das überströmende weiße Leuchten wurde weiter und weiter, alles löste sich darin auf, alles verschwand, alles verging, und ich stand auf dem Bahnsteig von Mlech, in der Hand eine soeben gekaufte Zeitung, aus der ich erfuhr, dass der gelbe Wagen, den ich unter den Platanen gesehen hatte, hinter Fialta einen Unfall gehabt hatte, als er in voller Geschwindigkeit in den Lastwagen eines Wanderzirkus auf dem Weg in die Stadt gerast war, einen Unfall, aus dem Ferdinand und sein Freund, diese unverwundbaren Schurken, diese Salamander des Schicksals, diese glücklichen Basilisken mit örtlichen und heilbaren Verletzungen ihrer Schuppenhaut hervorgegangen waren, während Nina trotz ihrer anhaltenden und getreulichen Versuche, es ihnen gleichzutun, sich am Ende doch als sterblich erwiesen hatte.

Wolke, Burg, See

Einer meiner Repräsentanten – ein bescheidener, freundlicher Junggeselle, sehr tüchtig – gewann auf einem von russischen Flüchtlingen veranstalteten Wohltätigkeitsball eine Vergnügungsreise. Es war 1936 oder 1937.[31] Der Berliner Sommer stand in vollen Fluten (es war die zweite Woche kalten und feuchten Wetters und ein Jammer zu sehen, was alles umsonst grün geworden war, und nur die Spatzen blieben guter Dinge); er hatte keine Lust, irgendwohin zu fahren, aber als er versuchte, im Vergnügungsreisebüro seine Fahrkarte zu verkaufen, erfuhr er, dass es dazu einer besonderen Genehmigung des Verkehrsministeriums bedürfe; als er es dort versuchte, stellte sich heraus, dass er zuvor bei einem Notariat einen komplizierten vorgedruckten Antrag einreichen müsse; und außerdem musste man sich bei der Polizei eine sogenannte «Nichtabwesenheitsbescheinigung im Stadtgebiet während der Sommermonate» beschaffen.

Also seufzte er ein wenig und beschloss, zu reisen. Er lieh sich von Freunden eine Aluminiumflasche, ließ seine Schuhe besohlen, kaufte einen Gürtel und ein modisches Flanellhemd – eines jener feigen Biester, die sich schon in der ersten Wäsche ganz klein machen. Übrigens war es zu weit für diesen liebenswerten kleinen Mann mit dem immer sorgfältig geschnittenen Haar und den klugen und gütigen Augen. Ich kann mich im Augenblick nicht an seinen Namen erinnern. Ich glaube, er hieß Wassilij Iwanowitsch.

Er schlief schlecht in der Nacht vor der Abreise. Und warum? Weil er ungewöhnlich früh aufstehen musste und daher das feine, zerbrechliche Gesicht der Uhr, die auf dem Nachttisch tickte, mit in seine Träume nahm; hauptsächlich aber, weil er ausgerechnet in dieser Nacht und ohne jeden Grund anfing, sich einzubilden, dass diese Reise, die ihm von einem weiblichen Fatum in tief ausgeschnittenem Ballkleid aufgedrängt worden war, diese Reise, die er so widerstrebend angenommen hatte, ihm ein wunderbares bebendes Glück bescheren würde. Dieses Glück hätte etwas mit seiner Kindheit gemein und mit der Erregung, in die ihn russische Lyrik versetzte, und mit einem Abendhorizont, wie er ihn einmal im Traum gesehen hatte, und mit jener Dame, der Frau eines anderen Mannes, die er sieben Jahre hindurch hoffnungslos geliebt hatte – aber es würde erfüllter und bedeutungsvoller sein als alles andere. Und außerdem hatte er das Gefühl, dass das wirklich lebenswerte Leben auf etwas oder jemanden gerichtet sein müsse.

Der Morgen war trübe, aber dampfend warm und schwül, mit einem inneren Licht, und es war nicht unangenehm, in einer Straßenbahn zu dem entfernten Bahnhof zu rattern, der zum Treffpunkt bestimmt war: Es sollten – leider – mehrere Personen an dieser Reise teilnehmen. Wer würden sie sein, diese schläfrigen Geschöpfe, so schläfrig, wie uns alle noch unbekannten Wesen vorkommen? Am Schalter 6, um 7 Uhr früh, wie in der Anweisung angegeben, die an die Fahrkarte geheftet war, sah er sie (sie warteten schon; es war ihm gelungen, ungefähr drei Minuten zu spät zu kommen).

Ein hochaufgeschossener, blonder junger Mann in Tiroler Tracht fiel sogleich auf. Er war rotgebrannt wie ein Hahnenkamm, hatte ziegelrote Knie mit goldenen Härchen darauf, und seine Nase sah aus wie lackiert. Er war der Führer, den das Reisebüro stellte, und sobald der Neuankömmling die Gruppe erreicht hatte (die aus vier Frauen und ebenso vielen Männern bestand), führte er alle an einen Zug, der hinter anderen Zügen verborgen stand, trug dabei seinen monströsen Rucksack mit schreckenerregender Leichtigkeit und stampfte mit seinen Nagelschuhen fest auf.

In einem leeren Wagen, eindeutig dritter Klasse, fand jeder Platz, und Wassilij Iwanowitsch, der sich abseits gesetzt und einen Pfefferminzbonbon in den Mund gesteckt hatte, öffnete einen kleinen Band Tjuttschew, den er schon lange wieder einmal lesen wollte; aber er wurde ersucht, das Buch zur Seite zu legen und sich der Gruppe anzuschließen. Ein älterer, bebrillter Postbeamter, dessen Schädel, Kinn und Oberlippe stachelig blau waren, als hätte er speziell für diese Reise einen außerordentlich üppigen und harten Bartwuchs abrasiert, verkündete sofort, dass er in Russland gewesen sei und etwas Russisch könne – zum Beispiel ‹*patzlui*›[32], und begann in Erinnerung an irgendwelche Techtelmechtel in Zarizyn so mit den Augen zu zwinkern, dass seine beleibte Frau in der Luft mit dem Handrücken eine Ohrfeige beschrieb. Die Gesellschaft begann laut zu werden. Vier Angestellte der gleichen Baufirma warfen einander schwere Scherze zu: ein Mann mittleren Alters, Schultz; ein jüngerer Mann, auch Schultz, und zwei zappelige Frauen mit großem Mund und großem Hinterteil. Die rothaarige, ziemlich burleske Witwe im Sportrock kannte Russland auch ein bisschen (den Strand von Riga). Außerdem gab es noch einen dunkelhaarigen jungen Mann namens Schramm mit glanzlosen Augen und einer vagen, samtweichen Niedertracht in Wesen und Manieren, der ständig die Unterhaltung auf diesen oder jenen Vorzug der Reise lenkte und das erste Signal zu entzücktem Lob gab; er war, wie sich später herausstellte, ein vom Vergnügungsreisebüro mitgeschickter Animateur.

Die Lokomotive eilte mit fuchtelnden Ellbogen durch einen Kiefernwald, dann – gelassener – zwischen Feldern hindurch. Da er vorläufig die ganze Absurdität und Schrecklichkeit der Situation nur dunkel ahnte und sich vielleicht einzureden versuchte, dass dies alles doch sehr nett sei, brachte Wassilij Iwanowitsch es fertig, die schnell dahinfliegenden Gaben des Reisens zu genießen. Und wahrhaftig, wie verlockend doch alles ist, welchen Charme die Welt gewinnt, wenn sie aufgezogen wird und sich dann dreht wie ein Karussell! Die Sonne kroch auf eine Ecke des Fensters zu und ergoss sich plötzlich über die gelbe Bank. Der schlecht gebügelte Schatten des Wagens raste wie verrückt an der grasbewachsenen Böschung entlang, wo Blumen zu Farbstreifen verschmolzen. Ein Bahnübergang: ein Radfahrer wartete, einen Fuß auf dem Boden. Bäume tauchten auf, einzeln und in Gruppen, drehten sich kühl und gefällig und führten die neuesten Moden vor. Die blaue Feuchte eines Hohlwegs. Eine Liebeserinnerung, als Wiese verkleidet. Wuschelige Wolken – Windspiele des Himmels.

Uns beide, Wassilij Iwanowitsch und mich, hat die Anonymität aller Teile einer Landschaft, die der Seele so gefährlich ist, immer beeindruckt, die Unmöglichkeit, jemals herauszufinden, wohin der Pfad führt, den man gerade sieht – und schau, was für ein verlockendes Dickicht! Es kam vor, dass an einem entfernten Hang oder in einer Lücke zwischen den Bäumen für einen Augenblick ein bezaubernder Fleck auftauchte, einen Augenblick verhielt, wie in den Lungen angehaltene Luft, ein Rasen, eine Terrasse – ein so vollkommener Ausdruck zarter, wohlmeinender Schönheit –, dass es schien, wenn es gelänge, den Zug anzuhalten und dorthin zu wandeln, auf immer zu dir, Geliebte … Aber schon jagten tausend Buchenstämme wild vorüber, wirbelten in einem siedenden Sonnentümpel, und schon war die Gelegenheit zum Glücklichsein vorüber.

An den Bahnhöfen betrachtete Wassilij Iwanowitsch die Formen irgendwelcher völlig bedeutungsloser Gegenstände – eines Schmutzflecks auf dem Bahnsteig, eines Kirschkerns, eines Zigarettenstummels – und sagte sich, dass er sich nie, nie wieder an diese drei kleinen Dinge hier in dieser besonderen Beziehung zueinander erinnern würde, an dieses Muster, das er jetzt in so unsterblicher Genauigkeit sehen konnte; oder wenn er eine Gruppe Kinder sah, die auf einen Zug warteten, versuchte er mit aller Macht, wenigstens einen bemerkenswerten Lebenslauf herauszufinden – in Form einer Violine oder einer Krone, eines Propellers oder einer Leier –, und schaute so lange, bis die Dorfschuljungen aussahen wie auf einer alten Photographie mit einem kleinen weißen Kreuz über dem Gesicht des letzten Jungen ganz rechts: die Kindheit des Helden.

Aber man konnte immer nur kurze Zeit aus dem Fenster sehen. Es waren an alle vom Reisebüro Noten mit Versen verteilt worden:

Spinne nicht, sei unverdrossen,
Nimm den Knotenstock zur Hand,
Such dir muntre Weggenossen
Und durchstreife Feld und Land.

Gras und Stoppeln untern Sohlen,
Muntre Burschen um dich her:
Sorgen soll der Teufel holen.
Sei kein Eigenbrötler mehr!

Es marschiert und schwitzt ein jeder,
Und die Feldmaus stirbt und schreit.
Kerle ganz aus Stahl und Leder
In der Heideeinsamkeit.[33]

Das sollte gemeinsam gesungen werden: Wassilij Iwanowitsch, der nicht nur nicht singen, sondern nicht einmal die deutschen Worte klar aussprechen konnte, nutzte den ohrenbetäubenden Lärm dazu, einfach nur den Mund weit aufzureißen und sich leise hin und her zu wiegen, als ob er wirklich sänge – aber auf ein Zeichen des heimtückischen Schramm stoppte der Führer plötzlich den allgemeinen Gesang und forderte Wassilij Iwanowitsch mit einem seitlichen Blick auf, allein zu singen. Wassilij Iwanowitsch räusperte sich, begann zaghaft, und nach einer Minute einsamer Qual stimmten alle ein; aber danach wagte er es nicht mehr, auszusetzen.

Er hatte sich seine Lieblingsgurke aus dem russischen Laden mitgenommen, einen Laib Brot und drei Eier. Als es Abend wurde und die niedere rote Sonne voll in den verschmutzten, seekranken, vom eigenen Lärm betäubten Wagen schien, wurden alle aufgefordert, ihren Reiseproviant abzugeben, damit er redlich geteilt werde – das war besonders einfach, weil alle außer Wassilij Iwanowitsch das Gleiche mithatten. Die Gurke belustigte alle, wurde für ungenießbar erklärt und aus dem Fenster geworfen. In Anbetracht seines unzureichenden Beitrags zur Mahlzeit bekam Wassilij Iwanowitsch eine kleinere Portion Wurst.

Er musste Karten spielen. Sie zerrten ihn herum, fragten ihn aus, prüften, ob er die Reiseroute auf der Karte zeigen könne – mit einem Wort, alle befassten sich mit ihm, zuerst gutmütig, dann voller Bosheit, die mit dem Herannahen der Nacht zunahm. Beide Mädchen hießen Greta; die rothaarige Witwe sah irgendwie dem hahnenhaften Führer ähnlich; Schramm, Schultz und der andere Schultz, der Postbeamte und seine Frau, alle wuchsen sie nach und nach zusammen, verschmolzen miteinander, bildeten ein kollektives, wabbelndes, vielhändiges Wesen, dem man nicht entfliehen konnte. Es drang von allen Seiten auf ihn ein. Aber plötzlich stiegen an irgendeinem Bahnhof alle aus, und es war schon dunkel, obwohl im Westen noch immer eine sehr lange, sehr rosarote Wolke hing, und ein Stück weiter das Gleis entlang zitterte der Stern einer Lampe mit herzzerreißendem Licht durch den schwerfälligen Rauch der Lokomotive, und Grillen zirpten im Dunkeln, und von irgendwoher kam der Duft von Jasmin und Heu, Geliebte.

Sie verbrachten die Nacht in einem baufälligen Gasthof. Eine ausgewachsene Wanze ist schauderhaft, aber es liegt eine gewisse Grazie in den Bewegungen eines seidigen Silberfischchens. Der Postbeamte wurde von seiner Frau getrennt, die mit der Witwe untergebracht wurde; er wurde für die Nacht Wassilij Iwanowitsch zugeteilt. Die beiden Betten nahmen den ganzen Raum ein. Steppdecke obendrauf, Nachttopf untendrunter. Der Postmensch sagte, dass er irgendwie gar nicht müde sei, und fing an, von seinen russischen Abenteuern zu erzählen, weit ausführlicher als im Zug. Er war ein tyrannischer Kerl, gründlich und hartnäckig, in langen, baumwollenen Unterhosen, mit perlmutternen Krallen an den schmutzigen Zehen und Bärenfell zwischen den fetten Brüsten. Ein Nachtfalter stieß flatternd an die Decke und spielte mit seinem Schatten. «In Zarizyn», sagte er, «gibt es jetzt drei Schulen, eine deutsche, eine tschechische und eine chinesische. Jedenfalls hat mir mein Schwager das erzählt; er hat dort in einer Traktorenfabrik gearbeitet.»

Am nächsten Tag wirbelten sie vom frühen Morgen bis fünf Uhr nachmittags den Staub entlang einer Landstraße auf, die sich von Hügel zu Hügel wellte; dann schlugen sie einen grünen Weg durch dichten Tannenwald ein. Wassilij Iwanowitsch, der am wenigsten zu tragen hatte, musste ein riesiges rundes Brot unter den Arm nehmen. Wie ich dich hasse, du unser tägliches! Aber noch immer bemerkten seine kostbaren, erfahrenen Augen alles Notwendige. Vor dem Hintergrund des Tannendunkels hing vertikal eine dürre Nadel an einem unsichtbaren Faden.

Wieder drängelten sie sich mit Sack und Pack in einen Zug, und wieder war der kleine, abteillose Wagen leer. Der andere Schultz versuchte, Wassilij Iwanowitsch das Mandolinespielen beizubringen. Es wurde viel gelacht. Als sie dessen müde wurden, dachten sie sich ein großartiges Spiel aus, das von Schramm überwacht wurde.

Es ging so: Die Frauen legten sich auf die Bänke, die sie sich auszusuchen hatten und unter denen schon die Männer versteckt waren, und wenn unter einer solchen Bank hervor dann ein rotes Gesicht mit Ohren oder eine große gespreizte Hand auftauchte, mit gekrümmten Fingern den Rock anhob (was eine Menge Gekreisch hervorrief), dann kam heraus, welche Pärchen sich ergeben hatten. Dreimal legte sich Wassilij Iwanowitsch in die schmutzige Finsternis nieder, und dreimal stellte sich heraus, dass niemand auf der Bank lag, als er wieder hervorkroch. Er wurde zum Verlierer erklärt und gezwungen, einen Zigarettenstummel zu essen.

Sie verbrachten die Nacht auf Strohsäcken in einer Scheune und brachen am frühen Morgen wieder zu Fuß auf. Tannen, tiefe Schluchten, schäumende Flüsse. Von der Hitze, von den Liedern, die man ständig grölen musste, war Wassilij Iwanowitsch dermaßen erschöpft, dass er bei der Mittagsrast sofort einschlief und erst wieder aufwachte, als sie anfingen, nach Pferdebremsen zu schlagen, die angeblich auf ihm saßen. Aber nach einer weiteren Stunde Marsches ward plötzlich jenes Glücksgefühl entdeckt, von dem er einst halb geträumt hatte.

Es war ein klarer blauer See mit einem ungewöhnlichen Ausdruck des Wassers. In der Mitte spiegelte sich eine große Wolke in ihrer ganzen Größe. Auf der anderen Seite, auf einem dicht mit Grün bedeckten Hügel (und je dunkler das Grün, desto poetischer ist es), ragte eine alte schwarze Burg, die von Daktylus anstieg zu Daktylus. Gewiss, es gab viele solcher Ansichten in Mitteleuropa, aber gerade diese – in der unbeschreiblichen und einzigartigen Harmonie ihrer drei wesentlichen Teile, in ihrem Lächeln, in einer ihr eigenen geheimnisvollen Unschuld, Geliebte! Gehorsame! – war etwas so Einzigartiges und so Vertrautes und so lang Verheißenes, und sie *verstand* ihren Betrachter so gut, dass Wassilij Iwanowitsch gar die Hand aufs Herz presste, als wolle er sehen, ob sein Herz noch da sei, damit er es hergeben könne.

In einiger Entfernung machte Schramm, indem er mit dem Alpenstock des Führers in die Luft stach, die Ausflügler auf dieses oder jenes aufmerksam; sie hatten sich im Gras niedergelassen, in Posen, wie man sie auf Amateurschnappschüssen sieht, während der Führer auf einem Baumstumpf saß, das Hinterteil dem See zugekehrt, und einen Imbiss einnahm. Ganz still, sich im eigenen Schatten verbergend, folgte Wassilij Iwanowitsch dem Ufer und kam an eine Art Gasthaus. Ein noch recht junger Hund begrüßte ihn; er kroch auf dem Bauch, mit lachenden Lefzen, während der Schwanz heftig den Boden schlug. Wassilij Iwanowitsch begleitete den Hund ins Haus, ein buntscheckiges, zweistöckiges Gebäude mit einem blinkenden Fenster unter einem konvexen Ziegellid; und er fand den Eigentümer, einen großen alten Mann, der fast wie ein russischer Kriegsveteran aussah und so schlecht mit einem so weichen schleppenden Akzent Deutsch sprach, dass Wassilij Iwanowitsch zu seiner Muttersprache überwechselte, aber wie in einem Traum verstand ihn der Mann und sprach selber in der Sprache seiner Umgebung, seiner Familie weiter.

Oben war ein Zimmer für Feriengäste. «Wissen Sie, ich werde es für den Rest meines Lebens mieten», soll Wassilij Iwanowitsch gesagt haben, sobald er es betreten hatte. Das Zimmer selbst hatte nichts Bemerkenswertes. Im Gegenteil, es war ein ganz gewöhnliches Zimmer mit rotem Fußboden, Gänseblümchen waren an die weißen Wände gekleckst, und ein kleiner Spiegel war halb voll mit der gelben Infusion der reflektierten Blumen – aber vom Fenster aus konnte man deutlich den See mit seiner Wolke und seiner Burg sehen, in einer reglosen und vollkommenen Wechselbeziehung des Glücks. Ohne zu überlegen, ohne nachzudenken ergab er sich völlig einer Neigung, deren Wahrheit in ihrer Kraft lag, einer Kraft, die er nie zuvor erfahren hatte, und in einer strahlenden Sekunde erkannte Wassilij Iwanowitsch, dass hier, in diesem kleinen Zimmer mit diesem Ausblick, der bis an den Rand der Tränen schön war, das Leben endlich sein würde, wie er es sich immer gewünscht hatte. Wie es genau sein würde, was hier geschehen würde, das natürlich wusste er nicht, aber alles um ihn her war Hilfe, Verheißung und Trost – sodass es keinen Zweifel darüber geben konnte, dass er hier leben müsste. In einem Augenblick hatte er sich überlegt, wie es anzufangen sei, dass er nicht wieder nach Berlin zurückzukehren hätte, wie er sein weniges Hab und Gut hierher bekommen konnte – Bücher, den blauen Anzug, ihre Photographie. Wie einfach sich alles ergab! Als mein Repräsentant verdiente er genug für das bescheidene Leben eines russischen Flüchtlings.

«Freunde!», rief er, als er wieder zur Wiese am Seeufer hinabgerannt war. «Freunde, auf Wiedersehen! Ich bleibe für immer in dem Haus da drüben. Wir können nicht zusammen weiterreisen. Ich gehe nicht weiter. Ich gehe nirgends mehr hin. Auf Wiedersehen.»

«Was soll das heißen?», sagte der Führer mit sonderbarer Stimme nach einer kurzen Pause, während deren das Lächeln auf den Lippen Wassilij Iwanowitschs langsam erlosch und die Leute, die im Gras gesessen hatten, sich halb aufrichteten und ihn mit versteinertem Blick anstarrten.

«Aber was denn?», stammelte er. «Hier habe ich …»

«Ruhe!», brüllte plötzlich der Postbeamte mit außerordentlicher Kraft. «Komm zur Besinnung, du besoffenes Schwein!»

«Moment mal, meine Herren», sagte der Führer, und nachdem er sich mit der Zunge über die Lippen gefahren war, wandte er sich Wassilij Iwanowitsch zu.

«Sie haben wahrscheinlich was getrunken», sagte er ruhig. «Oder Sie haben den Verstand verloren. Sie machen mit uns eine Vergnügungsreise. Morgen – sehen Sie auf Ihre Fahrkarte – fahren wir laut festgelegter Reiseroute nach Berlin zurück. Es kommt gar nicht in Frage, dass jemand – in diesem Falle Sie – sich weigert, an dieser gemeinsamen Reise weiter teilzunehmen. Wir haben heute ein gewisses Lied gesungen – versuchen Sie sich an seinen Text zu erinnern. So, das wäre alles. Kommt, Kinder, es geht weiter.»

«In Ewald gibt es Bier», sagte Schramm mit schmeichelnder Stimme. «Fünf Stunden mit der Bahn. Wanderungen. Eine Jagdhütte. Braunkohlenbergwerke. Viele interessante Dinge.»

«Ich werde mich beschweren», jammerte Wassilij Iwanowitsch. «Geben Sie mir meine Tasche wieder. Ich habe das Recht, zu bleiben, wo ich will. Was, dies ist ja geradezu eine Einladung zur Enthauptung[34]» – so schrie er, wie er mir erzählte, als sie ihn an den Armen packten.

«Wenn nötig, tragen wir Sie», sagte der Führer grimmig, «aber das wird dann für Sie kein Spaß. Ich bin für jeden von euch verantwortlich und werde jeden Einzelnen von euch wieder mit zurückbringen, tot oder lebendig.»

Wassilij Iwanowitsch, wie in einem grässlichen Märchen über einen Waldweg geschleift, gequetscht und gezerrt, konnte sich nicht einmal mehr umsehen und spürte nur, wie das Strahlen in seinem Rücken langsam zurückwich, von Bäumen gebrochen wurde – und dann war es entschwunden, und die dunklen Tannen ringsum erbosten sich, aber sie konnten nicht eingreifen. Sobald alle in den Wagen gestiegen waren und der Zug sich in Bewegung gesetzt hatte, fingen sie an, ihn zu schlagen – sie schlugen ihn lange und mit großer Erfindungsgabe. Es fiel ihnen unter anderem ein, einen Korkenzieher an seinen Handflächen zu probieren; dann an seinen Füßen. Der Postbeamte, der in Russland gewesen war, machte aus einem Stock und einem Gürtel eine russische Knute und gebrauchte sie mit teuflischer Geschicklichkeit. Gut so, gib's ihm! Die anderen Männer verließen sich mehr auf ihre eisenbeschlagenen Absätze, während die Frauen sich damit begnügten, zu kneifen und zu schlagen. Alle hatten einen Heidenspaß.

Als er nach Berlin zurückgekehrt war, suchte er mich auf, war sehr verändert, setzte sich still nieder, legte die Hände auf die Knie, erzählte seine Geschichte; wiederholte ständig, dass er seinen Posten aufgeben müsse, bat mich, ihn gehen zu lassen, bestand darauf, dass er nicht weitermachen könne, dass er nicht die Kraft habe, länger der Menschheit anzugehören. Natürlich ließ ich ihn gehen.

Tyrannenvernichtung

1

Je mehr seine Macht und sein Ruhm anwuchsen, desto höher war auch die Strafe, die ich ihm in meiner Vorstellung zudachte. Ganz zu Anfang hätte ich mich noch mit einer Wahlniederlage begnügt, einer Abkühlung der allgemeinen Begeisterung. Später hielt ich schon seine Inhaftierung für nötig; noch später seine Verbannung auf irgendeine entlegene flache Insel mit einer einzigen Palme, die einen wie ein schwarzer Asterisk auf den Grund einer ewigen Hölle aus Einsamkeit, Schande und Ohnmacht verwiese. Heute schließlich wäre ich mit nichts mehr zufrieden als mit seinem Tod.

Wie in den Schaubildern, die seinen Aufstieg demonstrieren, indem sie die Zahl seiner Anhänger durch die allmähliche Größenzunahme einer kleinen Figur verdeutlichen, die erst ziemlich groß und dann riesig wird, so schwoll in der Mitte des Raums, der meine Seele war, mein Hass auf ihn unheildrohend an, die Arme verschränkt wie die seines Bildes, bis er ihn nahezu ausfüllte und mir nur einen schmalen, gekrümmten Lichtrand übrig ließ (mehr der Aura des Wahnsinns ähnlich denn dem Heiligenschein des Martyriums), obschon ich eine völlige Verfinsterung voraussehe, die noch bevorsteht.

Seine ersten Konterfeis in den Zeitungen und Schaufenstern und auf den Plakaten – die in unserem reichlich bewässerten, weinenden und blutenden Land ebenfalls anwuchsen – sahen einigermaßen verschwommen aus: Das war, als ich an dem tödlichen Ausgang meines Hasses noch Zweifel hatte. Etwas Menschliches, gewisse Möglichkeiten seines Scheiterns, seines Zusammenbruchs, seiner Erkrankung, weiß der Himmel was noch, lag leise zitternd über manchen seiner Photos, deren noch nicht standardisierte Posen von einer zufälligen Vielfalt waren und die einen unsteten Blick zeigten, welcher seinen historischen Ausdruck noch nicht gefunden hatte. Nach und nach aber konsolidierten sich seine Züge: Über seine Wangen und Wangenknochen legte sich in den offiziellen Porträts ein göttlicher Glanz, das Olivenöl der öffentlichen Zuneigung, der Firnis eines vollendeten Meisterwerks; es wurde unmöglich, sich vorzustellen, dass diese Nase geschnäuzt wurde oder dieser Finger in diesem Mund herumstocherte, um hinter einem faulen Schneidezahn einen Essensrest hervorzuholen. Der experimentellen Vielfalt folgte eine kanonisierte Uniformität, die den inzwischen vertrauten, steinernen und glanzlosen Blick seiner weder intelligenten noch grausamen, aber irgendwie unerträglich unheimlichen Augen festlegte. Ebenfalls festgelegt wurde die feste Fleischigkeit seines Kinns, die Bronze seiner Kinnladen und ein Zug, der bereits in den gemeinsamen Besitz aller Karikaturisten der Welt übergegangen war und den Trick der Ähnlichkeit fast schon automatisch besorgte – eine dicke Falte über die ganze Breite seiner Stirn, natürlich eher die Fettablagerung des Denkens als dessen Narbe. Ich muss annehmen, dass sein Gesicht mit allen Arten von Patentlotionen eingerieben worden ist, anders könnte ich mir seine metallische Gediegenheit nicht erklären, denn ich kannte es einst, als es kränklich, aufgedunsen und schlecht rasiert war, sodass man bei jeder Drehung des Kopfes die Stoppeln an seinem schmutzigen gestärkten Kragen scheuern hörte. Und die Brille – was wurde aus der Brille, die er als junger Mensch getragen hatte?

2

Nicht nur, dass mich die Politik nie interessiert hat; ich habe kaum je einen Leitartikel gelesen oder auch nur einen kurzen Bericht über einen Parteitag. Soziologische Probleme haben mich nie beschäftigt, und bis heute kann ich mir nicht vorstellen, dass ich mich an einer Verschwörung beteilige oder einfach unter politisch erregten, angespannt ernsten Leuten in einer verräucherten Stube sitze und mit ihnen erörtere, welche Strategien des Kampfes die jüngsten Entwicklungen erforderlich machen. Die Wohlfahrt der Menschheit ist mir schnurz, und nicht nur glaube ich nicht, dass irgendeine Mehrheit automatisch Recht hat, sondern ich neige dazu, die Frage zu überdenken, ob Verhältnisse, bei denen jeder, aber auch jeder halb gesättigt und halb gebildet ist, denn überhaupt so erstrebenswert seien. Des weiteren weiß ich, dass mein gegenwärtig von ihm versklavtes Vaterland in der fernen Zukunft bestimmt manche andere Erschütterung erleben wird, unabhängig von allem, was *dieser* Tyrann anstellt. Trotzdem, er muss dran glauben.

3

Als die Götter noch irdische Gestalt anzunehmen pflegten, als sie, angetan mit veilchenfarbenen Gewändern, mit muskulösen Füßen in noch staubfreien Sandalen bescheidentlich, aber kraftvoll den Erdboden betraten und Feldarbeitern oder Berghirten erschienen, tat das ihrer Göttlichkeit nicht den mindesten Abbruch; im Gegenteil war der sie umwehende Charme der Menschlichkeit eine höchst sprechende Bestätigung ihrer himmlischen Natur. Doch wenn ein beschränkter, ungehobelter, ungebildeter Mann – auf den ersten Blick ein drittklassiger Fanatiker und in Wahrheit ein sturer, brutaler und finsterer Parvenü voller krankhaften Ehrgeizes – wenn ein solcher Mann sich als Gott verkleidet, möchte man die Götter um Verzeihung bitten. Es wäre zwecklos, mich davon überzeugen zu wollen, dass er in Wirklichkeit nichts dafür könne, dass nur die unerbittliche Entwicklung dunkler, zoologischer, soorländischer[35] Ideen, die es meinem Vaterland angetan haben, ihn auf seinen Thron aus Eisen und Beton gehievt hat und ihn jetzt dort festhält. Eine Idee wählt nur den Stiel; der Mensch ist frei, die Axt zu vervollständigen – und zu gebrauchen.

Doch noch einmal wiederhole ich, dass ich mich nicht darauf verstehe zu unterscheiden, was gut oder schlecht ist für den Staat und wie es kommt, dass Blut an ihm abrinnt wie Wasser an einer Gans. Unter allem und allen ist es nur eine Person, die mich interessiert. Das ist meine Krankheit, meine Besessenheit und gleichzeitig etwas, das zu mir gehört und einzig meinem Urteil anvertraut ist. Seit meiner Jugend – und ich bin nicht mehr jung – erschien mir das Böse in den Menschen als besonders widerwärtig, als bis zum Ersticken unerträglich, als etwas, das auf der Stelle der Lächerlichkeit preisgegeben und vernichtet werden muss, während ich auf der andern Seite das Gute in den Menschen kaum je bemerkt habe, so sehr kam es mir immer als die normale, unerlässliche Verfassung vor, etwas Selbstverständliches und Unabdingbares, so, wie beispielsweise die Fähigkeit des Atmens bedingt ist durch den Umstand, dass man lebt. Mit den Jahren habe ich einen äußerst feinen Spürsinn für das Böse bekommen, aber auch meine Einstellung zum Guten hat sich ein wenig gewandelt, seit ich eingesehen habe, dass seine Gewöhnlichkeit, die meine Gleichgültigkeit bestimmt hatte, in Wahrheit so *ungewöhnlich* war, dass ich nicht sicher sein konnte, es bei Bedarf in meiner Nähe vorzufinden. Darum habe ich ein schweres, einsames, immer ärmliches Leben in schäbigen Unterkünften geführt; doch unweigerlich hatte ich das Gefühl, mein wirkliches Zuhause liege nur um die Ecke und warte auf mich, sodass ich es betreten könnte, sobald ich die tausend imaginären Angelegenheiten erledigt hätte, von denen mein Leben voll war. Gütiger Himmel, wie verachtete ich die stumpfsinnigen Pedanten, wie ungerecht konnte ich zu einem gutherzigen Menschen sein, in dem ich zufällig etwas Komisches wahrnahm, etwa Geiz oder Achtung vor den Wohlhabenden! Und jetzt habe ich nicht nur eine schwache Lösung des Bösen vor mir, wie man sie aus jedem Menschen gewinnen könnte, sondern die hochkonzentrierte, unverdünnte Bosheit in einem riesigen Gefäß, voll bis zum Hals und versiegelt.

4

Mein wild blühendes Land verwandelte er in einen großflächigen Gemüsegarten, wo man Runkelrüben, Kohl und Roten Beeten besondere Fürsorge angedeihen lässt; so wurden alle Leidenschaften der Nation auf die Leidenschaft fürs fette Kraut im guten Boden reduziert. Ein Gemüsegarten neben einer Fabrik mit dem unvermeidlichen Begleitgeräusch einer Lokomotive, die irgendwo im Hintergrund rangiert; der trostlose, trübe Himmel der Vorstädte und alles, was die Vorstellung mit der Szene verbindet: ein Zaun, eine rostige Konservendose zwischen Disteln, Glassplitter, Kot, eine schwarze, summende Explosion von Fliegen unter den Füßen – das ist das Bild, das mein Land heute bietet. Ein Bild größter Trübsal, aber Trübsal steht hierzulande in hohem Ansehen, und eine Losung, die er einst fallen ließ (und zwar in die Müllgrube der Dummheit) – «die eine Hälfte unseres Landes muss beackert werden und die andere asphaltiert» –, wird von Hohlköpfen nachgeplappert, als handele es sich um den erhabensten Ausdruck irdischen Glücks. Es wäre noch halbwegs entschuldbar, fütterte er uns einfach mit dem angelesenen Maximenschund, den er sich früher bei Sophisten banalsten Zuschnitts zusammengeklaubt hat; aber er füttert uns mit dem Häcksel jener Wahrheiten, und die Denkweise, die uns abverlangt wird, beruht nicht einfach auf irriger Philosophie, sondern auf deren Abfall und Schnitzern. Für mich jedoch ist auch das noch nicht die Krux der Sache, denn es liegt auf der Hand, dass Sklaverei Sklaverei bleibt, solange uns die Idee aufgezwungen wird – und da könnte die

Idee, die uns versklavt, noch so inspiriert, fabelhaft und erfrischend feucht und sonnig durch und durch sein. Nein, das Entscheidende ist, dass mir während des Anwachsens seiner Macht auffiel, wie die Pflichten der Bürger, die Ermahnungen, die Einschränkungen, die Anordnungen und all die anderen Formen des Drucks, denen wir ausgesetzt sind, nach und nach dem Mann immer ähnlicher wurden, dass sie eine unverkennbare Beziehung zu gewissen seiner Charakterzüge und zu gewissen Einzelheiten seiner Vergangenheit aufwiesen, sodass man anhand jener Ermahnungen und Anordnungen seine Persönlichkeit rekonstruieren konnte wie einen Kraken anhand seiner Saugarme – diese seine Persönlichkeit, die ich als einer von wenigen genau kennen gelernt habe. Die Gesetzgebung ließ eine lachhafte Ähnlichkeit mit seinem Gang und seiner Gestik erkennen. In erstaunlicher Menge begannen Gemüsehändler, Gurken zu führen, auf die er in seiner Jugend so scharf gewesen war. Das Zigeunerringen, bei dem er sich vor fünfundzwanzig Jahren mit meinem Bruder auf dem Fußboden gewälzt hatte, gehört mittlerweile zum Lehrplan der Schulen. Zeitungsartikel und die Romane sykophantischer Schriftsteller weisen jene stilistische Abruptheit auf, jene angeblich lapidare Qualität (im Grunde sinnloserweise, denn jeder markige Satz wiederholt nur ein und dieselbe Binsenweisheit in anderer Tonart), jene Sprachwucht bei gleichzeitiger Gedankenschlappheit und all jene anderen Stilmarotten, die für ihn typisch sind. Ich hatte bald das Gefühl, dass er, so wie er mir in Erinnerung war, überall hindrang, mit seiner Gegenwart die Denkweise und den Alltag von jedermann ansteckte, sodass seine Mittelmäßigkeit, sein

Stumpfsinn, seine grauen Gewohnheiten nachgerade das Leben meines Landes ausmachten. Und schließlich ging das Gesetz, dem er zur Herrschaft verhalf – die unerbittliche Macht der Mehrheit, das unaufhörliche Opfer, das dem Götzen Mehrheit dargebracht wird –, jeden sozialen Sinns verlustig, denn die Mehrheit ist er selber.

5

Er war ein Kamerad meines Bruders Gregor, der in den letzten Jahren seines kurzen Lebens eine fieberhafte, poetische Passion für die extremen Formen organisierter Gesellschaft hatte (Formen, die unsere damalige kleinlaute Verfassung schon lange in Unruhe versetzt hatten): Mit dreiundzwanzig Jahren ertrank er, als er eines Sommerabends in einem breiten, sehr breiten Fluss badete, sodass mir jetzt, immer wenn ich an meinen Bruder denke, zuallererst eine glänzende Wasserfläche in den Sinn kommt, eine mit Erlengebüsch bewachsene kleine Insel (die er nie erreichte, auf die er durch den zitternden Dunst meiner Erinnerung jedoch immer noch zuschwimmt) und eine lange schwarze Wolke, die sich über eine andere hinwegschiebt, welche üppig gebauscht und von orangener Farbe ist, Überbleibsel eines Samstagmorgengewitters am klaren, türkisgrünen Sonntagabendhimmel, an dem gleich ein Stern erscheinen wird, an dem nie ein Stern erscheinen wird. Zu jener Zeit war ich zu sehr beschäftigt mit der Geschichte der Malerei und mit meiner Dissertation über ihre Ursprünge in der Höhle, um wachsam die

Gruppe junger Leute im Auge zu behalten, die meinen Bruder aufgewiegelt hatten; eigentlich gab es gar keine bestimmte Gruppe, sondern einfach mehrere junge Leute, die zufällig zusammengefunden hatten und sich in vieler Hinsicht unterschieden, im Augenblick aber durch eine gemeinsame Vorliebe für aufrührerische Abenteuer miteinander verbunden waren. Die Gegenwart übt jedoch immer einen so perversen Einfluss auf das Gedächtnis aus, dass ich heute einzig ihn von jenem undeutlichen Hintergrund abhebe, einzig ihn (der weder der engste noch der lautstärkste von Gregors Kameraden war) mit jenem düsteren, konzentrierten, tief seines grämlichen Selbsts bewussten Willen ausstatte, der einen unbedarften Menschen schließlich zu einem triumphierenden Ungeheuer macht.

Ich erinnere mich, wie er in dem düsteren Esszimmer unseres bescheidenen Hauses in der Provinz auf meinen Bruder wartete; er hockte sich auf den nächstbesten Stuhl und machte sich unverzüglich an die Lektüre einer zerknitterten Zeitung, die er aus der Tasche seiner schwarzen Jacke hervorzog, und sein von dem Gestell einer rauchfarbenen Brille halb verdecktes Gesicht nahm einen angeekelten und weinerlichen Ausdruck an, als wäre er auf Unflat gestoßen. Ich erinnere mich, dass seine schlampig zugebundenen Stadtstiefel immer schmutzig waren, als hätte er viele Meilen auf einem Feldweg zwischen unbemerkten Wiesen zurückgelegt. Sein kurzgeschnittenes Haar endete auf der Stirn in einem stacheligen Keil (noch nichts deutete auf seine heutige cäsarische Kahlheit hin). Die Nägel seiner großen, feuchten Hände waren so kurz geknabbert, dass es wehtat, die festen kleinen Polster an den Kuppen seiner schrecklichen Finger anzusehen. Er roch nach Ziegenbock. Er war abgebrannt und anspruchslos, was seine Nachtquartiere anging.

Meinen Bruder begrüßte er ohne ein Lächeln, wenn dieser schließlich eintraf (und in meiner Erinnerung kommt Gregor immer zu spät, tritt außer Atem ein, als müsse er sich mit dem Leben schrecklich beeilen, schaffe es aber trotzdem nicht, sodass es schließlich dahin kam, dass das Leben ihn hinter sich ließ) – jählings erhob er sich und reichte ihm mit einem seltsamen Ruck, einer Art vorweggenommenen Rückziehers, die Hand; es sah so aus, als würde seine Hand, wenn man sie nicht rechtzeitig ergriffe, mit einem federnden Klicken in ihre abnehmbare Manschette zurückschnellen. Wenn irgendein Mitglied unserer Familie hereinkam, beschränkte er sich auf ein säuerliches Kopfnicken; dafür schüttelte er demonstrativ die Hand der Köchin, die überrumpelt keine Zeit mehr fand, die Hand vor dem Zugriff abzuwischen und das hinterher sozusagen in einer Wiederholung der Szene nachholte. Meine Mutter starb nicht lange vor seinen ersten Besuchen, während mein Vater sich ihm gegenüber so geistesabwesend verhielt wie zu allem und jedem – zu uns, zu den Wechselfällen des Lebens, zu der Anwesenheit schmuddeliger Hunde, denen Gregor Obdach gewährte, und anscheinend sogar zu seinen Patienten. Auf der anderen Seite begegneten zwei ältliche Tanten von mir dem «Exzentriker» mit offenem Misstrauen (wenn je jemand das Gegenteil eines Exzentrikers war, dann er), wie im übrigen auch Gregors anderen Kumpeln.

Jetzt, fünfundzwanzig Jahre später, habe ich oft Gelegenheit, seine Stimme, sein bestialisches Gebrüll zu hören, das von donnernden Radios verbreitet wird; damals jedoch sprach er immer leise, wenn ich mich recht entsinne, sogar mit etwas angerauter Stimme, einem gewissen säuselnden Lispeln. Nur jenes sein berühmtes, gemeines bisschen Atemlosigkeit am Ende eines Satzes gab es schon, ja, das gab es schon. Wenn er, Kopf und Arme gesenkt, vor meinem Bruder stand, der ihn mit freundschaftlichen Rufen begrüßte und immer noch versuchte, wenigstens seinen Ellbogen oder seine knochige Schulter zu erhaschen, schien er sonderbar kurzbeinig, wahrscheinlich dank seiner Jacke, die ihm bis über die Hüfte reichte; und man konnte nicht ausmachen, ob die Trübseligkeit seiner Haltung von einer bedrückten Schüchternheit herrührte oder daher, dass er all seine Geisteskräfte zusammennahm, um irgendeine tragische Nachricht von sich zu geben. Später schien es mir, als habe er sie endlich herausgebracht und die Sache nun hinter sich, als er eines schrecklichen Sommerabends mit etwas, das wie ein Kleiderbündel aussah, das aber nur Gregors Hemd und Leinenhose war, vom Fluss heraufkam; heute jedoch glaube ich, dass die Nachricht, mit der er immer schwanger zu gehen schien, jene überhaupt nicht war, sondern die gedämpfte Vorankündigung seiner eigenen monströsen Zukunft.

Manchmal konnte ich durch eine angelehnte Tür hören, wie er sich in seiner ungewöhnlich stockenden Art mit meinem Bruder unterhielt; oder er saß am Teetisch und brach eine Brezel und wandte seine Nachtvogelaugen dabei vom Licht der Petroleumlampe weg. Er hatte die seltsame und unangenehme Angewohnheit, mit seiner Milch den Mund zu spülen, ehe er sie hinunterschluckte, und wenn er von der Brezel abbiss, verzog er vorsichtig die Lippen; er hatte schlechte Zähne, und um den brennenden Schmerz eines bloßliegenden Nervs mit einem kurzen kühlen Luftzug zu täuschen, saugte er mit einem seitlichen Pfeifton wiederholt Luft ein. Ich erinnere mich, dass ihm mein Vater einmal einen Wattebausch mit ein paar braunen Tropfen tränkte, die Opium enthielten, und ihm mit einem gegenstandslosen Lachen riet, zum Zahnarzt zu gehen. «Das Ganze ist stärker als seine Teile», entgegnete er mit schroffem Ungeschick, «ergo werde ich meinen Zahn besiegen.» Ich bin indessen nicht mehr sicher, ob ich diese hölzernen Worte von ihm persönlich hörte oder ob man sie mir später als einen Ausspruch des «Exzentrikers» hinterbrachte; nur war er, wie bereits erwähnt, nichts dergleichen, denn wie kann man den tierhaften Glauben an den eigenen trüben Leitstern für etwas Besonderes und Seltenes halten? Doch ob man es glaubt oder nicht, mit seiner Mittelmäßigkeit beeindruckte er die Leute, wie andere sie mit ihrem Talent beeindrucken.

6

Manchmal unterbrachen Anfälle unangenehmer, schartiger Fröhlichkeit seinen angeborenen Trübsinn, und dann hörte sich sein Lachen so schrill und unerwartet an wie das Jaulen einer Katze, an deren samtenes Schweigen man sich derart gewöhnt hat, dass ihre nächtliche Stimme etwas Wahnsinniges, Dämonisches an sich hat. Wenn er so kreischte, verwickelten seine Gefährten ihn immer wieder in Spiele und Raufereien; dabei stellte sich heraus, dass er die Arme eines Schwächlings hatte, aber Beine so stark wie Stahl. Bei einer Gelegenheit steckte ihm ein besonders zu Streichen aufgelegter Junge eine Kröte in die Tasche, worauf er, der sich nicht traute, sie mit den Fingern hervorzuholen, sich die beschwerte Jacke vom Leib zu reißen begann und in diesem Zustand – das Gesicht dunkelrot angelaufen, die Haare zerzaust und mit nichts als einer Hemdbrust über dem zerrissenen Unterhemd – einem herzlosen buckligen Mädchen anheimfiel, deren dicker Zopf und tintenblaue Augen manchen so attraktiv vorkamen, dass sie ihr die Ähnlichkeit mit einem schwarzen Schachspringer gern verziehen.

Über seine amourösen Neigungen und Balzmethoden weiß ich durch ebenjenes Mädchen Bescheid, das mittlerweile leider verstorben ist, wie die meisten, die ihn in seiner Jugend näher kannten (ganz als hätte er den Tod zum Bundesgenossen, der ihm gefährliche Zeugen seiner Vergangenheit aus dem Weg räumte). Dieser lebhaften Buckligen schrieb er entweder in lehrhaftem Tonfall mit Abschweifungen – populär erzieherischer Art – in die Geschichte (die er aus Flugblättern kannte), oder er beklagte sich in dunklen und triefenden Worten über eine andere Frau (ebenfalls mit einem körperlichen Gebrechen, glaube ich), die mir unbekannt blieb und mit der er einmal im finstersten Teil der Stadt Tisch und Bett geteilt hatte. Heute gäbe ich viel darum, jene anonyme Frau aufzuspüren und auszufragen, doch zweifellos ist auch sie tot und somit ungefährlich. Ein kurioser Zug seiner Episteln war deren widerliche Langatmigkeit: Andeutungsweise sprach er von den Machenschaften geheimnisvoller Feinde; polemisierte lang und breit gegen einen Poetaster, dessen dünne Verse er in einem Kalender gelesen hatte – ach, wäre es doch möglich, jene kostbaren, mit seiner winzigen, kurzsichtigen Handschrift bedeckten Schulheftseiten wieder zum Leben zu erwecken! Leider ist mir kein einziger Satz aus ihnen mehr in Erinnerung (zu jener Zeit hatte ich kein sonderliches Interesse daran, selbst wenn ich zugehört und gelacht habe), und nur sehr undeutlich erkenne ich in den Tiefen des Gedächtnisses die Schleife an jenem Zopf, das magere Schlüsselbein und die schnelle, dunkle Hand mit dem granatroten Armband, die seine Briefe zerknüllt; und dazu höre ich den gurrenden Laut perfiden weiblichen Gelächters.

7

Der Unterschied zwischen dem Traum von einer neu geordneten Welt und dem Traum, sie nach eigenem Ermessen eigenhändig neu zu ordnen, ist ein tiefer und verhängnisvoller; doch keiner seiner Freunde, auch nicht mein Bruder, machte offenbar einen Unterschied zwischen ihrer abstrakten Rebellion und seiner erbarmungslosen Machtgier. Einen Monat nach dem Tod meines Bruders verschwand er, verlegte seine Tätigkeit in die Nordprovinzen (der Zirkel meines Bruders welkte und zerfiel, und meines Wissens hat keines seiner sonstigen Mitglieder in der Politik Karriere gemacht), und bald wussten Gerüchte, dass die dortige Arbeit in ihren Zielen wie in ihren Methoden allem diametral entgegenstand, was in jenem jungen Zirkel am Anfang gesagt, gedacht, gehofft worden war. Wenn ich mir ins

Gedächtnis rufe, wie er zu jener Zeit aussah, dann finde ich es erstaunlich, dass niemand den langen, eckigen Schatten des Verrats bemerkte, den er auf Schritt und Tritt hinter sich herschleppte, dessen Rand er unter die Möbel steckte, wenn er sich setzte, und der sich seltsam über den Schatten des Geländers an der Wand des Treppenhauses lagerte, wenn man ihn im Schein einer Petroleumlampe zur Tür hinunterbrachte. Oder ist es unsere dunkle Gegenwart, die sich dort abzeichnete?

Ich weiß nicht, ob sie ihn mochten, aber jedenfalls hielten mein Bruder und die anderen seine Verdrossenheit fälschlich für die Intensität eines starken Geistes. Die Grausamkeit seiner Gedanken schien eine natürliche Folge rätselhafter Kalamitäten, die er durchlitten hatte; und seine ganze uneinnehmende Schale musste sozusagen einen sauberen, hellen Kern enthalten. Ich kann ruhig zugeben, dass ich selber einmal den flüchtigen Eindruck hatte, er sei fähig zum Mitleid; erst später wurde mir dessen wahre Schattierung klar. Leuten, die billige Paradoxa mögen, ist schon vor langem die Sentimentalität der Henker aufgefallen; und tatsächlich ist vor Fleischerläden der Bürgersteig immer feucht.

8

Die ersten Tage nach der Tragödie tauchte er immer wieder auf, und mehrmals verbrachte er die Nacht in unserem Haus. Sichtbare Zeichen der Trauer rief jener Tod nicht in ihm hervor. Er benahm sich wie immer, was uns nicht im Mindesten schockierte, da bereits sein üblicher Zustand einer der Trauer war – er saß nur wie gewöhnlich in irgendeiner Ecke, las etwas Uninteressantes, kurz, verhielt sich so, wie sich Menschen verhalten, die sich in einem Haus befinden, wo ein großes Unglück geschehen ist, und die weder enge Vertraute noch völlige Fremde sind. Jetzt konnten seine ständige Gegenwart und sein verdrossenes Schweigen zudem als verbissenes Mitleid gelten, das Mitleid eines starken, schweigsamen Mannes, nicht wahr, unauffällig, doch allgegenwärtig – geradezu eine Säule der Sympathie –, von dem man später erfährt, er selber sei damals, als er jene schlaflosen Nächte auf einem Stuhl unter den tränenblinden Angehörigen zubrachte, ernsthaft krank gewesen. In seinem Fall war dies jedoch ein schreckliches Missverständnis: Wenn er sich damals von unserm Haus angezogen fühlte, so einzig darum, weil er nirgends so natürlich atmete wie in einer Atmosphäre von Unheil und Verzweiflung, wenn schmutziges Geschirr auf dem Tisch herumsteht und Nichtraucher um Zigaretten bitten.

Lebhaft ist mir in Erinnerung, wie ich mich mit ihm aufmachte, eine geringfügige Formalität zu erledigen, eine jener peinvoll trüben Verrichtungen, in die der Tod (der etwas Bürokratisches an sich hatte, wie er das immer hat) die Überlebenden so lange wie möglich zu verstricken sucht. Wahrscheinlich sagte jemand zu mir: «Da, er wird mitgehen», und mit einem diskreten Räuspern kam er mit. Bei jener Gelegenheit war es (wir gingen eine häuserlose Straße entlang, die flockig war von Staub, vorbei an Zäunen und Holzstapeln), dass ich etwas tat, dessen Erinnerung mich wie ein elektrischer Schlag unerträglicher Schande von Kopf bis Fuß durchfährt: Von weiß Gott welchem Gefühl bewegt – vielleicht nicht so sehr von Dankbarkeit als von Beileid für das Beileid eines anderen – griff ich in einer Aufwallung von Nervosität und unzeitiger Gerührtheit seine Hand und drückte sie (was uns beide leicht zum Stolpern brachte). Es dauerte das alles nur einen Augenblick, und doch, hätte ich ihn damals umarmt und meine Lippen an seine schrecklichen goldenen Stoppeln gedrückt, könnte ich jetzt keine größere Qual empfinden. Jetzt, fünfundzwanzig Jahre später, überlege ich: Wir beide gingen allein durch eine verlassene Gegend, und in der Tasche hatte ich Gregors geladenen Revolver, den ich aus irgendeinem Grund weiterhin verstecken wollte; ich hätte ihn mit einem Schuss aus nächster Nähe ohne weiteres ins Jenseits befördern können, und dann gäbe es nichts von all dem, was es heute gibt – keine verregneten Feiertage, keine gigantischen Festivitäten, bei denen Millionen meiner Mitbürger mit Schaufeln, Hacken und Rechen über ihren Sklavenschultern vorbeimarschieren; keine Lautsprecher, die immer dieselbe unentrinnbare Stimme betäubend vervielfältigen; keine geheime Trauer in jeder zweiten Familie, kein Sortiment von Foltern, keine geistige Starre, keine Kolossalporträts – nichts. Wäre es doch nur möglich, sich in die Vergangenheit hineinzukrallen, eine verpasste Gelegenheit am Schopf in die Gegenwart zurückzuzerren, jene staubige Straße aufs neue zum Leben zu erwecken, die öden Parzellen, das Gewicht in meiner Hüftentasche, den jungen Mann, der an meiner Seite ging!

9

Ich bin träge und dick wie Prinz Hamlet. Was kann ich schon tun? Zwischen mir, einem einfachen Zeichenlehrer an einem Provinzgymnasium, und ihm, der hinter unzähligen stählernen und eichenen Türen in einem unbekannten Gemach des Hauptgefängnisses der Hauptstadt sitzt, das für ihn in ein Schloss verwandelt wurde (denn dieser Tyrann nennt sich «Gefangener des Willens seines Wahlvolkes»), liegt ein unausdenkbarer Abstand. Nachdem sich jemand mit mir im Keller eingeschlossen hatte, erzählte er mir von einer alten Witwe, einer entfernten Verwandten, der es gelungen war, eine achtzigpfündige Rübe zu züchten und sich damit eine Audienz bei dem Erhabenen zu verdienen. Sie wurde durch einen Marmorkorridor nach dem andern geleitet, und eine endlose Folge von Türen wurde vor ihr auf- und hinter ihr wieder zugeschlossen, bis sie sich in einem weißen, grell erleuchteten Saal befand, dessen ganzes Mobiliar aus zwei vergoldeten Stühlen bestand. Hier hieß man sie stehen und warten. Nach einiger Zeit hörte sie zahlreiche Schritte hinter der Tür, und mit respektvollen Verbeugungen einander den Vortritt lassend, kam ein halbes Dutzend seiner Leibwächter herein. Mit verängstigten Augen suchte sie in ihrer Mitte ihn; die Blicke der Männer waren nicht auf sie gerichtet, sondern auf einen Punkt hinter ihrem Kopf; dann wandte sie sich um und sah, dass er in ihrem Rücken durch eine andere, unbemerkte Tür lautlos eingetreten war, hinter einem der beiden Stühle stand, eine Hand auf die Lehne gelegt hatte und den Staatsgast mit seinem gewohnheitsmäßigen aufmunternden Gesichtsausdruck musterte. Dann nahm er selber Platz und forderte sie auf, mit eigenen Worten ihre ruhmreiche Tat zu beschreiben (an dieser Stelle brachte ein Bediensteter eine Lehmnachbildung ihrer Gemüsepflanze herein und stellte sie auf den zweiten Stuhl), und zehn unvergessliche Minuten lang erzählte sie, wie sie die Rübe gepflanzt hatte; wie sie daran gezogen und gezogen hatte, ohne sie aus dem Boden herauszukriegen, obwohl ihr war, als zöge ihr verstorbener Mann mit; wie sie erst ihren Sohn, dann ihren Neffen und sogar ein paar Feuerwehrleute zu Hilfe rufen musste, die auf dem Heuboden ein Schläfchen hielten; und wie sie, hintereinander aufgereiht zurückweichend, schließlich das Ungeheuer herausgerissen hatten. Anscheinend war er von ihrem Bericht überwältigt. «Also das ist echte Poesie», sagte er zu seinem Gefolge. «Hier ist jemand, von dem die Herren Dichter lernen sollten.» Und schroff ordnete er an, das Modell in Bronze zu gießen, und ging. Ich jedoch pflanze keine Rüben an, sodass ich nicht zu ihm gelangen kann; und selbst wenn ich es täte, wie sollte ich meine in Ehren gehaltene Waffe in seinen Bau bringen?

Gelegentlich erscheint er vor dem Volk, und obwohl niemand in seine Nähe gelassen wird, obwohl allen ein Banner zugeteilt wurde, dessen schwere Stange hochgehalten werden muss, auf dass die Hände etwas zu tun haben, und obwohl alle von einer Wachmannschaft von unermesslichen Proportionen beobachtet werden (zu schweigen von den Geheimagenten und den Geheimagenten, die die Geheimagenten beobachten), könnte es jemandem, der sehr geschickt und entschlossen vorginge, dennoch glücken, ein Schlupfloch, einen durchsichtigen Augenblick, einen winzigen Spalt des Schicksals zu finden, um durch ihn vorwärtszustürzen. Im Geist habe ich eine nach der andern alle Arten von Vernichtungswerkzeugen in Erwägung gezogen, vom klassischen Dolch zum plebejischen Dynamit, aber es war alles umsonst, und mit gutem Grund träume ich häufig, wie ich immer wieder den Abzug einer Waffe drücke, die mir in der Hand zerfällt, während die Kugeln aus dem Lauf tröpfeln oder wie harmlose Erbsen von der Brust meines grinsenden Feindes abprallen, der mir ohne Eile den Brustkasten einzudrücken beginnt.

10

Gestern lud ich einige Männer ein, die einander nicht kannten, die aber ein und dieselbe Aufgabe vereinte, welche sie so verwandelt hatte, dass sich eine unbeschreibbare Ähnlichkeit zwischen ihnen bemerkbar machte, wie sie zum Beispiel unter älteren Freimaurern vorkommt. Es waren Männer aus verschiedenen Berufen – ein Schneider, ein Masseur, ein Arzt, ein Friseur, ein Bäcker –, aber alle legten sie das nämliche würdevolle Gebaren an den Tag, die nämliche Sparsamkeit der Gestik. Und kein Wunder! Einer nähte seine Kleidung, und das heißt, er nahm Maß an seinem mageren, doch breithüftigen Körper mit dem seltsam weibischen Becken und dem runden Rücken, fasste respektvoll in seine Achselhöhlen und blickte mit ihm zusammen in einen Spiegel, den eine vergoldete Efeugirlande umwand; der zweite und der dritte waren noch weiter vorgedrungen: Sie hatten ihn nackt gesehen, hatten seine

Muskeln geknetet und seinem Herzen gelauscht, nach dessen Schlag, heißt es, demnächst unsere Uhren gestellt werden sollen, sodass sein Puls im wortwörtlichen Sinn zur Grundeinheit der Zeit werden wird; der vierte rasierte ihm mit knisternden Abwärtsbewegungen die Wangen und die Kehle, und das mit einem Messer, das auf mich verlockend scharf wirkt; der fünfte und letzte backte sein Brot und tat dabei aus schierer Gewohnheit Rosinen statt Arsen in seinen Lieblingsteig, der Idiot. Ich wünschte diese Leute zu betasten, um wenigstens auf diese Weise an ihren geheimnisvollen Riten teilzuhaben, an ihren teuflischen Handreichungen; es kam mir vor, als hafte sein Geruch an ihren Händen, als sei durch diese Leute auch er anwesend. Es ging alles sehr nett zu bei diesem Treffen und sehr steif. Wir sprachen über Dinge, die ihn nicht betrafen, und ich wusste, in den Augen eines jeden von ihnen würde die gleiche priesterhafte Unruhe aufblitzen, wenn ich seinen Namen erwähnte. Und als ich mich plötzlich dabei ertappte, dass ich einen Anzug trug, den mein Nachbar zur Rechten zugeschnitten hatte, und das Blätterteiggebäck meines Gegenübers aß, das ich mit einem Spezialmineralwasser hinunterspülte, welches mir mein Nachbar zur Linken verschrieben hatte, da überkam mich ein plötzliches Traumgefühl, das mich auf der Stelle weckte – in meinem Armenzimmer mit einem Armenmond im gardinenlosen Fenster.

Ich bin der Nacht sogar für einen solchen Traum dankbar: In jüngster Zeit martert mich die Schlaflosigkeit. Es ist, als gewöhnten mich seine Helfer schon vorher an die beliebteste Folter, der man heutige Verbrecher unterwirft. Ich schreibe «heutige», da eine völlig neue Art sozusagen politischer Verbrecher aufgekommen ist, seit er an der Macht ist (das andere, das strafrechtliche Verbrechen gibt es gar nicht mehr, da man den kleinsten Diebstahl zu einer Unterschlagung aufbläst, die ihrerseits als Versuch gewertet wird, das Regime zu unterminieren), außerordentlich gebrechliche Gestalten mit durchsichtiger Haut und vorspringenden Augen, die helle Strahlen ausströmen. Es ist dies ein seltener und sehr geschätzter Schlag, wie ein junges Okapi oder die kleinste Lemurenart; sie werden leidenschaftlich und selbstvergessen gejagt, und jedes gefangene Exemplar wird mit öffentlichem Beifall bedacht, obwohl die Jagd eigentlich keine besondere Schwierigkeit oder Gefahr mit sich bringt, denn sie sind ja ganz zahm, diese seltsamen, durchsichtigen Tiere.

Furchtsame Gerüchte behaupten, er selber verschmähe es nicht, der Folterkammer gelegentlich einen Besuch abzustatten, aber wahrscheinlich treffen sie nicht zu: Weder trägt der Postminister selber Briefe aus, noch ist der Marineminister notwendig ein Schwimmchampion. Mich widert ganz allgemein der familiäre, tratschige Ton an, in dem schüchterne Gegner von ihm sprechen und der sie zu einer besonderen Art primitiver Witzelei verleitet, so, wie in alten Zeiten das gemeine Volk seine abergläubische Furcht durch die Erfindung von Geschichten über den Teufel mit hanswursthaftem Humor drapierte. Ordinäre, hastig zurechtgeschneiderte Anekdoten (die zum Beispiel auf keltische Prototypen zurückgehen) oder geheime Informationen «aus für gewöhnlich zuverlässiger Quelle» (beispielsweise darüber, wer im Augenblick die Gunst genießt und wer nicht) riechen immer nach der Lakaienstube. Es gibt aber noch schlimmere Beispiele: Wenn mein Freund N., dessen Eltern vor nur drei Jahren hingerichtet wurden (ganz zu schweigen von der schandbaren Verfolgung, der N. selber ausgesetzt war), nach der Rückkehr von einer offiziellen Festlichkeit, wo er ihn gehört und gesehen hat, die Bemerkung macht: «Weißt du, trotz allem, also eine gewisse Kraft ist dem Mann nicht abzusprechen» – dann möchte ich N. am liebsten in die Visage hauen.

11

In den gedruckt vorliegenden Briefen seiner *Jahre des Sonnenuntergangs* erwähnt ein weltbekannter ausländischer Schriftsteller, alles lasse ihn heutzutage kalt, enttäuscht, gleichgültig, alles mit einer Ausnahme: das belebende romantische Feuer, das ihn bis heute bei dem Gedanken an die Erbärmlichkeit seiner Jugendjahre im Vergleich zu der üppigen Erfüllung seines späteren Lebens und an den schneeigen Glanz ihres jetzt erreichten Gipfels überkomme. Jene anfängliche Unwichtigkeit, jener Halbschatten aus Poesie und Pein, in dem der junge Künstler mit Millionen anderer unwichtiger Mitmenschen auf einer Stufe steht, wirke jetzt verlockend auf ihn und erfülle ihn mit Erregung und Dankbarkeit – für sein Schicksal, für seine Kunst und für seinen eigenen schöpferischen Willen. Die Orte wiederzusehen, wo er einst in Not gelebt hatte, Gleichaltrige wiederzutreffen, ältere Männer, die sich durch rein gar nichts auszeichnen, davon gehe für ihn ein derartig komplexer und reicher Zauber aus, dass die detaillierte

Erforschung dieser Empfindungen ihm für die künftige Muße seiner Seele im Jenseits vollauf reichen werde.

Wenn ich mir vorzustellen versuche, was unser trister Herrscher bei der Berührung mit seiner Vergangenheit verspürt, dann wird mir klar, dass erstens der wahre Mensch ein Dichter und zweitens er, unser Herrscher, die leibhafte Negation eines Dichters ist. Zeitungen im Ausland, vor allem solche, deren Titel auf die Abendstunden hindeuten und die darauf achten, dass sich «Wahres» und «Bares» reimen, betonen trotzdem gern den mythischen Zuschnitt seines Schicksals, führen ihre Leserscharen in sein riesiges schwarzes Geburtshaus, wo angeblich bis zum heutigen Tage ähnliche Arme hausen und endlos die Wäsche hinaushängen (Arme haben viel Wäsche zu waschen); und sie drucken auch ein Gott weiß woher beschafftes Photo seiner Erzeugerin (Vater unbekannt), einer drallen Frau mit breiter Nase und in die Stirn hängenden Haaren, die in einer Bierschenke am Stadttor arbeitete. Es gibt nur noch so wenige Zeugen seiner Kindheit und Jugend, und die es gibt, antworten dermaßen vorsichtig (leider hat niemand mich gefragt), dass ein Journalist viel Erfindungsgabe benötigt, um zu schildern, wie der heutige Herrscher sich als kleiner Junge bei Kriegsspielen hervortat oder als Heranwachsender bis zum Hahnenschrei Bücher las. Sein demagogisches Glück wird als die elementare Macht des Schicksals gedeutet, und natürlich entfällt ein großer Teil der Aufmerksamkeit auf jenen verhangenen Wintertag nach seiner Wahl ins Parlament, als er und seine Bande das Parlament verhafteten (woraufhin die Armee, schüchtern blökend, sofort auf seine Seite überwechselte).

Kein großartiger Mythos, aber ein Mythos dennoch (in dieser subtilen Beziehung irrte der Journalist nicht), ein Mythos, der ein geschlossener Kreis und ein in sich selbst beschlossenes Ganzes ist, bereit, sein eigenes insulares Leben zu beginnen, und schon ist es unmöglich, es durch die echte Wahrheit zu ersetzen, obwohl der Held noch am Leben ist: unmöglich, weil er, der Einzige, der die Wahrheit wissen könnte, als Zeuge nicht in Frage kommt, und das nicht etwa, weil er voreingenommen oder unaufrichtig wäre, sondern weil er wie ein davongelaufener Sklave sich «nicht erinnert»! Ach ja, natürlich erinnert er sich an seine alten Feinde und an zwei oder drei Bücher, die er einst gelesen hat, und auch daran, wie ihn der Mann verprügelt hat, weil er von einem Holzstapel gefallen war und dabei ein paar Küken zerdrückt hatte: Das heißt, ein grober Erinnerungsmechanismus funktioniert bei ihm zwar, doch wenn ihm die Götter das Angebot machten, er möge sich selber aus seinen Erinnerungen zusammensetzen, und zum Lohn dafür würde seinem auf diese Weise zusammengesetzten Bild Unsterblichkeit gewährt, dann wäre das Ergebnis ein undeutlicher Embryo, ein frühgeborenes Baby, ein blinder und tauber Zwerg, in keiner Hinsicht der Unsterblichkeit fähig.

Sollte er einmal dem Haus einen Besuch abstatten, wo er wohnte, als er arm war, so liefe ihm kein Schauer der Erregung über die Haut – nicht einmal ein Schauer boshafter Eitelkeit. Ich aber habe seine einstige Behausung aufgesucht! Nicht das Mehrzweckgebäude, in dem er angeblich geboren wurde und in dem sich heute ein ihm gewidmetes Museum befindet (alte Plakate, eine von Gossenschmutz verschmierte Fahne, am Ehrenplatz unter einer Glasglocke ein Knopf: Mehr war von seiner knauserigen Jugend nicht erhalten geblieben), sondern jene scheußlichen möblierten Zimmer, wo er in der Zeit, als er und mein Bruder sich nahestanden, mehrere Monate zugebracht hatte. Der frühere Besitzer war seit langem tot, Untermieter waren nie registriert worden, also war keine Spur seines einstigen Aufenthalts mehr vorhanden. Und der Gedanke, dass auf der ganzen Welt allein ich davon wusste (denn er hat diese seine Unterkunft vergessen – es hatte so viele gegeben), erfüllte mich mit einer Genugtuung eigener Art, so als spürte ich, als ich jene toten Möbelstücke berührte und einen Blick aus dem Fenster auf das Dach des Nebenhauses warf, wie meine Hand sich um den Schlüssel zu seinem Leben schloss.

12

Eben habe ich wieder einmal Besuch gehabt: einen sehr heruntergekommenen Alten, der sich offensichtlich in einem Zustand äußerster Erregung befand: Seine Hände mit der straffen Haut und dem glänzenden Rücken zitterten, eine abgestandene Greisenträne befeuchtete den rosa Saum seiner Augenlider, und eine blasse Folge unwillkürlicher Ausdrucksbewegungen, vom törichten Lächeln bis zur gekrümmten Schmerzensfalte, strich über sein Gesicht hin. Mit der Feder, die ich ihm lieh, kritzelte er die Zahlen eines denkwürdigen Jahrs, Tags und Monats auf ein Stück Papier: das – nahezu ein halbes Jahrhundert zurückliegende – Geburtsdatum des Herrschers. Mit erhobener Feder ließ er seinen Blick auf mir ruhen, als wage er nicht fortzufahren, oder als nutze er einfach den Anschein des Zögerns, um das kleine Kunststück zu betonen, das zu vollführen er sich anschickte. Ich antwortete mit einem ermunternden und ungeduldigen Lächeln, woraufhin er ein anderes Datum neun Monate vor dem ersten hinschrieb, es doppelt unterstrich, die Lippen öffnete, als wolle er in ein triumphierendes Lachen ausbrechen, plötzlich jedoch die Hände vors Gesicht schlug. «Los, nun kommen Sie schon zur Sache», sagte ich und schüttelte diesen faden Schauspieler an der Schulter. Schnell gewann er die Fassung zurück, kramte in der Tasche und reichte mir eine dicke, steife Photographie, über die sich im Laufe der Jahre ein undurchsichtiger, milchiger Film gelegt hatte. Auf ihr war ein stämmiger junger Bursche in Militäruniform zu sehen; seine Schirmmütze lag auf einem Stuhl, seine Hand ruhte mit hölzerner Ungezwungenheit auf dessen Lehne, und hinter ihm konnte man die Balustrade und die Urne eines konventionellen Hintergrundsvorhangs erkennen. Mit Hilfe einiger verbindender Blicke überzeugte ich mich, dass zwischen den Gesichtszügen meines Besuchers und dem schattenlosen, flachen Gesicht des Soldaten (das von einem dünnen Lippenbart geschmückt und von einem Bürstenschnitt gekrönt war, der die Stirn kleiner wirken ließ) zwar wenig Ähnlichkeit bestand, dass aber der Soldat und er nichtsdestoweniger ein und dieselbe Person waren. Auf dem Photo war er etwa zwanzig, das Photo selbst war etwa fünfzig Jahre alt, und es war leicht, den dazwischenliegenden Zeitraum mit dem banalen Verlauf eines dieser drittklassigen Leben zu füllen, deren Abdruck man (mit einem quälenden, zuweilen ungerechtfertigten Gefühl der Überlegenheit) auf den Gesichtern alter Lumpensammler, Parkwächter und verbitterter Invaliden früherer Kriege liest. Ich war drauf und dran, ihn auszufragen, wie es sich anfühle, mit einem solchen Geheimnis zu leben, die Bürde solcher ungeheuerlichen Vaterschaft zu tragen und diesen seinen Sprössling unaufhörlich in der Öffentlichkeit zu sehen und zu hören – doch dann bemerkte ich, dass das labyrinthische und ausweglose Tapetenmuster durch seinen Körper hindurchschien; ich streckte die Hand aus, um meinen Besucher zurückzuhalten, doch bebend von der Kälte des Verschwindens, löste der Tattergreis sich auf.

Und dennoch gibt es ihn, diesen Vater (oder es gab ihn doch bis vor kurzem), und wenn das Schicksal ihn nicht in gnädiger Unkenntnis über die Identität seiner flüchtigen Bettgenossin gehalten hat, weiß Gott, welche Qual dann unter uns weilt, sich nicht zu offenbaren wagt und vielleicht noch verschärft wird durch den Umstand, dass der unglückselige Kerl seiner Vaterschaft nicht ganz sicher ist, denn die Dirne führte ein lockeres Leben, und folglich könnte es mehrere wie ihn geben, unermüdlich Daten berechnend, in der Hölle zu vieler Zahlen und zu karger Erinnerungen herumtapernd, gemeinerweise davon träumend, Vorteil zu schlagen aus dem Dunkel der Vergangenheit, augenblickliche Bestrafung befürchtend (für irgendeinen Irrtum, eine Blasphemie, für die gar zu abscheuliche Wahrheit), im Grunde ihres Herzens trotzdem ziemlich stolz (schließlich ist er ja der Herrscher!), den Verstand verlierend zwischen Kalkül und Konjektur – schrecklich, schrecklich!

13

Die Zeit vergeht, und inzwischen bleibe ich in wilden, bedrückenden Phantasievorstellungen stecken. In gewisser Weise erstaunt es mich, denn mir ist bewusst, dass ich eine beträchtliche Zahl entschlossener und sogar wagemutiger Aktionen auf meiner Kappe habe, auch habe ich nicht die geringste Angst vor den gefährlichen Folgen, die ein Attentatsversuch für mich hätte; im Gegenteil, während ich mir überhaupt nicht klar vorstellen kann, wie sich die Tat selber zuträgt, sehe ich deutlich das Handgemenge vor mir, das ihr auf der Stelle folgt – den menschlichen Wirbelsturm, der mich packt, die marionettenhafte Ruckhaftigkeit meiner Bewegungen inmitten gieriger Hände, das Ratschen reißender Kleidung, das blendende Rot der Schläge und schließlich (sollte ich aus diesem Handgemenge lebend hervorgehen) den eisernen Griff der Wärter, das Gefängnis, den eiligen Prozess, die Folterkammer, das Schafott, alles dies zu der donnernden Begleitung meines gewaltigen Glücks. Ich erwarte nicht, dass meine Mitbürger ihrer Befreiung sogleich gewahr werden; ich räume sogar ein, dass das Regime aus bloßer Trägheit noch harscher werden könnte. Ich habe nichts an mir von dem Volkshelden, der für seine Mitmenschen stirbt. Ich sterbe nur für mich selber, im Namen meines eigenen Wohls und meiner eigenen Wahrheit, für das Wohl und die Wahrheit, die heute in mir und um mich herum entstellt und mit Füßen getreten werden, und wenn sie für einen anderen ebenso kostbar sind wie für mich, dann umso besser; wenn nicht, wenn mein Vaterland Menschen anderen Schlags braucht, dann akzeptiere ich willig meine Unbrauchbarkeit, werde meine Aufgabe aber dennoch erfüllen.

Mein Hass beschäftigt und überschwemmt mein Leben zu sehr, als dass es die mindeste Annehmlichkeit für mich haben könnte, und ich fürchte nicht den schwarzen Ekel und nicht die Agonie des Todes, vor allem da ich mit einem Glück, einem überirdischen Daseinsgefühl rechne, wie es sich weder Barbaren noch die heutigen Anhänger alter Religionen erträumen. Darum ist mein Kopf klar, und meine Hand ist frei – und dennoch weiß ich nicht, weiß ich nicht, wie ich seine Ermordung bewerkstelligen soll.

Manchmal meine ich, es liege daran, dass ein Mord, dass schon die Tötungsabsicht etwas unerträglich Abgeschmacktes ist und dass die Phantasie, die Mordmethoden und Waffenarten Revue passieren lässt, eine entwürdigende Arbeit verrichtet, deren Scharlatanerie man umso akuter empfindet, je rechtschaffener die Macht ist, die einen treibt. Oder vielleicht könnte ich ihn aus Zimperlichkeit nicht töten, so wie manche Leute zwar eine tiefe Abscheu gegen alles empfinden, was kriecht, aber außerstande sind, auch nur einen Regenwurm zu zertreten, weil es für sie wäre, als träten sie auf die staubstarrenden Enden ihrer eigenen Eingeweide. Doch welche Erklärungen ich für meine Unentschlossenheit auch heraufbeschwöre, es wäre dumm, vor mir selber die Tatsache zu verbergen, dass ich ihn vernichten muss. O Hamlet, o verträumter Tor!

14

Soeben hat er bei der Grundsteinlegung für ein neues, mehrstöckiges Gewächshaus eine Rede gehalten, und dabei kam er auf die Gleichheit der Menschen und die Gleichheit der Weizenähren auf dem Felde zu sprechen, und um der Poesie willen sprach er von der Ehre, die der Ähre gebührt, verstieg sich gar zu der Formulierung «ährt das Ährenkleid der Ährde» – ich habe keine Ahnung, welcher Kitschier von einem Schulmeister ihm diesen fragwürdigen Kunstgriff angeraten hat, aber dafür wird mir jetzt klar, warum Verse in den Illustrierten neuerdings Archaismen enthalten wie:

> Wie kundig werken Veterinäre,
> Die Ärzte lactiferer Fährsen.

Zwei Stunden lang dröhnte die gewaltige Stimme durch unsere Stadt, brach mit unterschiedlicher Stärke aus diesem oder jenem Fenster hervor, sodass man, wenn man eine Straße entlangging (was übrigens als gefährliche Unehrerbietigkeit gilt: setz dich und hör zu), den Eindruck hatte, er begleite einen, krache von den Dachfirsten herunter, schlängele sich einem auf allen vieren zwischen den Beinen hindurch, raffe sich wieder auf, um einem nach dem Kopf zu hacken, kakele, krächze und quake in einer Karikatur auf die menschliche Rede, und nirgendwo kann man sich vor der Stimme verstecken, und das Gleiche geschieht in jeder Stadt und jedem Dorf meines erfolgreich betäubten Landes. Offenbar ist niemandem außer mir ein interessanter Zug seines frenetischen Redeschwalls aufgefallen, nämlich die Pause, die er nach jedem besonders wirkungsvollen Satz macht, etwa wie ein Betrunkener, der in der für Betrunkene typischen unabhängigen, aber unbefriedigten Einsamkeit in der Straßenmitte steht und Bruchstücke aus einem Schimpfmonolog deklamiert, welcher in seinem Zorn, seiner Leidenschaft und Überzeugung voller Nachdruck ist, aber dunkel in seiner Bedeutung und seinem Ziel, dabei häufig innehält, um seine Kräfte zu sammeln, über den nächsten Passus nachzudenken, das Gesagte wirken zu lassen; und dann, wenn er die Pause abgewartet hat, wörtlich das soeben Ausgespiene wiederholt, jedoch in einem Ton, als wäre ihm ein neues Argument eingefallen, ein weiterer völlig neuer und unwiderleglicher Gedanke gekommen.

Als der Herrscher sich endlich erschöpft hatte und die gesichts- und wangenlosen Trompeten unsere Agrarhymne anstimmten, fühlte ich mich nicht nur nicht erleichtert, sondern hatte im Gegenteil das bedrückende Gefühl, ich hätte etwas verloren, das mir nun fehlte: Während er redete, konnte ich ihn wenigstens überwachen, konnte ich wissen, wo er war und was er machte; jetzt löste er sich wieder in Luft auf, die ich zwar atme, die indessen keinen greifbaren Brennpunkt hat.

Ich kann die glatthaarigen Frauen unserer Bergstämme verstehen; wenn ein Liebhaber sie verlassen hat, drücken sie jeden Morgen mit ihren hartnäckigen braunen Fingern den Türkiskopf einer Nadel in den Nabel einer kleinen Tonfigur, die den Geflohenen darstellt. In letzter Zeit habe ich oft die ganze Kraft meines Geistes zusammengenommen, um mir in einem bestimmten Augenblick den Fluss seiner Sorgen und Gedanken vorzustellen, denn ich wollte den Rhythmus seines Daseins duplizieren, auf dass dieses nachgebe und zusammenbreche, wie eine Hängebrücke, deren Eigenschwingungen mit dem Gleichschritt einer Soldatenkolonne übereinstimmen, welche über sie hinwegmarschiert. Die Soldaten kommen mit um – so wie ich, wenn ich in dem Moment den Verstand verliere, da ich den Rhythmus treffe, während er in seinem fernen Schloss tot umfällt; welche Methode des Tyrannenmords ich auch wählte, ich überlebte ihn nicht. Wenn ich morgens etwa um halb neun aufwache, bemühe ich mich, mir sein Erwachen vorzustellen: Er steht weder früh noch spät auf, sondern zu einer durchschnittlichen Zeit, so wie er sich auch – ich glaube, sogar offiziell – einen «Durchschnittsmenschen» nennt. Um neun nehmen er und ich ein frugales Frühstück zu uns, ein Glas Milch und ein Brötchen, und wenn ich an dem Tag nicht zum Dienst in die Schule muss, fahre ich in der Verfolgung seiner Gedanken fort. Er liest mehrere Zeitungen, und ich lese sie mit ihm, auf der Suche nach etwas, das seine Aufmerksamkeit fesseln könnte, obwohl ich weiß, dass ihm der ungefähre Inhalt meiner Morgenzeitung, ihre Leitartikel, ihre Nachrichtenzusammenfassungen, ihre Inlandsmeldungen schon am Vorabend bekannt waren, sodass ihm seine Lektüre keinen Anlass zu administrativen Überlegungen liefern kann. Woraufhin seine Adjutanten mit Berichten und Anfragen erscheinen. Zusammen mit ihm erfahre ich, wie sich die Bahnverbindungen heute anfühlen, wie die Schwerindustrie vor sich hin schwitzt und wie viele Zentner pro Hektar dieses Jahr die Winterweizenernte erbracht hat. Nachdem er mehrere Gnadengesuche durchgesehen und seine unweigerliche Ablehnung darauf vermerkt hat – ein Bleistift-X, das Symbol für das Analphabetentum seines Herzens –, unternimmt er seinen üblichen Vormittagsspaziergang: Wie bei vielen nicht sonderlich klugen Leuten, denen es an Phantasie mangelt, ist das Gehen sein Lieblingssport; er geht in seinem ummauerten Garten umher, der früher ein großer Gefängnishof war. Auch der Speisezettel seines anspruchslosen Mittagessens ist mir bekannt, und danach teile ich seine Mittagsruhe mit ihm und mache mir mit ihm Gedanken über den weiteren Ausbau seiner Macht oder über neue Maßnahmen zur Unterdrückung aufrührerischer Machenschaften. Am Nachmittag besichtigen wir ein neues Gebäude, eine Festung, einen Platz oder eine andere Manifestation staatlichen Wohlstands, und mit ihm gemeinsam erteile ich dem neuartigen Ventilator irgendeines Erfinders mein Plazet. Das Abendessen überspringe ich, das gewöhnlich eine Galaangelegenheit ist, zu der verschiedene Funktionäre ihre Aufwartung machen, aber dafür verdoppelt sich bei Anbruch der Nacht die Stärke meiner Gedanken, und ich erteile Zeitungsredakteuren Befehle, höre mir Berichte von abendlichen Sitzungen an und flüstere in meinem dunkel werdenden Zimmer, gestikuliere und hoffe immer wahnsinniger, dass doch endlich einer meiner Gedanken in seinen Schritt einfallen möge – dann, das weiß ich, reißt die Brücke wie eine Violinsaite. Doch es verfolgt mich das Pech, das zu eifrige Spieler haben, ich bekomme nie die richtige Karte, obwohl ich doch eine gewisse geheime Liaison mit ihm hergestellt haben muss, denn etwa um elf, wenn er zu Bett geht, verspürt alles in mir einen Kollaps, eine Leere, eine Schwächung und eine melancholische Erleichterung. Bald sinkt er in Schlaf, schläft er, und da ihn auf seiner Häftlingspritsche kein einziger hypnagoger Gedanke bekümmert, bin auch ich frei, und nur gelegentlich und ohne jede Hoffnung auf Erfolg versuche ich, mir seine Träume auszudenken, indem ich Bruchstücke seiner Vergangenheit mit Eindrücken der Gegenwart verbinde; wahrscheinlich aber träumt er gar nicht, und all meine Arbeit ist umsonst, und nie, nie wird sein königliches Todesröcheln die Nacht zerreißen und die Historie zu der Bemerkung veranlassen: «Der Diktator starb im Schlafe.»

15

Wie nur kann ich ihn loswerden? Ich halte es nicht länger aus. Alles ist von ihm erfüllt, alles, was mir lieb ist, ist besudelt, alles ist zu seinem Ebenbild geworden, seinem Spiegelbild, und in den Gesichtern der Passanten und den Augen meiner armen Schulkinder zeigen sich immer deutlicher und immer hoffnungsloser seine Züge. Nicht nur, dass die Plakate, die ich sie in Farbe abzeichnen zu lassen verpflichtet bin, immer und immer wieder sein Charaktermuster ausdeuten – selbst der einfache weiße Würfel, den ich den unteren Klassen als Zeichenvorlage gebe, wirkt auf mich wie sein Porträt – vielleicht sein bestes Porträt. O kubisches Monster, wie kann ich dich auslöschen?

16

Und plötzlich ging mir auf, dass es einen Weg gab! Es war an einem frostigen, reglosen Morgen mit einem blassrosa Himmel und Eisklumpen in den Rachen der Abflussrohre; überall herrschte unheilvolle Stille: In einer Stunde würde die Stadt erwachen, und wie! An jenem Tag sollte sein fünfzigster Geburtstag gefeiert werden, und schon krochen Leute, die vor dem Schnee wie schwarze Viertelnoten wirkten, auf die Straßen hinaus, um sich rechtzeitig an den Treffpunkten einzufinden, wo sie je nach Berufszugehörigkeit verschiedenen Marschkolonnen zugewiesen werden sollten. Auf die Gefahr hin, meinen mageren Lohn einzubüßen, rüstete ich mich nicht zur Teilnahme an irgendeiner Festprozession; mich beschäftigte etwas anderes, ein wenig Wichtigeres. Während ich am Fenster stand, konnte ich die ersten fernen Fanfaren und von der Kreuzung her die Anfeuerungsrufe des Radioanimators hören, und ich fand Trost in dem Gedanken, dass ich und nur ich all dem ein Ende bereiten konnte. Ja, die Lösung war gefunden: Die Ermordung des Tyrannen erwies sich als so einfach und schnell auszuführen, dass ich nicht einmal das Zimmer zu verlassen brauchte. Die einzigen Waffen, die hierfür benötigt wurden, waren entweder ein alter, aber sehr gut erhaltener Revolver oder ein Haken über dem Fenster, an dem einst eine Gardinenstange befestigt gewesen sein musste. Letzterer war sogar noch besser, denn ich hatte meinen Zweifel, ob die fünfundzwanzig Jahre alte Patrone noch ihren Dienst täte.

Indem ich mich umbrächte, brächte ich auch ihn um,

denn gemästet von der Intensität meines Hasses, befand er sich zur Gänze in mir. Zusammen mit ihm brächte ich die Welt um, die er geschaffen hatte, die ganze Dummheit, Feigheit und Grausamkeit dieser Welt, die zusammen mit ihm riesig angewachsen war in mir und alle angesammelten Schätze bis hin zur letzten besonnten Landschaft und zur letzten Kindheitserinnerung hinausgedrängt hatte. Ich schwelgte in der Macht, die mir nunmehr bewusst war, bereitete mich ohne Hast auf die Selbstvernichtung vor, sichtete meine Besitztümer, korrigierte diesen meinen Bericht. Und plötzlich dann machte die unglaubliche Verschärfung der Sinne, die mich überwältigt hatte, eine seltsame, fast alchemistische Metamorphose durch. Vor meinem Fenster breiteten sich die Festlichkeiten aus, die Sonne verwandelte die blauen Schneewehen in glitzernden Flaum, und über entfernten Dächern spielte ein neuartiges (vor kurzem von einem bäuerlichen Genie erfundenes) Feuerwerk, dessen Farben selbst im hellen Tageslicht leuchteten. Der allgemeine Jubel; das diamantene Porträt des Herrschers, das pyrotechnisch am Himmel aufblitzte; die fröhlichen Farben der Prozession, die sich über die Schneedecke des Flusses schlängelte; die entzückenden Pappsymbole für das Wohlergehen des Vaterlands; die abwechslungsreichen und eleganten Spruchbänder, die über den Schultern der Marschierer auf und ab wippten; die forsche primitive Musik; die Fahnenorgie; die zufriedenen Gesichter der jungen Bauernlümmel und die Nationaltrachten der derben Mägde – alles dies ließ eine scharlachrote Rührung in mir aufwallen, und ich begriff meine Sünde wider unsern großen und barmherzigen Herrscher. Ist nicht er es, der unsere Felder düngte, der den Armen Schuhe machen ließ, er, dem wir für jede Sekunde unseres bürgerlichen Daseins zu danken haben? Tränen der Reue, heiße, gute Tränen flossen mir aus den Augen und auf das Fensterbrett, wenn ich daran dachte, wie ich die Güte des Herrn von mir gewiesen hatte, wie blind ich die Schönheit seiner ganzen Schöpfung verleugnet hatte, die soziale Ordnung, den Lebensstil, die vorzüglichen neuen Imitatnussbaumzäune, und wie ich das Komplott geschmiedet hatte, Hand an mich zu legen, und mir damit herausgenommen hatte, das Leben eines seiner Untertanen aufs Spiel zu setzen! Die Festlichkeiten breiteten sich aus, wie gesagt; ich stand am Fenster, über und über feucht von Tränen und geschüttelt von Lachen, lauschte den Versen unseres führenden Dichters, im Radio vorgetragen von der knackigen, an baritonalen Modulationen reichen Stimme eines Schauspielers:

Bedenkt es, Bürger, immer wieder:
Das Land war vaterlos und wüst.
Der stärkste Durst zeugt weder Lieder
Noch Bier, wenn nicht der Hopfen sprießt.
Stellt euch doch vor, es fehlten Bollen,
Tomaten, Rüben, Wirsingkohl:
In ihren erdgen Wurzelknollen
Verfaulten die Gedichte wohl.
Wir gingen vielbegangne Wege,
Und Fliegenpilze aßen wir,
Bis durch gewaltge Hammerschläge
Erdröhnte der Geschichte Tür!
Bis er vor uns in seinem Glanze,
In schicker weißer Toga trat,

Und lächelnd ging er stracks aufs Ganze –
Der Herrliche, der Chef vom Staat!

Ja, «Glanze», ja, «Fliegenpilze», ja, «lächelnd», das ist wohl wahr. Ich, ein kleiner Mensch, ich, der blinde Bettler, dem heute das Augenlicht geschenkt ward, falle auf die Knie und bereue vor dir. Richte mich hin – nein, noch besser, begnadige mich, denn der Richtblock ist deine Gnade, und deine Gnade der Richtblock, der mit schmerzhaftem, mildem Licht meine ganze Ruchlosigkeit erleuchtet. Du bist unser Stolz, unser Ruhm, unser Banner! O großartiger gutherziger Gigant, der du aufmerksam und liebend über uns wachst, ich schwöre, dass ich dir hinfort dienen werde, ich schwöre, dass ich wie all deine anderen Kreaturen sein werde, ich schwöre, dass ich dein bin unverbrüchlich, und so weiter, und so weiter, und so weiter.

17

Tatsächlich hat mich das Lachen gerettet. Nachdem ich alle Grade von Hass und Verzweiflung durchlebt hatte, erreichte ich jene Höhen, aus denen man das Lächerliche in der Vogelperspektive daliegen sieht. Ein Ausbruch herzhafter Fröhlichkeit kurierte mich, so wie es in einem Kinderbuch dem Herrn geschieht, «in dessen Kehle beim Anblick der amüsanten Faxen eines Pudels ein Geschwür platzte». Wenn ich meine Niederschrift überlese, dann sehe ich, dass meine Anstrengungen, ihn schrecklich zu machen, ihn nur lächerlich gemacht und damit vernichtet haben – eine alte, bewährte Methode.

So bescheiden ich mein stümperhaftes Werk auch einschätze, so sagt mir dennoch etwas, dass es nicht mit einer gewöhnlichen Feder geschrieben ist. Obwohl mir literarischer Ehrgeiz fernliegt, bin ich dennoch voll von Worten, die ich in den Jahren meines zornerfüllten Schweigens geschmiedet habe, und habe meine Sache aufrichtig und mit vollem Gefühl ausgedrückt, wo ein anderer sich auf Kunstgriffe und Erfindungen verlassen hätte. Dies ist eine Beschwörung, ein Exorzismus, auf dass in Zukunft jeder die Knechtschaft bannen könne. Ich glaube an Wunder. Ich glaube, dass dieser Bericht auf irgendeine mir unbekannte Art andere Menschen erreichen wird, zwar weder heute noch morgen, wohl aber in einer fernen Zeit, wenn die Welt ein paar Tage Muße hat für archäologische Grabungen, am Vorabend neuer Unannehmlichkeiten, die nicht weniger komisch sein werden als die gegenwärtigen. Und wer weiß – vielleicht tue ich recht daran, nicht auszuschließen, dass meine beiläufige Arbeit durch die Zeiten fortlebt, bald verfolgt, bald gepriesen, oft gefährlich und immer nützlich. Während ich, ein «Gespenst ohne Knochen», *un fantôme sans os*[36], zufrieden sein werde, wenn die Frucht meiner vergessenen schlaflosen Nächte lange Zeit als eine Art Geheimmittel gegen künftige Tyrannen dient, gegen tigroide Ungeheuer, gegen die schwachköpfigen Peiniger der Menschen.

Lik

Von dem bekannten französischen Autor Suire gibt es aus den zwanziger Jahren ein Stück mit dem Titel *L'Abîme* (Der Abgrund). Es ist inzwischen von der Bühne direkt in die Kleine Lethe gelangt (diejenige, die für das Theater zuständig ist – ein Fluss übrigens, der nicht ganz so hoffnungslos ist wie der Hauptstrom und eine schwächere Vergessenslösung enthält, sodass angelnde Regisseure auch noch Jahre später etwas herausfischen können). Dieses Stück – eine absolute, ja ideale Idiotie oder, anders ausgedrückt, eine ideale, auf die soliden Konventionen traditioneller Dramaturgie gegründete Konstruktion – handelt von der Seelenpein einer reichen und frommen Französin mittleren Alters, die plötzlich in sündiger Leidenschaft zu einem jungen Russen namens Igor entbrennt, der in ihrem Château aufgetaucht ist und sich in ihre Tochter Angélique verliebt hat. Ein alter Freund des Hauses, ein hartnäckiger, missmutiger Frömmler, den der Autor sich aus Mystizismus und Geilheit handlich zusammengebastelt hat, ist eifersüchtig auf das Interesse der Heldin für Igor, während diese wiederum eifersüchtig ist auf die Aufmerksamkeit, die Igor Angélique schenkt; mit einem Wort, es ist alles sehr zwingend und lebenswahr, jeder Dialog trägt das Warenzeichen einer respektablen Tradition, und es versteht sich von selbst, dass kein einziger Stoß von Talent den ordnungsgemäßen Gang der Handlung stört, die anschwillt, wo sie zu schwellen hat, und wann immer nötig von einer lyrischen Szene oder einem schamlos erklärenden Dialog zwischen zwei betagten Faktoten unterbrochen wird.

Der Apfel der Zwietracht ist gewöhnlich eine frühe, saure Frucht und sollte gekocht werden. So droht der junge Mann des Dramas etwas farblos zu geraten, und in dem vergeblichen Bemühen, ihn ein wenig zu retuschieren, hat ihn der Autor zu einem Russen gemacht – mit all den offenkundigen Folgen solchen Schwindels. Suires optimistischen Absichten gemäß, ist er ein emigrierter russischer Aristokrat, unlängst von einer alten Dame adoptiert, der russischen Gattin eines Gutsbesitzers aus der Nachbarschaft. Eines Nachts, auf dem Höhepunkt eines Gewitters, kommt Igor und pocht an unsere Pforte, tritt ein, die Reitgerte in der Hand, und tut aufgeregt kund, dass der Kiefernwald auf dem Besitz seiner Wohltäterin brenne und auch unsere Kiefern in Gefahr seien. Das berührt uns weniger als der jugendliche Schick des Besuchers, und wir fühlen uns bemüßigt, auf einen Pouf niederzusinken und versonnen mit unserer Halskette zu spielen, woraufhin unser bigotter Freund bemerkt, dass die Spiegelung der Flammen zuweilen gefährlicher sei als die Feuersbrunst selbst … Eine solide Handlung von prima Qualität, wie man sieht, denn es ist sofort klar, dass der Russe ein regelmäßiger Gast des Hauses wird, und tatsächlich, der zweite Akt ist ganz schönes Wetter und helle Sommerkleidung.

Nach dem gedruckten Text des Stückes zu urteilen, drückt sich Igor (zumindest in den ersten Szenen, bevor der Autor es leid wird) nicht unkorrekt, aber sozusagen ein wenig stockend aus, indem er immer wieder ein «heißt das auch so auf Französisch?» einfügt. Später indessen, wenn der turbulente Verlauf des Dramas dem Autor keine Zeit für derlei Bagatellen lässt, werden alle ausländischen Spracheigentümlichkeiten getilgt, und spontan macht sich der junge Russe den reichen Wortschatz eines gebürtigen Franzosen zu eigen; erst gegen Ende, während der Flaute vor der letzten Handlungsbö, erinnert sich der Stückeschreiber reumütig an Igors Herkunft, worauf dieser die folgenden Worte an den alten Diener richtet: *«J'étais trop jeune pour prendre part à la … comment dit-on … welika woina … grande, grande guerre …»*[37] Gerechterweise muss man dem Autor zugutehalten, dass er außer diesem *«welika woina»* und einem bescheidenen *«doswidanja»* seine Bekanntschaft mit der russischen Sprache nicht missbraucht und sich mit der Regieanweisung begnügt: «Slawischer Singsang verleiht Igors Aussprache einen gewissen Charme.»

In Paris, wo das Stück großen Erfolg hatte, wurde Igor von François Coulot gespielt, und zwar nicht schlecht, doch aus irgendeinem Grund mit einem starken italienischen Akzent, den er offenbar als russischen auszugeben gedachte und der keinen einzigen Pariser Kritiker in Erstaunen setzte. Als das Stück später in die Provinz hinabrieselte, bekam zufällig ein wirklicher russischer Schauspieler die Rolle, Lik (Künstlername von Lawrentij Iwanowitsch Krushewnizyn), ein magerer, blonder Mensch mit kaffeebraunen Augen, der sich dank einem Film, in dem er hervorragend die Nebenrolle eines Stotterers verkörperte, einigen Ruhm errungen hatte.

Es war jedoch schwer zu sagen, ob Lik (das Wort bedeutet im Russischen und Mittelenglischen «Antlitz») wirkliches Bühnentalent besaß oder ein Mann vieler unbestimmter Neigungen war, der sich aufs Geratewohl für eine davon entschieden hatte, aber ebenso gut Maler, Juwelier oder Rattenfänger hätte werden können. Solch ein Mensch gleicht einem Raum mit verschiedenen Türen, unter denen möglicherweise eine ist, die direkt in einen großen Garten führt, in die mondhellen Tiefen einer wundersamen menschlichen Nacht, wo die Seele den Schatz entdeckt, der ihr allein bestimmt war. Aber wie dem auch sei, diese Tür hatte Lik jedenfalls nicht geöffnet, sondern stattdessen den thespischen Weg eingeschlagen, dem er ohne Begeisterung folgte, mit der Geistesabwesenheit eines Mannes, der nach Wegweisern sucht, die es nicht gibt, aber die ihm vielleicht im Traum erschienen waren oder in der unentwickelten Photographie einer anderen Gegend zu erkennen sind, die er niemals aufsuchen wird. Auf der konventionellen Ebene äußerer irdischer Lebensumstände war er – wie auch das Jahrhundert – in den Dreißigern. Bei nicht mehr jungen Menschen, die nicht nur außerhalb ihrer Heimat, sondern auch außerhalb ihres eigenen Lebens gestrandet sind, entwickelt sich das Heimweh zu einem außerordentlich komplizierten Organ, das ununterbrochen in Tätigkeit ist und dessen Sekrete alles Verlorene kompensieren; oder aber es wird zu einem tödlichen Seelentumor, der das Atmen, das Schlafen und den Umgang mit unbekümmerten Ausländern schmerzhaft macht. Bei Lik blieb diese Erinnerung an Russland im Embryonalzustand, beschränkt auf nebelhafte Kindheitsreminiszenzen wie den harzigen Duft eines ersten

Frühlingstages auf dem Land oder die eigentümliche Gestalt der Schneeflocke auf der Wolle seiner Kapuze. Seine Eltern waren tot. Er lebte allein. Alles, was ihm an Liebe und Freundschaft über den Weg kam, hatte etwas Dünnes, Substanzloses. Niemand schrieb ihm geschwätzige Briefe, niemand interessierte sich mehr für seine Sorgen als er selber, und es gab niemanden, zu dem er gehen konnte, um sich über die unverdiente Gefährdung seines Lebens zu beklagen, als er von zwei Ärzten, einem Franzosen und einem Russen, erfahren hatte, dass er (wie viele Protagonisten) ein unheilbares Herzleiden hatte – während es auf den Straßen von robusten Greisen nur so wimmelte. Zwischen dieser seiner Krankheit und seiner Vorliebe für feine, teure Dinge schien eine Beziehung zu bestehen; er konnte zum Beispiel seine letzten zweihundert Franken für einen Schal oder einen Füllfederhalter ausgeben, doch trotz der peinlichen, ja ehrfürchtigen Sorgfalt, mit der er die Sachen behandelte, wurde der Schal unweigerlich schmutzig, und der Füller ging ihm entzwei.

In seinem Verhältnis zu den anderen Mitgliedern der Theatergruppe, der er so gleichgültig beigetreten war, wie ein von einer Frau abgelegter Pelz auf diesem oder jenem anonymen Stuhl landet, blieb er der gleiche Fremde, der er bei der ersten Probe gewesen war. Er hatte sogleich das Gefühl gehabt, überflüssig zu sein oder jemandem den Platz wegzunehmen. Der Prinzipal der Truppe war gleichbleibend freundlich zu ihm, doch Liks überempfindliche Seele malte sich unablässig die Möglichkeit eines Krachs aus – als könnte man ihn jeden Augenblick entlarven und einer unerträglichen Schandtat bezichtigen. Ja, dass die Haltung des Prinzipals immer die gleiche blieb, deutete er als äußerste Gleichgültigkeit seiner Arbeit gegenüber, so als hätte sich jedermann längst mit deren Minderwertigkeit abgefunden, und als duldete man ihn lediglich, weil es keinen handlichen Vorwand für seine Entlassung gab.

Es kam ihm vor – und vielleicht war es wirklich so –, als wäre er für diese lauten, wendigen französischen Schauspieler, die durch ein Netz persönlicher und beruflicher Leidenschaften miteinander verbunden waren, nicht minder ein zufälliger Gegenstand als das alte Fahrrad, das eine der Figuren im zweiten Akt geschickt auseinandernahm; wenn ihn also jemand besonders herzlich grüßte oder ihm eine Zigarette anbot, meinte er, es handele sich um ein Missverständnis, das sich leider sogleich aufklären werde. Seiner Krankheit wegen mied er Alkohol, aber dass er an freundschaftlichen Zusammenkünften nicht teilnahm, wurde nicht etwa seinem Mangel an Geselligkeit zugeschrieben (was ihm den Vorwurf des Hochmuts eingetragen und ihn somit immerhin wenigstens mit dem Anschein einer Persönlichkeit versehen hätte), sondern einfach nicht zur Kenntnis genommen, als könnte es gar nicht anders sein; und wenn sie ihn dennoch irgendwohin einluden, geschah es immer in einer vage fragenden Weise («du kommst doch mit, oder …?»), die für denjenigen besonders schmerzlich ist, der sich danach sehnt, zum Mitkommen überredet zu werden. Von den Witzen, Anspielungen und Spitznamen, mit denen die anderen in geheimnisvoller Ausgelassenheit um sich warfen, verstand er wenig. Fast wünschte er sich, dass einige dieser Scherze auf seine Kosten gingen, aber selbst das traf nicht zu. Gleichzeitig hatte er einige seiner Kollegen recht gern. Der Darsteller des Frömmlers war im wirklichen Leben ein angenehmer, dicklicher Mann, der unlängst einen Sportwagen erworben hatte, über den er mit echter Inspiriertheit zu reden wusste. Und auch die junge Naive war überaus reizend – dunkelhaarig und schlank, mit wunderbar strahlenden, sorgfältig geschminkten Augen –, hatte am Tage jedoch hoffnungslos vergessen, welche Geständnisse sie des Abends auf der Bühne machte, in der gesprächigen Umarmung ihres russischen Verlobten, an den sie sich so freimütig klammerte. Lik sagte sich gern, dass sie nur auf der Bühne ihr wahres Leben lebe und in der übrigen Zeit periodischen Anwandlungen von Geistesverwirrung ausgesetzt sei, während deren sie ihn nicht mehr erkannte und sich selber einen anderen Namen gab. Mit der Hauptdarstellerin wechselte er bis auf ihrer beider Dialogstellen nie ein Wort, und wenn diese untersetzte, intensive, schöne Frau hinter den Kulissen mit bebenden Wangen an ihm vorüberkam, hatte er das Gefühl, nur ein Stück flaches Bühnendekor zu sein, das umkippen würde, sobald jemand es anstieß.

Tatsächlich ist es schwer zu sagen, ob alles so war, wie der arme Lik es sich dachte, oder ob diese völlig harmlosen, egozentrischen Leute ihn sich selber überließen, weil er ihre Gesellschaft nicht suchte, und kein Gespräch mit ihm anknüpften, genau wie Reisende, die miteinander bekannt geworden sind, auch keinen Ausländer ansprechen, der in sein Buch vertieft in einer Ecke des Abteils sitzt. Doch selbst wenn Lik sich in seltenen Augenblicken des Selbstvertrauens von der Irrationalität seiner unbestimmten Qualen zu überzeugen suchte, war die Erinnerung an ähnliche Qualen zu frisch, und zu oft wiederholten sie sich unter neuen Umständen, als dass er imstande gewesen wäre, sie jetzt zu überwinden. Der Einsamkeit als einer Situation kann abgeholfen werden, als Geistesverfassung jedoch ist sie eine unheilbare Krankheit.

Seine Rolle spielte er gewissenhaft und, wenigstens was seinen Akzent betraf, erfolgreicher als sein Vorgänger, da er Französisch mit russischem Tonfall sprach – seine Sätze zog er weich in die Länge, ließ die Betonung vor ihrem Ende fallen und filterte mit übermäßiger Sorgfalt den Schaum überschüssiger Ausdrücke heraus, die einem Franzosen so behände und schnell von der Zunge gehen. Seine Rolle war so klein und trotz ihrer dramatischen Wirkung auf die Handlungen der anderen Figuren so unbedeutend, dass es sich nicht lohnte, Gedanken daran zu verlieren; dennoch dachte er über sie nach, vor allem zu Beginn der Tournee, und das nicht so sehr aus Liebe zu seiner Kunst als vielmehr darum, weil das Missverhältnis zwischen der Bedeutungslosigkeit der Rolle selbst und der Bedeutung des komplexen dramatischen Geschehens, dessen Hauptursache er war, ihm ein Paradox schien, welches ihn irgendwie persönlich demütigte. Und obwohl ihm alle Verbesserungsmöglichkeiten, die Kunst und Eitelkeit ihm nahelegten (zwei Dinge, die oft zusammenfallen), bald gleichgültig wurden, eilte er doch mit unveränderter, geheimnisvoller Freude auf die Bühne, als erhoffe er sich jedes Mal eine besondere Belohnung – die natürlich nichts mit der üblichen Dosis neutralen Beifalls zu tun hätte. Sie bestand auch nicht in der inneren Befriedigung des Darstellers. Vielmehr lauerte sie in gewissen ungewöhnlichen Furchen und

Falten, die er im Leben des Stückes selbst gewahrte, so banal und hoffnungslos spießig es auch war, denn wie jedes Stück, das von lebenden Menschen dargestellt wird, erwarb es Gott weiß woher eine individuelle Seele, versuchte ein paar Stunden lang zu existieren, seine eigene Hitze und Energie zu entwickeln, hatte nichts mehr mit dem jämmerlichen Entwurf seines Autors oder der Mittelmäßigkeit der Schauspieler zu tun, sondern erwachte zum Leben, wie in einem von der Sonne erwärmten Gewässer Leben erwacht. Zum Beispiel hoffte Lik, an einem unbestimmten und herrlichen Abend mitten in der üblichen Vorstellung sozusagen auf eine Treibsandstelle zu treten; etwas würde nachgeben, und er versänke für alle Zeiten in einem neuen Element, keinem bekannten ähnlich, in dem sich die fadenscheinigen Themen des Stückes in völlig neuer Art und Weise entwickelten. Unwiderruflich wäre sein Übergang in dieses Element, er würde Angélique heiraten, über die niedrige und trockene Heide reiten, alle materiellen Güter sein Eigen nennen, auf die im Stück angespielt wurde, in jenem Schloss wohnen und sich darüber hinaus in einer Welt unaussprechlicher Zärtlichkeit befinden – einer bläulichen, sanften Welt, in der sich wundersame Abenteuer der Sinne ereignen und unerhörte Verwandlungen des Geistes. Wenn er über alles dies nachgrübelte, stellte sich Lik aus irgendeinem Grunde vor, dass, wenn sein Herz versagte – und bald sterben würde er –, ihn der Anfall gewiss auf der Bühne ereilen würde, wie bei dem armen Molière, der inmitten der Ärzte sein Küchenlatein herausbellte; aber dass er seinen Tod gar nicht bemerken, sondern stattdessen in die wirkliche Welt eines zufälligen Dramas hinüberwechseln würde, welches dank seiner Ankunft neu erblühte, indes sein lächelnder Leichnam auf den Brettern läge und der Zeh eines Fußes unter den Falten des herabgelassenen Vorhangs hervorragte.

Ende des Sommers wurden *Der Abgrund* und zwei andere Stücke des Repertoires in einer Stadt am Mittelmeer gegeben. Lik trat nur im *Abgrund* auf, sodass er zwischen der ersten und der zweiten Aufführung (es waren nur zwei vorgesehen) eine Woche frei hatte, ohne zu wissen, was er mit dieser Zeit anfangen sollte. Zu allem Überfluss vertrug er das südliche Klima nicht; während der ersten Vorstellung befand er sich in den Nebelschwaden eines Treibhausdeliriums – bald hing ihm ein heißer Tropfen Bühnenschminke an der Nasenspitze, bald brannte er auf seiner Oberlippe. Während der ersten Pause trat er auf die Terrasse hinaus, die die Rückfront des Theaters von einer anglikanischen Kirche trennte. Er hatte plötzlich das Gefühl, er würde die Vorstellung nicht überstehen, sondern sich auf der Bühne auflösen, inmitten vielfarbiger Ausdünstungen, durch die im letzten Augenblick seines sterblichen Daseins der glückselige Strahl eines anderen Lebens zucken würde – ja, eines anderen Lebens. Dennoch hielt er irgendwie bis zum Ende durch, auch wenn er des Schweißes in seinen Augen wegen alles doppelt sah, während die Berührung der glatten, kühlen bloßen Arme seiner Partnerin das Gefühl, seine Handflächen seien im Begriff zu schmelzen, nur noch erhöhte. Ziemlich zerschlagen kehrte er in seine Pension zurück, mit stechenden Schultern und widerhallenden Schmerzen im Hinterkopf. Im dunklen Garten stand alles in Blüte und roch nach Zuckerzeug, und ohne Unterlass zirpten die Grillen, die er (wie alle Russen) fälschlicherweise für Zikaden hielt.

Sein erleuchtetes Zimmer war antiseptisch weiß im Vergleich zu der vom offenen Fenster eingerahmten südlichen Dunkelheit. Er zerdrückte eine rotbäuchige, betrunkene Mücke an der Wand und saß dann lange auf der Bettkante, denn er fürchtete sich vor dem Hinlegen, er fürchtete sich vor dem Klopfen seines Herzens. Die Nähe des Meeres, dessen Vorhandensein hinter dem Zitronenhain ihm ahnungsvoll bewusst war, bedrückte ihn, als wäre dieser weite, zähflüssig glänzende Raum, über den sich nichts als eine straffe Membrane aus Mondschein spannte, dem ebenso straff gespannten Gefäß seines klopfenden Herzens verwandt und wie dieses qualvoll entblößt, als trennte nichts es vom Himmel, von dem Geschlurre menschlicher Füße und dem unerträglichen Andringen der Musik aus einer nahen Bar. Er schaute auf seine teure Armbanduhr und stellte bedauernd fest, dass er das Glas verloren hatte; ja, er hatte mit dem Handgelenk eine Steinbrüstung gestreift, als er vor einer Weile bergan gestolpert war. Die Uhr war noch am Leben, schutzlos und nackt, wie ein lebendes Organ, welches das Messer des Chirurgen bloßgelegt hat.

Lik verbrachte seine Tage auf der Suche nach Schatten und in der Sehnsucht nach Kühle. Der Anblick der See und des Strandes, wo gebräunte Dämonen sich auf sengendem Kies sonnten, hatte für ihn etwas Höllisches. Die Sonnenseite der engen Straßen war ihm so streng verboten, dass er komplizierte Orientierungsaufgaben zu lösen gehabt hätte, hätten seine Wege Zweck und Ziel gehabt. Indessen, er wusste nicht wohin. Planlos streifte er an den Ladenfronten entlang, wo unter anderem einige recht neckische Armbänder aus einem Material ausgestellt waren, das wie rosa Bernstein aussah, und dazu ungemein reizvolle lederne Lesezeichen sowie goldgeprägte Geldbörsen. Unter der orangeroten Markise eines Cafés sank er auf einen Stuhl nieder, dann ging er nach Hause und legte sich aufs Bett – splitternackt, schrecklich dünn und weiß – und dachte über die gleichen Dinge nach wie immer, unausgesetzt.

Er überlegte, dass er verurteilt war, in den Außenbezirken des Lebens zu verweilen, dass es immer so gewesen war und immer so bleiben würde und dass er, falls der Tod ihm keinen Ausweg in die wahre Wirklichkeit eröffnete, das Leben darum einfach niemals kennen lernen würde. Er überlegte auch, dass er, wenn seine Eltern am Leben geblieben und nicht ganz zu Anfang der Emigrationsära gestorben wären, seine fünfzehn Jahre als Erwachsener im warmen Schoß einer Familie zugebracht hätte; dass er, wäre sein Schicksal weniger unstet gewesen, eins der drei Gymnasien beendet hätte, die er an zufälligen Orten im mittelmäßigen Mitteleuropa besucht hatte, und jetzt einer braven, anständigen Arbeit unter braven und anständigen Leuten nachginge. Doch sosehr er seine Phantasie auch anspannte, er konnte sich weder diese Arbeit noch diese Leute vorstellen, wie er sich auch nicht zu erklären vermochte, warum er als junger Mann auf eine Schauspielschule für den Filmnachwuchs gegangen war, statt sich auf Musik oder Numismatik, Fensterputzen oder Buchhaltung zu verlegen. Und wie immer wanderten seine Gedanken von jedem Punkt ihrer Kreisbahn den Radius entlang zurück zum dunklen Mittelpunkt, zu der Vorahnung des nahenden Todes, für den er, der keine geistigen Güter angehäuft hatte, doch kaum eine lohnende Beute darstellte. Dennoch hatte der Tod offenbar beschlossen, ihn mit Vorrang abzufertigen.

Als er eines Abends in einem Liegestuhl auf der Veranda ruhte, belästigte ihn wieder einer der Pensionsgäste, ein redseliger alter Russe, dem es bereits zweimal gelungen war, Lik sein Leben zu erzählen, das erste Mal in der einen Richtung, aus der Gegenwart in die Vergangenheit, dann in der anderen, wider den Strich, mit dem Ergebnis zweier verschiedener Lebensläufe, von denen der eine erfolgreich war, der andere nicht. «Ein Freund von mir ist hier aufgetaucht; das heißt ‹Freund› *c'est beaucoup dire*[38] – ich habe ihn in Brüssel ein paarmal getroffen, das ist alles. Leider ist er völlig heruntergekommen. Gestern – doch, ich glaube, es war gestern – erwähnte ich zufällig Ihren Namen, und er sagte: ‹Was, natürlich kenne ich ihn – wir sind ja sogar miteinander verwandt.›»

«Verwandt?», fragte Lik überrascht. «Ich hatte so gut wie nie irgendwelche Verwandte. Wie heißt er denn?»

«Ein gewisser Koldunow – Oleg Petrowitsch Koldunow … Petrowitsch, nicht wahr? Sie kennen ihn?»

«Das kann doch nicht sein!», rief Lik und bedeckte das Gesicht mit den Händen.

«Aber ja! Denken Sie nur!», sagte der andere.

«Das kann nicht sein!», wiederholte Lik. «Ich dachte … Sie haben ihm meine Adresse nicht gegeben, nicht wahr?»

«Doch. Ich verstehe allerdings. Es verursacht einem Abscheu und Mitleid zugleich. Überall hinausgeworfen, verbittert, mit einer Familie, und so weiter.»

«Hören Sie, tun Sie mir einen Gefallen. Sagen Sie ihm, dass ich nicht mehr hier wäre.»

«Wenn ich ihn sehe, gerne. Aber … Na ja, ich habe ihn bloß so getroffen, unten am Hafen. Meine Güte, was für schmucke Yachten sie dort haben. Das nenne ich mir glückliche Menschen. Man lebt auf dem Wasser und segelt, wohin man gerade will. Champagner, Mädels, alles blankgeputzt …» Und der Alte schmatzte mit den Lippen und schüttelte den Kopf.

Wie konnte so etwas Verrücktes passieren, dachte Lik den ganzen Abend lang. Was für eine Bescherung … Er hatte keine Ahnung, wieso er zu der Meinung gekommen war, dass Oleg Koldunow nicht mehr unter den Lebenden weile. Es handelte sich um einen von jenen Grundsätzen, die die Vernunft nicht im aktiven Dienst belässt, sondern in die entlegensten Tiefen des Bewusstseins versetzt, sodass er jetzt, bei Koldunows Wiederauferstehung, zugeben musste, dass sich zwei Parallelen vielleicht doch schneiden; aber es war qualvoll schwierig, sich von der alten Vorstellung frei zu machen, die fest in seinem Kopf verankert war – als könnte die Beseitigung dieses einen Irrtums die ganze Ordnung seiner anderen Vorstellungen und Ansichten in Mitleidenschaft ziehen. Und jetzt konnte er sich einfach nicht entsinnen, welche Informationen ihn zu dem Schluss geführt hatten, dass Koldunow umgekommen wäre, und warum sich in den vergangenen zwanzig Jahren die Kette vagen ursprünglichen Wissens, aus der Koldunows Verhängnis geschmiedet worden war, derart gefestigt hatte.

Ihre Mütter waren Cousinen gewesen. Oleg Koldunow war zwei Jahre älter als er; vier Jahre lang hatten sie das gleiche Provinzgymnasium besucht, und die Erinnerung an diese Jahre war Lik immer dermaßen verhasst gewesen, dass er lieber überhaupt nicht an seine Knabenjahre zurückdachte. Ja, vielleicht war sein Russland gerade darum so dunkel umwölkt, weil er keinerlei persönliche Erinnerungen werthielt. Träume jedoch kamen ihm auch jetzt noch, denn ihnen war nicht zu gebieten. Manchmal tauchte Koldunow leibhaftig auf, ganz er selber, in der Umgebung der Jugend, die vom Traumregisseur aus einigen Zubehörteilen – etwa einem Klassenzimmer, Pulten, einer Wandtafel nebst ihrem trockenen, gewichtlosen Schwamm – in aller Eile zusammengestellt worden war. Neben diesen nüchternen Träumen gab es auch romantische, ja dekadente – das heißt, ihnen fehlte zwar Koldunows offensichtliche Gegenwart, aber sie waren von ihm verschlüsselt, gesättigt mit seinem bedrückenden Geist oder von Gerüchten über ihn erfüllt, mit Situationen und deren Schatten, die irgendwie sein Wesen ausdrückten. Und diese peinigende Koldunow'sche Bühnenausstattung, vor der sich die Handlung eines nebensächlichen Traumes abspielte, war viel schlimmer als die direkten Traumvisitationen Koldunows, wie Lik ihn im Gedächtnis hatte – ein grober, muskulöser Schüler mit kurzem Haar und einem unangenehm hübschen Gesicht. Die Regelmäßigkeit seiner kräftigen Gesichtszüge wurde durch die Augen verdorben, die zu dicht beieinanderlagen und mit schweren, lederartigen Lidern versehen waren. Kein Wunder, dass man ihm den Spitznamen «das Krokodil» gegeben hatte. (Auch hatte sein Blick etwas vom trüben, schlammigen Nil.)

Koldunow war ein hoffnungslos schlechter Schüler

gewesen; seine eigentümlich russische Hoffnungslosigkeit war die des anscheinend verhexten Dummkopfs, der in aufrechter Haltung durch die transparenten Schichten verschiedener wiederholter Klassen niedersinkt, sodass die Jüngsten starr vor Furcht allmählich seine Höhe erreichen und ihn ein Jahr später erleichtert hinter sich lassen. Koldunow zeichnete sich durch seine Dreistigkeit, seine Unsauberkeit und seine wilde Körperkraft aus; nach einer Prügelei mit ihm roch der Raum immer nach Menagerie. Lik andererseits war zart, sensibel, von verletzlichem Stolz und stellte darum eine ideale, unbegrenzt ergiebige Beute dar. Koldunow pflegte sich wortlos über ihn herzumachen und das eingequetschte, aber sich immer windende Opfer am Fußboden mit Fleiß zu martern. Koldunows ungeheure, gespreizte Hand vollführte eine obszöne Schöpfbewegung, wenn sie in die zuckenden, von Panik ergriffenen Tiefen drang, die sie suchte. Darauf dann ließ er Lik, dessen Rücken mit Kreide beschmiert und dessen Ohren flammend rot waren, ein oder zwei Stunden lang in Ruhe und begnügte sich damit, irgendeine Beschimpfung zu wiederholen. Wenn dann das Bedürfnis wiederkehrte, seufzte Koldunow fast widerwillig, ehe er sich wieder auf ihn türmte, seine hornartigen Fingernägel in Liks Rippen grub oder sich auf das Gesicht des Opfers setzte und dort ausruhte. Gründlich kannte er sich mit allen gemeinen Kniffen aus, um den stärksten Schmerz zuzufügen, ohne Spuren zu hinterlassen, und darum auch brachten ihm seine Schulkameraden eine untertänige Achtung entgegen. Gleichzeitig nährte er eine unbestimmt sentimentale Zuneigung zu seinem Dauerpatienten, legte Wert darauf, während der Pause dem anderen den Arm um die Schulter zu legen und so mit ihm herumzuspazieren, wobei seine schwere, zerstreute Pranke das dünne Schlüsselbein befühlte und Lik sich vergeblich bemühte, einen Anschein von Unabhängigkeit und Würde zu wahren. Liks Schulzeit war eine durch und durch absurde und unerträgliche Qual. Er schämte sich, jemandem sein Leid zu klagen, und seine nächtlichen Überlegungen, wie er Koldunow schließlich umbringen würde, brachten seinen Geist vollends um die letzte Kraft. Glücklicherweise trafen sie außerhalb der Schule fast nie aufeinander, obwohl Liks Mutter gerne engere Beziehungen zu ihrer Cousine unterhalten hätte, die viel reicher war als sie und eigene Pferde besaß. Dann begann die Revolution das Mobiliar umzustellen, und Lik fand sich in einer anderen Stadt. Der fünfzehnjährige Oleg, bereits eitler Träger eines Schnurrbartes und gänzlich vertiert, verschwand im allgemeinen Durcheinander, und eine glückliche Ruhepause setzte ein. Sie war kurz, es folgten ihr andere, feinere Qualen, zugefügt von den unbedeutenderen Nachfolgern des ersten Foltermeisters.

Bei den seltenen Gelegenheiten, da Lik von seiner Vergangenheit sprach, geschah es mit jenem künstlichen Lächeln, mit dem wir eine ferne Zeit ins Auge fassen («das waren glückliche Tage»), die mit vollem Bauch in einer Ecke ihres übelriechenden Käfigs schläft. Jetzt jedoch, als sich herausstellte, dass Koldunow am Leben war, konnte Lik – welche erwachsenen Argumente er auch ins Treffen führte – sich des gleichen Gefühls der Ohnmacht nicht erwehren, das (von der Wirklichkeit zwar verwandelt, aber darum umso offenkundiger) in den Träumen auf ihn eindrang, wenn der Herr des

Traumes grinsend und an seiner Gürtelschnalle fummelnd hinter dem Vorhang hervortrat, ein dunkler, ein schrecklicher Schuljunge. Und obwohl sich Lik völlig darüber im klaren war, dass der wirkliche, lebendige Koldunow ihm jetzt nichts mehr anhaben könnte, erschien ihm die Möglichkeit, ihm wiederzubegegnen, unheildrohend, schicksalsträchtig, undeutlich zu dem ganzen System des Bösen mit seinen Vorahnungen von Qual und Misshandlung passend, das ihm so vertraut war.

Nach seinem Gespräch mit dem Alten beschloss Lik, so wenig wie möglich zu Hause zu bleiben. Bis zur letzten Vorstellung waren es nur noch drei Tage, sodass es die Mühe nicht lohnte, in eine andere Pension umzuziehen; aber er konnte beispielsweise den Tag über Ausflüge nach Italien hinein oder in die Berge machen, zumal da es viel kühler geworden war – ein Sprühregen fiel, und es wehte ein frischer Wind. Als er früh am anderen Morgen einen schmalen Pfad zwischen blumenbehangenen Mauern entlangging, sah er einen untersetzten, stämmigen Mann auf sich zukommen, dessen Kleidung sich von der üblichen Uniform des Mittelmeerurlaubers an sich nicht unterschied – Baskenmütze, Hemd mit offenem Kragen, Espadrilles –, aber irgendwie weniger auf die Ungezwungenheit der Ferien als auf den Zwang der Armut hindeutete. Im ersten Augenblick fiel Lik vor allem der Umstand auf, dass die monströse Figur, deren Massigkeit sein Gedächtnis füllte, in Wirklichkeit kaum größer war als er selber.

«Lawrentij, Lawruscha, erkennst du mich nicht?», fragte Koldunow dramatisch gedehnt und blieb mitten auf dem Pfad stehen.

Die großen Züge jenes fahlen Gesichts mit dem stoppligen Schatten auf den Wangen und der Oberlippe, der flüchtige Anblick schlechter Zähne, die große, dreiste Römernase, der trübe, fragende Blick – alles das war unbestreitbar koldunowisch, auch wenn die Zeit es verwischt hatte. Doch während Lik hinschaute, löste sich die Ähnlichkeit geräuschlos auf, und vor ihm stand ein elender Fremder mit dem massiven Gesicht eines Cäsar, eines sehr heruntergekommenen allerdings.

«Küssen wir uns wie gute Russen», sagte Koldunow ingrimmig und presste seine kalte, salzige Wange einen Augenblick lang an Liks kindliche Lippen.

«Ich habe dich gleich erkannt», babbelte Lik. «Erst gestern erzählte mir Wie-heißt-er-doch-noch von dir ... Gawriljuk ...»

«Eine zweifelhafte Type», unterbrach Koldunow. «*Méfie-toi.*[39] Na also so was – hier ist mein Lawruscha. Doll! Ich freue mich. Ich freue mich, dich wiederzusehen. Des Schicksals Wege! Erinnerst du dich, Lawruscha, wie wir immer zusammen Gründlinge gefangen haben? So deutlich, als wäre es gestern gewesen. Eine meiner liebsten Erinnerungen. Doch.»

Als Junge hatte Lik niemals mit Koldunow Fische gefangen, aber Verwirrung, Langeweile und Schüchternheit hinderten ihn daran, diesen Fremden zu beschuldigen, sich eine nicht existente Vergangenheit angeeignet zu haben. Er fühlte sich plötzlich unsicher auf den Beinen und zu vornehm angezogen.

«Wie oft», fuhr Koldunow fort und nahm Liks hellgraue Hosen interessiert in Augenschein, «wie oft in den letzten Jahren ... ja, doch, ich habe an dich gedacht. Bestimmt! Und wo, dachte ich, wo steckt mein Lawruscha? Ich habe meiner Frau von dir erzählt. Sie war einmal eine hübsche Person. Und was bist du von Beruf?»

«Ich bin Schauspieler», seufzte Lik.

«Wenn ich mir eine taktlose Frage gestatten darf», sagte Koldunow in vertraulichem Ton. «Ich habe gehört, dass es in den Vereinigten Staaten eine Geheimgesellschaft gibt, die das Wort ‹Geld› für unanständig hält, und wenn etwas bezahlt werden muss, wickeln sie die Dollars in Klosettpapier. Klar, nur Reiche gehören dazu – die Armen haben keine Zeit für so was. Worauf ich hinauswill, ist dies» – und die Augenbrauen fragend hochgezogen, machte Koldunow eine vulgäre Bewegung mit zwei Fingern und dem Daumen, als betaste er etwas – bares Geld.

«Ach, leider nicht!», rief Lik harmlos. «Die meiste Zeit über bin ich arbeitslos, und die Gagen sind miserabel.»

«Ich weiß, wie das ist, und verstehe vollkommen», sagte Koldunow lächelnd. «Auf jeden Fall habe ich da einen Plan, den ich mit dir bei Gelegenheit gern besprochen hätte. Du könntest ganz hübsch was dran verdienen. Hast du im Augenblick etwas vor?»

«Nun, weißt du ... um die Wahrheit zu sagen, ich fahre mit dem Bus nach Bordighera, den ganzen Tag lang ... Und morgen ...»

«Schade, schade – wenn du mir das gesagt hättest; ich kenne hier einen russischen Chauffeur mit einem schicken Privatwagen, und ich hätte dir die ganze Riviera gezeigt. Du Schafskopf! Na ja, schon gut. Ich bringe dich zur Bushaltestelle.»

«Und außerdem fahre ich überhaupt bald», warf Lik ein.

«Sag mir, wie geht's der Familie? … Was macht Tante Natascha?», fragte Koldunow zerstreut, während sie eine von Menschen wimmelnde kleine Straße entlanggingen, die zum Meer hinunterführte. «Aha, aha», nickte er als Antwort auf Liks Auskünfte. Plötzlich huschte ein schuldbewusster, geisteskranker Ausdruck über sein boshaftes Gesicht. «Hör zu, Lawruscha», sagte er, stieß ihn unwillkürlich an und brachte auf dem schmalen Bürgersteig sein Gesicht in die Nähe von Liks. «Dass ich dich getroffen habe, ist ein gutes Omen für mich. Es ist ein Zeichen, dass noch nicht alles aus ist, und ich muss gestehen, dass ich gestern noch geglaubt habe, alles ist verloren. Verstehst du, was ich sage?»

«Ach was, jeder hat ab und zu solche Gedanken», sagte Lik.

Sie erreichten die Promenade. Das Meer war glanzlos und gerippt unter dem bedeckten Himmel, der sich neben der Brüstung in den trüben Pfützen spiegelte, wo Schaum auf das Pflaster gespritzt war. Niemand war in der Nähe außer einer einsamen Dame in Hosen, die auf einer Bank saß, ein geöffnetes Buch auf dem Schoß.

«Du, gib mir fünf Franken, und ich kaufe dir Zigaretten für die Reise», sagte Koldunow hastig. Während er das Geld in Empfang nahm, fügte er in einem anderen, gelasseneren Ton hinzu: «Sieh mal, das ist meine Ehehälfte da drüben – leiste ihr doch einen Moment Gesellschaft, ich bin gleich zurück.»

Lik ging zu der blonden Dame hinüber und sagte schauspielerhaft automatisch: «Ihr Gatte ist gleich zurück und hat vergessen, mich vorzustellen. Ich bin ein Cousin von ihm.»

Im gleichen Augenblick besprühte ihn der kühle

Staub eines Brechers. Die Dame sah mit blauen, englischen Augen zu Lik auf, schloss ohne Eile ihr rotes Buch und ging wortlos davon.

«Nur ein Witz», sagte Koldunow, als er atemlos wieder auftauchte. «*Voilà.* Ich nehme mir selbst ein paar. Ja, ich fürchte, meine Teure hat keine Zeit, auf einer Bank herumzusitzen und das Meer anzustarren. Ich flehe dich an, versprich mir, dass wir uns wiedersehen. Denk an das Omen. Morgen, übermorgen, wann immer du willst. Versprich's mir! Warte, ich gebe dir meine Adresse.»

Er nahm Liks nagelneues Notizbuch mit dem goldgeprägten Ledereinband, setzte sich, neigte seine schwitzende Stirn mit den geschwollenen Adern, presste die Knie zusammen und schrieb seine Adresse auf, las sie mit peinlichster Sorgfalt durch, versah ein i mit einem neuen Punkt, unterstrich ein Wort und zeichnete zu alledem noch einen Straßenplan: so, so, dann so. Offenbar hatte er das schon mehr als einmal getan, und mehr als einmal hatten ihn die Leute sitzen lassen und die vergessene Adresse als Entschuldigung angeführt; darum schrieb er mit großer Sorgfalt und viel Nachdruck – einem Nachdruck, der fast etwas von einer Beschwörung hatte.

Der Bus kam. «Ich warte also auf dich!», rief Koldunow, während er Lik beim Einsteigen half. Dann machte er voller Energie und Hoffnung kehrt und ging entschlossen die Promenade hinunter, als hätte er etwas Dringendes und Wichtiges zu erledigen, obwohl es keine Täuschung darüber geben konnte, dass er ein Nichtstuer war, ein Säufer und ein Flegel. Am folgenden Tag, einem Mittwoch, machte Lik einen Ausflug in die Berge, und den Donnerstag verbrachte er zum größten Teil mit starken Kopfschmerzen liegend in seinem Zimmer. Die Vorstellung fand an diesem Abend statt, die Abreise am Tag darauf.

Am Abend gegen sechs verließ er das Haus, um seine Uhr vom Uhrmacher abzuholen und ein Paar hübscher weißer Schuhe zu kaufen – eine Errungenschaft, die er seit langem im zweiten Akt vorzuführen gedachte. Er teilte den Perlenvorhang, trat mit dem Schuhkarton unter dem Arm auf die Straße und lief geradewegs Koldunow in die Arme.

Dessen Gruß entbehrte der früheren Begeisterung und hatte stattdessen einen leicht spöttischen Unterton. «Oho! Diesmal windest du dich nicht heraus», sagte er und packte Lik fest am Ellbogen. «Ich will, dass du siehst, wie ich lebe und arbeite.»

«Ich habe heute Vorstellung», wandte Lik ein, «und morgen fahre ich!»

«Das ist es ja gerade, Freundchen, das ist es ja gerade. Nimm die Gelegenheit beim Schopf! Nutze sie! Sie kehrt nie wieder. Die Karte ist gestochen! Komm. Los.»

Während er unzusammenhängende Worte wiederholte und mit seinem ganzen abstoßenden Wesen die sinnlose Freude eines Mannes spielte, der die Grenze erreicht und sie vielleicht sogar schon überschritten hat (er spielt schlecht, dachte Lik vage), schritt Koldunow schnell aus und trieb auch seinen schwächlichen Begleiter an. Die ganze Schauspieltruppe saß auf der Terrasse eines Eckcafés, und als sie Lik gewahrte, grüßte sie ihn mit einem umlaufenden Lächeln, das wie ein Sonnenreflex über die Lippen eines jeden Mitglieds der Truppe huschte.

Koldunow führte Lik eine krumme kleine Straße hinauf, die hie und da von gelbsüchtigem und ebenfalls irgendwie krummem Sonnenschein gesprenkelt war. In diesem armseligen alten Viertel war Lik niemals gewesen. Die hohen, nackten Fassaden der schmalen Häuser schienen sich von beiden Seiten über die Pflaster zu neigen und oben fast zu berühren; manchmal gingen sie ganz ineinander über und bildeten einen Bogen. Abstoßende Kinder lungerten neben den Türöffnungen; schwarzes, stinkendes Wasser floss den Rinnstein am Gehsteig entlang. Indem er unversehens die Richtung änderte, schob Koldunow Lik in einen Laden und verlangte angeberisch im billigsten Argot (in der Weise vieler russischer Habenichtse) für Liks Geld zwei Flaschen Wein. Offenbar war er hier schon lange Geld schuldig, und in seinem ganzen Gebaren wie in seinem lautstarken, drohenden Gruß lag jetzt eine verzweifelte Fröhlichkeit, die beim Ladeninhaber und seiner Schwiegermutter allerdings nicht das geringste Echo auslöste, sodass es Lik noch unbehaglicher zumute wurde. Sie gingen weiter und bogen in eine Gasse ein, und obwohl es den Anschein gehabt hatte, als stellte die elende Straße, die sie gerade heraufgekommen waren, das Äußerste an Erbärmlichkeit, Dreck und Menschengewühl dar, gelang es diesem Durchgang mit seiner über den Köpfen hängenden schlaffen Wäsche, eine noch größere Verkommenheit zu verkörpern. An der Ecke eines schiefen Platzes sagte Koldunow, er würde vorgehen, ließ Lik stehen und ging auf die schwarze Höhle einer offenen Tür zu. Im gleichen Moment kam ein blonder kleiner Junge herausgestürzt, machte jedoch kehrt, als er Koldunow erblickte, und stieß dabei gegen einen Eimer, der mit einem Scheppern antwortete. «Warte, Wasjuk!», rief Koldunow und schleppte sich in seine düstere Behausung. Er war kaum eingetreten, als innen eine hysterische Frauenstimme erscholl und in anscheinend ständig überreiztem Ton etwas schrie, doch das Geschrei brach plötzlich ab, und eine Minute später linste Koldunow heraus und winkte Lik grimmig herbei.

Lik trat über die Schwelle und fand sich sofort in einem dunklen Zimmer mit niedriger Decke, dessen nackte Wände unbegreifliche Krümmungen und Ecken bildeten, als hätten sie sich unter einem entsetzlichen Druck von oben verzogen. Das Zimmer war vollgestopft mit den schäbigen Requisiten der Armut. Der Junge von eben saß auf dem eingedrückten Ehebett; eine riesige blonde Frau mit dicken bloßen Füßen tauchte aus einer Ecke auf und begrüßte Lik wortlos, ohne jedes Lächeln auf ihrem aufgedunsenen bleichen Gesicht (dessen sämtliche Züge, selbst die Augen, von Müdigkeit, Melancholie oder Gott weiß was verschmiert schienen).

«Na, nun macht euch mal miteinander bekannt», murmelte Koldunow aufmunternd und hämisch und machte sich sofort daran, den Wein zu entkorken. Seine Frau stellte etwas Brot und einen Teller Tomaten auf den Tisch. Sie war so still, dass Lik Zweifel kamen, ob es diese Frau gewesen war, die gerade geschrien hatte.

Sie setzte sich hinten im Zimmer auf eine Bank und machte sich irgendwie zu schaffen, putzte etwas … mit einem Messer auf einer ausgebreiteten Zeitung, schien es – Lik fürchtete sich, zu genau hinzusehen –, während der Junge mit glänzenden Augen zur Wand hinüberschlich und nach einem behutsamen Manöver auf die Straße entwischte. Es gab unzählige Fliegen in dem Raum, und mit manischer Unbeirrbarkeit umschwirrten sie den Tisch und ließen sich auf Liks Stirn nieder.

«Also dann, trinken wir», sagte Koldunow.

«Ich kann nicht, ich darf nicht», wollte Lik einwenden, doch dem bedrückenden Einfluss gehorchend, der ihm von seinen Albträumen her vertraut war, nahm er einen Schluck – und bekam einen Hustenanfall.

«Schon besser», sagte Koldunow seufzend und wischte sich die zitternden Lippen mit dem Handrücken ab. «Nämlich so sieht's aus», fuhr er fort und füllte Liks Glas und sein eigenes. «Das wird eine geschäftliche Unterredung! Wenn du erlaubst, erzähle ich dir kurz die ganze Geschichte. Anfang des Sommers habe ich hier ungefähr einen Monat mit ein paar anderen Russen gearbeitet, Abfälle am Strand aufgesammelt. Aber wie du genau weißt, rede ich frei von der Leber weg und liebe die Wahrheit, und wenn so ein Dreckskerl kommt, halte ich nicht hinterm Berg und sage, du bist ein Dreckskerl, und wenn nötig gebe ich ihm eins in die Fresse. Also eines Tages …»

Koldunow machte sich umständlich, mit gewissenhaften Wiederholungen daran, eine langweilige, elende Episode zu erzählen, und man hatte das Gefühl, dass sein Leben seit langem aus derartigen Episoden bestanden hatte; dass Demütigung und Versagen, lastende Perioden armseliger Untätigkeit und ebenso armseliger Plackerei, in der unvermeidlichen Schlägerei gipfelnd, ihm seit langem zum Beruf geworden waren. Lik begann sich derweil schon nach dem ersten Glas betrunken zu fühlen, nippte jedoch mit verhohlenem Ekel weiter. Eine Art kitzelnder Nebel breitete sich in jedem Teil seines Körpers aus, aber er wagte nicht aufzuhören, als zöge die Ablehnung des Weines eine schimpfliche Strafe nach sich. Auf einen Ellbogen gestützt, redete Koldunow ohne Unterbrechung, strich mit einer Hand über die Tischkante und schlug gelegentlich darauf, um einem besonders düsteren Wort Nachdruck zu verleihen. Sein Kopf, der die Farbe gelblichen Lehms hatte (er war nahezu völlig kahl), die Säcke unter den Augen, der rätselhafte gehässige Ausdruck seiner beweglichen Nasenflügel – alles das hatte jede Beziehung zu dem Bild des kräftigen, hübschen Schülers eingebüßt, der Lik einst zu quälen pflegte; der Albtraumkoeffizient jedoch war der gleiche geblieben.

«Das wäre es, mein Lieber … Aber darauf kommt es jetzt nicht mehr an», sagte Koldunow in anderem Ton. «Eigentlich hatte ich diese kleine Geschichte schon das letzte Mal für dich in petto, als mir aufging, dass das Schicksal – ich bin ein alter Fatalist – unserem Wiedersehen eine gewisse Bedeutung gegeben hatte, dass du sozusagen als Retter gekommen warst. Aber jetzt stellt sich heraus, dass du erstens – entschuldige – so geizig bist wie ein Jude, und zweitens … Wer weiß, vielleicht bist du wirklich nicht in der Lage, mir was zu leihen … Keine Angst, keine Angst … Dieses Thema ist erledigt! Außerdem hätte es sich nur um einen kleinen Betrag gehandelt, der mir – nun, nicht wieder auf die Beine geholfen hätte, das wäre Luxus, aber doch auf alle viere. Weil ich es nämlich satthabe, mit dem Gesicht im Dreck zu liegen. Ich habe nicht vor, dich um was zu bitten; Betteln ist nicht meine Art. Alles, was ich will, ist deine Meinung. Es ist eine philosophische Frage.

Damen können weghören. Wie erklärst du das alles? Wenn es nämlich eine bestimmte Erklärung gibt, dann gut, dann will ich mich auch mit dem Dreck zufriedengeben, denn es würde bedeuten, dass alles irgendwie logisch und berechtigt ist und vielleicht mir oder anderen Nutzen bringt, was weiß ich. Also erkläre mir Folgendes: Ich bin ein Mensch – das wirst du doch sicher nicht abstreiten, oder? Schön, also ich bin ein Mensch, und in meinen Adern fließt das gleiche Blut wie in deinen. Ob du es glaubst oder nicht, für meine Mutter war ich ihr Einziger und ihr Liebling. Als Junge habe ich dummes Zeug gemacht; als junger Mann bin ich in den Krieg gezogen, und die Kugel begann zu rollen – mein Gott, wie ist sie gerollt! Was ist schiefgegangen? Nein, *du* sollst es mir sagen – was ist schiefgegangen? Ich will nur wissen, was schiefgegangen ist, dann bin ich ja zufrieden. Warum hat mich das Leben systematisch so herumgehetzt? Warum ist mir die Rolle eines elenden Schurken zugefallen, den alle anspucken, drangsalieren, herumkommandieren, ins Kittchen sperren? Hier hast du ein Beispiel: Als sie mich nach einem bestimmten Vorfall in Lyon abführten – und ich könnte hinzufügen, dass ich völlig im Recht war und es heute bedauere, ihn nicht ganz erledigt zu haben –, also als die Polizei mich abführte, ohne sich um meine Proteste zu scheren, weißt du, was sie da gemacht haben? Sie haben mir einen kleinen Haken hier in das lebendige Fleisch meines Halses gestochen – geht man so mit Menschen um, frage ich dich? –, und ab ging's zur Polizeiwache, und ich mit wie ein Schlafwandler, denn bei jeder zusätzlichen Bewegung wurde mir vor Schmerz schwarz vor den Augen. Also kannst du erklären, warum man das mit anderen nicht macht und dann auf einmal mit mir? Warum ist meine erste Frau mit einem Tscherkessen durchgebrannt? Warum haben mich 32 in einem kleinen Zimmer in Antwerpen sieben Leute beinahe totgeschlagen? Und dann sieh dir das alles an – was ist der Grund dafür? –, diese Lumpen, diese Wände, diese Katja da drüben? … Die Geschichte meines Lebens interessiert mich, und das schon seit geraumer Zeit! Eine Jack-London- oder Dostojewskij-Geschichte für dich ist es nicht! Ich lebe in einem korrupten Land – nun gut. Ich bin bereit, mich mit den Franzosen abzufinden. Schön! Aber wir müssen eine Erklärung finden, meine Herren! Einmal rede ich mit jemand, und er fragt mich: ‹Warum gehst du nicht zurück nach Russland?› Ja, warum eigentlich nicht? Der Unterschied ist minimal! Dort würden sie mich ganz genauso verfolgen, mir die Zähne einschlagen, mich hinter Gitter setzen und mich dann zu meiner Erschießung bitten – und wenigstens das wäre ehrlich. Du siehst, ich bin sogar bereit, ihnen Respekt zu zollen – sie sind weiß Gott ehrliche Mörder –, während sich diese Gauner hier solche Foltern für einen ausdenken, dass man fast Sehnsucht kriegt nach der guten alten russischen Kugel. He, warum guckst du mich nicht an … du, du, du … oder verstehst du nicht, was ich dir sage?»

«Doch, ich verstehe schon», sagte Lik. «Aber du musst mich bitte entschuldigen. Ich fühle mich nicht wohl. Ich muss gehen. Ich muss bald im Theater sein.»

«Nichts da. Gedulde dich noch etwas. Einige Sachen kapiere ich auch. Du bist ein seltsamer Vogel … Los, mach mir schon irgendein Angebot … versuch's! Vielleicht überschüttest du mich am Ende doch noch mit

Gold, wie? Hör zu, weißt du was? Ich verkaufe dir ein Gewehr – es wird dir auf der Bühne zupasskommen: peng, und der Held geht zu Boden. Es ist nicht einmal hundert Franken wert, aber ich brauche mehr als hundert – ich überlasse es dir für tausend. Willst du's haben?»

«Nein», sagte Lik teilnahmslos. «Und ich habe wirklich kein Geld. Ich habe das selbst alles durchgemacht, die Hungerei und so weiter … Nein, ich möchte nicht mehr, mir ist schlecht.»

«Trink weiter, du Miststück, dann ist dir nicht schlecht. Schon gut, ich habe es nur gemacht, um zu sehen, was du sagen würdest – ich bin sowieso nicht käuflich. Nur bitte beantworte mir meine Frage. Wer hat beschlossen, dass ich leiden soll, und mein Kind dann zum gleichen lausigen russischen Schicksal verdammt? Einen Moment mal – nimm an, auch ich will mich im Morgenmantel hinsetzen und Radio hören? Was ist schiefgegangen, he? Nimm dich zum Beispiel – was macht dich besser als mich? Du stolzierst herum, wohnst in Hotels, poussierst mit Schauspielerinnen … Wieso? Warum? Los, erklär mir das.»

Lik sagte: «Es hat sich gezeigt, dass ich … ich hatte nun einmal … ach, ich weiß nicht … ein bescheidenes schauspielerisches Talent, so könnte man wohl sagen …»

«Talent?», rief Koldunow. «Also ich muss sagen, das ist ein guter Witz!» Koldunow begann sich in einer sehr primitiven Nachahmung zwerchfellerschütternden Gelächters zu schütteln. «Du bist ein Lumpenhund, mein Guter. Das ist dein einziges Talent. So bin ich deiner Ansicht nach der niedrigste, dreckigste Wurm und verdiene mein gemeines Ende? Wunderbar, einfach wunderbar. Alles ist erklärt – hurra, hurra! Die Karte ist gestochen, der Nagel drin, das Viech abgeschlachtet!»

«Oleg Petrowitsch ist aufgebracht – vielleicht sollten Sie jetzt lieber gehen», ließ sich plötzlich Koldunows Frau mit einem starken estländischen Akzent aus ihrer Ecke vernehmen. In ihrer Stimme war nicht die geringste Spur von Bewegung, sodass ihre Bemerkung hölzern und sinnlos klang. Koldunow drehte sich in seinem Stuhl langsam um, ohne seine Hand zu bewegen, die wie leblos auf dem Tisch lag, und starrte seine Frau mit einem hingerissenen Blick an.

«Ich halte niemand ab», sagte er sanft und fröhlich. «Und ich werde dankbar dafür sein, wenn mich auch andere nicht aufhalten. Oder wenn ich keine Ratschläge kriege, was ich zu tun und zu lassen habe. Guten Abend, der Herr», fügte er hinzu, ohne Lik anzusehen, der es aus irgendeinem Grund für notwendig hielt zu sagen: «Ich schreibe aus Paris, ganz gewiss.»

«Er schreibt also, wirklich?», sagte Koldunow sanft, scheinbar noch an seine Frau gewandt. Mit einiger Mühe befreite sich Lik aus dem Stuhl und ging auf sie zu, taumelte jedoch und stieß gegen das Bett.

«Gehen Sie, es ist schon gut», sagte sie ruhig, und mit einem höflichen Lächeln stolperte Lik aus dem Haus.

Sein erstes Gefühl war das der Erleichterung. Er war dem Umkreis jenes betrunkenen, moralisierenden Kretins entronnen. Dann stieg ein Grauen in ihm auf: Es war ihm übel im Magen, und seine Arme und Beine gehörten verschiedenen Menschen. Wie sollte er an diesem Abend auftreten? Das Schlimmste von allem jedoch war, dass sein ganzer Körper, der aus Wellen und Punkten zu bestehen schien, einen Herzanfall nahen fühlte. Es war, als wäre ein unsichtbarer Pfahl auf ihn gerichtet, und jeden Augenblick könnte er sich aufspießen. Darum musste er im Zickzack gehen und ab und zu sogar stehen bleiben und ein paar Schritte rückwärts machen. Dennoch blieb sein Geist einigermaßen klar, er wusste, es blieben nur noch sechsunddreißig Minuten bis zum Anfang der Vorstellung, und er wusste den Weg nach Hause … Es wäre jedoch wohl ratsamer, hinunter zur Ufermauer zu gehen und am Meer zu sitzen, bis er sich besser fühlte. Das geht vorbei, das geht vorbei, sagte er sich, wenn ich nur nicht sterbe … Er begriff auch den Umstand, dass die Sonne soeben untergegangen und der Himmel bereits leuchtender und zarter war als die Erde. Welch ein unnötiger, widerwärtiger Unfug. Er ging und berechnete jeden Schritt, doch manchmal irrte er sich, und Vorübergehende drehten sich nach ihm um. Glücklicherweise traf er nicht viele, da es die geheiligte Stunde des Abendessens war, und als er das Wasser erreichte, fand er das Ufer leer; auf dem Pier brannten die Lichter und warfen lange Lichtreflexe auf das farbige Wasser, und diese hellen Punkte und umgedrehten Ausrufezeichen schienen durchsichtig in seinem eigenen Kopf zu schimmern. Er setzte sich auf eine Bank, stieß sich dabei schmerzhaft das Steißbein und schloss die Augen. Aber dann begann sich alles zu drehen; sein Herz zeichnete sich als eine grauenerregende Kugel auf der dunklen Innenseite seiner Augenlider ab. Es schwoll qualvoll weiter an, und um dem ein Ende zu bereiten, öffnete er die Augen und versuchte, seinen Blick auf einzelne Gegenstände zu heften – auf den Abendstern, auf diese schwarze Boje im Meer, auf einen gedunkelten Eukalyptusbaum am Ende der Promenade. Ich kenne das alles, dachte er, ich verstehe das alles, und im Zwielicht ähnelt der Eukalyptusbaum seltsam einer großen russischen Birke. Kann dies das Ende sein? Ein so idiotisches Ende … Ich fühle mich immer schlechter … Was geschieht mir? … O Gott!

Etwa zehn Minuten vergingen, mehr nicht. Seine Uhr tickte weiter und versuchte taktvoll, ihn nicht anzusehen. Der Gedanke an den Tod fiel genau mit dem Gedanken zusammen, dass er in einer halben Stunde auf die erleuchtete Bühne hinaustreten und die ersten Worte seiner Rolle sprechen werde: *«Je vous prie d'excuser, Madame, cette invasion nocturne.»*[40] Und diese Worte, die klar und elegant in sein Gedächtnis eingraviert waren, schienen weitaus wirklicher als das Platschen und Schlappen der matten Wellen, als der Klang zweier fröhlicher Frauenstimmen hinter der Steinmauer einer nahen Villa, als das, was Koldunow gerade gesagt hatte oder selbst als das Hämmern seines eigenen Herzens. Seine Übelkeit erreichte plötzlich eine so panikartige Heftigkeit, dass er aufstand und an der Brüstung entlangging, über die er betäubt die Hand streichen ließ, während er zu den farbigen Tuschen des abendlichen Meeres schaute.

«Auf jeden Fall», sagte Lik laut, «muss ich mich abkühlen. Sofortbehandlung. Entweder sterbe ich, oder sie hilft.»

Er ließ sich dort, wo das Geländer zu Ende war, die abgeböschte Kante des Gehsteigs hinuntergleiten und ging knirschend über den Kieselstrand. Es war niemand am Ufer, mit Ausnahme eines ärmlich gekleideten

Mannes, der mit weit gespreizten Beinen neben einem Felsblock auf dem Rücken lag. Etwas an den Umrissen seiner Beine und Schultern erinnerte Lik aus irgendeinem Grund an Koldunow. Schwankend und sich bereits bückend, ging er verlegen bis zum Rand des Wassers und stand schon im Begriff, sich mit den Händen etwas zu schöpfen und über den Kopf zu schütten; doch das Wasser lebte, es bewegte sich und drohte ihm die Füße nass zu machen. Vielleicht bleibt mir genügend Koordinationsvermögen, meine Schuhe und Socken abzuschütteln, überlegte er und erinnerte sich im gleichen Augenblick des Kartons mit seinen neuen Schuhen. Er hatte ihn bei Koldunow vergessen!

Und sobald er sich dessen erinnerte, erwies sich das Bild als so stimulierend, dass alles sofort weniger kompliziert war, und das rettete Lik, wie zuweilen eine Situation durch ihre rationale Formulierung gerettet wird. Er musste die Schuhe auf der Stelle zurückbekommen, es blieb gerade genug Zeit, sie zu holen, und sobald das getan wäre, würde er in ihnen auf die Bühne treten. (Alles völlig klar und logisch.)

Ohne des Drucks in seiner Brust weiter zu achten, des nebeligen Gefühls, der Übelkeit, kletterte Lik auf die Promenade zurück und rief mit sang- und klangvoller Stimme ein Taxi herbei, das gerade am Bürgersteig vor der Villa gegenüber anfuhr. Seine Bremsen antworteten mit einem zerreißenden Stöhnen. Er gab dem Fahrer die Adresse aus seinem Notizbuch, und obschon die ganze Fahrt – erst dorthin und von da zum Theater – nicht länger als fünf Minuten dauern würde, drängte er ihn, so schnell wie möglich zu fahren.

Das Taxi näherte sich Koldunows Behausung von

der anderen Seite des Platzes her. Ein Menschenauflauf hatte sich angesammelt, und der Fahrer konnte sich nur vermittels unentwegter Drohungen mit seiner Hupe einen Weg bahnen. Koldunows Frau saß auf einem Stuhl neben dem Brunnen. Ihre Stirn und linke Wange glänzten von Blut, ihr Haar war verklebt, und sie saß aufrecht und reglos, umgeben von den Neugierigen, während ihr zunächst und ebenso reglos ihr Sohn stand, in einem blutbefleckten Hemd, die geschlossene Hand vor dem Gesicht – eine Art Tableau. Ein Polizist, der Lik irrtümlich für den Arzt hielt, geleitete ihn in das Zimmer. Der Tote lag zwischen zerbrochenem Tongeschirr auf dem Fußboden, das Gesicht von dem Gewehrschuss in den Mund zerschmettert, seine weit gespreizten Füße in neuen, weißen …

«Die da sind meine», sagte Lik auf Französisch.

Der Museumsbesuch

Als vor ein paar Jahren einer meiner Pariser Bekannten – milde gesagt: ein etwas wunderlicher Mann – erfuhr, dass ich zwei oder drei Tage in Montisert verbringen würde, bat er mich, das dortige Museum aufzusuchen, wo, wie er gehört hatte, ein Porträt von Leroy hängen sollte, das seinen Großvater darstellte. Lächelnd und mit ausgebreiteten Händen erzählte er eine ziemlich vage Geschichte, der ich, offen gesagt, wenig Aufmerksamkeit schenkte, einesteils, weil ich an anderer Leute aufdringlichen Affären keinerlei Gefallen finde, hauptsächlich aber, weil ich immer schon Zweifel an der Fähigkeit meines Bekannten hatte, diesseits der Phantasterei zu bleiben.

Ungefähr lautete sie folgendermaßen: Nachdem zur Zeit des Russisch-Japanischen Krieges der Großvater in dem Petersburger Haus der Familie gestorben war, wurde das Inventar seiner Pariser Wohnung versteigert. Das Porträt wurde nach einiger Zeit dunkler Wanderschaft von dem Museum in Leroys Geburtsstadt erworben. Mein Bekannter wollte wissen, ob das Bild wirklich dort war; wenn ja, ob man es käuflich erwerben könne; und gegebenenfalls zu welchem Preis. Als ich ihn fragte, warum er sich nicht selber mit dem Museum in Verbindung setze, antwortete er, dass er wohl mehrere Male geschrieben, indessen nie eine Antwort erhalten habe.

Ganz für mich fasste ich den Entschluss, seine Bitte nicht zu erfüllen – ich konnte mich immer damit herausreden, ich sei krank geworden oder hätte meine Reiseroute geändert. Schon die Vorstellung, Sehenswürdigkeiten zu besichtigen, ob es sich nun um Museen oder alte Gebäude handelt, ist mir ein Gräuel; außerdem schien mir der Auftrag dieses harmlosen Kauzes reiner Unfug. Während ich jedoch auf der Suche nach einer Schreibwarenhandlung durch die leeren Straßen Montiserts ging und den immer gleichen Turm einer langhalsigen Kathedrale verwünschte, der am Ende jeder Straße von neuem auftauchte, traf es sich, dass ein heftiger Regenguss mich überraschte, der sogleich den Fall der Ahornblätter beschleunigte – das freundliche Wetter eines südlichen Oktobers hing nämlich nur noch an einem einzigen Faden. Ich suchte mir schnell einen Unterstand und fand mich auf der Treppe des Museums.[41]

Es war ein Gebäude von bescheidenen Ausmaßen – die Mauern aus vielfarbigem Stein, Säulen, eine güldene Inschrift über den Giebelfresken, eine steinerne Bank auf Löwenfüßen beiderseits der Bronzetür. Einer ihrer Flügel stand offen, und gegen den Schimmer des Schauers schien das Innere dunkel. Eine Weile stand ich auf den Stufen, doch trotz des vorspringenden Daches sprenkelten sie sich allmählich. Ich sah, dass der Regen so schnell nicht nachlassen würde, und da ich nichts Besseres zu tun hatte, entschloss ich mich hineinzugehen. Kaum hatte ich meinen Fuß auf die glatten, hallenden Fliesen des Vestibüls gesetzt, als aus einer fernen Ecke das Geräusch eines gerückten Stuhles zu mir drang und der Wärter – wie üblich ein Veteran mit einem leeren

Ärmel – seine Zeitung weglegte, mich über seine Brille hinweg ins Auge fasste, aufstand und mir entgegenkam. Ich zahlte meinen Franken, versuchte, die paar Statuen nahe dem Eingang zu übersehen (sie waren so konventionell und belanglos wie die erste Nummer eines Zirkusprogramms), und ging weiter in den Hauptsaal.

Alles war, wie es sein soll: graue Farbtöne, der Schlaf der Substanz, dematerialisierte Materie. Die übliche Vitrine mit alten, abgegriffenen Münzen, die im schrägen Samt ihrer Fächer ruhten. Oben auf der Vitrine ein Eulenpaar, ein Uhu und eine Waldohreule, deren französische Namen übersetzt «Großherzog» und «Mittelherzog» ergaben. Ehrwürdige Mineralien lagen in ihren offenen Gräbern aus staubigem Pappmaché; die Photographie eines verwunderten spitzbärtigen Herrn wachte über eine Sammlung verschieden großer, seltsamer schwarzer Klumpen. Sie hatten Ähnlichkeit mit gefrorenem Larvenkot, und ich blieb unwillkürlich vor ihnen stehen, denn es wollte mir nicht gelingen, ihre Natur, Zusammensetzung und Bestimmung zu erraten. Der Pedell war mir mit filzgedämpften Schritten nachgegangen, immer in respektvollem Abstand; jetzt jedoch kam er heran, eine Hand auf dem Rücken, den Geist der anderen in der Tasche; nach seinem Adamsapfel zu urteilen, musste er schlucken.

«Was ist das?», fragte ich.

«Die Wissenschaft hat es bislang noch nicht geklärt», erwiderte er; ohne Zweifel hatte er den Satz auswendig gelernt. Im gleichen gekünstelten Ton fuhr er fort: «Sie wurden 1895 von dem Stadtrat und Ritter der Ehrenlegion Louis Pradier aufgefunden», und sein zitternder Finger wies auf die Photographie.

«Schön und gut», sagte ich, «aber wer hat entschieden, und warum, dass sie einen Platz im Museum verdienen?»

«Und jetzt darf ich Ihre Aufmerksamkeit auf diesen Schädel lenken!», rief der Alte energisch; offenbar wünschte er das Thema zu wechseln.

«Ich würde wenigstens gern wissen, woraus sie bestehen», unterbrach ich ihn.

«Die Wissenschaft …», begann er von vorn, hielt dann aber inne und betrachtete mürrisch seine Finger, die sich an dem Staub auf dem Glas schmutzig gemacht hatten.

Ich ging daran, eine chinesische Vase in Augenschein zu nehmen, die vermutlich ein Schiffsoffizier mit zurückgebracht hatte; eine Gruppe poröser Fossilien; einen bleichen Wurm in wolkigem Alkohol; eine rote und grüne Karte Montiserts aus dem siebzehnten Jahrhundert; sowie ein Trio rostiger, mit einer Trauerschleife zusammengehaltener Werkzeuge – einen Spaten, eine Queraxt, eine Spitzhacke. «Um in der Vergangenheit zu graben», dachte ich geistesabwesend, doch diesmal ersuchte ich den Wärter, der mir geräuschlos und demütig zwischen den Vitrinen hin und her folgte, nicht um Aufklärung. Hinter dem ersten Saal war ein zweiter, augenscheinlich der letzte, und in seiner Mitte stand wie eine schmutzige Badewanne ein großer Sarkophag, während die Wände voller Bilder hingen.

Sogleich fiel mein Blick auf das Bildnis eines Mannes, das zwischen zwei unsäglichen Landschaften (mit Rindvieh und «Atmosphäre») hing. Ich trat näher und entdeckte zu meiner nicht geringen Verwunderung genau den Gegenstand, dessen Existenz ich bis dahin für die Ausgeburt eines nicht ganz gefestigten Geistes gehalten hatte. Der Mann, der in erbärmlichen Ölfarben dargestellt war, trug einen Frack, einen Schnurrbart und ein großes Pincenez an einer Schnur; er sah Offenbach ein wenig ähnlich, doch trotz der elenden, konventionellen Gewöhnlichkeit des Werkes hatte ich das Gefühl, dass man in seinen Zügen sozusagen den Horizont einer Ähnlichkeit mit meinem Bekannten ausmachen konnte. In einer Ecke aufs sorgfältigste in Karminrot auf einen schwarzen Hintergrund gesetzt, stand die Signatur «Leroy», in einer Handschrift, die genauso gewöhnlich war wie das Werk selbst.

Ich spürte einen essigsauren Atem neben meiner Schulter und wandte mich um, um den freundlichen Blick des Wärters aufzufangen. «Sagen Sie», fragte ich, «mit wem müsste man sprechen, wenn man eins dieser Gemälde kaufen wollte?»

«Die Schätze des Museums sind der Stolz der Stadt», erwiderte der Alte, «und Stolz ist nicht verkäuflich.»

Aus Furcht vor seiner Beredsamkeit stimmte ich ihm eilig zu, erkundigte mich aber dennoch nach dem Namen des Museumsdirektors. Er versuchte, mich mit der Geschichte des Sarkophags abzulenken, aber ich blieb hartnäckig. Endlich gab er mir den Namen eines gewissen Monsieur Godard und erklärte mir, wo ich ihn finden würde.

Offen gesagt gefiel es mir, dass das Porträt doch existierte. Es machte Spaß zu erleben, wie ein Traum Wahrheit wird, selbst wenn es kein eigener ist. Ich beschloss, die Sache unverzüglich zu erledigen. Wenn ich in die richtige Stimmung komme, hält mich niemand auf. Schnellen, hallenden Schritts verließ ich das Museum und stellte fest, dass der Regen aufgehört hatte; Bläue hatte sich über den Himmel gebreitet, eine Frau mit bespritzten Strümpfen fuhr auf einem silbrig glänzenden Fahrrad vorbei, und nur über den umliegenden Hügeln hing noch Gewölk. Wieder einmal begann die Kathedrale, mit mir Versteck zu spielen, aber ich überlistete sie. Als ich die asphaltierte Hauptstraße überquerte, entging ich mit Not den ungestümen Reifen eines wütenden roten Busses, der voller singender Jungen war, und eine Minute später läutete ich am Gartentor M. Godards. Er entpuppte sich als ein dünner Mann mittleren Alters mit Stehkragen und gestärktem Hemdeinsatz, einer Perle im Knoten seiner Krawatte und einem Gesicht, das einem russischen Wolfshund sehr ähnlich sah; als wäre das noch nicht genug, leckte er sich die Lippen auf höchst hundemäßige Manier, während er eine Briefmarke auf einen Umschlag klebte, als ich in sein kleines, jedoch reichlich möbliertes Zimmer trat; auf dem Tisch stand ein Tintenfass aus Malachit und auf dem Kaminsims eine mir seltsam bekannt vorkommende chinesische Vase. Zwei Florette hingen gekreuzt über dem Spiegel, in dem sein schmaler grauer Hinterkopf zu sehen war. Hier und da lockerten photographische Aufnahmen eines Kriegsschiffs die blaue Flora der Tapete auf angenehme Weise auf.

«Womit kann ich Ihnen dienen?», fragte er und warf den Brief, den er soeben zugeklebt hatte, in den Papierkorb. Dies zwar schien mir ungewöhnlich, doch hielt ich es nicht für angebracht, mich einzumischen. In aller Kürze erklärte ich den Grund meines Kommens und nannte sogar die beträchtliche Summe, die mein Freund auszugeben bereit war, obwohl er mich gebeten hatte, sie nicht zu erwähnen, sondern stattdessen die Bedingungen des Museums abzuwarten.

«Das ist ja alles reizend», sagte M. Godard. «Die Sache ist nur die, dass Sie sich irren – in unserm Museum gibt es solch ein Bild nicht.»

«Was soll das heißen: gibt es solch ein Bild nicht?», rief ich. «Ich habe es doch eben gesehen! Bildnis eines russischen Adligen, von Gustave Leroy.»

«Wir haben allerdings einen Leroy», sagte M. Godard, nachdem er ein schwarzes, in Wachstuch gebundenes Notizbuch durchgeblättert hatte und sein schwarzer Fingernagel bei der fraglichen Eintragung stehen geblieben war. «Es ist jedoch kein Porträt, sondern eine Landschaft: die Rückkehr der Herde.»

Ich wiederholte, dass ich das Bild vor fünf Minuten noch mit eigenen Augen gesehen hätte und dass nichts auf Erden mich veranlassen könnte, an seinem Vorhandensein zu zweifeln.

«Einverstanden», sagte Godard, «aber auch ich bin nicht verrückt. Seit fast zwanzig Jahren bin ich jetzt Kustos an unserem Museum und kenne diesen Katalog so genau wie das Vaterunser. Hier steht Rückkehr der Herde, und das heißt, die Herde kehrt zurück, und wenn der Großvater Ihres Bekannten nicht gerade als Schafhirt dargestellt ist, kann sich sein Porträt unmöglich in unserem Museum befinden.»

«Er hat einen Frack an», rief ich. «Ich schwöre, er trägt einen Frack.»

«Und wie hat Ihnen unser Museum so im allgemeinen gefallen?», fragte M. Godard misstrauisch. «Haben Sie den Sarkophag zu würdigen gewusst?»

«Hören Sie», sagte ich (und ich glaube, meine Stimme zitterte bereits), «tun Sie mir einen Gefallen – wir gehen sofort hinüber und machen zwischen uns aus, dass Sie mir das Porträt verkaufen, wenn es da ist.»

«Und wenn nicht?», erkundigte sich M. Godard.

«Dann zahle ich Ihnen den Betrag trotzdem.»

«Na gut», sagte er. «Hier, nehmen Sie diesen roten und blauen Stift und geben Sie es mir schriftlich, aber in Rot, in Rot, bitte.»

In meiner Erregung tat ich wie geheißen. Er warf einen kurzen Blick auf meine Unterschrift und beklagte die schwierige Aussprache russischer Eigennamen. Dann setzte er seine eigene Unterschrift dazu, faltete das Blatt hastig und steckte es in seine Westentasche.

«Gehen wir», sagte er und befreite eine Manschette.

Auf dem Weg trat er in einen Laden und kaufte eine Tüte klebrig aussehender Bonbons, die er mir hartnäckig aufzunötigen versuchte; als ich rundheraus ablehnte, versuchte er, mir einige davon in die Hand zu schütten. Ich zog meine Hand fort. Mehrere Bonbons fielen auf den Gehsteig; er blieb stehen, um sie aufzuheben, und holte mich laufend wieder ein. Als wir uns dem Museum näherten, sahen wir, dass der rote Reisebus (leer jetzt) davor parkte.

«Aha», sagte M. Godard erfreut. «Offenbar haben wir heute viele Besucher.»

Er nahm seinen Hut ab, hielt ihn vor sich und schritt würdig die Treppe hinan.

Etwas stimmte nicht im Museum. Aus dem Innern drangen Rowdyrufe, dreckiges Lachen und anscheinend sogar die Geräusche eines Handgemenges. Wir betraten den ersten Saal; hier hielt der ältliche Pedell zwei Frevler zurück, die irgendwelche festlichen Embleme an ihren Jackenaufschlägen trugen und mit violett angelaufenen Gesichtern und sehr tatkräftig versuchten, die Exkremente des Stadtrats unter dem Glas hervorzuholen. Die übrigen Jungen, Mitglieder irgendeiner dörflichen Sportorganisation, vergnügten sich geräuschvoll – einige mit dem Wurm im Alkohol, andere mit dem Totenschädel. Ein Witzbold bewunderte verzückt die Rohre der Dampfheizung, als handele es sich um einen Ausstellungsgegenstand; ein anderer zielte mit Faust und Zeigefinger auf eine der Eulen. Alles in allem waren etwa dreißig da, die hin und her liefen und redeten, sodass Gedränge und großer Lärm herrschten.

M. Godard klatschte in die Hände und deutete auf ein Schild, auf dem zu lesen war: «Von den Museumsbesuchern wird erwartet, dass sie anständig gekleidet sind.» Dann bahnte er sich den Weg in den zweiten Saal, und ich folgte ihm. Die ganze Gesellschaft schwärmte sofort hinterdrein. Ich lenkte M. Godard zu dem Porträt; er blieb davor wie erstarrt stehen, die Brust geschwellt, trat dann einen Schritt zurück, als betrachte er es bewundernd, und sein femininer Schuhabsatz trat jemandem auf den Fuß.

«Ein hervorragendes Gemälde», rief er mit ungekünstelter Aufrichtigkeit. «Na, da wollen wir nicht kleinlich sein. Sie hatten Recht, es muss sich um einen Fehler im Katalog handeln.»

Während er redete, rissen seine Finger, die sich gleichsam selbständig gemacht hatten, unser Abkommen in kleine Fetzen, die wie Schneeflocken in einen massiven Spucknapf fielen.

«Wer ist der alte Affe?», fragte ein Individuum in einem gestreiften Jersey, und da der Großvater meines

Bekannten mit einer brennenden Zigarre in der Hand abgebildet war, nahm ein anderer Spaßvogel eine Zigarette und schickte sich an, das Porträt um Feuer anzugehen.

«Also gut, einigen wir uns über den Preis», sagte ich, «und machen wir auf jeden Fall, dass wir hier wegkommen.»

«Platz da, bitte!», rief M. Godard und schob die Neugierigen zur Seite.

Am Ende des Saales gab es einen Ausgang, den ich vorher nicht bemerkt hatte, und wir drängten uns zu ihm durch.

«Ich kann hier keine Entscheidung treffen», brüllte M. Godard über den Lärm hinweg. «Entschiedenheit ist nur dann von Wert, wenn sie das Recht auf ihrer Seite hat. Ich muss die Sache erst mit dem Bürgermeister durchsprechen, der gerade gestorben und noch nicht gewählt ist. Ich bezweifle, dass es Ihnen möglich sein wird, das Bild zu kaufen, aber dessen ungeachtet würde ich Ihnen gerne andere Schätze unseres Museums zeigen.»

Wir befanden uns in einem Saal von beträchtlichen Ausmaßen. Braune Bücher mit rauen, stockfleckigen Seiten, die halb gebacken aussahen, lagen geöffnet unter Glas auf einem langen Tisch. An den Wänden standen Soldatenfiguren mit Stulpenstiefeln.

«Ich bitte Sie, wir wollen darüber reden», rief ich verzweifelt und versuchte, M. Godards Evolutionen auf ein Plüschsofa in einer Ecke hinzulenken. Der Wärter hinderte mich daran. Seinen einen Arm wie einen Dreschflegel schwingend, kam er uns nachgelaufen, verfolgt von einer Schar fröhlicher Jungen, von denen sich einer einen rembrandtisch leuchtenden Kupferhelm[42] auf den Kopf gesetzt hatte.

«Nehmen Sie das doch ab, nehmen Sie es ab!», rief M. Godard, und jemand stieß den Helm klappernd vom Kopf des Lümmels.

«Gehen wir weiter», sagte M. Godard und zog mich am Ärmel, und wir gelangten in die Abteilung antiker Skulpturen.

Für einen Augenblick verirrte ich mich zwischen enormen Marmorfüßen, und zweimal rannte ich um ein riesiges Knie, bis ich M. Godards wieder ansichtig wurde, der hinter dem weißen Fußgelenk einer benachbarten Riesin nach mir suchte. Hier fiel ein Mensch mit steifem Hut, der auf sie hinaufgeklettert sein musste, plötzlich aus großer Höhe auf den Steinfußboden. Einer seiner Kameraden begann, ihm aufzuhelfen, doch sie waren beide betrunken, und sie mit einer Handbewegung fortscheuchend, stürzte M. Godard in den nächsten Raum, wo orientalische Gewebe prunkten; Hunde liefen hier über Azurteppiche, und auf einem Tigerfell lagen Bogen und Köcher.

Seltsamerweise jedoch vermittelte mir die Weite und das bunte Durcheinander nur ein Gefühl von Bedrückung und Ungenauigkeit, und vielleicht, weil neue Besucher vorüberstürzten oder weil es mich drängte, das sich unnötigerweise weitende Museum zu verlassen und meine Geschäftsverhandlungen mit M. Godard in Ruhe und Freiheit zu Ende zu bringen, begann ich mich auf undeutliche Weise beunruhigt zu fühlen. Inzwischen hatten wir uns wiederum in einen anderen Saal begeben, der nun wirklich riesig sein musste, denn er beherbergte das vollständige Gerippe eines Wals, das aussah wie das Spantenwerk einer Fregatte; dahinter waren weitere Säle zu erkennen, der schräge Glanz großer Gemälde, die voll waren von Sturmwolken, zwischen denen die zarten Idole frommer Kunst in blauen und rosaroten Gewändern schwebten; und all das ging in die jähe Turbulenz nebelhafter Vorhänge über, und Kronleuchter glitzerten auf, und Fische mit Flossen wie aus Gaze mäanderten durch beleuchtete Aquarien. Als wir eine Treppe hinaufstürmten, sahen wir von der Galerie oben eine Schar grauhaariger Leute mit Regenschirmen, die eine gigantische Nachbildung des Universums betrachteten.

Zuletzt, in einem düsteren, aber großartigen Raum, welcher der Geschichte der Dampfmaschine gewidmet war, gelang es mir, meinen unbesorgten Führer einen Augenblick lang anzuhalten.

«Genug!», rief ich. «Ich gehe. Wir sprechen uns morgen noch.»

Er war bereits verschwunden. Ich drehte mich um und erblickte, kaum drei Zentimeter entfernt, die hohen Räder einer schwitzenden Lokomotive. Lange bemühte ich mich, zwischen Bahnhofsmodellen den Weg zurückzufinden. Wie seltsam glühten die violetten Signale in der Dunkelheit hinter dem Fächer nasser Geleise, wie krampfte sich mein armes Herz zusammen! Plötzlich änderte sich alles von neuem: Vor mir dehnte sich ein unendlich langer Gang, der zahlreiche Büroräume und scheue, hastende Menschen enthielt. Ich bog um eine Ecke und fand mich inmitten von tausend Musikinstrumenten; die Wände, Spiegel alle, reflektierten eine Kolonne von Konzertflügeln, während sich in der Mitte ein Teich mit einem bronzenen Orpheus auf einem grünen Felsen befand. Das Thema Wasser war damit noch nicht zu Ende, denn als ich zurücklief, landete ich in der Abteilung Brunnen und Bäche, und es war gar nicht leicht, an den gewundenen, schlüpfrigen Rändern jener Gewässer entlangzugehen.

Hin und wieder stiegen auf der einen oder anderen Seite steinerne Treppen mit Pfützen auf den Stufen, die mir eine seltsame Furcht einflößten, in neblige Abgründe hinab, aus denen Pfiffe, Geschirr- und Schreibmaschinengeklapper, Hammerschläge und viele andere Geräusche heraufdrangen, als befänden sich dort unten irgendwelche Ausstellungshallen, die bereits schlossen oder noch nicht fertig waren. Dann fand ich mich im Dunkeln und rannte gegen unbekannte Möbelstücke, bis ich endlich ein rotes Licht erblickte und auf eine Plattform hinaustrat, die unter mir erdröhnte – und auf der anderen Seite lag unerwartet ein heller Salon mit geschmackvollem Empire-Mobiliar, aber es gab keine lebende Seele, keine lebende Seele … Mittlerweile erfüllte mich unbeschreibliche Angst, doch jedes Mal, wenn ich mich umwandte und meinen Weg durch die Gänge, die ich gekommen war, zurückfinden wollte, fand ich mich an bislang unbekannten Orten – einem Treibhaus mit Hortensien und zerbrochenen Fensterscheiben, hinter denen eine künstliche Nacht zu sehen war; oder einem verlassenen Laboratorium mit verstaubten Destillierkolben auf den Tischen. Endlich rannte ich in irgendeinen Raum mit Kleiderhaken, die auf ungeheuerliche Weise mit schwarzen Mänteln und Astrachanpelzen überladen waren; hinter einer Tür brauste Beifall auf, aber als ich sie aufstieß, war da kein Theater, sondern nur ein weiches, milchiges Licht und ein hervorragend gefälschter Nebel mit völlig überzeugenden Flecken undeutlicher Straßenlaternen. Mehr als überzeugend! Ich trat näher, und sofort ersetzte ein freudiges und unmissverständliches Gefühl der Wirklichkeit endlich den Spuk, zwischen dem ich hin und her geeilt war. Der Stein unter meinen Füßen war richtiger Gehsteig, der mit wunderbar duftendem neuem Schnee bedeckt war, und seltene Fußgänger hatten darin bereits frische schwarze Spuren zurückgelassen. Nach meinen fiebrigen Wanderungen war mir die stille und schneeige, irgendwie sehr bekannt vorkommende Kühle der Nacht zunächst angenehm. Vertrauensvoll begann ich zu mutmaßen, wo genau ich herausgekommen war, warum Schnee lag und was diese Lichter waren, die übertrieben groß, aber undeutlich hier und dort durch die braune Dunkelheit strichen. Ich betrachtete einen runden Steinpoller an der Bordsteinkante, bückte mich, berührte ihn sogar und sah dann auf meine Handfläche, die voll war von nasser, körniger Kälte, als hoffte ich, dort eine Erklärung zu lesen. Ich fühlte, wie leicht, wie naiv ich gekleidet war, aber der deutliche Gedanke, dem Labyrinth des Museums entronnen zu sein, war immer noch so stark, dass ich in den ersten zwei oder drei Minuten weder Überraschung noch Furcht empfand. Ich setzte meine gelassene Untersuchung fort und blickte an dem Haus hinauf, neben dem ich stand, und sofort fielen mir die eisernen Stufen und Geländer ins Auge, die auf ihrem Weg zum Keller in den Schnee hinabstiegen. Mein Herz krampfte sich zusammen, und mit neuer, erschreckter Neugier blickte ich auf das Straßenpflaster, auf seine weiße Decke, über die sich schwarze Linien zogen, auf den braunen Himmel, über den immer noch ein geheimnisvolles Licht strich, und auf die massive Brüstung in einiger Entfernung. Ich fühlte, dass es dahinter abwärtsging; etwas krachte und gurgelte dort. Noch weiter weg, jenseits der trüben Mulde, erstreckte sich eine Kette verschwommener Lichter. Ich machte in meinen durchweichten Schuhen ein paar Schritte durch den Schnee und behielt die ganze Zeit über das dunkle Haus zu meiner Rechten im Auge; nur in einem einzigen Fenster leuchtete eine Lampe sanft unter ihrem grünen Glasschirm. Hier ein verriegeltes Holztor … Dort offenbar die Fensterläden eines kleinen schlafenden Geschäfts … Und im Licht der Straßenlaterne, deren Form mir schon lange ihre unmögliche Botschaft zugerufen hatte, entzifferte ich den hinteren Teil eines Schildes: *«… inka sapog»* («… uhreparatur») – aber nein, der Schnee war es nicht, der das Härtezeichen am Ende ausgelöscht hatte.[43] «Nein, nein, gleich wache ich auf», sagte ich laut, und zitternd, klopfenden Herzens wandte ich mich um, ging weiter, blieb stehen. Irgendwoher kam der sich entfernende Klang von Hufen, gedämpft, träge und gleichmäßig; der Schnee saß wie eine Schlafmütze auf einem leicht geneigten Steinpoller, zeigte sich undeutlich weiß auf dem Holzstapel jenseits des Zaunes, und schon wusste ich auch unwiderruflich, wo ich war. Ach, es war nicht das Russland meiner Erinnerung, sondern das tatsächliche heutige Russland, das mir verboten war, hoffnungslos unterwürfig und hoffnungslos meine Heimat. Ein Semiphantom in einem leichten ausländischen Anzug, so stand ich in einer Oktobernacht auf dem teilnahmslosen Schnee an dem Moika- oder dem Fontanka-, vielleicht auch am Obwodnyj-Kanal, und ich musste etwas tun, musste irgendwohin gehen, rennen, verzweifelt mein gefährdetes, ungesetzliches Leben schützen. Oh, wie oft hatte ich im Schlaf ein ähnliches Gefühl erlebt! Jetzt jedoch war es Wirklichkeit. Alles war wirklich – die Luft, die sich mit verstreuten Schneeflocken zu vermischen schien, der noch nicht zugefrorene Kanal, das schwimmende Fischhaus und jene eigentümliche Viereckigkeit der dunklen und der gelben Fenster. Ein Mann mit einer Pelzmütze und einer Aktentasche unter dem Arm kam mir aus dem Nebel entgegen, warf mir einen verwunderten Blick zu und drehte sich noch einmal nach mir um. Ich wartete, bis er verschwunden war, und begann dann in ungeheurer Eile meine Taschen auszuleeren, Papiere zu zerreißen, sie in den Schnee zu werfen und hineinzutreten. Einige Dokumente waren dabei, ein Brief meiner Schwester in Paris, fünfhundert Franken, ein Taschentuch, Zigaretten; um jedoch die ganze Hülle des Exils abzustreifen, musste ich mir die Kleidung vom Leibe reißen und sie vernichten, meine Unterwäsche, meine Schuhe, alles, bis ich splitternackt war; und obwohl ich bereits vor Qual und Kälte zitterte, tat ich das Mögliche.

Doch genug. Ich werde nicht erzählen, wie ich verhaftet wurde, noch will ich berichten, was ich im Folgenden erduldete. Es muss genügen, wenn ich sage, dass es mich unglaubliche Geduld und Anstrengung kostete, wieder ins Ausland zu gelangen, und dass ich mir seither geschworen habe, nie wieder Aufträge auszuführen, mit denen einen die Tollheit anderer betraut hat.

Wassilij Schischkow

Ich habe nur spärliche Erinnerungen an ihn, und das wenige, was ich noch weiß, trug sich mitten im letzten Frühjahr zu, dem Frühjahr des Jahres 1939. Ich hatte an irgendeinem «Abend russischer Exilliteratur» teilgenommen – einer jener langweiligen Affären, die seit Beginn der zwanziger Jahre in Paris an der Tagesordnung waren. Als ich die Treppe hinunterlief (eine Pause hatte mir die Gelegenheit zur Flucht gegeben), schien mir, als hörte ich den Galopp hartnäckiger Verfolgung hinter mir. Ich blickte zurück, und in diesem Augenblick sah ich ihn zum ersten Mal. Er hatte ein paar Stufen über mir Halt gemacht und sagte von dort: «Mein Name ist Wassilij Schischkow. Ich bin Dichter.»

Dann kam er herab auf meine Höhe – ein kompakt gebauter junger Mann, unleugbar Russe, mit dicken Lippen und grauen Augen, einer tiefen Stimme und einem geräumigen, bequemen Handschlag.

«Ich möchte Ihren Rat in einer bestimmten Angelegenheit», fuhr er fort. «Ich würde es sehr begrüßen, wenn wir uns einmal treffen könnten.»

Ich bin jemand, der mit derlei Anträgen nicht gerade verwöhnt wird. Meine Zusage floss fast vor Zuneigung und Rührung über. Wir verabredeten, dass er am folgenden Tag in meinem schäbigen Hotel (das sich großsprecherisch Royal Versailles nannte) vorbeikommen sollte. Pünktlich stieg ich in den Abklatsch einer Lounge hinab, wo es zu dieser Stunde vergleichsweise ruhig war, wenn man die konvulsivischen Anstrengungen des Aufzugs und die Unterhaltung von vier deutschen Flüchtlingen, die an ihrem Stammtisch in einer Ecke gewisse Kniffligkeiten des *carte d'identité*-Verfahrens diskutierten, außer Acht ließ. Einer von ihnen war offensichtlich der Meinung, seine Lage sei weniger miserabel als die der anderen, und die anderen wiesen ihm nach, dass sie sich in nichts von der ihren unterschied. Dann tauchte ein fünfter auf und grüßte seine Landsleute aus irgendeinem Grunde auf Französisch: Spaß? Angeberei? Die Verlockung einer neuen Sprache? Er hatte sich gerade einen Hut gekauft; sie probierten ihn alle auf.

Schischkow trat ein. Mit ernstem Gesichtsausdruck und einem ähnlichen Ernst in der Stemmbewegung seiner Schulter überwand er den rostigen Widerstand der Drehtür und hatte kaum Zeit, sich umzusehen, als er mich auch schon erblickte. Ich registrierte mit Vergnügen, dass er sich das herkömmliche Grinsen versagte, das ich so sehr fürchte – und zu dem ich selber neige. Ich hatte einige Schwierigkeiten, zwei zu prall gestopfte Polstersessel zusammenzurücken, und erneut fand ich es äußerst wohltuend, dass er, anstatt eine mechanische Geste der Hilfsbereitschaft anzudeuten, ungezwungen, die Hände in den Taschen seines alten Trenchcoats, dastand und wartete, bis ich unsere Sitzgelegenheit gruppiert hätte. Sobald wir uns gesetzt hatten, holte er ein bräunliches Notizbuch hervor.

«Zunächst», sagte Schischkow und sah mich mit sympathischen, pelzigen Augen starr an, «hat man sich ja wohl auszuweisen – nicht wahr? Bei der Polizei hätte ich meine Kennkarte gezeigt, und Ihnen, Gospodin Nabokov,[44] lege ich ein Heft mit Gedichten vor.»

Ich blätterte darin. Die feste Handschrift mit leichter Linksneigung atmete Gesundheit und Begabung. Sobald ich jedoch meinen Blick die Zeilen hinunterzickzacken ließ, verspürte ich einen Stich der Enttäuschung. Die Gedichte waren fürchterlich, schal, grell und erbärmlich prätentiös. Ihre nicht zu überbietende Mittelmäßigkeit wurde durch den schwindlerischen Schick der Alliterationen und den buhlerischen Reichtum banausenhafter Reime noch hervorgehoben. Der Hinweis mag genügen, dass sich *teatr* auf *gladiator*, *mustang* auf *tank*, *madonna* auf *belladonna* reimten. An die Themen rührte man besser nicht: Der Autor besang mit unwandelbarem Gusto alles, was vor seine Leier kam. Seine Gedichte eines nach dem anderen zu lesen, war eine Qual für einen empfindlichen Menschen. Da aber meine Gewissenhaftigkeit dadurch gestärkt wurde, dass der Autor mich nicht aus den Augen ließ und die Richtung meines Blicks wie die Tätigkeit meiner Finger überwachte, konnte ich nicht umhin, ein paar Augenblicke bei jeder Seite zu verweilen.

«Nun, wie lautet der Richterspruch?», fragte er, als ich geendet hatte. «Nicht allzu furchtbar?»

Ich betrachtete ihn. Sein glänzendes Gesicht mit den geweiteten Poren drückte nicht das Gefühl kommenden Unheils aus. Ich antwortete, dass seine Gedichte hoffnungslos schlecht seien. Schischkow schnalzte mit der Zunge, steckte sein Notizbuch wieder in die Trenchcoat-Tasche und sagte:

«Diese Ausweispapiere sind nicht meine. Ich will sagen, ich habe das Zeug zwar selber verfasst, es ist aber trotzdem eine Fälschung. Dieser ganze Haufen von zwanzig Gedichten wurde heute Vormittag geschrieben, und um ehrlich zu sein, fand ich die Aufgabe, das Ergebnis der Reimsucht zu parodieren, ziemlich schwer. Dafür weiß ich aber jetzt, dass Sie unnachsichtig sind – man kann Ihnen also trauen. Hier ist mein richtiger Ausweis.» (Schischkow reichte mir ein anderes, viel stärker strapaziertes Notizbuch.) «Lesen Sie aufs Geratewohl irgendein Gedicht, das wird ausreichen für Sie und mich. Im übrigen möchte ich, um jedes Missverständnis zu vermeiden, darauf hinweisen, dass ich mir aus Ihren Romanen nichts mache – sie irritieren mich wie grelles Licht oder eine laute Unterhaltung unter Fremden, wenn man nicht reden, sondern denken möchte. Trotzdem, Sie verfügen rein physiologisch gesehen, wenn Sie mir diesen Ausdruck erlauben, über ein Geheimnis des Schreibens, über das Geheimnis gewisser Grundfarben, was etwas äußerst Seltenes und Wichtiges ist, wissen allerdings, innerhalb der engen Grenzen Ihrer allgemeinen Fähigkeiten, nur wenig daraus zu machen – Sie fahren sozusagen in einem starkmotorigen Rennwagen durch die Gegend, mit dem Sie nicht das Geringste anzufangen wissen, der Sie aber ständig darüber nachzudenken zwingt, wohin Sie als Nächstes losdonnern sollen. Da Sie aber nun einmal dieses Geheimnis besitzen, muss man mit Ihnen rechnen – und deswegen wäre mir Ihre Unterstützung in einer bestimmten Angelegenheit so sehr willkommen. Aber sehen Sie sich, bitte, zuerst einmal meine Gedichte an.»

(Ich muss zugeben, dass dieser unerwartete und unerbetene Vortrag über das Wesen meiner literarischen

Arbeiten mir weit unverfrorener vorkam als das harmlose Täuschungsmanöver, das sich mein Besucher hatte einfallen lassen. Ich schreibe um eines ganz konkreten Vergnügens willen und veröffentliche meine Arbeiten um des weit weniger konkreten Geldes willen. Letzteres setzt zwar auf diese oder jene Art die Existenz eines Käufers voraus, doch will mir scheinen, dass die Zufallsereignisse ihrer Laufbahn umso unwirklicher und unbedeutender werden, je weiter sich meine publizierten Bücher im Laufe ihrer natürlichen Entwicklung von ihrer sich selber genügenden Quelle entfernen. Was das sogenannte Leserurteil angeht, so fühle ich mich vor diesem Gericht nicht als Angeklagter, sondern allenfalls als ein entfernter Verwandter des unbedeutendsten Zeugen. In anderen Worten: Das Lob eines Kritikers scheint mir eine seltsame Art von *sans gêne*[45] und sein Verriss ein fruchtloser Ausfall gegen ein Phantom. Im Augenblick versuchte ich mir klar zu werden, ob Schischkow jedem stolzen Schriftsteller, der ihm in den Weg kam, seine unverbrämten Ansichten hinwarf oder ob er nur mir gegenüber so direkt war, weil er glaubte, ich verdiene das. Ich kam zu dem Schluss: Wie der Schwindel mit diesen Knittelversen das Ergebnis eines kindischen, doch echten Durstes nach Wahrheit war, so ging die Verkündung seiner Ansichten über mich auf den Drang zurück, die gegenseitige Offenheit bis zum Extrem zu treiben.)

Undeutlich fürchtete ich, dass das echte Produkt Spuren all jener Unvollkommenheiten aufweisen könnte, die in der Parodie monströs übertrieben worden waren, aber meine Furcht erwies sich als unbegründet. Die Gedichte waren vorzüglich – ich hoffe, zu späterem

Zeitpunkt näher auf sie eingehen zu können. Vor kurzem gelang es mir, eines davon in einer Emigrantenzeitschrift zu veröffentlichen, und Liebhabern der Dichtkunst fiel seine Originalität auf. Dem Verfasser, der so scharf war auf die Ansichten eines anderen, tat ich die meinen ohne Umschweife kund, fügte aber als Korrektiv hinzu, dass sein Gedicht winzige Stilschwankungen enthalte, zum Beispiel das nicht ganz idiomatische *w soldatskich mundirach*; hier hätte statt *mundir* (Uniform) eher *forma* gepasst, da von den unteren Rängen die Rede war. Die Zeile war jedoch viel zu gut, um an ihr herumzupfuschen.

«Wissen Sie was», sagte Schischkow, «da wir uns einig sind, dass an meinen Gedichten was dran ist, möchte ich das Büchlein in Ihrer Obhut lassen. Man weiß nie, was alles passieren kann; mir kommen sonderbare, sonderbare Gedanken, und … Wie dem auch sei, das alles lässt sich ganz prächtig an. Sehen Sie, der Zweck meines Besuches war, Sie zu bitten, an einer neuen Zeitschrift mitzuarbeiten, die ich herausgeben will. Am Sonnabend findet bei mir eine Versammlung statt, wo eine Entscheidung fallen muss. Natürlich mache ich mir nicht die geringsten Illusionen über Ihre Bereitschaft, sich mit den Problemen unserer Zeit herumzuschlagen, ich glaube aber, dass die Konzeption der Zeitschrift Sie unter stilistischen Gesichtspunkten interessieren könnte. Ich bitte Sie daher, zu kommen. Wir erwarten übrigens [Schischkow nannte einen sehr berühmten russischen Schriftsteller] und andere bekannte Leute. Sie müssen verstehen – ich habe eine gewisse Grenze erreicht, ich muss unbedingt diese Spannung loswerden, sonst werde ich verrückt. Ich bin bald dreißig; letztes Jahr bin ich hierher nach Paris gekommen, nach einer ganz und gar unproduktiven Jugend auf dem Balkan und dann in Österreich. Ich arbeite hier als Buchbinder, ich war aber auch schon Setzer und sogar Bibliothekar – kurz: Ich habe mich immer mit Büchern abgegeben. Doch mein Leben war, wie schon gesagt, unproduktiv, und in letzter Zeit drängt es mich, etwas zu tun – ein höchst quälendes Gefühl – denn Sie müssen doch auch sehen, aus anderem Blickwinkel möglicherweise, aber Sie *müssen* einfach sehen, wie viel Leid, Dummheit und Schmutz uns umgibt; die Menschen meiner Generation aber bemerken nichts, unternehmen nichts, obwohl die Tat einfach ebenso notwendig ist wie etwa Luft oder Brot. Ich spreche wohlgemerkt nicht von den großen, brennenden Fragen, an denen sich alle zu Tode gelangweilt haben, sondern von einer Unzahl von Kleinigkeiten, die die Leute nicht wahrnehmen wollen, obwohl sie, diese Trivialitäten, die Embryonen sich klar abzeichnender Monstren sind. Erst vor ein paar Tagen zum Beispiel ertränkte eine Mutter, die mit ihrer Geduld am Ende war, ihre zweijährige Tochter in der Badewanne und nahm dann ein Bad in demselben Wasser, denn es war heiß, und heißes Wasser vergeudet man nicht. Guter Gott, wie weit ist das entfernt von jener Bauersfrau in einer von Turgenjews empfindsamen Geschichtchen, deren Sohn gerade gestorben war und die die feine Dame, die sie in ihrer Isba besuchte, dadurch empörte, dass sie ihre Schüssel mit Kohlsuppe zu Ende aß, ‹weil Salz dran war›! Halten Sie es meinethalben für schiere Spinnerei, wenn die unzähligen Belanglosigkeiten dieser Art – tagein, tagaus, überall, von unterschiedlicher Wichtigkeit und verschiedener Gestalt, geschwänzte, punktförmige, kubische Mikroben – jemandem so zusetzen, dass er keine Luft mehr bekommt und den Appetit verliert – nur kommen Sie!»

Ich habe hier unsere Unterhaltung im Royal Versailles mit Auszügen aus einem weitschweifigen Brief Schischkows kombiniert, den er mir am Tage darauf schickte, um die Einladung zu bestätigen.

Am folgenden Sonnabend kam ich ein wenig zu spät zu der Versammlung, sodass, als ich seine *chambre garnie*[46] betrat, die ebenso bescheiden wie sauber war, alle außer dem berühmten Schriftsteller schon da waren. Von den Anwesenden kannte ich vom Sehen den Herausgeber einer eingegangenen Zeitschrift; die anderen sah ich zum ersten Mal – eine üppige Dame (Übersetzerin, glaube ich, vielleicht auch Theosophin) mit einem missmutigen kleinen Mann, der einer schwarzen Berlocke glich, ihre bejahrte Mutter, zwei heruntergekommene Herren in jenen schlechtsitzenden Anzügen, mit denen der Exilkarikaturist Mad seine Geschöpfe ausstaffierte, und einen energisch aussehenden blonden Typ, den Freund unseres Gastgebers. Ich bemerkte, dass Schischkow bange die Ohren spitzte, bemerkte außerdem, wie herzhaft und fröhlich er auf den Tisch schlug und aufstand, bevor ihm klar wurde, dass die Klingel, die er gehört hatte, zu einer anderen Wohnung gehörte, und hoffte sehnlichst, dass die Berühmtheit endlich einträfe, aber der alte Knabe tauchte nicht auf.

«Meine Damen und Herren», sagte Schischkow und begann, mit Eloquenz und Engagement seine Pläne für eine Monatszeitschrift auszubreiten, die «Studien über das Leid und die Gemeinheit» heißen und in der Hauptsache aus einer Montage einschlägiger Zeitungsartikel des jeweiligen Monats bestehen sollte, wobei Bedingung sei, sie nicht in chronologischer, sondern in «aszendierender» und «künstlerisch unaufdringlicher» Folge zu arrangieren. Der ehemalige Herausgeber legte einige Zahlen vor und erklärte, er sei völlig sicher, dass sich eine russische Exilzeitschrift dieser Art nie und nimmer verkaufen werde. Der Gatte der üppigen literarischen Dame nahm sein Pincenez ab und sagte, während er sein Nasenbein massierte, unter fürchterlichen Hms und Ähs, dass es, falls man vorhabe, etwas gegen das menschliche Elend zu tun, möglicherweise wesentlich praktischer sei, die Summe, die man für die Publikation aufzubringen habe, unter die Armen zu verteilen, und da er es war, von dem man dieses Geld erwartete, überlief ein Schauer die Zuhörer. Hierauf wiederholte der Freund des Gastgebers – in lebhafteren, aber weniger gewählten Worten –, was Schischkow schon vorgebracht hatte. Auch ich wurde um meine Ansicht gebeten. Der Ausdruck auf Schischkows Gesicht war so tragisch, dass ich mein Bestes tat, seinen Plänen das Wort zu reden. Wir gingen ziemlich früh auseinander. Als er uns hinaus ins Treppenhaus begleitete, rutschte Schischkow aus und blieb ein wenig länger, als nötig gewesen wäre, um dem allgemeinen Gelächter Nahrung zu geben, mit fröhlichem Lächeln und unmöglichen Augen auf dem Boden sitzen.

Vierzehn Tage später besuchte er mich wieder, und wieder diskutierten die vier deutschen Emigranten ihre Passprobleme, und ein fünfter kam herein und sagte fröhlich: «*Bonjour, Monsieur Weiss, bonjour, Monsieur Meyer.*» Auf meine Fragen antwortete Schischkow ziemlich abwesend und sogar widerstrebend, dass sich seine Pläne für eine neue Zeitschrift nicht realisieren ließen und dass er es aufgegeben habe, über die Sache nachzudenken.

«Was ich Ihnen erzählen wollte», begann er nach einem unbehaglichen Schweigen, «ich habe immer wieder versucht, zu einer Entscheidung zu kommen, und glaube, dass mir jetzt mehr oder weniger eine Idee gekommen ist. *Warum* ich in dieser schrecklichen Verfassung bin, kann Sie kaum interessieren; ich habe mich, so gut ich es vermochte, in meinem Brief zu erklären versucht, doch betraf das in der Hauptsache mein Vorhaben, die Zeitschrift. Das Problem ist umfassender, das Problem ist aussichtsloser. Ich habe versucht, mir darüber klar zu werden, was zu tun ist, wie man den Dingen Einhalt gebietet, wie man ihnen entkommt. Sich absetzen nach Afrika, in die Kolonien? Aber es lohnt wohl kaum die Herkulesarbeit, sich die nötigen Papiere zu besorgen, nur um unter Dattelpalmen und Skorpionen über die gleichen Dinge nachzugrübeln wie im Pariser Regen. Versuchen, irgendwie nach Russland zurückzugelangen? Das wäre der Sprung aus der Bratpfanne ins Feuer. Ins Kloster gehen? Aber Religion langweilt mich und bedeutet mir nichts und hat nicht mehr Bezug zu dem, was für mich die Wirklichkeit des Geistes ist, als eine Schimäre. Selbstmord? Aber ich finde die Todesstrafe zu widerwärtig, um mein eigener Scharfrichter werden zu können, und darüber hinaus habe ich ein Grauen vor möglichen Folgen, von denen Hamlets Philosophie nicht zu träumen wagte. Daher bleibt mir nur ein Ausweg: zu verschwinden, mich aufzulösen.»

Er fragte, ob sein Manuskript sicher verwahrt sei,

und kurz darauf ging er, breitschultrig, doch ein wenig gebeugt, im Trenchcoat, ohne Hut, und sein Nacken hatte einen Haarschnitt nötig – ein außergewöhnlich anziehender, reiner, melancholischer Mensch, und ich wusste nicht, was ich ihm hätte sagen, wie ich ihm hätte helfen sollen.

Ende Mai reiste ich in einen anderen Teil Frankreichs, und als ich Ende August wieder zurück in Paris war, traf ich zufällig Schischkows Freund. Er erzählte mir eine eigentümliche Geschichte: Kurz nach meiner Abreise war «Wassja» unter Hinterlassung seines spärlichen Besitzes verschwunden. Die Polizei fand keine Spur von ihm – und entdeckte nichts, außer der Tatsache, dass *le sieur Chichkoff* seine abgelaufene *karta*, wie die Russen das nannten, nicht hatte verlängern lassen.

Das ist alles. Mit einem jener Vorfälle, mit denen eine Kriminalgeschichte beginnt, endet meine Erzählung. Ich erhielt von seinem Freund, der eigentlich eher eine Zufallsbekanntschaft war, Bruchstücke dürftiger Information über Schischkows Leben und habe sie mir notiert – sie mögen sich eines Tages als nützlich herausstellen. Was aber, zum Teufel, war denn nun aus ihm geworden? Und was meinte er nur, als er sagte, er wolle verschwinden, sich auflösen? Ist völlig auszuschließen, dass er in einem ganz wörtlichen Sinn, der sich dem Verstand verschloss, beabsichtigte, in seiner Kunst zu verschwinden, sich in seinen Versen aufzulösen, um von sich selber, von seiner nebulösen Person, nichts zurückzulassen als Poesie? Überschätzte er, fragt man sich,

Die Transparenz und Haltbarkeit
Solch eines ungewöhnlichen Sarges?

Ultima Thule

Erinnerst du dich an den Tag ein paar Jahre vor deinem Tod, als du und ich lunchten (Nahrung zu uns nahmen)? Wobei wir davon ausgehen wollen, dass die Erinnerung ohne Kopfputz auskommt? Stellen wir uns – dies nur ein «apropositionaler» Gedanke – einen ganz neuartigen Briefsteller vor. Einer Dame, die ihre rechte Hand verloren hat: Ich küsse Ihre Ellipse. Einem Verstorbenen: Mit respukvoller Hochachtung. Aber genug dieser einfältigen Vignetten. Wenn du dich nicht entsinnst, dann entsinne ich mich an deiner statt: Die Erinnerung an dich kann, zumindest grammatisch, als deine Erinnerung durchgehen, und ich bin, und sei es nur einer geschraubten Wendung willen, durchaus bereit einzuräumen, dass, wenn ich und die Welt nach deinem Tod weiterbestehen, das nur so ist, weil du dich an die Welt und mich erinnerst. Ich wende mich nun aus folgendem Grund an dich. Ich wende mich nun bei folgender Gelegenheit an dich. Ich wende mich nun einfach an dich, um mit dir über Falter zu plaudern. Welch ein Schicksal! Welch ein Geheimnis! Welch eine Handschrift! Wenn ich des Versuchs müde werde, mich davon zu überzeugen, dass er ein Wirrkopf oder ein *kwak* ist (wie du das deutsche Synonym für Scharlatan zu russifizieren pflegtest[47]), kommt er mir vor wie ein Mensch, der … der, weil er die Bombe der Wahrheit, die in ihm explodierte, überlebte ... ein Gott wurde! Wie kläglich scheinen all die Seher von einst neben ihm: von der Herde bei Sonnenuntergang aufgewirbelter Staub, der Traum im Traum (wenn man träumt, man sei aufgewacht), Musterschüler in unserer für Außenstehende hermetisch abgeschlossenen Lehranstalt; denn Falter steht *außerhalb* unserer Welt, in der wahren Wirklichkeit. Wirklichkeit! – es ist der Kropftaubenhals der Schlange, der mich fasziniert. Erinnerst du dich, wie wir in dem von Falter geführten Hotel in der Nähe der üppigen, vielterrassigen italienischen Grenze lunchten, wo der Asphalt durch die Glyzinie unermesslich veredelt wird und die Luft nach Gummi und Paradies riecht? Adam Falter war damals noch einer von uns, und wenn nichts an ihm – wie soll ich es nennen? sagen wir, Sehertum – voraussagte, so erklärt doch seine ganze kräftige Konstitution (das karambolageartige Zusammenspiel seiner Körperbewegungen, als ob er Kugellager statt Gelenken hätte, seine Präzision, seine adlergleiche Ferne) jetzt in der Retrospektive, warum er den Schock überlebte: Die Ausgangszahl war hoch genug, um die Subtraktion zu überstehen.

O meine Liebe, wie du, noch ganz Gegenwart, von jener wunderbaren Bucht her lächelst – und nimmermehr! – oh, ich beiße mir die Knöchel, um nicht vor Schluchzern zu beben, aber sie lassen sich nicht zurückhalten; abwärts gleite ich mit angezogenen Bremsen und mache «huh»- und «huhu»-Laute, und es ist doch alles ein so erniedrigender körperlicher Blödsinn; das heiße Blinzeln, das Gefühl zu ersticken, das schmutzige Taschentuch, das krampfartige Gähnen, das von Tränen abgelöst wird – ich kann eben nicht, nein, ich kann nicht leben ohne dich. Ich schnäuze mich, schlucke und versuche wieder aufs neue, den Stuhl, an den ich mich klammere, den Schreibtisch, auf den ich loshämmere, zu überzeugen, dass ich ohne dich nicht huhuhen kann. Kannst du mich hören? Das stammt aus einem banalen Fragebogen, den Geister nicht beantworten, aber wie bereitwillig antworten doch die Mitinsassen dieser Todeszelle für sie; «ich weiß Bescheid, [und zeigen aufs Geratewohl himmelwärts] es ist mir ein Vergnügen, Ihnen Auskunft zu geben». Dein lieber Kopf, die Mulde deiner Schläfe, das Vergissmeinnichtgrau eines Auges, das auf den ersten Ansatz eines Kusses schielt, der sanfte Ausdruck deiner Ohren, wenn du die Haare hochnahmst … Wie kann ich mich mit deinem Verschwinden abfinden, mit diesem klaffenden Loch, in das alles hineingleitet – mein ganzes Leben, nasser Kies, Dinge, Gewohnheiten – und welche Grabeinfriedung hält mich ab, mit stillem Genuss in diesen Abgrund hinabzustürzen? Schwindel der Seele. Erinnere dich, wie ich, gleich nachdem du gestorben warst, aus dem Sanatorium eilte, nicht etwa gehend, sondern gleichsam trampelnd und sogar tanzend vor Schmerz (ich hatte mir das Leben in der Tür eingeklemmt wie einen Finger), allein auf dieser kurvigen Straße zwischen den übertrieben geschuppten Kiefern und den stacheligen Schilden der Agaven, in einer grün gepanzerten Welt, die still ihre Füße einzog, um sich nicht an meiner Krankheit anzustecken. O ja – alles um mich herum schwieg ängstlich und gespannt, und nur, wenn ich etwas ansah, fuhr dieses Etwas zusammen und begann sich ostentativ zu regen, zu rascheln oder zu summen, vorgebend, es bemerke mich nicht. «Gleichgültige

Natur», sagte Puschkin. Unsinn! Ein dauerndes Wegscheuen wäre wohl die adäquatere Beschreibung.

Es ist eine Schande! Was warst du für ein liebes Geschöpf! Und sich von innen an einem kleinen Knopf an dir festhaltend, ging unser Kind mit dir. Aber, mein armer Herr, wenn eine Frau Kehlkopftuberkulose hat, dann macht man ihr eben kein Kind. Unfreiwillige Übertragung aus dem Französischen ins Hadesische. Du starbst, als du im sechsten Monat warst, und nahmst die ausstehenden zwölf Wochen mit dir, womit du also deinen Auflagen nicht ganz nachgekommen wärest. Wie sehr hatte ich mir doch ein Kind von ihr gewünscht, ließ der rotnasige Witwer die Wände wissen. *Êtes-vous tout à fait certain, docteur, que la science ne connaît pas de ces cas exceptionnels où l'enfant naît dans la tombe?*[48] Und der Traum, den ich hatte: dieser nach Knoblauch riechende Arzt (der gleichzeitig Falter war, oder war es Alexander Wassiljewitsch?), der mit außergewöhnlicher Bereitschaft antwortete, dass ja, dass das natürlich manchmal passiere und dass solche Kinder (das heißt die postum geborenen) als Kadaverlinge bezeichnet würden.

Was nun dich betrifft, so bist du mir seit deinem Tod nicht ein einziges Mal in meinen Träumen erschienen. Vielleicht hindert dich die Obrigkeit daran, oder du vermeidest von dir aus solche Gefängnisbesuche bei mir. Zuerst, tiefer Ignorant, der ich war, fürchtete ich mich – abergläubisch erniedrigend! – vor dem feinen Knistern, das ein Zimmer nachts immer abgibt, das aber nun in meinem Innern in schrecklichen Blitzschlägen widerhallte, die mein gluckendes Herz mit tiefgespreizten Flügeln schneller davonstieben ließen. Schlimmer noch war das nächtliche Warten, wenn ich im Bett lag und versuchte, nicht daran zu denken, dass du mir plötzlich ein Antwortklopfen geben könntest, wenn ich daran dächte; das aber bedeutete lediglich eine Komplikation der mentalen Parenthesierung, die Klammern in der Klammer (Nachdenken über den Versuch, nicht nachzudenken), und zwischen ihnen wuchs und wuchs die Furcht. Oh, wie schrecklich war das trockene Pochen des geisterhaften Fingernagels in der Tischplatte, und wie wenig glich es selbstverständlich der Intonation deiner Seele, deines Lebens. Ein vulgäres Gespenst mit den Tricks eines Spechts, ein körperloser Possenreißer, ein kitschiger Kobold, der meinen splitternackten Gram ausnützte! Andererseits war ich untertags furchtlos und forderte dich auf, deine Antwortbereitschaft auf jede dir angenehme Art und Weise kundzutun, während ich auf dem Strandgeröll saß, wo du einst deine goldenen Beine gestreckt hattest; und wie früher kam atemlos eine Welle an, die aber, da sie nichts mitzuteilen hatte, in apologetischen Selams zerlief. Kiesel wie Kuckuckseier, eine Ziegelscherbe in Form eines Pistolenmagazins, ein Stückchen topasfarbenen Glases, etwas Ausgetrocknetes, das einem Bastwisch glich, meine Tränen, eine mikroskopische Glasperle, eine leere Zigarettenschachtel mit einem gelbbärtigen Seemann mit einem Rettungsring drum herum, ein Stein wie der Fuß eines Pompejaners, der kleine Knochen irgendeiner Kreatur oder ein Spatel, eine Petroleumkanne, ein Hauch von granatrotem Glas, eine Nussschale, ein unbestimmbares, beziehungsloses rostiges Dingsbums, eine Porzellanscherbe, von der unbedingt irgendwo Begleitfragmente existieren mussten, und ich stellte mir eine ewige Qual vor, eine Zwangsarbeit, die angemessenste Strafe für Leute wie mich, deren Denken während ihres Lebens zu hochgespannt war, und die darin bestünde, all diese Bruchstücke zu finden und zu sammeln, um eine bestimmte Saucenschüssel oder Suppenterrine wiederherzustellen – bucklige Wanderungen an wilden, nebligen Gestaden. Und wenn man außergewöhnlich glücklich ist, mag es einem sogar gelingen, das Geschirr am ersten und nicht erst am trillionsten Morgen zusammenzusetzen, und da wäre sie denn wieder, die quälendste aller Fragen, die nämlich nach dem Glück, nach dem Rad der Fortuna, nach dem Gewinnlos, ohne das einer gewissen Seele die ewige Seligkeit jenseits des Grabes verwehrt sein kann.

An diesen ersten Frühlingstagen ist der schmale Streifen Strandkies schmucklos und verlassen, aber Spaziergänger gehen oben die Promenade entlang, und dieser oder jener muss zweifellos beim Anblick meiner Schulterblätter gesagt haben: «Dort ist Sineussow, der Maler – hat kürzlich seine Frau verloren.» Und ich hätte wahrscheinlich für immer so dagesessen, an ausgetrocknetem Strandgut gezupft, strauchelnden Schaum beobachtet und die geheuchelte Zärtlichkeit langgezogener, den ganzen Horizont entlang aufgereihter Wölkchen und die weindunklen Wärmeschlieren im frostigen Blaugrün des Meeres betrachtet, hätte mich nicht tatsächlich jemand vom Gehweg aus erkannt.

Lass mich jedoch (da fummle ich nun in der zerrissenen Seide der Formulierung) auf Falter zurückkommen. Wie du dich jetzt wohl erinnerst, besuchten wir ihn an einem sengenden Tag, krochen wie zwei Ameisen die Schleife eines Blumenkorbs hoch, weil ich gespannt war, meinen früheren Hauslehrer wiederzusehen (dessen Unterricht sich auf witzige Polemiken gegen die Verfasser meiner Lehrbücher beschränkt hatte), einen geschmeidig aussehenden, gepflegten Herrn mit großer weißer Nase und einem glänzenden Scheitel; und eben dieser geraden Linie entlang war er später zu Geschäftserfolgen gelangt, während sein Vater, Ilja Falter, lediglich Chefkoch bei Ménard in St. Petersburg war: *il y a pauvre Ilya*, unter Anspielung auf *powar*, was im Russischen Koch bedeutet. Mein Engel, o mein Engel, vielleicht ist unsere ganze irdische Existenz jetzt nur noch ein Wortspiel für dich oder ein grotesker Reim, in der Art von ‹dental› und ‹transzendental› (erinnerst du dich?), und die wahre Bedeutung des Begriffes Wirklichkeit, dieses bohrenden Begriffes, klingt, einmal gereinigt von all unseren seltsamen, verträumten Maskeradedeutungen, nun so rein und süß, dass du, Engel, dich darüber amüsierst, wie wir den Traum ernst genommen haben (obwohl du und ich eine Ahnung davon hatten, warum alles bei flüchtigster Berührung in sich zusammenfiel – Wörter, Alltagskonventionen, Denkgebäude, Leute) – und weißt du, ich glaube, dass das Lachen ein Papagei der Wahrheit ist, den es in unsere Welt verschlagen hat.

Ich sah ihn nun nach zwanzig Jahren zum ersten Mal wieder: Und wie Recht hatte ich doch gehabt, dass ich, als ich mich dem Hotel näherte, diesen ganzen klassischen Dekor – die Libanonzeder, den Eukalyptus, die Bananenstaude, den Terracotta-Tenniscourt, den Abstellplatz für Autos jenseits der Rasenfläche – als ein Glückszeremoniell, als Symbol der Korrekturen deutete, die das ehemalige Bild Falters nun erforderte! Während der Jahre unserer (für beide Teile recht schmerzlosen) Trennung war aus dem armen, drahtigen Studenten mit den lebhaften, nachtdunklen Augen und der schönen linksgeneigten Handschrift ein gesetzter, ziemlich korpulenter Herr geworden; ungeschmälert jedoch waren die Lebendigkeit des Blicks und die Schönheit seiner großen Hände – nur von hinten hätte ich ihn nie wiedererkannt, denn anstelle von dickem, pomadigem Haar und einem ausrasierten Nacken hatte er nun einen Nimbus schwarzen Flaums, der einen sonnengebräunten kahlen Fleck, einer Tonsur nicht unähnlich, umgab. Mit seinem Seidenhemd von der Farbe zerkochter Kohlrüben, seiner karierten Krawatte und seinen weiß abgesetzten Schuhen kam er mir vor wie jemand, der sich für ein Kostümfest zurechtgemacht hat; aber seine große Nase war die gleiche wie eh und je, und mit untrüglicher Sicherheit erhaschte er mit ihr den schwachen Hauch der Vergangenheit, als ich nun auf ihn zutrat, ihm auf die muskulöse Schulter klopfte und ihm mein Rätsel stellte. Du standest in einiger Entfernung, hattest deine nackten Fesseln auf ihren hohen, kobaltblauen Absätzen zusammengepresst und begutachtetest mit zurückhaltendem, aber schelmischem Interesse die Einrichtung der riesigen Empfangshalle, die zu dieser Zeit leer war – die Flusspferdkuhlen der Sessel, die schmucklose Bar, die englischen Magazine auf den Glastischen, die Fresken von bemühter Einfachheit, welche flachbusige, gebräunte Mädchen vor goldenem Hintergrund zeigten, von denen eines, dem parallele Strähnen stilisierten Haares über die Wangen fielen, aus nicht ganz ersichtlichem Grund auf ein Knie gesunken war. War es nicht jenseits aller Vorstellung, dass der Herr über all diese Pracht sie einmal nicht mehr wahrnehmen würde? Mein Engel ... In der Zwischenzeit nahm er meine Hände in die seinen, drückte sie, runzelte die Haut zwischen seinen Brauen, starrte mich aus dunklen, verengten Augen an und hielt dabei jene das Leben suspendierende Pause ein, die auch all die wahrnehmen, die meinen niesen zu müssen, aber nicht sicher sein können, ob es ihnen auch gelingt ... Ihm aber gelang es, die Vergangenheit barst ans Licht, und laut gab er meinen Kosenamen von sich. Er küsste dir die Hand, ohne seinen Kopf zu neigen, ließ uns mit freundlicher Umständlichkeit auf der Terrasse Platz nehmen, genoss offensichtlich die Tatsache, dass ich, eine Person, die bessere Tage gesehen hatte, ihn nun im vollen Glanz des Lebens vorfand, das er sich selbst durch seinen formerischen Willen geschaffen hatte, bestellte Cocktails und Lunch und machte uns mit seinem Schwager bekannt, Herrn L., einem gepflegten Herrn in dunklem Geschäftsanzug, der in seltsamem Kontrast zu Falters exotischer Stutzerhaftigkeit stand. Wir tranken, wir aßen, wir sprachen über die Vergangenheit wie über einen Schwerkranken, es gelang mir, ein Messer auf einem Gabelrücken zu balancieren, du streicheltest den wunderbaren, nervösen Hund, der Angst hatte vor seinem Herrn, und nach einer Minute des Schweigens, in der Falter plötzlich ein deutliches «Ja» ausstieß, als ob er eine diagnostische Überlegung abschlösse, schieden wir und machten einander dabei Versprechungen, die zu halten weder er noch ich die geringste Absicht hatte.

Du fandest nichts Bemerkenswertes an ihm, oder? Und zweifellos ist an solchen Typen etwas sehr Abgedroschenes. Er unterstützte in seiner ganzen farblosen

Jugend seinen Vater, der Alkoholiker war, indem er Nachhilfestunden gab, und kam dann langsam, zielbewusst, frohgemut zu Reichtum, denn zusätzlich zu dem nicht sehr profitablen Hotel betrieb er einen gutgehenden Weinhandel. Aber du hattest, wie mir später klar wurde, Unrecht, als du sagtest, dass das alles irgendwie abgeschmackt sei und dass energische, erfolgreiche Kerle wie er immer nach Schweiß röchen. Eigentlich bin ich wahnsinnig neidisch auf den Grundwesenszug des jungen Falter: die Präzision und Macht seiner «Willenssubstanz», wie – erinnerst du dich? – der arme Adolf es in einem ganz anderen Zusammenhang ausdrückte. Ob er nun im Schützengraben saß oder in einem Büro, ob er einen Zug nahm oder an einem dunklen Morgen in einem ungeheizten Zimmer aufstand, ob er Geschäftsverbindungen einleitete oder jemand in Freund- oder Feindschaft nachstellte, Adam Falter war nicht nur jederzeit im Besitz all seiner Fähigkeiten, lebte nicht nur in jedem Augenblick gespannt wie eine Pistole, sondern war sich jederzeit sicher, unfehlbar das Tagesziel zu erreichen, auch das von morgen, und die ganze, stufenweise ansteigende Folge seiner Ziele, wobei er zugleich ökonomisch vorging, denn er zielte nicht hoch und kannte genau seine Grenzen. Der größte Dienst, den er sich selber erwies, war, dass er von sich aus seine Begabung beiseiteließ und auf das Gewöhnliche, den Gemeinplatz baute; denn ausgestattet war er wohl mit seltsamen, geheimnisvoll faszinierenden Gaben, die eine andere, weniger umsichtige Person zur Anwendung zu bringen hätte versuchen können. Nur ganz zu Anfang des Lebens konnte er sich vielleicht manchmal nicht beherrschen und mischte dem faden Unterricht in einem faden Fach ungewöhnlich elegante Manifestationen mathematischen Denkens bei, das einen gewissen Eiseshauch von Poesie in meinem Studierzimmer hinterließ, nachdem er zu seiner nächsten Stunde geeilt war. Mit Neid denke ich, dass, wenn meine Nerven so stark gewesen wären wie seine, meine Seele ebenso elastisch, meine Willensstärke ebenso fest, er mir die Essenz seiner übermenschlichen Entdeckung, die er kürzlich gemacht hatte, mitgeteilt hätte – das heißt, dass er nicht gefürchtet hätte, die Information würde mich zerschmettern; ich andererseits wäre beharrlich genug gewesen, ihn dazu zu bringen, mir alles zu erzählen.

Eine leicht heisere Stimme grüßte mich diskret von der Promenade, da aber mehr als ein Jahr seit dem Mittagessen mit Falter vergangen war, erkannte ich seinen unauffälligen Schwager nicht sogleich in der Person, die nun einen Schatten auf meine Steine warf. Aus rein mechanischer Höflichkeit stand ich auf, um mich auf dem Gehsteig zu ihm zu gesellen, und er drückte sein tiefstes *et cetera* aus: Er hatte zufällig in meiner Pension Halt gemacht, und die guten Leute dort hatten ihn nicht nur über deinen Tod informiert, sondern ihm auch von ferne meine Gestalt auf dem verlassenen Strand gezeigt, eine Gestalt, die eine Art lokaler Sehenswürdigkeit geworden war (einen Augenblick schämte ich mich, dass der Rücken meines Grams von jeder Terrasse aus sichtbar sein sollte).

«Wir haben uns bei Adam Iljitsch kennen gelernt», sagte er, zeigte die Stummel seiner Schneidezähne und nahm seinen Platz in meinem schlaffen Bewusstsein ein. Ich muss das Gespräch mit einer Frage nach Falter fortgeführt haben.

«Was, Sie haben also nichts gehört?», sagte der Schwätzer verwundert, und dann erfuhr ich die ganze Geschichte.

Falter war im vergangenen Frühjahr geschäftlich in einen Weinort an der Riviera gereist und wie üblich in einem ruhigen kleinen Hotel, dessen Besitzer seit langem sein Schuldner war, abgestiegen. Man muss sich dieses Hotel bildlich vorstellen, wie es in die gefiederte Achselhöhle eines von Mimosen überwachsenen Hügels gepackt war, und ebenso das noch nicht ganz ausgebaute Gässchen mit seinem halben Dutzend winziger Villen, wo Radios in dem schmalen menschlichen Raum zwischen Sternenstaub und schlafendem Oleander sangen, während Grillen in dem leeren Grundstück unter Falters offenem Fenster im dritten Stock die Nacht mit ihrem Gezirp verzinkten. Nachdem er einen hygienischen Abend in einem kleinen Bordell am Boulevard de la Mutualité verbracht hatte, kehrte er ungefähr um elf ins Hotel zurück, in exzellenter Stimmung, mit klarem Kopf und leichten Lenden, und ging sofort in sein Zimmer hinauf. Die sterngeaschte Stirn der Nacht; der Ausdruck sanften Irrsinns im Gesicht des Mädchens; das Glimmern der Lichter in der alten Stadt; ein amüsantes mathematisches Problem, über das er vergangenes Jahr mit einem schwedischen Gelehrten korrespondiert hatte; der trockene, süße Geruch, der ohne Sinn und Ziel hier und dort in den Löchern der Dunkelheit zu hängen schien; der metaphysische Geschmack des Weines, gut gekauft und gut verkauft; die jüngst aus einem fernen, wenig attraktiven Land gekommene Nachricht vom Tod seiner Halbschwester, deren Bild schon lange in seinem Gedächtnis verwelkt war – all das, stelle ich mir vor, ging Falter durch den Kopf, als er die Straße hochging und zu seinem Zimmer emporstieg; und während keiner dieser Gedanken und Eindrücke für sich allein genommen im Geringsten neu oder unüblich war für diesen selbstsicheren, nicht ganz gewöhnlichen, aber oberflächlichen Mann (denn je nach unserem Wesensinnersten sind wir eingeteilt in Professionelle und Amateure; Falter war, wie ich auch, Amateur), so formten sie vielleicht doch in ihrer Gesamtheit die günstigste Voraussetzung für den Schlag, den unirdischen Blitz – verheerend wie ein Tombolagewinn, monströs in seiner Zufälligkeit und in keiner Weise von Falters normaler Verstandestätigkeit angekündigt –, der ihn in dieser Nacht in diesem Hotel traf.

Ungefähr eine halbe Stunde war nach seiner Rückkehr ins Hotel vergangen, als der kollektive Schlummer des kleinen weißen Gebäudes mit seinen kaum sich kräuselnden Moskitonetzen und seinen Goldlackranken abrupt – nein, nicht unterbrochen, sondern zerrissen, zerspalten, gesprengt wurde von Lauten, die den Hörern unvergesslich geblieben sind, mein Engel, diese Laute, diese fürchterlichen Laute. Dies war nicht das Schweinegequieke eines Muttersöhnchens, dem eilige Lümmel in einem Straßengraben eine Tracht Prügel verabreichen, nicht das Gebrüll eines verwundeten Soldaten, den ein roher Chirurg von seinem monströsen Bein befreit – nein, sie waren schlimmer, weit schlimmer … Und wenn, sagte später der Hotelier, Monsieur Paon, man überhaupt Vergleiche anstellen wollte, dann ähnelten diese Laute am ehesten den paroxysmalen, beinahe jauchzenden Schreien einer Frau in den Qualen unendlich schmerzhaften Gebärens – einer Frau jedoch mit der Stimme eines Mannes und einem Riesen in ihrem Leib. Es war schwer, in jenem Sturme den dominierenden Ton zu bestimmen, der diese menschliche Kehle zerriss – ob es Schmerz, Angst, das Trompetengeschmetter des Wahnsinns oder wiederum, und noch am wahrscheinlichsten von allem, der Ausdruck eines unauslotbaren Gefühls war, dessen Unbestimmbarkeit dem Geheule, das aus Falters Zimmer hervorbrach, etwas beigab, was in den Hörern den panischen Wunsch weckte, ihm sofort ein Ende zu setzen. Die Frischvermählten, die sich im Bett nebenan abplagten, hielten inne, wandten parallel ihre Augen ab und hielten den Atem an; der Holländer, der darunter wohnte, stürzte in den Garten, in dem sich bereits die Haushälterin und der weiße Schimmer von achtzehn Zimmermädchen befanden (nur zwei in Wirklichkeit, aber durch ihr Hin- und Herlaufen hatten sie sich vermehrt). Der Hotelbesitzer, der nach eigener Darstellung in vollem Besitz seiner Geisteskräfte geblieben war, eilte nach oben und stellte fest, dass die Tür, hinter der der Heulorkan andauerte, und zwar mit solcher Gewalt, dass er einen zurückzuwerfen schien, von innen abgeschlossen war und weder auf Klopfen noch auf dringliches Bitten nachgab. Der brüllende Falter, insoweit überhaupt angenommen werden konnte, dass tatsächlich er es war, was brüllte (sein offenes Fenster war dunkel, und die unerträglichen Laute, die von innen hervorkamen, trugen nicht den Stempel irgendeiner Individualität), dehnte sich weit über die Hotelgrenzen hinaus aus, und Nachbarn versammelten sich in der umgebenden Dunkelheit, und ein Gauner hatte fünf Karten in der Hand, alles Trümpfe. Zu diesem Zeitpunkt war es völlig unverständlich geworden, wie jemandes Stimmbänder die Anstrengung durchhalten könnten: Einer Aussage zufolge schrie Falter fast fünfzehn Minuten lang; nach einer anderen und wahrscheinlich genaueren ungefähr fünf Minuten ohne Unterbrechung. Plötzlich (als der Hausherr eben erwog, ob er die Tür in einer gemeinsamen Anstrengung aufbrechen, eine Leiter anbringen oder die Polizei rufen sollte) gingen die Schreie, die die äußersten Grenzen der Todesangst, des Schreckens, der Verblüffung und jenes anderen undefinierbaren Etwas erreicht hatten, in ein Gemisch von Stöhnen über und hörten dann gänzlich auf. Es wurde so still, dass die Anwesenden sich zuerst flüsternd unterhielten.

Vorsichtig klopfte der Besitzer wieder an die Tür, und von drinnen kamen Seufzer und unsichere Fußtritte. Alsbald hörte man jemand am Schloss herumfummeln, als wüsste er nicht, wie es geöffnet wird. Eine kraftlose, weiche Faust begann, innen gegen die Tür zu klatschen. Dann tat Monsieur Paon, was er eigentlich viel früher hätte tun können – er holte einen anderen Schlüssel und öffnete.

«Man hätte gerne etwas Licht», sagte Falter leise im Dunkel. Einen Augenblick dachte der Hausherr, dass Falter während seines Anfalls die Lampe zerbrochen hätte, und prüfte automatisch den Schalter, aber das Licht ging gehorsam an, und Falter, der in angekränkelter Überraschung blinzelte, wandte seine Augen von jener Hand, die Licht geschaffen hatte, zur frisch gefüllten Birne, als sähe er zum ersten Mal, wie es gemacht wird.

Ein seltsamer, widerwärtiger Wandel war über sein ganzes Äußeres gekommen: Er sah aus, als wäre sein

Skelett entfernt worden. Sein verschwitztes und irgendwie schlaffes Gesicht mit seiner hängenden Lippe und den rosa Augen drückte nicht nur dumpfe Ermattung aus, sondern auch Erleichterung wie nach den Qualen einer Monstergeburt. Nackt bis zur Hüfte, nur mit Schlafanzughosen bekleidet, stand er mit gesenktem Gesicht und rieb den Rücken einer Hand mit der Fläche der anderen. Auf die natürlichen Fragen Monsieur Paons und der anderen Hotelgäste gab er keine Antwort; lediglich seine Wangen blies er auf, stieß die, die ihn umgeben hatten, beiseite, trat auf den Treppenabsatz hinaus und begann ausgiebig auf die Treppe zu urinieren. Dann ging er zurück, legte sich hin und schlief ein.

Am Morgen rief der Hotelbesitzer Frau L. an, Falters Schwester, um sie davon zu unterrichten, dass ihr Bruder verrückt geworden sei, und er wurde nach Hause geschafft, teilnahmslos und halb im Schlaf. Der Hausarzt deutete an, es handle sich nur um einen leichten Schlaganfall, und verschrieb die entsprechende Behandlung. Aber Falter ging es nicht besser. Nach einiger Zeit allerdings begann er frei umherzugehen und pfiff sogar dann und wann und stieß laute Verwünschungen aus und stibitzte Nahrungsmittel, die der Arzt ihm untersagt hatte. Jedoch blieb er weiter verändert. Er war wie ein Mann, der alles verloren hat: Respekt vor dem Leben, jedes Interesse an Geld und Geschäft, alle üblichen und überkommenen Gefühle, Alltagsgebräuche, Anstand, restlos alles. Es war ein Risiko, ihn irgendwohin alleine gehen zu lassen, denn mit einer Neugier, die oberflächlich und schnell vergessen war, jedoch beleidigend für andere, sprach er Passanten an, die ihm über den Weg liefen, um die Ursache einer Narbe auf jemandes Gesicht oder eine Bemerkung zu erörtern, die nicht an ihn gerichtet war, die er aber in einer Unterhaltung zwischen Fremden mitgehört hatte. Er nahm im Vorbeigehen eine Orange von einem Obststand, aß sie ungeschält und antwortete mit gleichgültigem schiefem Lächeln auf das Gekeife der Obstfrau, die ihm nachgerannt war. Wenn er müde wurde oder sich langweilte, kauerte er sich auf Türkenart auf den Gehweg und versuchte zum Zeitvertreib die Hacken der Mädchen wie Fliegen in seiner Faust zu fangen. Einmal brachte er mehrere Hüte, fünf aus Filz und zwei aus Stroh, die er fleißig in verschiedenen Cafés eingesammelt hatte, in seinen Besitz, und da gab es Schwierigkeiten mit der Polizei.

Sein Fall zog die Aufmerksamkeit eines bekannten italienischen Psychiaters auf sich, der gerade einen Patienten in Falters Hotel hatte. Dieser Dr. Bonomini, ein jüngerer Mann, studierte, wie er selber bereitwilligst erklärte, die «Dynamik der Psyche» und suchte in seinem Werk, dessen Popularität nicht auf gelehrte Kreise beschränkt war, zu demonstrieren, dass sich alle psychischen Störungen durch ein unterbewusstes Sicherinnern an ein Unheil klären ließen, welches den Vorfahren des Patienten zugestoßen war, und dass, wenn der Analysand zum Beispiel an Größenwahn leide, es, um ihn endgültig zu heilen, zu ermitteln genüge, welcher seiner Vorväter ein machthungriger Versager gewesen war, und dem Urenkel zu erklären, dass der Ahn, da tot, ewigen Frieden gefunden habe, obwohl es in komplexen Fällen sogar notwendig war, auf szenische Darstellungen (in den Kostümen der Epoche) des jeweiligen Ablebens des Altvorderen zurückzugreifen, dessen Rolle dem Patienten zugeteilt wurde. Diese *tableaux vivants* kamen so in Mode, dass sich Bonomini gezwungen sah, dem Publikum in einer Publikation die Gefahren einer Inszenierung ohne seine direkte Aufsicht klarzumachen.

Nachdem er Falters Schwester befragt hatte, stellte Bonomini fest, dass die Falters nicht sehr viel über ihre Vorfahren wussten; herauszubringen war lediglich, dass Ilja Falter dem Suff verfallen war; da aber nach Bonominis Theorie «die Krankheit des Patienten nur die ferne Vergangenheit widerspiegelt», ebenso wie ein Volksepos nur weit zurückliegende Vorkommnisse «sublimiert», waren die Details über Falter senior nutzlos für ihn. Nichtsdestoweniger bot er an, zu versuchen, dem Patienten zu helfen, in der Hoffnung, dass durch geschickte Fragen Falter selber die Erklärung für seinen Zustand liefere, wonach sich die nötigen Ahnen ohne weiteres Zutun herleiten ließen; die Richtigkeit dieser Erklärung wurde durch die Tatsache bestätigt, dass Falter kurz angebunden und abweisend auf etwas ziemlich Außerordentliches anspielte, was er in jener rätselhaften Nacht erlebt hatte, als es Nahestehenden gelang, in sein Schweigen einzudringen.

Eines Tages begab sich Bonomini mit Falter in dessen Zimmer in Klausur, und als dem Kenner menschlicher Seelen, der er mit seiner horngerahmten Brille und seinem Stecktüchlein in der Brusttasche war, gelang es ihm offensichtlich, aus ihm eine erschöpfende Antwort über die Ursache seines nächtlichen Geheuls herauszuholen. Bei der Geschichte dürfte Hypnose eine Rolle gespielt haben, denn beim folgenden Verhör insistierte

Falter, dass er gegen seinen Willen geplappert habe und dass ihn das wurme. Er fügte jedoch hinzu, man möge es gut sein lassen, denn früher oder später hätte er das Experiment in jedem Falle durchgeführt, dass er es aber jetzt definitiv nie mehr wiederholen würde. Sei dem, wie ihm sei, der arme Autor von *Das Pathos des Wahnsinns* wurde die Beute von Falters Medusa. Da das intime Treffen zwischen Arzt und Patient unnormal lange zu dauern schien, betrat Eleonora L., Falters Schwester, die auf der Terrasse einen grauen Schal strickte und schon längere Zeit nicht mehr den entkrampfend wirkenden, hochgemuten oder verlogen schmeichelnden dünnen Tenor des Psychiaters gehört hatte, der zuerst mehr oder weniger durch die halboffene Verandatür zu vernehmen gewesen war, das Zimmer ihres Bruders und fand ihn dabei, wie er mit dumpfer Neugier die alpinen Sanatorien in einer Broschüre betrachtete, die wahrscheinlich vom Arzt mitgebracht worden war, während der Arzt selber halb auf einem Stuhl, halb auf dem Teppich ausgestreckt dalag; ein Streifen Leinen zeigte sich zwischen Weste und Hose, seine kurzen Beine waren weit gespreizt, sein fahles *café-au-lait*-Gesicht war zurückgeworfen, und gefällt worden war er durch Herzversagen, wie man später feststellte. Auf die Fragen der diensteifrig herumschnüffelnden Polizei antwortete Falter abwesend und knapp; als er aber der Belästigungen überdrüssig wurde, gab er an, dass er zufällig «das Rätsel des Universums» gelöst, kunstfertigem Zureden nachgegeben und seinem inquisitiven Gesprächspartner die Lösung mitgeteilt habe, worauf der vor Verwunderung gestorben sei. Die Lokalblätter ließen sich die Geschichte nicht entgehen, bauschten sie ordentlich auf, und die Person Falters im Gewande eines tibetischen Weisen gab mehrere Tage den nicht allzu peniblen Nachrichtenspalten Nahrung.

Aber wie du weißt, habe ich in jenen Tagen keine Zeitung gelesen: Damals lagst du im Sterben. Nun aber, da ich die Geschichte Falters im Detail gehört hatte, verspürte ich ein gewisses sehr starkes und möglicherweise leicht schamhaftes Verlangen.

Du verstehst natürlich. In der Verfassung, in der ich war, richten Leute ohne Phantasie, solche also, die ohne die Unterstützung und den Erkundungsdrang der Einbildungskraft auskommen müssen, ihre Aufmerksamkeit auf Anzeigen von Wundertätern; von Handlesern mit Komödienturbanen, die das magische Geschäft mit einem Handel in Rattengift und Gummipräservativen verbinden; von dicken, dunklen Wahrsagerinnen; besonders aber von Spiritisten, die eine noch immer unidentifizierte Macht vortäuschen, indem sie ihr die milchigen Züge von Phantomen geben und diese sich auf alberne materielle Weise manifestieren lassen. Ich jedoch habe mein Teil Einbildungskraft, und daher gab es zwei Möglichkeiten: Die erste war meine Arbeit, meine Kunst, der Trost meiner Kunst; die zweite bestand darin, den Schritt ins Leere zu tun und zu glauben, dass trotz der von einem pfiffigen Verstand inszenierten Gesellschaftsspiele eine Person wie Falter, eine, besieht man es näher, ziemlich durchschnittliche und sogar ein wenig ordinäre Person, tatsächlich und endgültig das in Erfahrung gebracht hatte, was kein Seher und kein Magier je auch nur annähernd erkannt hatten.

Meine Kunst? Du erinnerst dich doch an ihn, den seltsamen Schweden oder Dänen – oder Isländer, soweit ich weiß –, diesen hageren, blonden Kerl jedenfalls mit orangefarbenem Sonnenbrand und den Wimpern eines alten Pferdes, der sich mir als «ein bekannter Schriftsteller» vorstellte und zu einem Preis, der dich fröhlich stimmte (du warst schon ans Bett gefesselt und unfähig zu sprechen, schriebst mir aber lustige Sächelchen mit bunter Kreide auf eine Schiefertafel – etwa dass die Dinge, die du im Leben am meisten mochtest, «Verse, Wildblumen und ausländische Währung» seien), mich beauftragte, eine Reihe von Illustrationen für das Versepos *Ultima Thule* anzufertigen, das er gerade in seiner Sprache verfasst hatte. Es stand natürlich außer Frage, dass ich mich durch und durch mit seinem Manuskript vertraut machen musste, da Französisch, in dem wir – eine Agonie für beide – kommunizierten, ihm hauptsächlich vom Hörensagen bekannt und es ihm unmöglich war, mir seine Bildersprache zu übersetzen. Ich verstand nur eines, nämlich dass sein Held irgendein nordischer König war, unglücklich und ungesellig, dass sein Königreich mitten in den Nebelschwaden des Meers auf einer melancholischen und fernen Insel von irgendwelchen politischen Intrigen heimgesucht wurde, Meuchelmorden, Aufständen, und dass ein Schimmel, der seinen Reiter verloren hatte, über die neblige Heide dahinflog … Er war zufrieden mit meiner ersten *blanc et noir*-Skizze, und wir legten die Gegenstände der anderen Zeichnungen fest. Als er nach einer Woche entgegen seinem Versprechen nicht wiederkam, rief ich in seinem Hotel an und erfuhr, dass er nach Amerika abgereist war.

Ich verschwieg dir das Verschwinden meines Arbeitgebers, arbeitete aber an den Zeichnungen nicht weiter;

da wiederum warst du schon so krank, dass mir nicht danach war, über meine goldene Feder und ein Netzwerk aus Tusche nachzusinnen. Aber nach deinem Tode, als die frühen Morgen und die späten Abende besonders unerträglich wurden, setzte ich mit einer erbärmlichen, fiebrigen Gier, deren Bewusstsein mir die Tränen in die Augen trieb, die Arbeit fort, von der ich wusste, dass niemand sie abholen würde, und eben aus diesem Grund schien mir die Arbeit angemessen – ihre geisterhafte, immaterielle Art, das Fehlen eines Ziels oder einer Bezahlung führten mich hinweg in Gefilde, ganz ähnlich denen, wo du für mich existierst, mein spektrales Ziel, meine Liebe, du liebes Erdenwesen, das auch nie jemand abholen wird; und da alles mich ständig ablenkte, mir die Farbe der Vergänglichkeit statt die Lineatur der Ewigkeit aufdrängte, mich mit deinen Spuren auf dem Strand, mit den Steinen auf dem Strand, mit deinem blauen Schatten auf dem widerlich hellen Strand quälte, entschloss ich mich, in unsere Pariser Wohnung zurückzukehren, um mich dort ernsthaft an die Arbeit zu machen. «Ultima Thule», diese Insel, geboren in der trostlosen grauen See meines Herzwehs um dich, zog mich nun an als Heimstatt für jene Gedanken, die sich am wenigsten ausdrücken lassen.

Bevor ich jedoch die Riviera verließ, musste ich unbedingt Falter sehen. Das war der zweite Trost, den ich für mich erfunden hatte. Ich rang mich zu der Überzeugung durch, dass er wohl kaum nur ein Irrer war, dass er nicht nur an die Entdeckung glaubte, die er gemacht hatte, sondern dass ebendiese Entdeckung die Quelle seines Wahnsinns war und nicht umgekehrt. Ich erfuhr, dass er in ein Appartement neben meiner Pension gezogen war. Ich erfuhr ebenfalls, dass seine Gesundheit nachließ; dass, als die Flamme des Lebens in ihm erloschen war, sie seinen Körper ohne Aufsicht und ohne Ansporn zurückgelassen hatte; dass er wahrscheinlich bald sterben würde. Und schließlich erfuhr ich, und das war besonders wichtig für mich, dass er in letzter Zeit trotz seiner erlahmenden Kräfte ungewöhnlich redselig geworden war und ganze Tage hintereinander seine Besucher (und leider drang eine andere Art von Kuriositätensuchern, als ich es war, zu ihm vor) mit Reden traktierte, in denen er an den Mechanismen menschlichen Denkens herumnörgelte, seltsam mäandernden Reden, die nichts preisgaben, aber beinahe sokratisch waren in Rhythmus und Schärfe. Ich bot ihm an, ihn zu besuchen, aber sein Schwager antwortete, dass sich der arme Kerl über jede Zerstreuung freue und die Kraft habe, zu mir zu kommen.

Und so kamen sie denn – sie, das waren der Schwager in seinem unvermeidlichen schäbigen schwarzen Anzug, seine Frau Eleonora (eine große, schweigsame Frau, deren scharfkantige Derbheit an die frühere Statur ihres Bruders erinnerte und die nun eine Art lebender Denkzettel für ihn war, ein tugendsames Zwillingsbild) und Falter selber, dessen Äußeres mich schockierte, obwohl ich doch darauf vorbereitet war, ihn verändert zu sehen. Wie soll ich es ausdrücken? Herr L. hatte gesagt, er sehe aus, als ob seine Knochen entfernt worden wären; ich hingegen hatte den Eindruck, als ob ihm seine Seele genommen wäre, sein Verstand dafür aber zehnfach an Intensität zugenommen hätte. Damit will ich sagen, dass ein Blick auf Falter genügte, um zu wissen, dass man von ihm keines der menschlichen, im Alltag üblichen Gefühle erwarten durfte, dass Falter die Kunst, jemanden zu lieben, ganz und gar verloren hatte, dass er kein Mitleid, und sei es nur für die eigene Person, mehr verspürte, dass er keine Güte und gelegentliches Erbarmen für die Seele eines anderen mehr empfand, dass er außerstande war, Gutes, und sei es nur nach seinen eigenen Maßstäben, zu tun, gerade so, wie ihm die Kunst des Händeschüttelns oder des Naseschnäuzens abhandengekommen war. Und dennoch kam er einem nicht wie ein Verrückter vor – o nein, ganz im Gegenteil! In seinen seltsam verquollenen Zügen, in seinem unangenehmen, übersättigten Blick, sogar in seinen Plattfüßen, an denen er nicht länger modische Oxfords, sondern billige Espadrilles trug, konnte man irgendeine konzentrierte Macht verspüren, und diese Macht kümmerte sich nicht im Geringsten um die Schlaffheit und den unausweichlichen Verfall des Fleisches, die sie zimperlich überwachte.

Sein jetziges Verhalten mir gegenüber war nicht das, das er bei unserem letzten kurzen Treffen gezeigt hatte, sondern das, woran ich mich aus meinen Jugendtagen erinnerte, als er kam, um mir Stunden zu geben. Ohne Zweifel war er sich sehr wohl darüber im klaren, dass – chronologisch – ein Vierteljahrhundert vergangen war seit jenen Tagen, und doch, als ob er zusammen mit seiner Seele auch seinen Zeitsinn (ohne den die *Seele* nicht leben kann) verloren hätte, betrachtete er mich offensichtlich – eine Sache nicht so sehr von Worten als vielmehr seines ganzen Benehmens –, als ob alles gestern gewesen wäre; doch er hatte keine Sympathie, keine noch so geringe Wärme für mich – nichts, nicht einmal die Spur davon.

Sie setzten ihn in einen Sessel, und er breitete seltsam seine Glieder aus, wie ein Schimpanse das täte, ließe sein Wärter ihn einen Sybariten in zurückgelehnter Position parodieren. Seine Schwester ließ sich zu ihrer Strickerei nieder und hob während des ganzen Verlaufs des Gesprächs nicht einmal ihren kurzhaarigen, grauen Kopf. Ihr Mann nahm zwei Zeitungen aus der Tasche, eine lokale und eine aus Marseille, und schwieg ebenfalls. Nur als Falter, der eine große Photographie von dir bemerkt hatte, die genau in seiner Blickrichtung stand, fragte, wo du dich verstecktest, sagte Herr L. in der lauten, künstlichen Stimme, mit der man Taube anspricht, und ohne von seiner Zeitung hochzublicken:

«Komm schon, du weißt ganz genau, dass sie tot ist.»

«Ach ja», bemerkte Falter mit unmenschlicher Anteilnahmslosigkeit und fügte zu mir gewandt hinzu: «Oh, möge doch das himmlische Reich das ihre sein – so geht doch wohl das Sprüchlein bei solchen Gelegenheiten, oder?»

Dann begann das folgende Gespräch zwischen uns; kein stenographisches Protokoll, sondern die totale Erinnerung erlaubt mir, es exakt zu transkribieren.

«Ich wollte Sie besuchen, Falter», sagte ich (und sprach ihn in Wirklichkeit mit seinem Vor- und Vatersnamen an, aber sein zeitloses Bild verträgt in der Erzählung keine Verbindung des Mannes mit einem bestimmten Land und einer genetischen Vergangenheit), «ich wollte Sie besuchen, um ein offenes Gespräch mit Ihnen zu führen. Hielten Sie es wohl für möglich, Ihre Verwandten zu bitten, uns alleine zu lassen?»

«Die zählen nicht», bemerkte Falter kurz angebunden.

«Wenn ich sage ‹offen›», fuhr ich fort, «so setze ich die beiderseitige Möglichkeit voraus, jede Art von Frage zu stellen, und die Bereitschaft, sie zu beantworten. Da ich aber derjenige bin, der die Fragen stellen wird und Antworten von Ihnen erwartet, hängt alles von Ihrer Bereitwilligkeit ab, freimütig zu sein; von mir benötigen Sie diese Versicherung nicht.»

«Auf eine freimütige Frage werde ich eine freimütige Antwort geben», sagte Falter.

«In diesem Fall lassen Sie mich gleich zum Kern der Sache kommen. Wir werden Herrn und Frau L. bitten, kurz nach draußen zu gehen, und Sie werden mir wortwörtlich erzählen, was Sie dem italienischen Arzt erzählt haben.»

«Den Teufel werde ich tun», sagte Falter.

«Sie können mir das doch nicht abschlagen. Erstens wird mich die Information nicht umbringen – das garantiere ich Ihnen; ich mag müde aussehen und ausgelaugt, aber machen Sie sich keine Sorgen, ganz kraftlos bin ich noch nicht. Zweitens verspreche ich, Ihr Geheimnis nicht zu verraten und mich sogar, sollten Sie das wollen, unmittelbar nachdem ich es erfahren habe, zu erschießen. Wie Sie sehen, räume ich ein, dass Sie sich um meine Geschwätzigkeit mehr Sorgen machen als um meinen Tod. Nun, sind Sie einverstanden?»

«Vollkommen ausgeschlossen», erwiderte Falter und wischte ein Buch von dem Tisch an seiner Seite, um Platz für seinen Ellbogen zu machen.

«Nur um überhaupt ein Gespräch in Gang zu bringen, werde ich fürs Erste Ihre Ablehnung akzeptieren. Lassen Sie uns *ab ovo* beginnen. Nun denn, Falter, ich höre, Ihnen habe sich das Wesen der Dinge offenbart.»

«Ja! Punkt», sagte Falter.

«Nun wohl – Sie wollen mir nicht davon erzählen; nichtsdestoweniger möchte ich zwei wichtige Deduktionen vornehmen: Die Dinge haben ein Wesen, und dieses Wesen *kann* sich dem Verstand offenbaren.»

Falter lächelte. «Nennen Sie's nur nicht Deduktionen, Mister. Das sind nichts als Bedarfshaltestellen. Logisches Denken mag ein höchst zweckdienliches Mittel mentalen Verkehrs über kurze Strecken hinweg sein, aber die Krümmung der Erde spiegelt sich leider auch in der Logik: Ein ideal rationales Vorschreiten des Denkens wird einen letztendlich zum Ausgangspunkt zurückbringen, wohin man im Wissen um die Einfachheit des Genies, mit einem köstlichen Gefühl, die Wahrheit umarmt zu haben, zurückkehrt, während man doch in Wirklichkeit lediglich sich selber umarmt hat. Warum sich also dann auf eine solche Reise machen? Bescheiden Sie sich mit der Formel: Das Wesen der Dinge hat sich offenbart, worin, nebenbei, schon ein Schnitzer Ihrerseits steckt; ich kann es Ihnen nicht erklären, da die geringste Andeutung einer Erklärung ein tödlicher Einblick wäre. Solange die Proposition statisch bleibt, bemerkt man den Schnitzer nicht. Alles aber, was man Deduktion nennen könnte, legt den Fehler offen: Logische Enthüllung wird unausweichlich zur Verhüllung.»

«Gut, fürs Erste will ich mich damit begnügen. Nun erlauben Sie mir eine Frage. Wenn ein Wissenschaftler eine Hypothese aufstellt, überprüft er sie durch Berechnungen und Versuche, das heißt durch die Mimikry und Pantomime der Wahrheit. Die Plausibilität einer Hypothese ist ansteckend, und sie gilt als die richtige

Erklärung eines bestimmten Phänomens, bis jemand an ihr Fehler entdeckt. Ich glaube, die Wissenschaft besteht ganz und gar aus solchen exilierten oder verabschiedeten Ideen – und doch hat sich jede von ihnen zu ihrer Zeit hohen Ansehens gerühmt; geblieben aber ist allenfalls ein Name oder ein Altersgeld. Aber Sie, Falter, vermute ich, Sie haben ein neues Verfahren des Entdeckens und Prüfens gefunden. Darf ich es ‹Offenbarung› im theologischen Sinne nennen?»

«Dürfen Sie nicht», sagte Falter.

«Eine Sekunde! Gerade jetzt bin ich weniger an der Erkenntnismethode interessiert als an Ihrer Überzeugung, dass das Resultat richtig ist. Mit anderen Worten, Sie haben entweder eine Methode, um das Resultat zu verifizieren, oder das Bewusstsein seiner Richtigkeit ist ihm inhärent.»

«Sehen Sie», antwortete Falter, «in Indochina werden die Gewinnzahlen der Lotterie von einem Affen gezogen. Ich bin zufällig dieser Affe. Eine andere Metapher: An der Küste eines Landes, wo nur ehrliche Leute wohnen, legte ein Segelschiff an; es war herrenlos, aber niemand wusste, dass es niemandem gehörte; dass es aber vermutlich einen Besitzer gab, machte es für alle unsichtbar. Ich kam zufällig an Bord. Aber vielleicht vereinfacht es die Sache sehr, wenn ich sage, dass ich in einem Augenblick der Verspieltheit, nicht notwendig mathematischer Verspieltheit – die Mathematik, muss ich Sie warnen, ist bei ihren fortwährenden Hervorbringungen ein ewiges Bockspringen über die eigenen Schultern –, immer neue, verschiedenartige Ideen kombinierte und schließlich die richtige Kombination fand und in die Luft flog wie Berthold Schwarz[49]. Irgendwie überlebte ich; vielleicht hätte ein anderer an meiner Stelle auch überlebt. Nach dem Vorfall mit meinem reizenden Arzt habe ich jedoch nicht das leiseste Verlangen, wieder von der Polizei belästigt zu werden.»

«Sie kommen auf Touren, Falter. Aber bleiben wir beim Thema: Was macht Sie so sicher, dass es die Wahrheit ist? Dieser Affe hat mit der Ziehung der Lose doch eigentlich nichts zu tun.»

«Wahrheiten und Schatten von Wahrheiten», sagte Falter, «natürlich im Sinne von Spezies, nicht von Spezimina, sind so selten auf der Welt, und solche, die zu haben sind, sind entweder so trivial oder so verdorben, dass jenes – wie soll ich mich ausdrücken? – Zurückprallen nach der Wahrnehmung der Wahrheit, die instantane Reaktion unseres gesamten Wesens, ein ungewöhnliches, wenig erforschtes Phänomen bleibt. Zu beobachten ist es ja – manchmal bei Kindern – wenn ein Junge aufwacht oder nach einem Anfall von Scharlach wieder zu sich kommt und sich Realität in einer elektrischen Entladung zeigt, relative Realität, damit wir uns verstehen, denn ihr, ihr Menschen besitzt keine andere. Nehmen Sie irgendeine Binsenwahrheit, mit anderen Worten, die Leiche einer relativen Wahrheit. Nun analysieren Sie das körperliche Gefühl, das in Ihnen durch die Worte ‹schwarz ist dunkler als braun› oder ‹Eis ist kalt› hervorgerufen wird. Ihr Denken ist sogar zu faul, auch nur den höflichen Anschein zu erwecken, es hebe seinen Hintern von der Bank, ganz so, als ob der Lehrer während einer Schulstunde im alten Russland das Klassenzimmer hundertmal beträte. Aber als Kind habe ich an einem Tag mit klirrendem Frost am glänzenden Riegel eines Gartentors geleckt. Lassen wir den körperlichen Schmerz beiseite, auch den Stolz über die Entdeckung, wenn sie angenehm ist – all das ist nicht die wirkliche Reaktion auf die Wahrheit. Sehen Sie, der Zusammenprall mit ihr kommt so selten vor, dass sich noch nicht einmal ein genaues Wort dafür finden lässt. Alle Nerven antworten gleichzeitig ‹Ja› – oder so ähnlich. Lassen wir auch jenes Erstaunen außer Acht, das lediglich die ungewohnte Assimilierung der *Dringlichkeit* der Wahrheit, nicht der Wahrheit selber ist. Wenn Sie mir sagen, dass Soundso ein Dieb ist, dann verbinde ich in meinem Verstand sofort eine Reihe plötzlich bedeutsamer Kleinigkeiten, die ich selber beobachtet habe, andererseits habe ich Zeit zur Verwunderung darüber, dass ein Mann, der so anständig schien, in Wirklichkeit ein Gauner war, unbewusst aber habe ich mir schon die Wahrheit zu eigen gemacht, sodass mein Erstaunen prompt eine invertierte Form annimmt (wie konnte man denn je einen solchen Strolch für einen ehrlichen Menschen halten?); mit anderen Worten, der wunde Punkt der Wahrheit liegt halbwegs zwischen der ersten Überraschung und der zweiten.»

«Schön. Das ist alles ziemlich klar.»

«Andererseits kann Überraschung», fuhr Falter fort, «die ans Unfassbare, ans Unvorstellbare rührt, äußerst schmerzhaft sein, und ist immer noch nichts im Vergleich zu dem Schock der Wahrheit selber. Und der kann nicht länger absorbiert werden. Es war Zufall, dass er mich nicht umgebracht hat, gerade wie es Zufall war, dass es mich traf. Ich zweifle, ob daran zu denken ist, ein Gefühl von solcher Intensität irgendwie zu überprüfen. Eine Überprüfung kann jedoch *ex post facto* vorgenommen werden, obwohl ich persönlich keine Notwendigkeit sehe für die Komplexitäten solcher Verifikation. Nehmen Sie irgendeine Alltagsweisheit – zum Beispiel, dass zwei Winkel, die einem dritten gleich sind, einander gleich sind; wird mit diesem Postulat auch etwas über die Tatsache ausgesagt, dass Eis heiß ist oder es in Kanada Felsen gibt? Mit anderen Worten, ein Wahrheitchen, um ein Diminutiv zu wagen, enthält keine Wahrheitchen gleicher Konvenienz und noch weniger solche, die zu anderen Arten oder Ebenen des Wissens oder Denkens gehören. Was würden Sie aber von einer WAHRHEIT (in Großbuchstaben) sagen, in der die Erklärung und die Stichhaltigkeit aller möglichen Verstandesurteile beschlossen sind? Man kann an die Poesie einer Feldblume oder an die Potenz des Geldes glauben, aber weder das eine noch das andere ist notwendige Voraussetzung für einen Glauben an die Homöopathie oder die Notwendigkeit, die Antilope auf den Inseln des Victoria-Nyanza-Sees auszurotten. In meinem Fall aber war es so, dass ich, nachdem ich erfahren habe, was ich erfahren habe – wenn man so etwas ‹erfahren› nennen kann –, einen Schlüssel zu absolut allen Toren und Schatztruhen dieser Welt in der Hand hatte; nichts kann mich jedoch veranlassen, ihn zu benützen, da jeder Gedanke an seine praktische Bedeutung automatisch – das liegt eben in seiner Natur – in eine ganze Folge von scharnierbewehrten Truhendeckeln übergeht. Ich habe meine Zweifel, ob ich es körperlich durchstehe, die Konsequenzen meiner Entdeckung und besonders das Ausmaß auszuloten, in dem ich noch nicht irregeworden bin, oder andersherum, inwieweit ich all das hinter mir gelassen habe, was man unter Irrsinn versteht; es steht jedoch ganz außer Zweifel, dass sich mir

– wie Sie es ausdrücken – ‹das Wesen der Dinge offenbarte›. Bitte etwas Wasser.»

«Gerne! Aber lassen Sie mich sehen, Falter – habe ich Sie recht verstanden? Sind Sie wirklich fortan ein Anwärter auf Allwissenheit? Entschuldigen Sie, aber den Eindruck habe ich nicht. Zugegeben, Sie wissen etwas Fundamentales, aber Ihre Worte enthalten keine konkreten Hinweise auf absolutes Wissen.»

«Ich schone meine Kräfte», sagte Falter. «Und ich habe sowieso nie behauptet, dass ich jetzt alles wüsste oder könnte – Arabisch, zum Beispiel, oder wie oft Sie sich im Leben rasiert haben, oder wer die Zeitung gedruckt hat, die dieser Narr da drüben liest. Ich sage nur, dass ich alles weiß, was ich wissen möchte. Das kann jeder von sich sagen, wenn er ein Konversationslexikon durchgeblättert hat; nur, das Lexikon, dessen genauen Titel ich erfahren habe (und hiermit haben Sie übrigens eine elegantere Definition: Ich kenne den Titel der Dinge), ist im Wortsinne allumfassend, und darin liegt der Unterschied zwischen mir und dem vielseitigsten Gelehrten der Welt. Sehen Sie, ich habe – und hier führe ich Sie ganz an den Rand dieses Riviera-Kliffs, meine Damen, sehen Sie nicht hinunter – ich habe eine simple Sache über die Welt in Erfahrung gebracht. Sie ist, für sich besehen, so offensichtlich, so belustigend offensichtlich, dass nur mein erbärmliches Menschsein sie für monströs halten kann. Wenn ich nun gleich ‹kongruent› sage, so meine ich etwas, was unendlich fern ist von all den Kongruenzen, die Sie kennen, geradeso wie die Natur meiner Entdeckung nichts gemein hat mit der Natur irgendwelcher physikalischer oder philosophischer Konjekturen. Mein ureigenstes Wesen, das kongruent ist mit dem Wesen des Universums, wurde nicht berührt durch jenen Krampf, der meinen Körper erschütterte. Gleichzeitig verfügt das mögliche Wissen um alle Dinge, das eine Folge des Wissens um das Fundamentale ist, in meiner Person nicht über einen ausreichend soliden Apparat. Ich arbeite unter Einsatz meiner ganzen Willenskraft darauf hin, dieses Vivarium nicht zu verlassen, die Regeln eurer Mentalität so zu beachten, als ob nichts passiert wäre; mit anderen Worten, ich handle wie ein Bettler, ein Dichterling, der eine Million in ausländischer Währung vermacht bekam, aber weiter in seinem Kellerstübchen wohnen bleibt, weil er weiß, dass das geringste Zugeständnis an den Luxus seine Leber ruinieren würde.»

«Aber dieses Vermögen ist nun mal in Ihrem Besitz, Falter – das ist es, was schmerzt. Diskutieren wir nicht, wie Sie damit umgehen, sondern sprechen wir über die Sache selber. Ich wiederhole – ich habe zur Kenntnis genommen, dass Sie es ablehnen, mich einen Blick auf Ihre Medusa werfen zu lassen, und ich bin auch bereit, keine wie immer naheliegenden Schlüsse zu ziehen, da ja, wie Sie andeuten, jede logische Konklusion eine Einengung des Denkens durch das Denken bedeutet. Ich schlage Ihnen eine andere Methode für unser Frage-und-Antwort-Spiel vor: Ich werde Sie nicht nach dem Inhalt Ihrer Schatztruhe fragen; doch Sie geben Ihr Geheimnis schließlich nicht preis, wenn Sie mir verraten, ob sie sich, sagen wir, im Osten befindet oder ob ein Topas darin ist oder ob je ein Mensch in ihre Nähe kam. Gleichzeitig verspreche ich nicht nur, dass ich, sollten Sie auf eine Frage mit ‹Ja› oder ‹Nein› antworten, keine weiteren Fragen in dieser Richtung stellen werde, sondern verpflichte mich darüber hinaus, die Unterhaltung ganz zu beenden.»

«Theoretisch locken Sie mich in eine grobe Falle», sagte Falter und schüttelte sich leicht, wie man es tut, wenn man lacht. «Tatsächlich wäre es aber nur dann eine Falle, wenn Sie fähig wären, mir mindestens eine dieser Fragen zu stellen. Das dürfte aber kaum der Fall sein. Deshalb legen Sie ruhig los, wenn Sie sinnloses Vergnügen schätzen.»

Ich dachte einen Augenblick nach und sagte: «Falter, erlauben Sie mir, wie der herkömmliche Tourist zu beginnen – mit der Besichtigung einer alten Kirche, die ihm von Abbildungen her vertraut ist. Lassen Sie mich fragen: Gibt es einen Gott?»

«Kalt», sagte Falter.

Ich verstand nicht und wiederholte meine Frage.

«Vergessen Sie's», schnauzte Falter. «Ich habe ‹kalt› gesagt, wie in dem Spiel, wo es darum geht, einen versteckten Gegenstand zu finden. Wenn Sie unter einem Stuhl suchen oder unter dem Schatten eines Stuhls, und der Gegenstand befindet sich nicht an der Stelle, weil er sich halt zufällig woanders befindet, dann hat die Frage, ob es dort einen Stuhl oder seinen Schatten gibt, nichts, aber auch gar nichts mit dem Spiel zu tun. Sagt man, der Stuhl existiere vielleicht, der Gegenstand sei aber nicht dort, so ist das das Gleiche, als wenn man sagt, der Gegenstand sei vielleicht da, der Stuhl aber existiere nicht, und somit läuft alles wieder auf den Zirkelschluss hinaus, der menschlichem Denken so teuer ist.»

«Aber Sie müssen zugeben, Falter, wenn der gesuchte Gegenstand, wie Sie sagen, in keiner Weise dem Begriff Gottes nahekommt und wenn dieser Gegenstand in Ihrer Terminologie eine Art allumfassender ‹Titel› ist, dann erscheint der Begriff Gottes nicht auf der Titelseite; daher besteht keine echte Notwendigkeit für solch einen Begriff, und da es kein Bedürfnis gibt für Gott, gibt es keinen Gott.»

«Dann haben Sie nicht verstanden, was ich über das Verhältnis zwischen einem möglichen Ort und der Unmöglichkeit, den Gegenstand dort zu finden, gesagt habe. Nun wohl denn, ich drücke mich klarer aus. Schon allein durch den Akt der Erwähnung eines bestimmten Begriffes machen Sie ein Rätsel aus sich selber, so als ob auch noch der Sucher sich versteckte. Und durch Ihr Bestehen auf der Frage verstecken Sie sich nicht nur, sondern glauben, dass Sie, wenn Sie mit dem gesuchten Objekt die Qualität des ‹Verstecktseins› teilen, Sie es sich näher bringen. Wie kann ich Ihnen antworten, ob es einen Gott gibt, wenn das Thema unserer Diskussion vielleicht Gartenwicken oder die Fahne eines Linienrichters beim Fußball ist? Sie suchen an der falschen Stelle und auf falsche Art, *cher monsieur*, das ist die ganze Antwort, die ich Ihnen geben kann. Und wenn es Ihnen so vorkommt, als könnten Sie von dieser Antwort auf die Zwecklosigkeit oder Notwendigkeit Gottes schließen, so rührt das nur daher, dass Sie an der falschen Stelle suchen und auf die falsche Art. Waren aber nicht Sie es, der versprach, keinen logischen Denkmustern zu folgen?»

«Jetzt werde ich Ihnen aber eine Falle stellen, Falter. Lassen Sie mal sehen, wie Sie eine direkte Aussage umgehen. Dann kann man also den Titel der Welt nicht in den Hieroglyphen des Deismus suchen?»

«Entschuldigen Sie», erwiderte Falter, «mit aufgedunsener Sprache und grammatischen Spielereien verkleidet Blauschnurrbart lediglich das erwartete *Non* als ein erwartetes *Oui*. Ich bestreite, das ist alles, was ich im Augenblick tun kann: Ich bestreite die Zweckmäßigkeit der Suche nach der Wahrheit in den Gefilden gewöhnlicher Theologie, und um Ihrem Verstand eitle Mühen zu sparen, beeile ich mich hinzuzufügen, dass das Epitheton, das ich benutzt habe, eine Sackgasse ist: Gehen Sie nicht hinein. Ich werde diese Diskussion *mangels Gesprächspartner* abbrechen müssen, wenn Sie ausrufen ‹Aha, dann gibt es eine *andere*, ungewöhnliche Wahrheit› – denn das bedeutete, Sie hätten sich so gut versteckt, dass Sie sich selber nicht wiederfinden.»

«Gut denn. Ich glaube Ihnen. Räumen wir also ein, dass die Theologie das Problem noch verworrener macht. So stimmt's doch wohl, Falter, oder?»

«Ein Hund kam in die Küche», sagte Falter.

«Gut also, wir lassen auch von dieser falschen Spur ab. Und das, obwohl Sie mir wahrscheinlich erklären könnten, warum sie falsch ist (denn hier gibt es etwas Eigenartiges und schwer Fassliches, etwas, das Sie irritiert), womit sich dann Ihr Widerwillen, mir zu antworten, erklärte.»

«Das könnte ich», sagte Falter, «aber das wäre gleichbedeutend mit der Enthüllung des eigentlichen Kerns der Sache, das heißt gerade dessen, was Sie nicht aus mir herauskriegen werden.»

«Sie wiederholen sich, Falter. Sie wollen mir doch nicht sagen, dass Sie ähnlich ausweichend sind, wenn ich Sie zum Beispiel frage: Gibt es ein Leben nach dem Tode?»

«Interessiert Sie das sehr?»

«Gerade so sehr wie Sie, Falter. Was immer Sie über den Tod wissen mögen, sterblich sind wir beide.»

«Zunächst einmal», sagte Falter, «möchte ich Ihre Aufmerksamkeit auf folgende gedankliche Zwickmühle lenken: Jeder Mensch ist sterblich; Sie sind ein Mensch; demnach ist es aber auch möglich, dass *Sie nicht sterblich sind*. Warum? Weil ein bestimmter Mensch (Sie oder ich) aufgrund ebendieser Tatsache aufhört, *jeder Mensch* zu sein. Doch wir beide sind tatsächlich sterblich, aber ich bin es auf andere Art als Sie.»

«Halten Sie sich nicht bei meiner ärmlichen Logik auf, sondern antworten Sie mir geradeheraus: Gibt es den Schimmer einer persönlichen Identität jenseits des Grabes, oder endet alles in vollkommener Dunkelheit?»

«Bon», sagte Falter nach Art russischer Emigranten in Frankreich. «Sie möchten wissen, ob Gospodin Sineussow für immer geborgen sein wird in Gospodin Sineussow, alias Moustache-Bleue, oder ob alles mit einem Schlag dahin ist. Zweierlei ließe sich wohl vorstellen, oder? Licht rund um die Uhr oder das schwarze Nichts. Genau besehen ähneln sich die beiden Vorstellungen trotz ihrer verschiedenen metaphysischen Färbung sehr. Und sie laufen parallel nebeneinanderher. Sie laufen sogar mit bemerkenswerter Geschwindigkeit. Hoch der Totalisator! He, he, schau durch dein Fernglas, sie rennen um die Wette, und du würdest so gerne wissen, welche als Erste die Ziellinie der Wahrheit überquert, aber wenn Sie mich bitten, Ihnen ein ‹Ja› oder ein ‹Nein› für entweder die eine oder die andere zu geben, verlangen Sie, dass ich eine von ihnen in vollem Lauf einfange – diese Biester sind fürchterlich glitschig –, aber selbst wenn ich eine von ihnen für Sie

erwischte, unterbräche ich damit lediglich den Wettbewerb, oder die Gewinnerin wäre die andere, die, die ich nicht zu fassen bekam, ein ganz und gar bedeutungsloses Resultat insofern, als es keine Konkurrenz mehr gäbe. Wenn Sie jedoch fragen, welche von den zweien schneller läuft, antwortete ich mit einer Gegenfrage: Was läuft schneller, heftiges Verlangen oder heftige Angst?»

«Sie sind gleich schnell, nehme ich an.»

«Genauso ist's. Denn sehen Sie mal, was mit dem armen kleinen menschlichen Verstand los ist. Entweder es ist ihm versagt auszudrücken, was dich – ich meine uns – nach dem Tode erwartet, dann ist eine völlige Bewusstlosigkeit ausgeschlossen, denn *die* ist unserer Vorstellungskraft durchaus zugänglich – jeder von uns hat die totale Dunkelheit traumlosen Schlafes erfahren; oder das Gegenteil ist der Fall: Man *kann* sich den Tod vorstellen, dann macht sich unsere Vernunft natürlich nicht die Vorstellung eines ewigen Lebens zu eigen, eines unbekannten Etwas, das unvereinbar ist mit allem Irdischen, sondern greift zu dem, was näherliegend erscheint – die vertraute Dunkelheit der Empfindungslosigkeit. Wie kann denn ein Mensch, der seiner Vernunft vertraut, zulassen, dass jemand, der sich bis zur Bewusstlosigkeit betrunken hat, dann tief schläft und an einer äußeren Ursache stirbt – und dadurch zufällig verliert, was er in Wirklichkeit nicht mehr besaß –, aufs neue die Fähigkeit erlangt, dank der bloßen Verlängerung, Festigung und Vollendung seines unglücklichen Zustandes zu denken und zu fühlen? Wenn Sie mir daher nur eine einzige Frage stellten, die nämlich, ob ich in menschlichen Begriffen weiß, was nach dem

Tode kommt – das heißt, wenn Sie versuchten, die Absurdität zu umgehen, in der der Wettlauf zwischen zwei entgegengesetzten, doch im Prinzip ähnlichen Anschauungen sich erschöpft, dann ließe eine negative Antwort meinerseits Sie logischerweise schließen, dass Ihr Leben nicht im Nichts enden kann, während Sie aus der affirmativen die entgegengesetzte Folgerung zögen. In beiden Fällen befänden Sie sich, wie Sie sehen, in genau der gleichen Situation wie zuvor, da ein trockenes ‹Nein› Ihnen nur beweisen würde, dass ich über das fragliche Thema nicht mehr weiß als Sie, während ein feuchtes ‹Ja› Ihnen nahelegte, einen internationalen Himmel anzunehmen, den anzuzweifeln Ihr Verstand nicht umhinkann.»

«Sie drücken sich einfach um eine klare Antwort, aber erlauben Sie mir nichtsdestoweniger die Beobachtung, dass Sie mir beim Thema Tod nicht die Antwort ‹kalt› geben.»

«Da geht's schon wieder los», seufzte Falter. «Habe ich Ihnen denn nicht gerade erklärt, dass jedwede Deduktion sich der Kurvatur des Denkens anpasst? Es ist etwas dran an dem, was Sie sagen, solange Sie die Sphäre irdischer Dimensionen nicht verlassen, aber wenn Sie versuchen, darüber hinauszugehen, wächst Ihr Irrtum proportional zur Entfernung, die Sie zurücklegen. Und das ist nicht alles: Ihr Verstand wird jede meiner Antworten ausschließlich vom utilitaristischen Standpunkt aus beurteilen, denn es ist Ihnen unmöglich, den Tod anders als im Bilde Ihres eigenen Grabsteins zu begreifen, und das wiederum verzerrte den Sinn meiner Antwort in solchem Ausmaß, dass sie, *ipso facto*, zur Lüge würde. So lassen Sie uns Anstand wahren, selbst wenn wir uns mit dem Transzendentalen abgeben. Ich kann mich nicht klarer ausdrücken – und Sie sollten mir dankbar sein für mein Ausweichen. Sie haben eine leise Ahnung, nehme ich an, dass es schon bei der Formulierung der Frage einen kleinen Haken gibt, einen Haken übrigens, der schrecklicher ist als selbst die Angst vor dem Tod. Die ist ganz besonders stark bei Ihnen, hab ich Recht?»

«Ja, Falter. Der Schrecken, den ich beim Gedanken an meine zukünftige Bewusstlosigkeit fühle, ist nur mit dem Ekel vergleichbar, den die Vorstellung meines verwesenden Körpers in mir auslöst.»

«Gut gesagt. Wahrscheinlich liegen auch noch andere Symptome dieser sublunarischen Krankheit vor? Ein dumpfer Stich im Herzen, plötzlich, mitten in der Nacht, als bräche ein Raubtier ins Gehege unserer zahmen Gedanken und Gefühle ein. ‹Irgendwann muss auch ich sterben.› So geht es doch, oder? Hass auf die Welt, die fröhlich auch ohne Sie weitermachen wird. Ein Gefühl tief im Innern, dass alle Dinge in dieser Welt Nichtigkeiten und Phantasmagorien sind im Vergleich mit Ihrem Todeskampf und demnach auch mit Ihrem Leben, denn, so sagen Sie sich, das Leben ist nichts als die Agonie vor dem Tod. Ja, o ja, ich kann mir diese Krankheit ganz genau vorstellen, an der ihr alle in geringerem oder höherem Maße leidet, und kann nur eines sagen: Es geht mir nicht in den Kopf, wie Leute unter solchen Bedingungen leben können.»

«Na, Falter, jetzt kommen wir aber doch voran. Wenn ich nun gestände, dass ich in Augenblicken des Glücklichseins, des Entzückens, wenn meine Seele bloßliegt, plötzlich fühle, dass es kein Verlöschen jenseits des Grabes gibt; dass in einem verschlossenen Nebenraum, unter dessen Tür hervor ein frostiger Zug kommt, ein Pfauenaugenglanz, eine Pyramide der Wonnen ähnlich dem Christbaum meiner Kindheit wartet; dass alles – Leben, Heimat, April, der Klang einer Quelle oder der einer lieben Stimme – nichts ist als ein wirres Vorwort und dass der eigentliche Text noch vor uns liegt –, wenn ich so fühlen kann, Falter, ist es dann nicht möglich zu leben, zu leben – sagen Sie mir, dass es möglich ist, und ich werde Sie nichts weiter fragen.»

«In diesem Fall», sagte Falter und wurde erneut von lautloser Heiterkeit geschüttelt, «verstehe ich Sie umso weniger. Überspringen Sie das Vorwort, und Sie haben's in der Tasche!»

«*Un bon mouvement*[50], Falter – verraten Sie mir Ihr Geheimnis?»

«Was versuchen Sie denn da? Mich zu fassen, wenn ich nicht auf der Hut bin? Sie sind ganz schön gerieben, merke ich. Nein, schlagen Sie sich das aus dem Kopf. In den ersten Tagen – ja, in den ersten Tagen hatte ich gedacht, dass es möglich wäre, mein Geheimnis zu teilen. Ein erwachsener Mann, wenn er kein Stier ist wie ich, würde es nicht verkraften – gut; aber ich fragte mich, ob man denn nicht eine neue Generation von *Initiierten* heranziehen könne, ich demnach also meine Aufmerksamkeit Kindern zuwenden sollte. Wie Sie sehen, war ich immer noch von der hiesigen Dialektik infiziert. Wie aber würde das in Wirklichkeit denn aussehen? Zunächst einmal ist schwer vorstellbar, die Kleinen durch ein Gelübde zu priesterlichem Schweigen zu verpflichten, damit nicht etwa eins von ihnen mit einem träumerischen Wort Totschlag begeht. Und zweitens könnte, wenn das Kind heranwächst, das Wissen, das ihm einst mitgegeben, das in gutem Glauben angenommen und in eine ferne Ecke seines Bewusstseins gebettet wurde, mit tragischen Folgen aus dem Schlaf hochfahren. Selbst wenn mein Geheimnis nicht in jedem Fall ein ausgewachsenes Mitglied der Gattung tötet, ist kaum anzunehmen, dass es einen Jugendlichen verschont. Denn wer kennt nicht jenes Lebensalter, da die verschiedensten Dinge – der Sternenhimmel über einem kaukasischen Kurort, ein auf der Toilette gelesenes Buch, die eigenen Mutmaßungen über den Kosmos, die köstliche Panik des Solipsismus – schon ausreichen, die Sinne eines heranwachsenden Menschen in höchste Erregung zu versetzen? Ich sehe keinen Grund, zum Scharfrichter zu werden; ich habe nicht die Absicht, Feindregimenter durch ein Megaphon zu vernichten; kurz, es gibt für mich niemanden, dem ich mich anvertrauen könnte.»

«Ich habe Ihnen zwei Fragen gestellt, Falter, und zweimal haben Sie mir die Unmöglichkeit einer Antwort nachgewiesen. Es scheint mir nutzlos, Sie nach etwas anderem zu fragen – sagen wir nach den Grenzen des Universums oder dem Ursprung des Lebens. Wahrscheinlich werden Sie vorschlagen, dass ich mich mit einer buntscheckigen Minute auf einem zweitklassigen Planeten, der sich von einer zweitklassigen Sonne bedienen lässt, zufriedengebe, oder Sie reduzieren wieder alles auf ein Rätsel: Ist das Wort ‹heterolog› selbst heterolog?»

«Wahrscheinlich», stimmte Falter bei und gähnte ausgiebig.

Sein Schwager pellte seine Uhr aus der Weste und warf seiner Frau einen Blick zu.

«Aber an der Geschichte stimmt irgendetwas nicht, Falter. Wie vereint sich übermenschliches Wissen um die letzten Wahrheiten in Ihnen mit der Glätte eines banalen Sophisten, der nichts weiß? Geben Sie zu, Ihre ganzen absurden Wortklaubereien waren nichts weiter als ausgemachter Hohn.»

«Nun ja, das ist mein einziger Schutz», sagte Falter und schielte zu seiner Schwester hinüber, die flink einen langen grauen Schal aus dem Ärmel des Mantels zog, den ihm sein Schwager schon hinhielt. «Andernfalls, wissen Sie, hätten Sie es aus mir herausgekitzelt. Wie dem auch sei», fügte er hinzu und schlüpfte erst in den falschen, dann in den richtigen Ärmel und entzog sich dabei dem hilfreichen Gezupfe seiner Helfer, «wie dem auch sei, ich habe Sie zwar ein wenig genasführt, aber lassen Sie sich trösten: Mitten in all dem Geplapper und Geplauder habe ich mich unabsichtlich verraten – mit zwei oder drei Worten nur, aber in ihnen blitzte ein Quäntchen absoluter Erkenntnis auf – glücklicherweise jedoch haben Sie nicht darauf geachtet.»

Man führte ihn weg, und so endete unser ziemlich diabolischer Dialog. Nicht nur hatte Falter mir nichts erzählt, er hatte mir noch nicht einmal gestattet, näher zu kommen, und ohne Zweifel war in seiner letzten Aussage so viel Spöttelei wie in allen vorausgegangenen. Am Tag darauf informierte mich die matte Stimme seines Schwagers am Telephon, dass Falter hundert Francs pro Besuch berechne; ich fragte, warum in aller Welt ich nicht vorher davon verständigt worden war, worauf er flugs erwiderte, dass, falls das Interview wiederholt werden sollte, mich die zwei Unterhaltungen nur hundertfünfzig kosten würden. Der Kauf der Wahrheit, selbst mit Rabatt, reizte mich nicht, und nachdem ich diese unerwarteten Kosten überwiesen hatte, zwang ich mich, nicht mehr an Falter zu denken. Gestern jedoch … Ja, gestern erhielt ich eine Nachricht von Falter selber aus dem Krankenhaus: Er schrieb in klarer Handschrift, dass er am Dienstag sterben werde und es im Scheiden wage, mir mitzuteilen, dass – und hier folgten zwei Zeilen, die mit Sorgfalt und, so schien es, voller Häme unleserlich gemacht worden waren. Ich antwortete, dass ich für seine Aufmerksamkeit danke und ihm interessante postume Erlebnisse und eine angenehme Ewigkeit wünsche.

Aber all das bringt mich dir nicht näher, mein Engel. Für den Fall des Falles lasse ich alle Türen und Fenster des Lebens weit offen, obwohl ich das Gefühl habe, dass du dich nicht zu den althergebrachten Formen von Erscheinungen herablassen wirst. Am schrecklichsten von allem ist der Gedanke, dass ich, da du fernerhin in mir glühst, mein Leben schützen muss. Meine vergängliche körperliche Hülle ist vielleicht die einzige Garantie deiner ideellen Existenz: Wenn ich vergehe, wird auch sie vergehen. Leider bin ich dazu verdammt, mit der Habgier des Besitzlosen mit meiner physischen Natur umzugehen, wenn ich dich mir zu Ende erzählen will, und dann vertrauensvoll auf meine eigene Ellipse zu warten …

Solus Rex

Wie immer wurde der König durch das Aufeinandertreffen der Vor-Sonnenaufgang- und Mittmorgenwache (*morndammer* und *erldag wagh*) geweckt. Erstere, über Gebühr pünktlich, verließ ihren Posten regelmäßig zur vorgeschriebenen Minute, während die Letztere sich um eine gleichbleibende Zahl von Sekunden verspätete, nicht aus Nachlässigkeit, sondern wahrscheinlich, weil irgendjemandes gichtiger Zeitmesser habituell nachging. Daher trafen sich die Abgehenden und die Ankommenden immer an ein und derselben Stelle – dem engen Fußpfad genau unter dem Schlafzimmerfenster des Königs, zwischen dem rückwärtigen Wall des Palastes und einem verschlungenen Gestrüpp dichten, aber dürftig blühenden Geißblatts, unter dem aller möglicher Abfall verstreut lag: Hühnerfedern, zerbrochenes Geschirr und große, rotbackige Konservendosen, die «Pomona» enthalten hatten, eine heimische Art eingemachten Obstes. Das Treffen wurde unweigerlich begleitet vom gedämpften Geräusch eines kurzen, gutmütigen Geraufes (und das war's, was den König weckte), da einer der Vor-Sonnenaufgangs-Posten, ein wenig schalkhaft von Natur, so tat, als ob er einem der Mittmorgenleute, einem reizbaren und dummen alten Kauz, Teilnehmer am Swirhulm-Feldzug, die Schiefertafel mit der Losung nicht übergeben wollte.

Dann wurde es wieder ruhig, und es war nichts anderes mehr zu hören als das geschäftige, dann und wann eiliger werdende Prasseln des Regens, der planmäßig an genau dreihundertsechs von dreihundertfünfundsechzig oder -sechsundsechzig Tagen fiel, sodass sich seit langem niemand mehr um die Peripetien des Wetters kümmerte (hier sprach der Wind das Geißblatt an).

Der König kam mit einer Rechtsdrehung aus seinem Schlaf und stützte eine Wange, auf der das ins Kopfkissen eingestickte Wappen einen Schachbrettabdruck hinterlassen hatte, auf eine große, weiße Faust. Zwischen den inneren Rändern der braunen, lose gezogenen Vorhänge an dem einzigen, aber breiten Fenster sickerte ein Strahl seifigen Lichts ein, und der König erinnerte sich mit einem Mal an eine bevorstehende Pflicht (seine Anwesenheit bei der Einweihung der neuen Brücke über die Egel), deren verdrießliches Bild mit geometrischer Unausweichlichkeit in das fahle Trigon des Tages eingraviert zu sein schien. Er interessierte sich nicht für Brücken, Kanäle oder Schiffbau, und obwohl es ihm nach fünf Jahren – ja, genau fünf Jahren (achtzehnhundertsechsundzwanzig Tagen) – nebliger Herrschaft zur Gewohnheit hätte werden müssen, sich mit allerlei Geschäften zu befassen, die ihn mit Abscheu füllten, weil er sie in seinem Innern (wo es ganz andere Dinge von unermesslicher und unauslöschlicher Vollkommenheit gab, die in keiner Beziehung standen zu seinem königlichen Amt) in ihrer organischen Unvollkommenheit sah, fühlte er sich jedes Mal bis zur Übellaunigkeit verärgert, wenn er verpflichtet war, sich mit etwas abzugeben, was seinem vorsätzlichen Unwissen nicht nur ein falsches Lächeln abverlangte, sondern zudem nur noch der Firnis der Konvention auf einer Gegebenheit war, der Sinn und vielleicht sogar Dasein abgingen. Wenn die Einweihung der Brücke, von der ihm noch nicht einmal die Pläne in Erinnerung waren, obwohl er sie zweifellos befürwortet hatte, ihm lediglich als ein vulgäres Volksfest vorkam, so auch deswegen, weil niemand sich die Mühe gemacht hatte, sich zu erkundigen, ob er sich denn für diese komplizierte, freischwebende Ausgeburt der Technik interessiere, und dennoch würde er heute in einem glänzenden Cabriolet mit zahnigem Kühlergrill langsam darüber hinwegfahren müssen, und das war eine Tortur; und dann die Geschichte mit diesem Ingenieur, von dem ihm alle Welt erzählte, als er einmal ganz nebenbei erwähnt hatte (einfach, um jemanden oder etwas loszuwerden), dass er gerne ein wenig klettern würde, wenn die Insel einen einzigen anständigen Berg hätte (der alte, lange erloschene Küstenvulkan zählte ja nicht, und außerdem war ein Leuchtturm, der nebenbei auch nicht funktionierte, auf seinem Gipfel gebaut worden). Dieser Ingenieur, dessen zweifelhafter Ruf in den Salons der Hofdamen und Kurtisanen florierte, die sich von seinem honigbraunen Teint und seiner einschmeichelnden Redeweise gefangen nehmen ließen, hatte vorgeschlagen, das Zentrum des Inselplateaus anzuheben und es durch unterirdische Pumpvorrichtungen in ein Gebirgsmassiv zu verwandeln. Die Bewohner der ausgesuchten Örtlichkeit sollten in ihren Unterkünften bleiben dürfen, während die Erde aufgebläht wurde. Ängstliche Naturen, die es vorzogen, sich aus dem Operationsgebiet zu entfernen, wo ihre kleinen Ziegelhäuser kauerten und erstaunte rote Kühe muhten, die die Änderung der

Höhenlage spürten, bestraften sich dadurch, dass ihre Heimkehr über die neugeformten Hügel wesentlich länger dauerte als ihr kürzlicher Rückzug über das bedrohte Flachland. Langsam schwollen die Wiesen auf; Felsbrocken rührten ihre runden Rücken; ein lethargischer Bach purzelte aus seinem Bett und wurde zu seiner eigenen Überraschung ein alpiner Wasserfall; Bäume zogen im Gänsemarsch wolkenwärts, und viele von ihnen (die Tannen beispielsweise) genossen die Reise; die Dörfler lehnten auf ihren Verandageländern, winkten mit den Taschentüchern und bewunderten die pneumatische Entwicklung der Landschaft. So nun würde der Berg wachsen und wachsen, bis der Ingenieur befahl, die monströsen Pumpen zu stoppen. Der König indessen wartete nicht auf das Halt, sondern döste wieder ein und hatte kaum die Zeit zu bedauern, dass er, der ständig der Bereitschaft der Räte entgegentrat, die Durchführung jedes spatzenhirnigen Projekts zu unterstützen (während andererseits seine natürlichsten, menschlichsten Rechte durch rigide Gesetze eingeschränkt wurden), keine Erlaubnis gegeben hatte für das Experiment und dass es jetzt zu spät war, denn der Erfinder hatte Selbstmord begangen, nachdem er einen Galgen für den Hausgebrauch hatte patentieren lassen (so jedenfalls erzählte es der Geist des Schlummers dem Schlummernden).

Der König schlief weiter bis halb acht, und zur gewohnten Minute setzte sich ruckend sein Geist in Gang und war schon auf dem Weg, Frey zu treffen, als Frey das Schlafzimmer betrat. Dieser klapprige, asthmatische *konwacher* gab, wenn er sich bewegte, beständig ein eigenartiges Geräusch von sich, als ob er in großer Eile wäre, obwohl Hast nicht seine Sache war, denn auch mit dem Sterben hatte er es ja keineswegs eilig. Er setzte ein silbernes Becken auf ein Taburett, in dessen Sitzfläche ein Herz geschnitten war, wie er es nun schon seit einem halben Jahrhundert für zwei Könige getan hatte; heute weckte er einen dritten, dessen Vorgängern dieses vanilleduftende und möglicherweise verhexte Wasser wahrscheinlich zur Ablution gedient hatte. Jetzt allerdings war es ganz fehl am Platze; und doch erschienen jeden Morgen Becken und Taburett zusammen mit einem Handtuch, das vor fünf Jahren gefaltet worden war. Weiter sein eigentümliches Geräusch ausstoßend, ließ der alte Diener das Tageslicht in seiner ganzen Fülle ein. Der König wunderte sich immer, warum Frey nicht zuerst die Vorhänge öffnete, anstatt im Halbdunkel herumzutappen, wenn er das Taburett mit dem unnützen Gerät ans Bett rückte. Aber mit Frey zu sprechen, war wegen seiner Taubheit unmöglich, die so gut zur Schnee-Eulen-Weiße seines Haares passte: Er war durch die Watte des Alters von der Welt abgeschieden, und als er sich zum Bett hin verbeugte und abging, begann die Wanduhr im Zimmer deutlicher zu ticken, als ob sie sich neu mit Zeit aufgeladen hätte.

Das Schlafzimmer nahm nun Konturen an, mit dem drachenförmigen Riss, der die Decke durchzog, und dem riesigen Kleiderständer, der wie eine Eiche in der Ecke stand. Ein rüstiges Bügelbrett lehnte an der Wand. Eine Vorrichtung, mit der man seine Reitstiefel am Absatz losrucken konnte, ein veraltetes Ding in Gestalt eines gusseisernen Hirschkäfers, lauerte unter der Bordüre eines Sessels, der eine weiße Schutzhülle als Robe umhatte. Ein eichener Kleiderschrank stand fett, blind und naphthalinbetäubt neben einem eiförmigen geflochtenen Korbbehälter für schmutzige Wäsche, aufrecht von einem unbekannten Kolumbus dort hingestellt. Verschiedene Gegenstände hingen an den bläulichen Wänden herum: eine Uhr (sie hatte ihre Anwesenheit schon hörbar gemacht), ein Arzneischränkchen, ein altes Barometer, das eher erinnertes als echtes Wetter anzeigte, die Bleistiftskizze eines Sees mit Ried und auffliegender Ente, die myopische Photographie eines Gentleman in Lederleggings auf einem Pferd mit verwackeltem Schwanz, das vor einer Veranda von einem feierlichen Stallknecht am Zügel gehalten wurde, die gleiche Veranda, auf ihren Stufen Diener mit gespannten Gesichtern, ein paar flaumige gepresste Blumen unter staubigem Glas in einem kreisrunden Rahmen … Die Spärlichkeit der Möbel und ihre völlige Belanglosigkeit für die Bedürfnisse und die Empfindlichkeit des jeweiligen Bewohners dieses Schlafzimmers (einst, so schien es, Heim der *husmuder*, wie die Frau des vorigen Königs tituliert worden war) verliehen ihm ein seltsam unbewohntes Aussehen, und wenn nicht dieses aufdringliche Waschbecken und das eiserne Bett gewesen wären, auf dessen Kante ein Mann saß, der ein Nachthemd mit Kräuselkragen trug und dessen kräftige bloße Füße auf dem Boden standen, hätte man sich unmöglich vorstellen können, dass hier jemand seine Nächte verbrachte. Seine tastenden Zehen fanden ein Paar Marocain-Slipper, und einen Bademantel überwerfend, der so grau war wie der Morgen, ging der König über die knarrenden Dielen zur filzgepolsterten Tür. Wenn er im Nachhinein sich an diesen Morgen erinnerte, so schien es ihm, dass er nach dem Aufstehen eine ungewöhnliche

Schwere im Gemüt wie in den Muskeln verspürt hatte, die schicksalsschwere Bürde des kommenden Tages, sodass das fürchterliche Unglück, das dieser Tag brachte (und das unter der Maske platter Langeweile *schon jetzt* an der Egel-Brücke Wache stand), absurd und unvorhersehbar, wie es war, ihm deshalb als eine Art Solvens vorkam. Wir sind geneigt, der unmittelbaren Vergangenheit (gerade noch hatte ich sie in meinen Händen, ich hab sie eben hierhergelegt, und jetzt ist sie nicht da) Züge zuzuschreiben, die sie in Relation setzen zur unerwarteten Gegenwart, die faktisch nichts anderes ist als ein Prolet, der mit einem gekauften Familienwappen prunkt. Wir, Sklaven verknüpfter Ereignisse, trachten danach, die Lücke in der Kette mit einem geisterhaften Glied zu schließen. Wenn wir zurückschauen, sind wir sicher, dass die Straße, die wir hinter uns sehen, eben die ist, die uns zu der Grabstätte oder zu der Quelle geführt hat, an der wir uns befinden. Der Verstand kann die erratischen Sätze und Sprünge des Lebens nur dann ertragen, wenn es in früheren Ereignissen Anzeichen für Elastizität und Nachgiebigkeit zu entdecken gibt. Derart, nebenbei, waren die Gedanken, die dem nicht länger unabhängigen Künstler Dmitri Nikolajewitsch Sineussow kamen, der Abend war angebrochen, und in vertikalen rubinroten Buchstaben glühte das Wort RENAULT.

Der König machte sich auf die Suche nach seinem Frühstück. Er wusste nie, in welcher der fünf in Frage kommenden Kammern auf der linken und rechten Seite des kalten Steinganges (mit Spinnweben in den Ecken seiner Spitzbogenfenster) sein Kaffee wartete. Eine Tür nach der anderen öffnend, versuchte er, den kleinen gedeckten Tisch ausfindig zu machen, und fand ihn schließlich, wo er ihn am wenigsten erwartet hatte: unter einem großen, reichlich dunklen Porträt seines Vorgängers. König Gafon war in dem Alter dargestellt, in dem er ihn aus seiner Erinnerung kannte, aber Gesichtszüge, Haltung und Körperbau waren mit einer Majestät umgeben, die für diesen hängeschultrigen, zappligen und schlampigen alten Mann mit den Falten eines Bauernweibes über seiner unbehaarten und irgendwie krummen Oberlippe nicht charakteristisch war. Das Motto des Familienwappens «Sieh und herrsche» *(sassed ud halsem)* wurde mit Blick auf ihn von Witzbolden gerne zu «Sessel und Haselschnaps» *(sasse ud hasel)* verballhornt. Er regierte dreißig und ein paar Jahre und weckte weder besondere Zuneigung noch besonderen Hass in irgendwem, glaubte in gleichem Maße an die Macht der Güte und an die Macht des Geldes, unterwarf sich gefügig der parlamentarischen Mehrheit, deren schale humanitäre Anliegen in seiner sentimentalen Seele Anklang fanden, und belohnte aus einer geheimen Staatskasse großzügig die Aktivitäten all der Abgeordneten, die mit ihrer Devotion für die Krone deren Stabilität sicherten. Das Geschäft des Herrschens war für ihn schon seit langem zu einem Schwungrad mechanischer Gewohnheiten geworden, und die unaufgeklärte Unterwürfigkeit des Landes, wo das *Peplerhus* (Parlament) wie ein schwelendes, knisterndes Binsenlicht glomm, erschien als ähnliche Form stetigen Kreislaufs. Und wenn die allerletzten Jahre seiner Herrschaft gleichwohl vergiftet wurden durch bitteren Aufruhr, der wie ein Rülpser nach einem langen, sorgenfreien Mahl kam, so war nicht ihm ein Vorwurf zu machen, sondern der Person und dem Benehmen des Kronprinzen. In der Tat fanden gute Bürger in der Hitze ihrer Verärgerung, dass die ehemalige Geißel der gelehrten Welt, der nun vergessene Professor ven Skunk, nicht sehr fehlging in seiner Behauptung, Gebären sei nichts als eine Krankheit und jeder Säugling ein «externalisierter», ein Eigenleben führender elterlicher Tumor von oft bösartiger Natur.

Der gegenwärtige König (wir wollen ihn präakzessional nach der Schachnotation K[51] nennen) war der Neffe des alten Mannes, und anfangs ließ es sich niemand träumen, dass der Neffe einen Thron besteigen würde, der rechtmäßig König Gafons Sohn zustand, Prinz Adulf, dessen überaus unanständiger populärer Beiname (der auf einer geglückten Assonanz beruhte) aus Gründen des Anstandes mit «Prinz Feige» wiedergegeben werden muss. K wuchs in einem entlegenen Schloss unter den Augen eines ehrgeizigen Granden und seiner vierschrötigen, maskulinen Frau auf, kannte daher seinen Cousin kaum und begann ihn erst im Alter von zwanzig ein wenig öfter zu sehen, als Adulf auf die vierzig zuging.

Wir haben vor uns einen wohlgenährten, gutmütigen Kerl mit einem festen Nacken, breiten Hüften, einem großwangigen, gleichmäßig rosigen Gesicht und feinen, vorstehenden Augen. Sein frecher kleiner Schnurrbart, der einem Paar blau-schwarzer Federn glich, passte irgendwie nicht zu seinen dicken Lippen, die immer fettig aussahen, als ob er gerade Hühnerknochen abgenagt hätte. Sein schwarzes, dickes, unangenehm riechendes und ebenfalls fettiges Haar lieh seinem großen, festsitzenden Kopf ein für Thule ungewöhnliches geckiges Etwas. Er hatte eine Neigung zu auffälliger Kleidung und war zugleich ebenso ungewaschen wie ein *papugh* (Seminarist). Er war wohlbewandert in Musik, Bildhauerei und den graphischen Künsten, konnte aber Stunden in der Gesellschaft stumpfer, vulgärer Leute verbringen. Er weinte ausgiebig, wenn er der schmelzenden Geige des großen Perelmon lauschte, und vergoss die gleichen Tränen, wenn er die Scherben einer Lieblingstasse auflas. Er war bereit, jedem auf jede Weise zu helfen, wenn er in diesem Augenblick nicht mit anderen Angelegenheiten beschäftigt war; und wonnevoll schnaufend und am Leben herumstochernd und -knabbernd, schaffte er es in einem fort, Dritten, um deren Existenz er sich nicht scherte, Schmerz zu bereiten, der an Tiefe den der eigenen Seele weit übertraf – einen Schmerz, der eine andere, *die* andere Welt betraf.

In seinem zwanzigsten Lebensjahr schrieb sich K an der Universität von Ultimare ein, die vierhundert Meilen purpurner Heide von der Hauptstadt entfernt am Ufer der grauen See lag, erfuhr dort etwas über den Lebenswandel des Kronprinzen und hätte noch mehr gehört, hätte er nicht Gespräche und Diskussionen vermieden, die seine ohnehin nicht gerade einfache Anonymität belastet hätten. Sein Vormund, der Graf, der einmal die Woche auf Besuch kam (manchmal traf er im Seitenwagen eines Motorrads ein, das seine energische Frau fuhr), hob unentwegt hervor, wie übel, schimpflich und gefährlich es wäre, wenn irgendwelche Studenten oder Professoren erführen, dass dieser schlaksige, grämliche Jüngling, der sich ebenso in seinen Studien wie im *vanbol* auf dem zweihundert Jahre alten Spielfeld hinter dem Bibliotheksgebäude hervortat, gar nicht der Sohn eines Notars war, sondern der Neffe des Königs. Ob es nun Unterwerfung unter eine der vielen in ihrer Einfalt so rätselhaften Launen war, mit denen irgendein Unbekannter und Mächtigerer als König und *Peplerhus* zusammen aus irgendeinem Grund das schäbige, monotone, nördliche, treu zu halbvergessenen Übereinkünften stehende Leben jener *«île triste et lointaine»*[52] plagte; oder ob der grämliche Grande seine eigenen privaten Ziele und weitreichenden Pläne hatte (die Erziehung von Königen hatte geheim zu bleiben), wissen wir nicht; es gab aber auch keinen Grund, hierüber zu spekulieren, da doch der ungewöhnliche Student mit anderen Angelegenheiten beschäftigt war. Bücher, Mauerball, Skifahren (Winter pflegten damals schneereich zu sein), aber – vor allem – Nächte besonderer Meditation beim Herd und, ein wenig später, seine Romanze mit Belinda – all das füllte sein Leben so weit aus, dass ihn die vulgären kleinen Intrigen der Metapolitik gleichgültig ließen. Außerdem kam ihm, während er fleißig die Annalen des Vaterlandes studierte, nie der Gedanke, dass in seinem Innern eben das Blut schlummere, das durch die Adern früherer Könige geflossen war; oder dass das gegenwärtige Leben, das vorbeirauschte, ebenfalls «Geschichte» war – Geschichte, die aus dem Tunnel der Zeiten ins bleiche Sonnenlicht getreten war. Entweder weil der Gegenstand seiner Studien ein ganzes Jahrhundert vor der Herrschaft Gafons endete oder weil der Zauber, der sich unwillkürlich auch bei den nüchternsten Chronisten einstellt, ihm wertvoller zu sein schien als eigene Anschauung, gewann der Buchgelehrte in ihm die Oberhand über den Augenzeugen, und wenn er später versuchte, die Verbindung mit der Gegenwart wiederherzustellen, musste er sich damit begnügen, behelfsmäßige Verbindungen anzufertigen, die lediglich dazu führten, dass sich die vertraute Ferne der Legende verzerrte (diese Brücke über die Egel, diese blutbespritzte Brücke!).

Es war vor Beginn seines zweiten Studienjahres, dass K, der auf kurze Ferien in die Hauptstadt gekommen war und im sogenannten «Kabinettsmitglieder-Club» bescheidene Unterkunft genommen hatte, auf dem allerersten Hofempfang den Kronprinzen traf, einen impulsiven, plumpen, unanständig jung aussehenden Charmeur, der voraussetzte, dass niemand seinem Charme widerstehen könne. Das Treffen fand in Anwesenheit des alten Königs statt, der in einem Sessel mit hoher Lehne bei einem Buntglasfenster saß und schnell und behände jene winzigen olivschwarzen Pflaumen verschlang, die mehr eine Schleckerei als eine Medizin für ihn waren. Wenn auch Adulf zunächst keine Notiz von seinem jungen Verwandten zu nehmen schien und weiter mit zwei Höflingen sprach, die nichts als Statisten waren, hatte der Prinz gleichwohl ein Thema aufgeworfen, das sorgfältig darauf angelegt war, den Neuling zu faszinieren, dem er eine Dreiviertelansicht von sich bot: In fettleibiger Selbstgefälligkeit, die Hände tief in den Taschen seiner zerknitterten karierten Hose, stand er da und wiegte sich leicht auf den Fußsohlen.

«Nehmen Sie zum Beispiel», sagte er mit der triumphierenden Stimme, die er sich für öffentliche Gelegenheiten aufbewahrte, «unsere Geschichte, und Sie werden sehen, dass in unserer Sicht die Herrschaft immer im Magischen wurzelte und Gehorsam überhaupt nur dann denkbar war, wenn er in der Vorstellung des Gehorchenden auf die unfehlbare Wirkung eines Zaubers zurückzuführen war. Mit anderen Worten: Der König war ein Magier oder aber selber verhext, in manchen Fällen vom Volk, manchmal von den Räten, manchmal von einem politischen Widersacher, der ihm die Krone vom Kopf fegte wie einen Hut von einem Hutständer. Rufen Sie sich die graueste Vergangenheit zurück und die Herrschaft der *mossmons* (Hohepriester, ‹Moorbewohner›), die Verherrlichung lumineszierenden Torfs, diese Art von Geschichten; oder nehmen Sie diese … diese ersten Heidenkönige – Gildras und, ja, Ofodras, und den anderen da, ich habe vergessen, wie der hieß, der Kerl jedenfalls, der seinen Becher ins Meer warf, wonach drei Tage und Nächte Fischer Meerwasser schöpften, das in Wein verwandelt worden war … *‹Solg ud digh vor je sage vel, ud jem gotelm quolm osje musikel›* (‹süß und schwer war die Welle der See, und aus Muscheln tranken die Mädchen› – der Prinz zitierte aus Uperhulms Ballade). «Und die ersten Mönche, die in einem Skiff mit einem Kreuz anstelle eines Segels ankamen, und diese ganze Geschichte mit dem Quellfelsen – denn nur weil sie den schwachen Punkt unseres Volkes erahnten, gelang es ihnen, das verrückte römische Credo einzuführen. Und was noch wichtiger ist», fuhr der Prinz fort, mäßigte aber die Crescendos seiner Stimme, denn ein klerikaler Würdenträger stand nur wenig entfernt, «wenn die sogenannte Kirche nie richtig auf unserem Staatskörper zu sprießen vermochte und in den letzten beiden Jahrhunderten ihre politische Bedeutung völlig verlor, so liegt der Grund hierfür ebendarin, dass diese simplen und ziemlich eintönigen Wunder, die zu wirken sie imstande war, sehr bald langweilig wurden», der Kleriker ging weiter, und die Stimme des Prinzen gewann ihre Freiheit wieder, «und nicht konkurrieren konnten mit der natürlichen Hexenkunst, *la magie innée et naturelle*[53] unseres Vaterlandes. Nehmen Sie nun die darauffolgenden, fraglos historischen Könige und die Anfänge unserer Dynastie. Als Rogfrid der Erste den wackligen Thron, den er selber ein von der See hin- und hergeworfenes Fass nannte, weniger bestieg als vielmehr erkraxelte und das Land derartig von Aufstand und Chaos geschüttelt wurde, dass sein Streben nach dem Königtum ein kindischer Traum zu sein schien – wissen Sie noch, was er als Erstes nach Erlangung der Macht unternimmt? Er prägt unverzüglich *kruns*, Halb*kruns* und *groskien*, die eine sechsfingrige Hand darstellen. Warum eine Hand? Warum sechs Finger? Nicht ein Historiker, der eine Deutung hätte liefern können, und es ist zweifelhaft, ob Rogfrid selber es wusste. Außer Frage steht aber, dass dieser magische Akt das Land auf der Stelle befriedete. Später, unter seinem Enkel, als die Dänen versuchten, uns ihren Schützling aufzuzwingen, der mit ungeheurer Heeresmacht landete, was passierte da? Plötzlich und mit größter Selbstverständlichkeit sandte die Antiregierungspartei – ich weiß nicht mehr, wie sie hieß, die Verräter jedenfalls, ohne die das ganze Komplott nicht hätte bewerkstelligt werden können – dem Eroberer einen Boten mit der höflichen Nachricht, dass sie fürderhin sich außerstande sehe, ihn zu unterstützen. Weil, verstehen Sie, die ‹Besenheide›, das heißt, das Heidekraut jener Ebene, die die abtrünnige Armee zu durchqueren hatte, um sich mit den Kräften des Gegners zu verbinden, ‹die Steigbügel und Schienbeine des Verrats umwunden und so weiteres Vorrücken vereitelt hatte›, was offensichtlich wörtlich zu nehmen und nicht im Geiste jener abgestandenen Allegorien, die an Schulbuben verfüttert werden, zu interpretieren ist. Dann wieder – o ja, ein splendides Beispiel – Königin Ilda, wir dürfen Königin Ilda mit dem weißen Busen und den zahlreichen Liebschaften nicht vergessen, die alle Probleme des Staatswesens mit Hilfe von Inkantationen löste, und zwar so erfolgreich, dass jeder, dem sie nicht gewogen war, seinen Verstand verlor; Sie wissen selbst, dass bis zu diesem Tage Asyle für Geisteskranke beim Volk *ildehams* heißen. Und wenn dieses Volk beginnt, an Legislative und Administration teilzuhaben, stellt sich paradoxerweise heraus, dass die Magie auf der Seite des Volkes ist. Ich bin sicher, wenn beispielsweise der arme König Ederic sich außerstande fand, beim Empfang für die gewählten Staatsbeamten seinen Platz einzunehmen, lag das sicherlich nicht an seinen Hämorrhoiden. Und so weiter, und so fort … [der Prinz fing an, des Themas, das er gewählt hatte, überdrüssig zu werden] … das Leben unseres Landes hält wie eine Amphibie mitten in der simplen nordischen Realität sein Haupt erhoben, während es bis zum Bauch in der Fabel, in kräftiger, belebender Magie steht. Es kommt doch nicht von ungefähr, dass jeder einzelne unserer moosbewachsenen Steine, dass jeder alte Baum zumindest einmal in dem einen oder anderen magischen Ereignis eine Rolle spielte. Hier ist ein junger Student der Geschichte, ich bin sicher, er wird meine Ansicht bestätigen.»

Als K ernst und vertrauensvoll Adulfs Gedankengang zuhörte, war er verblüfft, wie weit er mit seinen eigenen

Vorstellungen übereinstimmte. Sicher, die lehrbuchhafte Auswahl der Beispiele, die der redselige Kronprinz anführte, schien ihm ein wenig unausgegoren: Lag doch das Eigentliche nicht in den eindrucksvollen Manifestationen von Magie, sondern in den zarten Abtönungen eines phantastischen Etwas, das die Geschichte der Insel gründlich und verschwommen zugleich färbte. Er fand sich jedoch vorbehaltlos in Übereinstimmung mit der fundamentalen Prämisse, und das war die Antwort, die er, den Kopf neigend und sich selber zunickend, gab. Erst viel später wurde ihm klar, dass die Koinzidenz der Ideen, die ihn so verwundert hatte, auf eine unbewusste Schläue ihres Verfechters zurückzuführen war, der ohne Zweifel über eine besondere Art von Instinkt verfügte, welcher es ihm erlaubte, den wirksamsten Köder für jeden neuen Hörer zu erraten.

Als der König mit seinen Pflaumen zu Ende war, winkte er seinen Neffen heran, und da er keine Ahnung hatte, worüber er mit ihm sprechen sollte, fragte er ihn, wie viele Studenten es an der Universität gebe. K verlor die Fassung – er wusste die Zahl nicht und war nicht geistesgegenwärtig genug, eine auf gut Glück zu nennen. «Fünfhundert, tausend?», insistierte der König im Stimmfall jugendlichen Wissensdurstes. «Ich bin sicher, es müssen mehr sein», fügte er in versöhnlichem Tone bei, nachdem er keine verständliche Antwort erhalten hatte; dann, nach einer nachdenklichen Pause, fuhr er mit der Frage fort, ob sein Neffe gern reite. Hier fiel ihm der Kronprinz mit seiner üblichen köstlichen Ungezwungenheit ins Wort und lud seinen Cousin zu einem gemeinsamen Ausritt am folgenden Donnerstag ein.

«Erstaunlich, wie er inzwischen meiner armen Schwester ähnelt», sagte der König, seufzte unwillkürlich, nahm seine Brille ab und steckte sie in die Brusttasche seiner braunen Jacke mit Schnurbesatz. «Ich bin zu arm, um dir ein Pferd zu schenken», fuhr er fort, «aber ich habe eine hübsche kleine Reitpeitsche. Gotsen [er wandte sich an den Oberhofmeister] – wo ist diese hübsche kleine Reitpeitsche mit dem Hundekopf? Sehen Sie später nach und geben Sie sie ihm ... ein interessantes Dingelchen, geschichtlicher Wert und so. Nun, ich gebe sie dir mit Vergnügen, aber ein Pferd geht über meine Mittel – alles, was ich habe, sind zwei Klepper, und die halte ich mir für meinen Leichenwagen. Sei nicht böse, ich bin nicht reich.» (*«Il ment»*[54], sagte der Kronprinz im Flüsterton und ging summend davon.)

Am Tag des Ausritts war das Wetter kalt und unruhig, ein Perlmutthimmel glitt über ihre Köpfe hinweg, die Salweidenbüsche knicksten in den Schluchten, die Pferdehufe ließen platschend den Matsch schlammiger Pfützen in Schokoladefurchen aufspritzen, Krähen krächzten; und dann, jenseits der Brücke, verließen die Reiter die Straße und setzten im Trab über die dunkle Heide, über der hier und da eine schlanke, sich bereits gelb färbende Birke aufragte. Der Kronprinz erwies sich als ausgezeichneter Reiter, obwohl er augenscheinlich nie eine Reitschule besucht hatte, denn sein Sitz war nachlässig. Sein schwerer, breiter Hintern in seinem Kord- und Sämischleder-Futteral, der im Sattel auf- und abhopste, und seine gerundeten, abfallenden Schultern weckten in seinem Gefährten ein seltsames, vages Gefühl von Mitleid, das vollkommen verflog, wenn immer K einen Blick auf das rosige Gesicht des Prinzen warf, das Gesundheit und Selbstgefälligkeit ausstrahlte, und seine drängende Sprache hörte.

Die Reitpeitsche war am Tage zuvor angekommen, aber nicht mitgenommen worden: Der Prinz (der übrigens die Mode eingeführt hatte, bei Hof schlechtes Französisch zu gebrauchen) hatte sie voll Zorn *«ce machin ridicule»*[55] genannt und behauptet, sie gehöre dem Söhnchen des Stallknechts, der sie auf der Veranda des Königs vergessen haben musste. *«Et mon bonhomme de père, tu sais, a une vraie passion pour les objets trouvés.»*[56]

«Ich habe darüber nachgedacht, wie viel Wahres an dem ist, was du gesagt hast. Bücher sagen überhaupt nichts darüber.»

«Worüber?», fragte der Prinz und versuchte angestrengt zu rekonstruieren, welche verirrte Theorie er neulich in Gegenwart seines Cousins entwickelt hatte.

«Ach, du erinnerst dich nicht? Der Ursprung der Macht in der Magie und die Tatsache …»

«Ja, natürlich, natürlich!», unterbrach der Prinz hastig und fand sogleich die beste Art, mit dem abgestandenen Thema Schluss zu machen: «Ich habe das damals nicht zu Ende geführt, weil zu viele Ohren herum waren. Schau, unser ganzes Unglück liegt heute in diesem seltsamen Ennui der Regierung, in der nationalen Trägheit, im öden Gezanke der *Peplerhus*-Mitglieder. All das ist so, weil die eigentliche Macht der Magie, sowohl beim Volke wie den Königen, sich irgendwie verflüchtigt hat und die Zauberkräfte unserer Ahnen zu schierem Hokuspokus heruntergekommen sind. Aber lass uns diese deprimierenden Geschichten jetzt nicht diskutieren; wollen wir uns nicht fröhlicheren zuwenden? Sag mal, du musst auf der Universität eine ganze Menge über mich gehört haben? Ich kann's mir schon denken! Erzähl mal, worüber haben sie gesprochen? Warum sagst du nichts? Sie haben mich einen Wüstling genannt, oder?»

«Ich habe mich von bösartigem Geschwätz ferngehalten», sagte K, «aber es gab in der Tat einigen Klatsch in der Richtung.»

«Na ja, das Gerücht ist die Poesie der Wahrheit. Du bist noch ein Junge – und ein ziemlich hübscher Junge obendrein –, daher gibt es viele Dinge, die du jetzt noch nicht verstehst. Nur diese eine Beobachtung: Alle Menschen sind im Grunde kleine Sünder, aber wenn es nicht rauskommt, wenn zum Beispiel einer hastig in einer dunklen Ecke Marmelade in sich hineinschlingt oder seine Phantasie auf Gott weiß was für Gänge schickt, dann zählt das alles nicht; niemand betrachtet es als ein Verbrechen. Wenn jemand jedoch frank und unverdrossen den Appetit befriedigt, den ein herrischer Körper ihm auferlegt, dann, ja dann fangen die Leute an, ihn der Unzucht zu bezichtigen. Und noch eine Überlegung: Wenn in meinem Falle diese legitime Befriedigung auf ein und dieselbe unwandelbare Methode beschränkt wäre, fände sich die öffentliche Meinung damit ab oder würfe mir höchstens vor, dass ich meine Maitressen zu oft wechsle. Aber Gott, was für ein Gezeter da erhoben wird, weil ich mich nicht an den Kodex der Ausschweifung halte, sondern meinen Honig dort sammle, wo ich ihn finde! Und, pass auf, ich mag alles – eine Tulpe wie einen gemeinen kleinen Grashalm –, weil, verstehst du», schloss der Prinz und zog lächelnd die Augen zu Schlitzen zusammen, «ich wirklich nur die Bruchstücke der Schönheit suche und das Ganze den guten Bürgern überlasse, und diese Bruchstücke lassen sich in einer Balletteuse ebenso finden wie in einem Dockarbeiter, in einer Venus in mittleren Jahren wie in einem jungen Reiter.»

«Ja», sagte K, «ich verstehe. Du bist ein Künstler, ein Bildhauer, und verehrst die Form …»

Der Prinz zügelte sein Pferd und lachte schallend.

«Nun ja, mit Bildhauerei hat das eigentlich nichts zu tun, *à moins que tu ne confondes la galanterie avec la Galatée*[57] – was jedoch in deinem Alter verzeihlich wäre. Nein, nein, es ist alles viel weniger kompliziert. Nun sei nicht so schüchtern, ich beiß dich nicht, ich kann einfach Kerle nicht ausstehen, *qui se tiennent toujours sur leurs gardes*[58]. Wenn du nichts Besseres vorhast, könnten wir über Grenlog zurückkehren, am See dinieren und dann mal schauen, was wir noch unternehmen könnten.»

«Nein, ich fürchte, ich … nun … ich hab noch etwas zu erledigen … Ausgerechnet heute Nacht muss ich …»

«Schon gut, ich zwinge dich ja nicht», sagte der Prinz umgänglich, und ein Stück weiter, bei der Mühle, verabschiedeten sie sich.

Wie viele sehr schüchterne Personen es an seiner Stelle auch getan hätten, rechnete K, wenn er sich zwang, jenem Ausritt entgegenzusehen, mit einer recht unangenehmen Bewährungsprobe einfach deswegen, weil Adulf als ungezwungener, lustiger Plauderer galt. Bei einem eher mollgestimmten Menschen wäre es leichter gewesen, die Tonlage des Ausflugs vorher festzulegen. Als er sich darauf vorbereitete, versuchte K, sich all die peinlichen Momente vorzustellen, die sich aus der Notwendigkeit ergäben, seine normale Stimmung auf Adulfs geistsprühende Ebene zu heben. Darüber hinaus fühlte er sich durch ihre erste Begegnung festgelegt, durch die Tatsache, dass er unvorsichtigerweise mit den Ansichten eines anderen übereingestimmt hatte, der daher rechtens erwarten konnte, dass sie bei späteren Anlässen genauso glatt miteinander auskämen. Indem er eine detaillierte Inventur seiner potenziellen Schnitzer machte und – vor allem – sich mit äußerster Deutlichkeit die Spannung, das bleierne Gewicht in seinen Kiefern ausmalte, die verzweifelte Langeweile, die er verspüren würde (wegen seiner angeborenen Fähigkeit, sein projiziertes Selbst bei allen Gelegenheiten von der Seite zu sehen) – indem er all das tabellarisierte, vergebliche Anstrengungen eingeschlossen, mit seinem anderen Selbst zu verschmelzen und interessant zu finden, was angeblich interessant ist, verfolgte K ein zweites, praktisches Ziel: die Zukunft zu entwaffnen, deren einzige Macht die Überraschung ist. Das wäre ihm auch beinahe gelungen. Das Fatum, eingeschränkt durch seine eigene böse Wahl, hielt sich offensichtlich nicht weiter auf mit den Harmlosigkeiten, die er bei aller Vorsicht nicht vorhergesehen hatte: der fahle Himmel, der Wind, der über die Heide wegging, ein knarrender Sattel, ein ungeduldig gehorchendes Pferd, der unablässige Monolog seines selbstgefälligen Gefährten, alles verschmolz zu einem durchaus erträglichen Gefühl, zumal da K eine bestimmte Zeit für den Ausritt festgelegt hatte. Es kam nur darauf an, sie durchzustehen. Als aber der Prinz mit einem überraschenden Vorschlag diese Frist ins Ungewisse hinaus zu verlängern drohte, dessen Möglichkeiten alle noch einmal unter Qualen taxiert werden mussten (und K wurde da erneut «etwas Interessantes» aufgezwungen, das einen Ausdruck fröhlicher Antizipation verlangte), war diese zusätzliche Zeitspanne – überflüssig! unerwartet! – unerträglich; und deshalb hatte er, auf die Gefahr hin, unhöflich zu erscheinen, den Vorwand einer nicht existierenden anderweitigen Verpflichtung gebraucht. Gleichwohl bedauerte er, als er sein Pferd wendete, diese Unartigkeit ebenso intensiv, wie er noch einen Augenblick zuvor sich seine Freiheit hatte angelegen sein lassen. Die ganze von der Zukunft erwartete Bosheit kam herunter zu einem zweifelhaften Echo der Vergangenheit. Einen Augenblick lang erwog er, ob er dem Prinzen nicht nachreiten und den jungen Freundschaftsbund durch eine verspätete, daher aber doppelt wertvolle Einwilligung in eine neue Prüfung festigen sollte. Seine aus eigener Überempfindlichkeit rührende Sorge jedoch, einen liebenswürdigen, fröhlichen Mann zu kränken, wog seine Angst, dieser Liebenswürdigkeit und Fröhlichkeit nicht gewachsen zu sein, nicht auf. So kam es, dass das Schicksal ihm doch ein Schnippchen schlug und durch einen letzten hinterlistigen Nadelstich entwertete, was er als einen Sieg zu betrachten geneigt gewesen war.

Einige Tage später erhielt er noch eine Einladung des Prinzen, der ihn bat, er möge doch an irgendeinem Abend der folgenden Woche «vorbeischauen». K konnte nicht ablehnen. Darüber hinaus ebnete ein Gefühl der Erleichterung darüber, dass der andere nicht gekränkt war, verräterisch den Weg.

Er wurde in einen großen, gelben Saal geleitet, in dem es so heiß wie in einem Gewächshaus war und wo mehrere Leute, ziemlich gleichmäßig nach Geschlecht verteilt, auf Diwanen, Poufs und einem dickflorigen Teppich saßen. Den Bruchteil einer Sekunde lang schien der Gastgeber vage erstaunt über die Ankunft seines Cousins, als hätte er vergessen, dass er ihn eingeladen hatte, oder glaubte, ihn auf einen anderen Tag geladen zu haben. Dieser momentane Ausdruck machte jedoch sofort einem Grinsen des Willkommens Platz, wonach der Prinz seinen Cousin sich selbst überließ, der im übrigen auch von den anderen Gästen nicht weiter beachtet wurde, die offensichtlich nahe Freunde des Prinzen waren: ungewöhnlich schlanke, glatthaarige junge Frauen, ein halbes Dutzend ältere Herren mit rasierten, gebräunten Gesichtern und mehrere junge Männer mit den am Hals offenen Seidenhemden, die zu jener Zeit in Mode waren. Unter ihnen erkannte K plötzlich den berühmten jungen Akrobaten Ondrik Guldving, einen mürrischen, blonden Jüngling mit einer bizarren Verhaltenheit der Bewegung und des Gangs, als würde die auf der Bühne so bemerkenswerte Ausdrucksfähigkeit seines Körpers durch die Kleidung gehemmt. K diente dieser Akrobat als Schlüssel zur Konstellation der Versammlung schlechthin; und obwohl der Betrachter lächerlich unerfahren und keusch war, spürte er doch unmittelbar, dass diese tüllverschleierten, köstlich ranken Mädchen, die in den vielfältigsten Posen der Ungezwungenheit hingegossen waren, die nicht Konversation, sondern die Fata Morganen von Konversation machten (bestehend aus langsamem Halblächeln und den «Hms» von Frage und Antwort durch den Rauch von Zigaretten in wertvollen Haltern), zu jener eigentlich tauben und tumben Welt gehörten, die in früheren

Tagen als *demi-monde* bekannt war (alle Vorhänge zu, keine *andere* Welt bekannt). Dass sich verstreut unter ihnen Damen befanden, die man bei Hofbällen sah, änderte nicht das mindeste an dieser Tatsache. Die männliche Gruppe war ähnlich homogen, obwohl sich hier Vertreter des Adels fanden, Künstler mit dreckigen Fingernägeln und Rowdys vom Hafenarbeitertyp. Und eben weil der Betrachter unerfahren und keusch war, zog er seinen anfänglichen, unwillkürlichen Eindruck sofort in Zweifel, beschuldigte sich selber des üblichen Vorurteils und dass er sklavisch dem seichten Stadtgespräch Glauben schenkte. Er sah ein, dass alles seine Ordnung hatte, das heißt, dass seine Welt durch den Einschluss dieser neuen Provinz keineswegs auseinanderbräche und dass alles an ihr einfach und verständlich war: Ein Mann, der Fröhlichkeit und Ungezwungenheit zugetan, hatte frei seine Freunde gewählt.

Der friedlich sorglose und sogar kindliche Rhythmus dieser Versammlung wirkte besonders beruhigend für K. Das mechanische Gerauche, die verschiedenen Leckereien auf goldgeäderten Tellerchen, die freundschaftlichen Bewegungszyklen (jemand fand für jemanden ein Notenblatt, ein Mädchen probierte die Halskette eines anderen an), die Einfachheit, die Heiterkeit, alles war ein Zeichen jener Liebenswürdigkeit, die K, der sie selber nicht besaß, in allen Erscheinungen des Lebens bemerkte, im Lächeln einer Praline in ihrer gaufrierten Haube ebenso wie im Echo einer alten Freundschaft, das sich aus jemandes Geplauder heraushören ließ. Mit vor Konzentration gerunzelter Stirn und unter gelegentlichem aufgebrachtem Stöhnen, das in einem Grunzen der Verärgerung endete, versuchte der Prinz unverdrossen, sechs winzige Kugeln in das Zentrum eines Glaslabyrinths im Hosentaschenformat zu bugsieren. Eine Rothaarige in grünem Kleid und mit Sandalen an den bloßen Füßen wiederholte unablässig in drolliger Traurigkeit, dass er es nicht schaffen werde; aber er machte lange Zeit beharrlich weiter, rüttelte das widerspenstige Geduldsspiel hin und her, stampfte mit dem Fuß und fing wieder von vorne an. Schließlich schleuderte er es auf ein Sofa, wo prompt ein paar andere es sich vornahmen. Dann setzte sich ein Mann mit hübschen Gesichtszügen, die ein Tic verzerrte, ans Klavier, griff, um derart irgendjemand zu parodieren, mit schludriger Heftigkeit in die Tasten und stand gleich wieder auf, worauf er und der Prinz eine Auseinandersetzung über das Talent eines Dritten begannen, bei dem es sich wahrscheinlich um den Schöpfer der verstümmelten Melodie handelte, und die Rothaarige kratzte durch ihr Kleid einen graziösen Schenkel und erklärte dem Prinzen den Standpunkt des Verballhornten in einer komplizierten musikalischen Fehde. Jäh konsultierte der Prinz seine Uhr und wandte sich an den blonden jungen Akrobaten, der in der Ecke Orangeade trank: «Ondrik», sagte er mit besorgter Miene, «ich denke, es ist Zeit.» Ondrik leckte sich düster die Lippen, stellte sein Glas ab und kam herüber. Mit dicken Fingern öffnete der Prinz Ondriks Hosenlatz, zog die gesamte rosa Masse seiner Genitalien hervor, fand die Hauptsache und begann, den glänzenden Schaft gleichmäßig zu reiben.

«Zuerst», berichtete K, «dachte ich, ich hätte den Verstand verloren, es sei eine Halluzination.» Vor allem schockierte ihn die Selbstverständlichkeit des Vorgangs.

Ekel wallte in ihm auf, und er ging. Einmal auf der Straße, rannte er sogar eine Weile.

Die einzige Person, mit der er seine Empörung zu teilen sich imstande fühlte, war sein Vormund. Obwohl er keine Zuneigung zu dem nicht sehr sympathischen Herzog empfand, beschloss er, ihn als den einzigen Vertrauten, den er hatte, zu Rate zu ziehen. Voll Verzweiflung fragte er den Herzog, wie es sein könne, dass ein Mann von Adulfs Lebenswandel, ein Mann darüber hinaus, der nicht mehr jung war und sich daher wohl kaum noch ändern dürfte, der Herrscher des Landes würde. In dem Licht, in dem er den Kronprinzen plötzlich gesehen hatte, war ihm außerdem klar geworden, dass Adulf, selbst wenn man von den hässlichen Zoten absah und trotz seiner Vorliebe für die Künste, in Wirklichkeit ein Barbar war, ein autodidaktischer Dümmling, dem es an echter Bildung fehlte, der sich eine Handvoll ihrer Glasperlen angeeignet und gelernt hatte, mit dem Schillern seines anpassungsfähigen Verstandes zu paradieren, und den die Probleme seines zukünftigen Regierungsamtes natürlich nicht im Mindesten scherten. K fragte immer wieder, ob es denn nicht aberwitzigster Unsinn sei, der Wahnsinn von Träumen, sich eine solche Person als König auch nur zu denken; aber wenn er diese Fragen stellte, erwartete er keine sachdienlichen Antworten: Es war die Rhetorik junger Ernüchterung. Nichtsdestoweniger holte K, als er fortfuhr, seine Verblüffung in abgerissenen, spröden Sätzen (er war von Natur nicht redegewandt) auszudrücken, die Realität ein und bekam flüchtig ihr Gesicht zu sehen. Zugegeben, er fiel sofort wieder zurück, aber jener Blick prägte sich seiner Seele ein und enthüllte ihm blitzartig, welche Gefahren einen Staat erwarteten, der dazu verurteilt war, das Spielzeug eines geilen Wüstlings zu werden.

Der Herzog ließ ihn ausreden und hörte ihm aufmerksam zu, wobei er ihm dann und wann einen Blick aus seinen wimperlosen Geieraugen zuwarf: In ihnen spiegelte sich eine seltsame Genugtuung. Berechnender und kühler Mentor, der er war, antwortete er sehr vorsichtig, als ob er K nicht ganz beipflichte, und beruhigte ihn mit dem Hinweis, dass das, was er da zufällig mitbekommen habe, auf sein Urteilsvermögen mit unangemessener Macht wirke; dass der einzige Zweck dieser vom Prinzen vorgenommenen Hygienemaßnahme doch der sei, einen jungen Freund davon abzuhalten, seine Kräfte beim Huren zu vertun; und dass Adulf Qualitäten habe, die sich vielleicht erst nach seiner Thronbesteigung zeigen würden. Am Ende der Unterhaltung bot er an, K bei einer gewissen gelehrten Person einzuführen, dem bekannten Ökonomen Gumm. Hier verfolgte der Herzog einen doppelten Zweck: Auf der einen Seite befreite er sich von jeder Verantwortung für mögliche Folgen und legte sich nicht fest, was sehr zupasskäme, falls etwas schiefgehen sollte; und auf der anderen Seite gab er K weiter an einen erfahrenen Verschwörer und leitete damit die Realisierung eines Plans in die Wege, den der böse und verschlagene Herzog anscheinend schon einige Zeit gehegt hatte.

Darf ich Ihnen Gumm vorstellen, darf ich Ihnen den Ökonomen Gumm vorstellen, einen rundbäuchigen kleinen Mann in wollener Weste, mit einer blauen Brille, die er hoch in seine rosa Stirn geschoben hatte, den drallen, properen, kichernden Gumm. Ihre Zusammenkünfte nahmen an Häufigkeit zu, und am Ende seines zweiten Universitätsjahres hielt sich K sogar etwa eine Woche in Gumms Haus auf. Zu der Zeit hatte K mehr als genug über das Benehmen des Kronprinzen in Erfahrung gebracht, um jene erste Explosion der Indignation nicht mehr weiter zu bedauern. Nicht so sehr von Gumm selbst, der immer irgendwohin zu rollen schien, als vielmehr von seinen Verwandten und seiner Umgebung hatte K von den Maßnahmen erfahren, die schon ergriffen worden waren, um dem Prinzen Einhalt zu gebieten. Zunächst hatte man in der Hoffnung auf väterliche Maßregelung versucht, den alten König von den Lustbarkeiten seines Sohnes zu unterrichten. Und in der Tat lief der alte Mann, wenn der oder jener, nachdem er durch die Dornenhecken des Protokolls Zugang zum *kabinet* des Königs erlangt hatte, des Sprösslings Streiche frank und frei beschrieb, purpurn an, zog nervös die Schöße seines Morgenmantels zusammen und zeigte größere Empörung, als man hätte erwarten können. Er schrie, dass er dem ein Ende machen werde, dass der Becher der Geduld (in dem sein Morgenkaffee stürmisch schwappte) überliefe, dass er glücklich sei, ein offenes Wort zu hören, dass er den Hurenbock für sechs Monate auf ein *suyphellus* (Klosterschiff, schwimmende Einsiedelei) verbannen werde, dass er … Und wenn die Audienz sich ihrem Ende näherte und der befriedigte Beamte sich gerade hinausdienerte, nahm der alte König – immer noch schnaubend, aber schon wieder friedlich – ihn mit einer geschäftigen, vertraulichen Miene beiseite (obwohl man doch allein im Arbeitszimmer war) und sagte: «Ja, ja, ich verstehe das alles, das ist schon so, aber hören Sie doch mal … ganz unter uns … sagen Sie, wenn wir uns das vernünftig anschauen … mein Adulf ist doch Junggeselle, kein Freund von Traurigkeit, er macht eben gerne ein bisschen einen drauf … ist es denn nötig, sich derart aufzuregen? Erinnern Sie sich, wir waren doch auch mal jung!» Diese letzte Bemerkung war recht töricht, denn des Königs ferne Jugend war in milchiger Ruhe dahingeflossen, und danach hatte die verstorbene Königin, seine Frau, ihn mit ungewöhnlicher Strenge behandelt, bis er sechzig war. Sie war übrigens eine bemerkenswert dickköpfige, dumme und kleinliche Frau mit einer steten Neigung zu harmlosen, aber äußerst absurden Phantastereien; und es war mehr als wahrscheinlich, dass es auf sie zurückzuführen war, wenn das Gehabe des Hofes und – in gewissem Maße – das des Staates diese seltsamen, schwer definierbaren Züge annahm, in denen sich Stagnation und Kaprice, Leichtsinn und die Sturheit gewaltlosen Irrsinns seltsam vermischten, die den gegenwärtigen König so sehr plagten.

Die – chronologisch gesehen – zweite Spielart der Opposition reichte bedeutend tiefer: Sie bestand in der Sammlung und Stärkung öffentlicher Kräfte. Man konnte sich kaum auf die bewusste Beteiligung des gemeinen Volkes verlassen: Von den insularen Pflügern, Webern, Bäckern, Schreinern, Getreidehändlern, Fischern und so weiter wurde die Transformation irgendeines Kronprinzen in irgendeinen König so ergeben hingenommen wie ein Wetterumschlag: Der Landbewohner schaute auf den Schimmer des Morgenrots zwischen aufgehäuften Wolken, schüttelte seinen Kopf, und das war alles; in seinem dunklen, lichenhaften Hirn war seit Urzeiten ein Platz reserviert für altvertraute

– natürliche oder nationale – Katastrophen. Die Dürftigkeit und Trägheit der Wirtschaft, die eingefrorenen Preise, die seit langem ihre vitale Empfindlichkeit eingebüßt hatten (durch die sich sofort eine Verbindung zwischen einem leeren Kopf und einem leeren Magen herstellt), die grimme Beständigkeit magerer, aber gerade noch ausreichender Ernten, der geheime Pakt zwischen Grün- und Anbauflächen, die, so schien es, übereingekommen waren, sich zu ergänzen und so die Agronomie im Gleichgewicht zu halten – all das hielt laut Gumm (siehe *Die Basis und Anabasis der Ökonomie*) das Volk in matter Unterwürfigkeit; und sollte hier eine Art von Magie im Spiele sein, dann war das umso schlimmer für die Opfer ihres klebrigen Banns. Darüber hinaus – und die Aufgeklärten fanden hierin eine Quelle besonderer Traurigkeit – genoss Prinz Feige eine Art schmuddliger Popularität bei den unteren Klassen und im Kleinbürgertum (zwischen denen die Unterschiede so wacklig waren, dass regelmäßig rätselhafte Phänomene zu beobachten waren wie etwa die Rückkehr des vermögenden Sohnes eines Ladeninhabers zum bescheidenen Handwerk seines Großvaters). Das herzhafte Lachen, das unausbleiblich das Gerede über Feiges Possen begleitete, bewahrte diese vor moralischer Verdammung: Die Maske mutwilliger Heiterkeit klebte den Leuten am Gesicht, und diese Mimikry der Zustimmung ließ sich von dem eigentlichen Gemütszustand nicht mehr unterscheiden. Je wüster sich Feige austobte, umso lauter schallten im Volk die Lachsalven, umso kräftiger und krakeeliger knallten rote Fäuste auf die Kneipentheken. Ein charakteristisches Detail: Als der Prinz eines Tages hoch zu Pferd, eine Zigarre zwischen den Zähnen, durch ein abgelegenes Dorf kam, fiel ihm ein anmutiges kleines Mädchen auf. Dem bot er an aufzusitzen, und trotz des Entsetzens der Eltern (das auch der gebührende Respekt kaum eindämmen konnte) sprengte er mit ihm auf und davon, während sein alter Opapa auf der Straße hinterherrannte, bis er in einen Graben purzelte. Da röhrte das ganze Dorf nach Augenzeugenberichten vor Begeisterung, beglückwünschte die Familie, schwelgte in Mutmaßungen und knauserte nicht mit schadenfrohen Fragen, als das Mädchen nach einer Stunde zurückkehrte und in der einen Hand einen Hundertkronenschein und in der anderen ein noch nicht flügges Vögelchen hielt, das in einem verlassenen Gehölz aus seinem Nest gefallen war, wo sie es auf ihrem Weg zurück ins Dorf aufgelesen hatte.

In militärischen Kreisen beruhte das Unbehagen am Prinzen weniger auf den Erwägungen öffentlicher Moral und nationalen Prestiges als auf dem Befremden, das seine Haltung dampfendem Punsch und dröhnendem Geschütz gegenüber auslöste. König Gafon selber war im Gegensatz zu seinem streitsüchtigen Vorgänger ein zutiefst ziviler alter Herr; doch die Armee fand sich damit ab, da seine komplette Ignoranz in militärischen Angelegenheiten durch die ängstliche Achtung, die er für sie hegte, aufgewogen wurde; dagegen konnte die Garde seinem Sohn die offene Häme nicht verzeihen. Kriegsspiele, Paraden, pausbäckige Musik, Regimentsbankette unter Beachtung farbenprächtiger Bräuche und manch anderer beflissen betriebener Zeitvertreib lösten nichts als spöttischen Abscheu in Adulfs ausnehmend künstlerischer Seele aus. Doch Unmutsbekundungen in der Armee gingen nicht über flüchtiges Gemurmel hinaus, plus – vielleicht – dem Schwören mitternächtlicher Schwüre (beim Schimmern von Kerzen, Kelchen und Säbeln), die am nächsten Tag vergessen waren. So war es an den aufgeklärten Geistern der Gesellschaft, die, traurig genug, nicht zahlreich waren, die Initiative zu ergreifen; zur antiadulfischen Opposition zählten jedoch Staatsmänner, Zeitungsherausgeber und Juristen – respektable, knorzige alte Knaben, die ausreichend verborgenen oder offenen Einfluss ausübten. Mit anderen Worten, die öffentliche Meinung zeigte sich der Gelegenheit gewachsen, und die Begierde, den Kronprinzen in die Schranken zu weisen, wurde mit Zunahme seiner Schandtaten als Zeichen von Anstand und Intelligenz betrachtet. Es galt nur noch, eine Waffe zu finden. Und genau die fehlte, leider Gottes. Da war die Presse, da war das Parlament, aber nach dem Kodex der Verfassung musste schon die leiseste Andeutung einer Respektlosigkeit gegen ein Mitglied der königlichen Familie in einem Verbot der Zeitung oder der Auflösung der Kammer enden. Ein vereinzelter Versuch, die Nation aufzurütteln, schlug fehl. Wir verweisen hier auf den berühmten Prozess gegen Dr. Onse.

Dieser Prozess war selbst in den beispiellosen Annalen der Justiz von Thule etwas Beispielloses. Ein für seine Tugendhaftigkeit berühmter Mann, Schriftsteller und Dozent der Staatswissenschaft und Philosophie, eine Persönlichkeit von solch hohem Ansehen, von solcher Striktheit der Ansichten und Prinzipien, in einem Wort, ein solch strahlend makelloser Charakter, dass neben ihm auch der beste Ruf besudelt erscheinen musste, wurde verschiedenster Vergehen gegen die

Moral angeklagt, verteidigte sich selber mit dem Ungeschick der Verzweiflung und gestand zuletzt seine Schuld ein. So weit war nichts sehr Ungewöhnliches an dem Fall: Weiß der Himmel, zu welchen Furunkeln die Zitzen des Verdienstes bei eingehender Prüfung werden können. Unüblich und heikel an der Angelegenheit war nur die Tatsache, dass die Anklagepunkte und das Beweismaterial praktisch eine Replik all dessen darstellten, was dem Kronprinzen zur Last gelegt werden konnte. Man kann nicht umhin, sich über die Genauigkeit der Details zu wundern, die beschafft worden waren, um ein lebensgroßes Porträt in den vorbereiteten Rahmen einzufügen, ohne etwas zu retuschieren oder wegzulassen. Vieles daran war so neu und individualisierte so präzise die Gemeinplätze längst vergröberten Gerüchts, dass den Massen zunächst nicht aufging, wer eigentlich für das Bild Modell gesessen hatte. Sehr bald jedoch begannen die täglichen Reportagen in den Zeitungen ganz ungewöhnliches Interesse bei den Lesern zu wecken, denen ein Licht aufgegangen war, und Leute, die gewöhnlich bis zu zwanzig Kronen bezahlt hatten, um dem Prozess beizuwohnen, ließen sich das nun fünfhundert oder mehr kosten.

Die ursprüngliche Idee war eine Ausgeburt der *prokuratura* (Magistrat). Der älteste Richter der Hauptstadt fand Gefallen an ihr. Aufzutreiben war nun lediglich eine Person, die aufrecht genug war, um nicht mit dem Prototyp der Affäre verwechselt zu werden, intelligent genug, um vor dem Tribunal nicht als Clown oder Kretin zu agieren, und vor allem der Sache so ergeben, dass er ihr alles zu opfern, ein monströses Schlammbad durchzustehen und seine Karriere gegen

Zwangsarbeit einzutauschen bereit war. Anwärter für diese Rolle gab es nicht: Die Verschwörer, die meisten von ihnen gestandene Familienväter, fanden an jedem Part mit Ausnahme des einen Gefallen, ohne den das Spiel nicht inszeniert werden konnte. Die Lage schien schon hoffnungslos – da erschien eines Tages der ganz in Schwarz gekleidete Dr. Onse auf einer Versammlung der Verschwörer und erklärte, ohne sich zu setzen, er stehe ihnen voll und ganz zur Verfügung. Eine begreifliche Ungeduld, die Gelegenheit beim Schopfe zu fassen, ließ ihnen kaum Zeit, sich zu wundern. Denn sicher muss es auf den ersten Blick schwierig gewesen sein, zu verstehen, wie das lautere Leben eines Denkers mit der Bereitschaft einhergehen könne, sich um einer politischen Intrige willen an den Pranger stellen zu lassen. Sein Fall war aber genau besehen so ungewöhnlich nicht. Dr. Onse, der sich ja unausgesetzt mit geistigen Problemen beschäftigte und fortwährend die Gesetze rigidester Prinzipien auf die fragilsten Abstraktionen anwandte, sah sich außerstande, eine Anwendung dieses Verfahrens auf seine eigene Person zurückzuweisen, als sich ihm die Gelegenheit bot, eine Tat zu vollbringen, die selbstlos und wahrscheinlich sinnlos war (und deshalb, dank der äußersten Reinheit ihrer Natur, noch immer abstrakt). Darüber hinaus sollte man sich daran erinnern, dass Dr. Onse seinen Lehrstuhl aufgab, die Behaglichkeit seiner Studierstube mit ihren Bücherwänden, die Fortführung seines letzten Opus – kurz, alles, was zu schätzen ein Philosoph das Recht hat. Zu erwähnen bliebe noch, dass seine Gesundheit leidlich war; zu betonen wäre, dass er, bevor der Fall einer genauen Prüfung unterzogen wurde, drei Nächte zu opfern gezwungen war, um sich in recht spezifische Arbeiten zu vergraben, die sich mit Problemen abgaben, von denen ein Asket wenig wissen konnte; und hinzuzufügen wäre noch, dass er sich nach Jahren unausgesprochener Liebe nicht lange vor seinem Entschluss mit einer alten Jungfer verlobt hatte, während welcher Zeit ihr langjähriger Bräutigam in der fernen Schweiz mit der Schwindsucht rang, bis er starb und sie dadurch voll Mitgefühl von ihrem Gelübde entband.

Der Prozess begann damit, dass jene wahrhaft heroische Frau Dr. Onse beschuldigte, sie in seine heimliche *garçonnière*, eine «Höhle der Wollust und der Libertinage», gelockt zu haben. Ein ähnlicher Vorwurf (mit dem einzigen Unterschied, dass das Appartement, welches sich die Verschwörer insgeheim genommen und ausgestattet hatten, nicht dasjenige war, das der Prinz eine Zeitlang für spezielle Verlustigungen zu mieten pflegte, ihm aber auf der anderen Straßenseite gegenüberlag – wodurch gleich zu Beginn jene Spiegelbildlichkeit hergestellt wurde, die für den ganzen Fall charakteristisch war) war von einer nicht allzu hellen Maid gegen Feige erhoben worden, die, wie sich herausstellte, nicht wusste, dass ihr Verführer der Thronerbe und damit eine Person war, die unter keinen Umständen vor Gericht gestellt werden konnte. Dann folgten die Aussagen zahlreicher Zeugen (einige von ihnen selbstlose Parteigänger, andere bezahlte Agenten: Von den Ersteren hatte es nicht genug gegeben); deren Darstellungen waren von einem Komitee von Experten brillant zusammengestellt worden, unter denen man einen distinguierten Historiker, zwei bedeutende Literaten und mehrere erfahrene Juristen fand. In diesen Darstellungen kamen die Aktivitäten des Kronprinzen nach und nach in der korrekten chronologischen Abfolge ans Licht, jedoch – verglich man die Zeit, die der Prinz benötigt hatte, um die Öffentlichkeit gegen sich aufzubringen – mit einigen kalendarischen Verkürzungen. Gruppensex, Ultra-Uranismus, Verführung Jugendlicher und viele andere Amüsements wurden dem Beschuldigten in Form detaillierter Fragen beschrieben, auf die er wesentlich kürzer antwortete. Dr. Onse, der die ganze Affäre mit der seiner Mentalität entsprechenden systematischen Beflissenheit studiert, aber den theatralischen Künsten nie Beachtung geschenkt hatte (er ging nie ins Theater), gelang nun, indem er die Sache nach Gelehrtenart anging, unbewusst eine glänzende Verkörperung jenes Typs des Kriminellen, der alle Anschuldigungen zurückweist (eine Haltung, die im vorliegenden Fall der Staatsanwaltschaft das Terrain ebnen sollte) und dessen Leugnen durch widersprüchliche Aussagen gestärkt und durch konfuse Halsstarrigkeit gestützt wird.

Alles lief wie geplant; leider nur wurde bald deutlich, dass die Verschwörer keine Ahnung hatten, worauf sie eigentlich hinauswollten. Dass den Leuten die Augen aufgingen? Aber den Leuten war doch Feiges Nominalwert schon lange bekannt. Dass sittliche Entrüstung in öffentlichen Aufruhr umschlug? Aber nichts deutete auf die Möglichkeit einer solchen Metamorphose. Oder sollte etwa das ganze Arrangement nichts weiter sein als ein Glied in einer Kette immer eindrucksvollerer Enthüllungen? Aber Anrüchigkeit und Ruchlosigkeit des Prozessgegenstandes verliehen ihm den Charakter unwiederholbarer Exklusivität, sodass die Kette, die doch vor allem ein schrittweises Herstellungsverfahren verlangte, schon zwischen dem ersten und dem zweiten Glied brechen musste.

Die Veröffentlichung der Einzelheiten des Falles bereicherte lediglich die Zeitungen: Deren Auflagen stiegen derart, dass es gewissen alerten Leuten (wie zum Beispiel Sien) in dem entstehenden üppigen Schatten gelang, neue Presseorgane ins Leben zu rufen, die die verschiedensten Ziele verfolgten, deren Erfolg aber durch die Prozessberichte garantiert war. Die ehrlich entrüsteten Bürger waren im Vergleich zu den Schenkelklopfern und Neugierigen weit in der Minderzahl. Einfaches Volk las und lachte. In diesen öffentlichen Vorgängen sahen sie ein herrlich unterhaltsames Gaunerstückchen. Das Bild des Kronprinzen nahm in ihrer Vorstellung die Gestalt eines Pulcinella[59] an, dessen polierter Schädel zwar möglicherweise von einem räudigen Teufel ein paar Schläge mit dem Stock verpasst bekommt, der aber der Liebling des Publikums, der Star der Schaubude bleibt. Auf der anderen Seite wurde der Persönlichkeit des hehren Dr. Onse nicht nur die Anerkennung versagt, sie provozierte sogar fröhliches und schadenfreudiges Gejohle (das ein schäbiges Echo in der Regenbogenpresse fand), hatte doch die Bevölkerung seine Position als die lumpige Gefallsucht eines bestochenen Intelligenzlers verkannt. Mit einem Wort, die pornographische Popularität, die den Prinzen immer umgeben hatte, stieg weiter, und selbst die ironischsten Mutmaßungen über seine Gefühle beim Nachlesen der eigenen Eskapaden trugen das Merkmal jener Gutmütigkeit, mit der wir, ohne es zu wollen, die großspurige Rücksichtslosigkeit eines solchen Kerls ermutigen.

Der Adel, der Rat, der Hof und die «höfischen» Mitglieder des *Peplerhus* wurden im Schlaf überrumpelt. Zahm entschlossen sie sich abzuwarten und verloren damit unschätzbares politisches Tempo. Es stimmt, wenige Tage vor dem Urteilsspruch gelang es Mitgliedern der royalistischen Partei durch komplizierte oder schlicht unredliche Machenschaften, ein Gesetz durchzubringen, das es den Zeitungen untersagte, über «Scheidungsprozesse oder andere Fälle, die sittliches Empfinden zu verletzen imstande sind», zu berichten; da aber nach der Verfassung ein Gesetz erst nach Ablauf einer vierzigtägigen Frist in Kraft treten konnte (eine Zeitspanne, die als «Schwangerschaft der Themis»[60] bezeichnet wurde), blieb der Presse Zeit genug, bis zuallerletzt über den Prozess zu berichten.

Prinz Adulf selber verfolgte die Geschichte mit völliger Teilnahmslosigkeit, der er darüber hinaus noch so natürlich Ausdruck gab, dass man sich fragen musste, ob er überhaupt verstand, von wem da die Rede war. Da die Affäre ihm in allen Details vertraut sein musste, kam man zwangsweise zu dem Schluss, dass er entweder an Gedächtnisschwund litt oder dass seine Selbstkontrolle superb war. Nur einmal glaubten seine Vertrauten einen Schatten von Verärgerung über sein großes Gesicht huschen zu sehen: «Wie schade», rief er, «warum hat mich dieser *polisson* nicht zu seinen Festen eingeladen? *Que de plaisirs perdus!*»[61] Was den König anging, so sah auch er unbetroffen aus, zeigte jedoch durch die Art, wie er sich räusperte, wenn er die Zeitung in eine Lade legte und seine Brille abnahm, und durch die Häufigkeit seiner Geheimsitzungen mit diesem oder jenem Rat, der zu unzeitiger Stunde geladen worden war, dass er heftig beunruhigt war. Man erzählte sich, dass er während der Prozesstage mehrmals mit gespielter Beiläufigkeit seinem Sohn die königliche Jacht anbot, damit Adulf eine «kleine Reise um die Welt» unternehmen könne, aber Adulf lachte nur und küsste ihn auf die Glatze. «Wirklich, mein lieber Junge», beharrte der alte König, «es ist doch so herrlich auf See! Du könntest Musikanten mitnehmen, ein Fass Wein!» – *«Hélas!»*, antwortete der Prinz. «Ein wippender Horizont bekommt meinem Solarplexus nicht.»

Der Prozess trat in seine Endphase. Die Verteidigung führte die «Jugend» des Beschuldigten an, sein «heißes Blut», die «Versuchungen» eines Junggesellendaseins – was alles eine ziemlich grobe Parodie der übergroßen Nachsicht des Königs war. Der Staatsanwalt hielt eine Rede von ingrimmigem Nachdruck – und schoss über das Ziel hinaus, als er die Todesstrafe beantragte. Das letzte Wort des Angeklagten brachte eine völlig unerwartete Nuance ein. Erschöpft durch die lange Anspannung, gemartert durch den Zwang, sich im Dreck eines anderen zu wälzen, und durch den Ausbruch des Staatsanwalts unwillkürlich ins Wanken gebracht, verlor der glücklose Gelehrte seine Nerven und begann plötzlich nach einigem unzusammenhängenden Gestammel in einer neuen, hysterisch klaren Stimme zu erzählen, wie er in seiner Jugend eines Nachts nach seinem ersten Glas Haselschnaps eingewilligt hatte, mit einem Klassenkameraden in ein Bordell zu gehen, und wie er nur deswegen nicht hinkam, weil er auf der Straße in Ohnmacht fiel. Dieses unvorhergesehene Geständnis löste beim Publikum lang anhaltendes Gelächter aus, während der Staatsanwalt, der seinen Kopf verlor, versuchte, dem Angeklagten mit Brachialgewalt den Mund zu stopfen. Dann zogen sich die Geschworenen zu einer schweigsamen Zigarettenpause in den ihnen zugewiesenen Raum zurück, kamen aber gleich wieder heraus, um das Votum zu verkünden. Auf ihren Antrag hin wurde Dr. Onse zu elf Jahren Zwangsarbeit verurteilt.

Das Urteil wurde von der Presse wortreich gutgeheißen. Bei geheimen Besuchen schüttelten seine Freunde dem Märtyrer die Hand, als sie Abschied von ihm nahmen … Da aber handelte der gute alte Gafon zum ersten Mal in seinem Leben, unerwartet für jeden – inklusive wahrscheinlich ihn selbst –, recht geistreich: Er zog Vorteil aus einem unbestrittenen Vorrecht und gewährte Onse volles Pardon.

So gingen die erste und die zweite Maßnahme, Druck auf den Prinzen auszuüben, praktisch ins Leere. Es blieb ein dritter, ein endgültiger und sicherer Weg. Alle Gespräche in Gumms Umgebung hatten ausschließlich die Anwendung dieser dritten Möglichkeit zum Ziel, obwohl niemand sie offen beim Namen nannte: Der Tod erfreut sich einer ausreichenden Zahl von Euphemismen. Einmal in die wirren Machenschaften einer Verschwörung verstrickt, erkannte K nicht genau, was vorging, und der Grund für diese Blindheit lag nicht allein in seiner jugendlichen Unerfahrenheit, sie hing damit zusammen, dass er sich selber instinktiv, doch ganz und gar zu Unrecht als den Haupträdelsführer betrachtete (während er natürlich nicht mehr war als ein ehrenamtlicher Statist – oder eine ehrenamtliche Geisel) und sich darum zu glauben weigerte, das Unternehmen, das er in die Wege geleitet hatte, könne in Blutvergießen enden;

und es existierte ja auch tatsächlich gar kein Unternehmen, da er verschwommen fühlte, dass er allein schon dadurch etwas ausreichend Wichtiges und Nötiges leiste, dass er bei Betrachtung der Lebensführung seines Cousins seinen Widerwillen überwand, und wenn er im Verlaufe der Zeit sich ein wenig langweilte bei dieser Betrachtung und den dauernden Gesprächen über die gleiche Sache, so nahm er doch weiter an ihnen teil, hielt pflichtschuldig am lästigen Thema fest und dachte weiterhin, dass er seiner Pflicht nachkomme, wenn er mit einer Art von Macht kollaboriere, die er nicht durchschaute, die aber zu guter Letzt durch die Berührung mit dem Zauberstab einen unmöglichen Prinzen in einen annehmbaren Thronerben verwandeln würde. Selbst wenn es ihm eingefallen wäre, die Möglichkeit mit einzukalkulieren, dass Adulf einfach gezwungen werden konnte, von seinem Anspruch auf den Thron Abstand zu nehmen (die ausufernde Bildersprache, wie die Verschwörer sie benutzten, hätte etwas in dieser Richtung durchaus nahelegen können), so führte er doch seltsamerweise diesen Gedanken nie zu Ende, das heißt bis zu sich selber als Nächstem in der Thronfolge. Fast zwei Jahre lang verkehrte er, wenn sein Studium es erlaubte, regelmäßig mit dem rundlichen Gumm und seinen Freunden und fand sich unmerklich in einem dichten, feinen Gewebe gefangen; und vielleicht sollte die aufgezwungene Langeweile, die er schärfer und schärfer verspürte, nicht auf die schiere Unfähigkeit – ansonsten charakteristisch für sein Wesen – reduziert werden, sich mit Dingen abzugeben, denen nach und nach das Integument der Gewohnheit wuchs (durch das er das Leuchten ihres leidenschaftlichen Wiederauflebens nicht länger wahrnahm), sondern vielleicht als die absichtlich verstellte Stimme einer unterbewussten Warnung. Währenddessen näherte sich das Geschäft, das seinen Anfang genommen hatte, lange bevor er daran teilnahm, seinem blutigen Ausgang.

An einem kalten Sommerabend wurde er zu einer geheimen Zusammenkunft geladen; er ging, da die Einladung auf nichts Ungewöhnliches schließen ließ. Später, das ist wahr, erinnerte er sich, wie unwillig, mit welch einer lästigen Empfindung von Zwang er sich zu der Versammlung aufgemacht hatte; aber mit ähnlichen Gefühlen war er schon früher zu Versammlungen gegangen. In einem großen Zimmer, ungeheizt und gleichsam fiktiv möbliert (Tapete, Kamin, das Büfett mit einem staubigen Trinkhorn auf einem Bord – alles sah nach Bühnenrequisiten aus), saß eine Schar Männer, von denen K mehr als die Hälfte nicht kannte. Hier sah er zum ersten Mal Dr. Onse: diesen marmorweißen, der Mitte entlang abgeplatteten Kahlschädel, diese dicken blonden Wimpern, die kleinen Sommersprossen über den Brauen, den Hauch von Fuchsrot auf den Wangenknochen, die fest zusammengepressten Lippen, den Gehrock eines Fanatikers und die Augen eines Fisches. Ein frostiger Ausdruck milder, flackernder Melancholie verschönte seine unglücklichen Züge nicht. Er wurde mit überspitztem Respekt angesprochen. Alle wussten, dass seine Verlobte nach dem Prozess mit ihm gebrochen hatte, mit der Erklärung, dass sie weiterhin gegen alle Vernunft im Gesicht des erbärmlichen Mannes die Spuren schmutzigen Lasters sähe, zu dem er sich bekannt hatte, als er die Wesensart eines anderen annahm. Sie zog sich in ein entferntes Dorf zurück, wo sie völlig im Lehrerinnenberuf aufging; und Dr. Onse selbst suchte kurz nach dem Ereignis, zu dem die Versammlung das Vorwort war, Abgeschiedenheit in einem kleinen Kloster.

Unter den Anwesenden bemerkte K auch den gefeierten Juristen Schliss, mehrere *frad* (liberale) Mitglieder des *Peplerhus*, den Sohn des Erziehungsministers … Und auf einem unbequemen ledernen Diwan saßen drei schlaksige und düstere Armeeoffiziere.

Er fand einen freien Stuhl mit einem Sitz aus Rohrgeflecht neben dem Fenster, auf dessen Sims ein kleiner Mann saß, der sich von den anderen fernhielt. Er hatte ein plebejisches Gesicht und fummelte mit seinen Händen an einer Postmütze herum. K war nahe genug, um seine grob beschuhten riesigen Füße zu betrachten, die gar nicht zu seiner kümmerlichen Statur passten, sodass man so etwas wie eine Aufnahme aus der Froschperspektive bekam. Erst später erfuhr K, dass dieser Mann Sien war.

Zunächst kam es K vor, als wären die Leute, die sich in dem Zimmer versammelt hatten, in jene Art von Gespräch verwickelt, die ihm lange vertraut war. Etwas in ihm (wiederum jener inwendigste Freund!) sehnte sich gar mit einer Art kindlicher Ungeduld danach, dass sich diese Versammlung nicht von allen früheren unterschiede. Aber Gumms seltsame, irgendwie widerwärtige Geste, als er im Vorbeigehen seine Hand auf K's Schulter legte und geheimnisvoll lächelte – das und das langsame, kontrollierte Stimmengeräusch wie auch der Ausdruck in den Augen der drei Offiziere ließen K aufmerken. Es vergingen kaum zwei Minuten, bis er wusste, dass das, was man hier in diesem Kulissenzimmer kühl besprach, die schon beschlossene Ermordung des Kronprinzen war.

Er spürte den Atem des Schicksals an seinen Schläfen und denselben beinahe physischen Ekel, den er einst nach jener Soirée bei seinem Cousin empfunden hatte. Aus dem Blick, den ihm der schweigsame Pygmäe in der Fensternische zuwarf (ein Blick voller Sarkasmus, in den sich Neugier mischte), schloss K, dass seine Verwirrung nicht unbemerkt geblieben war. Er stand auf, und da wandten sich alle ihm zu, und der schwere Mann mit dem Bürstenschnitt, der in diesem Augenblick sprach (K hatte längst aufgehört, auf die Worte zu achten), hielt inne. K ging auf Gumm zu, dessen dreieckige Augenbrauen sich erwartungsvoll hoben. «Ich muss gehen», sagte K, «ich fühle mich nicht wohl, ich glaube, ich gehe besser.» Er verbeugte sich; ein paar Personen standen höflich auf; der Mann auf dem Fenstersims zündete seine Pfeife an und lächelte. Als K sich dem Ausgang näherte, hatte er das Albtraumgefühl, dass die Tür womöglich ein Stillleben, der Türgriff *en trompe-l'œil* war und sich nicht bewegen ließe. Aber mit einem Mal wurde die Tür wirklich, und begleitet von einem jungen Mann, der in Pantoffeln und mit einem Schlüsselbund leise aus einem anderen Zimmer gekommen war, machte sich K daran, ein langes und dunkles Treppenhaus hinabzusteigen.

Der Regieassistent

1

Was das heissen soll? Nun ja, dass das Leben bisweilen eben nur das ist – ein Regieassistent. Wir wollen ins Kino gehen heute Abend. Zu den Dreißigern zurück, abwärts an den Zwanzigern entlang und um die Ecke zum alten Filmpalast Europa. Sie war eine gefeierte Sängerin. Keine Opern, nicht einmal *Cavalleria rusticana*, nichts dergleichen. «La Slavska» – so nannten die Franzosen sie. Stil: ein Zehntel Zigeuner, ein Siebentel russische Bauerndirn (das war sie ursprünglich gewesen) und fünf Neuntel leichte Unterhaltung – und mit leichter Unterhaltung meine ich einen Mischmasch aus künstlicher Folklore, militärischem Melodram und offiziellem Patriotismus. Der offengebliebene Bruchteil scheint ausreichend für die Klangpracht ihrer erstaunlichen Stimme.[62]

Zumindest in geographischem Sinn mitten aus dem ehemaligen Herzen Russlands stammend, erreichte diese Stimme schließlich die großen Städte, Moskau, Sankt Petersburg und die Umgebung des Zaren, die eine Menge übrighatte für diesen Stil. In Fjodor Schaljapins Ankleidezimmer hing eine Aufnahme von ihr: perlenbesetzte russische Kopfbedeckung, die Wange in die Hand gestützt, blendende Zähne zwischen fleischigen Lippen, und quer darüber ein großes unbeholfenes Gekritzel: «Für Dich, Fedjuscha.» Schneesterne, von denen jeder, bevor die Ränder dahinschmolzen, seine komplexe Symmetrie auswies, kamen sanft auf den Schultern und Ärmeln und Schnurrbärten und Mützen zur Ruhe – alle warteten sie in einer Schlange auf die Öffnung der Kasse.

Bis zu ihrem Tode war ihr nichts so teuer wie eine reichverzierte Medaille und eine riesige Brosche, die sie einst von der Zarin erhalten hatte – oder wenigstens behauptete sie, nichts sei ihr teurer. Sie kamen aus einer Juweliersfirma[63], die einträgliche Geschäfte tätigte, indem sie das kaiserliche Paar bei jeder festlichen Gelegenheit mit diesem oder jenem (jedes Jahr wertvolleren) Emblem massiven Zarentums bedachte: etwa einem großen Amethystbrocken, auf dem eine rubinbesetzte bronzene Troika wie eine Arche Noah auf dem Ararat gestrandet war, oder einer wassermelonengroßen Kristallkugel, die einen goldenen Adler mit viereckigen Diamantenaugen trug, denen Rasputins sehr ähnlich (viele Jahre später wurden einige der weniger symbolträchtigen Gegenstände von den Sowjets auf einer Weltausstellung als Musterbeispiele für ihre eigene blühende Kunst gezeigt).

Wären die Dinge weiter so gelaufen, wie sie zu verlaufen schienen, so sänge sie möglicherweise noch heute Abend im zentralgeheizten Adelssaal oder in Zarskoje, und ich, auf Stippvisite bei Stiefmütterchen Sibiria, schaltete in irgendeinem entlegenen Kaff ihre Radiostimme ab. Das Schicksal indessen nahm den falschen Lauf; und als die Revolution kam, gefolgt von dem Krieg der Roten und der Weißen, erwählte ihre verschmitzte Bauernseele die praktischere Seite.

Geisterhafte Scharen geisterhafter Kosaken auf Geisterpferden sieht man durch den langsam ausgeblendeten Namen des Regieassistenten hindurchstürmen. Dann erfasst das Bild den schmucken General Golubkow[64], der durch ein Opernglas gelangweilt das Schlachtfeld überblickt. Als das Kino und wir jung waren, pflegte man uns den Anblick säuberlich in zwei verbundene Kreise gerahmt zu zeigen. Heute nicht mehr. Was wir als Nächstes sehen, ist, wie General Golubkow, von dem plötzlich alle Trägheit abgefallen ist, in den Sattel springt, einen Augenblick lang auf seinem sich bäumenden Schlachtross in den Himmel ragt und dann zu einem tollkühnen Angriff davonprescht.

Doch das Unerwartete ist das Infrarot im Spektrum der Kunst: Anstelle des bedingten Tack-tack-tack-Reflexes von Maschinengewehren hört man von weit her eine Frauenstimme singen. Näher, noch näher, und schließlich alles ausfüllend. Ein herrlicher Alt, der in alles hineinschwillt, was der für die Musik zuständige Mann an russischen Weisen in seinem Archiv gerade vorgefunden hat. Wer ist das an der Spitze der Infraroten? Eine Frau, der singende Schutzgeist jenes besonderen, besonders gut ausgebildeten Bataillons. Ganz vorne marschiert sie, zertrampelt die Luzerne und lässt ihren Wolga-Wolga-Sang entströmen. *Dshigit*[65] Golubkow, fesch und furchtlos (jetzt wissen wir, was seine Augen erspäht hatten), gelingt es, obschon er an mehreren Stellen verwundet ist, sie im Galopp zu sich heraufzureißen, und so wird sie, die sich wonniglich wehrt, davongetragen.

Sonderbar, dieses elende Drehbuch wurde von der Wirklichkeit tatsächlich verfilmt. Ich selber habe wenigstens zwei verlässliche Zeugen des Vorfalls gekannt; und die Wachposten der Geschichte haben es unangefochten durchgehen lassen. Sehr bald schon sehen wir sie die Offiziersmessen mit ihrer drallen Schönheit und ihren ach so wilden Liedern um den Verstand bringen. Sie war eine *Belle Dame* mit einer beträchtlichen Menge *Merci*[66], und sie besaß eine Vitalität, die Louise von Lenz oder der *Green Lady* abging. Sie war es, die den allgemeinen Rückzug der Weißen versüßte, der kurz nach ihrem märchenhaften Erscheinen in General Golubkows Lager einsetzte. Ein düsterer Anblick wird uns flüchtig gezeigt: Raben, Krähen – oder welche Vögel auch immer verfügbar waren – kreisen in der Abenddämmerung und lassen sich langsam auf eine mit Körpern übersäte Ebene irgendwo im Ventura County[67] nieder. Die tote Hand eines Weißgardisten hält noch ein Medaillon mit dem Gesicht seiner Mutter umklammert. Ein roter Soldat nicht weit davon hat auf seiner zerschmetterten Brust einen Brief von daheim, aus dessen verschwimmenden Zeilen dieselbe alte Frau hervorschaut.

Und dann, in gewohntem Kontrast, brechen prompt und gewaltig Musik und Gesang los, Hände klatschen den Takt, gestiefelte Füße stampfen auf den Boden, und wir erblicken General Golubkows Stab mitten in einem Saufgelage – ein geschmeidiger Georgier vollführt einen Dolchtanz, der peinlich angerührte Samowar spiegelt verzerrte Gesichter, die Slawska wirft mit kehligem Lachen ihren Kopf zurück, und der Fettwanst des Korps, gräulich betrunken, den betressten Kragen geöffnet, die fettigen Lippen zu einem viehischen Kuss gespitzt, lehnt sich quer über den Tisch (Großaufnahme eines umgekippten Glases), um – ein Nichts zu umarmen, denn der drahtige und stocknüchterne General Golubkow hat sie behände entfernt und spricht jetzt, da sie beide der Bande gegenüberstehen, mit kalter, klarer Stimme: «Meine Herren, ich möchte Ihnen meine Braut vorstellen» – und in dem betäubten Schweigen, das darauf folgt, geschieht es, dass eine verirrte Kugel von draußen die dämmerblaue Fensterscheibe durchschlägt, und tosender Beifall umfängt das zauberhafte Paar.

Es kann kaum ein Zweifel daran bestehen, dass ihre Gefangennahme kein reiner Zufall gewesen war. Indeterminismus wird im Filmstudio nicht geduldet. Noch weniger Zweifel gibt es daran, dass der General und sein Eheweib schon bei Beginn des großen Exodus, als sie wie viele andere über Sirkedshi in die Motzstraße und die Rue Vaugirard mäanderten, ein Gespann, ein Lied, einen Decknamen bildeten. Selbstverständlich wurde er ein tüchtiges Mitglied des W. B. (Weißgardisten-Bundes)[68], reiste umher, organisierte militärische Lehrgänge für russische Knaben, veranstaltete Wohltätigkeitskonzerte, machte Baracken für Notleidende ausfindig, schlichtete lokale Streitigkeiten und erledigte das alles auf höchst unaufdringliche Weise. Vermutlich war er in mancher Hinsicht sogar nützlich, dieser W. B. Seinem geistigen Wohlergehen allerdings war es abträglich, dass er völlig außerstande war, sich von den monarchistischen Emigrantengruppen abzusetzen, und im Gegensatz zu der Intelligenzija der Emigranten die fürchterliche Vulgarität, den Urfaschismus jener lächerlichen, aber bösartigen Organisationen nicht empfand. Wenn wohlmeinende Amerikaner mich fragen, ob ich nicht den charmanten Oberst Soundso oder den großartigen alten Grafen von Kickoffsky gekannt habe, bringe ich es nicht übers Herz, ihnen die traurige Wahrheit zu eröffnen.

Doch noch eine andere Menschensorte hatte mit dem W.B. zu tun. Ich meine jene abenteuerdurstigen Seelen, deren Dienst an der Sache darin bestand, dass sie in irgendeinem verschneiten Tannenwald über die Grenze gingen, um sich in den verschiedenen Verkleidungen, welche kurioserweise einst gerade von den Sozialrevolutionären[69] entwickelt worden waren, in ihrer Heimat umzusehen und in aller Stille in das kleine Pariser Café namens Esch-Bubliki oder die namenlose kleine Berliner Kneipe jene brauchbaren Bagatellauskünfte zurückzubringen, mit denen Spione ihren Auftraggebern aufzuwarten haben. Einige dieser Männer hatten sich in krause Verwicklungen mit den Spionagediensten anderer Länder eingelassen und schreckten auf amüsante Weise hoch, wenn man ihnen von hinten auf die Schultern tippte. Einige spielten Pfadfinder, weil es ihnen Spaß machte. Ein oder zwei glaubten vielleicht wirklich, dass sie in irgendeiner mystischen Weise die Auferstehung einer geheiligten, wiewohl etwas muffigen Vergangenheit vorbereiteten.

2

Nunmehr werden wir Zeugen einer höchst unheimlich monotonen Serie von Ereignissen. Der erste Vorsitzende des W.B., der starb, war der Führer der gesamten weißen Bewegung und bei weitem der Beste von allen; gewisse dunkle Symptome bei seiner plötzlichen Erkrankung deuteten auf den Schatten eines Giftmörders.[70] Der nächste Vorsitzende, ein riesiger, kräftiger Kerl mit einer Donnerstimme und einem Kopf wie eine

Kanonenkugel,[71] wurde von Unbekannten entführt; es sprechen Gründe dafür, dass er an einer Überdosis Chloroform starb. Der dritte Vorsitzende– doch meine Spule läuft zu schnell. In Wahrheit brauchte es sieben Jahre, nachdem die ersten beiden beseitigt waren – nicht etwa, weil dergleichen nicht schneller bewerkstelligt werden könnte, sondern weil besondere Umstände vorlagen, die eine sehr genaue Wahl des Zeitpunkts nötig machten, um den eigenen stetigen Aufstieg und das gelegentliche Auftreten plötzlicher Vakanzen aufeinander abzustimmen. Wie das?

Golubkow war nicht nur ein sehr wendiger V-Mann (ein Tripelagent, genau gesagt); er war auch ein ausnehmend ehrgeiziges Bürschchen. Warum die Aussicht, einer Organisation vorzustehen, die lediglich ein Sonnenuntergang hinter einem Friedhof war, es ihm derart angetan hatte, das ist nur jenen ein Rätsel, die selber keine Steckenpferde oder Leidenschaften haben. Es gelüstete ihn sehr danach – das ist alles. Weniger begreiflich ist seine Zuversicht, dass er imstande sein würde, seine zwergenhafte Existenz zwischen den beiden gewaltigen Mächten, deren gefährliches Geld und gefährliche Unterstützung er entgegennahm, nicht zerreiben zu lassen. Ich bitte um ungeteilte Aufmerksamkeit, denn es wäre schade, wenn jemandem die Feinheiten der Situation entgingen.

Die höchst unwahrscheinliche Aussicht, dass eine geisterhafte Weiße Armee je imstande wäre, die Kriegshandlungen gegen die gefestigte, massige Macht der Sowjets wiederaufzunehmen, konnte diese nicht ernstlich beunruhigen; hingegen konnte es sehr wohl ihren Unwillen erregen, dass irgendwelche unzusammenhängenden Nachrichten über Festungen und Fabriken, von zudringlichen und schwer dingfest zu machenden W.B.-Leuten gesammelt, automatisch in dankbare deutsche Hände fielen. Die Deutschen ihrerseits hatten wenig Interesse an den abstrusen Farbschattierungen russischer Emigrantenpolitik, aber was sie störte, war der ungenierte Patriotismus, mit dem hin und wieder ein W.B.-Vorsitzender aus moralischen Gründen den glatten Fluss freundschaftlicher Kollaboration zwischen ihnen und der sowjetischen Regierung behinderte.

So war General Golubkow ein Geschenk des Himmels. Die Sowjets hofften zuversichtlich, dass ihnen unter seinem Vorsitz alle W.B.-Agenten bekannt würden – und listigerweise mit falschen Informationen für den nachrichtenhungrigen deutschen Konsum beliefert werden könnten. Die Deutschen waren nicht minder davon überzeugt, dass er ihren eigenen, absolut verlässlichen Agenten, die unter den üblichen W.B.-Leuten verteilt waren, eine reiche Ausbeute garantieren würde. Keine Seite gab sich irgendwelchen Illusionen über Golubkows Loyalität hin, aber jede nahm an, dass sie die Schwankungen seiner Betrügereien sich selbst zunutze machen könne. Die Träume einfacher russischer Menschen, schwer arbeitender Familien in entlegenen Teilen der russischen Diaspora, die ihren bescheidenen und ehrsamen Geschäften nachgingen, wie sie es in Saratow oder Twer nicht anders getan hätten, die zarte Kinder in die Welt setzten und sich in dem naiven Glauben wiegten, dass der W.B. eine Art Artus'sche Tafelrunde wäre, die für alles eintrat, was im Märchenrussland liebenswert, anständig und gesund gewesen war und wieder sein würde – solche Träume mögen den Leuten am Schneidetisch sehr wohl als überflüssige Auswüchse des Hauptthemas erscheinen.

Als der W.B. gegründet wurde, stand General Golubkows (da niemand mit dem Tod des Vorsitzenden rechnete, natürlich rein theoretische) Kandidatur sehr weit unten auf der Liste – nicht, weil seine legendäre Ritterlichkeit von den anderen Offizieren etwa nicht gebührend gewürdigt wurde, sondern weil er der jüngste General in der Armee war. Als die Wahl des nächsten Vorsitzenden fällig wurde, hatte Golubkow bereits ein so gewaltiges Organisationstalent an den Tag gelegt, dass er das Gefühl hatte, gefahrlos einige der vor ihm rangierenden Namen der Liste streichen und damit nebenbei auch das Leben ihrer Träger schonen zu können. Nachdem der zweite General beseitigt war, waren viele W.B.-Mitglieder überzeugt, dass General Fedtschenko[72], der nächste Anwärter, dem jüngeren und tüchtigeren Mann seine Rechte abtreten würde, die er dank seinem Alter, seinem Ruf und seiner akademischen Würde[73] genießen durfte. Dem alten Herrn dünkte zwar der Genuss zweifelhaft – gleichwohl hielt er es für feige, einen Posten auszuschlagen, der zwei Männern das Leben gekostet hatte. So biss General Golubkow die Zähne zusammen und machte sich aufs neue an die Wühlarbeit.

Körperlich wirkte er wenig anziehend. Er hatte nichts von dem an sich, was man sich unter einem russischen General vorzustellen beliebt, nichts Treuherziges, Stämmiges, Stieläugiges, Stiernackiges. Er war mager, zart, hatte scharfe Gesichtszüge, einen gestutzten Schnurrbart und einen Haarschnitt, der von den Russen Igelfrisur genannt wird: kurz, drahtig, nach oben gesträubt und kompakt. Um sein behaartes Handgelenk trug er eine dünne Silberkette, und er bot einem säuberlich selbstgedrehte russische Zigaretten oder englische «Käppstens»[74] (wie er es aussprach) an, fein nebeneinander in einem alten, geräumigen Zigarettenetui aus schwarzem Leder aufgereiht, welches ihn durch den mutmaßlichen Rauch ungezählter Schlachten begleitet hatte. Er war ungemein höflich und ungemein unauffällig.

Jedes Mal, wenn die Slawska einen Empfang gab, was sie in den Häusern ihrer verschiedenen Mäzene zu tun pflegte (einer Art baltischen Barons, eines Dr. Bachrach[75], dessen erste Frau eine berühmte Carmen gewesen war, oder eines russischen Kaufmanns alter Schule, der es sich im inflationstollen Berlin wohl sein ließ, indem er Häuserblocks für zehn englische Pfund das Stück aufkaufte), wand sich ihr schweigsamer Gatte bescheidentlich an seinen Gästen vorbei und brachte einem ein Schnittchen mit Wurst und Gürkchen oder ein winziges, frostig fahles Glas Wodka; und während die Slawska sang (bei derlei inoffiziellen Anlässen pflegte sie im Sitzen zu singen, eine Faust in die Wange gedrückt und den Ellbogen in die Fläche der anderen Hand gestützt), hielt er sich abseits, stand irgendwo angelehnt oder trippelte auf Zehenspitzen zu einem entfernten Aschenbecher, den er einem sacht auf die beleibte Lehne des Sessels stellte.

Ich bin der Meinung, dass er – künstlerisch gesehen – seine Belanglosigkeit zu stark hervorhob und sich damit unwillkürlich ein lakaienhaftes Air gab – was heute allerdings überaus passend erscheint; er jedoch versuchte, sein Dasein auf das Kontrastprinzip aufzubauen, und es verursachte ihm ein prickelndes Vergnügen, aus gewissen lieblichen Anzeichen – einem gesenkten Kopf, einer Verdrehung der Augen – mit Sicherheit schließen zu dürfen, dass Soundso am anderen Ende des Zimmers die Aufmerksamkeit eines Neuankömmlings auf den faszinierenden Umstand lenkte, dass ein so wenig markanter, ein so bescheidener Mann in einem legendären Krieg der Heros unglaublicher Großtaten gewesen war (der Mann, der eigenhändig Städte eroberte, und Ähnliches mehr).

3

Deutsche Filmstudios, die in jenen Tagen (kurz bevor das Kind des Lichts das Sprechen lernte) wie Giftpilze aus dem Boden schossen, fanden in jenen russischen Emigranten billige Arbeitskräfte, deren einzige Hoffnung und einziger Beruf ihre Vergangenheit war – also in einem Kreis ganz und gar unwirklicher Leute – und die in den Filmen «wirkliches» Publikum vorstellen sollten. Diese Kombination von zwei Scheinwelten erweckte bei sensiblen Menschen den Eindruck, in einem Spiegelkabinett oder vielmehr in einem Spiegelgefängnis zu sein und nicht einmal zu wissen, was Glas war und was man selber.

Und wirklich, wenn ich mir die Säle in Erinnerung rufe, wo die Slawska sang, in Berlin wie in Paris, und den Menschenschlag, den man dort zu sehen bekam, habe ich das Gefühl, als versähe ich einen uralten Film mit Technicolor und Ton, einen Film, in dem das Leben ein graues Gezitter, Beerdigungen eine Hetze und nur das Meer koloriert waren (ein kränkliches Blau), während ein Handapparat hinter der Bühne das Rauschen einer asynchronen Brandung nachmachte. Eine gewisse fragwürdige Figur, der Schrecken der Hilfsorganisationen, ein kahlköpfiger Mann mit den Augen eines Wahnsinnigen, schwebt mit wie zum Sitzen angezogenen Beinen, einem ältlichen Fetus ähnlich, langsam durch mein Blickfeld und passt wunderbar genau auf einen Sitz in einer der hinteren Reihen. Auch unser Freund, der Graf, ist da, komplett mit hohem Kragen und schmuddeligen Schuhgamaschen. Ein ehrwürdiger, aber weltlicher Priester, dem sich das Kreuz sacht auf der breiten Brust hebt und senkt, sitzt in der ersten Reihe und starrt geradeaus.

Die einzelnen Programmnummern jener Festlichkeiten der Rechten, die der Name der Slawska in meiner Erinnerung heraufruft, hatten die gleiche unwirkliche Beschaffenheit wie ihr Publikum. Ein Varietékünstler mit einem falschen slawischen Namen, einer jener Gitarrenvirtuosen, die als billige erste Attraktion in Varietéprogrammen auftreten, war hier überaus willkommen; und die knalligen Verzierungen auf seinem glasüberdeckten Instrument, seine himmelblauen Seidenhosen vertrugen sich gut mit dem Rest der Veranstaltung. Darauf nahm irgendein bärtiger alter Halunke in einem schäbigen Cutaway das Wort, ein ehemaliges Mitglied der Russland-über-alles-Bewegung, und malte lebhaft aus, was Juden und Freimaurer dem russischen Volk Schlimmes antäten.

Und jetzt, meine Damen und Herren, haben wir das große Vergnügen und die Ehre … Da stand sie, vor einem fürchterlichen Hintergrund aus Palmen und Nationalflaggen, befeuchtete mit blasser Zunge die dick geschminkten Lippen und verschränkte ihre in Glacéhandschuhen steckenden Hände gemächlich über ihrem eingeschnürten Leib, dieweil ihr ständiger Begleiter, der marmorgesichtige Joseph Lewinsky, der ihr, im Schatten ihres Gesangs, in den privaten Konzertsaal des Zaren, in des Genossen Lunatscharskijs[76] Salon und in schäbige Lokale Konstantinopels gefolgt war, seine kurze einleitende Folge von Trippeltönen anschlug.

Manchmal, wenn das Haus von der rechten Art war, sang sie die Nationalhymne, bevor sie ihr begrenztes, aber immer willkommenes Repertoire vom Stapel ließ. Unweigerlich gab es jene *Alte Landstraße nach Kaluga* (mit einer vom Blitz getroffenen Kiefer bei Vers 49) sowie das Lied, das in der unter dem russischen Text gedruckten deutschen Übersetzung anhebt: «Du bist im Schnee begraben, mein Russland», und jene uralte Volksballade (in den achtziger Jahren von irgendeinem Individuum verfasst), welche von einem Räuberhauptmann und seiner liebreizenden persischen Prinzessin handelt, die er in die Wolga warf, als seine Leute ihn der Verweichlichung ziehen.[77]

Ihr künstlerischer Geschmack war gleich null, ihre Technik reiner Zufall, ihr allgemeiner Stil ein Graus; doch jene Leute, für die Musik und Gefühl eins sind oder die Lieder als Vehikel jener Stimmungen betrachten, unter denen sie in individueller Vergangenheit zum ersten Mal gehört wurden, fanden in der gewaltigen Klangfülle ihrer Stimme wehmütigen Trost wie vaterländische Ermutigung. Für besonders eindrucksvoll hielt man sie, sobald in ihrer Stimme ein Anflug verwegener Wildheit mitschwang. Wäre diese Entfesselung weniger offenkundig vorgetäuscht gewesen, so hätte sie sie immer noch vor völliger Vulgarität bewahren können. Das kleine, harte Ding, das ihre Seele war, ragte aus ihrem Gesang hervor, und das Äußerste, was ihr Temperament hergab, war nur ein kleiner Strudel, kein freier Sturzbach. Wenn heute in einem russischen Haushalt das Grammophon angestellt wird und ich ihren konservierten Mezzosopran höre, so erinnere ich mich mit einer Art von Schauder an ihre täuschende Nachahmung eines gesanglichen Höhepunkts: die Anatomie ihres Mundes war in einem letzten leidenschaftlichen Schrei in Gänze bloßgelegt, ihr blauschwarzes Haar wunderbar gewellt, die gekreuzten Hände waren auf die bebänderte Medaille an ihrem Busen gepresst, während sie die Beifallsorgie entgegennahm, und ihr breiter dunkler Körper blieb steif, selbst als sie sich verneigte, denn er war in dicken, silbrigen Satin gestopft, der ihr das Aussehen einer Schneematrone oder einer Ehrennixe verlieh.

4

Als Nächstes sieht man sie (falls der Zensor das Folgende nicht für eine Verletzung religiösen Empfindens hält) im honigfarbenen Dunst einer vollen russischen Kirche knien und aus Herzensgrund an der Seite der Frau oder Witwe (sie wusste genau, was) des Generals schluchzen, dessen Entführung von ihrem Mann so schön eingefädelt und von jenen großen, tüchtigen, anonymen Männern, die der Chef nach Paris entsandt hatte, so geschickt bewerkstelligt worden war.

Man erblickt sie auch noch an einem anderen Tag zwei oder drei Jahre später, während sie in einem gewissen Appartement in der Rue George Sand singt, von bewundernden Freunden umgeben – und sieh da, ihre Augen verengen sich leicht, ihr Gesangslächeln schwindet, als ihr Gatte, den die abschließenden Einzelheiten des bevorstehenden Geschäfts aufgehalten hatten, jetzt still hereingeschlüpft kommt und mit sanfter Handbewegung den Versuch eines grauhaarigen Obersten zurückweist, ihm seinen Platz anzubieten; durch den bewusstlosen Fluss eines zum zehntausendsten Male vorgetragenen Liedes späht sie zu ihm hinüber (wie Anna Karenin ist sie etwas kurzsichtig), um irgendein bestimmtes Zeichen wahrzunehmen, und während sie ertrinkt und die buntbemalten Boote davongleiten und sich die letzte, bedeutungsvolle, kreisförmige Welle auf der Wolga, Bezirk Samara, in trübe Ewigkeit auflöst (denn dies ist das allerletzte Lied, das sie je singen wird), tritt ihr Mann an sie heran und sagt in einer Stimme, die kein Beifallsklatschen menschlicher Hände zu übertönen vermag: «Mascha, morgen wird der Baum gefällt!»

Diese Kleinigkeit mit dem Baum war der einzige dramatische Luxus, den sich Golubkow während seiner ganzen taubengrauen Laufbahn erlaubte. Wir werden ihm den Ausbruch nachsehen, wenn wir uns erinnern, dass dies der letzte General war, der ihm im Weg stand, und dass die Ereignisse des nächsten Tages automatisch zu seiner Wahl führen mussten. Über den lustigen kleinen Streit, den jene beiden großen Kinder miteinander hatten, war unter ihren Freunden letztens ein bisschen gescherzt worden (denn der russische Humor ist ein kleines Vögelchen, das sich mit einem Krümchen begnügt): Sie hatte missmutig verlangt, dass die riesige alte Pappel, die das Atelierfenster in ihrem Sommerhaus am Stadtrand verdunkelte, entfernt würde, und er hatte dem entgegengehalten, der stämmige alte Bursche sei doch ihr grünster Bewunderer (ein zwerchfellerschütternder Witz das) und verdiene darob Schonung. Man beachte auch die gutmütige Schelmerei der fetten Dame im Hermelincape, die den galanten General dafür schilt, so schnell nachgegeben zu haben, und das strahlende Lächeln sowie die ausgestreckten gallertkalten Arme der Slawska.

Am späten Nachmittag des darauffolgenden Tages begleitete General Golubkow seine Frau zu ihrer Schneiderin, blieb eine Weile dort, las im *Paris-Soir* und wurde dann zurückgeschickt, um eins der Kleider zu holen, die sie weiten lassen wollte und zu Hause vergessen hatte. In angemessenen Abständen gab sie einigermaßen glaubwürdig vor, nach Hause zu telephonieren und ihm wortreiche Hinweise für seine Suche zu geben. Die Schneiderin, eine armenische Dame, und eine Näherin, die kleine Prinzessin Tumanow, amüsierten sich im Nebenzimmer weidlich über die Vielfalt ihrer rustikalen Schimpfworte (die ihr halfen, in ihrer Rolle nicht nachzulassen, welche ihre Phantasie alleine nicht zu improvisieren vermochte). Dieses fadenscheinige Alibi war nicht dazu bestimmt, das Präteritum zurechtzuflicken, falls irgendetwas schiefgehen sollte – denn schiefgehen konnte nichts; es sollte lediglich einen Mann, den zu verdächtigen niemandem im Traum einfallen würde, mit einem Routinebericht von seinem Tun und Lassen versehen, wenn die Leute wissen wollten, wer General Fedtschenko zuletzt gesehen hätte. Nachdem genügend imaginäre Kleiderschränke durchwühlt waren, sah man Golubkow mit dem Kleid zurückkehren (das er natürlich lange vorher in dem Wagen verstaut hatte). Er fuhr fort, die Zeitung zu lesen, während seine Frau weiter Sachen anprobierte.

5

Die etwa fünfunddreißig Minuten seiner Abwesenheit erwiesen sich als durchaus genügender Zeitraum. Als sie ihre Spielereien mit dem toten Telephon begann, hatte er den General bereits an einer menschenleeren Ecke einsteigen lassen und fuhr ihn einer vermeintlichen Verabredung entgegen, deren Umstände im Voraus so ausgedacht waren, dass ihre Geheimhaltung selbstverständlich und Anwesenheit eine Pflicht waren. Ein paar Minuten später hielt er, und beide stiegen aus. «Das ist nicht die richtige Straße», sagte General Fedtschenko. «Nein», sagte General Golubkow, «aber hier kann ich mein Auto besser parken. Ich möchte es nicht gerne genau vor dem Café abstellen. Wir gehen durch diese Gasse, so schneiden wir ein Stück ab. Zu Fuß ist es zwei Minuten von hier.» – «Gut, dann gehen wir zu Fuß», sagte der alte Mann und räusperte sich.

In jenem Pariser Viertel heißen die Straßen nach verschiedenen Philosophen, und die Gasse, durch die sie gingen, war von einem belesenen Stadtvater Rue Pierre Labime[78] getauft worden. Sie führte einen sacht an einer dunklen Kirche und etlichen Baugerüsten vorbei in eine Gegend, wo einzelne Privathäuser mit verschlossenen Fensterläden in einiger Entfernung voneinander auf eigenem Grund und Boden standen, hinter eisernen Zäunen, auf denen todgeweihte Ahornblätter während ihres Flugs vom kahlen Zweig zum nassen Straßenpflaster auszuruhen pflegten. Auf der linken Seite der Gasse war eine lange Mauer, aus deren rauem Grau hier und dort ein Kreuzworträtsel aus Ziegeln hervorsah; und in dieser Mauer befand sich an einer Stelle eine kleine grüne Tür.

Als sie sich ihr näherten, holte General Golubkow sein Zigarettenetui mit den Schlachtennarben hervor und blieb stehen, um sich eine Zigarette anzuzünden. Auch General Fedtschenko, ein höflicher Nichtraucher, blieb stehen. Ein böiger Wind zauste die Abenddämmerung, und das Streichholz ging aus. «Ich denke noch immer …», sagte General Fedtschenko in Bezug auf irgendeine nebensächliche Angelegenheit, über die sie kürzlich miteinander gesprochen hatten, «ich denke noch immer», sagte er (nur um irgendetwas zu sagen, während er da neben der kleinen grünen Tür stand), «wenn Pater Fjodor unbedingt die ganzen Wohnungen aus seinem eigenen Fonds bezahlen will, dann könnten wir ihm wenigstens das Heizmaterial liefern.» Auch das zweite Streichholz ging aus. Der Rücken eines Passanten, der sich undeutlich immer weiter entfernte, verschwand endlich. General Golubkow schimpfte so laut er konnte auf den Wind, und da dies das Entwarnungszeichen war, öffnete sich die grüne Tür, und unglaublich geschwind und behände entzogen drei Paar Arme den alten Herrn den Blicken. Die Tür schlug zu. General Golubkow zündete sich die Zigarette an und ging eiligen Schritts den Weg zurück, den er gekommen war.

Der alte Herr wurde nie mehr gesehen. Die ruhigen Ausländer, die ein gewisses ruhiges Haus einen ruhigen Monat lang gemietet hatten, waren unschuldige Holländer oder Dänen gewesen. Es war lediglich ein optischer Trick. Eine grüne Tür gibt es nicht, sondern nur eine graue, die keine Menschenkraft aufsprengt. Umsonst habe ich in hervorragenden Enzyklopädien nachgesehen: Es hat nie einen Philosophen Pierre Labime gegeben.

Doch die Kröte in ihren Augen, die habe ich gesehen. Es gibt ein russisches Sprichwort: «*Wsewo dwoje i est; smert da sowest*» – übersetzt etwa: «Zweierlei nur existiert wirklich – der Tod und das Gewissen.» Das Angenehme an der Menschheit ist, dass man zwar zuweilen nicht wissen mag, ob man Recht tut – aber dass man Unrecht tut, das merkt man immer. Ein entsetzlicher Übeltäter, dessen Frau noch schlimmer war, erzählte mir in den Tagen, als ich Priester war, dass ihn die ganze Zeit über eine innere Scham beunruhigt habe, von einer noch tieferen Scham zurückgehalten zu werden, mit ihr über dieses Rätsel zu sprechen: ob sie ihn vielleicht im Grunde ihres Herzens verachtete oder sich insgeheim fragte, ob er sie im Grunde seines Herzens verachte. Und darum weiß ich ganz genau, was für Gesichter General Golubkow und seine Frau machten, als die beiden endlich miteinander allein waren.

6

Lange allerdings waren sie es nicht. Etwa um zehn Uhr abends erfuhr General L., der Sekretär des W.B., von General R., dass Frau Fedtschenko sich wegen der unerklärlichen Abwesenheit ihres Gatten größte Sorgen mache. Erst dann fiel es General L. ein, dass ihm der

Präsident mittags ziemlich beiläufig (aber das war die Art des alten Herrn) gesagt hatte, er habe am späten Nachmittag in der Stadt zu tun; sollte er bis acht Uhr abends nicht zurück sein, so möge General L. doch bitte einen Zettel lesen, den er im mittleren Schubfach seines Schreibtisches hinterlasse. Die beiden Generale stürzten zum Büro, blieben stehen, stürzten zurück, um die Schlüssel zu holen, die General L. vergessen hatte, stürzten wieder los und fanden schließlich die Nachricht. Sie lautete: «Mich bedrückt ein seltsames Gefühl, dessen ich mich später vielleicht schämen mag. Um fünf Uhr dreißig bin ich in einem Café Rue Descartes 45 verabredet. Ich soll mit einem Agenten der anderen Seite zusammentreffen.[79] Ich vermute eine Falle. Das Ganze ist von General Golubkow arrangiert worden, der mich in seinem Wagen hinfährt.»

Wir wollen übergehen, was General L. sagte und was General R. erwiderte – doch offenbar waren sie langsam von Begriff und verloren noch mehr Zeit durch ein wirres Telephongespräch mit einem empörten Cafébesitzer. Es war fast Mitternacht, als die Slawska, in einen blumigen Morgenrock gehüllt und bemüht, sehr verschlafen auszusehen, sie einließ. Ihren Gatten zu wecken, der, wie sie sagte, bereits der Nachtruhe pflege, war sie nicht willens. Sie wünschte zu wissen, was eigentlich los sei und ob vielleicht General Fedtschenko etwas zugestoßen sei. «Er ist verschwunden», sagte der ehrliche General L. Die Slawska sagte «Ach!» und brach ohnmächtig zusammen, wobei sie fast die Wohnzimmereinrichtung in Mitleidenschaft gezogen hätte. Das Theater hatte an ihr nicht gar so viel verloren, wie die meisten ihrer Bewunderer meinten.

Irgendwie gelang es den beiden Generalen, General Golubkow nichts von dem kleinen Zettel zu verraten, sodass er, als er sie ins Hauptquartier des W.B. begleitete, des Glaubens war, sie wollten mit ihm in Wirklichkeit besprechen, ob man sofort die Polizei benachrichtigen oder zunächst den achtundachtzigjährigen Admiral Gromobojew um Rat fragen solle, der aus irgendeinem unbegreiflichen Grund als Salomon des W.B. galt.

«Was hat das zu bedeuten?», fragte General L. und reichte Golubkow den verhängnisvollen Zettel. «Bitte lesen Sie.»

Golubkow las – und wusste sofort, dass alles verloren war. Wir werden uns nicht über den Abgrund seiner Gefühle beugen. Er gab den Zettel zurück und zuckte die schmalen Achseln.

«Wenn das tatsächlich der General geschrieben hat», sagte er, «und ich muss zugeben, es sieht ganz wie seine Handschrift aus, dann kann ich nur sagen, dass jemand sich für mich ausgegeben haben muss. Aber ich habe Gründe für die Annahme, dass Admiral Gromobojew in der Lage sein wird, mich zu entlasten. Ich schlage vor, wir gehen gleich hin.»

«Ja», sagte General L., «es ist besser, wir gehen, obwohl es schon sehr spät ist.»

General Golubkow schlüpfte eilig in seinen Regenmantel und ging als Erster hinaus. General R. half General L., seinen Schal wiederzufinden. Er war halb von einem jener Korridorstühle herabgeglitten, die dazu verdammt sind, immer nur Gegenstände aufzunehmen und niemals Menschen. General L. seufzte und setzte seinen alten Filzhut auf, eine sanfte Bewegung, zu der er beide Hände gebrauchte. Er ging auf die Tür zu.

«Einen Augenblick, General», sagte General R. leise. «Ich möchte Sie etwas fragen. Unter Offizieren: Sind Sie völlig sicher, dass … nun, dass General Golubkow die Wahrheit sagt?»

«Genau das werden wir herausbekommen», antwortete General L., der zu jenen Menschen gehörte, welche der Meinung sind, dass ein Satz, solange er nur ein Satz ist, auch irgendetwas bedeuten wird.

In der Tür berührten sie zuvorkommend einer des anderen Ellbogen. Endlich nahm der etwas Ältere die Vergünstigung in Anspruch und schritt forsch hinaus. Dann verhielten sie beide auf dem Treppenabsatz, denn das Treppenhaus kam ihnen sehr still vor. «General!», rief General L. nach unten. Dann blickten sie einander an. Dann stapften sie eilig und schwerfällig die hässliche Treppe hinab, traten ins Freie, blieben unter einem schwarzen Nieselregen stehen, blickten hierhin und dorthin, und dann sahen sie sich wieder an.

Sie wurde früh am nächsten Morgen verhaftet. Während der Untersuchung gab sie ihre Haltung kummerbeladener Unschuld kein einziges Mal auf. Die französische Polizei legte in ihrer Behandlung möglicher Indizien eine sonderbare Lustlosigkeit an den Tag, als nähme sie an, dass das Verschwinden russischer Generale eine Art wunderlicher ortsüblicher Sitte war, ein orientalisches Phänomen, ein Auflösungsprozess, der möglicherweise nicht vorkommen sollte, aber nicht zu verhindern war. Allerdings hatte man den Eindruck, dass die *Sûreté* mehr von diesem Zauberkunststück wusste, als diplomatische Weisheit zuzugeben bereit war. Ausländische Zeitungen behandelten die ganze Sache gutmütig, aber nicht ganz ernsthaft und leicht gelangweilt. Im Ganzen machte die «Slawska-Affäre» keine großen Schlagzeilen – russische Emigranten standen ganz entschieden nicht im Brennpunkt. Ein erheiternder Zufall wollte, dass sowohl eine deutsche wie eine sowjetische Presseagentur lakonisch meldeten, ein Paar weißer russischer Generale habe sich in Paris mit der Kasse der Weißen Armee aus dem Staub gemacht.

7

Der Prozess war seltsam ergebnislos und wirr, es glänzten keine Zeugen, und dass die Slawska am Ende wegen Menschenraubs verurteilt wurde, war ein juristisch anfechtbarer Spruch. Immer wieder verdunkelten belanglose Kleinigkeiten die Hauptfrage. Die falschen Leute erinnerten sich an die richtigen Dinge und umgekehrt. Es gab eine Rechnung, unterschrieben von einem gewissen Gaston Coulot, Bauer, *«pour un arbre abattu»*[80]. General L. und General R. hatten von einem sadistischen Anwalt Schlimmes auszustehen. Ein Pariser Clochard, eins jener pittoresken, rotnasigen, unrasierten Wesen (eine leichte Rolle dies), die all ihr irdisch Hab und Gut in ihren geräumigen Taschen tragen, die ihre Füße in Lagen reißenden Zeitungspapiers wickeln, wenn die letzte Socke aufgetragen ist, und die man mit weit gespreizten Beinen und einer Flasche Wein gemütlich an der verfallenden Mauer eines niemals fertiggestellten Neubaus lehnen sehen kann, hatte einen abenteuerlichen Bericht zu bieten: Von einer bestimmten Warte aus hätte er mit angesehen, wie man einen alten Mann grob anpackte. Zwei Russinnen, von denen die eine einige Zeit vorher wegen akuter Hysterie behandelt worden war, sagten aus, sie hätten am Tag des Verbrechens General Golubkow und General Fedtschenko in des Ersteren Wagen vorbeifahren gesehen. Ein russischer Violinist hatte im Speisewagen eines deutschen Zuges … – doch es ist zwecklos, alle diese lahmen Gerüchte nachzuerzählen.

Wir bekommen die Slawska noch einige letzte Male im Gefängnis zu sehen. Bescheiden sitzt sie in einer Ecke und strickt. Schreibt tränenverwischte Briefe an Frau Fedtschenko, in denen sie ihr mitteilt, dass sie nunmehr schwesterlich verbunden seien, seien doch ihre beiden Gatten von den Sowjets entführt worden. Bittet darum, einen Lippenstift benutzen zu dürfen. Betet und schluchzt in den Armen einer bleichen russischen Nonne, die gekommen ist, ihr von einer Vision zu erzählen, in der ihr die Unschuld General Golubkows offenbart worden sei. Verlangt energisch das Neue Testament, das die Polizei ihr vorenthält – oder vielmehr hauptsächlich den Experten vorenthält, die so schön begonnen hatten, gewisse an den Rand des Johannes-Evangeliums gekritzelte Aufzeichnungen zu entziffern. Einige Zeit nach Ausbruch des Zweiten Weltkriegs zog sie sich ein obskures inneres Leiden zu, und als eines Sommermorgens drei deutsche Offiziere ins Gefängnislazarett kamen und sie auf der Stelle zu sehen verlangten, sagte man ihnen, sie sei tot[81] – was möglicherweise die Wahrheit war.

«... dass in Aleppo einst ...»

Lieber V. – Dieser Brief soll Dich unter anderem wissen lassen, dass ich endlich hier bin, in dem Land, wohin so viele Sonnenuntergänge führten. Einer der ersten Menschen, denen ich begegnete, war unser guter alter Gleb Alexandrowitsch Gekko, der finster die Columbus Avenue überquerte, auf der Suche nach dem *petit café du coin*, in das keiner von uns dreien je wieder den Fuß setzen wird. Er schien der Meinung, dass Du dabei seist, auf die eine oder andere Weise Verrat an unserer Nationalliteratur zu begehen, und als er mir Deine Adresse gab, schüttelte er sein graues Haupt so missbilligend, als hättest Du das Vergnügen nicht verdient, von mir zu hören.

Ich habe eine Geschichte für Dich. Was mich an die Zeiten erinnert – oder dass ich es so ausdrücke, erinnert mich vielmehr daran –, als wir unsere ersten euterwarmen schäumenden Verse schrieben und alles, eine Rose, eine Pfütze, ein erleuchtetes Fenster, uns zurief: «Ich bin ein Reim!» Doch, es ist dies ein höchst brauchbares Universum. Wir spielen, wir sterben: *ig-reim*, *umi-reim*. Und die klangvollen Seelen russischer Verben verleihen sowohl der wilden Gestik der Bäume Bedeutung wie einer weggeworfenen Zeitung, die mit erfolglosem Flattern und flügellosen Rucken eine endlose windige Kaimauer entlanggleitet, liegen bleibt und dann weiterschleift. Im

Augenblick jedoch bin ich kein Dichter. Ich komme wie jene überschwängliche Dame bei Tschechow zu Dir, die sich so furchtbar gerne beschrieben sehen wollte.

Ich heiratete, warte, etwa einen Monat nachdem Du Frankreich verlassen hattest und ein paar Wochen bevor diese huldreichen Deutschen tobend in Paris einfielen. Obschon ich urkundliche Zeugnisse meiner Eheschließung vorweisen kann, bin ich heute sicher, dass meine Frau nie existiert hat. Möglich, dass Du ihren Namen aus anderer Quelle weißt, aber das ist gleichgültig. Es ist der Name einer Sinnestäuschung. Darum kann ich von ihr mit ebenso viel Abstand sprechen wie von der Figur einer Erzählung (einer Deiner Erzählungen, genau gesagt).

Es war Liebe nicht so sehr auf den ersten Blick wie auf die erste Berührung, denn ich war ihr vorher schon mehrere Male begegnet, ohne dass ich dabei irgendwelche besonderen Gefühle empfunden hätte; aber als ich sie eines Abends nach Hause begleitete, veranlasste mich eine eigentümliche Bemerkung ihrerseits, mich hinabzubeugen und leicht ihr Haar zu küssen – und wir alle wissen ja von jener blendenden Explosion, die dadurch ausgelöst wird, dass man eine kleine Puppe vom Fußboden eines sorgsam verlassenen Hauses aufhebt: Der betreffende Soldat hört nichts; für ihn ist es nur eine ekstatische, geräusch- und grenzenlose Ausdehnung dessen, was zeit seines Lebens eine stecknadelkopfgroße Helligkeit im Zentrum seines Wesens gewesen war. Und wirklich, wenn wir an den Tod in himmlischen Kategorien denken, so darum, weil das sichtbare Firmament besonders zur Nachtzeit (über unserem verdunkelten Paris mit den düsteren Bögen seines Exelmans-Boulevards und dem unablässigen alpinen Rauschen seiner verödeten Pissoirs) das angemessenste und immerdar vorhandene Symbol dieser ungeheuren geräuschlosen Explosion darstellt.

Aber ich vermag sie nicht genau zu erkennen. Sie bleibt so nebelhaft wie mein bestes Gedicht – jenes, das Du in den *Literaturnyje Sapiski* so grausig verspottet hast. Wenn ich sie mir vorstellen will, habe ich mich im Geist an ein winziges Muttermal auf ihrem flaumigen Unterarm zu halten, so wie man sich in einem unleserlichen Satz auf die Satzzeichen konzentriert. Hätte sie stärker und regelmäßiger Make-up benutzt, ich könnte mir heute ihr Gesicht möglicherweise vorstellen oder zumindest die zarten Querfurchen auf trockenen, heißen, geschminkten Lippen; aber es will und will mir nicht gelingen – obwohl ich im Blindekuhspiel meiner Sinne von Zeit zu Zeit immer noch ihre flüchtige Berührung spüre, in jenem wehmütigen Traum, in dem wir uns durch einen herzzerreißenden Nebel hindurch unbeholfen aneinanderklammern und ich wegen des leeren Glanzes quellender Tränen, die ihre Iris überfluten, die Farbe ihrer Augen nicht erkennen kann.

Sie war viel jünger als ich – nicht so viel jünger wie Natalie mit ihren reizenden bloßen Schultern und langen Ohrringen im Verhältnis zum dunkelhäutigen Puschkin[82]; dennoch war genügend Spielraum da für jenen retrospektiven Romantizismus, der sich darin gefällt, dem Schicksal eines unvergleichlichen Genies nachzustreben (eingeschlossen die Eifersucht, den Schmutz, den stechenden Schmerz, den es verursacht, ihre mandelförmigen Augen hinter dem Fächer aus Pfauenfedern zu ihrem blonden Cassio[83] schweifen zu sehen), selbst wenn man seine Verse nicht nachzuahmen vermag. Meine allerdings gefielen ihr, und sie hätte kaum gegähnt wie jene andere, sobald ein Gedicht ihres Mannes länger war als ein Sonett. Wenn sie für mich ein Phantom blieb, so mag auch ich für sie eines gewesen sein: Ich vermute, dass es ihr lediglich die Dunkelheit meiner Gedichte angetan hatte; und dass sie dann ein Loch in deren Schleier riss und das reizlose Gesicht eines Fremden erblickte.

Wie Du weißt, trug ich mich seit einiger Zeit schon mit dem Plan, dem Beispiel Deiner glücklichen Flucht zu folgen. Sie beschrieb mir einen ihrer Onkel, der, wie sie sagte, in New York lebte: Er hatte an einem College in den Südstaaten Reitunterricht gegeben und schließlich eine reiche Amerikanerin geheiratet; sie hatten eine kleine, taub geborene Tochter. Sie sagte, dass ihr seine Adresse vor langem abhandengekommen sei, aber ein paar Tage später fand sie sich wie durch ein Wunder wieder, und wir verfassten einen dramatischen Brief, auf den wir nie eine Antwort erhielten. Das machte nichts, denn inzwischen hatte ich bereits eine tadellose Bürgschaftserklärung von Professor Lomchenko in Chicago erhalten; aber als die deutsche Invasion Frankreichs begann, war sonst noch wenig unternommen worden, die nötigen Papiere zu beschaffen, während ich doch voraussah, dass, falls wir in Paris blieben, irgendein hilfsbereiter Landsmann von mir die interessierte Seite früher oder später auf etliche Stellen in einem meiner Bücher aufmerksam machen würde, in denen ich zu beweisen suchte, dass Deutschland allen seinen finsteren Sünden zum Trotz in den Augen der Welt für alle Zeiten ein Gegenstand des Gelächters bleiben werde.

So begannen wir unsere unglückseligen Flitterwochen. Zerdrückt und geschüttelt inmitten des apokalyptischen Exodus, warteten wir auf unfahrplanmäßige Züge zu unbekannten Zielbahnhöfen, gingen wir durch die ausgedienten Kulissen abstrakter Städte, lebten wir in dem ständigen Zwielicht körperlicher Erschöpfung – solches war unsere Flucht; und je weiter sie uns führte, desto klarer wurde es, dass uns mehr als ein Schwachkopf mit Stiefeln und Koppelschloss und seiner Kollektion verschieden angetriebenen militärischen Trödelkrams vor sich her jagte – etwas, wofür er nur das Symbol war, etwas Ungeheuerliches und Unfassbares, eine zeit- und gesichtslose Masse unvordenklichen Grauens, das selbst hier, im grünen Vakuum des Central Park, immer noch von hinten auf mich zukommt.

Doch, sie ertrug das alles beherzt genug – mit einer Art benommener Heiterkeit. Einmal jedoch begann sie in einem mitfühlenden Eisenbahnwaggon plötzlich zu schluchzen. «Der Hund», sagte sie, «der Hund, den wir zurückgelassen haben. Ich kann den armen Hund nicht vergessen.» Die Aufrichtigkeit ihres Kummers verblüffte mich, denn wir hatten niemals einen Hund gehabt. «Ich weiß», sagte sie, «aber ich habe mir vorzustellen versucht, wir hätten diesen Setter tatsächlich gekauft. Und denke nur, jetzt würde er hinter verschlossener Tür winseln.» Es war niemals davon die Rede gewesen, einen Setter zu kaufen.

Ebenso wenig möchte ich ein gewisses Stück Landstraße und den Anblick einer Flüchtlingsfamilie (zwei Frauen, ein Kind) vergessen, deren alter Vater oder Großvater unterwegs gestorben war. Der Himmel war ein Chaos schwarzer und fleischfarbener Wolken, die

Sonne brach hässlich hinter einem verkappten Berg hervor, und der Tote lag auf dem Rücken unter einer staubigen Platane. Mit den Händen und einem Stock hatten die Frauen am Straßenrand ein Grab auszuheben versucht, aber die Erde war zu hart; sie hatten es aufgegeben und saßen jetzt Seite an Seite zwischen den anämischen Mohnblumen, in einiger Entfernung von der Leiche mit ihrem aufgerichteten Bart. Der kleine Junge jedoch kratzte und scharrte und mühte sich immer noch, bis er einen flachen Stein umwälzte und den Zweck seiner ernsthaften Anstrengungen vergaß – er hockte da, sein schmaler, beredter Hals wies dem Scharfrichter alle Wirbel, und überrascht und voller Freude beobachtete er Tausende winziger brauner Ameisen, die aufgeregt im Zickzack hin und her und auf und davon liefen, hin zu sicheren Orten im Gard, im Aude, in der Drôme, im Var und in den Basses-Pyrénées – wir beide machten erst in Pau[84] Halt.

Spanien erwies sich als zu schwierig, und wir beschlossen, nach Nizza hinüberzufahren. In einem Ort namens Faugères[85] (ein zehnminütiger Aufenthalt) zwängte ich mich aus dem Zug, um etwas zu essen zu kaufen. Als ich ein paar Minuten später zurückkam, war der Zug weg, und der wirre Alte, der schuld war an der haarsträubenden Leere vor mir (Kohlenstaub, der zwischen bloßen, gleichgültigen Schienen in der Hitze glitzerte, und ein einsames Stückchen Apfelsinenschale), teilte mir schroff mit, dass ich überhaupt nicht hätte aussteigen dürfen.

In einer besseren Welt hätte ich meine Frau ausfindig machen lassen und ihr Instruktionen geben können (ich hatte beide Fahrkarten und den größten Teil des

Geldes); wie die Dinge lagen, erwies sich jedoch mein albtraumhafter Kampf mit dem Telephon als vergeblich, sodass ich es aufgab, mich von einer ganzen Reihe diminutiver Stimmen aus der Ferne anblaffen zu lassen, ein paar Telegramme abschickte, die wahrscheinlich immer noch unterwegs sind, und am späten Abend den nächsten Personenzug nach Montpellier nahm – weiter wäre ihr Bummelzug nicht gekommen. Da ich sie dort nicht fand, hatte ich die Wahl zwischen zwei Möglichkeiten: weiterzufahren, weil sie den Zug nach Marseille genommen haben konnte, den ich um ein Haar verpasst hatte, oder zurückzufahren, weil sie möglicherweise nach Faugères zurückgekehrt war. Ich habe vergessen, welches Knäuel von Überlegungen mich nach Marseille und Nizza führte.

Die Polizei, die nichts weiter unternahm, als falsche Angaben an ein paar unwahrscheinliche Orte weiterzuleiten, war keine Hilfe: Ein Polizist brüllte, ich gehe ihm auf die Nerven; ein zweiter lenkte von der Frage ab, indem er die Echtheit meiner Heiratsurkunde in Zweifel zog, weil sie, wie er behauptete, auf der falschen Seite gestempelt wäre; ein dritter, ein dicker *commissaire* mit feuchten braunen Augen, gestand, dass er in seiner Freizeit Gedichte schreibe. Ich suchte verschiedene Bekannte unter den zahlreichen Russen auf, die in Nizza wohnten oder hier gestrandet waren. Ich hörte jene, die jüdisches Blut hatten, von ihren todgeweihten Angehörigen sprechen, gepfercht in Züge, deren Bestimmungsort die Hölle war; und meine eigene Misere nahm sich vergleichsweise alltäglich und irreal aus, wenn ich in einem überfüllten Café saß, die milchige blaue See vor mir und im Rücken ein Gemurmel wie aus dem Innern einer Muschel, das immer aufs neue von Massenmord und Elend erzählte, von dem grauen Paradies jenseits des Ozeans und den Eigenheiten und Launen herzloser Konsuln.

Eine Woche nach meiner Ankunft suchte mich ein träger Geheimpolizist auf und ging mit mir in eine krumme und übelriechende Straße zu einem Haus mit schwarzen Flecken und der Aufschrift «Hôtel», die fast ausgelöscht war von dem Schmutz und der Zeit; dort, sagte er, hätte sich meine Frau gefunden. Das Mädchen, mit dem er aufzuwarten hatte, war mir natürlich völlig unbekannt; aber mein Freund Holmes versuchte eine ganze Zeit lang, ihr und mir das Geständnis abzugewinnen, dass wir verheiratet seien, während ihr schweigsamer und muskulöser Bettgenosse, die nackten Arme über seiner gestreiften Brust verschränkt, danebenstand und zuhörte.

Als ich diese Leute endlich los und in mein Viertel zurückgegangen war, kam ich zufällig an einer dichten Menschenschlange vorbei, die vor einem Lebensmittelgeschäft wartete; und da stand auch meine Frau, ganz am Ende, auf Zehenspitzen gereckt, um erkennen zu können, was es eigentlich zu kaufen gab. Ich glaube, als Allererstes sagte sie mir, dass es hoffentlich Apfelsinen seien.

Ihre Geschichte kam mir zwar ein bisschen verschwommen, aber völlig trivial vor. Sie war nach Faugères zurückgefahren und gleich zum Kommissariat gegangen, statt auf dem Bahnhof nachzufragen, wo ich eine Nachricht für sie hinterlassen hatte. Eine Gruppe von Flüchtlingen schlug ihr vor, sich ihnen anzuschließen; die Nacht verbrachte sie auf dem Fußboden eines

Fahrradladens ohne Fahrräder, zusammen mit drei älteren Frauen, die, wie sie sagte, wie drei Holzklötze hintereinanderlagen. Am folgenden Tag wurde ihr klar, dass sie nicht genug Geld hatte für die Fahrt nach Nizza. So borgte sie sich schließlich welches von einer der Klotzfrauen. Jedoch nahm sie den falschen Zug und kam in eine Stadt, an deren Namen sie sich nicht erinnern konnte. In Nizza war sie vor zwei Tagen eingetroffen und hatte in der russischen Kirche ein paar Bekannte gefunden. Sie hatten ihr gesagt, dass ich irgendwo in der Nähe sei, nach ihr forschte und bestimmt bald auftauchen werde.

Etwas später, als ich auf der Kante des einzigen Stuhls in meiner Dachkammer saß und sie an ihren schmalen jungen Hüften hielt (sie kämmte ihr weiches Haar und warf mit jeder Bewegung des Kammes den Kopf zurück), verwandelte sich ihr mattes Lächeln plötzlich in ein seltsames Zittern, und sie legte mir eine Hand auf die Schulter und starrte zu mir herab, als wäre ich eine Spiegelung in einem Teich, deren sie zum ersten Mal gewahr wurde.

«Ich habe dich belogen, Liebling», sagte sie. «*Ja lgunja.* Ich habe eine paar Nächte mit einem Vieh von Mann in Montpellier verbracht, den ich in der Eisenbahn kennen gelernt hatte. Ich wollte es gar nicht. Er hat mit Haarwasser gehandelt.»

Die Zeit, der Ort, die Marter. Ihr Fächer, Maske, Handschuh.[86] Diese Nacht und viele andere brachte ich damit zu, es aus ihr Stück für Stück herauszubekommen, aber ganz gelang es mir nicht. Ich stand unter dem seltsamen Wahn, dass ich zunächst jede Einzelheit erfahren, jeden Augenblick rekonstruieren müsse, ehe ich entscheiden konnte, ob es zu ertragen war. Doch meine Wissbegier hatte keine erreichbare Grenze, noch konnte ich je voraussagen, an welchem Punkt ungefähr ich mich gesättigt fühlen würde, da natürlich der Nenner jedes Wissensbruchteils potenziell genauso unendlich groß war wie die Zahl der Abstände von Bruchteil zu Bruchteil.

Ach, das erste Mal war sie zu müde gewesen, um etwas dagegen zu haben, und das nächste Mal hatte sie nichts dagegen, weil sie sicher war, dass ich sie verlassen hätte; und offenbar war sie der Meinung, dass dergleichen Erklärungen eine Art Trostpreis für mich wären und nicht der Unfug und die Qual, die sie tatsächlich darstellten. So ging es ewig weiter – hin und wieder brach sie zusammen, raffte sich aber bald wieder auf und flüsterte atemlose Antworten auf meine undruckbaren Fragen oder versuchte sich mit einem jämmerlichen Lächeln in die halbe Sicherheit nebensächlicher Erläuterungen zu entwinden, während ich den wahnwitzigen Backenzahn presste und presste, bis mein Kiefer fast zerbarst vor Schmerz, einem brennenden Schmerz, der mir irgendwie doch lieber war als die dumpfe, brummende Pein demütigen Duldens.

Und Du musst wissen, dass wir während dieser Untersuchung zwischendurch von widerstrebenden Behörden bestimmte Bescheinigungen zu erhalten suchten, die uns wiederum berechtigen sollten, eine dritte Sorte von Papieren zu beantragen, welche als Sprungbrett zu einer Genehmigung dienen würden, die ihren Inhaber in die Lage versetzte, wiederum andere Papiere zu beantragen, die ihrerseits es ihm vielleicht, vielleicht aber auch nicht, ermöglichten, herauszufinden, wie und warum es passiert war. Denn selbst wenn ich mir die verwünschte, immer wiederkehrende Szene vorstellen konnte, so gelang es mir doch nicht, ihre spitzwinkligen grotesken Schatten mit den matten Gliedmaßen meiner Frau in Verbindung zu bringen, wenn sie unter meinem gewaltsamen Griff zitterte und klapperte und verging.

So blieb nichts anderes übrig, als sich gegenseitig zu foltern, endlose Stunden auf der *préfecture* zu warten, Formulare auszufüllen, sich mit Bekannten zu beraten, die bereits in die innersten Viscera aller Visa eingedrungen waren, Beamte anzuflehen und von neuem Formulare auszufüllen, mit dem Ergebnis, dass sich ihr lüsterner und vielseitiger Handelsreisender auf gräuliche Weise mit rattenbärtigen, knurrenden Beamten vermengte, mit schimmelnden Bündeln überholter Protokolle, dem Geruch violetter Tinte, den Bestechungsgeldern, die unter brandiges Löschpapier geschoben wurden, den fetten Fliegen, die mit ihren schnellen, kalten, gepolsterten Füßen feuchte Hälse kitzelten, den frischen, plumpen, konkaven Photos der sechs untermenschlichen eigenen Doppelgänger, den tragischen Augen und der geduldigen Höflichkeit von Antragstellern, die in Sluzk, Starodub oder Bobruisk[87] geboren waren, den Trichtern und Folterbänken der Heiligen Inquisition, dem schrecklichen Lächeln des Mannes mit der Glatze und der Brille, dem eröffnet worden war, dass sein Pass nicht zu finden sei.

Ich gestehe, dass ich eines Abends nach einem besonders scheußlichen Tag auf eine steinerne Bank niedersank, weinte und eine lächerliche Scheinwelt verfluchte, in der die klammen Hände von Konsularbeamten und *commissaires* mit Millionen von Menschenleben jonglierten. Ich bemerkte, dass auch sie weinte, und da sagte ich ihr, dass alles andere jetzt nicht weiter wichtig wäre, wenn nur sie das eine nicht getan hätte.

«Du wirst mich für verrückt halten», sagte sie mit einer Heftigkeit, die sie für mich einen Augenblick lang fast zu einem richtigen Menschen machte, «aber ich habe es nicht getan – ich schwöre es. Vielleicht führe ich mehrere Leben auf einmal. Vielleicht wollte ich dich prüfen. Vielleicht ist diese Bank ein Traum, und wir sind in Saratow oder auf irgendeinem Stern.»

Es wäre langweilig, umständlich die verschiedenen Phasen darzulegen, die ich durchmachte, bis ich schließlich doch die erste Version ihrer Abwesenheit akzeptierte. Ich sprach nicht mit ihr und war viel allein. Sie flackerte und erlosch und erschien wieder mit irgendeiner Kleinigkeit, von der sie annahm, dass mir daran gelegen sein könnte – einer Handvoll Kirschen, drei kostbaren Zigaretten oder Ähnlichem –, und behandelte mich mit der ungebrochenen stummen Zuvorkommenheit einer Krankenschwester, die immer wieder zu einem barschen Patienten kommt. Ich hörte auf, die meisten unserer gemeinsamen Bekannten zu besuchen, da sie jedes Interesse an meinen Passangelegenheiten verloren und anscheinend eine undeutliche Feindseligkeit entwickelt hatten. Ich schrieb mehrere Gedichte. Ich trank so viel Wein, wie ich bekommen konnte. Ich drückte sie eines Tages an meine stöhnende Brust, und wir fuhren für eine Woche nach Caboule[88] und lagen auf den runden rosa Kieseln des schmalen Strandes. Seltsam, je glücklicher sich unser neues Verhältnis ausnahm, umso stärker spürte ich eine Unterströmung stechender Trauer, doch ich sagte mir immer wieder, dass dies ein Merkmal jedes wahren Glückes sei.

Inzwischen hatte sich in dem beweglichen Muster unseres Schicksals etwas geändert, und endlich trat ich mit einem Paar frisch ausgeschlüpfter Ausreisevisa in der zitternden hohlen Hand aus einem dunklen und heißen Amt. In diese wurde prompt und ordnungsgemäß das Serum der Vereinigten Staaten injiziert, und ich jagte nach Marseille und erhielt tatsächlich zwei Schiffstickets für den nächsten Dampfer. Ich kehrte zurück und stieg mit schwerem Schritt die Treppe hinauf. In einem Glas auf dem Tisch erblickte ich eine Rose – das süßliche Rosa ihrer augenfälligen Schönheit, die schmarotzenden Luftbläschen, die sich an ihren Stiel klammerten. Ihre beiden anderen Kleider waren fort, fort war ihr Kamm, fort ihr karierter Mantel und ebenso das blasslila Haarband mit der blasslila Schleife, das ihr Hut gewesen war. Kein Zettel war ans Kissen geheftet, nichts im ganzen Zimmer gab mir irgendeine Aufklärung, denn die Rose war natürlich nur, was französische Reimschmiede *une cheville*[89] nennen.

Ich ging zu den Weretennikows, die mir nichts sagen konnten; den Hellmans, die sich weigerten, mir etwas zu sagen; und zu den Elagins, die sich nicht sicher waren, ob sie es mir sagen sollten oder nicht. Schließlich verlangte die alte Dame – und Du weißt, wie Anna Wladimirowna in kritischen Augenblicken ist – ihren Krückstock mit der Gummispitze, hob ihre Masse schwerfällig, aber energisch aus ihrem Lieblingssessel und nahm mich mit in den Garten. Dort teilte sie mir mit, dass sie, doppelt so alt wie ich, das Recht habe, mir zu sagen, dass ich ein Tyrann und Grobian sei.

Du musst Dir die Szene vorstellen: den winzigen Garten mit seinen Kieswegen, der einsamen Zypresse und dem blauen Krug wie aus Tausendundeiner Nacht; die rissige Terrasse, wo der Vater der alten Dame mit einer Wolldecke auf den Knien vor sich hin döste, als er sein Gouverneursamt in Nowgorod aufgegeben hatte, um ein paar letzte Abende in Nizza zu verbringen; den blassgrünen Himmel; einen Hauch von Vanille in der sinkenden Dämmerung; die Grillen, die ihren metallischen Triller hören ließen, der zwei Oktaven über dem eingestrichenen C liegt; und Anna Wladimirowna, deren hängende, faltige Wangen zuckten, als sie mir eine mütterliche, aber unverdiente Beleidigung an den Kopf warf.

Während mehrerer voraufgegangener Wochen, mein lieber V., hatte meine geisterhafte Frau jedes Mal, wenn sie allein die drei oder vier Familien besuchte, die wir beide kannten, die begierigen Ohren aller jener netten Leute mit einer ungewöhnlichen Geschichte versorgt. Nämlich: Sie hätte sich über beide Ohren in einen jungen Franzosen verliebt, der ihr ein betürmtes Heim und einen adligen Namen bieten konnte; sie hätte mich inständig um die Scheidung gebeten, ich aber hätte sie ihr abgeschlagen; ja, ich hätte erklärt, ich würde sie und mich eher erschießen, als allein nach New York zu fahren; sie hätte gesagt, ihr Vater habe sich in einem ähnlichen Fall wie ein Kavalier verhalten; und ich hätte geantwortet, ihr *cocu de père*[90] sei mir schnurzegal.

Es gab eine Menge anderer alberner Einzelheiten dieser Art – aber sie passten alle so gut zusammen, dass es kein Wunder war, wenn die alte Dame mich schwören ließ, dass ich keinen Versuch machen würde, die beiden Liebenden mit gespanntem Pistolenabzug zu verfolgen. Sie hätten sich, sagte sie, auf ein Schloss in der

Lozère zurückgezogen. Ich erkundigte mich, ob sie den Mann je zu Gesicht bekommen habe. Nein, aber sein Bild habe sie gesehen. Als ich gehen wollte, flammte Anna Wladimirowna, die sich schon ein wenig beruhigt und mir sogar ihre fünf Finger zu einem Kuss gereicht hatte, von neuem auf, stampfte mit ihrem Stock auf den Kies und sagte mit ihrer tiefen, kräftigen Stimme: «Aber eins verzeihe ich Ihnen nie – ihren Hund, das arme Tier, das Sie eigenhändig erhängt haben, bevor Sie Paris verließen.»

Ob der Herr von Stand sich in einen Handelsreisenden verwandelt hatte oder umgekehrt, ob er weder der eine noch der andere war, sondern der schäbige Russe, der ihr vor unserer Heirat den Hof gemacht hatte – all das war ohne jede Bedeutung. Sie war fort. Das war das Ende. Ich wäre ein Narr gewesen, hätte ich mich von neuem auf das albtraumhafte Geschäft der Suche und des Wartens eingelassen.

Am vierten Morgen einer langen und trostlosen Schiffsreise traf ich an Deck einen ernsten, aber angenehmen alten Arzt, mit dem ich in Paris zuweilen Schach gespielt hatte. Er fragte mich, ob der raue Seegang meiner Frau viel ausmache. Ich antwortete, dass ich allein reiste; worauf er verblüfft dreinschaute und sagte, er hätte sie doch einige Tage vor der Abreise gesehen, und zwar in Marseille, wo sie – eher ziellos, meinte er – die Kaimauer entlanggegangen sei. Sie habe gesagt, ich hätte Koffer und Karten und wäre bald bei ihr.

Dies, vermute ich, ist die Pointe der ganzen Geschichte – obwohl Du ihn, wenn Du sie schreibst, besser keinen Arzt sein lässt, da dergleichen zu oft gemacht wurde. In ebenjenem Augenblick begriff ich mit einem Mal, dass sie niemals existiert hatte. Ich will Dir noch etwas sagen. Nach meiner Ankunft beeilte ich mich, eine gewisse krankhafte Neugier zu befriedigen: Ich suchte die Adresse auf, die sie mir einst gegeben hatte – sie erwies sich als eine anonyme Lücke zwischen zwei Bürogebäuden; ich suchte im Telephonbuch den Namen ihres Onkels; er war nicht verzeichnet; ich zog Erkundigungen ein, und Gekko, der alles weiß, teilte mir mit, dass der Mann und seine Frau die Pferdeliebhaberin zwar existierten, aber nach dem Tod ihrer tauben kleinen Tochter nach San Francisco gezogen seien.

Wenn ich mir die Vergangenheit graphisch vorstelle, sehe ich unsere verstümmelte Liebe tief unten in einem nebeligen Tal zwischen den Zacken zweier realer, nüchterner Berge: Das Leben war bis dahin wirklich gewesen, das Leben wird von jetzt an wieder wirklich sein, hoffe ich. Nicht morgen allerdings. Vielleicht übermorgen. Dass Du, glücklicher Sterblicher, mit Deiner reizenden Familie (wie geht's Ines? wie den Zwillingen?) und Deiner abwechslungsreichen Arbeit (wie geht's den Flechten?) mir mein Unglück vermittels menschlicher Anteilnahme enträtselst, wäre sicher zu viel verlangt, doch vielleicht kannst Du die Sache für mich durch das Prisma Deiner Kunst klarer machen.

Doch welch ein Jammer ist's. Zum Teufel mit Deiner Kunst, ich leide furchtbar. Immer noch geht sie dort auf und ab, wo die braunen Netze zum Trocknen auf den heißen Steinplatten ausgebreitet sind und das scheckige Licht des Wassers an der Seite eines festgemachten Fischerbootes spielt. Irgendwo, irgendwie habe ich einen verhängnisvollen Fehler gemacht. In den braunen

Maschen glänzen hier und da winzige blasse Stückchen kaputter Fischschuppen. Wenn ich nicht achtgebe, könnte alles noch in *Aleppo* enden. Schone mich, V.: Du beschwertest Deine Würfel mit einer unerträglichen Bedeutung, wenn Du das als Titel nähmest.[91]

Ein vergessener Dichter

1

Im Jahre 1899 beschloss eine führende kulturelle Organisation im wuchtigen, behaglichen, gepolsterten St. Petersburg jener Tage, die Gesellschaft zur Förderung der russischen Literatur, in großem Stil das Gedächtnis des Dichters Konstantin Perow zu ehren, der fünfzig Jahre zuvor im feurigen Alter von vierundzwanzig Jahren dahingeschieden war. Man hatte ihn den russischen Rimbaud genannt, und obwohl der junge Franzose ihm an Genie überlegen war, ist ein solcher Vergleich nicht völlig abwegig. Er war nicht älter als achtzehn, als er seine bemerkenswerten *Georgischen Nächte* schrieb, ein langes, wildwucherndes «Traumepos», das in einzelnen Passagen den Schleier seiner traditionellen orientalischen Szenerie zerreißt, um jenen himmlischen Luftzug zu erzeugen, der einen plötzlich genau zwischen den Schulterblättern die Wirkung wahrer Poesie spüren lässt.

Drei Jahre später folgte ihm ein Band Gedichte: Er hatte sich irgendeines deutschen Philosophen bemächtigt, und manche dieser Stücke sind darum so unbefriedigend, weil sie den grotesken Versuch machen, echte lyrische Ergriffenheit und eine metaphysische Erklärung des Universums miteinander zu verbinden; doch der Rest war noch ebenso lebendig und ungewöhnlich wie zu der Zeit, als jener seltsame Jüngling den russischen Wortschatz verrenkte und abgegriffenen Epitheta den Hals umdrehte, um eine bis dahin zwitschernde Dichtung stammeln und schreien zu machen. Den meisten Lesern gefallen jene Gedichte am besten, in denen die Freiheitsideen, die so charakteristisch waren für die russischen 1850er Jahre, in einem großartigen Sturm dunkler Beredsamkeit ihren Ausdruck finden, einem Sturm, der, wie ein Kritiker sagte, «einem zwar den Feind nicht zeigt, einen aber bis zum Bersten mit dem Wunsch erfüllt, sich zu schlagen». Persönlich ziehe ich seine reineren und zugleich holprigeren Gedichte wie *Der Zigeuner* oder *Die Fledermaus* vor.

Perow war der Sohn eines kleinen Landbesitzers, von dem einzig und allein bekannt ist, dass er auf seinem Gut in der Nähe von Luga Tee anzupflanzen versucht hatte. Seine jungen Jahre (um einmal in den Stil eines Biographen zu verfallen) verbrachte Konstantin zumeist in St. Petersburg, wo er wohl – Genaueres weiß man nicht – die Universität besuchte und sich dann nach einer Büroarbeit umsah; über jene Trivialitäten hinaus, die sich aufgrund der üblichen Neigungen von seinesgleichen vermuten lassen, ist in der Tat wenig bekannt von seinem Tun und Lassen. Eine Stelle im Briefwechsel des berühmten Dichters Nekrassow, der ihm zufällig einmal in einer Buchhandlung begegnet war, überliefert das Bild eines düsteren, unausgeglichenen, «unbeholfenen und heftigen» jungen Mannes mit «den Augen eines Kindes und den Schultern eines Möbelpackers».

Auch in einem Polizeibericht ist er erwähnt, und zwar hatte er sich in einem Café auf dem Newskij-Prospekt angeblich «im Flüsterton mit zwei anderen Studenten unterhalten». Und seine Schwester, die einen Kaufmann aus Riga ehelichte, soll des Dichters romantische Abenteuer mit Näherinnen und Waschfrauen beklagt haben. Im Herbst 1849 stattete er seinem Vater einen Besuch ab, um Geld für eine Reise nach Spanien zu erbitten. Der Vater, ein Mann einfacher Reaktionen, gab ihm eine Ohrfeige; und ein paar Tage später ertrank der arme Junge beim Baden im benachbarten Fluss. Unter einer Birke entdeckte man seine Kleidung und einen angebissenen Apfel, doch seine Leiche fand sich nie.

Sein Ruhm war schwerfällig: eine Passage aus den *Georgischen Nächten*, immer dieselbe, in allen Anthologien; im Jahre 1859 ein vehementer Artikel des radikalen Kritikers Dobroljubow[92], der die revolutionären Anspielungen seiner schwächsten Gedichte pries; in den achtziger Jahren ein allgemeines Gefühl, dass eine reaktionäre Atmosphäre ein beachtliches, wenngleich etwas unartikuliertes Talent gelähmt und schließlich zuschanden gemacht habe – das war so ungefähr alles.

Dank einem gesunderen Interesse für Dichtung, das wie des öfteren mit einer derben und langweiligen politischen Periode einherging, begann man Perows Verse in den neunziger Jahren aufgeregt und geschäftig wiederzuentdecken, während andererseits die liberal Gesinnten nicht abgeneigt waren, Dobroljubows Wink zu folgen. Die Geldsammlung für ein Denkmal in einem der öffentlichen Parks erwies sich als vollauf erfolgreich. Ein führender Verleger kratzte alles zusammen, was sich über Perows Leben herausfinden ließ, und veröffentlichte seine sämtlichen Werke in einem einigermaßen umfänglichen Band. Die Monatsschriften steuerten einige gelehrte Abhandlungen bei. Zur Gedächtnisfeier in einem der besten Säle der Hauptstadt fanden sich eine Menge Menschen ein.

2

Ein paar Minuten vor Beginn, während die Redner noch in einem Beratungszimmer hinter der Bühne versammelt waren, wurde die Tür aufgestoßen, und ein rüstiger alter Herr trat ein, mit einem Gehrock angetan, der – auf seinen oder eines anderen Mannes Schultern – bessere Tage gesehen hatte. Ohne die Ermahnungen einiger Studenten mit Stoffbändern am Revers, die ihn in ihrer Eigenschaft als Saalordner zurückzuhalten versuchten, auch nur im Geringsten zu beachten, schritt er würdevoll auf das Komitee zu, verneigte sich und sprach: «Ich bin Perow.»

Ein Freund von mir, doppelt so alt wie ich und heute der einzige noch lebende Zeuge des Vorfalls, berichtete mir, dass der Vorsitzende (der als Zeitungsredakteur eine Menge Erfahrung mit ungewöhnlichen Störenfrieden hatte), ohne auch nur den Blick zu heben, sagte: «Schmeißt ihn raus.» Niemand leistete ihm Folge – vielleicht, weil man dazu neigt, einem alten, vermutlich sehr betrunkenen Herrn mit einer gewissen Höflichkeit zu begegnen. Er setzte sich mit an den Tisch, suchte sich den am zugänglichsten aussehenden Mann heraus, Slawskij, einen Übersetzer Longfellows, Heines und Sully-Prudhommes (der später unter die Terroristen gehen sollte),[93] und fragte diesen ganz sachlich, ob das «Denkmalsgeld» beisammen sei und, wenn ja, wann er es haben könne.

Alle Berichte stimmen darin überein, dass er seine Forderung in ungemein ruhiger Weise vorbrachte. Er versah sie mit keinerlei Nachdruck, vielmehr trug er sie vor, als käme ihm die Möglichkeit, dass man ihm etwa keinen Glauben schenken könnte, gar nicht in den Sinn. Was beeindruckte, war, dass dieser Mann mit dem Patriarchenbart, den verblassten braunen Augen und der Kartoffelnase sich ganz am Anfang jener sonderbaren Angelegenheit, in jenem abgelegenen Zimmer, unter jenen verdienten Herren nach dem Ertrag der Aktion erkundigte, ohne auch nur irgendwelche Beweisstücke vorzulegen, wie sie ein gewöhnlicher Hochstapler gefälscht hätte.

«Sind Sie ein Verwandter?», fragte jemand.

«Mein Name ist Konstantin Konstantinowitsch Perow», sagte der alte Mann geduldig. «Man hat mir zu verstehen gegeben, dass sich ein Nachkomme meiner Familie im Saal befindet, doch das tut nichts zur Sache.»

«Wie alt sind Sie?», fragte Slawskij.

«Ich bin vierundsiebzig», erwiderte er, «und das Opfer mehrerer aufeinanderfolgender Missernten.»

«Es ist Ihnen sicherlich bekannt», bemerkte der Schauspieler Jermakow, «dass der Dichter, dessen Gedächtnis wir heute Abend feiern, vor genau fünfzig Jahren im Fluss Oredesh ertrunken ist.»

«*Wsdor* (Unsinn)», gab der alte Mann zur Antwort. «Diese Geschichte damals habe ich aus ganz privaten Gründen abgezogen.»

«Und jetzt, mein Lieber», sagte der Vorsitzende, «jetzt müssen Sie, glaube ich, wirklich gehen.»

Sie entließen ihn aus ihren Gedanken und strömten auf das schonungslos erleuchtete Podium hinaus, wo ein anderer, mit feierlichem rotem Tuch gedeckter Konferenztisch, hinter dem die nötige Anzahl von Stühlen stand, das Publikum seit geraumer Zeit mit dem Gefunkel seiner traditionellen Wasserkaraffe hypnotisiert hatte. Zur Linken konnte man ein Ölbild bewundern, eine Leihgabe der Kunstgalerie Scheremetjewskij: Es stellte Perow im Alter von zweiundzwanzig Jahren dar, einen dunklen jungen Mann mit romantischem Haar und offenem Hemdkragen. Das Gestell, auf dem das Bild stand, war mit Laubwerk und Blumen ehrfürchtig getarnt. Vorne erhob sich ein Lesepult mit einer weiteren Karaffe, und seitlich der Bühne wartete ein Konzertflügel darauf, später, für den musikalischen Teil des Programms, hereingerollt zu werden.

Der Saal war voll von Literaten, aufgeklärten Rechtsanwälten, Lehrern, Gelehrten, eifrigen Studenten beiderlei Geschlechts und so fort. Auch ein paar bescheidene Geheimpolizisten waren entsandt worden, der Veranstaltung unauffällig beizuwohnen, denn die Regierung wusste aus Erfahrung, dass die gesetztesten kulturellen Veranstaltungen die merkwürdige Neigung hatten, zu einer Orgie revolutionärer Propaganda auszuarten. Der Umstand, dass eins von Perows ersten Gedichten eine zwar verschleierte, aber sympathisierende Anspielung auf den Aufstand von 1825 enthielt, legte gewisse Vorsichtsmaßnahmen nahe: Man konnte niemals im voraus wissen, was nach einer öffentlichen Rezitation solcher Verse wie «sibirischer Lärchen düsteres Rauschen verständigt sich mit dem Untergrunderz» geschehen würde – *«sibirskich picht ugrjumyj schoroch s podsemnoj snosiza rudoj»*.

Wie in einem der Berichte zu lesen ist, «wurde einem bald klar, dass aufgrund einer Art dostojewskijschen Krawalls [der Autor hat ein berühmtes Slapstick-Kapitel in den *Dämonen* im Sinn] eine peinliche und gespannte Atmosphäre herrschte». Sie war darauf zurückzuführen, dass der alte Herr den sieben Mitgliedern des Jubiläumskomitees bedächtig auf das Podium folgte und dann versuchte, sich mit ihnen an den Tisch zu setzen. Der Vorsitzende, dem vor allem daran gelegen war, ein Handgemenge vor den Augen des Publikums zu vermeiden, tat sein Bestes, ihn davon abzubringen. Hinter einem der Öffentlichkeit zugedachten höflichen Lächeln flüsterte er dem Patriarchen zu, dass er ihn aus dem Saal hinauswerfen lassen würde, falls er nicht sofort die Lehne des Stuhls losließe, den Slawskij mit unbekümmertem Gesicht, aber eisernem Griff heimlich der knorrigen Hand des Alten zu entwinden suchte. Der Alte widersetzte sich, aber verlor seinen Halt und blieb ohne Sitzgelegenheit. Er warf einen Blick in die Runde, bemerkte den Klavierstuhl neben der Bühne und schleppte ihn kaltblütig auf das Podium, nur den Bruchteil einer Sekunde bevor die Hände eines verborgenen Saalordners einen Versuch machten, ihn zurückzureißen. In einiger Entfernung vom Tisch setzte er sich und wurde sogleich Ausstellungsstück Nummer eins.

Hier machten die Komiteemitglieder den fatalen Fehler, seine Gegenwart erneut aus dem Sinn zu verlieren: Sie waren, das sei nochmals gesagt, vor allem darauf bedacht, eine Szene zu vermeiden; außerdem verdeckte die blaue Hortensie neben dem Bildgestell ihnen das lästige Individuum zur Hälfte. Unglückseligerweise war der alte Herr für das Publikum nur allzu deutlich sichtbar: Da saß er auf seinem unziemlichen Schemel (an dessen Rotationsfähigkeiten ein gelegentliches Quietschen erinnerte), öffnete sein Brillenetui, hauchte mit einem Fischmund seine Brillengläser an, alles das völlig ruhig und gemütlich, und sein ehrwürdiger Kopf, seine schäbige schwarze Kleidung und seine Zugstiefel erinnerten gleichzeitig an einen ärmlichen russischen Professor und einen wohlhabenden russischen Leichenbestatter.

Der Vorsitzende schritt zum Pult und machte sich an seine Eröffnungsansprache. Überall im Publikum regte sich Getuschel, denn die Leute waren natürlich neugierig, zu erfahren, wer der Alte war. Fest bebrillt, die Hände auf den Knien, spähte er seitwärts zu dem Porträt hinüber, wandte sich dann ab und musterte die vorderste Reihe. Die Blicke, die die seinen erwiderten, konnten nicht umhin, zwischen der glänzenden Kuppel seines Kopfes und dem lockigen Schopf des Porträts hin- und herzuwandern, denn während der langen Rede des Vorsitzenden sprachen sich die näheren Umstände der Störung herum, und die Phantasie einiger Leute begann mit dem Gedanken zu spielen, dass ein einer nahezu legendären Epoche angehörender Dichter, den die Lehrbücher so bequem und genau in sie einzufügen gewusst hatten, ein anachronistisches Wesen, ein lebendes Fossil in den Netzen eines unwissenden Fischers, eine Art Rip Van Winkle, als heruntergekommener Greis tatsächlich einer Versammlung beiwohnte, die seiner glorreichen Jugend gewidmet war.

«… möge das denkende Russland», sagte der Vorsitzende und beschloss damit seine Rede, «Perows Namen nimmer vergessen. Tjuttschew hat gesagt, unser Vaterland werde Puschkins immerdar als seiner ersten Liebe gedenken. Was Perow anlangt, können wir sagen, dass er Russlands erste Freiheitserfahrung war. Einem oberflächlichen Beobachter mag diese Freiheit auf Perows verschwenderischen Umgang mit poetischen Bildern beschränkt dünken, die dem Künstler mehr als dem Staatsbürger bedeuten. Wir hingegen, Angehörige einer nüchterneren Generation, wir sind geneigt, aus Versen wie den folgenden einen tieferen, wesentlicheren, menschlicheren und der Gesellschaft gegenüber verantwortungsvolleren Sinn herauszulesen:

Wenn der letzte Schnee sich im Schatten der
Friedhofsmauer versteckt
und das Fell des Rappen meines Nachbarn
in der flüchtigen Aprilsonne einen flüchtigen blauen
Schimmer bekommt
und die Pfützen so viele Himmel sind in den hohlen
Negerhänden der Erde,
dann zieht es aus, mein Herz, in seinem verschlissenen
Mantel,
aus zu den Armen, den Blinden, den Schwachen im
Geist,
den runden Rücken, die sich für runde Bäuche plagen,
zu allen, deren von Sorge oder Laster stumpf gewordene
Augen die Löcher im Schnee,
das blaue Pferd, das Wunder der Pfütze nicht sehn.»

Die Stelle wurde mit Beifall aufgenommen, doch plötzlich stockte das Klatschen, und hier und da wurde unpassend gelacht; denn als der Vorsitzende, immer noch vibrierend von den gerade gesprochenen Worten, zum Tisch zurückging, erhob sich der bärtige Fremde und dankte mit ruckartigem Kopfnicken und unbeholfenen schlenkernden Handbewegungen für den Applaus, indes sich in seinem Gesicht förmliche Dankbarkeit und eine gewisse Ungeduld mischten. Slawskij und einige Saalordner unternahmen einen verzweifelten Versuch, ihn fortzuschaffen, aber aus den Tiefen des Publikums kamen Rufe wie «pfui, pfui!» und «*astawte starika* (lasst den Alten in Ruhe)!».

In einem der Berichte finde ich die Vermutung, dass sich Komplizen im Publikum befunden hätten, doch ich meine, das Mitleid der Menge, das ebenso unerwartet aufkommen kann wie ihre Rachsucht, reicht aus, die Wendung zu erklären, die die Dinge jetzt nahmen. Obwohl er mit drei Männern fertig zu werden hatte, gelang es dem *starik*, eine bemerkenswerte Würde zu wahren, und als sich seine kleinmütigen Angreifer zurückzogen und er den Klavierstuhl zurückeroberte, der während des Kampfes umgefallen war, erhob sich ein befriedigtes Gemurmel. Jedoch blieb die bedauernswerte Tatsache bestehen, dass die Atmosphäre der Veranstaltung hoffnungslos gestört war. Den jüngeren und rüpelhafteren Leuten im Publikum begann das Ganze großen Spaß zu machen. Der Vorsitzende füllte sich mit bebenden Nasenflügeln ein Glas mit Wasser. Von verschiedenen Seiten des Saales aus wechselten zwei Geheimagenten vorsichtige Blicke.

3

Auf die Rede des Vorsitzenden folgte der Bericht des Schatzmeisters über die Geldbeträge, die von verschiedenen Institutionen und Privatpersonen aufgebracht worden waren, um in einem Park der Außenbezirke ein Perow-Denkmal zu errichten. Der Alte zog bedächtig ein Stück Papier und einen Bleistiftstumpf hervor und machte sich daran, das Knie als Unterlage benutzend, die Zahlen, die genannt wurden, nachzurechnen. Dann erschien für einen Augenblick die Enkelin von Perows Schwester auf der Bühne. Die Veranstalter hatten einige Schwierigkeit mit diesem Programmpunkt gehabt, da die fragliche Person, eine dicke, wachsbleiche junge Frau mit vorstehenden Augen, an Melancholie litt und in einer Nervenklinik untergebracht war. Mit verzogenem Mund und ganz in rührendes Rosa gekleidet, wurde sie dem Auditorium einen Augenblick lang vorgeführt und dann schleunigst wieder den festen Händen einer drallen Frau übergeben, welche die Anstalt mitgeschickt hatte.

Als Jermakow, in jenen Tagen der Liebling des Theaterpublikums, eine Art *beau ténor* des Dramas, mit seiner Schokoladenpuddingstimme die Rede des Prinzen aus den *Georgischen Nächten* zu deklamieren begann, wurde es klar, dass sich selbst seine enthusiastischsten Anhänger mehr für die Reaktionen des alten Mannes interessierten als für die Schönheit der Rezitation. Bei den Versen

> Metalle sind unsterblich? Irgendwo
> liegt ein brünierter Knopf, den ich verlor
> am siebenten Geburtstag in dem Garten.

Bring mir den Knopf, und meine Seele weiß:
jegliche Seele ist bewahrt, gerettet

kam seine Gemütsruhe zum ersten Mal ins Wanken, und langsam entfaltete er ein großes Taschentuch und schnäuzte sich kräftig die Nase – ein Geräusch, das Jermakows dunkel geschminktes, diamanten glitzerndes Auge wie das eines furchtsamen Pferdes argwöhnisch zur Seite schweifen ließ.

Das Taschentuch wurde in die Falten des Rocks zurückgesteckt, und erst einige Sekunden später wurden die Leute in der ersten Reihe gewahr, dass unter seiner Brille hervor Tränen rannen. Er machte keinen Versuch, sie wegzuwischen, obwohl sich seine Hand mit klauenartig gespreizten Fingern ein- oder zweimal der Brille näherte; doch jedes Mal ließ er sie wieder sinken, als fürchte er (und das war der Höhepunkt des ganzen meisterlichen Kunststücks), die Aufmerksamkeit auf seine Tränen zu lenken. Der gewaltige Beifall, der auf die Rezitation folgte, galt gewiss mehr der Darbietung des Alten als dem Gedicht in Jermakows Wiedergabe. Sobald der Applaus versickert war, stand er auf und trat vor zum Rand des Podiums.

Seitens des Komitees wurde kein Versuch gemacht, ihn aufzuhalten, und zwar aus zweierlei Gründen. Erstens war der Vorsitzende, zur Verzweiflung getrieben von dem aufsehenerregenden Gebaren des Alten, für einen Moment hinausgegangen und hatte eine bestimmte Anweisung erteilt. Zweitens begann ein Durcheinander seltsamer Zweifel an den Nerven der Veranstalter zu nagen, sodass vollkommene Stille herrschte, als der Alte seine Ellbogen auf das Lesepult legte.

«Und dies ist Ruhm», sagte er mit so belegter Stimme, dass von den hinteren Reihen «*gromtsche, gromtsche* (lauter, lauter)!» gerufen wurde.

«Ich sage, das ist Ruhm», wiederholte er und spähte über seine Brille hinweg wütend auf das Publikum. «Keine zwei Dutzend wertloser Gedichte, etwas Wortgeschüttel und Wortgeklingel, und der Name bleibt im Gedächtnis, als sei der Mann der Menschheit irgend von Nutzen gewesen! Nein, Herrschaften, machen Sie sich nichts vor. Unser Reich und der Thron unseres Vaters, des Zaren, werden nicht wanken, wie sie auch bisher nicht gewankt haben, in ihrer unerschütterlichen Macht sind sie gefrorenem Donner verwandt, und der irregeleitete Jüngling, der vor einem halben Jahrhundert aufrührerische Verschen hingekritzelt hat, ist heute ein gesetzesfürchtiger alter Mann, dem anständige Bürger mit Respekt begegnen. Ein alter Mann, lassen Sie mich hinzusetzen, der auf Ihren Schutz angewiesen ist. Ich bin ein Opfer der Elemente: Das Land, das ich mit meinem Schweiß pflügte, die Lämmer, die ich persönlich säugte, der Weizen, den ich mit seinen goldenen Armen winken sah …»

In diesem Augenblick führten zwei gewaltige Polizisten den Alten schnell und schmerzlos ab. Das Publikum sah mit an, wie er eilends hinausgeschafft wurde, der Hemdeinsatz stand in die eine Richtung, der Bart in die andere, eine Manschette schlenkerte am Handgelenk, doch in seinen Augen lagen noch der gleiche Ernst und Stolz.

In ihren Berichten von der Feierlichkeit erwähnten die führenden Tageszeitungen den «bedauerlichen Vorfall», der sie beeinträchtigt hatte, nur beiläufig. Doch der übel beleumdete *St. Petersburger Anzeiger*, ein grauenhaftes und reaktionäres Revolverblatt, das die Brüder Cherstow zu Nutz und Frommen des unteren Mittelstandes und einer in seligem Halbanalphabetentum dahinkümmernden Unterschicht von Arbeitern herausgaben, kam groß mit einer Artikelserie heraus, in der behauptet wurde, bei dem «bedauerlichen Vorfall» habe es sich um nicht weniger als das Wiederauftauchen des echten Perow gehandelt.

4

Inzwischen war der Alte von dem sehr reichen und auf vulgäre Weise exzentrischen Kaufmann Gromow aufgelesen worden, dessen Haus voll war von vagabundierenden Mönchen, Quacksalbern und «Pogromystikern». Der *Anzeiger* druckte Interviews mit dem Hochstapler. Darin äußerte dieser Schreckliches über die «Lakaien der revolutionären Partei», die ihn um seine Identität betrogen und seines Geldes beraubt hätten. Dieses Geld gedachte er auf rechtlichem Wege von den Verlegern der sämtlichen Werke Perows zu erhalten. Ein betrunkener Scholast, der zu Gromows Haushalt gehörte, wies auf die (unglücklicherweise sehr auffällige) Ähnlichkeit zwischen den Gesichtszügen des Alten und denen des Porträts hin.

Es erschien ein eingehender, aber höchst unglaubwürdiger Bericht, in dem geschildert wurde, wie er einen Selbstmord vorgetäuscht habe, um am Busen des heiligen Russlands ein christliches Leben zu führen. Alles war er gewesen: Hausierer, Vogelfänger, Fährmann auf der Wolga, und zu guter Letzt hatte er in einer entlegenen Provinz ein Stück Land erworben. Ich habe ein Exemplar eines schmuddelig aussehenden Büchleins gesehen, *Tod und Auferstehung des Konstantin Perow*, das zusammen mit den *Abenteuern des Marquis de Sade* und den *Memoiren einer Amazone* von bibbernden Bettlern auf der Straße verhökert wurde.

Mein bester Fund jedoch bei der Durchsicht alter Akten ist eine schmierige Photographie des bärtigen Betrügers, die ihn in einem kahlen Park auf dem Marmorsockel des unvollendeten Perow-Denkmals zeigt. Kerzengerade steht er da, die Arme verschränkt; er trägt eine runde Pelzmütze und ein neues Paar Gummiüberschuhe, aber keinen Mantel; eine kleine Schar seiner Anhänger ist zu seinen Füßen versammelt, und ihre kleinen weißen Gesichter starren mit jenem eigentümlichen, nabeläugigen Ausdruck in die Kamera, der alten Bildern vom Lyncher-Rotten eigentümlich ist.

In Anbetracht dieser Atmosphäre blühenden Rowdytums und reaktionärer Selbstzufriedenheit (die in Russland so eng mit allen Einfällen der Regierung verbunden ist, ob der Zar nun Alexander, Nikolaus oder Josef heißt) fanden die Intellektuellen es schwer erträglich, sich mit der Katastrophe abzufinden, die es bedeutet hätte, den reinen, feurigen, revolutionär gesinnten Petrow, wie er sich in seinen Gedichten dargestellt hatte, mit einem vulgären Greis zu identifizieren, der sich in einem übertünchten Schweinekoben suhlte. Die tragische Seite war, dass zwar weder Gromow noch die Brüder Cherstow ihren Lustigmacher für den wahren Perow hielten, aber viele anständige, kultivierte Leute von dem unmöglichen Gedanken geplagt waren, Wahrheit und Gerechtigkeit von sich gewiesen zu haben.

Ein unlängst veröffentlichter Brief von Slawskij an Korolenko[94] drückt es so aus: «Man schaudert, daran zu denken, dass ein Geschenk des Schicksals, wie es in der Geschichte nicht seinesgleichen hat, die lazarusgleiche Auferstehung eines großen Dichters der Vergangenheit, undankbar übersehen – nein, mehr noch, für das bübische Gaunerstück eines Mannes erachtet werden konnte, dessen einziges Verbrechen darin bestand, ein halbes Jahrhundert lang geschwiegen und ein paar Minuten unbeherrscht dahergeredet zu haben.» Die Formulierung ist wirr, aber worauf sie hinauslief, das ist klar: Das intellektuelle Russland fürchtete weniger, auf einen Schwindel hereinzufallen, als einem schrecklichen Versehen Vorschub zu leisten. Aber vor einem fürchtete es sich noch mehr, und das war die Zerstörung eines Ideals; denn ein Radikaler ist bereit, alles in der Welt umzustürzen, nur die läppische Nippesfigur nicht, und sei sie noch so fragwürdig und verstaubt, die der Radikalismus einst aus welchem Grund auch immer zur Reliquie erklärt hat.

Angeblich sollen bei einer bestimmten Geheimsitzung der Gesellschaft zur Förderung der russischen Literatur die zahlreichen beleidigenden Briefe, die der Greis in einem fort schickte, von Experten sehr sorgfältig mit einem sehr alten Brief verglichen worden sein, den der Dichter in jungen Jahren geschrieben hatte. Er war in einem Privatarchiv aufgefunden worden, galt als das einzige Muster von Perows Handschrift, und außer den Gelehrten, die sich über seine verblasste Tinte beugten, wusste niemand von seiner Existenz. Auch wir wissen nicht, zu welchem Ergebnis sie kamen.

Ein weiteres Gerücht besagt, dass ein ansehnlicher Geldbetrag aufgebracht wurde und man dem Alten ohne das Wissen seiner nichtswürdigen Kumpane einen Vorschlag unterbreitete. Anscheinend sollte ihm eine beträchtliche monatliche Rente gewährt werden, unter der Bedingung, dass er unverzüglich auf seinen Bauernhof zurückkehre und dort bleibe – in Vergessenheit und geziemendem Schweigen. Es scheint, dass das Angebot auch angenommen wurde, denn er verschwand so unvermittelt, wie er aufgetaucht war, während sich Gromow über den Verlust seines Favoriten damit hinwegtröstete, dass er einen zweifelhaften Hypnotiseur französischer Abstammung adoptierte, der ein oder zwei Jahre später am Hof einigen Erfolg ernten sollte.

Das Denkmal, planmäßig enthüllt, wurde zu einem Liebling der dortigen Tauben. Der Verkauf der gesammelten Werke kam in der Mitte einer vierten Auflage taktvoll zum Stillstand. Ein paar Jahre später schließlich berichtete der älteste, aber nicht notwendig gescheiteste Einwohner der Gegend, wo Perow geboren worden war, einer Journalistin, er entsinne sich, dass sein Vater ihm erzählt habe, wie er im schilfigen Teil des Flusses einmal ein Skelett fand.

5

Das wäre alles gewesen, wäre nicht die Revolution gekommen und hätte zusammen mit den fetten Erdschollen auch die feinen weißen Wurzeln kleiner Pflanzen und dicke malvenfarbige Würmer nach oben gekehrt, die sonst unter der Erde geblieben wären. Als in den frühen 1920er Jahren in der dunklen, hungrigen, aber krankhaft betriebsamen Stadt verschiedene seltsame kulturelle Unternehmungen aufkeimten (etwa Buchhandlungen, in denen berühmte, aber notleidende Schriftsteller ihre eigenen Werke verkauften), verdiente sich irgendjemand einige Monate lang den Lebensunterhalt damit, dass er ein kleines Perow-Museum einrichtete – und das führte zu noch einer Wiederauferstehung.

Die Ausstellungsstücke? Alles, eins ausgenommen (der Brief). Eine Vergangenheit aus zweiter Hand in einem schäbigen Saal. Die ovalen Augen und braunen Locken des kostbaren Scheremetjewskij-Porträts (mit einer Craquelure in der Gegend des offenen Kragens, die an eine versuchte Enthauptung denken ließ); ein zerschlissenes Exemplar der *Georgischen Nächte*, von dem angenommen wurde, dass es einst Nekrassow gehört habe; die nicht weiter hervorragende Photographie der Dorfschule, die an der Stelle errichtet worden war, wo der Vater des Dichters einst ein Haus und einen Obstgarten besessen hatte. Ein alter Handschuh, den irgendein Besucher des Museums vergessen hatte. Mehrere Ausgaben der Perow'schen Werke, so verteilt, dass sie den größtmöglichen Raum einnahmen.

Und da sich diese armseligen Relikte immer noch weigerten, eine glückliche Familie zu bilden, waren ihnen einige zeitgeschichtliche Objekte beigesellt worden, etwa der Morgenrock und die Ketten eines berühmten radikalen Kritikers – jenen hatte er in seinem Rokoko-Arbeitszimmer, diese in seinem hölzernen sibirischen

Gefängnis getragen. Aber da selbst weder diese Gegenstände noch die Porträts verschiedener zeitgenössischer Schriftsteller sperrig genug waren, war ein Modell des ersten Eisenbahnzuges, der in Russland (und zwar in den vierziger Jahren zwischen St. Petersburg und Zarskoje Selo) verkehrt hatte, in der Mitte jenes trübseligen Raumes aufgestellt worden.

Der Alte, jetzt weit über neunzig, aber immer noch der Rede mächtig und von einigermaßen gerader Haltung, führte einen herum, als wäre er nicht der Hausmeister, sondern der Gastgeber. Man hatte den sonderbaren Eindruck, dass er einen sogleich zum Abendessen in das (nicht vorhandene) Nebenzimmer führen würde. Sein ganzer Besitz indessen war ein Ofen hinter einem Wandschirm und die Bank, auf der er schlief; doch erwarb man eines der im Eingang zum Verkauf ausgestellten Bücher, so signierte er es mit großer Selbstverständlichkeit.

Eines Morgens dann fand ihn die Frau, die ihm sein Essen brachte, tot auf seiner Bank. Drei zänkische Familien hausten eine Zeitlang in dem Museum, und bald war nichts von seinem Inhalt mehr übrig. Und als hätte eine große Hand mit lautem Ratschen einen ganzen Packen Seiten aus einigen Büchern gerissen, als hätte irgendein leichtfertiger Geschichtenschreiber einen Lügenkobold in das Gefäß der Wahrheit gesperrt oder als …

Doch egal. Irgendwie verlor Russland im Laufe der folgenden zwanzig Jahre jeden Kontakt mit Perows Dichtung. Junge Sowjetbürger wissen von seinen Werken ebenso wenig wie von meinen. Ohne Zweifel wird eine Zeit kommen, da man ihn wieder verlegt und wieder bewundert; dennoch kann man sich des Gefühls nicht erwehren, dass den Leuten, wie die Dinge heute liegen, eine Menge entgeht. Auch fragt man sich, was künftige Historiker mit dem Alten und seiner ungewöhnlichen Behauptung anfangen werden. Aber natürlich ist das eine Sache von zweitrangiger Bedeutung.

Zeit und Ebbe

1

In den ersten blumenreichen Tagen der Genesung von einer schweren Krankheit, die zu überstehen niemand, am allerwenigsten der Patient selber, einem neunzig Jahre alten Organismus zugetraut hatte, wurde ich von meinen guten Freunden Norman und Nura Stone ermahnt, die Ruhepause in meinen wissenschaftlichen Arbeiten auszudehnen und mir bei irgendeiner harmlosen Beschäftigung wie Silbenschütteln oder Solitär Ruhe zu gönnen.

Das Erstere kommt nicht in Frage, denn den Namen einer asiatischen Stadt oder den Titel eines spanischen Romans in einem Labyrinth durcheinandergeschüttelter Silben auf der letzten Seite des Abendnachrichtenbuchs aufzuspüren (ein Kunststück, das meine jüngste Urenkelin mit der größten Begeisterung fertigbringt), erscheint mir bei weitem mühsamer als der Umgang mit lebendem Gewebe. Solitär hingegen ist es wert, in Erwägung gezogen zu werden, vor allem, wenn man für sein geistiges Pendant empfänglich ist; denn ist nicht die Niederschrift der eigenen Erinnerungen ein ähnliches Spiel, bei dem man sich selber in geruhsamer Rückschau Ereignisse und Gefühle wie Karten gibt?

Arthur Freeman[95] soll von Memoirenschreibern gesagt haben, sie seien Leute, die zu wenig Phantasie für Romane haben und ein zu schlechtes Gedächtnis für die Wahrheit. In diesem Zwielicht der Selbstdarstellung muss auch ich mich bewegen. Wie andere alte Männer vor mir habe ich festgestellt, dass das zeitlich Nahe ärgerlich konfus ist, wohingegen sich am Ende des Tunnels Farbe und Licht finden. Ich vermag die Züge jedes einzelnen Monats in den Jahren 1944 oder 1945 zu erkennen, doch nehme ich etwa 1997 oder 2012, so sind die Jahreszeiten völlig verwischt. Ich kann mich nicht an den Namen des bedeutenden Wissenschaftlers erinnern, der meine letzte Arbeit angriff, wie ich auch vergessen habe, welche Schimpfnamen meine ebenso bedeutenden Verteidiger ihm beilegten. Ich bin außerstande, auf Anhieb zu sagen, in welchem Jahr die Embryologische Sektion der Vereinigung der Naturfreunde von Reykjavik mich zum korrespondierenden Mitglied wählte oder wann genau mir die amerikanische Akademie der Wissenschaften ihren exquisitesten Preis zusprach. (Obwohl ich mich allerdings der großen Freude entsinne, die mir beide diese Ehrungen bereiteten.) So sieht ein Mann, der durch ein mächtiges Teleskop blickt, nicht die spätsommerlichen Zirruswolken über seinem verzauberten Obstgarten; aber er sieht, was mein leider verstorbener Kollege, der Professor Alexander Iwantschenko, zweimal sah – das Schwärmen der Hesperozoen[96] in einem feuchten Tal des Planeten Venus.

Zweifellos übertreiben die «zahllosen nebelhaften Bilder», die uns die graue, flache und seltsam melancholische Photographie des vergangenen Jahrhunderts hinterließ, jenen Eindruck der Unwirklichkeit, den dieses Säkulum auf alle macht, die keine eigenen Erinnerungen daran haben; das ändert nichts an der Tatsache, dass die Wesen, welche die Welt in den Tagen meiner Kindheit bevölkerten, der heutigen Generation entfernter erscheinen, als das neunzehnte Jahrhundert jenen vorkam. Sie standen noch bis zu den Hüften in dessen Prüderie und Vorurteil. Sie klammerten sich an die Tradition, wie sich die Ranke an den toten Baumstamm klammert. Sie nahmen die Mahlzeiten an großen Tischen ein, um die sie sich in steifer Sitzhaltung auf harten hölzernen Stühlen gruppierten. Die Kleidung bestand aus mehreren Teilen, von denen auch noch jedes die verkümmerten und nutzlosen Überbleibsel dieser oder jener älteren Mode enthielt (ein Städter hatte beim morgendlichen Ankleiden nicht nur drei Knoten zu binden und den Inhalt von fünfzehn Taschen zu überprüfen, er musste auch an die dreißig Knöpfe in ebenso viele Knopflöcher zwängen).

In ihren Briefen redeten sie völlig unbekannte Leute mit einer Wendung an, die – sofern Worte einen Sinn haben – so viel wie «geliebter Meister» besagte, und einer theoretisch unsterblichen Unterschrift schickten sie ein Gemurmel voraus, das immerwährende idiotische Hochachtung für eine Person ausdrückte, deren Existenz dem Schreiber vollkommen gleichgültig war. Sie hatten die atavistische Neigung, die Gesellschaft mit Tugenden und Rechten auszustatten, die sie dem Einzelnen verweigerten. Von ökonomischen Fragen waren sie fast so besessen wie ihre Vorfahren von den verschiedenen Theologien. Sie waren oberflächlich, nachlässig und kurzsichtig. Mehr als andere Generationen neigten sie dazu, hervorragende Menschen zu verkennen, sodass sie uns die Ehre überließen, ihre Klassiker zu entdecken. (So blieb Richard Sinatra zu seinen Lebzeiten ein anonymer *ranger*, der unter einer Kiefer in Telluride träumte oder seine genialen Verse den Eichhörnchen des San-Isabel-Forstes vorlas, während jedermann einen anderen Sinatra kannte, einen unbedeutenden Schriftsteller gleichfalls orientalischer Abstammung.)

Elementare allobiotische[97] Phänomene verführten ihre sogenannten Spiritisten zu den albernsten transzendentalen Mutmaßungen und ließen den sogenannten gesunden Menschenverstand in ebenso alberner Unwissenheit seine breiten Achseln zucken. Unsere Zeiteinteilungen wären ihnen wie «Telephon»-Nummern vorgekommen. Sie spielten auf mancherlei Weise mit der Elektrizität, ohne auch nur die leiseste Ahnung zu haben, was sie in Wirklichkeit war – und es ist kein Wunder, dass die zufällige Enthüllung ihres wahren Wesens ihnen eine fürchterliche Überraschung bescherte. (Ich war damals schon erwachsen und entsinne mich genau, wie der alte Professor Andrews auf dem Universitätsgelände inmitten einer verblüfften Menge schluchzend sein Herz ausschüttete.)

Doch all den lächerlichen Gepflogenheiten und Komplikationen zum Trotz, in denen sie befangen war, war die Welt meiner Jugend eine tapfere und ausdauernde kleine Welt, die dem Unglück mit einem trockenen Scherz begegnete und sich bereitwillig auf entlegene Schlachtfelder begab, um die wüste Vulgarität eines Hitler oder Alamillo zu beseitigen. Und ließe ich mich gehen, so fände das erregte Gedächtnis gar manches Helle, Freundliche, Verträumte und Liebenswerte in der Vergangenheit – und dann wehe der Gegenwart, denn man kann nicht wissen, wozu ein noch rüstiger alter Mann imstande wäre, krempelte er die Ärmel hoch. Doch genug davon. Geschichte ist mein Fach nicht, also komme ich lieber zum Privaten, damit man mir nicht entgegenhält, was sich Mr. Saskatchewanov von der reizvollsten Figur der heutigen Romanliteratur sagen lassen muss (und was mir von meiner Urenkelin bestätigt wurde, die mehr liest als ich), nämlich dass «jeder Heuschreck an seinem Fleck» bleiben sollte – anstatt einzudringen in die rechtmäßige Domäne anderer «Bremsen und Sommerschmiede».

2

Ich wurde in Paris geboren. Meine Mutter starb, als ich noch ein Kind war, sodass ich mich ihrer nur noch als eines verschwommenen Fleckens köstlicher tränenreicher Wärme gerade jenseits der Grenze ikonographischer Erinnerung entsinne. Mein Vater lehrte Musik und war selber Komponist (ich bewahre noch immer ein altes Programm auf, auf dem sein Name neben dem eines großen Russen steht); er erlebte, dass ich mein Studium beendete, und starb zur Zeit des Südamerikanischen Krieges an einer obskuren Blutkrankheit.

Ich war im siebenten Lebensjahr, als er und ich und die beste Großmutter, mit der ein Kind je gesegnet war, Europa verließen, wo ein degeneriertes Volk der Rasse, der ich angehöre, unsägliche Leiden bereitete. Eine Frau in Portugal gab mir die riesigste Apfelsine, die ich je zu Gesicht bekommen hatte. Vom Heck des Linienschiffes aus bewachten zwei kleine Kanonen seine unheildrohend gewundene Kielspur. Eine Delphinentruppe vollführte feierliche Saltos. Meine Großmutter las mir die Geschichte von einer Seejungfrau vor, der ein Paar Beine gewachsen waren. Die neugierige Brise pflegte an der Lektüre teilzunehmen und die Seiten unsanft umzublättern, um herauszufinden, wie es weiterging. Das ist so ungefähr alles, was ich von der Reise behalten habe.

Bei der Ankunft in New York waren die Raumreisenden gewöhnlich von den altmodischen «Wolkenkratzern» ebenso beeindruckt, wie Zeitreisende es gewesen wären. «Wolkenkratzer» war das falsche Wort, denn ihr Verhältnis zum Himmel war – besonders gegen das ätherische Ende eines Treibhaustages hin – weit entfernt von einer kratzenden Berührung, vielmehr war es unbeschreiblich zart und heiter: Meinen Kinderaugen, die über die weite Parkfläche blickten, welche damals das Stadtzentrum zierte, schienen sie fern und fliederfarben und seltsam unterwasserartig, wenn sie ihre ersten vorsichtigen Lichter unter die Farbe des Sonnenuntergangs mischten und dem Auge mit einer Art träumerischer Freimütigkeit das pulsierende Innere ihres halbdurchsichtigen Baues darboten.

Schwarze Kinder saßen still auf den künstlichen Felsen. Auf den Stämmen der Bäume standen deren lateinische Doppelnamen, genau wie die Fahrer der gedrungenen, prunkvollen, skarabäusartigen Autodroschken (die von mir generisch mit gewissen ebenso prunkvollen automatischen Apparaten in Verbindung gebracht werden, auf deren musikalische Verstopfung der Einwurf einer kleinen Münze wie ein wundertätiges Abführmittel wirkte) auf dem Rücken ihre verjährten Photographien trugen; denn wir lebten im Zeitalter der Identifizierung und Tabellarisierung; wir begriffen die Persönlichkeiten der Menschen und Dinge in Form von Namen und Spitznamen und glaubten nicht an die Existenz von irgendetwas Namenlosem.

In einem immer noch beliebten Stück neueren Datums über das sonderbare Amerika der Fliegenden Vierziger Jahre wird die Rolle des Mixers hinter der Sodabar mit etlichem Glanz und Flitter ausgestattet, aber die Favoris und die gestärkte Hemdenbrust sind absurd anachronistisch, und auch ein so unentwegtes und heftiges Gedrehe der hohen Pilzstühle, wie die Darsteller es vollführen, gab es zu meiner Zeit nicht. Wir nahmen unsere bescheidenen Mixturen (durch Strohhalme, die in Wahrheit viel kürzer waren als die auf der Bühne benutzten) in einer Atmosphäre düsterer Gier zu uns. Ich entsinne mich des seichten Zaubers und der zweitrangigen Poesie der Prozedur; des reichlichen Schaums, der über dem eingesunkenen Klumpen synthetischen Eiscremes entstand, oder des flüssigen braunen Schlamms der Fudge-Sauce, die dem Eis über den polaren Schädel gegossen wurde. Messing- und Glasoberflächen, die sterilen Spiegelungen elektrischer Lampen, das Surren und Schimmern eines Ventilators in einem Drahtkäfig, ein Weltkriegsplakat, auf dem Onkel Sam und seine Roosevelt'schen müden blauen Augen oder ein schmuckes uniformiertes Mädchen mit einer übergroßen Unterlippe zu sehen waren (dieser Schmollmund, diese mürrische Kussfalle, weiblicher Reize vergängliche Mode, 1939 bis 1950), und die unvergessliche Tonart sich mischender Verkehrsgeräusche, die von der Straße hereindrangen – diese Muster und melodischen Figuren, für deren bewusste Analyse ganz allein die Zeit verantwortlich ist, brachten den *drugstore* irgendwie mit einer Welt in Beziehung, wo Menschen Metalle quälten und die Metalle sich revanchierten.

Ich besuchte eine Schule in New York; dann zogen wir nach Boston; und dann zogen wir noch einmal um. Wir scheinen unseren Wohnsitz dauernd gewechselt zu haben – und einige waren langweiliger als andere; doch wie klein die Stadt auch war, ich konnte sicher sein, eine Werkstatt zu finden, wo Fahrradreifen repariert wurden, einen Laden, wo es Eis gab, und einen Saal, wo man kinematographische Bilder vorführte.

Bergschluchten schienen der Echos beraubt worden zu sein; diese wurden so lange einer Spezialbehandlung auf der Grundlage von Honig und Gummi unterzogen, bis ihre kondensierte Sprache mit den Lippenbewegungen der Filmbilder auf der mondweißen Leinwand in einem samtdunklen Saal synchronisiert werden konnte. Mit einem Fausthieb schickte jemand einen Mitmenschen krachend in einen Kistenstapel. Ein Mädchen mit unglaublich glattem Teint hob eine strichförmige Augenbraue an. Eine Tür schlug mit jenem schlecht sitzenden dumpfen Laut zu, der von dem anderen Ufer des Flusses zu uns kommt, wo Holzfäller bei der Arbeit sind.

3

Ich bin auch alt genug, um mich noch an die Personenzüge zu erinnern: Als kleines Kind liebte ich sie heiß; als Knabe wandte ich mich verbesserten Versionen der Geschwindigkeit zu. Mit ihren hageren Fenstern und trüben Lichtern poltern sie noch heute manches Mal durch meine Träume. Ihre Farbe hätte als die Reife der Entfernung gelten können, als die verschmelzende Folge besiegter Meilen, hätte sie nicht ihren Pflaumenreif an den Kohlenstaub verloren und sich dadurch den Mauern der Fabriken und Elendsquartiere angepasst, die einer Stadt so sicher vorausgingen wie eine grammatische Regel und ein Tintenklecks dem Erwerb konventionellen Wissens. Zwergenhafte Clownsmützen waren an einem Ende des Wagens aufgestapelt und konnten schwappend das Grottenwasser einer gehorsamen kleinen Fontäne aufnehmen, die bei der Berührung ihr Haupt erhob (und eine durchschneidende Kälte teilte sich den Fingern mit).

Alte Männer, den grauhaarigen Fährleuten noch älterer Märchen gleichend, stimmten periodisch ihre jeweilige «nächste Station» an und kontrollierten die Fahrkarten der Reisenden, unter denen sich, falls die Fahrt von einiger Dauer war, mit Sicherheit eine große Zahl hingefläzter, todmüder Soldaten befand, sowie ein lebendiger, betrunkener Soldat, ungeheuer mobil, den lediglich seine bleiche Gesichtsfarbe mit dem Tod in Beziehung brachte. Er trat immer nur einzeln auf, aber er fehlte nie, eine Kuriosität, ein junges Wesen aus Ton inmitten einer Zeit, die manche hochmodernen Geschichtslehrbücher oberflächlich als die Hamilton'sche Ära bezeichnen – nach dem unbedeutenden Gelehrten, der jener Epoche zu Nutz und Frommen der Gedankenlosen Fasson gab.

Irgendwie brachte es mein brillanter, jedoch unpraktischer Vater nie fertig, sich den akademischen Lebensbedingungen gut genug anzupassen, um es längere Zeit an dem oder jenem Ort auszuhalten. Ich sehe sie alle noch vor mir, aber eine Universitätsstadt haftet besonders lebendig in meiner Erinnerung: Ich brauche sie nicht beim Namen zu nennen, wenn ich sage, dass drei Rasenflächen von uns entfernt, in einer kleinen Straße voller Laub, das Haus stand, das heute das Mekka der Nation ist. Ich entsinne mich der sonnenübergossenen Gartenstühle unter dem Apfelbaum, eines hell kupferfarbenen Setters, eines dicken, sommersprossigen Jungen mit einem Buch auf dem Schoß und eines handlich aussehenden Apfels, den ich im Schatten einer Hecke aufgelesen hatte.

Und ich bezweifle, ob die Touristen, die heutzutage die Geburtsstätte des größten Mannes seiner Zeit besuchen und das Stilmobiliar in Augenschein nehmen, welches sich jenseits der Plüschseile geweihter Unsterblichkeit verlegen zusammendrängt, ob diese Leute etwas von dem stolzen Kontakt zur Vergangenheit empfinden, den ich einem Zufall verdanke. Denn was auch geschieht und wie viele Katalogkarten mit den Titeln meiner veröffentlichten Arbeiten von Bibliothekaren auch ausgefüllt werden, für die Nachwelt werde ich der Mann bleiben, der einmal einen Apfel nach Barrett warf.

Jenen, die seit den erschütternden Entdeckungen der siebziger Jahre zur Welt gekommen sind und also keine Flugkörper gesehen haben außer vielleicht einem Drachen oder einem Luftballon (beides ist in verschiedenen Staaten trotz der Artikel, die Dr. de Sutton unlängst über das Thema veröffentlicht hat, noch erlaubt, soviel ich weiß), ihnen dürfte es nicht leichtfallen, sich Flugzeuge vorzustellen, zumal alte Photographien, die jene wunderbaren Maschinen der Luft zeigen, jenes Lebens entbehren, das zu erhalten nur die Kunst imstande gewesen wäre – und seltsamerweise hat kein großer Maler sie je zu einem Gegenstand gemacht, dem er sein Genie mitgeteilt hätte, um so ihr Bild vor dem Verblassen zu bewahren.

Vielen Seiten des Lebens gegenüber, die außerhalb meines wissenschaftlichen Spezialgebietes liegen, nehme ich vermutlich eine altmodische Haltung ein; und möglicherweise erscheint die Persönlichkeit des betagten Mannes, der ich bin, geteilt, wie jene europäischen Städtchen, von denen sich die eine Hälfte in Frankreich und die andere in Russland befindet. Ich bin mir klar darüber und fahre darum vorsichtig fort. Denn fern liegt mir die Absicht, irgendwelchen Gefühlen der Sehnsucht oder des krankhaften Bedauerns in Bezug auf Flugkörper Vorschub zu leisten, auch wenn ich gleichzeitig den romantischen Unterton nicht unterdrücken kann, der in der symphonischen Ganzheit der Vergangenheit, wie ich sie empfinde, enthalten ist.

In jenen fernen Tagen, als kein Fleck auf der Erde weiter als sechzig Flugstunden vom nächstgelegenen Flugplatz entfernt war, kannte ein Junge die Flugzeuge von der Propellerhaube bis zur Trimmklappe am Seitenleitwerk und wusste die einzelnen Arten nicht nur an der Form der Flügelspitze oder dem Vorsprung des Cockpits zu unterscheiden, sondern selbst an der Gestalt der Auspuffflammen in der Dunkelheit, in der Bestimmung der Merkmale solchermaßen mit jenen verrückten Naturdetektiven wetteifernd, den postlinnéschen Systematikern[98]. Beim Anblick eines Querschnitts durch Flügel und Rumpf durchzuckte ihn ein schöpferisches Vergnügen, und die Modelle, die er aus Balsa- und Kiefernholz und Heftklammern zusammenbastelte, versetzten ihn bei der Arbeit in eine derartige zunehmende Erregung, dass ihre Vollendung nahezu fade wirkte, als sei der Geist der Sache in dem Augenblick, da sie Gestalt annahm, davongeflogen.

Vollbringung und Wissenschaft, Zurückhaltung und Kunst – die beiden Paare verkehren nicht miteinander, doch wenn sie sich einmal treffen, wird alles andere auf der Welt gleichgültig. Und so will ich mich denn auf Zehenspitzen hinwegstehlen, indem ich von meiner Kindheit an ihrem charakteristischsten Punkt, in ihrer plastischsten Haltung Abschied nehme: zum Stillstand gebracht von dem tiefen Gebrumm, das in der Höhe vibriert und immer lauter wird, reglos, des bescheidenen Fahrrads nicht achtend, auf dem ich sitze, einen Fuß auf der Pedale, die Zehen des anderen leicht auf den asphaltierten Boden setzend, Augen, Kinn und Rippen dem entblößten Himmel zugewandt, wo ein Kriegsflugzeug sich mit unirdischer Geschwindigkeit nähert, welche nur durch die Weite seines Mediums gemächlich wirkt, als nach der Unterseite nun die Heckpartie sichtbar wird und Flügel und Brummen sich in der Ferne verlieren. Herrliche Ungeheuer, grandiose Flugmaschinen, sie sind verschwunden, verschwunden wie jener Flug wilder Schwäne, der in einer Frühlingsnacht mit dem mächtigen Rauschen seiner vielen Schwingen über den Knights-See in Maine zog, aus dem Unbekannten ins Unbekannte: Schwäne von einer Art, welche die Wissenschaft niemals bestimmte, niemals zuvor gesehen, niemals seitdem – und nur ein einsamer Stern blieb am Himmel, wie ein Asterisk, der auf eine unauffindbare Fußnote verweist.

Genrebild 1945

Der Zufall will es, dass ich einen nichtswürdigen Namensvetter habe, vollständig vom Spitznamen bis zum Nachnamen, einen Mann, dem ich leibhaftig nie begegnet bin, auf dessen vulgäres Wesen ich jedoch aus seinem mehrmaligen Eindringen in die Burg meines Lebens schließen konnte. Die Verwicklungen begannen in Prag, wohin es mich Mitte der 1920er Jahre verschlagen hatte. Dort erreichte mich ein Brief von einer kleinen Bibliothek, welche offenbar zu irgendeiner Organisation der Weißen Armee gehörte, die wie ich Russland verlassen hatte. In gereiztem Ton forderte er mich auf, unverzüglich ein Exemplar der *Protokolle der Weisen von Zion* zurückzugeben. Dieses Buch, dem ehemals der Zar eine sehnsüchtige Wertschätzung entgegengebracht hatte, war eine gefälschte Denkschrift, die ein von der Geheimpolizei bezahlter halbanalphabetischer Gauner aufgesetzt hatte; ihr einziger Zweck war es, Pogromen Vorschub zu leisten. Der Bibliothekar, der «Sinepusow» unterschrieb (ein Familienname, der so viel wie «Blauer Bauch» bedeutet und auf die Vorstellung eines Russen etwa so wirkt wie «Fröstling» auf die eines Deutschen), setzte mir mit Nachdruck auseinander, dass ich «dieses populäre und wertvolle Werk», wie er sich auszudrücken beliebte, über ein Jahr lang behalten hätte. Er bezog sich auf frühere Aufforderungen, die er mir nach Belgrad, Berlin und Brüssel geschickt hatte, Städte, durch die es meinen Namensvetter offenbar geführt hatte.

Ich stellte mir den Kerl als einen jungen, sehr weißen Emigranten von der automatisch reaktionären Sorte vor, dessen Erziehung die Revolution unterbrochen hatte und der die verlorene Zeit auf die herkömmliche Weise wettmachte. Dem Anschein nach war er viel unterwegs; ich war es auch – das Einzige, was wir gemein hatten. In Straßburg erkundigte sich eine Russin, ob der Mann, der ihre Nichte in Lüttich geheiratet hatte, mein Bruder wäre. In Nizza suchte mich in meinem Hotel eines schönen Frühlingstages eine junge Frau mit undurchdringlichem Gesicht und langen Ohrringen auf, verlangte mich zu sehen, warf mir einen Blick zu, entschuldigte sich und ging wieder. In Paris erhielt ich ein Telegramm folgenden – sprunghaften – Wortlauts: «ne viens pas alphonse de retour soupconne sois prudent je t'adore angoissee»[99], und ich gebe zu, die Vorstellung, dass mein leichtlebiger Doppelgänger nun unvermeidlich mit Blumen in der Hand bei Alphonse und seiner Frau hereingeschneit käme, verschaffte mir eine gewisse schadenfrohe Genugtuung. Ein paar Jahre später, als ich in Zürich Vorlesungen hielt, wurde ich plötzlich festgenommen, weil ich drei Spiegel in einem Restaurant zerschlagen haben sollte – eine Art Triptychon, das meinen Namensvetter betrunken (erster Spiegel), sehr betrunken (zweiter Spiegel) und sternhagelvoll zeigte (der dritte). Schließlich weigerte sich im Jahre 1938 ein französischer Konsul barsch, meinen zerschlissenen, meergrünen Nansen-Pass zu stempeln, da ich, wie er sagte, schon einmal ohne Erlaubnis in das Land eingereist sei. In dem dicken Aktenbündel, das endlich hervorgeholt wurde, konnte ich einen Blick auf das Gesicht meines Namensvetters werfen. Er hatte einen gestutzten Schnurrbart und einen Bürstenhaarschnitt, der Halunke.

Als ich bald darauf in die Vereinigten Staaten übersiedelte und mich in Boston niederließ, war ich sicher, meinen absurden Schatten abgeschüttelt zu haben. Dann – letzten Monat, um genau zu sein – erhielt ich einen Telephonanruf.

Eine harte und glitzernde Frauenstimme sagte, sie sei Mrs. Sybill Hall, eine nahe Bekannte von Mrs. Sharp, die ihr geschrieben habe, sie solle sich mit mir in Verbindung setzen. Ich kannte eine Mrs. Sharp, und es kam mir nicht in den Sinn, dass sowohl meine Mrs. Sharp als auch ich nicht die Richtigen sein könnten. Mrs. Hall sagte mit ihrer goldenen Stimme, Freitagabend finde in ihrer Wohnung eine kleine Versammlung statt, ob ich nicht kommen wolle, denn nach allem, was sie von mir gehört hätte, sei sie sicher, dass mich die Diskussion bestimmt sehr interessieren würde. Obschon mir alle Arten von Versammlungen ein Gräuel sind, lehnte ich nicht ab, geleitet von dem Gedanken, dass eine Ablehnung Mrs. Sharp irgendwie enttäuschen würde, eine nette, alte Dame mit kastanienbraunen langen Hosen und kurzem Haar, die ich am Kap Cod kennen gelernt hatte, wo sie mit einer jüngeren Frau ein Ferienhaus teilte; beide Damen sind mittelmäßige Künstlerinnen mit linken Sympathien, vermögend genug, um ein unabhängiges Leben zu führen, und beide sind sie absolut gutartig.

Eines Missgeschicks wegen, das nichts mit dem Gegenstand dieses Berichtes zu tun hat, fand ich mich viel später als beabsichtigt in Mrs. Halls Haus ein. Ein uralter Fahrstuhlführer, der eine sonderbare Ähnlichkeit mit Richard Wagner hatte, brachte mich finster hinauf, und Mrs. Halls Hausgehilfin wartete ohne eine Spur von Lächeln mit lose herabhängenden langen Armen, während ich in der Diele meinen Mantel und meine Gummiüberschuhe ablegte. Den innenarchitektonischen Hauptakzent setzte hier eine von jenen möglicherweise sehr alten, bemalten chinesischen Vasen – in diesem Fall ein hohes, grässliches Unding von kränklicher Farbe –, die mich regelmäßig elend unglücklich machen.

Als ich ein unbehagliches kleines Zimmer durchschritt, das bis zum Rand voll war von Symbolen der «Wohnkultur», wie Reklametexter das nennen, und – theoretisch, denn die Hausgehilfin hatte sich verzogen – in einen großen, freundlichen, bürgerlichen Salon geführt wurde, dämmerte mir langsam, dass dies genau der Ort war, an dem man darauf gefasst sein musste, einem alten Esel, der im Kreml Kaviar gespeist hatte, oder einem hölzernen Sowjetrussen vorgestellt zu werden, und dass meine Bekannte, Mrs. Sharp, die arme Seele, der aus irgendeinem Grund immer meine Verachtung für die Parteilinie sowie für *Den Kommunisten*[100] und *Die Stimme seines Herrn*[101] wider den Strich gegangen waren, zu dem Schluss gekommen sein musste, ein solches Erlebnis würde einen wohltätigen Einfluss auf meinen frevlerischen Geist haben.

Aus einer Gruppe von etwa zwölf Leuten löste sich meine Gastgeberin in Form einer langgliedrigen, flachbrüstigen Frau mit Lippenstift auf ihren vorstehenden

Zähnen. Sie stellte mich eilig dem Ehrengast und ihren anderen Gästen vor, und die Diskussion, die meine Ankunft unterbrochen hatte, wurde sofort wiederaufgenommen. Der Ehrengast beantwortete Fragen. Er war ein zerbrechlich aussehender Mann mit glattem dunklem Haar und glänzender Stirn, und die langstielige Lampe neben ihm beleuchtete ihn so hell, dass man die Haarschuppen auf dem Kragen seiner Smokingjacke erkennen und das Weiß seiner verschränkten Hände bewundern konnte, von denen ich die eine unglaublich schlaff und feucht gefunden hatte. Er gehörte zu jenen Männern, deren schwaches Kinn, hohle Wangen und unglücklicher Adamsapfel ein paar Stunden nach dem Rasieren, wenn der bescheidene Puder dünn geworden ist, ein komplexes, von einem blaugrauen Getüpfel überlagertes System von rosa Flecken aufweisen. Er trug einen Siegelring, und aus irgendeinem seltsamen Grund fiel mir eine dunkelhäutige, junge Russin in New York ein, die von der Möglichkeit, für das gehalten zu werden, was sie sich unter einer Jüdin vorstellte, so beunruhigt war, dass sie regelmäßig ein Kreuz um den Hals trug, obwohl sie so wenig Frömmigkeit wie Geist besaß. Der Sprecher sprach ein bemerkenswert fließendes Englisch, doch das harte «dschör» in seiner Aussprache von ‹*Germany*› und das unablässig wiederkehrende Epitheton ‹*wonderful*› mit einer verräterisch ausgesprochenen ersten Silbe gaben seine teutonische Herkunft preis. Er war Professor für Deutsch oder Musik oder beides irgendwo im Mittelwesten – oder war es gewesen oder sollte es werden –, aber ich hatte seinen Namen nicht verstanden und werde ihn hier darum Doktor Shoe nennen.

«*Natürlich* war er wahnsinnig!», rief Dr. Shoe als Antwort auf etwas, das ihn eine der Damen gefragt hatte. «Sehen Sie, nur ein Wahnsinniger konnte den Krieg so verpfuschen wie er. Und genau wie Sie hoffe ich, dass er, falls er noch lebend auftaucht, in irgendeinem neutralen Land wohlbehalten in eine Irrenanstalt gesteckt wird. Er hat es verdient. Es war Wahnsinn, statt einer Invasion Englands Russland anzugreifen. Es war Wahnsinn, zu glauben, dass der Krieg mit Japan Roosevelt daran hindern würde, sich energisch in die europäischen Angelegenheiten einzuschalten. Der schlimmste Wahnsinnige ist derjenige, der nicht in Betracht zieht, dass auch jemand anders wahnsinnig sein könnte.»

«Man kann sich des Gefühls nicht erwehren», sagte eine dicke kleine Dame, die, glaube ich, Mrs. Mulberry hieß, «dass Tausende von unseren Jungs, die im Pazifik gefallen sind, immer noch am Leben wären, wenn alle die Flugzeuge und Panzer, die wir England und Russland geliefert haben, zur Vernichtung Japans eingesetzt worden wären.»

«Genau», sagte Dr. Shoe. «Und das war Adolf Hitlers Fehler. Da er wahnsinnig war, hat er es versäumt, mit den Ränken verantwortungsloser Politiker zu rechnen. Da er wahnsinnig war, glaubte er, dass andere Regierungen sich an die Grundsätze der Barmherzigkeit und des gesunden Menschenverstandes halten würden.»

«Ich denke immer an Prometheus», sagte Mrs. Hall, «Prometheus, der das Feuer stahl und dafür von den erzürnten Göttern geblendet wurde.»

Eine alte Dame in hellblauem Kleid, die in einer Ecke saß und strickte, bat Dr. Shoe, zu erklären, warum die Deutschen nicht gegen Hitler rebelliert hätten.

Dr. Shoe senkte einen Augenblick die Lider. «Die Antwort ist eine schreckliche», sagte er mit Anstrengung. «Wie Sie wissen, bin ich selber Deutscher, von reiner bayerischer Abstammung, obwohl ein loyaler Bürger dieses Landes. Dessen ungeachtet werde ich etwas ganz Schreckliches über meine früheren Landsleute sagen. Die Deutschen …», wieder waren seine Augen mit den sanften Wimpern halb geschlossen, «die Deutschen sind Träumer.»

Inzwischen war mir natürlich völlig klar geworden, dass Mrs. Halls Mrs. Sharp sich von meiner Mrs. Sharp ebenso unterschied wie ich von meinem Namensvetter. Der Albtraum, in den ich geraten war, wäre für ihn vermutlich ein gemütlicher Abend mit verwandten Seelen gewesen und Dr. Shoe ein höchst intelligenter und brillanter *causeur*. Schüchternheit und vielleicht auch eine krankhafte Neugier hinderten mich, das Zimmer zu verlassen. Außerdem stottere ich so sehr, wenn ich mich aufrege, dass jeder Versuch meinerseits, Dr. Shoe zu sagen, was ich von ihm hielt, sich angehört hätte wie die Detonationen eines Motorrads, das sich während einer frostigen Nacht in einer unduldsamen Villenstraße anzuspringen weigert. Ich blickte mich um, in einem Versuch, mich zu überzeugen, dass dies wirkliche Menschen waren und keine Kasperlefiguren.

Keine der Frauen war hübsch; alle hatten die fünfzig erreicht oder überschritten. Alle, dessen durfte man sicher sein, gehörten Buchclubs, Bridgeclubs, Klatschclubs an und der großen, kalten Schwesternschaft eines unentrinnbaren Todes. Alle sahen sie wohlig steril aus. Möglicherweise hatten einige von ihnen Kinder gehabt, aber wie sie dazu gekommen waren, das war jetzt ein vergessenes Geheimnis; viele hatten einen Ersatz für ihre Schöpferkraft in verschiedenen künstlerischen Betätigungen gefunden, zum Beispiel in der Verschönerung von Clubräumen. Als ich einen Blick auf diejenige warf, die mir am nächsten saß, eine angespannt aussehende Dame mit einem Hals voller Sommersprossen, wusste ich, dass sie sich, während sie in Abständen Dr. Shoe ein Ohr lieh, höchstwahrscheinlich Sorgen machte über irgendein Stück Schmuckwerk, welches mit einem gesellschaftlichen Ereignis oder einem Kriegsfest zu tun hatte, dessen genaue Natur ich nicht auszumachen vermochte. Doch ich wusste, wie dringend sie jene zusätzliche Note brauchte. «Irgendwas in der Mitte des Tisches», dachte sie. «Ich brauche etwas, worüber die andern staunen – vielleicht eine große, riesige, gewaltige Schale mit künstlichen Früchten. Nichts aus Wachs natürlich. Irgendwas schön Glattes und Geädertes.»

Es ist äußerst bedauerlich, dass ich mir die Namen der Damen nicht eingeprägt hatte, als ich ihnen vorgestellt wurde. Zwei gertenschlanke, auswechselbare alte Jungfern auf harten Stühlen trugen Namen, die mit W anfingen, und von den andern hieß eine bestimmt Miss Bissing. Das hatte ich deutlich gehört, auch wenn ich den Namen später mit keinem bestimmten Gesicht oder gesichtsähnlichen Gegenstand in Verbindung bringen konnte. Außer mir und Dr. Shoe war nur noch ein einziger Mann anwesend. Er war, wie sich herausstellte, ein Landsmann von mir, ein Oberst Malikow oder Melnikow; in Mrs. Halls Aussprache hatte es mehr wie Milwaukee geklungen. Während einige blässliche alkoholfreie Drinks herumgereicht wurden, beugte er sich mit einem ledern knirschenden Geräusch vor, als trüge er einen Harnisch unter seinem schäbigen blauen Anzug, und teilte mir in einem heiseren russischen Flüstern mit, er habe die Ehre gehabt, meinen geschätzten Onkel zu kennen, den ich mir sogleich als einen rotwangigen, aber ungenießbaren Apfel am Stammbaum meines Namensvetters vorstellte. Dr. Shoe jedoch wurde von neuem beredt, und der Oberst richtete sich auf, entblößte in seinem dahinschwindenden Lächeln einen lädierten gelben Fangzahn und versprach mir mit Hilfe diskreter Handbewegungen, dass wir uns später richtig unterhalten würden.

«Die Tragödie Deutschlands», sagte Dr. Shoe, indes er die Papierserviette, mit der er seine schmalen Lippen abgewischt hatte, sorgsam faltete, «ist auch die Tragödie des gebildeten Amerikas. Ich habe vor zahlreichen Frauenclubs und anderen Kulturzentren gesprochen und überall festgestellt, wie sehr dieser Krieg in Europa, der jetzt gnädig zu Ende gegangen ist, allen gebildeten, sensiblen Seelen zuwider war. Desgleichen habe ich festgestellt, wie gern sich gebildete Amerikaner in ihrer Erinnerung glücklicheren Tagen zuwenden, ihren Reiseerlebnissen im Ausland, einem unvergesslichen Monat oder noch unvergesslicheren Jahr, dereinst zugebracht in dem Land der Kunst, der Musik, der Philosophie und der Gemütlichkeit. Sie gedenken der teuren Freunde, die sie dort hatten, der lehrreichen und lauschigen Tage am Busen einer adligen deutschen Familie, der unübertrefflichen Sauberkeit allerorten, der Lieder zur Abendstunde, mit denen ein herrlicher Tag zur Neige ging, der wundersamen Städtchen und jener ganzen freundlichen und romantischen Welt, die sie in München oder Dresden vorgefunden hatten.»

«Mein Dresden gibt es nicht mehr», sagte Mrs. Mulberry. «Unsere Bomben haben es zerstört und alles, was es bedeutete.»

«Britische Bomben in diesem Fall», sagte Dr. Shoe milde. «Doch natürlich, Krieg ist Krieg, obschon ich gestehe, dass es schwerfällt, sich vorzustellen, wie deutsche Bomber sich mutwillig eine geheiligte historische Stätte in Pennsylvania oder Virginia als Ziel aussuchen. O ja, Krieg ist etwas Schreckliches. Er wird sogar fast unerträglich schrecklich, wenn er zwei Völkern aufgezwungen wird, die so viel gemein haben. Es mag Ihnen paradox erscheinen, aber wirklich, wenn man der in Europa hingemordeten Soldaten gedenkt, so sagt man sich, dass ihnen zumindest die schrecklichen Skrupel erspart geblieben sind, die wir Zivilisten schweigend erdulden müssen.»

«Ich finde das sehr richtig», bemerkte Mrs. Hall und nickte bedächtig.

«Was ist mit diesen Geschichten?», fragte eine strickende alte Dame. «Diese Geschichten über deutsche Gräueltaten, die immer wieder in den Zeitungen stehen. Ich nehme an, es handelt sich meist um Propaganda?»

Ein müdes Lächeln ging über Dr. Shoes Gesicht. «Auf diese Frage war ich gefasst», sagte er mit einem Anflug von Trauer in seiner Stimme. «Unglückseligerweise gehören Propaganda, Übertreibung, gefälschte Photos und so weiter zu den Mitteln moderner Kriegführung. Ich wäre gar nicht erstaunt, wenn die Deutschen selber Geschichten über Gräueltaten erfunden hätten, die amerikanische Truppen an der unschuldigen Zivilbevölkerung begangen haben sollen. Denken Sie nur an den ganzen Unsinn, der im Ersten Weltkrieg über die sogenannten deutschen Kriegsgräuel in die Welt gesetzt wurde – diese furchtbaren Märchen von verführten belgischen Frauen und so weiter. Nun denn, gleich nach Kriegsschluss, im Sommer 1920, wenn ich nicht irre, stellte ein Sonderausschuss deutscher Demokraten eine gründliche Untersuchung der ganzen Sache an[102], und wir wissen alle, wie pedantisch gründlich und genau deutsche Fachleute sein können. Sie fanden aber auch nicht den allergeringsten Beweis dafür, dass sich die Deutschen nicht wie Soldaten und Gentlemen aufgeführt hätten.»

Eine Miss G. bemerkte ironisch, Auslandskorrespondenten müssten sich eben ihre Brötchen verdienen. Ihre Bemerkung war witzig. Allen gefiel diese ihre ironische und witzige Bemerkung.

«Andererseits», fuhr Dr. Shoe fort, als sich die kleinen Gelächterwellchen gelegt hatten, «wollen wir einen Augenblick die Propaganda vergessen und uns den langweiligen Tatsachen zuwenden. Gestatten Sie mir, dass ich Ihnen ein kleines Bild der Vergangenheit entwerfe, eine recht traurige Miniatur, aber vielleicht eine notwendige. Ich möchte Sie bitten, sich vorzustellen, wie deutsche Jungen stolz in eine von ihnen eroberte polnische oder russische Stadt einmarschieren. Singend und im gleichen Tritt. Sie wussten nicht, dass ihr Führer wahnsinnig war; unschuldigen Herzens glaubten sie, dass sie der gefallenen Stadt Hoffnung und Glück und wunderbare Ordnung brachten. Sie konnten nicht ahnen, dass ihre Eroberung dank der folgenden Irrtümer und Fehleinschätzungen Adolf Hitlers dazu führen würde, dass der Feind ein brennendes

Schlachtfeld aus ebenjenen Städten machte, denen sie, diese deutschen Boys, den ewigen Frieden zu bringen glaubten. Während sie in ihrem prächtigen Staat, mit all ihrem wunderbaren Kriegsgerät und ihren Bannern durch die Straßen marschierten, lächelten sie allem und jedem zu, denn sie waren rührend gutgesinnt und wohlmeinend. In der Unschuld ihres Herzens erwarteten sie die gleiche freundliche Haltung von der Bevölkerung. Dann allmählich wurde ihnen klar, dass die Straßen, durch die sie so knabenhaft, so vertrauensvoll marschierten, gesäumt waren von schweigenden und reglosen jüdischen Massen, die sie voller Hass anstierten und jeden vorbeigehenden Soldaten beleidigten, nicht etwa durch Worte – dazu waren die zu klug –, sondern durch finstere Blicke und schlecht verhehlten Hohn.»

«Ich kenne diesen Blick», sprach Mrs. Hall ingrimmig.

«Aber *sie* kannten sie nicht», sagte Dr. Shoe wehmütig. «Das war der springende Punkt. Sie standen vor einem Rätsel. Sie begriffen nicht, und sie fühlten sich verletzt. Was machten sie also? Zunächst versuchten sie, gegen diesen Hass mit geduldigen Erklärungen und kleinen Zeichen der Freundschaft anzukämpfen. Aber die Mauer des Hasses, die sie umgab, wurde nur noch stärker. Schließlich sahen sie sich gezwungen, die Anführer jenes bösartigen und arroganten Bundes in Haft zu nehmen. Was sonst hätten sie tun können?»

«Ich kenne einen alten russischen Juden», sagte Mrs. Mulberry. «Na, bloß ein Geschäftsfreund von meinem Mann. Also der gestand mir einmal, dass er mit Vergnügen den ersten besten deutschen Soldaten mit eigenen Händen erwürgen würde, der ihm in den Weg käme. Ich war so schockiert, dass ich nur dastand und nicht wusste, was ich ihm antworten sollte.»

«Ich hätte es gewusst», sagte eine korpulente Frau, die mit weit gespreizten Knien dasaß. «Wirklich, es ist viel zu oft die Rede davon, dass die Deutschen gestraft werden müssten. Auch sie sind schließlich Menschen. Und jeder fühlende Mensch wird mit Ihnen darin einig sein, dass sie nicht für diese sogenannten Gräuel verantwortlich waren, von denen die meisten wohl sowieso von den Juden erfunden wurden. Ich werde jedes Mal wütend, wenn ich die Leute immer noch von Verbrennungsöfen und Folterkammern labern höre, welche, wenn es sie überhaupt gab, höchstens von ein paar Leuten in Gang gehalten wurden, die genauso wahnsinnig waren wie Hitler.»

«Tja, ich glaube, man muss Verständnis aufbringen», sagte Dr. Shoe mit seinem unmöglichen Lächeln, «und die Ausgeburten der lebhaften semitischen Phantasie in Rechnung stellen, welche die amerikanische Presse beherrscht. Und man muss auch im Gedächtnis behalten, dass es viele rein sanitäre Maßnahmen gab, die die ordnungsliebenden deutschen Truppen ergreifen mussten, um mit den Leichen der Alten fertig zu werden, die im Lager verstorben waren, und um in manchen Fällen die Opfer der Typhusepidemien zu beseitigen. Ich selber bin ganz frei von Rassevorurteilen, und ich kann nicht einsehen, was diese uralten Rasseprobleme mit der Haltung zu tun haben sollen, die wir Deutschland gegenüber einzunehmen haben, jetzt, wo es kapituliert hat. Besonders, wenn ich daran denke, wie die Briten in ihren Kolonien die Eingeborenen behandeln.»

«Oder wie die jüdischen Bolschewiken das russische

Volk behandelt haben – eijeijei!», bemerkte Oberst Melnikow.

«Was heute nicht mehr der Fall ist, nicht wahr?», fragte Mrs. Hall.

«Nein, nein», sagte der Oberst. «Das große russische Volk ist erwacht, und mein Land hat seine alte Größe zurück. Wir hatten drei große Führer. Wir hatten Iwan, den seine Feinde den Schrecklichen nannten, dann hatten wir Peter den Großen, und jetzt haben wir Josef Stalin. Ich bin ein weißer Russe und habe in der Kaiserlichen Garde gedient, aber ich bin auch ein russischer Patriot und ein russischer Christ. In jedem Wort, das heute aus Russland herausdringt, verspüre ich die Macht, verspüre ich die Pracht des alten Mütterchens Russland. Es ist wieder ein Land der Soldaten, der Religion und der echten Slawen. Ich weiß auch, dass keinem Deutschen ein Härchen gespalten wurde, als die Rote Armee deutsche Städte besetzte.»

«Gespalten?», fragte Mrs. Hall.

«Ja», sagte der Oberst. «Keinem Deutschen wurde der Schädel gespalten.»

«Alle bewundern wir Ihre Landsleute», sagte Mrs. Mulberry. «Aber was, wenn sich der Kommunismus nach Deutschland ausbreitet?»

«Wenn mir hier ein Einwurf verstattet ist», sagte Dr. Shoe, «dann möchte ich darauf aufmerksam machen, dass es kein Deutschland geben wird, wenn wir nicht Obacht geben. Das Hauptproblem, dem sich unser Volk gegenübersehen wird, ist, die Sieger daran zu hindern, die Deutschen zu versklaven und die Jungen und Gesunden, die Lahmen und Alten – Intellektuelle wie Zivilpersonen – wie Zuchthäusler zur Zwangsarbeit in die unermesslichen Weiten des Ostens zu deportieren. Das verstieße gegen sämtliche Grundsätze der Demokratie und des Krieges. Wenn Sie mir erwidern, die Deutschen hätten es ja genauso mit den von ihnen besiegten Völkern gemacht, so möchte ich Ihnen dreierlei ins Gedächtnis rufen: erstens, dass der deutsche Staat keine Demokratie war und man von ihm darum auch kein demokratisches Verhalten erwarten konnte; zweitens, dass die meisten, wenn nicht alle sogenannten ‹Sklaven› freiwillig gekommen sind; und drittens – und das ist das Wichtigste –, dass sie reichlich Essen und Kleidung bekamen und in einer zivilisierten Umgebung lebten, wie sie die Deutschen, bei all unserer natürlich vorhandenen Begeisterung für die ungeheure Bevölkerung und Geographie Russlands, im Land der Sowjets kaum vorfinden würden.»

«Auch dürfen wir nicht vergessen», fuhr Dr. Shoe mit einer dramatischen Hebung der Stimme fort, «dass der Nationalsozialismus in Wirklichkeit keine deutsche, sondern eine ausländische Organisation war, die das deutsche Volk tyrannisierte. Adolf Hitler war Österreicher, Ley Jude, Rosenberg halb Franzose, halb Tatar. Die deutsche Nation hat ebenso unter diesem fremden Joch gelitten wie andere europäische Länder unter den Auswirkungen des Krieges, der auf ihrem Boden ausgetragen wurde. Den Zivilisten, die nicht nur verstümmelt und getötet wurden, sondern deren teures Hab und Gut und herrliche Wohnungen von Bomben ausgelöscht wurden – ihnen ist es egal, ob diese Bomben von einem deutschen oder alliierten Flugzeug abgeworfen wurden. Deutsche, Österreicher, Italiener, Rumänen, Griechen und alle anderen Völker Europas sind heute Angehörige einer einzigen tragischen Bruderschaft, Elend und Hoffnung haben sie gleich gemacht, alle sollten sie gleich behandelt werden, und die Aufgabe, die Schuldigen zu finden und zu richten, die sollten wir künftigen Historikern überlassen, unvoreingenommenen alten Gelehrten in den unvergänglichen Zentren europäischer Kultur, an den erhabenen Universitäten von Heidelberg, Bonn, Jena, Leipzig und München. Der europäische Phönix möge seine Adlerfittiche wieder ausbreiten, und *God bless America.*»

Eine ehrerbietige Pause trat ein, während deren Dr. Shoe bebend eine Zigarette entzündete, und darauf bat ihn Mrs. Hall, die Handflächen in einer reizenden, mädchenhaften Geste gegeneinandergelegt, die Zusammenkunft mit etwas schöner Musik zu krönen. Er seufzte, stand auf, trat mir im Vorbeigehen auf den Fuß, berührte mein Knie entschuldigend mit den Fingerspitzen, setzte sich vor das Klavier, senkte den Kopf und verharrte mehrere hörbar stille Sekunden lang reglos. Dann legte er langsam und sehr behutsam seine Zigarette auf einen Aschenbecher, nahm den Aschenbecher vom Klavier, legte ihn in Mrs. Halls hilfreiche Hände und senkte wiederum den Kopf. Schließlich sagte er leicht gerührt: «Zuerst spiele ich die amerikanische Nationalhymne.»

In dem Bewusstsein, dass dies mehr war, als ich ertragen konnte – ja, an einem Punkt angelangt, wo ich Brechreiz zu fühlen begann –, stand ich auf und verließ eilends den Raum. Als ich mich dem Schrank näherte, in dem ich die Hausgehilfin meine Sachen verstauen gesehen hatte, holte mich Mrs. Hall zusammen mit einer Woge Musik ein.

«Müssen Sie gehen?», fragte sie. «Wirklich schon?»

Ich fand meinen Mantel, ließ den Bügel fallen und stampfte in meine Überschuhe.

«Entweder sind Sie Mörder oder Schwachköpfe», sagte ich, «oder beides, und dieser Kerl ist ein dreckiger deutscher Agent.»

Wie schon erwähnt, leide ich in entscheidenden Augenblicken an einem schlimmen Stottern, und darum kam der Satz nicht so glatt heraus wie auf dem Papier. Aber er tat seine Wirkung. Bevor sie sich fassen und mir antworten konnte, hatte ich die Tür hinter mir zugeschlagen und trug meinen Mantel nach unten, wie man ein Kind aus einem brennenden Haus trägt. Ich war schon auf der Straße, als ich merkte, dass der Hut, den ich aufzusetzen im Begriffe stand, mir nicht gehörte.

Es war ein abgetragener weicher Filzhut von einem dunkleren Grau als meiner und mit einer schmaleren Krempe. Er war für einen kleineren Kopf bestimmt. Innen fand sich ein Etikett mit der Aufschrift «Werner Bros. Chicago», und es roch nach der Haarbürste und dem Haarwasser eines Fremden. Oberst Melnikow, der kahl war wie eine Kegelkugel, konnte der Eigentümer nicht sein, und ich nahm an, dass Mrs. Halls Ehemann entweder tot war oder seine Hüte an einem anderen Ort aufbewahrte. Es war widerwärtig, dieses Ding mit mir herumzutragen, doch die Nacht war regnerisch und kalt, und so benutzte ich es als eine Art rudimentären Regenschirm. Kaum zu Hause, machte ich mich daran, einen Brief an das F.B.I. zu schreiben, kam aber nicht sehr weit. Meine Unfähigkeit, Namen zu verstehen und zu behalten, beeinträchtigte erheblich die Qualität dessen, was ich mitzuteilen wünschte, und da ich meine Anwesenheit bei der Versammlung zu erklären hatte, mussten eine Menge diffuse und unbestimmt verdächtige Dinge über meinen Namensvetter mit hineingebracht werden. Am schlimmsten war, dass die ganze Angelegenheit ein traumhaftes, groteskes Aussehen annahm, sobald sie in allen Einzelheiten geschildert wurde, während ich doch tatsächlich nur zu sagen hatte, dass jemand aus dem Mittelwesten, von dem ich noch nicht einmal Namen und Anschrift wusste, vor einer Gruppe alberner alter Frauen in einer Privatwohnung mit Sympathie vom deutschen Volk gesprochen hatte. Ja, wenn ich berücksichtigte, dass gewisse bekannte Kolumnisten in ihren Artikeln ständig die gleiche Sympathie zum Ausdruck brachten, konnte die ganze Sache schließlich durchaus legal sein.

Früh am nächsten Morgen klingelte es, und als ich die Tür öffnete, stand Dr. Shoe da, barhaupt, in einem Regenmantel, und bot mir mit einem vorsichtigen halben Lächeln auf seinem rosablauen Gesicht meinen Hut dar. Ich nahm ihn und murmelte ein Dankeschön. Er hielt es für eine Aufforderung, näher zu treten. Ich konnte mich nicht entsinnen, wo ich seinen Filzhut hingetan hatte, und die fieberhafte Suche, die ich mehr oder weniger in seiner Gegenwart veranstalten musste, wurde bald lächerlich.

«Also hören Sie», sagte ich, «ich schicke, ich sende, ich liefere Ihnen diesen Hut, wenn ich ihn finde, oder sonst kriegen Sie einen Scheck.»

«Aber ich reise heute Nachmittag ab», sagte er sanft, «und außerdem wäre es mir lieb, wenn Sie mir die sonderbare Bemerkung erklären könnten, die Sie gestern meiner lieben Freundin Mrs. Hall gegenüber gemacht haben.»

Er wartete geduldig, während ich ihm so säuberlich wie möglich zu sagen versuchte, dass die Polizei, die Behörden ihr das auseinandersetzen würden.

«Sie scheinen nicht zu begreifen», sagte er endlich. «Mrs. Hall ist eine sehr bekannte Dame der Gesellschaft und hat viele Beziehungen zu offiziellen Kreisen. Gottseidank leben wir in einem großen Land, wo jeder seine private Meinung sagen kann, ohne dafür beleidigt zu werden.»

Ich sagte, er solle machen, dass er fortkomme.

Als mein Gestotter ganz zu Ende gegangen war, sagte er: «Ich gehe, aber bitte denken Sie daran, in diesem Land …», und er drohte mir, nach deutscher Art, scherzhaft von der Seite her mit dem gekrümmten Zeigefinger.

Bevor ich mich noch entscheiden konnte, wo mein Schlag ihn treffen sollte, war er hinausgeschlüpft. Ich zitterte am ganzen Körper. Mein Gebrechen, das ich zeitweilig als spaßig und auf subtile Art sogar als angenehm empfunden hatte, kam mir jetzt entsetzlich und gemein vor. Plötzlich erblickte ich Dr. Shoes Hut auf einem Stapel alter Zeitschriften unter einem Telephontischchen im Flur. Ich stürzte zu einem der Vorderfenster, öffnete es, und als Dr. Shoe vier Etagen tiefer heraustrat, schleuderte ich den Hut in seine Richtung. Er beschrieb eine Parabel und machte in der Mitte der Straße eine Bauchlandung. Dann schlug er einen Purzelbaum, verfehlte eine Pfütze um ein paar Zentimeter und blieb erstaunt liegen, die falsche Seite nach oben gekehrt. Ohne heraufzublicken, dankte Dr. Shoe mit einer Handbewegung, hob den Hut auf, überzeugte sich, dass er nicht zu schmutzig war, setzte ihn auf und schritt mit forsch wackelndem Hinterteil davon. Ich habe mich oft gefragt, wie ein dünner Deutscher es immer fertigbringt, in einem Regenmantel so gesäßlastig auszusehen.

Es bleibt nur zu berichten, dass ich eine Woche später einen Brief erhielt, dessen eigentümliches Russisch in der Übersetzung kaum gebührend gewürdigt werden kann.

«Geschätzter Herr», lautete er. «Sie haben mich mein Leben lang verfolgt. Gute Freunde haben sich von mir abgewandt, nachdem sie Ihre Bücher gelesen hatten, da sie mich für den Urheber jener entarteten, dekadenten Schriften hielten. 1941 und noch einmal 1943 nahmen mich die Deutschen in Frankreich für Dinge fest, die ich weder geäußert noch gedacht hatte. Nicht damit zufrieden, mir in anderen Ländern alle möglichen Scherereien bereitet zu haben, bringen Sie jetzt in Amerika die Arroganz auf, sich für mich auszugeben und angetrunken im Haus einer weithin geachteten Persönlichkeit in Erscheinung zu treten. Solches gedenke ich nicht zu dulden. Ich könnte Sie als Hochstapler einsperren und brandmarken lassen, aber ich nehme an, dass Ihnen das kaum gefallen würde, und so schlage ich vor, dass Sie mir als Entschädigung …»

Der Betrag, den er verlangte, war in der Tat sehr bescheiden.

Zeichen und Symbole

1

Zum vierten Mal in ebenso vielen Jahren standen sie vor dem Problem, was sie einem jungen Mann, dessen Geist unheilbar verwirrt war, zum Geburtstag schenken sollten. Er hatte keine Wünsche. Von Menschenhand geschaffene Gegenstände waren für ihn entweder Bienenstöcke des Bösen, vibrierend von einer gehässigen, nur ihm wahrnehmbaren Geschäftigkeit, oder plumpe Annehmlichkeiten, für die er in seiner abstrakten Welt keine Verwendung wusste. Nachdem sie eine Anzahl von Gegenständen ausgeschlossen hatten, die ihn kränken oder erschrecken konnten (alle technischen Geräte zum Beispiel waren tabu), wählten seine Eltern eine hübsche und harmlose Kleinigkeit: ein Körbchen mit zehn verschiedenen Fruchtgelees in zehn kleinen Gläsern.

Als er geboren wurde, waren sie schon lange Zeit verheiratet; zwei Jahrzehnte verstrichen, und nun waren sie ziemlich alt. Ihr stumpfes graues Haar war nachlässig frisiert. Sie trug billige schwarze Kleider. Im Gegensatz zu anderen Frauen ihres Alters (wie etwa Mrs. Sol von nebenan, deren Gesicht von Schminke ganz rosig und blasslila und deren Hut ein Büschel Wiesenblümchen war) bot sie dem kritischen Licht der Frühlingstage ein nacktes weißes Angesicht. Ihr Mann, in der alten Heimat ein einigermaßen erfolgreicher Geschäftsmann, war nun ganz von seinem Bruder Isaac abhängig, einem echten Amerikaner, der schon fast vierzig Jahre hier drüben war. Sie sahen ihn selten und hatten ihm den Spitznamen «der Fürst» gegeben.

An diesem Freitag schlug alles fehl. Der Untergrundbahn ging zwischen zwei Stationen der Lebensstrom aus, und eine Viertelstunde lang hörte man nur den pflichtgetreuen eigenen Herzschlag und das Rascheln von Zeitungen. Der Bus, mit dem sie anschließend fahren mussten, ließ eine Ewigkeit auf sich warten; und als er endlich kam, war er mit laut schnatternden Schulkindern vollgestopft. Es goss in Strömen, als sie den braunen Pfad zum Sanatorium hinaufgingen. Dort warteten sie wieder; und statt ihres Jungen, der gewöhnlich ins Zimmer geschlurft kam (das arme Gesicht voller Pusteln, schlecht rasiert, mürrisch und verwirrt), erschien endlich eine Krankenschwester, die sie kannten, aber nicht besonders mochten, und erklärte unbekümmert, dass er wieder versucht habe, sich das Leben zu nehmen. Es gehe ihm ganz gut, sagte sie, aber ein Besuch könne ihn aufregen. Das Haus war so unzulänglich mit Personal versehen, und Gegenstände wurden so leicht verlegt oder verwechselt, dass sie beschlossen, ihr Geburtstagsgeschenk nicht im Büro zu hinterlassen, sondern es ihm besser das nächste Mal mitzubringen.

Sie wartete, bis ihr Mann den Schirm aufgespannt hatte, und nahm dann seinen Arm. Er räusperte sich ständig auf eine besonders geräuschvolle Weise, wie immer, wenn er erregt war. Sie erreichten das Wartehäuschen der Bushaltestelle auf der anderen Straßenseite, und er klappte den Regenschirm zu. Ein paar

Meter weiter, unter einem windgeschüttelten, tropfenden Baum, zuckte ein winziger, halbtoter, noch nicht flügger Vogel hilflos in einer Pfütze.

Während der langen Fahrt zur U-Bahn-Station wechselten sie und ihr Mann kein Wort; und jedes Mal, wenn sie einen Blick auf seine alten Hände warf (geschwollene Adern, braungefleckte Haut), die zuckend den Griff des Schirmes umschlossen hielten, fühlte sie den Druck aufsteigender Tränen. Als sie um sich blickte und versuchte, ihre Gedanken an irgendeinen Gegenstand zu heften, nahm sie mit leichter Erschütterung – einer Mischung von Mitleid und Verwunderung – wahr, dass eine der Mitfahrenden, ein Mädchen mit dunklem Haar und ungepflegten roten Zehennägeln, an der Schulter einer älteren Frau weinte. Wem sah diese Frau bloß ähnlich? Sie ähnelte Rebecca Borisowna, deren Tochter einen Solowejtschik geheiratet hatte – in Minsk, viele Jahre war es her.

Als er es das letzte Mal versucht hatte, war sein Verfahren nach den Worten des Arztes ein erfinderisches Meisterstück gewesen; es wäre ihm gelungen, hätte nicht ein neidischer Mitpatient geglaubt, er wolle fliegen lernen, und ihn zurückgehalten. In Wirklichkeit hatte er versucht, ein Loch in seine Welt zu reißen und zu entkommen.

Das System seiner Wahnvorstellungen war Gegenstand einer umständlichen Abhandlung in einer wissenschaftlichen Monatsschrift, aber sie und ihr Mann hatten es sich schon lange vorher selber zusammengereimt. «Beziehungswahn» hatte Hermann Brink es genannt. In diesen sehr seltenen Fällen bildet sich der Patient ein, alles, was um ihn her geschieht, stehe in verschleierter Beziehung zu seiner Person und seiner Existenz. Wirkliche, lebende Personen schließt er von der Verschwörung aus, weil er sich für viel intelligenter hält als andere. Die Welt der Naturerscheinungen beschattet ihn, wohin er auch geht. Die Wolken am starrenden Himmel übermitteln einander durch langsame Zeichen unglaublich genaue Auskünfte über ihn. Seine geheimsten Gedanken werden bei Einbruch der Nacht von dunkel gestikulierenden Bäumen in ihrem Fingeralphabet diskutiert. Kiesel oder Flecken oder Sonnenkringel bilden Muster, die auf furchterregende Weise Mitteilungen darstellen, und er muss sie abfangen. Alles ist Chiffre, und er ist der Gegenstand von allem. Einige der Spione sind kühle Beobachter, wie etwa Glasflächen und stille Teiche; andere, zum Beispiel Mäntel in Schaufenstern, sind voreingenommene Zeugen, im Herzen Lynchmörder; andere wieder (fließendes Wasser, Stürme) sind hysterisch bis zum Wahnsinn, haben eine verzerrte Vorstellung von ihm und missdeuten seine Handlungen auf groteske Weise. Er muss ständig auf der Hut sein und jede Minute und jeden Modul seines Lebens dazu benutzen, die Schwingungen der Dinge zu entziffern. Sogar die Luft, die er ausatmet, wird klassifiziert und weggeheftet. Wenn das Interesse, das er erregt, doch wenigstens auf seine nächste Umgebung beschränkt bliebe – aber ach, das bleibt es nicht! Mit der Entfernung nehmen die Sturzbäche übler Nachrede an Lautstärke und Geschwätzigkeit zu. Die Silhouetten seiner Blutkörperchen flitzen, millionenfach vergrößert, über unermessliche Ebenen; und in noch größerer Ferne fassen riesige Berge von unerträglicher Massivität und Höhe die letzte Wahrheit seines Seins in Gestalt von Granit und ächzenden Tannen zusammen.

2

Als sie aus dem Donner und der verdorbenen Luft der Untergrundbahn wieder auftauchten, mischten sich letzte Reste von Tageslicht mit den Straßenlichtern. Sie wollte noch etwas Fisch zum Abendessen kaufen, darum gab sie ihm das Körbchen mit den Geleegläsern und sagte ihm, er solle schon nach Hause gehen. Er stieg bis in den dritten Stock hinauf, und dann fiel ihm ein, dass er ihr im Laufe des Tages die Schlüssel gegeben hatte.

Schweigend setzte er sich auf die Stufe, und schweigend stand er wieder auf, als sie zehn Minuten später kam, sich mühsam die Treppe heraufschleppte, schwach lächelte und über ihre eigene Dummheit missbilligend den Kopf schüttelte. Sie betraten ihre Zweizimmerwohnung, und er ging sofort zum Spiegel. Mit den Daumen zog er die Mundwinkel auseinander, nahm mit einer schrecklichen, maskenartigen Grimasse sein neues, hoffnungslos unbequemes Gebiss heraus und entfernte die langen Speichelfäden, die ihn damit verbanden. Er las seine russische Zeitung, während sie den Tisch deckte. Noch immer lesend, aß er die faden Lebensmittel, zu denen er keine Zähne brauchte. Sie kannte seine Launen und schwieg wie er.

Als er zu Bett gegangen war, blieb sie noch im Wohnzimmer sitzen, mit ihrem Stoß schmutziger Karten und ihren alten Alben. Auf der anderen Seite des engen Hofes, wo der Regen im Dunkel auf ein paar zerbeulte

Mülltonnen prasselte, waren die Fenster mild erleuchtet, und durch eines von ihnen konnte man einen Mann in schwarzen Hosen mit erhobenen nackten Ellbogen ausgestreckt auf einem zerwühlten Bett liegen sehen. Sie zog das Rollo herunter und betrachtete die Photographien. Als Säugling sah er erstaunter aus als andere Säuglinge. Aus den Seiten des Albums fiel ein deutsches Dienstmädchen, das sie in Leipzig gehabt hatten, und ihr fettgesichtiger Verlobter. Minsk, die Revolution, Leipzig, Berlin, Leipzig, die schiefe, sehr unscharfe Vorderansicht eines Hauses. Vier Jahre alt, in einem Park: schwermütig, scheu, mit gerunzelter Stirn, den Blick von einem munteren Eichhörnchen abwendend, wie er ihn von jedem Fremden abwandte. Tante Rosa, eine umständliche, ungelenke, wild dreinblickende alte Dame, die in einer angsterfüllten Welt voller Hiobsbotschaften, Bankrotte, Zugunglücke und Krebsgeschwüre gelebt hatte – bis die Deutschen sie ums Leben brachten, zusammen mit all den Menschen, um die sie sich gesorgt hatte. Sechs Jahre – das war die Zeit, als er wundersame Vögel zeichnete, mit Menschenhänden und -füßen, und in der er an Schlaflosigkeit litt wie ein Erwachsener. Sein Vetter, heute ein berühmter Schachspieler. Und wieder er, etwa acht Jahre alt, schon schwer zu verstehen, voller Angst vor der Tapete im Flur, voller Angst vor einem bestimmten Bild in einem Buch, das einfach eine idyllische Landschaft darstellte, mit Felsblöcken an einem Berghang und einem alten Wagenrad, das am Ast eines kahlen Baumes hing. Zehn Jahre alt: das Jahr, in dem sie Europa verließen. Die Scham, das Mitleid, die demütigenden Schwierigkeiten, die hässlichen, gemeinen, zurückgebliebenen Kinder, mit denen er in dieser Sonderschule war. Und dann kam eine Zeit in seinem Leben, die mit einer langen Rekonvaleszenz nach einer Lungenentzündung zusammenfiel, als diese kleinen Phobien, die seine Eltern starrsinnig als Exzentrizitäten eines außerordentlich begabten Kindes angesehen hatten, sich zu einem undurchdringlichen Gewirr von logisch aufeinander einwirkenden Wahnvorstellungen verdichteten, die ihn dem normalen Verstand völlig unzugänglich machten.

Dies und noch vieles mehr nahm sie hin – denn schließlich bedeutete Leben, eine Freude nach der anderen zu verlieren, nicht einmal Freuden in ihrem Fall, sondern bloße Möglichkeiten einer Besserung. Sie dachte an die endlosen Wogen des Schmerzes, die ihr Mann und sie aus welchem Grund auch immer ertragen mussten; an die unsichtbaren Riesen, die ihren Jungen so unvorstellbar quälten; an das unabschätzbare Maß von Zärtlichkeit, das in der Welt enthalten ist; an das Schicksal dieser Zärtlichkeit, die entweder zerdrückt oder verschwendet oder in Wahnsinn verwandelt wird; an vernachlässigte Kinder, die in schmutzigen Winkeln vor sich hin summen; an schöne wilde Pflanzen, die sich vor dem Bauern nicht verstecken können und hilflos zusehen müssen, wie sein Schatten, affenartig vornübergebeugt, verstümmelte Blumen in den Fußstapfen zurücklässt, da die ungeheuerliche Dunkelheit naht.

3

Es war Mitternacht vorbei, als sie vom Wohnzimmer aus ihren Mann stöhnen hörte; schon taumelte er herein, über dem Nachthemd den alten Mantel mit dem Astrachankragen, den er seinem schönen blauen Bademantel bei weitem vorzog.

«Ich kann nicht schlafen», klagte er.

«Warum?», fragte sie. «Warum kannst du nicht schlafen? Du warst so müde.»

«Ich kann nicht schlafen, weil ich sterbe», sagte er und legte sich auf die Couch.

«Ist es dein Magen? Soll ich Dr. Solov anrufen?»

«Keine Ärzte, keine Ärzte», stöhnte er. «Zum Teufel mit den Ärzten! Wir müssen ihn da schleunigst herausholen. Sonst haben wir die Verantwortung. Die Verantwortung!», wiederholte er, setzte sich mit einem Ruck auf, beide Füße auf dem Boden, und schlug sich mit der geballten Faust an die Stirn.

«Schon gut», sagte sie ruhig, «wir werden ihn morgen früh nach Hause holen.»

«Ich möchte einen Tee», sagte ihr Mann und zog sich ins Badezimmer zurück. Sie bückte sich mühsam und hob ein paar Spielkarten auf und ein Photo oder zwei, die von der Couch auf den Boden gefallen waren: Herz-Bube, Pik-Neun, Pik-Ass. Elsa und ihr bestialischer Beau.[103]

Er kam in Hochstimmung zurück und sagte laut: «Ich habe mir schon alles überlegt. Wir geben ihm das Schlafzimmer. Jeder von uns kann einen Teil der Nacht bei ihm verbringen und den anderen Teil hier auf der Couch. Abwechselnd. Wir lassen mindestens zweimal in der Woche den Arzt kommen. Ganz gleich, was der Fürst dazu sagt. Er wird ohnehin nicht viel dagegen einzuwenden haben, weil es auf die Dauer billiger ist.»

Das Telephon läutete. Für ihr Telephon war es eine ungewöhnliche Zeit. Sein linker Hausschuh war ihm vom Fuß gerutscht, und er angelte mit Ferse und Zeh danach, während er mitten im Zimmer stand und kindisch und zahnlos seine Frau angaffte. Da sie mehr Englisch konnte als er, nahm sie die Telephongespräche an.

«Kann ich Charlie sprechen?», fragte die matte, kleine Stimme eines Mädchens.

«Welche Nummer wollen Sie? Nein. Das ist nicht die richtige Nummer.»

Der Hörer wurde sanft aufgelegt. Ihre Hand fühlte nach ihrem alten, müden Herzen.

«Hab ich einen Schreck bekommen», sagte sie.

Er lächelte flüchtig und nahm seinen erregten Monolog sofort wieder auf. Sie würden ihn holen, sobald der Tag anbrach. Die Messer würde man in einer Schublade verschlossen halten. Selbst im schlimmsten Zustand bedeutete er keine Gefahr für andere.

Das Telephon läutete zum zweiten Mal. Die gleiche tonlose, besorgte junge Stimme fragte nach Charlie.

«Sie haben die falsche Nummer. Ich werde Ihnen sagen, was Sie machen: Sie wählen den Buchstaben O statt der Null.»

Sie setzten sich zu ihrem unerwarteten festlichen Mitternachtstee nieder. Das Geburtstagsgeschenk stand auf dem Tisch. Er schlürfte geräuschvoll; sein Gesicht war gerötet; hin und wieder hob er das Glas und machte eine Kreisbewegung, um den Zucker besser aufzulösen. Deutlich zeichnete sich an der Seite seines kahlen Schädels, dort, wo sich ein großes Muttermal befand, eine vorspringende Ader ab, und obwohl er sich am Morgen rasiert hatte, bedeckte ein silbriger Stoppelbart sein Kinn. Während sie ihm ein zweites Glas Tee eingoss, setzte er die Brille auf und betrachtete noch einmal mit Vergnügen die leuchtenden gelben, grünen, roten kleinen Geleegläser. Seine ungeschickten feuchten Lippen buchstabierten die beredsamen Schildchen: Aprikosen, Weintrauben, Schlehen, Quitten. Er war bei Holzapfel, als das Telephon aufs neue läutete.

Erste Liebe

1

In den ersten Jahren dieses Jahrhunderts stand im Schaufenster eines Reisebüros auf dem Newskij-Prospekt das meterlange Modell eines eichenbraunen internationalen Schlafwagens. In seiner zierlichen Naturgetreuheit stellte es das bemalte Blech meiner Aufzieheisenbahnen völlig in den Schatten. Unglücklicherweise war es nicht verkäuflich. Im Innern konnte man die blaue Polsterung erkennen, die bossierte Lederverkleidung der Abteilwände, ihre polierte Holztäfelung, eingelassene Spiegel, tulpenförmige Leselampen und andere betörende Einzelheiten. Breite Fenster wechselten mit schmaleren, die einzeln oder paarweise angeordnet waren, und einige von den schmaleren hatten Milchglasscheiben. In mehreren Abteilen waren die Betten gemacht.

Der Nord-Express[104], in jenen Tagen noch groß und herrlich (nach dem Ersten Weltkrieg war er nie wieder der gleiche), bestand ausschließlich aus solchen Wagen, verkehrte nur zweimal die Woche und verband Petersburg mit Paris. Ich hätte gesagt: direkt mit Paris, wären die Reisenden nicht genötigt gewesen, einmal in einen ihm oberflächlich gleichenden Zug umzusteigen – an der russisch-deutschen Grenze (Wershbolowo-Eydtkuhnen), wo die normale europäische Spurweite von 1 m 435 mm die breite und behäbige russische von 1 m

524 mm ablöste und Kohle an die Stelle der Birkenscheite trat.

Am anderen Ende meines Geistes vermag ich mindestens fünf solcher Reisen nach Paris, deren endgültiges Ziel die Riviera oder Biarritz war, aus einem Knäuel zu lösen. Im Jahre 1909, das ich jetzt herausgreifen möchte, waren meine beiden kleinen Schwestern in der Obhut der Kindermädchen und Tanten zu Hause geblieben. Mit Handschuhen und einer Reisemütze saß mein Vater in einem Abteil, das er mit unserem Hauslehrer teilte, und las ein Buch. Ein Waschraum trennte sie von meinem Bruder und mir. Meine Mutter und ihr Mädchen hatten ein Abteil neben unserem. Der Ungerade unserer Reisegesellschaft, Ossip, der Diener meines Vaters (den die pedantischen Bolschewisten zehn Jahre später erschießen sollten, weil er sich unsere Fahrräder angeeignet hatte, statt sie dem Volk zu überlassen), teilte sein Coupé mit einem Fremden.

Im April jenes Jahres hatte Peary den Nordpol erreicht. Im Mai hatte Schaljapin in Paris gesungen. Im Juni hatte das Kriegsministerium der Vereinigten Staaten, beunruhigt von Gerüchten über neue und bessere Zeppeline, Reportern gegenüber etwas von Plänen für eine Luftflotte verlauten lassen. Im Juli war Blériot von Calais nach Dover geflogen (mit einer kleinen zusätzlichen Schleife, als er seine Richtung verlor). Jetzt war es Ende August. Die Tannen und Sümpfe Nordwestrusslands flogen vorüber und wichen am Tag danach den Kiefern, dem Sand und der Heide Deutschlands.

An einem herabklappbaren Tischchen spielten meine Mutter und ich ein Kartenspiel, das sich *duratschki* nannte. Obwohl es noch hell am Tage war, spiegelten sich im Fenster unsere Karten, ein Glas und auf einer anderen Ebene die Kofferschlösser. Durch Feld und Wald, in plötzlichen Hohlwegen und unter enteilenden Hütten spielten jene körperlosen Hasardeure unentwegt um unentwegt funkelnde Einsätze.

«*Ne budet-li, ty wed ustal* (hast du nicht genug, du bist doch müde)?», fragte meine Mutter und versank in Gedanken, während sie langsam die Karten mischte. Die Abteiltür stand offen, und ich konnte das Gangfenster sehen, wo die Drähte – sechs dünne schwarze Drähte – ihr Bestes taten, um anzusteigen, um sich himmelwärts zu schwingen, den blitzartigen Schlägen zum Trotz, die ihnen ein Telegraphenmast nach dem anderen versetzte; doch gerade wenn alle sechs in einem triumphalen Aufschwung rührender Begeisterung im Begriff standen, den oberen Rand des Fensters zu erreichen, holte ein besonders tückischer Schlag sie auf ihre vormalige Tiefe herunter, und sie mussten von vorn anfangen.

Wenn der Zug auf Reisen wie dieser durch irgendeine große deutsche Stadt kam, seine Geschwindigkeit zu einem würdigen Passgang minderte und Hausfassaden und Ladenschilder um ein Haar streifte, fühlte ich eine zweifache Erregung, wie sie mir die Zielbahnhöfe nie verschaffen konnten. Ich sah eine Stadt mit ihren Spielzeugstraßenbahnen, Linden und Ziegelmauern ins Abteil dringen, mit den Spiegeln schäkern und die Fenster auf der Seite des Ganges bis zum Rand füllen. Diese zwanglose Berührung von Zug und Stadt machte den einen Teil des Reizes aus. Der andere bestand darin, dass ich mich an die Stelle irgendeines Passanten versetzte, der – so stellte ich mir vor – ebenso entzückt war, wie ich es an seiner Stelle gewesen wäre, die langen, romantischen, nussbraunen Wagen mit ihren fledermausflügelschwarzen Harmonikas und ihren in der niedrigstehenden Sonne kupfern glänzenden Metallaufschriften gemächlich eine Eisenbahnbrücke, die über eine alltägliche Hauptstraße führte, überqueren und dann mit aufblitzenden Fenstern um einen letzten Häuserblock entschwinden zu sehen.

Diese optischen Amalgamierungen hatten auch ihre Kehrseiten. Der breitfenstrige Speisewagen, eine Allee keuscher Mineralwasserflaschen, mitraartig gefalteter Servietten und bunter Schokoladentafelattrappen (deren Hüllen – Cailler, Kohler und so weiter – nichts als Holz enthielten), schien nach den schwankenden blauen Gängen zunächst ein kühles Refugium; aber während die Mahlzeit auf ihr verhängnisvolles letztes Gericht zuging, ertappte man den Wagen immer wieder dabei, dass er mitsamt seinen taumelnden Kellnern rücksichtslos in die Landschaft gestoßen wurde, die ihrerseits eine komplizierte Folge von Bewegungen durchlief – ein Tagmond hielt beharrlich Schritt mit dem Teller, die fernen Wiesen öffneten sich wie Fächer, die nahen Bäume flogen auf unsichtbaren Schaukeln an den Bahndamm heran, ein Parallelgleis beging unversehens Selbstmord durch Anastomose[105], und eine Böschung blinzelnden Grases stieg und stieg und stieg, bis der kleine Zeuge durcheinandergeratener Geschwindigkeiten seine Portion *omelette aux confitures de fraises* wieder von sich geben musste.

Nachts jedoch wurde die *Compagnie Internationale des Wagons-Lits et des Grands Express Européens* dem Zauber ihres Namens erst wirklich gerecht. Von meinem Bett unter der Koje meines Bruders aus (schlief er? war er überhaupt da?) beobachtete ich im Halbdunkel unseres Abteils, wie sich Gegenstände und Teile von Gegenständen und Schatten und Stücke von Schatten behutsam hin und her bewegten, ohne irgendwohin zu gelangen. Leise knarrte und ächzte die Holztäfelung. Ein undeutliches Kleidungsstück an einem Haken und die Quaste einer blauen, doppelschaligen Nachtlampe schwangen neben der Tür zur Toilette im Takt hin und her. Es war schwer, eine Beziehung zwischen diesen zögernden Annäherungen, dieser verkappten Heimlichkeit und der ungestüm vorüberrauschenden Nacht draußen herzustellen, von der ich nur wusste, dass sie tatsächlich vorüberrauschte – funkengestreift und unlesbar.

Wenn ich einschlafen wollte, brauchte ich mir nur vorzustellen, ich sei der Lokomotivführer. Ein Gefühl schläfrigen Wohlbehagens durchströmte meine Adern, sobald ich alles wohlgeordnet wusste – die sorglosen Reisenden in ihren Abteilen waren die Fahrt zufrieden, die sie mir verdankten, sie rauchten, lächelten einander wissend zu, nickten und dösten; die Kellner und Köche und Schaffner (die ich irgendwo unterbringen musste) veranstalteten im Speisewagen ein Trinkgelage; und ich selber starrte rußig und mit einer Schutzbrille vor den Augen aus dem Lokführerstand auf die spitz zulaufenden Gleise, auf den rubinroten oder smaragdgrünen Punkt in der schwarzen Ferne. Und im Schlaf dann erblickte ich etwas ganz anderes – eine Glasmurmel, die unter einen Konzertflügel rollte, oder eine Spielzeuglokomotive, die auf der Seite lag und deren Räder sich munter weiterdrehten.

Manchmal, wenn der Zug seine Geschwindigkeit

drosselte, wurde der Strom meines Schlafs unterbrochen. Langsame Lichter stolzierten vorüber; jedes lugte im Vorbeigehen in denselben Spalt, und ein leuchtender Zirkel maß die Schatten. Kurz darauf hielt der Zug mit einem langgezogenen Westinghouse-Seufzer[106]. Irgendetwas (die Brille meines Bruders, wie sich am nächsten Tag herausstellte) fiel von oben herunter. Es war wunderbar aufregend, zum Fußende des Bettes zu kriechen, wobei man die Hälfte des Bettzeugs hinter sich her zerrte, um vorsichtig den Haken des Fenstervorhangs zu lösen, den man nur bis zur Hälfte des Fensters hochschieben konnte, da ihm die Kante des oberen Bettes im Wege war.

Wie die Monde um den Jupiter kreisten bleiche Nachtfalter um eine einsame Lampe. Auf einer Bank regte sich eine zergliederte Zeitung. Irgendwo im Zug konnte man gedämpfte Stimmen und ein behagliches Husten hören. Das Stück Bahnsteig vor mir war nicht besonders interessant, und dennoch konnte ich mich nicht von ihm losreißen, bis es sich von selbst zurückzog.

Am nächsten Morgen sagten mir missgestaltete Weiden, die einen radialen Graben säumten, oder eine ferne Pappelreihe, durch die sich ein milchigweißer Nebelstreifen zog, dass der Zug durch Belgien zuckelte. Um vier Uhr nachmittags war er in Paris, und selbst wenn wir nur eine Nacht dort blieben, hatte ich immer Zeit, mir irgendetwas zu kaufen – einen kleinen, ziemlich schlampig mit Silberfarbe angemalten Eiffelturm aus Messing zum Beispiel –, bevor wir am folgenden Mittag in den Süd-Express stiegen, der uns auf seinem Weg nach Madrid um zehn Uhr vormittags auf dem Bahnhof

Biarritz-La Négresse absetzte, einige Kilometer vor der spanischen Grenze.

2

Biarritz hatte seine Eigenart in jenen Tagen noch bewahrt. Staubige Brombeersträucher und *terrains à vendre* voller Unkraut säumten die Straße, die zu unserer Villa führte. Das Carlton-Hotel war noch im Bau. Etwa sechsunddreißig Jahre mussten noch verstreichen, bis Brigadegeneral Samuel McCroskey das königliche Appartement des Hôtel du Palais bezog,[107] eines Gebäudes, das auf dem Grundstück eines früheren Palastes steht, wo man in den sechziger Jahren jenes unerhört wendige Medium, Daniel Home[108], dabei überrascht haben soll, wie er mit seinem bloßen Fuß (in Nachahmung einer Geisterhand) das gütige, vertrauensvolle Gesicht der Kaiserin Eugénie streichelte. Auf der Promenade am Casino steckte eine ältliche Blumenfrau mit Kohleaugenbrauen und einem angemalten Lächeln die dicke Wulst einer Nelke behände in das Knopfloch eines angehaltenen Spaziergängers, dessen linke Wange sich noch königlicher faltete, wenn er auf die Blume hinunterschielte, die ihm da gewandt angesteckt wurde.

Auf dem hinteren Teil der *plage* standen die verschiedensten Strandstühle und -hocker, und auf ihnen saßen die Eltern der Kinder, die Strohhüte trugen und vorne im Sand spielten. Mich zum Beispiel konnte man auf den Knien mit dem Versuch beschäftigt sehen, einen gefundenen Kamm mit Hilfe eines Brennglases in Brand zu setzen. Die Männer hatten weiße Hosen an, die für heutige Begriffe aussähen, als seien sie in der Wäsche lächerlich eingelaufen; die Damen trugen in jener Saison leichte Mäntel mit Seidenaufschlägen, Hüte mit großem Kopf und weitem Rand, dicht bestickte weiße Schleier, Blusen mit Brustkrausen, Krausen an den Handgelenken, Krausen an den Sonnenschirmen. Die Brise machte einem die Lippen salzig. Mit gewaltiger Geschwindigkeit flatterte ein verirrter goldorangenfarbener Schmetterling über den wimmelnden Strand.

Für weitere Bewegung und weiteren Lärm sorgten die Verkäufer, die *cacahuètes*, kandierte Veilchen, himmlisch grünes Pistazieneis, Cachous[109] und riesige, konvexe Stücke einer trockenen, sandsteinartigen Masse aus einem niedrigen roten Fass feilboten. Mit einer Klarheit, die keine späteren Erinnerungsüberlagerungen getrübt haben, sehe ich den Waffelmann mit dem schweren Fass auf dem gebeugten Rücken durch den tiefen, mehligen Sand stapfen. Wenn man ihn rief, streifte er es mit einer Drehung des Gurtes von der Schulter, knallte es auf den Sand, wo es wie der Schiefe Turm von Pisa zu stehen kam, wischte sich das Gesicht mit dem Ärmel und setzte auf dem Fassdeckel eine Art Wahlvorrichtung mit einem Pfeil und Zahlen in Bewegung. Der Pfeil scharrte und schwirrte im Kreis herum. Fortuna war es überlassen, die Größe einer Waffel zu bestimmen, die man für einen Sou bekam. Je größer das Stück, desto mehr tat er mir leid.

Die Badeprozedur spielte sich an einem anderen Teil des Strandes ab. Berufsmäßige Bademeister, stämmige Basken in schwarzen Badeanzügen, waren zur Stelle, um den Damen und Kindern behilflich zu sein, sich der Schrecken der Brandung zu erfreuen. Ein solcher *bai-*

gneur stellte einen mit dem Rücken zur heranrollenden Welle und hielt einen an der Hand, wenn der steigende, wirbelnde Schwall schäumenden grünen Wassers von hinten auf einen niederging und den Füßen mit einem mächtigen Schlag den Halt nahm. Nach einem Dutzend derartiger Stürze führte der *baigneur*, selber glänzend wie ein Seehund, seinen keuchenden, fröstelnden, feucht schnüffelnden Schützling landwärts zum flachen Strand, wo eine unvergessliche alte Frau mit grauen Haaren auf dem Kinn einem unverzüglich einen Bademantel von mehreren aussuchte, die dort an einer Wäscheleine hingen. In der Sicherheit einer kleinen Kabine half einem ein weiterer Wärter, sich des triefenden, vom Sand schweren Badeanzugs zu entledigen. Er klatschte auf die Bretter, und immer noch zitternd vor Kälte trat man aus ihm heraus und trampelte auf seinen diffusen bläulichen Streifen herum. Die Badekabine roch nach Kiefernholz. Der Wärter, ein Buckliger mit vergnügt strahlenden Runzeln, brachte eine Schüssel dampfend heißen Wassers, in die man die Füße tauchte. Von ihm erfuhr ich etwas, das ich seitdem in einer gläsernen Zelle meines Gedächtnisses verwahre – dass Schmetterling in der baskischen Sprache *misericoletea* heißt – oder zumindest klang es so (unter den sieben Wörtern, die ich in Wörterbüchern gefunden habe, kommt *micheletea* ihm noch am nächsten[110]).

3

Auf dem brauneren und nasseren Teil der *plage*, der bei Ebbe den besten Schlamm lieferte, um Burgen damit zu bauen, geschah es, dass ich eines Tages Seite an Seite mit einem kleinen französischen Mädchen namens Colette buddelte.

Sie wurde zehn im November, ich war im April zehn geworden. Ich wies auf ein zackiges violettes Muschelstückchen hin, auf das sie mit der bloßen Sohle ihres schmalen, langzehigen Fußes getreten war. Nein, ich war kein Engländer. Ihre grünlichen Augen schienen mit dem Überschuss der Sommersprossen gesprenkelt, die die scharfen Züge ihres Gesichts bedeckten. Sie trug, was man heute einen Spielanzug nennen würde, ein blaues Trikothemd mit aufgekrempelten Ärmeln und kurze blaue Strickhosen. Ich hatte sie zunächst für einen Jungen gehalten, aber dann hatten mich das Armband um ihr schmales Handgelenk und die braunen Korkenzieherlocken, die unter ihrer Matrosenmütze hervorhingen, stutzig gemacht.

Ihre Sprache war ein jähes, vogelartiges, schnelles Gezwitscher, in dem sich Gouvernantenenglisch und Pariser Französisch vermengten. Zwei Jahre zuvor war ich auf dem gleichen Strand dem liebreizenden, sonnengebräunten Töchterchen eines serbischen Arztes zugetan gewesen; doch als ich Colette kennen lernte, wurde mir sogleich klar, dass dies jetzt das Richtige war. Colette schien mir so viel fremdartiger als meine anderen zufälligen Spielgefährten in Biarritz. Irgendwie gewann ich den Eindruck, dass sie weniger glücklich war als ich, dass man ihr weniger Liebe entgegenbrachte. Ein blauer Fleck auf ihrem zarten, flaumigen Unterarm gab zu schrecklichen Vermutungen Anlass. «Er kneift genauso doll wie Mammi», sagte sie und meinte einen Krebs. Ich entwarf verschiedene Pläne, um sie vor ihren Eltern in Sicherheit zu bringen, die *«des bourgeois de Paris»* waren, wie irgendjemand in meinem Beisein mit einem leichten Achselzucken zu meiner Mutter bemerkt hatte. Ich deutete mir die Geringschätzung auf meine Art, da ich wusste, dass diese Leute die ganze Strecke von Paris in ihrer gelb-blauen Limousine gekommen waren (ein mondänes Abenteuer in jener Zeit), Colette jedoch schäbigerweise in Begleitung ihres Hundes und ihrer Gouvernante mit dem Personenzug geschickt hatten. Der Hund war ein weiblicher Foxterrier mit Schellen am Halsband und einem höchst wedligen Hinterteil. Aus lauter Übermut leckte er Salzwasser aus Colettes Spielzeugeimer. Ich erinnere mich an das Segel, den Sonnenuntergang und den Leuchtturm, die auf diesem Eimer abgebildet waren, aber mir will der Name des Hundes nicht einfallen, und das lässt mir keine Ruhe.

Während unseres zweimonatigen Aufenthalts in Biarritz übertraf meine Liebe zu Colette beinahe meine Schmetterlingsleidenschaft. Da meine Eltern keinen Wert darauf legten, mit den ihren zusammenzutreffen, sah ich sie nur am Strand; doch unablässig waren meine Gedanken bei ihr. Wenn ich feststellte, dass sie geweint hatte, fühlte ich einen hilflosen Schmerz in mir aufwallen, der mir Tränen in die Augen trieb. Ich konnte die Mücken nicht umbringen, die ihren zarten schmalen Hals zerstochen hatten, aber ich konnte mich mit einem rothaarigen Jungen prügeln (und ich tat's), der ruppig zu ihr gewesen war. Sie pflegte mir warme

Hände voller harter Bonbons zu geben. Eines Tages, als wir uns zusammen über einen Seestern beugten und ihre Ringellocken mein Ohr kitzelten, drehte sie sich plötzlich zu mir um und drückte mir einen Kuss auf die Wange. Meine Bewegung war so groß, dass mir keine andere Antwort einfiel als: «Du Äffchen.»

Ich besaß eine Goldmünze, die ich ausreichend glaubte für unsere Flucht. Wohin wollte ich sie entführen? Nach Spanien? Amerika? In die Berge oberhalb Pau? *«Là-bas, là-bas, dans la montagne»*, wie ich Carmen in der Oper singen gehört hatte.[III] In einer merkwürdigen Nacht lag ich wach, lauschte auf das regelmäßige dumpfe Rauschen des Ozeans und schmiedete den Plan für die Flucht. Der Ozean schien sich in der Dunkelheit zu erheben, umherzutasten und dann schwer auf sein Gesicht zu fallen.

Von unserer eigentlichen Flucht habe ich wenig zu berichten. In meiner Erinnerung sehe ich, wie sie sich auf der Leeseite eines flatternden Zeltes gehorsam Leinenschuhe mit Hanfsohlen anzieht, dieweil ich ein zusammenklappbares Schmetterlingsnetz in eine braune Papiertüte stopfe. Als Nächstes sehe ich, wie wir, um der Verfolgung zu entgehen, ein stockdunkles Kino in der Nähe des Casinos betreten (das uns selbstverständlich absolut verboten war). Dort saßen wir, reichten uns über den Hund hinweg, der auf Colettes Schoß hin und wieder ein leises Geklingel hören ließ, die Hände und betrachteten uns einen zittrigen, verregneten, aber höchst aufregenden Stierkampf in San Sebastián. Endlich sehe ich noch, wie ich von meinem Lehrer die Promenade entlanggeführt werde. Seine langen Beine schreiten unheilverkündend forsch aus, und ich kann erkennen, wie sich die Muskeln seiner grimmig verzogenen Kinnbacken unter der straffen Haut bewegen. Mein bebrillter neunjähriger Bruder, den er an der anderen Hand hält, geht hin und wieder ein Stück voraus, um wie eine kleine Eule mit entsetzter Neugier zu mir herüberzublicken.

Unter den trivialen Andenken, die ich vor der Abreise in Biarritz erwarb, sind mir weder der kleine Stier aus schwarzem Stein noch die tönende Muschel die liebsten, sondern etwas, das mir heute fast symbolisch vorkommt – ein Federhalter aus Meerschaum mit einem winzigen kristallenen Guckloch an seinem verzierten Ende. Man hielt es ganz dicht vor das Auge, kniff das andere zu, und wenn einem dann auch die eigenen flimmernden Wimpern nicht mehr im Wege waren, erblickte man im Innern eine wunderbare photographische Ansicht der Bucht und der Klippenreihe, die mit einem Leuchtturm endete.

Und jetzt geschieht etwas Herrliches. Indem ich mir jenen Federhalter und den Mikrokosmos in seiner kleinen Öffnung wieder vorstelle, wird mein Gedächtnis zu einer letzten Anstrengung angespornt. Noch einmal versuche ich, mich an den Namen von Colettes Hund zu erinnern – und wirklich, er kommt, er kommt, jene fernen Ufer entlang, über die leuchtenden Abendsände der Vergangenheit, wo sich jeder Fußtapfen langsam mit Sonnenuntergangswasser füllt, widerhallend und tremolierend: Floss, Floss, Floss!

Colette war wieder in Paris, als wir unsere Heimreise dort für einen Tag unterbrachen; und ebendort sah ich sie (dank einer Übereinkunft unserer Erzieher, glaube ich) in einem rehbraunen Park unter einem kalten blauen Himmel zum letzten Male. Sie trug einen Reifen und einen kurzen Stock, um ihn vor sich herzutreiben, und alles an ihr war außerordentlich adrett und elegant, war herbstliche, pariserische *tenue-de-ville-pour-fillettes*. Von ihrer Gouvernante nahm sie ein Abschiedsgeschenk entgegen, das sie meinem Bruder in die Hand steckte, eine Schachtel Mandeldragees, die – das wusste ich – ganz allein für mich bestimmt waren; und schon war sie wieder fort, trieb mit leichten Schlägen ihren schimmernden Reifen durch Licht und Schatten und immer im Kreis um einen von welken Blättern verstopften Springbrunnen, neben dem ich stand. Das Laub vermengt sich in meiner Erinnerung mit dem Leder ihrer Schuhe und Handschuhe, und irgendeine Einzelheit ihrer Kleidung (vielleicht ein Band an ihrer Schottenmütze oder das Muster ihrer Strümpfe) erinnerte mich, so viel weiß ich noch, an die Regenbogenspirale in einer Glasmurmel. Immer noch scheine ich jenes schimmernde Wölkchen zu halten, ungewiss, wohin damit, während sie mit ihrem Reifen schneller und schneller um mich herumwirbelt und sich endlich zwischen den schlanken Schatten auflöst, die von den verschlungenen Bögen eines niedrigen Schleifenzaunes auf den Kiesweg geworfen werden.

Szenen aus dem Leben eines Doppelmonsters

Vor einigen Jahren stellte Dr. Fricke Lloyd und mir eine Frage, die ich jetzt zu beantworten suchen werde. Mit einem träumerischen Lächeln wissenschaftlichen Wohlgefallens streichelte er das fleischige Knorpelband, das uns verbindet – *omphalopagus diaphragmo-xiphodidymus*, wie Pancoast einen ähnlichen Fall bezeichnet hat –, und fragte, ob wir uns erinnern könnten, wie einem von uns oder beiden die Besonderheit unseres Zustands oder Schicksals zum allerersten Mal klar wurde. Alles, woran Lloyd sich erinnern konnte, war die Angewohnheit unseres Großvaters Ibrahim (oder Ahim oder Ahem – für das heutige Ohr verdrießliche Klumpen toter Laute!), anzufassen, was der Arzt anfasste, und es eine goldene Brücke zu nennen. Ich sagte nichts.

Unsere Kindheit wurde auf einem fruchtbaren Hügel über dem Schwarzen Meer verbracht, auf dem Bauernhof unseres Großvaters in der Nähe von Karaz[112]. Seine jüngste Tochter, die Rose des Ostens, des grauen Ahems Perle (in diesem Fall hätte der alte Schurke besser auf sie aufpassen können), war in einem Obstgarten am Straßenrand von unserem anonymen Erzeuger vergewaltigt worden und bald nach unserer Geburt gestorben – vor lauter Grauen und Kummer, stelle ich mir vor. Eine Sorte von Gerüchten nannte einen ungarischen Hausierer; eine andere gab einem deutschen

Vogelfänger den Vorzug oder irgendeinem Mitglied seiner Expedition – seinem Taxidermisten höchstwahrscheinlich. Brünette Tanten mit schweren Halsketten, deren weite Kleidung nach Rosenöl und Schaffleisch roch, widmeten sich mit ghulenhaftem Eifer den Bedürfnissen unserer monströsen Kindheit.

Bald hatte sich die erstaunliche Kunde in den kleinen Nachbardörfern herumgesprochen, und diese begannen, verschiedene neugierige Fremde auf unseren Hof zu entsenden. An Feiertagen konnte man sie sich gleich Pilgern auf bunten Bildern die Hänge unseres Berges heraufmühen sehen. Da kamen ein über zwei Meter großer Schäfer, ein kleiner Glatzkopf mit einer Brille, Soldaten und die länger werdenden Schatten der Zypressen. Auch Kinder kamen zu jeder Zeit und wurden von unseren argwöhnischen Pflegerinnen fortgejagt; aber fast jeden Tag gelang es irgendeinem kleinen Bengel mit schwarzen Augen und kurzgeschnittenem Haar in ausgeblichenen, dunkel geflickten blauen Hosen, durch das Gestrüpp aus Hartriegel, Heckenkirsche und verflochtenen Judasbäumen hindurch in den kopfsteingepflasterten Hof mit seinem träufelnden Springbrunnen zu kriechen, wo die beiden Kleinen, Lloyd und Floyd (wir trugen damals andere Namen voller krächzender Aspirata – aber gleichviel), ruhig dasaßen und zu Füßen einer weißgetünchten Mauer getrocknete Aprikosen kauten. Dann plötzlich erblickte das H ein I, die römische Zwei eine Eins, die Schere ein Messer.

Natürlich lässt sich die Wucht der Erkenntnis, so beunruhigend sie auch gewesen sein mag, nicht mit dem Schock vergleichen, den meine Mutter empfing (welche saubere Freude bedeutet übrigens dieser absichtliche

Gebrauch der possessiven Einzahl!). Sie muss gemerkt haben, dass sie von Zwillingen entbunden wurde; doch als sie erfuhr, dass die Zwillinge zusammengewachsen waren, wie sie es ohne Zweifel erfuhr – was empfand sie da? Bei jenen ungehemmten, unwissenden, leidenschaftlich mitteilsamen Leuten, die um uns waren, muss der überaus redselige Haushalt jenseits ihres zerwühlten Bettes ihr gewiss auf der Stelle zu verstehen gegeben haben, dass etwas Furchtbares passiert war; und es kann kein Zweifel daran bestehen, dass ihre Schwestern, außer sich vor Furcht und Mitleid, ihr das doppelte Baby zeigten. Ich behaupte nicht, dass eine Mutter ein solches Doppelwesen nicht lieben und über dieser Liebe den dunklen Tau seines unseligen Ursprungs vergessen könne; ich glaube nur, dass diese Mischung aus Abscheu, Mitgefühl und Mutterliebe, die sie empfand, zu viel für sie war. Beide Komponenten des gedoppelten Produkts vor ihrem starren Blick waren gesund und hübsch, hatten einen seidigen blonden Flaum auf ihren violettrosa Köpfen und wohlgeformte gummiartige Arme und Beine, die sich wie die vielen Gliedmaßen eines wunderbaren Seetiers bewegten. Jeder für sich war durchaus normal, doch zusammen bildeten sie ein Ungeheuer. Tatsächlich ist es sonderbar, sich zu vergegenwärtigen, dass das Vorhandensein eines bloßen Gewebebandes, eines Fleischlappens, der nicht größer ist als die Leber eines Lammes, imstande ist, Freude, Stolz, Zärtlichkeit, Bewunderung und Dankbarkeit gegenüber Gott in Entsetzen und Verzweiflung zu verwandeln.

Was uns anging, so war alles viel einfacher. Die Erwachsenen waren in jeder Hinsicht zu verschieden von uns, um irgendeinen Vergleich zuzulassen, aber unser erster gleichaltriger Besucher war für mich eine gelinde Offenbarung. Während Lloyd das vom Schrecken gepackte sieben- oder achtjährige Kind ungerührt betrachtete, das unter einem buckligen und ebenfalls spähenden Feigenbaum zu uns herüberspähte, wusste ich, wie ich mich erinnere, den wesentlichen Unterschied zwischen dem Neuankömmling und mir voll und ganz zu würdigen. Er warf einen kurzen blauen Schatten auf den Boden, ich auch; doch zusätzlich zu diesem skizzenhaften, flachen und veränderlichen Begleiter, den er und ich der Sonne verdankten und der bei trübem Wetter verschwand, besaß ich noch einen anderen Schatten, eine handgreifliche Spiegelung meines körperlichen Ichs, die ich zu meiner Linken ständig bei mir führte, wohingegen mein Besucher die seine irgendwie verloren oder losgehakt und zu Hause gelassen hatte. Lloyd und Floyd, zusammengewachsen, waren vollständig und normal; er war weder das eine noch das andere.

Doch um diese Sache so gründlich aufzuklären, wie sie es verdient, sollte ich vielleicht etwas von noch früheren Erinnerungen sagen. Wenn nicht die heutigen Gefühle jene der Vergangenheit verunreinigen, kann ich wohl für die Erinnerung an einen leichten Widerwillen bürgen. Kraft unserer Duplizität lagen wir ursprünglich einander frontal gegenüber, an unserem gemeinsamen Nabel miteinander verbunden, und in jenen ersten Jahren meines Lebens wurde mein Gesicht fortgesetzt von der harten Nase und den nassen Lippen meines Zwillingsbruders gestreift. Die Neigung, unsere Köpfe zurückzuwerfen und unsere Gesichter möglichst abzuwenden, war die natürliche Reaktion auf jene unangenehmen Berührungen. Die große Dehnbarkeit des Bandes, das uns zusammenhielt, erlaubte es, zueinander eine mehr seitliche Position einzunehmen, und als wir laufen lernten, watschelten wir in dieser Art Seite an Seite einher – es muss mühsamer erschienen sein, als es tatsächlich war, da wir wohl aussahen wie ein Paar betrunkener Zwerge, die sich gegenseitig stützten. Lange Zeit kehrten wir im Schlaf zu unserer embryonalen Haltung zurück; doch jedes Mal, wenn die Unannehmlichkeit, die sie mit sich brachte, uns weckte, rissen wir in wachem Abscheu und mit einem doppelten Klagelaut unsere Gesichter weg.

Ich bin entschieden der Ansicht, dass mit drei oder vier Jahren unsere Körper an ihrer plumpen Verbindung Anstoß nahmen, während unser Geist ihre Normalität nicht in Frage stellte. Und bevor wir noch geistig ihrer Nachteile gewahr wurden, fand die körperliche Intuition Mittel und Wege, sie zu mildern, und danach verwandten wir kaum noch einen Gedanken darauf. Alle unsere Bewegungen wurden zu einem überlegten Kompromiss zwischen dem Allgemeinen und dem Besonderen. Das Handlungsmuster, das von diesem oder jenem gemeinsamen Bedürfnis eingegeben wurde, bildete eine Art grauen, gleichmäßig gewebten, einhelligen Hintergrund, vor dem der besondere Impuls, seiner wie meiner, eine hellere und schärfere Bahn beschrieb; doch da er von den Kettfäden des Hintergrundmusters gelenkt wurde, verstieß er nie gegen die allgemeine Webart oder die Launen des Zwillingsbruders.

Ich rede im Augenblick lediglich von unserer Kindheit, als es sich die Natur noch nicht leisten konnte, unsere schwer errungene Lebenskraft durch irgendeinen Konflikt zwischen uns zu untergraben. In späteren Jahren hatte ich Anlass, zu bedauern, dass wir nicht umgekommen oder durch einen chirurgischen Eingriff getrennt worden waren, ehe wir über jenes anfängliche Stadium hinaus waren, in dem allein ein allgegenwärtiger Rhythmus, der wie ein fernes Tamtam im Dschungel unseres Nervensystems trommelte, verantwortlich war für die Regulierung unserer Bewegungen. Wenn sich zum Beispiel der eine von uns gerade nach einem hübschen Gänseblümchen bücken wollte und der andere sich im selben Augenblick emporreckte, um eine reife Feige zu pflücken, so hing der individuelle Erfolg davon ab, wessen Bewegung zufällig mit dem jeweiligen Iktus unseres gemeinsamen und stetigen Rhythmus übereinstimmte, während die unterbrochene Geste des einen Zwillingsbruders mit einem kurzen, veitstanzartigen Zittern in der bereicherten Welle der vollendeten Handlung des anderen aufging. Ich sage «bereichert», weil der Geist der ungepflückten Blume auch noch irgendwie da zu sein und zwischen den Fingern zu pulsieren schien, die sich um die Frucht schlossen.

Es konnte Zeiträume von Wochen und sogar Monaten geben, während deren der dominierende Takt häufiger auf Lloyds Seite war als auf meiner, und dann konnte eine Periode folgen, in der ich oben auf der Woge war; doch ich kann mich an keine Zeit unserer Kindheit erinnern, da Misserfolg oder Erfolg in solchen Dingen in einem von uns entweder Unwillen oder Stolz hervorgerufen hätten.

Irgendwo in meinem Innern jedoch muss es eine sensible Zelle gegeben haben, die Staunen empfand über die seltsame Tatsache einer Gewalt, die mich unversehens von dem Gegenstand eines beiläufigen Wunsches fortriss und hinschleppte zu anderen, gar nicht begehrten Dingen, die in den Bereich meines Willens gestoßen wurden, statt dass dieser bewusst seine Fangarme nach ihnen ausstreckte und sie ergriff. Wenn ich dieses oder jenes zufällig anwesende Kind beobachtete, das seinerseits Lloyd und mich anschaute, dachte ich also, wie ich mich erinnere, über eine zweifache Frage nach: erstens, ob vielleicht eine einfache Körperlichkeit vorteilhafter war als die unsere; und zweitens, ob *alle* anderen Kinder einfach waren. Es fällt mir jetzt auf, dass die Probleme, die mich beschäftigten, recht oft zwiefacher Art waren: Möglicherweise drang ein Rinnsal von Lloyds Gehirntätigkeit in mein Denken ein, und eine der beiden verknüpften Fragen war seine.

Als unser habsüchtiger Großvater Ahem beschloss, uns gegen Entgelt Besuchern zu zeigen, war unter den Scharen, die sich einfanden, immer ein Halunke, der begierig war, uns miteinander sprechen zu hören. Wie viele primitive Gemüter verlangte er, dass ihm seine Ohren bestätigten, was seine Augen sahen. Unsere Angehörigen tyrannisierten uns so, dass wir solchen Wünschen willfährig waren, und konnten nicht begreifen, was daran so qualvoll war. Wir hätten uns auf unsere Schüchternheit berufen können; aber die Wahrheit war, dass wir nie wirklich miteinander *sprachen*, selbst wenn wir alleine waren, denn die knappen, abgehackten Grunzlaute seltenen Protests, die wir bisweilen wechselten (wenn einer sich zum Beispiel gerade den Fuß aufgerissen hatte und verbunden worden war und der andere im Bach herumplantschen wollte), konnten schwerlich als Dialog gelten. Die Verständigung über einfache wesentliche Empfindungen zwischen uns vollzog sich wortlos: lose Blätter, die der Strom unseres gemeinsamen Blutes mit sich führte. Auch dünnen Gedanken gelang es, durchzuschlüpfen und vom einen zum anderen zu gelangen. Bedeutungsvollere behielt jeder für sich, aber selbst da kam es zu seltsamen Phänomenen. Darum habe ich den Verdacht, dass Lloyd seinem ruhigeren Temperament zum Trotz sich mit den gleichen neuen Wirklichkeiten auseinandersetzte, die mich verwirrten. Er vergaß viel, als er erwachsen wurde. Ich habe nichts vergessen.

Unser Publikum erwartete von uns nicht nur, dass wir miteinander sprachen, wir sollten auch zusammen spielen. Dummköpfe! Sie hatten ihren Spaß daran, dass wir unseren Verstand im Dame- oder *musla*-Spiel miteinander maßen. Wären wir zufällig verschiedenen Geschlechts gewesen, sie hätten uns vermutlich veranlasst, in ihrer Gegenwart Inzest zu begehen. Doch da gemeinsame Spiele zwischen uns nicht üblicher waren als Gespräche, litten wir subtile Qualen, wenn wir gezwungen waren, einen Ball irgendwo zwischen unseren Brustbeinen mit verkrampften Bewegungen hin- und herzuschleudern oder so zu tun, als wollte einer dem anderen einen Stock entreißen. Es trug uns stürmischen Beifall ein, wenn wir, die Arme einander um die Schultern gelegt, im Hof umherrannten. Wir konnten springen und herumwirbeln.

Ein Mann, der Patentmedizin verkaufte, ein kahlköpfiger kleiner Kerl in einer schmuddelig weißen russischen Bluse, der etwas Türkisch und Englisch konnte, brachte uns Sätze in diesen Sprachen bei; dann mussten wir unsere Kenntnisse einem faszinierten Publikum vorführen. Die glühenden Gesichter verfolgen mich immer noch in meinen Albträumen, denn sie erscheinen immer, wenn ein Traumregisseur Komparsen braucht. Ich sehe den riesigen, bronzegesichtigen Schäfer in den bunten Lumpen wieder, die Soldaten aus Karas, den einäugigen, buckligen armenischen Schneider (er selber in seiner Art ein Ungeheuer), die kichernden Mädchen, die seufzenden alten Frauen, die Kinder, die jungen Leute in westlicher Kleidung – brennende Augen, weiße Zähne, schwarz klaffende Münder; und natürlich Großvater Ahem mit seiner Nase aus gelbem Elfenbein und seinem Bart aus grauer Wolle, der das Treiben beaufsichtigte oder das schmutzige Papiergeld zählte und seinen dicken Daumen befeuchtete. Der Linguist, der mit der bestickten Bluse und der Glatze, machte einer meiner Tanten den Hof, ließ jedoch nicht ab, Ahem durch seine Stahlbrille neidisch zu beobachten.

Mit neun Jahren war mir völlig klar, dass Lloyd und ich die seltenste aller Missgeburten vorstellten. Dieses Wissen rief in mir weder besondere Begeisterung noch besondere Scham hervor; doch einmal verkündete eine hysterische Köchin, eine Frau mit einem Schnurrbart, die uns in ihr Herz geschlossen hatte und unser Los bedauerte, mit einem fürchterlichen Fluch, sie werde uns auf der Stelle mit einem blitzenden Messer, welches sie plötzlich schwang, auseinandersäbeln (sie wurde sofort von unserem Großvater und einem unserer neuerworbenen Onkel überwältigt); und nach diesem Vorfall spielte ich oft mit einem müßigen Wachtraum – und zwar malte ich mir aus, ich wäre von dem armen Lloyd getrennt, dem seine Monstrosität irgendwie verblieben war.

Für jene Säbelei hatte ich nichts übrig, und die Art und Weise der Trennung blieb auf jeden Fall sehr unbestimmt; doch deutlich stellte ich mir vor, dass meine Fesseln plötzlich wegschmolzen und ich mich leicht fühlte und nackt. Ich stellte mir vor, wie ich über den Zaun kletterte – einen Zaun, auf dessen Latten die gebleichten Schädel von Haustieren steckten – und zum Strand hinunterging. Ich sah mich von Felsblock zu Felsblock springen und in die glitzernde See tauchen und wieder ans Ufer klettern und mit anderen nackten Kindern toben. Des Nachts träumte ich davon – ich sah mich vor meinem Großvater fliehen und ein Spielzeug, eine junge Katze oder eine kleine Krabbe mitnehmen, die ich links an meinen Leib drückte. Ich sah, wie ich dem armen humpelnden Lloyd begegnete, der hoffnungslos an einen humpelnden Zwillingsbruder gefesselt war, während ich selber frei war, um sie herumzutanzen und sie auf ihre demütigen Rücken zu klopfen.

Ich frage mich, ob Lloyd etwa ähnliche Vorstellungen hatte. Ärzte haben die Vermutung geäußert, dass wir in unseren Träumen unseren Geist gelegentlich vereinten. Eines graublauen Morgens hob er einen Zweig auf und zeichnete ein Schiff mit drei Masten in den Staub. Die Nacht zuvor hatte ich mich selbst das gleiche Schiff in den Staub meines Traumes zeichnen sehen.

Ein weiter schwarzer Schäfermantel bedeckte unsere Schultern, und da wir auf dem Boden hockten, war bis auf unsere Köpfe und Lloyds Hand alles unter seinen fallenden Falten versteckt. Gerade war die Sonne aufgegangen, und die scharfe Märzluft war wie Schicht auf Schicht halbdurchsichtigen Eises, durch welches hindurch die krummen, in rauer Blüte stehenden Judasbäume verwischte purpurrosa Flecken machten. Das lange, niedrige weiße Haus hinter uns, voll von fetten Frauen und ihren stinkenden Männern, lag noch in festem Schlaf. Wir sagten nichts; wir sahen uns nicht einmal an; aber Lloyd warf seinen Zweig fort und legte mir den rechten Arm um die Schulter, wie immer, wenn er wünschte, dass wir schnell gingen; und während der Saum unseres gemeinsamen Umhangs über welkes Unkraut schleifte und Kiesel unter unseren Füßen wegsprangen, liefen wir auf die Zypressenallee zu, die hinunter zur Küste führte.

Es war unser erster Versuch, an das Meer zu gelangen, das wir von unserer Hügelkuppe aus sanft glitzern sehen konnten, fern und träge und lautlos an schimmernden Felsen brechend. Ich brauche mein Gedächtnis nicht anzustrengen, um unsere stolpernde Flucht zeitlich an einem entscheidenden Wendepunkt unseres Schicksals zu lokalisieren. Einige Wochen zuvor, an unserem zwölften Geburtstag, hatte Großvater Ibrahim angefangen, mit dem Gedanken zu spielen, uns in Gesellschaft unseres neuesten Onkels auf eine sechsmonatige Tournee durch das Land zu schicken. Sie feilschten lange um die Bedingungen, zankten und prügelten sich sogar, und Ahem hatte die Oberhand behalten.

Wir fürchteten unseren Großvater und verabscheuten Onkel Novus. Vermutlich fühlten wir dumpf und hilflos (denn wir wussten nichts vom Leben, merkten aber dunkel, dass Onkel Novus darauf aus war, Großvater zu betrügen), dass wir einen Versuch machen sollten, etwas zu unternehmen, damit wir nicht von einem Schausteller wie Affen oder Adler in einem fahrbaren Käfig herumgeführt würden; oder vielleicht bestimmte uns nur der Gedanke, dass dies unsere letzte Gelegenheit wäre, unser bisschen Freiheit selber zu genießen und zu tun, was uns absolut verboten war: weiter zu gehen als bis zu einem bestimmten Lattenzaun, ein bestimmtes Tor zu öffnen.

Jenes wackelige Tor zu öffnen, fiel uns nicht schwer, doch es gelang uns nicht, es in seine frühere Stellung zurückzuschwingen. Ein schmutzig weißes Lamm mit bernsteinfarbenen Augen und einem auf seine harte flache Stirn gemalten karminroten Zeichen folgte uns eine Weile, ehe es sich im Eichengestrüpp verlor. Etwas tiefer, aber dennoch hoch über dem Tal, mussten wir eine Straße überqueren, welche um den Hügel herumlief und unseren Hof mit der Landstraße verband, die der Küste folgte. Hufgeklapper und Räderscharren kamen von oben her näher; und wir ließen uns mitsamt Umhang hinter einen Busch fallen. Als das Rumpeln verklang, überquerten wir die Straße und gingen auf einem unkrautbewachsenen Hang weiter. Die silbrige See verbarg sich allmählich hinter Zypressen und den Resten alter Steinmauern. Unsere schwarze Pelerine begann sich heiß und schwer anzufühlen, dennoch harrten wir unter ihrem Schutz aus, da wir fürchteten, dass sonst irgendein Vorübergehender unser Gebrechen bemerken würde.

Wir erreichten die Landstraße, waren nur ein paar Schritte von der hörbaren See entfernt – und dort stand ein uns wohlbekannter Wagen und wartete auf uns, ein karrenähnliches Gefährt auf hohen Rädern, und Onkel Novus stieg gerade vom Kutschbock. Der verschlagene, dunkle, ehrgeizige, skrupellose Mann! Ein paar Minuten vorher hatte er uns von einer der Terrassen des großelterlichen Hauses aus erblickt und der Versuchung nicht widerstehen können, sich diese Eskapade zunutze zu machen, die ihm wunderbarerweise ermöglichte, uns ohne Zank oder Geschrei in seine Gewalt zu bekommen. Er fluchte auf die beiden furchtsamen Pferde und half uns barsch in den Karren. Dann duckte er unsere Köpfe und drohte, uns wehzutun, falls wir versuchten, unter unserem Umhang hervorzuspähen. Lloyds Arm lag noch um meine Schulter, doch ein Stuckern des Karrens schüttelte ihn ab. Jetzt knirschten und rollten die Räder. Es dauerte eine Weile, bis uns klar wurde, dass unser Kutscher uns nicht nach Hause brachte.

Zwanzig Jahre sind seit jenem grauen Frühlingsmorgen verstrichen, doch mein Gedächtnis hat ihn viel besser bewahrt als manches spätere Ereignis. Immer von neuem lasse ich ihn wie einen Filmstreifen vor meinen Augen ablaufen, wie ich es bei großen Jongleuren gesehen habe, wenn sie ihren Auftritt überprüfen. So überprüfe ich alle Phasen und Umstände und beiläufigen Einzelheiten unserer misslungenen Flucht – die Erregung am Anfang, das Tor, das Lamm, den schlüpfrigen Hang unter unseren täppischen Füßen. Den Drosseln, die wir aufscheuchten, müssen wir mit jenem schwarzen Umhang, aus dem auf dünnen Hälsen unsere beiden kahlgeschorenen Köpfe herausragten, einen höchst ungewöhnlichen Anblick geboten haben. Die Köpfe wandten sich misstrauisch hierhin und dorthin, als die Küstenstraße endlich erreicht war. Wäre in diesem Augenblick ein unternehmender Fremder von seinem Boot in der Bucht an Land gestiegen, es hätte ihm gewisslich einen Schauer archaischen Entzückens versetzt, sich in einer Landschaft von Zypressen und weißen Steinen einem gutartigen mythologischen Ungetüm gegenüberzusehen. Er hätte es angebetet, hätte Tränen der Wehmut vergossen. Aber ach, niemand war da, uns zu begrüßen, niemand außer jenem ängstlichen Gauner, unserem nervösen Entführer, einem Mann von kleinem Wuchs mit einem Puppengesicht und einer billigen Brille, deren eines Glas von einem Stückchen Heftpflaster zusammengehalten wurde.

Die Schwestern Vane

1

Möglicherweise hätte ich nie von Dianas Tod erfahren, wäre ich an jenem Abend nicht D. in die Arme gelaufen, den ich seit etwa vier Jahren ebenfalls aus den Augen verloren hatte; und D. wäre ich möglicherweise niemals in die Arme gelaufen, wenn ich mich nicht in eine Reihe trivialer Untersuchungen verwickelt hätte.

Der Tag, ein reumütiger Sonntag nach einer Woche von Schneestürmen, war halb Juwel, halb Matsch gewesen. Mitten während meines üblichen Nachmittagsspazierganges durch die kleine hügelige Stadt, die zu dem Mädchen-College gehört, an dem ich französische Literatur unterrichtete, war ich stehen geblieben, um eine Familie glänzender Eiszapfen zu beobachten, die an der Dachtraufe einer Holzvilla hingen und fortgesetzt tropften. So scharf umrissen waren ihre zugespitzten Schatten auf den weißen Brettern hinter ihnen, dass ich sicher war, auch die Schatten der fallenden Tropfen müssten zu sehen sein. Doch sie waren es nicht. Vielleicht sprang das Dach zu weit vor, oder mein Blickwinkel war der falsche, oder ich beobachtete nicht den richtigen Eiszapfen, wenn der richtige Tropfen fiel. Es gab einen Rhythmus, eine bestimmte Abfolge in dem Getropfe, die ich so rätselhaft fand wie ein Münzenkunststück. Das veranlasste mich, die Ecken mehrerer Häuserblocks in Augenschein zu nehmen, und dies wiederum führte mich zur Kelly Road und genau zu dem Haus, das D. bewohnt hatte, als er hier Dozent war. Und als ich zu der Dachrinne der benachbarten Garage aufsah, die ihre transparenten Stalaktiten samt ihren blauen Silhouetten im Rücken voll und reichlich zur Schau stellte, wurde ich endlich, als ich mir einen von ihnen aussuchte, durch den Anblick dessen belohnt, was man als den Punkt eines Ausrufezeichens beschreiben könnte, der seine normale Position verlässt, um sehr rasch abwärtszugleiten – eine Winzigkeit rascher als der Tauwassertropfen, mit dem er um die Wette lief. Dieses geminierte Gehusche war wohl reizvoll, jedoch nicht völlig zufriedenstellend; oder vielmehr, es verschärfte nur noch meinen Appetit auf andere Licht- und Schattenleckerbissen, und ich ging in einem Zustand wunder Empfänglichkeit weiter, der mein ganzes Wesen in einen einzigen großen Augapfel zu verwandeln schien, welcher sich in der Augenhöhle der Welt bewegte.

Durch irisierende Wimpern hindurch erblickte ich die blendende diamantene Spiegelung der niedrig stehenden Sonne auf dem runden Rücken eines geparkten Autos. Dingen aller Art hatte der Schwamm des Tauwetters einen lebendigen bildlichen Sinn zurückgegeben. In übergreifenden Festons floss Wasser eine leicht abschüssige Straße hinunter und bog zierlich in eine andere ein. Mit einem winzigen Anflug verführerischer Suggestivität entblößten schmale Durchgänge zwischen Gebäuden ihre Ziegel- und Purpurschätze. Zum ersten Mal bemerkte ich die bescheidene Kannelierung – letzte Echos der Säulenschaftkannelüren –, die einen Abfalleimer zierte, und ich sah gleichfalls die Riffelung seines Deckels – Kreise, die von einem phantastischen alten Mittelpunkt ausgingen. Aufrechte, dunkelhäutige Gestalten aus totem Schnee (am vergangenen Freitag von den Pflugscharen eines Bulldozers zurückgelassen) standen aufgereiht wie rudimentäre Pinguine an den Bordschwellen über der glänzenden Vibration lebendiger Rinnsteine.

Ich ging hin, ich ging her, und ich ging geradewegs in einen zart dahinsterbenden Himmel hinein, und die Folge der beobachteten und beobachtenden Dinge führte mich schließlich zu meiner üblichen Essenszeit in eine Straße, die so weit von meiner üblichen Gaststätte entfernt lag, dass ich mich entschloss, es mit einem Restaurant am Stadtrand zu versuchen. Die Nacht war laut- und zeremonielos hereingebrochen, als ich wieder heraustrat. Der hagere Geist, der verlängerte Schatten, den eine Parkuhr auf einen Rest feuchten Schnees warf, war seltsam rötlich getönt; das, so stellte ich fest, war auf die gelbbraun-rote Restaurantleuchtschrift über dem Bürgersteig zurückzuführen; und in diesem Augenblick – als ich fortschlenderte und mich einigermaßen ermattet fragte, ob ich wohl das Glück hätte, auf meinem Rückweg das Gleiche in Neonblau zu finden – in diesem Augenblick geschah es, dass neben mir ein Auto knirschend zum Stillstand kam und D. mit einem Ausruf geheuchelter Freude ausstieg.

Auf dem Wege von Albany nach Boston hatte es ihn durch die Stadt geführt, in der er vormals gewohnt hatte, und mehr als einmal in meinem Leben habe ich jenen Stich stellvertretenden Gefühls empfunden, gefolgt von einer Aufwallung persönlicher Gereiztheit gegenüber Reisenden, die allem Anschein nach überhaupt nichts fühlen, wenn sie Orte wieder aufsuchen, die sie bei jedem Schritt mit klagenden und kummervollen Erinnerungen peinigen sollten. Er führte mich zurück in die Bar, die ich gerade verlassen hatte, und nach dem üblichen Austausch heiterer Plattitüden kam das unvermeidliche Vakuum, das er mit den zufälligen Worten ausfüllte: «Hören Sie, ich dachte nie, dass mit Diana Vanes Herz irgendetwas nicht in Ordnung sei. Mein Rechtsanwalt berichtete mir, dass sie vorige Woche gestorben ist.»

2

Er war noch jung, noch übermütig, noch unstet, noch verheiratet mit der sanften, ausnehmend hübschen Frau, die niemals etwas erfahren oder geahnt hatte von seiner unheilvollen Affäre mit Dianas hysterischer junger Schwester, welchselbe ihrerseits nichts von meiner Unterredung mit Diana gewusst hatte, als diese mich plötzlich nach Boston rief, um mir den Schwur abzunehmen, dass ich mit D. reden und für seinen «Hinauswurf» sorgen würde, falls er seine Beziehungen zu Sybil nicht sofort abbräche – oder aber sich von seiner Frau scheiden ließe (die sie übrigens durch das Prisma von Sybils wildem Gerede hindurch als eine übellaunige und hässliche Person sah). Ich hatte ihn unverzüglich gestellt. Er hatte gesagt, es gäbe keinen Grund, sich Sorgen zu machen – er hätte sich sowieso entschlossen, seine Stellung am College aufzugeben und mit seiner Frau nach Albany zu ziehen, wo er in der Firma seines Vaters arbeiten würde; und die ganze Angelegenheit, aus der eine jener hoffnungslos verwickelten Situationen zu werden gedroht hatte, die sich über Jahre hinschleppen und die endlos von peripheren Grüppchen wohlmeinender Freunde in universaler Heimlichkeit betratscht werden – von Freunden, die untereinander sogar neue Intimitäten auf eine fremde Not gründen –, die ganze Angelegenheit fand ein abruptes Ende.

Ich erinnere mich, wie ich am Tag darauf an meinem erhöhten Pult in dem großen Hörsaal saß, wo am Vorabend von Sybils Selbstmord eine Semesterprüfung in französischer Literatur stattfand. Sie kam auf hohen Absätzen mit einem Koffer herein, warf ihn in eine Ecke, wo mehrere andere Taschen gestapelt waren, ließ mit einem einzigen Achselzucken ihren Pelzmantel von ihren schmalen Schultern gleiten, legte ihn auf ihrem Köfferchen zusammen und blieb mit zwei oder drei anderen Mädchen vor meinem Tisch stehen, um zu fragen, wann ich ihnen ihre Zensuren zuschicken würde. Ich würde eine Woche brauchen, von morgen an gerechnet, sagte ich, das Zeug durchzulesen. Ich erinnere mich auch, dass ich mich fragte, ob D. ihr seinen Entschluss bereits mitgeteilt hätte – und ich bedauerte meine pflichteifrige kleine Studentin aufs heftigste, als mein Blick während einhundertundfünfzig Minuten immer wieder zu ihr zurückkehrte, die so kindlich schmächtig war in ihrem eng anliegenden Grau, und als ich jenes sorgfältig gewellte dunkle Haar beobachtete, jenen kleinen, kleingeblümten Hut mit einem kleinen hyalinen Schleier, wie er in jener Saison getragen wurde, und darunter ihr kleines Gesicht, das eine Hautkrankheit in ein kubistisches Narbenmuster aufgebrochen hatte; es war rührend von einem Höhensonnenteint verdeckt, welcher ihre Züge härter wirken ließ, deren Charme weiterhin darunter litt, dass sie alles angemalt hatte, was angemalt werden konnte, sodass das bleiche Zahnfleisch zwischen ihren kirschroten rissigen Lippen und die verdünnte blaue Tinte ihrer Augen unter schattierten Lidern die einzigen Öffnungen zu ihrer Schönheit waren.

Als ich am Tag darauf die hässlichen Kolleghefte alphabetisch sortiert hatte, stürzte ich mich in ihr Chaos von Schriftzügen und gelangte vorzeitig zu Valevsky und Vane, deren Hefte ich irgendwie falsch eingeordnet hatte. Das erste hatte sich für den Anlass mit einem Anschein von Leserlichkeit herausstaffiert, Sybils Arbeit indessen wies ihre übliche Kombination mehrerer Dämonenhandschriften auf. Sie hatte mit einem sehr blassen, sehr harten Bleistift angefangen, der die freie Rückseite mit einer auffälligen Prägeschrift versehen, auf der Vorderseite jedoch wenig von bleibendem Wert hinterlassen hatte. Glücklicherweise war die Spitze bald abgebrochen, und Sybil war mit einer anderen, dunkleren Mine fortgefahren, die allmählich in eine unscharfe Breite überging, welche fast wie Holzkohle aussah und zu der Sybil durch Lutschen an der stumpfen Seite einige Spuren von Lippenstift beigetragen hatte. Obwohl noch schlechter, als ich ohnehin erwartet hatte, trug ihre Arbeit alle Anzeichen von verzweifelter Gewissenhaftigkeit, mit Unterstreichungen, Umstellungen, überflüssigen Fußnoten, als wäre sie darauf bedacht gewesen, alles in der denkbar anständigsten Weise zum Abschluss zu bringen. Dann hatte sie sich Mary Valevskys Füllfederhalter ausgeliehen und hinzugefügt: «*Cette examain est finie ainsi que ma vie. Adieu, jeunes filles!* Bitte, *Monsieur le Professeur*, setzen Sie sich mit *ma sœur* in Verbindung und sagen Sie ihr, dass der Tod nicht besser war als die Note D minus, aber entschieden besser als das Leben minus D.»[113]

Ich verlor keine Zeit mit meinem Anruf bei Diana, die mir sagte, dass alles vorbei sei – vorbei schon seit acht Uhr früh –, und mich bat, ihr jenes Heft zu bringen; und die, als ich es ihr brachte, durch ihre Tränen hindurch vor stolzer Bewunderung («das sieht ihr ähnlich!») für den launigen Gebrauch strahlte, den Sybil von einer Prüfung in französischer Literatur gemacht hatte. In kürzester Zeit hatte sie zwei Highballs bereitet, ohne sich dabei auch nur für einen Augenblick von Sybils Heft zu trennen – das inzwischen fleckig war von Sodawasser und Tränen –, und fuhr fort, die Todesbotschaft zu studieren, woraufhin ich mich veranlasst sah, sie auf die darin enthaltenen grammatischen Fehler hinzuweisen und zu erklären, wie das Wort «Mädchen» an amerikanischen Colleges übersetzt wird, damit die Studentinnen nicht unschuldig mit dem französischen Äquivalent für «Dirne» oder Schlimmerem um sich werfen. Diese ziemlich geschmacklosen Trivialitäten gefielen Diana enorm, als sie keuchend über die wogende Oberfläche ihres Schmerzes emportauchte. Und jenes schlaffe Heft in der Hand haltend, als wäre es eine Art Pass für ein zwangloses Elysium (wo Bleistiftspitzen nicht abbrechen und eine verträumte junge Schönheit mit makellosem Teint eine Locke ihres Haars um einen verträumten Zeigefinger wickelt, während sie über einer himmlischen Prüfungsaufgabe grübelt), führte mich Diana hinauf in ein kühles kleines Schlafzimmer, nur um mir – als wäre ich die Polizei oder ein mitfühlender irischer Nachbar – zwei Tablettenfläschchen und das zerwühlte Bett zu zeigen, aus dem ein zarter, unwesentlicher Körper, den D. einschließlich seines letzten samtenen Details gekannt haben musste, bereits entfernt worden war.

3

Der Tod ihrer Schwester lag vier oder fünf Monate zurück, als ich Diana recht häufig zu sehen begann. Während ich nach New York gekommen war, um in den Ferien einige Forschungsarbeit in der *Public Library* zu erledigen, war auch sie in diese Stadt gezogen, wo sie aus irgendeinem wunderlichen Grund (der, wie ich vermute, vage mit künstlerischen Absichten zusammenhing) eine «Kaltwasser»-Wohnung gemietet hatte, wie Leute, die immun gegen Gänsehaut sind, das nennen, weit unten in der Skala der Querstraßen von Manhattan. Was mich anzog, war weder ihre Art, die ich abstoßend lebhaft fand, noch ihr Aussehen, das anderen Männern bemerkenswert vorkam. Sie hatte weit auseinanderliegende Augen, denen ihrer Schwester sehr ähnlich, von einem offenen, ängstlichen Blau mit strahlig angeordneten dunklen Punkten. Der Raum zwischen ihren dichten schwarzen Augenbrauen glänzte immer, und ebenso glänzten die fleischigen Voluten ihrer Nasenflügel. Die grobe Textur ihrer Epidermis wirkte fast männlich, und in dem nackten Lampenlicht ihres Studios war es, als starrten einen die Poren ihres zweiunddreißigjährigen Gesichts an wie etwas in einem Aquarium. Kosmetika verwendete sie ebenso gerne und reichlich wie einst ihre jüngere Schwester, jedoch mit einer zusätzlichen Schlampigkeit, die dazu führte, dass auch ihre großen Vorderzähne etwas von dem Rouge abbekamen. Sie war hübsch in ihrer Dunkelheit, trug eine nicht zu geschmacklose Mischung einigermaßen schicker heterogener Kleidungsstücke und hatte eine sogenannte gute Figur; aber alles an ihr war seltsam liederlich, in einer Weise, die ich dunkel mit linken Begeisterungen in der Politik und «progressiven» Banalitäten in der Kunst in Zusammenhang brachte, obwohl sie in Wirklichkeit weder für das eine noch das andere etwas übrighatte. Ihre lockige Frisur auf der Basis von Scheitel und Haarknoten hätte wild und bizarr wirken können, wäre sie nicht von ihrer eigenen sanften Ungepflegtheit am verletzlichen Nacken gründlich gezähmt worden. Ihre Fingernägel waren knallig lackiert, aber merklich angeknabbert und nicht sauber. Ihre Liebhaber waren ein schweigsamer junger Photograph, der plötzlich aufzulachen pflegte, und zwei ältere Männer, Brüder, die eine kleine Druckerei gegenüber besaßen. Ich wunderte mich über deren Geschmack, wenn ich mit einem geheimen Schauder das Kreuz und Quer der schwarzen Haare erblickte, das an ihren bleichen Schienbeinen unter dem Nylon mit der wissenschaftlichen Deutlichkeit eines unter Glas gepressten Präparats sichtbar war; oder wenn ich bei jeder ihrer Bewegungen die stumpfe, abgestandene, nicht besonders auffällige, aber alles durchdringende und deprimierende Emanation spürte, die ihr selten gebadetes Fleisch unter müden Parfums und Cremes verbreitete.

Ihr Vater hatte den größten Teil eines bequemen Vermögens verspielt, und der erste Mann ihrer Mutter war slawischer Abkunft gewesen, aber sonst gehörte

Diana Vane zu einer guten, respektablen Familie. Was wissen wir – vielleicht ging sie zurück auf Könige und Wahrsager in den Nebeln entlegenster Inseln. In eine neuere Welt versetzt, in eine Landschaft zum Tode verurteilter herrlicher Laubbäume, bot ihre Ahnenschaft in einer ihrer ersten Phasen eine weiße Kirche voller Farmer vor einer schwarzen Gewitterwolke und dann eine imponierende Schar von Städtern in verschiedenen kaufmännischen Tätigkeiten sowie eine Anzahl Gelehrter, Leute wie Dr. Jonathan Vane, den hageren Langweiler (1780–1839), der in der Feuersbrunst auf dem Dampfschiff «Lexington»[114] ums Leben kam, um später ein Habitué an Dianas rückendem Tisch zu werden. Ich habe mir immer gewünscht, die Genealogie auf den Kopf zu stellen, und hier habe ich eine Gelegenheit dazu, denn es ist der letzte Nachkomme, Diana, und Diana ganz allein, der in der Dynastie der Vanes von irgendeiner Bedeutung bleiben wird. Natürlich meine ich ihre künstlerische Begabung, ihre entzückenden, frohen, allerdings nicht sehr populären Gemälde, die die Freunde ihrer Freunde in langen Zeitabständen ankauften – und ich wüsste sehr gern, wohin sie nach ihrem Tode wanderten, diese ehrlichen und poetischen Bilder, die ihre Wohnzimmer illuminierten – die wundervoll detaillierten Bilder metallischer Dinge und mein Lieblingsstück *Durch eine Windschutzscheibe gesehen* – eine teilweise mit Reif bedeckte Windschutzscheibe mit einem glitzernden Rinnsal (von einem imaginären Wagendach herkommend) über ihrem durchsichtigen Teil und, durch alles dies hindurch, die Saphirflamme des Himmels und eine grüne und weiße Tanne.

4

Diana hatte das Gefühl, dass ihre tote Schwester nicht ganz mit ihr zufrieden sei – dass sie inzwischen herausbekommen habe, wie sie und ich uns verschworen hatten, ihrer Affäre ein Ende zu bereiten; und um ihren Schatten freundlich zu stimmen, ging Diana zu einer ziemlich primitiven Art ritueller Opferung über (die indessen eine Spur von Sybils Humor enthielt) und begann, an D.s Geschäftsadresse zu absichtsvoll unbestimmten Terminen diverse Kleinigkeiten zu schicken: Aufnahmen von Sybils Grabstein in dürftiger Beleuchtung; Strähnen ihres eigenen Haares, das von dem Sybils nicht zu unterscheiden war; eine Teilkarte von Neuengland mit einem Tintenkreuz, auf halbem Wege zwischen zwei keuschen Städten, um den Ort zu bezeichnen, wo D. und Sybil am dreiundzwanzigsten Oktober bei hellem Tageslicht in einem nachsichtigen Motel inmitten eines rötlichen und braunen Waldes Halt gemacht hatten; und zweimal ein ausgestopftes Stinktier.

Da sie in der Unterhaltung eher geschwätzig als deutlich war, vermochte sie niemals gänzlich die Theorie der intervenierenden Aura zu beschreiben, die sie irgendwie entwickelt hatte. Grundsätzlich stellte ihr privates Credo nichts besonders Neues dar, denn es setzte ein einigermaßen konventionelles Jenseits voraus, ein stilles Solarium unsterblicher Seelen (vermischt mit sterblichen Antezedenzien), deren Hauptamüsement darin bestand, periodisch die lieben Lebenden zu umschweben. Der interessante Punkt war ein kurioser praktischer Dreh, den Diana ihrer zahmen Metaphysik gab. Sie war sicher, dass ihre Existenz von verstorbenen Freunden aller Art beeinflusst wurde, die sich darin abwechselten, ihr Schicksal zu lenken, ganz als wäre sie eine verlaufene junge Katze, die ein Schulmädchen im Vorübergehen aufhebt, an die Wange drückt und sorgsam wieder neben einer vorstädtischen Hecke niedersetzt – um sogleich von einer anderen vorüberkommenden Hand gestreichelt oder von einer gastfreundlichen Dame in eine Welt von Türen davongetragen zu werden.

Einige Stunden lang oder mehrere Tage hintereinander und manchmal in unregelmäßiger Folge wiederholt über Monate und Jahre hinweg sei alles, was Diana nach dem Ableben einer bestimmten Person zustieß, so sagte sie, bestimmt von der Art und Weise dieser Person. Das Ereignis könne außerordentlich sein und den Lauf des eigenen Lebens ändern; oder aber es könne sich um eine Kette winziger Vorfälle handeln, gerade klar genug, um sich im Relief von «einem gewöhnlichen Tag» abzuheben und sich dann, wenn die Aura langsam weiterschwand, in noch vagere Bagatellen zu verlieren. Der Einfluss könne gut sein oder schlecht; die Hauptsache war, dass sich seine Quelle ausmachen ließ. Es sei, als ginge man quer durch die Seele eines Menschen, sagte sie. Ich versuchte nachzuweisen, dass sie die genaue Quelle nicht immer bestimmen könne, da nicht jeder eine erkennbare Seele habe; dass es anonyme Briefe und Weihnachtsgeschenke gebe, die jedermann schicken könne; und dass in Wahrheit das, was Diana «einen gewöhnlichen Tag» nenne, selber eine schwache Lösung vermischter Aurae oder einfach die Routineschicht eines ganz gewöhnlichen Schutzengels sein könne. Und was wäre mit Gott? War es so, oder war es nicht so, dass Leute, die einen allmächtigen Diktator auf Erden empört ablehnen würden, sich auf einen im Himmel freuten? Und Kriege? Was für eine grässliche Vorstellung – tote Soldaten, die immer noch gegen lebende kämpfen, oder Geisterarmeen, die versuchen, durch die Leben verkrüppelter Greise hindurch aufeinander loszugehen.

Aber Diana war über Allgemeinheiten genauso erhaben wie über Logik. «Ach, das ist Paul», sagte sie, wenn die Suppe trotzig überkochte, oder: «Ich glaube, die gute Betty Brown ist tot» – als sie in einer Wohltätigkeitslotterie einen schönen und hochwillkommenen Staubsauger gewann. Und mit einem jamesschen Mäandern[115], das meinen französischen Geist aufbrachte, kehrte sie zu einer Zeit zurück, da Betty und Paul noch unter den Lebenden weilten, und erzählte mir von wohlgemeinten, aber absonderlichen und völlig unannehmbaren Gaben, mit denen sie überschüttet wurde – angefangen mit einer alten Handtasche, die einen Drei-Dollar-Scheck enthielt und die sie auf der Straße aufgelesen und natürlich zurückgegeben hatte (und zwar der bereits erwähnten Betty Brown, einer altersschwachen Schwarzen, die kaum noch laufen konnte), und schließlich mit dem beleidigenden Vorschlag eines ihrer alten Beaus, Paul, gegen ein passables Entgelt «normale» Bilder von seinem Haus und seiner Familie zu malen – alles dies nach dem Ableben einer gewissen Mrs. Page, einer gütigen, aber kleinlichen alten Person, die Diana seit ihrer Kindheit mit diesem oder jenem nüchternen Ratschlag zugesetzt hatte.

Sybils Persönlichkeit, sagte sie, habe einen Regenbogenrand, als sei sie etwas unscharf. Sie sagte, dass ich, hätte ich Sybil besser gekannt, sogleich begriffen hätte, wie sybillinisch die Aura unbedeutender Vorfälle war, die ihre, Dianas, Existenz nach Sybils Selbstmord zeitweise überflutet habe. Seit dem Tode ihrer Mutter wäre es ihre Absicht gewesen, ihr Haus in Boston aufzugeben und nach New York zu ziehen, wo, wie sie meinten, Dianas Gemälde eher eine Chance hätten, breitere Bewunderung zu finden; aber das alte Haus hätte sich mit all seinen plüschenen Fangarmen an sie geklammert. Die tote Sybil hingegen habe sich darangemacht, das Haus von seinem Anblick zu trennen – etwas, das sich verhängnisvoll auf das Heimatgefühl auswirkt. In der engen Straße war genau gegenüber ein Bauvorhaben zu lautem, hässlichem, gerüstverkleidetem Leben erwacht. Ein Paar vertrauter Pappeln starb in jenem Frühling und verwandelte sich in blonde Skelette. Arbeiter kamen und brachen den warmgetönten, schönen, alten Bürgersteig auf, dem an nassen Apriltagen ein ganz besonderer violetter Schimmer eigen gewesen war und der die morgendlichen Schritte des auf dem Weg zum Museum befindlichen Mr. Lever so denkwürdig widerhallen gelassen hatte, jenes Mr. Lever, der sich mit sechzig vom Geschäft zurückgezogen und sodann ein volles Vierteljahrhundert ausschließlich auf das Studium von Schnecken verwandt hatte.

Da die Rede von alten Männern ist, sollte hinzugefügt werden, dass diese postumen Auspizien und Interventionen zuweilen parodistischen Charakter trugen. Diana hatte mit einem exzentrischen Bibliothekar namens Porlock auf gutem Fuße gestanden, der während der letzten Jahre seines staubigen Lebens damit beschäftigt gewesen war, alte Bücher auf mirakulöse Druckfehler hin zu untersuchen, wie die Ersetzung des zweiten «h» im Worte *«hither»* durch ein «l». Im Gegensatz zu Diana hatte er nichts übrig für die freudigen Schauer obskurer Prophezeiungen; er suchte nur die Missbildung selbst, das zufällige Pech, das sich für Plan ausgibt, den Lapsus, der wie ein Lapislazuli aussieht; und Diana, eine sehr viel perversere Liebhaberin missgebildeter oder illegitim verbundener Wörter, Wortspiele, Logogriphen und so weiter, hatte dem armen Spinner bei einer Suche geholfen, die mir angesichts des von ihr angeführten Beispiels als statistisch irrsinnig erschien. Jedenfalls, sagte sie, habe sie am dritten Tag nach seinem Tod eine Zeitschrift gelesen und war gerade einem Zitat aus einem unvergänglichen Gedicht begegnet (von dem sie zusammen mit anderen leichtgläubigen Lesern annahm, dass es tatsächlich in einem Traum entstanden war)[116], als ihr dämmerte, dass «Alph» eine prophetische Sequenz der Anfangsbuchstaben von Anna Livia Plurabelle sei (noch so ein heiliger Fluss, der durch – oder vielmehr um – noch so einen falschen Traum strömte), während das zusätzliche «h» bescheiden als private Wegmarke für jenes Wort stand, das Mr. Porlock so hypnotisiert hatte. Und ich wünschte, ich könnte mich an den Roman oder die Kurzgeschichte (irgendeines zeitgenössischen Schriftstellers, glaube ich) erinnern, in dem die Anfangsbuchstaben der Worte des letzten Absatzes, wie Diana sie entzifferte, eine Botschaft von seiner toten Mutter bildeten, die dem Autor nicht bewusst war.

5

Ich bedaure sagen zu müssen, dass Diana, nicht zufrieden mit diesen ingeniösen Phantastereien, eine lächerliche Vorliebe für Spiritismus an den Tag legte. Ich weigerte mich, sie zu Séancen zu begleiten, an denen bezahlte Medien teilnahmen: Aus anderen Quellen wusste ich zu viel darüber. Jedoch willigte ich ein, kleinen Farcen beizuwohnen, die Diana und ihre beiden Gentlemen-Freunde von der Druckerei arrangierten. Es waren rundliche, höfliche und ziemlich unheimliche alte Knaben, aber ich überzeugte mich mit Befriedigung davon, dass sie nicht wenig Geist und Bildung besaßen. Wir setzten uns um einen leichten kleinen Tisch, und ein knackendes Zittern begann fast schon in dem Augenblick, wenn wir unsere Fingerspitzen darauflegten. Man wartete mir mit einer Kollektion von Geistern auf, die ihre Berichte höchst bereitwillig daherklopften, obwohl sie sich weigerten, irgendetwas zu erläutern, was ich nicht ganz mitgekriegt hatte. Oscar Wilde kam herbei und bezichtigte in schnellem, entstelltem Französisch mit den üblichen Anglizismen Dianas tote Eltern dunkel dessen, was in meiner Mitschrift als *plagiatisme* erscheint. Ein forscher Klopfgeist steuerte die unverlangte Auskunft bei, dass er, John Moore, und sein Bruder Bill Kohlengrubenarbeiter in Colorado gewesen und im Januar 1883 in «Crested Beauty» durch eine Lawine ums Leben gekommen seien. Frederic Myers, ein alter Fachmann bei diesem Spiel, hämmerte ein Poem heraus (es ähnelte Dianas eigenen ephemerischen Hervorbringungen auf seltsame Weise), welches in meinen Notizen zu einem Teil so lautet:

Was ist das – ein Hokuspokus
Oder ein echtes, doch dürftiges Licht,
Ein Ende dieses gefährlichen Jokus,
Welches den schmerzvollen Traum unterbricht?

Schließlich besuchte mit großem Krach und allen Arten von schütternden und rüttelnden Bewegungen seitens des Tisches Lew Tolstoj unsere kleine Gruppe, und als er gebeten wurde, sich durch spezifische Merkmale seines einstigen irdischen Aufenthaltes selber zu identifizieren, machte er sich an die komplizierte Beschreibung anscheinend irgendeiner russischen Art architektonischer Holzarbeit («Figuren auf Brettern – Mann, Pferd, Hahn, Mann, Pferd, Hahn»), was alles sehr schwierig mitzuschreiben, schwer zu verstehen und unmöglich nachzuprüfen war.

Ich nahm an zwei oder drei anderen Séancen teil, die noch alberner waren, aber ich muss gestehen, dass ich die kindliche Unterhaltung, die sie gewährten, und den Apfelsaft, den wir tranken (Fett und Feist waren Abstinenzler), Dianas schrecklichen Hauspartys vorzog.

Sie gab sie in der netten Wohnung der Wheelers nebenan – ein Arrangement, wie es ihrer zentrifugalen Natur lieb war, aber allerdings sah ihr eigenes Wohnzimmer auch immer wie eine schmutzige alte Palette aus. Einer barbarischen, unhygienischen und ehebrecherischen Sitte gemäß wurden die innen noch warmen Mäntel der Gäste vom ruhigen, ziemlich kahlen Bob Wheeler in das Heiligtum eines reinlichen Schlafzimmers getragen und auf das Ehebett gehäuft. Er war es auch, der die Drinks einschenkte, die der junge Photograph herumreichte, während Diana und Mrs. Wheeler sich um die Canapés kümmerten.

Einem späten Ankömmling bot sich der Eindruck, eine Menge lauter Leute sei unnötigerweise in dem rauchblauen Raum zwischen zwei Spiegeln gruppiert, die vollgestopft waren mit Spiegelbildern. Vermutlich, weil Diana die jüngste im Zimmer zu sein wünschte, befanden sich die Frauen, die sie gewöhnlich einlud, ob verheiratet, ob ledig, bestenfalls in ihren – dahinschwindenden – Vierzigern; einige von ihnen brachten von zu Hause in dunklen Taxis intakte Spuren guten Aussehens mit, die sie indessen einbüßten, wenn die Party ihren Lauf nahm. Immer hat mich das in Erstaunen gesetzt – die Fähigkeit geselliger Wochenendfeierer, fast sofort und durch eine rein empirische, aber sehr genaue Methode einen gemeinsamen Nenner der Betrunkenheit zu finden, an den sich ein jeder loyal hält, bis sie alle zusammen sich auf den nächsten tieferen Pegelstand hinabbegeben. Die üppige Freundlichkeit der Matronen war durch Obertöne von Ausgelassenheit gekennzeichnet, während der feste, nach innen gerichtete Blick liebenswürdiger beschwipster Männer einer blasphemischen Schwangerschaftsparodie gleichkam. Obwohl einige der Gäste in irgendeiner Weise mit den Künsten zu tun hatten, gab es keine geistvollen Gespräche, keine blumenbekränzten, auf die Ellbogen gestützten Köpfe und selbstverständlich keine flötenspielenden Mädchen. Von irgendeinem Beobachtungsposten aus, wo sie in der Pose einer gestrandeten Nixe mit ein oder zwei jüngeren Männern auf dem bleichen Teppich gesessen hatte, kroch Diana auf die Knie, das Gesicht lackiert von einer Schicht glänzenden Schweißes, einen Teller mit Nüssen zum Zugreifen einladend in der einen Hand, und klopfte mit der anderen energisch gegen das athletische Bein von Cochran oder Corcoran, einem Kunsthändler, der es sich auf einem perlgrauen Sofa zwischen zwei geröteten, sich wohlig auflösenden Damen bequem gemacht hatte.

In einem späteren Stadium gab es Ausbrüche eines ausschweifenderen Frohsinns. Corcoran oder Coransky packte Diana oder eine andere umherwandernde Frau bei der Schulter und entführte sie in eine Ecke, um sie mit einem grinsenden Durcheinander privater Witze und privaten Tratsches zu konfrontieren, woraufhin sie sich lachend und den Kopf zurückwerfend von ihm losmachte. Und später noch gab es die leichten Gestöber intersexueller Vertraulichkeiten, spaßhafter Versöhnungen, einen bloßen fleischigen Arm, der sich um den Gatten einer anderen Frau legte (während dieser sehr aufrecht inmitten eines schwankenden Raumes stand), einen plötzlichen Anflug koketter Verärgerung, unbeholfener Verfolgung – und dann das stille halbe Lächeln von Bob Wheeler, der die Gläser aufhob, welche wie Pilze im Schatten der Stühle wuchsen.

Nach einer letzten Party dieser Art schrieb ich Diana einen völlig harmlosen und im Großen und Ganzen gut gemeinten kleinen Brief, in dem ich ein paar gallische Witze über einige ihrer Gäste anbrachte. Ich entschuldigte mich auch dafür, ihren Whisky nicht angerührt zu haben, da ich als Franzose die Traube dem Getreide vorzöge. Ein paar Tage später begegnete ich ihr auf der Treppe der *Public Library*; im gebrochenen Sonnenlicht unter einem schwachen Wolkenbruch spannte sie ihren bernsteinfarbenen Regenschirm auf und kämpfte mit ein paar in die Achselhöhle geklemmten Büchern (von denen ich sie einen Augenblick lang befreite). *Schritte an der Grenze einer anderen Welt* von Robert Dale Owen und etwas über *Spiritismus und Christentum*; als sie plötzlich, ohne dass ich sie irgend provoziert hätte, mit vulgärer Heftigkeit auf mich einzuschimpfen begann, giftige Worte gebrauchte, mir – durch die birnenförmigen Tropfen des spärlichen Regens hindurch – sagte, ich sei ein Tugendbold und Snob; ich sähe nur die Gesten und Verkleidungen der Leute; sagte, dass Corcoran auf zwei verschiedenen Ozeanen zwei Männer vor dem Ertrinken gerettet habe – ein irrelevanter Zufall wollte, dass sie beide Corcoran hießen; dass die fidele und kreischende Joan Winter ein kleines Mädchen habe, welches dazu verurteilt war, in ein paar Monaten völlig zu erblinden; und dass die Frau in Grün mit dem sommersprossigen Busen, die ich in irgendeiner Form verächtlich behandelt hatte, im Jahre 1932 einen nationalen Bestseller geschrieben habe. Sonderbare Diana! Man hatte mir gesagt, dass sie mächtig rüde zu Leuten sein konnte, die sie eigentlich gerne mochte und achtete; irgendwo musste man jedoch einen Strich ziehen, und da ich ihre interessante Aura und anderes seelisches Drunter und Drüber zur Genüge studiert hatte, beschloss ich, sie gar nicht mehr zu besuchen.

6

An dem Abend, da mich D. von Dianas Tod unterrichtet hatte, kehrte ich nach elf in das zweigeschossige Haus zurück, das ich in horizontalem Schnitt mit der

Witwe eines emeritierten Professors teilte. Als ich die Haustür erreichte, blickte ich in einer Vorahnung von Einsamkeit auf die zwei Arten von Dunkelheit in den beiden Fensterreihen: die Dunkelheit der Abwesenheit und die Dunkelheit des Schlafes.

Der ersten konnte ich abhelfen, die zweite duplizieren konnte ich nicht. Mein Bett gab mir kein Gefühl der Sicherheit; seine Federn ließen nur meine Nerven hochschnellen. Ich vertiefte mich in Shakespeares Sonette – und ertappte mich dabei, dass ich wahnwitzigerweise die Anfangsbuchstaben der Zeilen durchging, um zu sehen, welche sakramentalen Wörter sie ergäben. Ich fand FATE (LXX), ATOM (CXX) und zweimal TAFT (LXXXVIII, CXXXI). Hin und wieder schaute ich mich um, um festzustellen, wie sich die Gegenstände in meinem Zimmer benahmen. Es war seltsam, sich vorzustellen, dass ich, wenn Bomben zu fallen begännen, kaum mehr als die Erregung eines Glücksspielers (und eine Menge prosaischer Erleichterung) verspüren würde, während mir das Herz zerspringen müsste, wenn sich eine gewisse, verdächtig angespannt aussehende kleine Flasche auf dem Bord dort drüben auch nur den Bruchteil eines Zentimeters seitwärtsbewegte. Auch die Stille war verdächtig kompakt, als bilde sie absichtlich einen schwarzen Hintergrund für den Nervenblitz, den jedes leise Geräusch unbekannten Ursprungs hervorrufen würde. Aller Verkehr war tot. Vergebens betete ich darum, dass ein Lastwagen die Perkins Street hinaufächzte. Die Frau über mir, die mich durch ein dumpfes Stapfen wie von monströsen steinernen Füßen sonst wahnsinnig zu machen pflegte (in Wahrheit war sie am helllichten Tag ein kleines, rundliches Wesen, das einem mumifizierten Meerschweinchen glich), hätte sich meinen Segen verdient, wenn sie sich jetzt in ihr Badezimmer geschleppt hätte. Ich löschte mein Licht und räusperte mich mehrmals, um wenigstens für *dieses* Geräusch verantwortlich zu sein. Im Geist fuhr ich per Anhalter mit einem sehr fernen Auto, aber es setzte mich ab, bevor ich eine Chance hatte einzuschlafen. Dann hob ein Knistern im Papierkorb an (ich hoffte, es rühre von einem weggeworfenen und zerknitterten Bogen Papier her, der sich wie eine boshafte, starrsinnige Nachtblüte öffnete), hörte wieder auf, und mein Nachttisch antwortete mit einem leisen Klicken. Es hätte Diana ähnlichgesehen, gerade in diesem Moment einen billigen Poltergeistspektakel zu veranstalten.

Ich beschloss, gegen Diana anzukämpfen. In Gedanken ließ ich die moderne Ära der Klopfgeräusche und Geistererscheinungen Revue passieren, angefangen mit dem Gepolter von 1848 in dem kleinen Flecken Hydesville im Staate New York,[117] endend mit den grotesken Phänomenen von Cambridge, Massachusetts; ich beschwor die Sprungbeine und andere anatomische Kastagnetten der Schwestern Fox (wie sie von den Weisen der Universität von Buffalo beschrieben wurden); den geheimnisvoll gleichförmigen zarten Jünglingstyp im trübseligen Epworth oder Tedworth, von dem ebendieselben Poltergeistphänomene ausgingen wie im alten Peru; feierliche viktorianische Orgien mit fallenden Rosen und in den Klängen sakraler Musik schwebenden Akkordeons; berufsmäßige Hochstapler, die feuchten Mull erbrachen; Mr. Ducan, den würdevollen Gatten eines weiblichen Mediums, der gebeten wurde, sich einer Leibesvisitation zu unterziehen, und sich damit entschuldigte, dass seine Unterwäsche schmutzig sei; den alten Alfred Russel Wallace, den naiven Naturwissenschaftler, der sich weigerte, zu glauben, dass es sich bei der weißen Form mit bloßen Füßen und undurchstochenen Ohrläppchen, die er auf einem privaten Pandämonium in Boston vor sich sah, um die spröde Miss Cook handelte, die er gerade hinter Vorhängen in einer Ecke mit geschnürten Stiefeln und Ohrringen schlafen gesehen hatte; zwei andere Investigatoren, kleine, schwächliche, aber ziemlich intelligente und tatkräftige Männer, die sich mit Armen und Beinen eng an Eusapia klammerten, eine große, dralle, ältliche Weibsperson, die nach Knoblauch stank und der es dennoch gelang, sie hinters Licht zu führen; und den skeptischen und peinlich angerührten Zauberer, den der «Kontrollgeist» der reizenden jungen Margery anwies, sich nicht im Futter des Morgenrockes zu verirren, sondern am linken Strumpf entlangzutasten, bis er den bloßen Schenkel erreiche – auf dessen warmer Haut er eine «teleplastische» Masse erspürte, die sich ungemein wie kalte, rohe Leber anfühlte.

7

Ich appellierte an das Fleisch und an den Verfall des Fleisches, das mögliche Fortdauern eines entkörperten Lebens zu widerlegen und zu entkräften. Ach, diese Beschwörungen verstärkten nur noch meine Furcht vor Dianas Geist. Wie die fernen Vorfahren des Menschen fand ich erst mit dem Morgengrauen atavistischen Frieden, und als ich einschlummerte, drang die Sonne durch die teegelben Fenstervorhänge in einen Traum ein, der auf unbestimmte Weise voll war von Diana.

Es war enttäuschend. Sicher in der Festung des Tageslichts, sagte ich mir, dass ich mehr erwartet hätte. Sie, eine Malerin glasklarer minuziöser Einzelheiten – und jetzt so vag! Ich lag im Bett, dachte über meinen Traum nach und lauschte den Sperlingen draußen: Wer weiß, ob diese Vogellaute, wenn man sie auf Band aufnähme und rückwärts spielte, nicht zu menschlicher Rede, zu klaren Worten würden, genau wie diese sich in ein Zwitschern verwandeln, wenn man sie rückwärts abspielt? Ich machte mich daran, meinen Traum noch einmal zu lesen – rückwärts, diagonal, senkrecht, waagerecht –, ich mühte mich ab, etwas in ihm aufzuspüren, was Diana ähnlich sähe, etwas Seltsames, Suggestives, das doch vorhanden sein musste.

Eine irrsinnige, schmerzvolle, zwecklose Anstrengung. Pedantischstes Forschen ergab nur verschwommenen, obstinaten, nichtentzifferbaren Dämmer. Ihre albernen, närrischen Akrostichen, phantastischen Aurae, rührenden Klopfgeistauftritte, unverifizierbaren hellseherischen Raisonnements versprachen Offenbarungen, neckten mit ihrem rätselhaften Sinn. Yerbagelbe Beleuchtungseffekte, intrikate Lügengewebe.[118]

Lance

1

Der Name des Planeten, falls er schon einen erhalten hat, tut nichts zur Sache. In seiner günstigsten Opposition mag er von der Erde gerade so viele Meilen entfernt sein, wie Jahre zwischen dem letzten Freitag und der Entstehung des Himalaya liegen – ein Millionenfaches vom Durchschnittsalter des Lesers. Im teleskopischen Bereich der Phantasie, durch das Prisma der Tränen würden alle Besonderheiten, die er etwa aufzuweisen hat, nicht auffälliger erscheinen als jene tatsächlich existierender Planeten. Eine rosige, mit schattigen Flecken gesprenkelte Kugel, ist er eins von unzähligen Objekten, die geschäftig in der unendlichen und sinnlosen Schrecklichkeit des fließenden Raumes rotieren.

Meines Planeten *maria* (die keine Meere sind) und seine *lacus* (sie sind keine Seen) haben, so wollen wir annehmen, auch Namen erhalten; einige davon sind möglicherweise weniger albern als die Namen von Zuchtrosen, andere nichtssagender als die Nachnamen ihrer Entdecker (denn dass – um tatsächliche Fälle herauszugreifen – ein Astronom Lampland[119] heißen sollte, ist ein ebenso großes Wunder wie ein Entomologe namens Krautwurm[120]); die meisten indes sind von so altertümlicher Art, dass sie es an klangvollem und ruchlosem Zauber mit den Ortsnamen in Ritterromanen aufnehmen können.

Genau wie unsere «Fichtenaus» hienieden oft wenig mehr zu bieten haben als eine Schuhfabrik auf der einen Seite der Gleise und das rostige Inferno eines Autofriedhofs auf der anderen, so mögen auch diese verführerischen Arkadien und Ikarien und Zephyrien auf Himmelsatlanten sich leicht als tote Wüsten erweisen, denen selbst die Schwalbenwurz fehlt, die unsere Schuttabladeplätze ziert. Selenographen werden das bestätigen, denn ihre Linsen leisten ihnen bessere Dienste als uns die unseren. Im vorliegenden Fall erscheint die Sprenkelung der Oberfläche des Planeten mit zunehmender Vergrößerung immer mehr wie von einem tauchenden Schwimmer gesehen, der durch halbdurchsichtiges Wasser nach oben späht. Und wenn manche untereinander verbundenen Markierungen undeutlich dem gelochten Linienmuster eines chinesischen Damebretts ähneln, so wollen wir sie als geometrische Halluzinationen gelten lassen.

Nicht nur jedem allzu bestimmten Gestirn versage ich es, in meiner Geschichte irgendeine Rolle zu spielen – eine Rolle, wie sie jedes Pünktchen in dieser Geschichte zu spielen hat (die ich als eine Art Himmelsatlas sehe) –, ich weigere mich auch, mich mit jenen technischen Prophezeiungen zu befassen, die, wie Reporter zu rapportieren wissen, Wissenschaftler ihnen zum Besten geben. Der Raketen-Racket ist meine Sache nicht. Ebenso wenig wie die kleinen künstlichen Satelliten, die der Erde verheißen sind; sternene Landebahnen für Raumschiffe – eins, zwei, drei, vier, und dann Tausende von Luftburgen, eine jede komplett mit Palas und Bergfried, von irdischen Nationen in einem Taumel wetteifernder Wirrsal, künstlicher

Schwerkraft und wild flatternder Fahnen zusammengebaut.

Ein anderes, für das ich keinerlei Verwendung habe, ist die Sache mit den Spezialausrüstungen – der luftdichte Anzug, der Sauerstoffapparat – Gerätschaften dieser Art. Wie der alte Mr. Boke, von dem wir gleich noch hören werden, bin ich auf hervorragende Weise imstande, mich über solche praktischen Dinge hinwegzusetzen (die ohnehin verurteilt sind, künftigen Raumfahrern, wie etwa dem einzigen Sohn des alten Boke, absurd unpraktisch vorzukommen), denn die Gefühle, die technische Apparaturen in mir erwecken, reichen von dumpfem Misstrauen zu krankhafter Angst. Nur unter heroischer Anstrengung kann ich mich dazu aufraffen, eine Glühbirne, die eines unerklärlichen Todes gestorben ist, gegen eine andere auszuwechseln, die mir dann ins Gesicht blendet, so grässlich und plötzlich wie ein Drache, der einem in der nackten Hand aus dem Ei schlupft.

Schließlich habe ich für die sogenannte *«science fiction»* nur Ablehnung und Verachtung. Ich habe hineingeschaut und sie genauso langweilig gefunden wie Groschenkrimis – dieselbe Art öder Trivialliteratur mit endlosen Dialogen und Pendlerhumor in Mengen. Die Klischees sind natürlich verkleidet; im Wesentlichen aber bleiben sie sich bei allem billigen Lesestoff gleich, ob dieser nun das Universum umspannt oder das Wohnzimmer. Sie sind wie jene Keksmischungen, deren Bestandteile nur in Form und Farbe verschieden sind; ihre raffinierten Hersteller verstricken damit den Konsumenten, dem das Wasser im Munde zusammenläuft, in eine verrückte Pawlow'sche Welt, in der simple visuelle Variationen, die keine weiteren Kosten verursachen, den Geschmack beeinflussen und langsam ersetzen, sodass er alsbald den Weg aller Begabung und Wahrheit geht.

So grinst denn der brave Kerl, der Schurke hohnlächelt, und ein edles Gemüt führt Slangreden im Munde. Sternzaren und Direktoren von Galaktischen Gewerkschaften sind praktisch Abbilder jener forschen, rothaarigen Manager in höchst irdischen Erdenstellungen, die mit ihren kleinen Runzeln die zu Herzen gehenden Geschichten der abgegriffenen Illustrierten in Frisiersalons illustrieren. Eroberer von Denebola und Spica, die Polizisten der Virgo, haben Namen mit Mac am Anfang; kalte Wissenschaftler findet man gewöhnlich unter den -steins[121]; einige von ihnen teilen mit den supergalaktischen Girls so abstrakte Etiketts wie Biola oder Vala. Bewohner anderer Planeten, «vernunftbegabte» Wesen, humanoid oder des einen oder anderen mythischen Fabrikats, haben einen bemerkenswerten Zug gemeinsam: Ihre intime Struktur wird niemals enthüllt. In einem äußersten Zugeständnis an die Sittsamkeit der Zweifüßler tragen Kentauren nicht einfach nur einen Lendenschurz; sie tragen ihn um die Vorderbeine.

Damit scheint die Eliminierung abgeschlossen – falls nicht irgendjemand die Zeitfrage zu erörtern wünscht? Auch hier wieder überlasse ich es gern den fähigen Pranken eines Starzan und anderen Helden von Comic- oder Atomic-Streifen, die ehrliche «1» in unserem «1900» gegen eine anmaßende «2» oder «3» zu vertauschen, um den jungen Emery L. Boke deutlich zu sehen, meinen mehr oder minder entfernten Nachfahren, der ein Mitglied der ersten interplanetarischen Expedition sein soll (welche schließlich das einzige, bescheidene Postulat meiner Erzählung ist). Mag es nun A.D. 2145 sein oder A.A. 200, darauf kommt es nicht an. Ich habe nicht die Absicht, irgendwelchen begründeten Ansprüchen ins Gehege zu kommen. Dies ist eine reine Laienvorstellung, mit recht beiläufigen Requisiten, einem Minimum an Kulissen und den borstigen Überresten eines toten Stachelschweins in einer Ecke der alten Scheune. Wir sind hier unter Freunden, den Browns und den Bensons, den Whites und den Wilsons, und wenn jemand hinausgeht, um zu rauchen, so hört er die Grillen und in der Ferne einen Hofhund (der sein Gebell zuweilen unterbricht, um auf etwas zu horchen, was wir nicht hören können). Der Sommernachtshimmel ist ein Durcheinander von Sternen. Emery Lancelot Boke mit einundzwanzig weiß unendlich viel mehr über sie als ich, der ich fünfzig bin und gepackt von Entsetzen.

2

Lance ist groß und dünn, hat kräftige Sehnen und grünliche Venen auf seinen sonnengebräunten Unterarmen und eine Narbe auf der Stirn. Wenn er nichts tut, nur unruhig dasitzt wie eben, auf der Kante eines niedrigen Sessels, vorgebeugt, die Schultern angezogen, die Ellbogen auf die großen Knie gestützt, dann hat er die Angewohnheit, die schönen Hände langsam zu falten und wieder zu öffnen – eine Geste, die ich für ihn von einem seiner Vorfahren ausleihe. Sein gewöhnlicher Ausdruck ist der des Ernstes, der unbehaglichen Konzentration (alles Denken ist unbehaglich, und insbesondere junges Denken); im Augenblick jedoch ist es eine Art Maske, die seinen wilden Wunsch verbirgt, sich einer lang anhaltenden Spannung zu entledigen. In der Regel lächelt er nicht oft, und außerdem ist «lächeln» ein zu glattes Wort für die abrupte, strahlende Verzerrung, die nun plötzlich seinen Mund und seine Augen erhellt, während die Schultern noch höher gezogen werden, die unruhigen Hände gefaltet bleiben und er leicht mit dem Zeh des einen Fußes auftippt. Seine Eltern sind mit im Zimmer und ebenfalls ein zufälliger Besucher, ein Dummkopf und Langweiler, der nicht merkt, was hier vor sich geht – denn dies ist ein Augenblick der Verlegenheit in einem düsteren Haus am Vorabend eines ungeheuerlichen Aufbruchs.

Eine Stunde verstreicht. Endlich hebt der Besucher seinen Zylinderhut vom Teppich auf und geht. Lance bleibt allein mit seinen Eltern, was die Spannung nur noch erhöht. Mr. Boke sehe ich deutlich genug vor mir. Aber Mrs. Boke kann ich mir in keiner Weise klar vorstellen, wie tief ich mich auch in meine schwierige Trance versenke. Ich weiß, dass sie ihre Fröhlichkeit – Geplauder, rascher Augenaufschlag – weniger ihres Sohnes wegen als vielmehr für ihren Mann und sein alterndes Herz aufrechterhält, und der alte Boke merkt das nur zu gut; neben seiner eigenen ungeheuren Beklommenheit muss er es nun auch noch mit ihrer gespielten Munterkeit aufnehmen, die ihm stärker zusetzt als ein gänzlicher und bedingungsloser Zusammenbruch. Ich bin etwas enttäuscht, dass ich ihre Züge nicht ausmachen kann. Das Einzige, was ich flüchtig zu erkennen vermag, ist ein zerfließender Schimmer Lichts auf der einen Seite ihres verschwommenen Haars; vermutlich bin ich darin auf heimtückische Weise von den Standardeffekten der modernen Photographie beeinflusst, und ich spüre, wie viel leichter das Schreiben in früheren Tagen gewesen sein muss, als unsere Vorstellungskraft noch nicht von all diesem Anschauungsmaterial eingeengt war und ein Pionier, der seinen ersten Riesenkaktus oder den ersten Gebirgsschnee betrachtete, nicht zwangsläufig an die Bildreklame einer Reifenfirma erinnert wurde.

Im Falle von Mr. Boke ertappe ich mich dabei, dass ich mit den Gesichtszügen eines alten Geschichtsprofessors operiere, eines hervorragenden Fachmanns fürs Mittelalter, dessen weißer Backenbart, rosa Schädel und schwarzer Anzug auf einem gewissen sonnigen Universitätsgelände im tiefen Süden berühmt sind, aber deren ganzer Vorteil im Zusammenhang mit dieser Geschichte (außer einer leichten Ähnlichkeit mit einem lang verstorbenen Großonkel von mir) darin besteht, dass seine Erscheinung etwas Unzeitgemäßes hat. Wer sich selbst gegenüber ganz ehrlich ist, wird zugeben, dass nichts Außergewöhnliches in der Neigung liegt, den Sitten und Kleidern einer fernen Zeit (die zufällig in der Zukunft liegt) etwas Altmodisches zu geben, ein schlecht gebügeltes, ungepflegtes, staubiges Etwas – sind doch Begriffe wie «unzeitgemäß», «anachronistisch» und so weiter auf die Dauer die einzigen, mit denen wir uns eine Fremdartigkeit vorstellen und ihr Ausdruck verleihen können, die keine Forschung vorherzusehen vermag. Das Zukünftige ist nur die Umkehrung des Veralteten.

In jenem armseligen Zimmer, im gelblichen Lampenlicht, spricht Lance noch über ein paar letzte Dinge. Unlängst hat er von einem wüsten Fleck in den Anden, wo er irgendeinen noch namenlosen Gipfel bestieg, ein junges Chinchillapärchen mitgebracht – aschgraue, kaninchengroße Nagetiere (*Hystricomorpha*) mit erstaunlich viel Fell, langen Schnurrhaaren, rundem Hinterteil und Ohren wie Blütenblätter. Er hält sie im Haus, in einem Stall mit einer Drahtgitterwand, und gibt ihnen Erdnüsse, Puffreis und Rosinen zu fressen und als besonderen Leckerbissen ein Veilchen oder eine Aster. Er hofft, dass sie im Herbst Junge werfen. Jetzt wiederholt er seiner Mutter ein paar nachdrückliche Anweisungen – das Futter seiner Lieblinge knusprig, den Stall trocken zu halten und ihr tägliches Staubbad nicht zu vergessen (feiner Sand mit zerstoßener Kreide gemischt), in dem sie höchst munter zappeln und sich wälzen. Während dies besprochen wird, zündet Mr. Boke immer wieder seine Pfeife an und legt sie schließlich weg. Mit einem Ausdruck gespielter, wohlwollender Geistesabwesenheit beginnt der alte Mann hin und wieder mit einer Reihe von Lauten und Bewegungen, die niemanden täuschen; er räuspert sich und tritt, die Hände auf dem Rücken verschränkt, wie zufällig ans Fenster; oder er summt mit geschlossenen Lippen und ohne Melodie vor sich hin; und scheinbar von diesem kleinen nasalen Motor angetrieben, schreitet er aus dem Zimmer. Aber kaum hat er die Bühne verlassen, schüttelt er sich und wirft den komplizierten Bau seiner gütigen, brummelnden Rolle ab. In einem Schlafzimmer oder Badezimmer hält er inne, als wolle er in elender Verlassenheit aus irgendeiner versteckten Flasche tief und krampfhaft trinken, und schwankt sogleich wieder hinaus, trunken vor Kummer.

Die Bühne ist unverändert, als er still zurückkehrt, seine Jacke zuknöpft und das leise Summen wieder aufnimmt. Es handelt sich jetzt nur noch um Minuten. Lance schaut in den Stall, bevor er geht, und lässt Chin und Chilla, jedes mit einer Blume in den Vorderpfoten, auf ihren Hinterbeinen sitzend zurück. Das Einzige, was ich sonst von diesen letzten Augenblicken weiß, ist, dass Redensarten wie «hast du auch das frisch gewaschene Seidenhemd nicht vergessen?» oder «weißt du, wo du die neuen Pantoffeln hingetan hast?» unterblieben. Alles, was Lance mitnimmt, ist bereits an dem geheimnisvollen, unnennbaren und entsetzlichen Ort seiner Abreise zur Stunde null beisammen; von dem, was wir brauchen, braucht er nichts; mit leeren Händen und ohne Hut geht er aus dem Haus, lässig und unbeschwert wie einer, der zum Zeitungsstand geht – oder auf ein ruhmreiches Schafott.

3

Irdischer Raum liebt Verborgenheit. Das Äußerste, was er dem Auge bietet, ist ein Panorama. Der Horizont schließt sich vor dem sich entfernenden Reisenden wie eine in Zeitlupentempo bewegte Falltür. Für den Zurückbleibenden ist jede auch nur eine Tagesreise entfernte Stadt unsichtbar, während man solche Transzendenzen wie beispielsweise ein lunares Amphitheater und den von seinem kreisförmigen Gebirgskamm geworfenen Schatten ohne weiteres erkennen kann. Der Zauberer, der das Firmament zur Schau stellt, hat die Ärmel hochgerollt und gibt seine Vorstellung direkt vor den Augen seiner kleinen Zuschauer. Planeten mögen der Sicht entschwinden (genau wie Gegenstände von der verschwommen wahrnehmbaren Rundung der eigenen Wange ausgelöscht werden); doch sie sind wieder da, wenn die Erde den Kopf wendet. Die Nacktheit der Nacht ist grauenhaft. Lance ist gegangen; die Zerbrechlichkeit seiner jungen Glieder wächst in demselben Maß wie die Entfernung, die er zurücklegt. Von ihrem Balkon schauen die alten Bokes in den unendlich gefährlichen Nachthimmel und beneiden glühend das Los von Fischersfrauen.

Wenn Bokes Quellen stimmen, taucht der Name «Lanceloz del Lac» zuerst in Vers 3676 des *Roman de la Charrete* aus dem zwölften Jahrhundert auf.[122] Lance, Lancelin, Lancelotik – Diminutive, zu den überflutenden, salzigen, feuchten Sternen emporgeflüstert. Ritter, die in jungen Jahren das Harfenspiel, die Falkenbeize und die Jagd erlernen; der Wald der Gefahren und die Burg der Schmerzen; Aldebaran, Beteigeuze – der Donner sarazenischer Schlachtrufe. Wunderbare Waffentaten, wunderbare Krieger funkeln in den furchtbaren Sternbildern über dem Balkon der Bokes: Herr Percard, der Schwarze Ritter, und Herr Perimones, der Rote Ritter, und Herr Pertelope, der Grüne Ritter, und Herr Persant, der Blaue Ritter, und jener barsche alte Herr Grummore Grummursum, der nordische Flüche vor sich hin murmelt. Der Feldstecher nützt wenig, die Karte ist ganz zerknittert und feucht, und «du hältst die Taschenlampe nicht richtig» – dies zu Mrs. Boke.

Tief Luft holen. Noch einmal hinsehen.

Lancelot ist fort; die Aussicht, ihn im Leben wiederzusehen, ist etwa so groß wie die auf ein Wiedersehen in der Ewigkeit. Lancelot ist aus dem Land der *Eau Grise*[123] (wie wir die Großen Seen Amerikas nennen könnten) verbannt und fährt nun auf in den Staub des Nachthimmels, fast so schnell, wie unser hiesiges Universum (mit dem Balkon und dem pechschwarzen, optisch gesprenkelten Garten) auf König Artus' Leier zueilt, wo die Wega brennt und winkt – eines der wenigen Objekte, die mit Hilfe dieser verdammten Karte identifiziert werden können. Der Sternendunst verursacht den Bokes Schwindel – grauer Weihrauch, Wahnsinn, Unendlichkeitsübelkeit. Doch sie können sich nicht losreißen von diesem Albdruck des Raums, können nicht zurückkehren in das erleuchtete Schlafzimmer, von dem eine Ecke in der Glastür zu sehen ist. Und dann geht *er* auf, der Planet, wie ein winziges Freudenfeuer.

Da, zur Rechten, ist die Schwertbrücke, die ins Jenseits führt (*«dont nus estranges ne retorne»*[124]). Lancelot kriecht über sie unter großen Schmerzen, unter unsäglicher Qual hinweg. «Du sollst den Pass nicht passieren, der genannt ist der Pass der Gefahren.» Doch ein anderer Zauberer befiehlt: «Du sollst. Es soll dir sogar Humor eigen werden, der dir hinweghilft über den Ort der Prüfung.» Die tapferen alten Bokes glauben Lancelot zu erkennen, wie er mit Steigeisen den vereisten Fels des Himmels erklimmt oder still eine Spur durch den weichen Schnee der Spiralnebel zieht. Bootes, irgendwo zwischen Camp X und XI, ist ein großer Gletscher ganz aus Schutt und Eisfällen. Wir versuchen, die Serpentinen seines Aufstiegs zu verfolgen; scheinen Lances leichte Schlankheit zwischen den verschiedenen aneinandergeseilten Silhouetten unterscheiden zu können. Fort! War er es oder Denny (ein junger Biologe, Lances bester Freund)? Während wir im dunklen Tal zu Füßen des senkrechten Himmels warten, erinnern wir uns (Mrs. Boke deutlicher als ihr Mann) an jene besonderen Namen für Gletscherspalten und gotische Eisgebäude, die Lance in seiner alpinen Knabenzeit mit so viel professionellem Gusto im Mund führte (inzwischen ist er um mehrere Lichtjahre älter); Eisnadeln und Schründe; Lawinen und ihr dumpfer Donner; französische Echos und germanisches Zauberwesen in enger Nagelschuhgemeinschaft dort oben, wie in mittelalterlichen Romanzen.

Ah, da ist er wieder! Überquert eine Scharte zwischen zwei Sternen; versucht dann, sehr langsam, eine Traversierung an einer so steilen, so glatten, so wenig Halt bietenden Felswand, dass es schon Höhenschwindel hervorruft, an seine tastenden Fingerspitzen und schabenden Stiefel auch nur zu denken. Und durch fließende Tränen hindurch erblicken die alten Bokes nun Lance hilflos auf einem Felsgesims und dann wieder kletternd und jetzt, in schrecklicher Sicherheit, mit Eispickel und Rucksack auf dem höchsten aller Gipfel, sein zielstrebiges Profil lichtumrandet.

Oder ist er etwa schon beim Abstieg? Ich nehme an, dass keine Nachricht von den Entdeckungsreisenden kommt und die Bokes ihre herzergreifenden Nachtwachen fortsetzen. Während sie auf die Rückkehr ihres Sohnes warten, scheint jeder Weg seines Abstiegs in den Abgrund ihrer Verzweiflung zu führen. Aber vielleicht hat er sich über diese stark geneigten nassen Schieferplatten, die senkrecht in die Tiefe abfallen, hinweggeschwungen, hat er den Überhang bezwungen und gleitet nun glücklich steile himmlische Schneefelder hinab?

Da indessen die Türklingel der Bokes an der logischen Kulmination einer imaginären Reihe von Schritten nicht ertönt (wie geduldig wir auch einen auf den anderen folgen lassen, wenn sie in unserer Vorstellung näher und näher kommen), müssen wir ihn zurückversetzen und seinen Anstieg von vorn beginnen lassen und ihn dann noch weiter zurückversetzen, sodass er sich immer noch im Hauptquartier befindet (wo die Zelte sind und die offenen Latrinen und die bettelnden Kinder mit Füßen schwarz von Schmutz), lange nachdem wir uns vorgestellt hatten, wie er gebückt unter der Magnolie hindurch über den Rasen zur Tür und zur Türglocke heraufkommt. Als sei er müde von seinen vielen Auftritten im Geist seiner Eltern, müht Lance sich jetzt beschwerlich durch schlammige Pfützen und dann einen Hügel hinauf, bald rutschend, bald kriechend auf dem welken Gras des Hangs, in der trostlosen Landschaft eines fernen Krieges. Vor ihm liegt noch ein Stück bergsteigerischer Routinearbeit, und dann der Gipfel. Der Kamm ist bezwungen. Unsere Verluste sind groß. Wie wird man benachrichtigt? Telegraphisch? Durch Einschreibebrief? Und wer ist der Scharfrichter – ein Sonderkurier oder der gewöhnliche Briefträger mit dem schleppenden Gang und der roten Nase, der immer ein wenig angeheitert ist (er hat selber so seine Sorgen)? Hier unterschreiben. Großer Daumen. Kleines Kreuz. Schwacher Bleistift. Sein Holz ist dunkles Violett. Ihn zurückgeben. Die unleserliche Unterschrift heranwankenden Unglücks.

Doch nichts kommt. Ein Monat vergeht. Chin und Chilla sind in bester Verfassung und scheinen einander sehr gewogen – zu einem wolligen Knäuel zusammengekuschelt, schlafen sie zusammen in der Nistecke. Nach vielen Versuchen hatte Lance einen Ton entdeckt, der den Chinchillas eindeutig zusagte und zustande gebracht wurde, indem man mit gespitztem Mund in rascher Folge mehrere leise, feuchte Schlürflaute von sich gab, so wie man mit einem Strohhalm trinkt, wenn das Getränk zur Neige geht und nur noch ein Rest aufzusaugen ist. Aber seine Eltern bringen ihn nicht zustande – die Tonhöhe ist falsch oder sonst etwas. Und es herrscht unerträgliche Stille in Lances Zimmer mit seinen zerlesenen Büchern, den fleckigen weißen Regalen, den alten Schuhen, dem verhältnismäßig neuen Tennisschläger in seinem absurd sicheren Spannrahmen und einem Penny auf dem Boden des Kleiderschranks – und all das erfährt eine prismatische Auflösung, bis man die Schraube anzieht und alles wieder scharf und klar wird. Und schon kehren die Bokes auf ihren Balkon zurück. Hat er sein Ziel erreicht – und wenn ja, kann er uns sehen?

4

Der klassische Ex-Sterbliche betrachtet, auf einen Ellbogen gestützt, von einem blumenreichen Bergvorsprung aus diese Erde, dieses Spielzeug, diesen Kinderkreisel, der sich vor den Augen der Schaulustigen langsam in seinem Modellfirmament dreht, jeder Umriss so fröhlich und klar – die aufgemalten Ozeane, die Ostsee eine betende Frau, ein Standphoto der eleganten Amerikas bei ihrem Trapezkunststück und Australien wie ein auf der Seite liegendes Baby-Afrika. Unter meinen Zeitgenossen mag es Leute geben, die von ihrem Geist halb und halb erwarten, dass er mit Schaudern und einem Seufzer vom Himmel auf seinen heimatlichen Planeten herabschaut und ihn von Breitengraden umgürtet, von Längengraden umspannt und vielleicht von den fetten, schwarzen, teuflisch gekrümmten Pfeilen globaler Kriege gezeichnet sieht; oder, erfreulicherer Anblick, wie eine jener Bilderkarten von Ferienparadiesen ausgebreitet, mit einem trommelschlagenden Reservatsindianer hier und dort einem Mädchen in Shorts, mit konischen Koniferen an konischen Bergen und Anglern allerenden.

In Wahrheit, nehme ich an, würde mein junger Nachfahr in seiner ersten Nacht draußen, in der vorgestellten Stille einer unvorstellbaren Welt, die Oberfläche unserer Erdkugel durch die Tiefen ihrer Atmosphären hindurch zu betrachten haben; das aber bedeutete: Staub, vereinzelte Lichtreflexe, Dunst und alle möglichen optischen Täuschungen, sodass Kontinente, falls sie überhaupt durch die wechselnde Bewölkung hindurchschienen, in seltsamen Verkleidungen vorüberzögen, mit unerklärlichen Farbschimmern und unkenntlichen Umrissen.

Aber all das ist nebensächlich. Das Hauptproblem ist dies: Wird der Geist des Weltraumfahrers den Schock überstehen? Man versucht, sich die Natur dieses Schocks so genau auszumalen, wie es die eigene geistige Sicherheit zulässt. Und wenn so schreckliche Risiken bereits die bloße Vorstellung belasten, wie dann wird die wirkliche Qual zu ertragen und zu bewältigen sein?

Zunächst und vor allem wird es Lance mit dem atavistischen Moment aufzunehmen haben. So fest haben sich Mythen in den strahlenden Himmel verschanzt, dass der gewöhnliche Menschenverstand sich gerne um die Aufgabe drückt, an den hinter ihnen liegenden ungewöhnlichen Sinn heranzukommen. Die Unsterblichkeit braucht einen Stern, auf dem sie bestehen kann, wenn sie sprießen und blühen und Tausende blaugefiederter Engelsvöglein tragen will, die alle so lieblich singen wie kleine Eunuchen. Tief im Geist des Menschen ist Sterben gleichbedeutend mit einem Verlassen der Erde. Ihrer Schwerkraft entrinnen heißt das Grab überwinden, und ein Mensch, der sich auf einem anderen Planeten wiederfindet, hat tatsächlich keine Möglichkeit, sich zu beweisen, dass er nicht tot ist – dass der naive alte Mythos sich nicht doch erfüllt hat.

Ich denke nicht an den Schwachkopf, den ordinären unbehaarten Menschenaffen, der über gar nichts staunt; seine einzige Kindheitserinnerung ist die an ein Maultier, das ihn gebissen hat; sein einziges Bewusstsein von der Zukunft ein Wunschbild von Tisch und Bett. Woran ich denke, das ist der Mann von Phantasie und Wissen, dessen Mut ohne Grenzen ist, weil seine Neugier größer ist als sein Mut. Nichts hält ihn zurück. Er ist der *curieux*[125] früherer Zeiten, aber von kräftigerer Statur und mit frischerem Herzen. Wenn es darum geht, einen Himmelskörper zu erforschen, so wird ihm die Befriedigung des leidenschaftlichen Wunsches zuteil, den nie zuvor berührten Stoff, aus dem der Sternleib besteht, mit eigenen Händen zu berühren, ihn zu streicheln, zu betrachten, einzuatmen und wieder zu streicheln – mit eben dem Lächeln namenloser, stöhnender, wehmütiger Lust. Jeder wahre Wissenschaftler (natürlich nicht der talentlose Scharlatan, dessen einziger Schatz die Unwissenheit ist, die er wie einen Knochen versteckt) sollte imstande sein, dieses sinnliche Vergnügen unmittelbarer und göttlicher Erkenntnis zu erfahren. Er mag zwanzig sein oder fünfundzwanzig, ohne dieses Prickeln gibt es keine Wissenschaft. Und aus solchem Stoff ist Lance gemacht.

Wenn ich meine Phantasie aufs äußerste anspanne, sehe ich ihn die Panik überwinden, die der Affe vielleicht nie gefühlt hätte. Ohne Zweifel, Lance könnte in einer orangefarbenen Staubwolke gelandet sein, irgendwo mitten in der Wüste Tharsis (wenn das eine Wüste ist) oder nahe einem violetten Gewässer – Phoenicis oder Oti (wenn es doch Seen sein sollten). Andererseits … Wie das nämlich so geht in solchen Fällen, manches wird bestimmt sofort geklärt, auf schreckliche und unwiderrufliche Weise, während andere Dinge eins nach dem anderen an die Reihe kommen und nach und nach enträtselt werden. Als ich ein Junge war …

Als ich ein Junge war, sieben oder acht Jahre alt, pflegte ich einen ungefähr auf gleiche Weise wiederkehrenden Traum zu träumen, der in einer bestimmten Umgebung spielte, die ich rational niemals wiederzuerkennen oder zu identifizieren vermochte, obwohl ich manches fremde Land gesehen habe. Ich bin geneigt, sie jetzt zu verwenden, um ein klaffendes Loch, eine offene Wunde in meiner Geschichte zu verdecken. Es war nichts Besonderes an jener Umgebung, nichts Monströses oder auch nur Seltsames: nur ein Stück unverbindlicher Festigkeit, von einem Stück ebener Erde vorgestellt und von etwas neutralem Nebel überzogen; mit anderen Worten, mehr die belanglose Kehrseite einer Ansicht als diese selbst. Das Störende an diesem Traum war, dass ich aus irgendeinem Grunde nicht um diese Ansicht herumgehen konnte, um ihr von Gleich zu Gleich gegenüberzutreten. Im Nebel dort lauerte ein massives Etwas – eine Gesteinsmasse oder Ähnliches – von bedrückender und gänzlich sinnloser Gestalt, und im Verlauf meines Traumes füllte ich unaufhörlich irgendeinen Behälter (in die Sprache des Traums übersetzt: einen «Eimer») mit kleinerer Masse (übersetzt: «Kiesel»), und meine Nase blutete, doch ich war zu ungeduldig und zu aufgeregt, um etwas dagegen zu tun. Und jedes Mal, wenn ich diesen Traum hatte, begann hinter mir plötzlich jemand zu schreien, und ich erwachte gleichfalls schreiend, sodass ich den ersten, anonymen Schrei mit seinem anfänglichen ansteigenden Jubelton fortsetzte, ohne dass ihm jetzt noch irgendein Sinn zukam – wenn je ein Sinn darin gewesen war. Um auf Lance zurückzukommen, so möchte ich meinen, dass etwas in der Art meines Traumes ... Doch komisch, wenn ich überlese, was ich niedergeschrieben habe, so schwindet sein Hintergrund, die tatsächliche Erinnerung – ist mittlerweile völlig entschwunden –, und ich habe keine Möglichkeit, mir zu beweisen, dass hinter ihrer Beschreibung überhaupt irgendeine persönliche Erfahrung steht. Was ich sagen wollte, war, dass vielleicht Lance und seine Gefährten, als sie ihren Planeten erreichten, etwas empfanden, was meinem Traum verwandt ist – dem Traum, der mir nun nicht mehr gehört.

5

Und sie waren zurück! Ein Reiter, klippertiklapp, galoppiert durch den strömenden Regen über die Kopfsteinpflasterstraße zum Haus der Bokes, hält am Gartentor nahe der triefenden Magnolie und ruft die ungeheure Nachricht aus, indes die Bokes wie zwei hystricomorphe[126] Nagetiere aus dem Haus gestürzt kommen. Sie sind zurück! Die Piloten sind zurück und die Astrophysiker und einer der Naturforscher (der andere, Denny, ist tot und wurde im Himmel zurückgelassen, womit der alte Mythos einen kuriosen Punkt für sich verbuchte).

Im sechsten Stock eines Provinzkrankenhauses, sorgfältig vor den Journalisten verborgen, befinde sich ihr Junge, so wird Mr. und Mrs. Boke gesagt, in einem kleinen Wartezimmer, zweite Tür rechts, bereit, sie zu empfangen; im Ton dieser Auskunft liegt etwas von scheuer Ehrerbietung, als bezöge sie sich auf einen Märchenkönig. Sie mögen leise eintreten; eine Krankenschwester, Mrs. Coover, wird ständig anwesend sein. Doch, es gehe ihm gut, sagt man ihnen – in einer Woche könne er sicherlich nach Hause. Dennoch sollten sie nicht länger als ein paar Minuten bleiben, und bitte keine Fragen – reden Sie über dies und das. Sie wissen schon. Und dann sagen Sie, dass Sie morgen oder übermorgen wiederkommen.

Lance, in grauem Morgenrock, kurzgeschoren, Sonnenbräune abgeblasst, verändert, unverändert, verändert, dünn, Saugwatte in den Nasenlöchern, sitzt auf der Kante einer Couch, die Hände gefaltet, ein wenig verlegen. Steht schwankend und mit einer strahlenden Grimasse auf und setzt sich wieder. Mrs. Coover, die Krankenschwester, hat blaue Augen und kein Kinn.

Anhaltendes Schweigen. Dann Lance: «Es ist wunderbar. Einfach wunderbar. Im November fahre ich wieder.»

Pause.

«Ich glaube», sagt Mr. Boke, «Chilla kriegt Junge.»

Rasches Lächeln, kleine Verneigung, zum Zeichen befriedigten Verständnisses. Dann, im Erzählerton: *«Je vais dire ça en français! Nous venions d'arriver …»*[127]

«Zeigen Sie ihnen doch den Brief vom Präsidenten», sagt Mrs. Coover.

«Wir waren gerade angekommen», fährt Lance fort, «und Denny war noch am Leben, und das Erste, was er und ich sahen …»

Plötzlich aufgescheucht, unterbricht Schwester Coover: «Nein, Lance, nein. Bitte nicht, gnädige Frau. Keine Berührungen. So hat es der Arzt angeordnet, *bitte*.»

Warme Schläfe, kaltes Ohr.

Mr. und Mrs. Boke werden hinausgeleitet. Sie gehen rasch – obwohl keine Eile ist, überhaupt keine Eile, gehen den Korridor hinunter, an seiner schäbigen, oliv- und ockerfarbenen Wand entlang, deren unteres Olivgrün von dem oberen Ockergelb durch eine fortlaufende braune Linie getrennt ist, die zu den ehrwürdigen Aufzügen führt. Aufwärts (flüchtiger Anblick eines Greises im Rollstuhl). Im November wieder (Lancelin). Abwärts (die alten Bokes). In jenem Fahrstuhl befinden sich zwei lächelnde Frauen und, Gegenstand ihrer freudigen Sympathie, ein junges Mädchen mit einem Säugling und außerdem der grauhaarige, gebeugte, mürrische Fahrstuhlführer, der allen den Rücken zukehrt.

Anhang

Bibliographisches

Vladimir Nabokov (1899–1977) hat zwischen 1921 und 1951 mindestens siebzig Kurzerzählungen geschrieben. «Mindestens», weil nicht ganz ausgeschlossen werden kann, dass noch einige weitere zwischen den Manuskripten oder in vergessenen russischen Emigrantenperiodika auftauchen. Eine von den siebzig nachgewiesenen Geschichten scheint endgültig verschollen.

Diese siebzig Erzählungen entstanden in drei Sprachen: russisch (59), englisch (10), französisch (1). Die allermeisten der russischsprachigen wurden vom Autor allein oder in Zusammenarbeit mit seinem Sohn Dmitri Nabokov (1934–2012) ins Englische übertragen. Dabei machten sie gelegentlich leichte Veränderungen durch (am stärksten «Berlin, ein Stadtführer» und «Ein Märchen»). In jedem Fall handelt es sich bei den englischen Übersetzungen um die spätere Textfassung, die als die definitive gelten kann und darum hier bei ihnen allen zugrunde gelegt wurde. Einige Erzählungen wurden von Dmitri Nabokov nach dem Tod des Autors aus dem Russischen ins Englische übersetzt; bei drei von ihnen («Das Wort», «Natascha» und «Die Schlägerei») bildete seine englische Fassung die Vorlage für die deutsche Übersetzung.

Zwei der Erzählungen («Mademoiselle O», «Erste Liebe») gingen fast unverändert als selbständige Kapitel in Nabokovs Memoirenband «Erinnerung, sprich» (1951) ein. Bei dessen späterer Bearbeitung und Erweiterung (1967) veränderten sie sich so stark, dass ihre Erzähllinie leicht verwischt wurde. Darum wurden sie hier in ihrer ursprünglichen Gestalt aufgenommen; im Memoirenband finden sie sich in ihrer späteren Gestalt. Ein Stück («Ein Brief, der Russland nie erreichte») war Teil eines 1924 geplanten Romans, «Glück»; eine Geschichte («Der Kreis») war gewissermaßen ein Ableger des Romans «Die Gabe»; und zwei Stücke («Ultima Thule» und «Solus Rex») gehörten zu einem Roman, den Nabokov nach Ausbruch des Zweiten Weltkriegs unvollendet abbrach. Nabokov selbst hat diese vier Texte unter die Erzählungen aufgenommen.

Die vorliegende Ausgabe vereinte 1989 erstmals, in chronologischer Reihenfolge, sämtliche damals auffindbaren sechsundsechzig Geschichten. Ihr gingen jahrelange Sucharbeiten des Herausgebers voraus. Als Nabokovs Witwe Véra Nabokov (1902–1991) um 1988 von dem Plan einer chronologisch geordneten Gesamtausgabe erfuhr, unterstützte sie den Herausgeber auf resolute Art: Sie übergab ihm aus Nabokovs Privatarchiv in Montreux eine Reihe früher, nie in Sammlungen oder überhaupt nicht veröffentlichter Manuskripte und stellte 1989 einen *«unified international set»* von Nabokovs Kurzerzählungen zusammen, ein Verzeichnis, das in den Jahren darauf die Grundlage für mehrere Ausgaben wurde – nach der deutschen (1989) für die französische (1991 ff.), die angloamerikanische (1995) und die russische (1999). Die beiden Bände 13 und 14 der Gesamtausgabe von 1989 enthielten, wie gesagt, sechsundsechzig Erzählungen, deren Taschenbuchausgabe von 1999 außerdem noch die inzwischen aufgefundene Erzählung «Osterregen»; die Neuauflage der Bände 13 und 14 dazu die 2005 von Dmitri Nabokov zur Publikation freigegebene Erzählung «Das Wort» und die 2007 entdeckte Erzählung «Natascha». Mithin enthalten die beiden Erzählungsbände der Gesammelten Werke (Nr. 13 und 14) jetzt alle neunundsechzig erhaltenen Erzählungen Nabokovs. Die vorliegenden Taschenbuch- und E-Book-Ausgaben sind mit ihnen deckungsgleich, nur dass «Der Bezauberer» seiner Länge wegen weggelassen wurde und separat erscheint. Dreizehn der Geschichten waren 1989

Erstdrucke, acht stammten aus den Manuskripten in Nabokovs Privatarchiv, fünf aus russischen Exilzeitungen, die bis dahin als unauffindbar galten.

Nabokov veröffentlichte seine russischsprachigen Erzählungen in den 1920er und 1930er Jahren in verschiedenen Emigrantenzeitungen und -zeitschriften, hauptsächlich in «Rul» (Berlin) und, als die Berliner Emigrantenkolonie immer weiter schrumpfte und es mit «Rul» zu Ende ging, in «Poslednije Nowosti» (Paris); einige auch in «Segodnja» (Riga). Die meisten dieser verstreut veröffentlichten Geschichten fasste er im Laufe der Jahre in drei russisch- und sieben englischsprachigen Sammelbänden ohne chronologische Rücksichten zusammen:

- «Woswratschenije Tschorba – Rasskasy i stichi». Berlin: Knigoisdatelstwo Slowo, 1930; Faksimilenachdruck der Erzählungen: Ann Arbor, MI: Ardis, 1976 (vierzehn Erzählungen)
- «Sogljadataj». Paris: Isdatelstwo Russkije Sapiski, 1938; Faksimilenachdruck: Ann Arbor, MI: Ardis, 1978 (zwölf Erzählungen und der Kurzroman «Der Späher»)
- «Wesna w Fialte i drugije rasskasy». New York: Isdatelstwo imeni Tschechowa, 1956 (dreizehn Erzählungen)
- «Nine Stories». New York: New Directions, 1947 (neun Erzählungen, vier davon aus dem Russischen)
- «Nabokov's Dozen». New York: Doubleday, 1958 (dreizehn Erzählungen, davon vier der ursprünglich russischsprachigen Geschichten des Sammelbandes «Nine Stories» sowie neun englischsprachige Geschichten, drei davon aus «Nine Stories»)
- «Nabokov's Quartet». New York: Phaedra, 1966 (drei erstmals übersetzte russische Geschichten, eine englische)
- «A Russian Beauty and Other Stories». New York: McGraw-Hill, 1973 (dreizehn russische Geschichten, davon elf erstmals übersetzt)
- «Tyrants Destroyed and Other Stories». New York:

McGraw-Hill, 1975 (dreizehn Geschichten, eine englische und zwölf russische, davon elf erstmals übersetzt)
- «Details of a Sunset and Other Stories». New York: McGraw-Hill, 1976 (dreizehn erstmals übersetzte russische Geschichten)

In deutscher Sprache gab es vor 1989, also vor Erscheinen der Gesammelten Werke, folgende Sammelbände:
- «Frühling in Fialta – 23 Erzählungen», herausgegeben von Dieter E. Zimmer. Reinbek: Rowohlt, 1966 (vierzehn Erzählungen aus dem Russischen, neun aus dem Englischen). Neuauflagen 1969 unter dem Titel «Gesammelte Erzählungen» und 1983 unter dem Titel «Der schwere Rauch – Gesammelte Erzählungen».
- «Stadtführer Berlin – Fünf Erzählungen», mit einem Nachwort von Richard Müller-Schmitt. Stuttgart: Reclam, 1985 (fünf Erzählungen, vier davon aus dem Russischen).

Die Erfassung, Auffindung und Datierung sämtlicher Erzählungen wäre nicht möglich gewesen ohne die Nabokov-Bibliographien von Andrew Field und Michael Juliar, die Biographie von Brian Boyd und Véra Nabokovs Manuskriptsuche in Nabokovs Privatarchiv (damals noch in Montreux). Der Herausgeber ist ihnen zu größtem Dank verpflichtet.

Sämtliche Erzählungen in chronologischer Reihenfolge

R = Russisch. E = Englisch. F = Französisch.
Band X = enthalten in Band X der Gesammelten Werke, Ausgabe 2014

In Einzelheiten eines Sonnenuntergangs – Erzählungen 1921 bis 1932

Geisterwelt (1921) R – Band 13
Das Wort (1923) R – Band 13
Flügelschlag (1923) R – Band 13
Klänge (1923) R – Band 13
Hier wird Russisch gesprochen (1923) R – Band 13
[Der Impuls (1923?), verschollen]
Götter (1923) R – Band 13
Rache (1924) R – Band 13
Güte (1924) R – Band 13
Die Hafenstadt (1924) R – Band 13
Der Kartoffelelf (1924) R – Band 13
Zufall (1924) R – Band 13
Einzelheiten eines Sonnenuntergangs (1924) R – Band 13
Das Gewitter (1924) R – Band 13
Natascha (1924) R – Band 13
Die Venezianerin (1924) R – Band 13
Der Drache (1924) R – Band 13
Bachmann (1924) R – Band 13
Weihnachten (1924) R – Band 13
Ein Brief, der Russland nie erreichte (1924) R – Band 13

Osterregen (1925) R – Band 13
Die Schlägerei (1925) R – Band 13
Tschorbs Rückkehr (1925) R – Band 13
Berlin, ein Stadtführer (1925) R – Band 13
Das Rasiermesser (1926) R – Band 13
Ein Märchen (1926) R – Band 13
Entsetzen (1926) R – Band 13
Der Mitreisende (1927) R – Band 13
Die Klingel (1927) R – Band 13
Ein Ehrenhandel (1927) R – Band 13
Eine Weihnachtserzählung (1928) R – Band 13
Pilgram (1930) R – Band 13
Kein guter Tag (1931) R – Band 13
Ein beschäftigter Mann (1931) R – Band 13
Terra incognita (1931) R – Band 13
Das Wiedersehen (1931) R – Band 13
Mund an Mund (1931) R – Band 13
Meldekraut oder Unglück (1932) R – Band 13
Musik (1932) R – Band 13
Vollkommenheit (1932) R – Band 13
Ein flotter Herr (1932) R – Band 13

In Wolke, Burg, See – Erzählungen 1933 bis 1951

Die Admiralitätsnadel (1933) R – Band 13
Der neue Nachbar (1933) R – Band 13
Der Kreis (1934) R – Band 13
Die Benachrichtigung (1934) R – Band 13
Eine russische Schönheit (1934) R – Band 13
L. I. Schigajew zum Gedenken (1934) R – Band 13
Träger Rauch (1935) R – Band 14
Musterung (1935) R – Band 14
Aus dem vollen Menschenleben (1935) R – Band 14

Mademoiselle O (1936) F – Band 14
Frühling in Fialta (1936) R – Band 14
Wolke, Burg, See (1937) R – Band 14
Tyrannenvernichtung (1938) R – Band 14
Lik (1938) R – Band 14
Der Museumsbesuch (1939) R – Band 14
Wassilij Schischkow (1939) R – Band 14
[Der Bezauberer (1939) R – Band 14]
Ultima Thule (1939/40) R – Band 14
Solus Rex (1939/40) R – Band 14
Der Regieassistent (1943) E – Band 14
«… dass in Aleppo einst …» (1943) E – Band 14
Ein vergessener Dichter (1944) E – Band 14
Zeit und Ebbe (1944) E – Band 14
Genrebild 1945 (1945) E – Band 14
Zeichen und Symbole (1947) E – Band 14
Erste Liebe (1948) E – Band 14
Szenen aus dem Leben eines
Doppelmonsters (1950) E – Band 14
Die Schwestern Vane (1951) E – Band 14
Lance (1951) E – Band 14

Einzelnachweise

Die folgenden Nachweise nennen Originaltitel und Originalsprache, wo immer möglich Zeit und Ort der Entstehung, Erstveröffentlichung, Aufnahme in Sammelbände, gegebenenfalls die englische Übersetzung (Titel, Übersetzer) und den Sammelband, in dem sie enthalten ist, den deutschen Übersetzer der vorliegenden Fassung sowie gegebenenfalls frühere deutsche Buchveröffentlichungen. Nachdrucke in Zeitschriften werden in keiner Sprache verzeichnet, deutschsprachige Vorabdrucke ebenfalls nicht.

Bei den Zitaten, die in vielen Fällen jeweils am Ende des Nachweises stehen, handelt es sich um die Vorbemerkungen, die Nabokov seinen Geschichten in den drei letzten englischsprachigen Sammelbänden voranstellte. Manchmal wiederholen sie nur die vorausgehenden bibliographischen Angaben, oft aber geben sie auch den einen oder anderen Hinweis zum Inhalt der Geschichten. Da solche Hinweise manchmal so eng mit den reinen bibliographischen Angaben verwoben sind, dass sie sich nicht herausoperieren lassen, werden diese Vorbemerkungen hier in Gänze wiedergegeben und Wiederholungen in Kauf genommen; weggelassen wurden lediglich Angaben über etwaige Zeitschriften-Vorabdrucke der englischen Fassungen.

Die Admiralitätsnadel

Russisches Original «Admiraltejskaja igla». «Geschrieben Mai 1933 in Berlin». Erstveröffentlichung «Poslednije Nowosti», Paris, 4. Juni 1933, Seite 3; 5. Juni 1933, Seite 2. Enthalten in der Sammlung «Wesna w Fialte», 1956. – Englisch: «The Admiralty Spire», übersetzt von Dmitri Nabokov und Vladimir Nabokov. Enthalten in der Sammlung «Tyrants Destroyed», 1975. – Deutsch: Aus dem Englischen von Jochen Neuberger. Enthalten in der Sammlung «Frühling in Fialta», 1966, in einer Übersetzung von Wassili Berger.

Vorbemerkung des Autors in seinem Sammelband «Tyrants Destroyed»: *«Obwohl diverse Einzelheiten der Liebesgeschichte des Erzählers in mancher Hinsicht mit denen übereinstimmen, die man in meinen eigenen autobiographischen Werken finden kann, sollte man sich unbedingt vergegenwärtigen, dass die ‹Katja› der vorliegenden Geschichte ein erfundenes Mädchen ist. ‹Die Nadel der Admiralität› wurde im Mai 1933 in Berlin geschrieben und erschien in den ‹Poslednije Nowosti›, Paris, vom 4. und 5. Juni desselben Jahres. Sie wurde in die Sammlung ‹Wesna w Fialte›, Chekhov House, New York 1956, aufgenommen.»*

Der neue Nachbar

Russisches Original «Koroljok» (Der kleine König, Der Geldfälscher, Blütenmacher). «Geschrieben Sommer 1933 am Grunewaldsee in Berlin». Erstveröffentlichung «Poslednije Nowosti», Paris, 24. Juli 1933, Seite 2. Enthalten in «Wesna w Fialte», 1956. – Englisch: «The Leonardo», übersetzt von Dmitri Nabokov und Vladimir Nabokov. Enthalten in der Sammlung «A Russian Beauty», 1973. – Deutsch: Aus dem Englischen von Dieter E. Zimmer. Enthalten in der Sammlung «Frühling in Fialta», 1966, in einer Übersetzung von Wassili Berger.

Vorbemerkung des Autors in seinem Sammelband «A Russian Beauty»: *«‹Der neue Nachbar› (‹Koroljok›) wurde im Sommer 1933 am Kiefernufer des Berliner Grunewaldsees geschrieben. Erstveröffentlichung in ‹Poslednije Nowosti›, Paris, am 23. und 24. Juli 1933. Enthalten in der Sammlung ‹Wesna w Fialte›, New York 1956. ‹Koroljok› (wörtlich: kleiner König) ist – wirklich oder angeblich – ein russischer Jargonausdruck für ‹Geldfälscher›. Ich bin Professor Stephen Jan Parker sehr dankbar, dass er mir ein entsprechendes ame-*

rikanisches Untergrundslangwort vorgeschlagen hat, ‹leonardo›, auf dem wunderbar der königliche Goldstaub des Namens des Alten Meisters glitzert. Auf Deutschland lag zu der Zeit, als ich mir jene beiden Schlägertypen und meinen armen Romantowski ausdachte, Hitlers grotesker und bösartiger Schatten.»

Der Kreis

Russisches Original «Krug». Geschrieben vor März 1934. Erstveröffentlichung «Poslednije Nowosti», Paris, 11. März 1934, Seite 3; 12. März 1934, Seite 3. Enthalten in «Wesna w Fialte», 1956. – Englisch: «The Circle», übersetzt von Dmitri Nabokov und Vladimir Nabokov. Enthalten in der Sammlung «A Russian Beauty», 1973. – Deutsch: Aus dem Englischen von Dieter E. Zimmer.

Vorbemerkung des Autors in seinem Sammelband «A Russian Beauty»: *«Mitte 1936, nicht lange ehe ich Berlin endgültig verließ und den Roman ‹Dar› (‹Die Gabe›) in Frankreich zu Ende schrieb, muss ich mindestens vier Fünftel seines letzten Kapitels fertig gehabt haben, als sich an einer Stelle ein kleiner Satellit vom Hauptkörper des Romans zu lösen und um ihn zu kreisen begann.* [Die Geschichte wurde tatsächlich schon 1934 geschrieben, als Nabokov ‹Die Gabe› gerade angefangen hatte und vorwiegend mit den Expeditionen nach Zentralasien in Kapitel 2 beschäftigt war.] *Psychologisch mag die Verselbständigung entweder durch die Erwähnung von Tanjas Baby im Brief ihres Bruders oder durch seine Erinnerung an den Dorfschullehrer in einem verhängnisvollen Traum ausgelöst worden sein. Technisch gehört der Kreis, den das vorliegende Korollar beschreibt (dessen letzter Satz implizit vor seinem ersten existiert), zu dem gleichen Typ der sich selber in den Schwanz beißenden Schlange wie das vierte Kapitel von ‹Dar› (oder auch das später entstandene ‹Finnegans Wake›). Die Kenntnis des Romans ist nicht unerlässlich, um etwas von dem Korollar zu haben, das seine eigene Kreisbahn und sein eigenes farbiges Feuer besitzt, doch könnte dem Leser praktisch mit der Information geholfen sein, dass die Handlung der ‹Gabe› am 1. April 1926 einsetzt und am 29. Juni 1929 endet (sich also über drei Jahre im Leben von Fjodor Godunow-Tscherdynzew erstreckt, einem jungen Emigranten in Berlin); dass die Hochzeit seiner Schwester Ende 1926 in Paris stattfindet; und dass ihre Tochter drei Jahre später geboren wird und im Juni 1936 erst sieben ist und nicht ‹so um die zehn›, wie Innokentij, der Sohn des Dorflehrers (hinter dem Rücken des Autors) vermuten darf, wenn er im ‹Kreis› nach Paris kommt. Hinzufügen könnte man, dass die Geschichte bei Lesern, die mit dem Roman vertraut sind, einen angenehmen Effekt indirekten Wiedererkennens, sich verschiebender, mit neuer Bedeutung angereicherter Schatten hervorrufen mag, ausgelöst durch den Umstand, dass die Welt nicht durch Fjodors Augen gesehen wird, sondern durch die eines Außenseiters, der ihm weniger nahesteht als den idealistischen Radikalen des alten Russland (welchen, beiläufig sei es erwähnt, die bolschewistische Tyrannei ebenso verhasst war wie liberalen Aristokraten).*

‹Krug› wurde 1936 in Paris veröffentlicht, doch das genaue Datum und das Periodikum (vermutlich ‹Poslednije Nowosti›) ist in der bibliographischen Rückschau bisher nicht ermittelt worden. Sie wurde zwanzig Jahre später in meiner Kurzgeschichtensammlung ‹Wesna w Fialte›, Chekhov Publishing House, New York 1956, nachgedruckt.»

Die Benachrichtigung

Russisches Original «Opoweschtschenije». Geschrieben Anfang 1934. Erstveröffentlichung «Poslednije Nowosti», Paris, 8. April 1934, Seite 2. Enthalten in der Sammlung «Sogljadataj», 1938. – Englisch: «Breaking the News», übersetzt von Dmitri Nabokov und Vladimir Nabokov. Enthalten in der Sammlung «A Russian Beauty», 1973. – Deutsch: Aus dem Englischen von Dieter E. Zimmer.

Vorbemerkung des Autors in seinem Sammelband «A Russian Beauty»: *«‹Die Benachrichtigung› erschien unter dem Titel ‹Opoweschtschenije› um 1935 in einer Emigrantenzeitung und wurde in meine Sammlung ‹Sogljadataj› (Russkije Sapiski, Paris 1938) aufgenommen. Milieu und Thema entsprechen denen von ‹Zeichen und Symbole›, einer zehn Jahre später auf Englisch geschriebenen Geschichte …»*

Eine russische Schönheit

Russisches Original «Krassawiza» (Die Schöne). Geschrieben vor August 1934. Erstveröffentlichung «Poslednije Nowosti», Paris, 18. August 1934, Seite 3. Enthalten in der Sammlung «Sogljadataj», 1938. – Englisch: «A Russian Beauty», übersetzt von Simon Karlinsky und Vladimir Nabokov. Enthalten in der Sammlung «A Russian Beauty», 1973. – Deutsch: Aus dem Englischen von Dieter E. Zimmer.

Vorbemerkung des Autors in seinem Sammelband «A Russian Beauty»: *«‹Eine russische Schönheit› (‹Krassawiza›) ist eine amüsante Miniatur mit einem unerwarteten Ausgang. Der Originaltext erschien am 18. August 1934 in der Emigrantentageszeitung ‹Poslednije Nowosti›, Paris, und wurde in ‹Sogljadataj› aufgenommen, die Erzählungssammlung des Autors, die 1938 von Russkije Sapiski, Paris, herausgebracht wurde.»*

L. I. Schigajew zum Gedenken

Russisches Original «Pamjati L. I. Schigajewa». «Geschrieben Anfang 1934 in Berlin». Erstveröffentlichung «Illjustrirowannaja Shisn», Paris, Nr. 29, 27. September 1934, Seite 4–5. Enthalten in der Sammlung «Wesna w Fialte», 1956. – Englisch: «In Memory of L. I. Shigaev», übersetzt von Dmitri Nabokov und Vladimir Nabokov. Enthalten in der Sammlung «Tyrants Destroyed», 1975. – Deutsch: Aus dem Englischen von Jochen Neuberger. Enthalten in der Sammlung «Frühling in Fialta», 1966, unter dem Titel «Dem Andenken L. I. Schigajews» in einer Übersetzung von René Drommert.

Vorbemerkung des Autors in seinem Sammelband «Tyrants Destroyed»: *«Andrew Field sagt in seiner Bibliographie meiner Werke, es sei ihm nicht gelungen, das genaue Publikationsdatum für ‹Pamjati L. I. Schigajewa› festzustellen, das in den frühen dreißiger Jahren in Berlin geschrieben wurde und vermutlich in ‹Poslednije Nowosti› erschien. Ich bin sicher, dass ich die Erzählung Anfang 1934 schrieb. Meine Frau und ich teilten mit ihrer Cousine Anna Feigin deren hübsche Wohnung in einem Eckhaus (Nummer 22) der Nestor-*

straße in Berlin-Grunewald (wo auch ‹Einladung zur Enthauptung› und ein Großteil von ‹Die Gabe› entstand). Die recht reizvollen Teufelchen gehören zu einer Subspezies, die hier zum ersten Mal beschrieben ist.»

Träger Rauch

Russisches Original «Tjashjolyj dym». Geschrieben vor März 1935. Erstveröffentlichung «Poslednije Nowosti», Paris, 3. März 1935, Seite 3. Enthalten in der Sammlung «Wesna w Fialte», 1956. Ort und Datum der Erstveröffentlichung wurden erst von Brian Boyd ermittelt. – Englisch: «Torpid Smoke», übersetzt von Dmitri Nabokov und Vladimir Nabokov. Enthalten in der Sammlung «A Russian Beauty», 1973. – Deutsch: Aus dem Englischen von Jochen Neuberger. Enthalten in der Sammlung «Frühling in Fialta», 1966, in einer Übersetzung von Wassili Berger unter dem Titel «Der schwere Rauch».

Vorbemerkung des Autors in seinem Sammelband «A Russian Beauty»: *«‹Träger Rauch› (‹Tjashjolyj dym›) erschien am 3. März 1935 in der Tageszeitung ‹Poslednije Nowosti›, Paris, und wurde in ‹Wesna w Fialte›, New York 1956, nachgedruckt … An zwei oder drei Stellen sind [in der vorliegenden englischen Fassung] kurze Sätze eingefügt worden, um Aspekte von Habitus und Milieu zu erläutern, die heute nicht nur ausländischen Lesern unbekannt sind, sondern auch den unneugierigen Enkeln der Russen, die in den ersten drei oder vier Jahren nach der bolschewistischen Revolution nach Westeuropa flohen; im übrigen ist die Übersetzung akrobatisch genau – angefangen mit dem Titel ‹Torpid Smoke›, der in einer groben lexikalischen Übertragung, welche vertraute Assoziationen unberücksichtigt ließe, ‹Heavy Smoke› (‹Schwerer Rauch›) lauten müsste.*

Die Erzählung gehört zu jenem Teil meiner Kurzgeschichten, der auf das Berliner Emigrantenleben zwischen 1920 und den späten dreißiger Jahren verweist. Wer gerne biographischen Appetithappen nachjagt, sei gewarnt, dass mein Hauptvergnügen beim Abfassen jener Sachen darin bestand, unbarmherzig Garnituren von Emigranten zu erfinden, die im Wesen, der Schichtzugehörigkeit, dem Aussehen und so weiter den Nabokovs absolut unähnlich waren. Die einzigen beiden Übereinstimmungen zwischen Autor und Held sind hier, dass beide russische Gedichte schrieben und dass ich irgendwann in einer ebenso tristen Berliner Wohnung wie er gewohnt hatte. Nur sehr schlechte Leser (oder vielleicht einige ungewöhnlich gute) werden mich dafür schelten, dass ich sie nicht in deren Wohnzimmer lasse.»

Musterung

Russisches Original «Nabor» (Die Anwerbung). «Geschrieben Sommer 1935 in Berlin». Erstveröffentlichung «Poslednije Nowosti», Paris, 18. August 1935, Seite 3. Enthalten in «Wesna w Fialte», 1956. – Englisch: «Recruiting», übersetzt von Dmitri Nabokov und Vladimir Nabokov. Enthalten in der Sammlung «Tyrants Destroyed», 1975. – Deutsch: Aus dem Englischen von Jochen Neuberger.

Vorbemerkung des Autors in seinem Sammelband «Tyrants Destroyed»: *«‹Nabor› wurde im Sommer 1935 in Berlin geschrieben, erschien am 18. August des gleichen Jahres in den ‹Poslednije Nowosti›, Paris, und wurde einundzwanzig Jahre später in meine Sammlung ‹Wesna w Fialte› beim Chekhov House in New York aufgenommen.»*

Aus dem vollen Menschenleben

Russisches Original «Slutschaj is shisni» (Ein Fall aus dem Leben). Geschrieben vor September 1935. Erstveröffentlichung «Poslednije Nowosti», Paris, 22. September 1935, Seite 3. Enthalten in der Sammlung «Sogljadataj», 1938. – Englisch: «A Slice of Life», übersetzt von Dmitri Nabokov und Vladimir Nabokov. Enthalten in der Sammlung «Details of a Sunset», 1976. – Deutsch: Aus dem Englischen von Dieter E. Zimmer.

Vorbemerkung des Autors in seinem Sammelband «Details of a Sunset»: *«Der ursprüngliche Titel dieser unterhaltsamen Mär ist ‹Slutschaj is shisni›. Das erste Wort bedeutet ‹Vorfall› oder ‹Fall›, die beiden letzten ‹aus dem Leben›. Die Kombination hat im Russischen eine absichtsvoll banale, journalistische Nuance, die bei der lexikalischen Übertragung verloren geht. Die vorliegende Formel [‹A*

Slice of Life› (‹Eine Scheibe Leben›)] klingt im Tonfall richtiger, zumal da sie so gut zu dem primitiven Jargon meines Mannes passt (man höre sich nur sein Kneipengefasel kurz vor dem Tumult an).

Was war Ihre Absicht, Sir, als Sie diese Geschichte vor vierzig Jahren in Berlin zu Papier brachten? Nun ja, ich habe sie wirklich zu Papier gebracht, und zwar mit einer Feder (denn Schreibmaschineschreiben habe ich nie gelernt, und die lange Regierungszeit des 3B-Bleistifts mit einem Radiergummi am Ende sollte erst viel später beginnen – in geparkten Motorfahrzeugen und Motels); nie indessen hatte ich eine ‹Absicht› im Sinn, wenn ich Geschichten schrieb – für mich selber, meine Frau und ein halbes Dutzend teure tote, in sich hineinlachende Freunde. Sie wurde zuerst in ‹Poslednije Nowosti› veröffentlicht, einer Emigrantentageszeitung in Paris, und zwar am 22. September 1935, und drei Jahre später in ‹Sogljadataj› aufgenommen, Verlag Russkije Sapiski (Annales russes, 51, rue de Turbigo, Paris, eine legendäre Adresse).»

Mademoiselle O

Die erste Fassung von «Mademoiselle O» – ein Mittelding zwischen Erzählung und autobiographischer Erinnerung, das Nabokov selber zunächst einen Essay nannte – wurde in wenigen Tagen im Januar 1936 während einer Lesereise aus Berlin nach Paris und Belgien auf Französisch geschrieben, als ihm seine Gastgeberin Sinaida Schachowskij mitteilte, das Publikum erwarte bei seiner bevorstehenden Lesung in Brüssel ein neues, französisches Prosastück von ihm. Gedruckt wurde «Mademoiselle O» wenig später in der Pariser Literaturzeitschrift «Mesures», 2, 15. April 1936, Seite 145–172. – Englisch: «Mademoiselle O», übersetzt von Vladimir Nabokov und Hilda Ward, Erstveröffentlichung in «The Atlantic Monthly», Boston, 171 (1), Januar 1943, Seite 66–73. Enthalten in den Sammlungen «Nine Stories», 1947, und «Nabokov's Dozen», 1958, sowie als Kapitel 5 der Autobiographie «Conclusive Evidence», New York, 1951 (späterer Titel «Speak, Memory»). – Deutsch: Aus dem Englischen von Dieter E. Zimmer.

Enthalten als Kapitel 5 in der Autobiographie «Andere Ufer», Reinbek, 1964, sowie in erweiterter Form in der ergänzten und revidierten Fassung der Autobiographie, «Sprich, Erinnerung, sprich», Reinbek, 1984, und in seiner endgültigen Form in Band 14 der Gesammelten Werke.

Anmerkung des Autors in dem bibliographischen Nachwort seines Sammelbandes «Nabokov's Dozen»: *«‹Mademoiselle O› wurde ursprünglich auf Französisch geschrieben und in der Zeitschrift ‹Mesures›, Paris, 1939* [sic!] *erstveröffentlicht. Mit freundlicher Hilfe der verstorbenen Miss Hilda Ward wurde sie ins Englische übertragen und erschien im ‹Atlantic Monthly› und in ‹Nine Stories›. Eine definitive, leicht verschiedene Fassung, die sich enger an die autobiographische Wahrheit hielt, erschien als Kapitel 5 meiner Memoiren ‹Conclusive Evidence› (‹Schlüssige Beweise›), Harper & Brothers, New York, 1951 (in England veröffentlicht als ‹Speak, Memory› (‹Erinnerung, sprich›) bei Victor Gollancz, 1952.»*

Frühling in Fialta

Russisches Original «Wesna w Fialte». Geschrieben April 1936 in Berlin. Erstveröffentlichung «Sowremennyje Sapiski», Paris, 61, Juli 1936, Seite 91–113. Enthalten in «Wesna w Fialte», 1956. – Englisch: «Spring in Fialta», übersetzt von Vladimir Nabokov und Peter Pertzov. Enthalten in den Sammlungen «Nine Stories», 1947, und «Nabokov's Dozen», 1958. – Deutsch: Aus dem Englischen von Dieter E. Zimmer. Enthalten in der Sammlung «Frühling in Fialta», 1966, und «Stadtführer Berlin», 1985.

Wolke, Burg, See

Russisches Original «Oblako, osero, baschnja» (Wolke, See, Turm). Geschrieben 25./26. Juni 1937 in Marienbad. Erstveröffentlichung «Russkije Sapiski», Paris, 2, 1937, Seite 33–42. Enthalten in der Sammlung «Wesna w Fialte», 1956. – Englisch: «Cloud, Castle, Lake», übersetzt von Vladimir Nabokov und Peter Pertzov. Enthalten in den Sammlungen «Nine Stories», 1947, und «Nabokov's Dozen», 1958. – Deutsch: Aus dem Englischen von Renate Gerhardt und Dieter E. Zimmer. Enthalten in der Sammlung «Frühling in Fialta», 1966, und «Stadtführer Berlin», 1985.

«Wolke, Burg, See» entstand, wenige Tage nachdem Nabokov, seine Frau Véra und sein Sohn Dmitri Nazideutschland endgültig verlassen hatten. Ihr erster Zufluchtsort war die Tschechoslowakei, wo seine Mutter und seine Geschwister seit vierzehn Jahren lebten.

Tyrannenvernichtung

Russisches Original «Istreblenije tiranow». «Geschrieben Frühjahr oder Frühsommer 1938 in Menton». Erstveröffentlichung «Russkije Sapiski», Paris, 8–9, August–September 1938, Seite 3–29. Enthalten in der Sammlung «Wesna w Fialte», 1956. – Englisch: «Tyrants Destroyed», übersetzt von Dmitri Nabokov und Vladimir Nabokov. Enthalten in der Sammlung «Tyrants Destroyed», 1975. – Deutsch: Aus dem Englischen von Dieter E. Zimmer.

Vorbemerkung des Autors in seinem Sammelband «Tyrants Destroyed»: *«‹Istreblenije tiranow› wurde im Frühling oder Frühsommer 1938 in Menton geschrieben. Sie erschien in den ‹Russkije Sapiski›, Paris, August 1938, und in meiner Kurzgeschichtensammlung ‹Wesna w Fialte›, Chekhov House, New York 1956. Hitler, Lenin und Stalin streiten sich in dieser Erzählung um den Thron meines Tyrannen – und treffen sich 1947 mit einer fünften Kröte in ‹Das Bastardzeichen› wieder. Die Vernichtung ist somit vollständig.»*

Lik

Russisches Original «Lik». Begonnen an der Riviera, fertiggestellt November 1938 in einer Einzimmerwohnung in Paris 16e, 8 rue de Saigon. Erstveröffentlichung «Russkije Sapiski», Paris, 14, Februar 1939, Seite 3–27. Enthalten in der Sammlung «Wesna w Fialte», 1956. – Englisch: «Lik», übersetzt von Dmitri Nabokov und Vladimir Nabokov. Enthalten in der

Sammlung «Tyrants Destroyed», 1975. – Deutsch: Aus dem Englischen von Dieter E. Zimmer. Enthalten in der Sammlung «Frühling in Fialta», 1966.

Vorbemerkung des Autors in seinem Sammelband «Tyrants Destroyed»: *«‹Lik› wurde im Februar 1939 in der Emigrantenzeitschrift ‹Russkije Sapiski›, Paris, und in meiner dritten russischen Sammlung (‹Wesna w Fialte›, Chekhov House, New York 1956) veröffentlicht. ‹Lik› spiegelt die fatamorganahafte Riviera-Umgebung, in der ich die Geschichte schrieb, und versucht den Eindruck einer Bühnenaufführung zu schaffen, die einen neurotischen Darsteller verschlingt, wenn auch nicht ganz in der Art, die der in die Falle gegangene Schauspieler erwartete, wenn er sich ein solches Erlebnis erträumte …»*

Der Museumsbesuch

Russisches Original «Posseschtschenije museja». Geschrieben wahrscheinlich im Oktober 1938 in Paris 16e, 8 rue de Saigon, in einer Einzimmerwohnung. Erstveröffentlichung «Sowremennyje Sapiski», Paris, 69, März 1939, Seite 214–215. Enthalten in der Sammlung «Wesna w Fialte», 1956. – Englisch: «The Visit to the Museum», übersetzt von Dmitri Nabokov und Vladimir Nabokov. Enthalten in der Sammlung «A Russian Beauty», 1973. – Deutsch: Aus dem Englischen von Dieter E. Zimmer. Enthalten in der Sammlung «Frühling in Fialta», 1966.

Vorbemerkung des Autors in seinem Sammelband «A Russian Beauty»: *«‹Der Museumsbesuch› erschien in der Emigrantenzeitschrift ‹Sowremennyje Sapiski›, LXVIII, Paris 1939, sowie in meiner Sammlung ‹Wesna w Fialta›, Chekhov Publishing House, New York 1959 … Eine erklärende Anmerkung mag nichtrussischen Lesern willkommen sein. Als der unglückliche Erzähler an einer Stelle ein Ladenschild bemerkt, wird ihm klar, dass er sich nicht in dem Russland seiner Vergangenheit befindet, sondern in dem Russland der Sowjets. Womit sich dieses Ladenschild verrät, ist das Fehlen jenes Buchstabens, der im alten Russland nach einem Konsonanten das Wortende zu dekorieren pflegte, aber in der reformierten Rechtschreibung der Sowjets heute weggelassen wird.»*

Wassilij Schischkow

Russisches Original «Wassilij Schischkow». Geschrieben Ende 1939 in Paris. Erstveröffentlichung «Poslednije Nowosti», Paris, 12. September 1939, Seite 3. Enthalten in «Wesna w Fialte», 1956. – Englisch: «Vasiliy Shishkov», übersetzt von Dmitri Nabokov und Vladimir Nabokov; das Gedicht von Vladimir Nabokov. Enthalten in der Sammlung «Tyrants Destroyed», 1975. – Deutsch: Aus dem Englischen von Jochen Neuberger.

Vorbemerkung des Autors in seinem Sammelband «Tyrants Destroyed»: *«Um Ende 1939 die Eintönigkeit meines Lebens in Paris aufzulockern (etwa sechs Monate später sollte ich weitermigrieren nach Amerika), beschloss ich, dem berühmten Exilkritiker Georgij Adamowitsch (der meine Sachen ebenso regelmäßig verriss wie ich die Verse seiner Jünger) einen harmlosen Streich zu spielen, indem ich in einer der beiden führenden Literaturzeitschriften ein Gedicht unter einem neuen Pseudonym veröffentlichte, um herauszufinden, was er in seiner wöchentlichen Kolumne in der Pariser Emigrantenzeitung ‹Poslednije Nowosti› zu diesem unerwartet aufgetauchten Autor zu sagen hätte. Hier ist das Gedicht:*

Die Poeten

Eine Kerze wandert aus dem Zimmer zur Diele
und verlöscht. Ihr Abbild schwimmt in den Augen,
bis zwischen den blauschwarzen Zweigen
eine Nacht ganz ohne Sterne Umriss annimmt.

's ist Zeit zu gehn: zwar jugendlich noch,
mit einer Liste ungeträumter Träume
und Russlands letztem Abglanz, kaum noch wahrzunehmen,
auf den phosphoreszierenden Reimen unserer letzten Verse.

Und dennoch, ganz ohne Inspiration waren wir nicht, Leben
schien uns bestimmt und Wachstum unseren Büchern,
doch die freundlosen Musen richteten uns zugrunde,
und jetzt ist's an der Zeit für uns zu gehn.

Und das nicht, weil wir uns scheuten, die guten Leute
mit unsrer Freiheit zu verletzen; es ist einfach Zeit,
uns aufzumachen – und dann auch ist es uns lieber,
wir sehen nicht, was andren Augen verborgen bleibt;

sehn all den Zauber dieser Welt nicht und nicht ihre Qual,
den Fensterflügel, der einen fernen Sonnenstrahl einfängt,
armselige Schlafwandler in Militäruniformen,
den hohen Himmel, die aufmerksamen Wolken;

die Schönheit, den Vorwurfsblick; die kleinen Kinder,
wenn sie Versteck in und an der Latrine spielen,
die sich im Sommerzwielicht dreht;
des Sonnenuntergangs Schönheit, seinen Vorwurfsblick;

all das, was einen drückt, umwindet und verwundet;
die Tränen einer Leuchtreklame am Ufer drüben;
den Strom ihrer Smaragde, der im Nebel verfließt;
all das, was sich meinem Ausdruck schon entzieht.

Schon bald, und wir überschreiten die Schwelle der Welt,
hinüber in eine Gegend – man gebe ihr welchen Namen auch immer:
nenne sie Wildnis, Tod, die Verleugnung der Sprache,
oder einfacher vielleicht: das Schweigen der Liebe;

das Schweigen eines fernen Feldwegs, seine Wagenfurchen,
die sich verbergen unterm Blumenschaum;
mein schweigendes Land (die Liebe ohne Hoffnung);
das schweigende Wetterleuchten, die schweigende Saat.

Wassilij Schischkow

Wenn ich mich nicht täusche, erschien das russische Original im Oktober oder November 1939 in den ‹Russkije Sapiski› und wurde von Adamowitsch in seiner Besprechung jenes Heftes mit außergewöhnlicher Begeisterung gefeiert (‹So ist denn doch ein großer Lyriker aus unserer Mitte erstanden›, und so weiter [tatsächlich erschien es in den ‹Sowremennyje Sapiski›, Heft 69 vom Juli 1939, S. 214–215] *– ich zitiere aus dem Gedächtnis, glaube aber, ein Bibliograph ist gerade dabei, jene Rezension auszugraben). Ich konnte der Versuchung nicht widerstehen, den Scherz weiterzutreiben, und veröffentlichte kurz nach der Publikation jener Eloge (Dezember 1939? Auch hier fehlt mir das genaue Datum* [es war der 12. September 1939, S. 3, also schon zwei Monate nach dem Gedicht]*) meine Prosaerzählung ‹Wassilij Schischkow› (aufgenommen in die Sammlung ‹Wesna w Fialte›, New York 1956), die, je nach dem Scharfsinn des Lesers, als wirkliche Begebenheit verstanden werden konnte, an der eine echte Person namens Schischkow beteiligt war, oder als nicht ganz ernst zu nehmende Geschichte über den seltsamen Fall eines Dichters, der in einem anderen aufgeht. Adamowitsch wollte eiligen Freunden und Feinden, die ihn darauf aufmerksam machten, dass Schischkow eine Erfindung von mir sei, zunächst keinen Glauben schenken; schließlich musste er es eingestehen, und in seinem nächsten Artikel führte er aus, dass ich ‹als Parodist genug Geschick hätte, ein Genie nachzuahmen›. Ich wünschte, alle Kritiker wären so großzügig wie er. Ich bin nur zweimal kurz mit ihm zusammengekommen; aber viele alte Literati haben nach seinem Tode unlängst viel über seine Freundlichkeit und seine durchdringende Intelligenz gesagt. Er hatte nur zwei Leidenschaften im Leben: russische Literatur und französische Matrosen.»*

Ultima Thule

Russisches Original «Ultima Thule» (Kapitel 1 des unvollendeten russischen Romans «Solus Rex»). Geschrieben Winter 1939/40 in Paris. Erstveröffentlichung «Nowyj Shurnal», New York, 1, 1942, Seite 49–77. Enthalten in «Wesna w Fialte», 1956. – Englisch: «Ultima Thule», aus dem Russischen von

Dmitri Nabokov und Vladimir Nabokov. Enthalten in der Sammlung «A Russian Beauty», 1973. – Deutsch: Aus dem Englischen von Jochen Neuberger.

Vorbemerkung des Autors in seinem Sammelband «A Russian Beauty»: *«Im Winter 1939/40 endete die Periode meiner russischen Prosa. Im Frühjahr emigrierte ich nach Amerika, wo ich ohne Unterbrechung zwanzig Jahre lang bleiben sollte und wo ich nur noch in englischer Sprache schrieb. Unter den Arbeiten jener Abschiedsmomente in Paris befand sich ein Roman, den ich vor meiner Abreise nicht abschließen konnte und später nicht wieder aufnahm. Mit Ausnahme von zwei Kapiteln und einigen Notizen vernichtete ich das unvollendete Ding. Kapitel 1, das den Titel ‹Ultima Thule› trug, erschien 1942 (‹Nowyj Shurnal›, I, New York).»*

Solus Rex

Dem Kapitel 1 meines Romans, (‹Ultima Thule›) vorausgegangen war die Veröffentlichung von Kapitel 2, ‹Solus Rex›, im Frühjahr 1940 (‹Sowremennyje Sapiski›, LXX, Paris). Die vorliegende Übersetzung [ins Englische], die im Februar 1971 von meinem Sohn unter meiner Mitarbeit gemacht wurde, ist eine peinlich genaue Wiedergabe des Originaltextes, die zudem die Restaurierung einer Stelle besorgte, wo sich in den ‹Sowremennije Sapiski› Auslassungspunkte befunden hatten.

Wenn ich mein Buch beendet hätte, wären die Leser über einige Dinge vielleicht nicht im unklaren gelassen worden: War Falter ein Scharlatan? War er ein echter Seher? War er ein Medium, mit dessen Hilfe die verstorbene Frau des Erzählers versucht hatte, den verschwommenen Umriss eines Satzes zu übermitteln, den ihr Mann verstanden hätte – oder auch nicht? Sei dem, wie es wolle, eines zumindest ist klar: Bei der Arbeit, ein Phantasieland zu erschaffen (die ihn zunächst lediglich von seinem Gram ablenkte, sich dann aber zu einer eigenständigen künstlerischen Besessenheit auswuchs), wird der Witwer derart von Thule in Anspruch genommen, dass dieses seine eigene Realität zu entwickeln beginnt. Sineussow macht in Kapitel 1 die Bemerkung, dass er von der Riviera nach Paris in seine frühere Wohnung umziehen möchte; in Wirklichkeit zieht er in ein freudloses

Schloss auf einer fernen Insel im Norden. Seine Kunst hilft ihm, seine Frau in Gestalt der Königin Belinda wiederauferstehen zu lassen, ein armseliges Unterfangen, das ihn nicht einmal in der Welt bloßer Einbildung über den Tod triumphieren lässt. In Kapitel 3 sollte sie erneut sterben, getötet von einer Bombe, die ihrem Mann galt, auf der Brücke über die Egel, ein paar Minuten nach ihrer Rückkehr von der Riviera. Das ist alles, was ich durch den Staub und den Schutt meiner alten Phantasien hindurch noch ausmachen kann.

Noch ein Wort zu K. Die Übersetzer hatten einige Schwierigkeiten mit dieser Bezeichnung, weil das russische Wort für ‹König›, ‹korol›, in der Bedeutung, in der es hier gebraucht wird, ‹Kr› abgekürzt wird, und in dieser Bedeutung kann es auf Englisch [und auf Deutsch] nur mit ‹K› wiedergegeben werden. Mit einem Wort: K meint eine Schachfigur und keinen Tschechen. Was den Titel des Fragments angeht, verweise ich auf Blackburns ‹Terms and Themes of Chess Problems› (London 1907): ‹Wenn der König die einzige schwarze Figur auf dem Brett ist, zählt das Problem zur Solus-Rex-Variante.›

Prinz Adulf, dessen körperliche Erscheinung in meiner Vorstellung aus irgendwelchen Gründen der von S.P. Diaghilew (1872–1929) ähnelte, bleibt eine der Lieblingsfiguren in dem Privatmuseum ausgestopfter Leute, das jeder dankbare Schriftsteller irgendwo auf seinem Grund und Boden hat. An die Einzelheiten des Todes des armen Adulf erinnere ich mich nicht, lediglich daran, dass er genau fünf Jahre vor der Einweihung der Egel-Brücke von Sien und seinen Genossen auf eine entsetzliche, unbeholfene Art aus der Welt geschafft wurde.

Freudianer gibt's nicht mehr, wie ich höre, sodass ich sie nicht davor zu warnen brauche, meine Kreise mit ihren Symbolen zu stören. Der gute Leser andererseits wird sicherlich verstümmelte englische Echos dieses letzten meiner russischen Romane in ‹Das Bastardzeichen› (1947) und – ganz besonders – in ‹Fahles Feuer› (1962) erkennen: Ich selber finde diese Echos ein wenig ärgerlich, aber was mich wirklich die Nichtvollendung des Romans bedauern lässt, ist, dass er sich durch die Qualität seiner Farbgebung, durch den Reichtum seines Stils, durch etwas Undefinierbares in seiner machtvollen Unterströmung von all meinen anderen russischen Werken unterschied …»

Der Regieassistent

Englisches Original «The Assistant Producer». Geschrieben wahrscheinlich Anfang 1943 in Cambridge, Massachusetts. Erstveröffentlichung «The Atlantic Monthly», Boston, 171 (3), Mai 1943, Seite 68–74. Enthalten in den Sammlungen «Nine Stories», 1947, und «Nabokov's Dozen», 1958. – Deutsch: Aus dem Englischen von Dieter E. Zimmer. Enthalten in der Sammlung «Frühling in Fialta», 1966.

«… dass in Aleppo einst …»

Englisches Original «‹That in Aleppo Once …›». Geschrieben im Mai 1943 in Cambridge, Massachusetts. Erstveröffentlichung «The Atlantic Monthly», 72 (5), November 1943, Seite 88–92. Enthalten in den Sammlungen «Nine Stories», 1947, und «Nabokov's Dozen», 1958. – Deutsch: Aus dem Englischen von Dieter E. Zimmer. Enthalten in der Sammlung «Frühling in Fialta», 1966.

Ein vergessener Dichter

Englisches Original «A Forgotten Poet». Geschrieben Januar bis Mai 1944 in Cambridge, Massachusetts. Erstveröffentlichung «The Atlantic Monthly», Boston, 174 (4), Oktober 1944, Seite 60–65. Enthalten in den Sammlungen «Nine Stories», 1947, und «Nabokov's Dozen», 1958. – Deutsch: Aus dem Englischen von Dieter E. Zimmer. Enthalten in der Sammlung «Frühling in Fialta», 1966.

Zeit und Ebbe

Englisches Original «Time and Ebb». Geschrieben September 1944 in Wellesley, Massachusetts. Erstveröffentlichung «The Atlantic Monthly», 175 (1), Januar 1945, Seite 81–84. Enthalten in den Sammlungen «Nine Stories», 1947, und «Nabokov's Dozen», 1958. – Deutsch: Aus dem Englischen von Dieter E. Zimmer. Enthalten in der Sammlung «Frühling in Fialta», 1966.

Genrebild 1945

Englisches Original «Double Talk». Geschrieben März/April 1945 in Cambridge, Massachusetts. Erstveröffentlichung «The New Yorker», New York, 21 (19), 23. Juni 1945, Seite 20–25. Enthalten in den Sammlungen «Nine Stories», 1947, und «Nabokov's Dozen», 1958, unter dem Titel «Conversation Piece, 1945». – Deutsch: Aus dem Englischen von Dieter E. Zimmer. Enthalten in der Sammlung «Frühling in Fialta», 1966.

Zeichen und Symbole

Englisches Original «Signs and Symbols». Geschrieben 1947 in Cambridge, Massachusetts. Erstveröffentlichung «The New Yorker», New York, 24 (12), 15. Mai 1948, Seite 31–33. Enthalten in der Sammlung «Nabokov's Dozen», 1958. – Deutsch: Aus dem Englischen von Renate Gerhardt und Dieter E. Zimmer. Enthalten in der Sammlung «Frühling in Fialta», 1966.

Erste Liebe

Englisches Original «Colette». Geschrieben 1948 in Cambridge, Massachusetts. Erstveröffentlichung «The New Yorker», New York, 24 (23), 31. Juli 1948, Seite 19–22. Enthalten in der Sammlung «Nabokov's Dozen», 1958, unter dem Titel «First Love». – Deutsch: Aus dem Englischen von Dieter E. Zimmer. Bildet Kapitel 7 in der Autobiographie «Andere Ufer», Reinbek: Rowohlt, 1964, sowie in erweiterter Form in der ergänzten und revidierten Fassung der Autobiographie, «Sprich, Erinnerung, sprich», Reinbek: Rowohlt, 1984, und «Gesammelte Werke», Reinbek: Rowohlt, 1991, Band 22.

Szenen aus dem Leben eines Doppelmonsters

Englisches Original «Scenes from the Life of a Double Monster». Geschrieben im Oktober 1950 in Ithaca, New York. Erstveröffentlichung «The Reporter», New York, 18 (6), 20. März 1958, Seite 34–37. Enthalten in der Sammlung «Nabokov's Dozen», 1958. Erster Teil einer kurzzeitig geplanten, dann aber fallen gelassenen dreiteiligen Erzählung mit dem Titel «The Double Monster» (Das Doppelmonster). – Deutsch: Aus dem Englischen von Dieter E. Zimmer. Enthalten in der Sammlung «Frühling in Fialta», 1966.

Die Schwestern Vane

Englisches Original «The Vane Sisters». Geschrieben Februar 1951 in Ithaca, New York. Erstveröffentlichung «Hudson Review», New York, 11 (4), Winter 1958/59, Seite 491–503. Enthalten in der Sammlung «Tyrants Destroyed», 1975. – Deutsch: Aus dem Englischen von Dieter E. Zimmer. Enthalten in der Sammlung «Frühling in Fialta», 1966.

Der letzte Absatz der Geschichte bildet ein Akrostichon, das durch den Übereifer der Korrektoren leicht ruiniert werden kann. Das geschah bei der Erstausgabe des Sammelbandes von 1966. Der Verleger H. M. Ledig-Rowohlt war so betroffen wie der Übersetzer und ließ dem Rest der Auflage einen Korrekturzettel beilegen.

Lance

Englisches Original «Lance». Geschrieben im Oktober 1951 in Ithaca, New York. Erstveröffentlichung «The New Yorker», New York, 27 (51), 2. Februar 1952, Seite 21–25. Enthalten in der Sammlung «Nabokov's Dozen», 1958. – Deutsch: Aus dem Englischen von Dieter E. Zimmer. Enthalten in der Sammlung «Frühling in Fialta», 1966, und «Stadtführer Berlin», 1985.

Anmerkungen

1 Alexej Nikolajewitsch Apuchtin (1840–1893), in der Tat fettleibiger russischer Dichter, offen homosexuell, befreundet mit Tschaikowskij, der einige seiner Zigeunerromanzen vertonte.

2 Die «Admiralitätsnadel» ist eins der prominentesten Wahrzeichen St. Petersburgs: die schlanke Spitze auf dem 73 Meter hohen Turm in der Mitte des klassizistischen Admiralitätsgebäudes, am Südufer der Newa zwischen Schloss- und Dekabristenplatz. Die schmale Spitze des Turms, die eigentliche vergoldete «Nadel», ist etwa 30 Meter hoch. Bei Alexander Puschkin figuriert sie in dem jedem Russen bekannten Poem (Verserzählung) *Der eherne Reiter* aus dem Jahr 1833, Vers 54: «… mich grüßt das goldene Funkeln / der Admiralitätsnadel».

3 Großfürst Konstantin: Konstantin Romanow (1858–1915), ein Enkel von Zar Nikolaus I., Dichter und Dramatiker, veröffentlichte unter dem Kürzel «KR».

4 Frz. *grasseyer*: das r nicht wie im im Russischen üblich zwischen Gaumen und Zungenspitze rollen, sondern wie im Französischen ein Zäpfchen-r sprechen, etwa wie das deutsche Standard-r.

5 Frz. *le maître d'école chez nous au village*: der Schulmeister bei uns im Dorf.

6 Wernyj: früherer russischer Name für Alma-Ata (Almaty), die größte Stadt Kasachstans.

7 Alter Stil: das heißt nach dem julianischen Kalender, der bis 1918 in Russland gültig war. Der gregorianische Kalender Europas, der ihn ablöste, war ihm ab 1900 dreizehn Tage voraus. Ende Mai in Russland war in Europa bis dahin also Anfang Juni.

8 Alexej Fedtschenko (1844–1873), russischer Zoologe, Botaniker und Forschungsreisender in Turkestan, starb in einem Sturm auf dem Gletscher des Montblanc. – Nikolai Sewerzow (1827–1885), russischer Zoologe, Erforscher des Tianschan und des Pamir, starb bei einem Kutschenunfall auf dem Eis des Don. – Konstantin Godunow-Tscherdynzew, der Vater von Fjodor G.-T., des Erzählers von Nabokovs Roman «Die Gabe», kam am Ende des Ersten Weltkriegs unter ungeklärten Umständen auf einer seiner Expeditionen wahrscheinlich im Grenzgebiet von China und Tibet ums Leben. – John Hanning Speke (1827–1864), englischer Afrikaforscher auf der Suche nach den Quellen des Nils, starb nach einem Unfall mit seinem Jagdgewehr bei einer Rebhuhnjagd in Wiltshire, Südwestengland. – Jules Dumont d'Urville (1790–1842), französischer Marineoffizier, Forschungsreisender und Geograph (West- und Südpazifik bis zur Antarktis), starb nach der Entgleisung einer Lokomotive bei Versailles in den Flammen des ersten französischen Eisenbahnunglücks.

9 Frz. *le fils du maître d'école chez nous au village … Regarde ses mains*: der Sohn des Schulmeisters bei uns im Dorf … Sieh mal seine Hände an.

10 Das Gemälde *Porträt von Zar Nikolaus [II.]* (1900) des russischen Malers Walentin Serow (1865–1911). Es befindet sich in der Tretjakow-Galerie, Moskau.

11 Der Erzähler dieser Geschichte hat unter anderem ein Buch seines eigenen Autors im Regal. ‹V. Sirin› war in den 1920er und 1930er Jahren das Pseudonym von Vladimir Nabokov. Sein Roman «Lushins Verteidigung», geschrieben 1929, erschien als Buch im Berliner Emigrantenverlag Slowo im September 1930.

12 Die Knaben, an die Nabokov die Figur der ‹Mademoiselle O› auslieh, waren der Schachspieler Alexander Iwanowitsch Lushin in dem Roman «Lushins Verteidigung» (1929/30) und Sebastian Knight in dem Roman «Das wahre Leben des Sebastian Knight» (1939). Auch in «Ada» (1969) taucht sie verwandelt noch einmal auf, als schriftstellernde Gouvernante,

deren Geschichten denen Maupassants zum Verwechseln ähnlich sind. Ihr wahrer Name war natürlich nicht «O», sondern Cécile Miauton. Sie war Welschschweizerin, geboren in Vevey, und lebte von 1906 bis 1913 bei der Familie Nabokov in St. Petersburg und auf deren Landsitz Wyra. Nabokov nennt sie durchgehend Gouvernante; tatsächlich war sie eher Hauslehrerin, die den beiden ältesten Kindern, Vladimir und Sergey, Französisch beibrachte. Nach ihrer Rückkehr in die Schweiz stattete ihr Nabokov 1921 auf der Durchreise in Lausanne einen kurzen Besuch ab, fand sie vollkommen taub und tief in rührselige Erinnerungen an Russland verstrickt, das ihr seinerzeit fremd und unheimlich gewesen war.

13 Nicht Nabokovs Urgroßvater hat das Herrenhaus in Wyra erbaut. Vielmehr hat es Nabokovs Mutter 1897 von ihren Eltern geerbt, Iwan Wassiljewitsch Rukawischnikow und seiner Frau Olga. Diese hatte es 1874 erworben und sich zusammen mit ihrem Mann sofort an den Um- und Ausbau sowohl des Gebäudes als auch der umliegenden Parks gemacht.

14 Das Nabokov'sche Landhaus in Wyra brannte erst nach dem Zweiten Weltkrieg und nach der deutschen Besetzung bis auf die Grundmauern nieder, vermutlich durch spielende Kinder. Es diente während der Belagerung von Leningrad wahrscheinlich auch nie Kommandoeinheiten der Wehrmacht als Quartier, im Gegensatz zu dem Gut der Cousins Sayn-Wittgenstein, Drushnoselje.

15 *Les Malheurs de Sophie* (Sophies Missgeschicke) von der Comtesse de Ségur (1858); *Le Tour du monde en quatre-vingts jours* (Die Reise um die Welt in achtzig Tagen, 1873) von Jules Verne; *Le Petit Chose* (Der kleine Chose, 1868) von Alphonse Daudet; *Les Misérables* (Die Elenden, 1862) von Victor Hugo; *Le Comte de Monte-Cristo* (Der Graf von Monte Christo, 1844/46) von Alexandre Dumas père.

16 Das Stück ist *Athalie* von Jean Racine (1691). Die verrückte Jézabel ist Athalies Mutter.

17 Die *Revue des Deux Mondes* (Zeitschrift beider Welten) ist eine 1829 gegründete und immer noch existente französische

Monatsschrift für Literatur, Ökonomie und Politik und damit die älteste Kulturzeitschrift Europas. Sie wollte zunächst vor allem eine Brücke zwischen Frankreich und den USA bilden.

18 Frz. *Je suis une sylphide à côté d'elle*: Neben ihr bin ich eine Sylphide (Luftgeist der griechischen Mythologie).

19 Frz. *Excusez-moi, je souriais à mes tristes pensées*: Entschuldigen Sie, ich habe über meine traurigen Gedanken gelächelt.

20 Admiral Nikolaj Kolomeizew (1867–1944), der «Held des Russisch-Japanischen Krieges», zweiter Ehemann von Nina Nabokoff, der Tante des Autors.

21 Frz. *le comble*: der Gipfel.

22 Im Dezember 1921 fuhr Nabokov mit seinem Studienfreund Bobby de Calry (Graf Robert Louis Nagawly-Cerati de Calry) von Cambridge aus für eine Woche zum Skifahren in die Schweiz (Champéry und St. Moritz), auf dem Rückweg machten sie eine Nacht lang in Lausanne Halt und statteten dort Cécile Miauton den beschriebenen Besuch ab.

23 Frz. *Il pleut toujours en Suisse*: Es regnet immer in der Schweiz.

24 Brian Boyd und andere sahen in ‹Fialta› eine Mischung von Jalta auf der Krim und dem damals italienischen Fiume, dem heute kroatischen Rijeka.

25 Frz. *On dit que tu te maries,/tu sais que j'en vais mourir*: Es heißt, dass du heiratest,/du weißt, dass ich daran sterben werde.

26 Frz. *Passage à niveau*: Bahnübergang.

27 Ferdinands Tischgesellschaft hatte den Erzähler an Leonardo da Vincis weltbekannte, über 9 mal 4 Meter große Sekkomalerei (nicht Fresko) *Das Abendmahl* (ca. 1496) in der Kirche Santa Maria delle Grazia in Mailand erinnert.

28 Frz. *pommette*: Wangenknochen.

29 Der niederländische Maler Philips Wouverman (1619–1668) gilt als einer der besten Pferdemaler aller Zeiten. Besonders gern malte er Schimmel. Ein mächtiges und prächtiges Exemplar in düsterer Umgebung ist auf seinem Gemälde *Der Schimmel* (1646) im Rijksmuseum, Amsterdam zu sehen.

30 Frz. *Tu es très hippique ce matin*: Du bist heute Vormittag sehr equestrisch.

31 Die 1933 gegründete und der «Deutschen Arbeitsfront» unterstellte Organisation KdF (Kraft durch Freude) war das Reisebüro des NS-Staates und verkaufte bis 1939 43 Millionen billige Reisen, vorwiegend Gruppenreisen und Tagesausflüge. Sie dienten der Entspannung und Indoktrination.

32 Russ. *pozeluj*: Kuss.

33 Das englische Original dieser Strophen folgt *nicht* dem Takt von «Schwarzbraun ist die Haselnuss …».

34 «Einladung zur Enthauptung» ist auch der Titel eines Romans von Nabokov, geschrieben 1934.

35 Das Wort «Soorland» hat Nabokov in seinem Roman «Die Mutprobe» (1930) geprägt. So nennt die Hauptfigur Martin Edelweiß in Kapitel 34 ff. eine erfundene Tyrannei irgendwo in Nordeuropa, die sich vorgenommen hat, absolute Gleichheit durchzusetzen. Zusammen mit einer schüchtern und hoffnungslos geliebten Freundin malt er sich die absurden und grausamen Bräuche und Gesetze aus, die dort gelten. Etwa: «Selbstverständlich waren reine Kunst und reine Wissenschaft verpönt, damit die redlichen Dummköpfe nicht durch den Anblick der grüblerischen Stirnen und aufreizend dicken Bücher der Gelehrten verletzt würden. Kahlgeschoren, in braune Kittel gekleidet, wärmten die glücklichen Soorländer sich an Freudenfeuern, während die Saiten verbrennender Geigen mit lautem Knall platzten, und diskutierten Pläne für die Einebnung des Landes durch Sprengung der Berge, die zu anmaßend herausragten.» Ein gleichzeitig entstandenes Nabokov'sches Gedicht, «Uldaborg», variiert das Thema Soorland. Im Roman wird klar, dass die Sowjetunion gemeint ist, in der Martin Edelweiß am Schluss spurlos verschwindet.

36 Zitat aus einem «Sonett für Hélène» (1578) des französischen Dichters Pierre de Ronsard: «Wenn du ganz alt bist» … und ich längst tot bin, *ein Gespenst ohne Knochen*, wirst du vielleicht bedauern, dass du zu Lebzeiten meine Liebe abgewiesen hast. «Lebt, glaubt mir, wartet nicht auf morgen./Pflückt von heute an die Rosen des Lebens.»

37 Frz./russ.: *«J'étais trop jeune pour prendre part à la … comment*

dit-on … welika woina … grande, grande guerre …»: Ich war zu jung, um an dem … wie sagt man doch … alten Krieg … großen, großen Krieg teilzunehmen.

38 Frz. *c'est beaucoup dire*: das ist übertrieben.

39 Frz. *Méfie-toi*: Hüte dich.

40 Frz. *Je vous prie d'excuser, Madame, cette invasion nocturne*: Ich bitte Sie, Madame, diesen nächtlichen Überfall zu entschuldigen.

41 Die Erzählung folgt der Dramaturgie eines Albtraums, in dem sich ein Unbehagen zu einer akuten Todesangst steigert. Hier weitet sich ein kleines französisches Provinzmuseum labyrinthisch zu einer Art bedrückender Rumpelkammer der ganzen Welt, um den Besucher mitten im kommunistischen Leningrad auszuspucken. Der Ausgangspunkt ist jedoch real. Aus einem Brief an seinen Freund Aldanov geht hervor, dass Nabokov während seines neunmonatigen Aufenthalts in Menton 1937/1938 ein wunderliches Museum besucht hatte, damals Mentons einziges städtisches Museum: «Es hat alles von Gemälden von Ferdinand Back bis zu einer maroden Sammlung ausgeblichener Schmetterlinge» (an Mark Aldanow am 3.2.1938, zitiert von Brian Boyd, VNRY, S. 493). 1909 eröffnet, zeigte es ein absurdes Nebeneinander von Fundstücken aus Natur- und Kulturgeschichte, das «Kunstkabinett» (wie solche Sammlungen früher genannt wurden) eines lokalen Sammlers, Stanislav Bonfils. Zweifellos in der Zwischenzeit aufgeräumt, spezialisiert und ergänzt, ist es immer noch der Stolz der Stadt: das heutige Musée de Préhistoire Régionale (Museum der regionalen Vorgeschichte), nach wie vor mit zwei Statuen in der Eingangskolonnade und dem Wort MVSEE in Goldlettern oben an der Stirnwand.

42 Anspielung auf das berühmte Bild *Der Mann mit dem Goldhelm* (ca. 1650) aus dem Umkreis von Rembrandt. Es befindet sich in der Gemäldegalerie Berlin. Der Junge in der Geschichte dürfte sich die Nachbildung eines lokalen Feuerwehrhelms aufgesetzt haben.

43 Seit 1904 hatte die Akademie der Wissenschaften in Russland

eine kyrillische Rechtschreibreform vorbereitet, welche Lautung und Schreibung stärker zur Deckung bringen sollte. Sie wurde 1917 beschlossen, aber in den Wirren der Revolution nicht mehr umgesetzt. Am 10. Oktober 1918 führten dann die Kommunisten sie ein. Sie schaffte den stummen Buchstaben *jat* [Ѣ] ganz ab und strich die meisten Härtezeichen *jer* [Ъ], nämlich nach hartem Konsonanten am Wortende. Die Ausmerzung alter Schriftzeichen war für Nabokov lange ein Zeichen kommunistischer Barbarei; Texte in der neuen Orthographie erinnerten ihn an den Verlust seiner russischen Vergangenheit.

44 Russ. *Gospodin Nabokov*: Herr Nabokov. Die steifeste aller russischen Anreden. Ein Bekannter hätte stattdessen «Wladimir Dmitrijewitsch» gesagt.

45 Frz. *sans gêne*: Unverschämtheit.

46 Frz. *chambre garnie*: möbliertes Zimmer.

47 Das deutsche Synonym für ‹Scharlatan› ist ‹Quacksalber› (aus dem Niederländischen, wörtlich ‹quatschender Salbenhändler›); die russ. Entsprechung wäre ‹scharlatanstwo›.

48 Frz. *Êtes-vous tout à fait certain, docteur, que la science ne connaît pas de ces cas exceptionnels où l'enfant naît dans la tombe?*: Sind Sie absolut sicher, Herr Doktor, dass der Wissenschaft diese außergewöhnlichen Fälle unbekannt sind, wo das Kind in der Gruft geboren wird?

49 Der Freiburger Franziskaner und Alchimist Berthold Schwarz soll mehreren Legenden zufolge um 1359 durch mehr oder minder zufällige Mischung verschiedener Bestandteile das Schießpulver erfunden haben (das seiner Farbe und nicht seinetwegen auch ‹Schwarzpulver› heißt). Dass er dabei selber in die Luft flog, ist nicht überliefert. Tatsächlich wurde das Schwarzpulver wohl im elften Jahrhundert in China erfunden, gelangte über die Handelskontakte der Seidenstraße oder den Mongolensturm nach Arabien und von dort weiter nach Europa. Hier wurde es erstmals 1241 in der Schlacht von Muhi (Ungarn) verwendet, in der die Mongolen unter Batu Khan das Heer des ungarischen Königs besiegten.

50 Frz. *Un bon mouvement*: Eine gute Bewegung, ein guter Zug.

51 ‹Akzession›: Beitritt. Zugang. Erwerb. Hier bedeutet ‹präakzessional› wohl «vor der Thronbesteigung». In der Schachnotation steht ‹K› für ‹König›.

52 Frz. *île triste et lointaine*: traurige und ferne Insel.

53 Frz. *la magie innée et naturelle*: der angeborenen und natürlichen Magie.

54 Frz. *il ment*: er lügt.

55 Frz. *ce machin ridicule*: dies lächerliche Ding.

56 Frz. *Et mon bonhomme de père, tu sais, a une vraie passion pour les objets trouvés*: Und mein Alter, weißt du, ist ganz versessen auf *objets trouvés* (Fundsachen).

57 Frz. *à moins que tu ne confondes la galanterie avec la Galatée*: sofern du nicht die Galanterie mit der Galatea verwechselst.

58 Frz. *qui se tiennent toujours sur leurs gardes*: die immer auf der Hut sind.

59 Der Pulcinella ist eine Maske des alten süditalienischen Volkstheaters, vergleichbar dem deutschen Hanswurst oder Kasper.

60 Themis: In der griechischen Mythologie die Göttin der Gerechtigkeit und Ordnung.

61 Frz. *Que de plaisirs perdus!*: Was für verpasste Vergnügungen!

62 Die Erzählung präsentiert sich zwar wie ein Exposé zu einem trashigen Kinofilm, hat im Unterschied zu allen anderen Geschichten Nabokovs jedoch einen verblüffend realen Hintergrund; nur die Namen sind geändert. Hinter der «Slawska» steckt die russische Sängerin, Mehrfachagentin und Spionin Nadeshda «Nadja» Plewizkaja geb. Winnikowa (1884–1940). Sie war eine Bauerntochter aus der Gegend von Kursk, entdeckte als Mädchen in einem Kirchenchor ihren gefälligen, flexiblen und ausdrucksvollen Mezzosopran, zog nach Moskau und sang dort in Restaurants und Kabaretts, meist echte und falsche Volks- und Zigeunerlieder, irgendwann auch am Zarenhof und im Ausland. Das letzte seiner *Drei Russischen Volkslieder für Chor und Orchester* (op. 41) hat Sergei Rachmaninoff 1926 mit Plewizkaja aufgenommen. Nach der Revolution wurde sie Kommunistin und sang vor Truppen der Roten Armee, wurde dann aber von der Weißen Armee gefangen genom-

men und heiratete nach deren Niederlage in der Türkei den weißen General Nikolaj Skoblin, der eine führende Rolle in der 1924 in Jugoslawien gegründeten Emigrantenorganisation ROWS (*Russki obschtschewoinski sojus*, ‹Russischer Gesamtmilitärischer Bund›) spielte. 1930 wurden Skoblin und Plewizkaja von der sowjetischen Geheimpolizei (GPU, später NKWD) angeworben. Skoblin wurde u.a. zum Mittelsmann zwischen dem NKWD und der Gestapo. Zunächst wurden sie in Westeuropa eingesetzt; zeitweise holte man sie nach Moskau, wo Plewizkaja – vorgeblich Stenotypistin, aber immer hochelegant, mit lackierten Fingernägeln und teurem Schmuck – zum Bespitzeln von «Stalingegnern» verwendet wurde. 1937 arrangierten Skoblin und sie in Paris die Entführung des damaligen Vorsitzenden des ROWS durch den NKWD, des Generals Jewgenij Miller. Nach Millers Verschwinden kam die französische Polizei aufgrund einer aufgefundenen Notiz des Entführten sofort auf Skoblin und Plewizkaja. Zu seinem Ende gibt es mehrere unterschiedliche Versionen, alles unbewiesene Gerüchte. Nach einem floh er (mit dem Flugzeug?) nach Spanien und starb dort wohl 1938, möglicherweise bei einem Bombenangriff auf Barcelona. Nach einem anderen wurde er von einem sowjetischen Schiff in die Ostsee geworfen. Plewizkaja gelang die Flucht nicht. Sie wurde in Frankreich gefasst und vor Gericht gestellt, zu einer 20-jährigen Haftstrafe verurteilt und verstarb am 1. Oktober 1940 unter der deutschen Besatzung in einem Gefängnis in Rennes an Herzversagen.

63 Gemeint ist die Petersburger Juweliersfirma des Goldschmieds von Peter Karl Fabergé (1846–1920).

64 Golubkow ist Nabokovs Deckname für General Nikolaj Skoblin (1892–?).

65 Russ. *dshigit*: berittener Krieger.

66 Frz. *belle dame* [mit] *merci*: schöne Dame [mit] Barmherzigkeit. Anspielung auf John Keats' berühmte Ballade «La Belle Dame sans Merci» (1819), in der besagte schöne Hexe einen Ritter betört und verführt, um ihn dann unbarmherzig seinem Verlangen zu überlassen.

67 Der Landkreis *(County)* Ventura in Südkalifornien ist die Location zahlreicher Hollywood-Filme.

68 ‹Weißgardisten-Bund (W. B.)› ist hier der Name des ROWS, des ‹Russischen Gesamtmilitärischen Bundes›, der von exilierten Weißgardisten 1924 in Jugoslawien gegründet wurde und 1934 400 000 Mitglieder zählte.

69 Die Sozialrevolutionäre waren eine 1901 gegründete, starke, sozialdemokratische und antimonarchistische russische Partei, ab März 1917 unter Alexander Kerenskij sogar Regierungspartei.

70 Gemeint ist Generalleutnant Pjotr Wrangel (1878–1928), im Bürgerkrieg Kommandeur der weißen Truppen in Südrussland, auf der Krim und im Kaukasus. Nach der Niederlage der Weißen emigrierte er 1920 nach Jugoslawien, gründete 1924 den Russischen Gesamtmilitärischen Bund (ROWS), dessen erster Vorsitzender er war, und starb 1928. Es ging das Gerücht, er sei von seinem Butler vergiftet worden.

71 Dies war Alexander Kutepow (1882–1930). Er sollte 1930 in Paris von der GPU nach Russland entführt werden, starb aber möglicherweise schon während des Überfalls; seine Leiche verschwand spurlos. Ob Nikolaj Skoblin an dem Entführungsversuch beteiligt war, ist nicht geklärt.

72 Fedtschenko ist Nabokovs Deckname für General Jewgenij Miller (1867–1939). Im Bürgerkrieg war er Kommandeur der weißen Einheiten in Nordrussland, ging nach der Niederlage 1920 nach Frankreich ins Exil und wurde nach Kutepows Verschwinden 1930 Vorsitzender des ROWS. Am 22. September 1937 wurde er vom NKWD unter Mitwirkung von Skoblin und der Slawska in Paris entführt, in einem Schiff über Le Havre nach Russland geschafft und am 11. Mai 1939 in Moskau hingerichtet.

73 Miller hatte die russische Militärakademie absolviert. Er war 1937 siebzig, Skoblin erst fünfundvierzig.

74 ‹Capstan› ist eine 1894 eingeführte, nikotin- und teerreiche britische Zigarettenmarke. *Capstan* bedeutet ‹Spill›, ‹Ankerwinde›.

75 Gemeint ist wahrscheinlich der weißrussisch-deutsche Arzt und prominente Psychoanalytiker Max Eitingon (1881–1943), Mitglied in Freuds ‹Geheimkomitee› und Erbe eines großen Vermögens, das sein Vater im Pelzhandel erworben hatte. Er studierte in Leipzig und ließ sich in Berlin nieder. Unbewiesene Gerüchte behaupteten, er sei Mitglied einer sowjetischen Agentengruppe, die spezialisiert war auf den Mord an den Sowjets unliebsamen Exilrussen wie General Miller. Er war verheiratet mit Mirra Burowskaja (Künstlername Mirra Birens, 1877–1947), Schauspielerin am Moskauer Kunsttheater. Von ihr ging unter Exilrussen das Gerücht, auch sie sei Agentin der GPU.

76 Der sowjetische Kulturpolitiker Anatolij Lunatscharskij (1875–1933) war von 1917 bis 1933 Volkskommissar für Bildung.

77 Es handelt sich um das beliebte Donkosakenlied «Stenka Rasin», in dem seine Kosaken dem Räuberhauptmann und Aufrührer Stenka Rasin vorwerfen, seine Geliebte, eine persische Prinzessin, mache ihn weich, und der daraufhin die Liebste in die Wolga wirft, um seine Härte zu beweisen. Die Ballade spielt im 17. Jahrhundert, der Liedtext wurde jedoch tatsächlich erst 1883 von Dmitri Sudownikow geschrieben. Dies ist ein paar Absätze weiter das letzte Lied, das die Slawska je singen wird.

78 Frz. *l'abîme*: Abgrund.

79 Die «andere Seite» kann für den alten weißen General Miller der sowjetische Geheimdienst (NKWD) gewesen sein, aber auch der deutsche Geheimdienst, der vom ROWS über dessen Spione in Russland Informationen über die Sowjetunion abgreifen wollte.

80 Frz. *pour un arbre abattu*: für einen gefällten Baum.

81 Die Slawska starb am 1. Oktober 1940 in einem Gefängnis in Rennes.

82 Alexander Puschkins Ehefrau Natalja Gontscharow war dreizehn Jahre jünger als er. Sie heirateten 1831, als er 32 war und sie 19.

83 In Shakespeares «Othello» (1603) ist Cassio der Leutnant, von dem der von Jago aufgehetzte Othello, ein maurischer General in venezianischen Diensten, zu Unrecht befürchtet, er habe ein Verhältnis mit seiner Frau Desdemona – was Othello dazu bringt, sie und sich selbst zu töten.

84 Pau ist die Hauptstadt des Département Pyrénées-Atlantiques im äußersten Südwesten Frankreichs.

85 Faugères ist eine kleine Weinbaugemeinde im Département Hérault, unweit Béziers'.

86 Zwei weit auseinanderstehende Zitate aus Shakespeares «Othello»: *Die Zeit, der Ort, die Marter*, sagt Lodovico ganz am Schluss des Stückes (V,2), *Ihr Fächer, Maske, Handschuh*, Othello in IV,2.

87 Sluzk, Bobruisk, Starodub: Orte in Belorus und Russland.

88 Dieses Caboule gibt es nicht. La Caboule im Jura nördlich von Genf kann nicht gemeint sein.

89 Frz. *cheville*: Zapfen, Dübel, auch Flickwort, Füllsel.

90 Frz. *cocu de père*: Hahnrei von einem Vater.

91 Der Titel dieser Erzählung ist ein kurzes Zitat aus der Schlussrede Othellos, als dieser seine Gattin erwürgt hat und drauf und dran ist, sich selbst zu erdolchen. Er hat jetzt verstanden, dass er einer Intrige zum Opfer gefallen ist und gar keinen Grund zur Eifersucht hatte: «Wenn Ihr von diesem Unheil Kunde gebt, / Sprecht von mir, wie ich bin – verkleinert nichts, / Noch setzt in Bosheit zu. Dann müsst Ihr melden / Von einem, der nicht klug, doch zu sehr liebte; / Nicht leicht argwöhnte, doch, einmal erregt, / Unendlich raste, von einem, dessen Hand, / Dem niedern Inder gleich, die Perle wegwarf, / Mehr wert als all sein Volk; des überwundnes Auge / Sonst nicht gewöhnt zu schmelzen, sich ergeußt / In Tränen, wie Arabiens Bäume tau'n / Von heilungskräft'gem Balsam – schreibt das alles; / Und fügt hinzu: dass in Aleppo einst / Ein gift'ger Türk in hohem Turban dort / 'nen Venetianer schlug und schalt den Staat, – / Ich den beschnittnen Hund am Hals ergriff / Und traf ihn – so!» *Er ersticht sich*. (Shakespeare, *Othello*, V,2, deutsche Übersetzung von Wolf Graf Baudissin.)

Was bedeutet dieser Schluss? «V.» (nicht zu verwechseln mit Vladimir Nabokov) hat die erbetene Geschichte tatsächlich geschrieben, nämlich die vorliegende. Dass er dabei das Aleppo-Zitat aus «Othello» wie befürchtet zum Titel gemacht hat, deutet an, dass V.s Meinung nach die Ehefrau des Briefschreibers tatsächlich auch vor Gewaltausbrüchen ihres Mannes geflohen sein könnte. Dieser scheinbar so zaghafte Mann fragt sich, ob seine Eifersucht wohl der von Othello gleicht, und kommt vielleicht darum in seiner Epistel öfter auf diesen zurück. Der so liebevolle Othello hat Desdemona schon geschlagen (IV,1), als er nur einen leisen Verdacht schöpfte, lange vor seiner Raserei am Ende, als er sie erwürgt und sich ersticht, und wenn er sich ausgerechnet mit der Aleppo-Episode von seiner Gefolgschaft und vom Leben verabschiedet, so einerseits, weil er nunmehr seine Neigung zu irrationalen Gewaltausbrüchen bedauert, andererseits aber auch immer noch stolz auf den Mord von Aleppo ist, begangen, weil ein Türke einen Venezianer geschlagen und den Staat beleidigt hatte. Um dieses Mordes willen soll man ihn in ehrendem Andenken behalten. – In dem Durcheinander, das zu dieser Zeit unter den Flüchtenden in Vichy-Frankreich herrscht, mag aber die Frage, wer oder was das Verschwinden dieser volatilen Frau verursacht hat, unbeantwortbar sein.

92 Nikolai Alexandrowitsch Dobroljubow (1836–1861), Publizist, Literaturkritiker, revolutionärer Demokrat.

93 Dies könnte eine Anspielung auf den russischen Lyriker Konstantin Dmitrijewitsch Balmont (1867–1942) sein, der viele Autoren aus mehreren Sprachen ins Russische übersetzte, darunter auch Sully-Prudhomme, Heine und Longfellow. Ein Terrorist war er indessen nie, auch wenn ihn bei den Unruhen von 1905 die Geheimpolizei als verdächtigen Aktivisten betrachtete.

94 Wladimir Korolenko (1853–1921), russischer Schriftsteller polnisch-ukrainischer Herkunft, engagierte sich für das Schicksal der Bauern und wurde mehrmals verbannt.

95 Wahrscheinlich ein erfundenes Zitat eines erfundenen Autors.

Aber möglicherweise könnte auch Aaron Liebermann alias Arthur Freeman (1845–1880) gemeint sein, russisch-jüdischer Publizist aus Litauen, Gründer einer jüdischen Gewerkschaft, der nach Deutschland und England ins Exil gehen musste.

96 Hesperozoen bedeutet etwa ‹Abendtierchen›.

97 Allobiosis: veraltetes Wort für die Veränderung des Verhaltens eines Organismus bei veränderten äußeren Bedingungen.

98 D. h. den Zoologen und Botanikern, die nach Carl von Linné (1707–1778) kamen, dem schwedischen Arzt und Naturforscher, der die moderne Systematik der Tiere und Pflanzen begründete.

99 Frz. *ne viens pas alphonse de retour soupconne sois prudent je t'adore angoissee*: komm nicht alphonse zurück hat verdacht sei vorsichtig ich liebe dich angstvoll.

100 *The Communist* war eine zwischen 1927 und 1946 erschienene theoriebasierte Zeitschrift der Kommunistischen Partei der USA (CPUSA).

101 Engl. *His Master's Voice*: Die Stimme seines Herrn. So lautete das weltberühmte Logo der amerikanischen Schallplattenfirma RCA Victor. Es zeigte einen weißen Terrier namens Nipper, der an einem Grammophontrichter horcht (beziehungsweise an dem Trichter schnuppert). Es beruht auf einem 1899 entstandenen Bild des englischen Malers Francis Barraud.

102 Dr. Shoe meint vermutlich den «Untersuchungsausschuss für die Schuldfragen des Weltkrieges», den die Weimarer Nationalversammlung 1919 einsetzte und der unter erheblichem Druck seitens der Regierung, keine Schuldeingeständnisse zu liefern, zu dem Schluss kam, dass die zu Beginn des Kriegs in Belgien verübten deutschen Gräuel militärisch bedingt und von der Haager Landkriegsordnung gedeckt gewesen seien.

103 «Elsa und ihr bestialischer Beau»: Anspielung auf Puschkins Erzählung «Pik-Dame» (1834). Hier wäre das Pik-Ass die Gewinnkarte gewesen; stattdessen zieht der gewinnsüchtige Offizier Hermann die Pik-Dame, die ihn ruiniert. Er ist wohl der «bestialische Beau» des Dienstmädchens Lisa, der

sich über diese an die alte Gräfin heranschleicht, die beim Pharaospiel die drei Gewinnkarten im voraus wissen soll.

104 Der Nord-Express war neben dem Orient-Express der berühmteste europäische Luxus-Schlafwagenzug der *Compagnie Internationale des Wagons-Lits* (CIWL). Er verkehrte vom Mai 1896 bis zum Ausbruch des Ersten Weltkriegs 1914, und zwar (mit Anschluss aus London) von Ostende – Paris – Brüssel – Hannover – Berlin – Dwinsk (heute Daugavpils, Lettland) nach St. Petersburg, 1419 km durch das Gebiet von vierzehn Eisenbahnverwaltungen in 52 Stunden. Ganz durchgehend fuhr er jedoch nicht. Wegen des Wechsels von der russischen Breitspur auf das normalspurige westeuropäische Eisenbahnnetz mussten die Fahrgäste zwischen Litauen (bis zum Ende des Ersten Weltkriegs zu Russland gehörig) und der preußischen Ostbahn an den Grenzbahnhöfen Wershbolowo/Wirballen (Ostpreußen) und Kyrbatai/Eydtkuhnen (Litauen) in andere Wagen umsteigen. Versuche, den Nord-Express zwischen den beiden Weltkriegen wiederaufzunehmen, führten nur dazu, dass zeitweise Kurswagen von Paris nach Warschau und Riga verkehrten. Die dunkelbraunen Wagen der CIWL wurden noch vor dem Ersten Weltkrieg durch dunkelblaue mit goldener Schrift ersetzt. (Die Strecke über Wershbolowo/Eydtkuhnen existiert seit dem Ende des Zweiten Weltkriegs nicht mehr. Die einzige heutige Eisenbahnverbindung von St. Petersburg nach Paris führt über Minsk, Brest, Warschau und Berlin und braucht etwa 68 Stunden, mit siebenmaligem Zugwechsel.)

105 Eine Anastomose ist ein natürlicher Verbindungsgang zwischen zwei anatomischen Strukturen von Blutgefäßen, Lymphgefäßen oder Nerven. Das Bild bedeutet: das aus dem Fenster sichtbare Nebengleis verschwand plötzlich, indem es im Hauptgleis aufging.

106 Die Westinghouse-Bremse ist eine von dem amerikanischen Ingenieur George Westinghouse um 1869 für Bahnfahrzeuge entwickelte Druckluftbremse.

107 Im Sommer 1945 richtete der amerikanische Brigadege-

neral Samuel L. McCroskey (geb. ca. 1895) für in Europa stationierte GIs in Biarritzer Hotels und Casinos die Biarritz American University ein. Sie wurde 1946 wieder geschlossen.

108 Der Schotte Daniel Home, gesprochen ‹Huhm› (1833–1886), war das meistgefeierte Medium seiner Zeit, hatte angeblich hellseherische Fähigkeiten, konnte levitieren, mit Toten sprechen und Klopfgeräusche produzieren. Er hielt an europäischen Höfen und öffentlich Séancen ab. Der Dichter Robert Browning hielt ihn für einen Betrüger, Sir Conan Doyle nicht.

109 Frz. *cacahuète*: Erdnuss. Frz. *cachou*: Salmiakpastille.

110 Unter den dreizehn Wörtern für ‹Schmetterling›, die sich in der baskischen Wikipedia finden, kommt *mitxoleta*, ‹Tagfalter›, dem gehörten Begriff am nächsten.

111 Frz. *Là-bas, là-bas, dans la montagne*: «Dort, dort in den Bergen …» (im deutschen Libretto fälschlich «dort in der Felsen wilde Klüfte») singt Carmen im Duett mit José im 2. Akt von Bizets Oper, um ihn zu verleiten, aus der Armee zu desertieren und mit ihr ein wildes Schmugglerleben im Gebirge zu führen.

112 Auf der Landkarte findet sich nur ein ‹Karaz›, ein Bezirk in der Osttürkei, kurdisch Karaz, türkisch Kocaköy. Dieser kann jedoch nicht gemeint sein, denn er liegt Hunderte von Kilometern vom Meer.

113 Frz. «*Cette examain est finie ainsi que ma vie. Adieu, jeunes filles!* Bitte, *Monsieur le Professeur*, setzen Sie sich mit *ma sœur* in Verbindung …»: Diese Examain ist zu Ende ebenso wie mein Leben. Lebt wohl, Mädels. Bitte, Herr Professor, setzen Sie sich mit meiner Schwester in Verbindung … – «*Adieu, jeunes filles*» ist ein Zitat aus einer französischen Übersetzung des Romans «Der Pirat» (1821) von Sir Walter Scott. Das Gedicht, dem diese Zeile voransteht, gibt sich als Übersetzung eines alten nordischen Liedes aus. Aus diesem ironischen Zitat kann der Leser ersehen, welche Art von kniffligen interlingualen Fragen der ‹Herr Professor› (wie Nabokov selbst) in seinem Französischunterricht gern erörterte.

114 Die ‹SS Lexington› war ein amerikanischer Passagierdampfer, der 1890 in Dienst gestellt wurde und 1935 auf dem East River vor New York sank.

115 Anspielung auf den gewundenen Prosastil des amerikanisch-britischen Romanciers Henry James (1843–1916).

116 Anspielung auf das berühmte Gedicht «Kubla Khan» von Samuel Taylor Coleridge, angeblich entstanden 1797 in einem Opiumtraum, veröffentlicht 1816. Es ist ein Fragment, da «eine Person aus Porlock» den Dichter aus seinem Traum geweckt habe und dieser sich nie mehr erinnern konnte, wie es weitergehen sollte. In der zweiten Zeile kommt der «heilige Fluss Alph» vor (tatsächlich ein antarktischer Schmelzwasserfluss). Zufällig ergeben seine ersten drei Buchstaben ALP, was man auch als den Flussgeist Anna Livia Plurabelle aus James Joyces Roman «Finnegans Wake» interpretieren könnte.

117 Die drei Schwestern Leah, Kate und Margaretta Fox in dem New Yorker Dorf Hydesville (heute Teil der Kleinstadt Arcadia) hatten sich schon als Kinder mit der Produktion von geisterhaften Klopfgeräuschen unterhalten, traten ab etwa 1850 in öffentlichen Séancen als Medien auf und trugen wesentlich zur Begründung des amerikanischen «Spiritualismus» bei, der zeitweise eine Massenbewegung war. Sie wurden enttarnt, unter anderem durch ein Untersuchungskomitee der Universität Buffalo, und eine gestand selber den Schwindel (sie sollen die Knackgeräusche mit ihren Finger- und Zehengelenken hervorgebracht haben), widerrief jedoch. Auch als ihnen nicht mehr getraut wurde und sie verarmt und alkoholkrank gestorben waren, lebte ihr Ruf als Spiritisten weiter.

118 Achtung, diese Anmerkung ist ein Spoiler. Wer die Pointe der Geschichte selber entdecken möchte, sollte auf keinen Fall weiterlesen. Der letzte Absatz ist ein Akrostichon. Seine Anfangsbuchstaben ergeben den Satz: «Eiszapfen von Diana, Parkuhr von mir, Sybil».

119 Der amerikanische Astronom Carl Otto Lampland

(1873–1951) war unter anderem an der Suche nach Planet X beteiligt, dem hypothetischen zehnten Planeten jenseits des Pluto. Dieser Zwergplanet wurde 1930 entdeckt, gilt aber seit 2006 nicht mehr als Planet. Lance lässt sich anscheinend nicht zum Pluto, sondern zu einem neuen Planeten jenseits des Neptun hinaufbeamen, in eine Entfernung, in der es keine Planeten mehr gibt.

120 Der Entomologe B. Krautwurm war der Entdecker einer Unterart des Großen Pailettengesprenkelten Scheckenfalters *(«Great Spangled Fritillary») Speyeria cybele krautwurmi* (Holland, 1931), einer lokalen Nymphalide im Staat Michigan, deren Status noch nicht ganz geklärt zu sein scheint.

121 Nach dem kalten Wissenschaftler Viktor Frankenstein in Mary Shelleys Roman «Frankenstein» (1818) und ungezählten Adaptionen, der einen monströsen künstlichen Menschen erschafft.

122 Lancelot vom See ist eine Sagenfigur aus den vielgestaltigen mittelalterlichen Erzählungen um König Artus, zuerst in dem höfischen Versroman *Le Chevalier de la charette* (Der Karrenritter) von Chrétien de Troyes (um 1170). Lancelot liebt die Gemahlin des Königs, Guinevere, und darf wegen dieser ehebrecherischen Beziehung nicht an der Suche der Artusritter nach dem Heiligen Gral teilnehmen. Der Roman erzählt Lancelots Befreiung der vom Hof entführten Königin.

123 Frz. *Eau Grise*: Graues Wasser.

124 Altfrz. *«dont nus estranges ne retorne»*: aus dem kein Fremder je wiederkehrt.

125 Frz. *le curieux*: der Neugierige, der Wissbegierige.

126 Hystricomorpha (deutsch «Stachelschweinverwandte») sind eine Unterordnung von Nagetieren, mit etwa 300 meist in Amerika vorkommenden Arten. Chinchillas gehören dazu.

127 Frz. *«Je vais dire ça en français! Nous venions d'arriver …»*: Ich werde das auf Französisch sagen. Wir waren gerade angekommen …